V&R

Novum Testamentum et Orbis Antiquus /
Studien zur Umwelt des Neuen Testaments

In Verbindung mit der Stiftung „Bibel und Orient"
der Universität Fribourg/Schweiz
herausgegeben von Max Küchler (Fribourg), Peter Lampe,
Gerd Theißen (Heidelberg) und Jürgen Zangenberg (Leiden)

Band 80

Vandenhoeck & Ruprecht

Darina Staudt

Der eine und einzige Gott

Monotheistische Formeln im Urchristentum und
ihre Vorgeschichte bei Griechen und Juden

Vandenhoeck & Ruprecht

Bibliografische Information der Deutschen Nationalbibliothek

Die Deutsche Nationalbibliothek verzeichnet diese Publikation in der
Deutschen Nationalbibliografie; detaillierte bibliografische Daten sind
im Internet über http://dnb.d-nb.de abrufbar.

ISBN 978-3-525-55015-1
ISBN 978-3-647-55015-2 (E-Book)

Druck und Bindung: ⊕ Hubert & Co., Göttingen.

Gedruckt auf alterungsbeständigem Papier.

Inhalt

Vorwort

„Die Sehnsucht nach Gott ist das Edelste unserer Natur" schrieb Friedrich Schlegel vor mehr als zweihundert Jahren und tatsächlich treibt es auch heute – trotz eines verbreiteten Säkularismus – viele Menschen auf unterschiedlichste Weise herauszufinden, wer und was Gott ist. Die einen mehr meditativ von innen heraus, die anderen mehr forschend. Dabei steht für jeden die Abwehr von Irrtum und Aberglaube immer im Vordergrund. „Die Gottheit ist nicht mit menschenähnlichem Haupt an den Gliedern versehen, nicht schwingen sich vom Rücken zwei Zweige, nicht Füße, nicht schnelle Knie, nicht behaarte Schamglieder, sondern ein Geist, ein heiliger und übermenschlicher, regt sich da allein, der mit schnellen Gedanken den ganzen Kosmos durchstürmt", so beschrieb schon im 5. Jh. v.Chr. der griechische Philosoph Empedokles die Aufgabe und die Gefahr falsch verstandener Präsenz Gottes. In diesem „statement", besonders dem Wort vom dynamischen Geist, ist viel Nähe zum Gottesverständnis des Alten und Neuen Testaments erkennbar. Für das Volk Israel war die Unsichtbarkeit und Einzigkeit Gottes höchster Grundsatz. Andere Völker, gerade auch die Griechen drangen später zur gleichen Erkenntnis durch, wie die vorgelegte Arbeit zeigt. Und doch bleibt die Frage, wie diese „Einzigkeit" in einer Welt voller Gottheiten zu verstehen war. Dieser Frage geht auch die vorgelegte Arbeit nach, die 2009 als Inauguraldissertation von der Theologischen Fakultät der Ruperto-Carola-Universität Heidelberg angenommen wurde.

Es war zwar ein langer aber auch sehr interessanter Weg, die vielerlei Texte zu finden, zu sortieren und zu interpretieren. Es fehlte nicht an Überraschungen, gerade wie im obigen Zitat die Verbindungslinien zu entdecken. Daher danke ich zuerst meinem Doktorvater Prof. Dr. Dr. mult. Gerd Theissen, der mir Mut gemacht hat, dieses derzeit viel traktierte Thema Monotheismus von einer speziellen, nämlich der sprachlichen Seite anzupacken. Ich danke herzlich für seine geduldige Begleitung über viele Jahre, die mich mit jener antiken Welt, die wir etwas umständlich die „hellenistisch-römische Epoche" nennen, bekannt gemacht hat. Vielen Dank für die zahllosen Gespräche, Hinweise und Korrekturen, auch für manche schöne Stunden im Montagskreis. Ebenso danke ich dem Zweitgutachter Prof. Dr. Schwier für seine sorgfältige und kritische Lektüre meines Manuskripts. Gern habe ich seine Anregungen für die endgültige Fassung aufgenommen. In diesen Dank möchte ich auch die ganze Theologische Fakultät in Heidel-

berg einschließen, wo ich über Jahre hinweg immer wieder nützliche Vorle-
sungen und Vorträge besuchen und schließlich erfolgreich das Rigorosum
ablegen konnte.

Einen herzlichen Dank möchte ich auch meinen ersten Betreuern und
Beratern, Prof. Dr. Stuhlmacher und Prof. Dr. Schreiner in Tübingen abstat-
ten, die mir einen vertieften Zugang zur wissenschaftlichen Forschung
eröffneten. Nicht zu vergessen die Freunde vom Tübinger Stift, die mir in
vielfacher Weise geholfen haben.

Sehr dankbar bin ich auch dem Lutherischen Weltbund, der mir die ersten Studienjahre in Deutschland durch Bereitstellung eines Stipendiums
ermöglichte, und für die freundliche Betreuung durch das Stipendienreferat
in Stuttgart.

Schließlich möchte ich sehr herzlich meinem Ehemann Helmut danken,
dass er diesen langen Abschnitt der Einschränkung und Entbehrung mit viel
Geduld mitgetragen hat, auch für manchen Rat und sprachliche Korrekturen. Selbst unsere kleine Tochter Gabriele möchte ich hier einschließen, die
manchmal auf mich verzichten musste und dann neugierig fragte. hast du es
jetzt geschafft. – Für die letzte Phase bei der Textformatierung möchte ich
Doreen Balke meinen herzlichen Dank aussprechen, dass sie mir mit ihrem
technischen Wissen hilfreich zur Seite stand.

Nicht zuletzt möchte hier meinen Eltern und Geschwistern danken, die
mich so lange gefördert haben und die ich nicht das geworden wäre, was
ich bin. Dank auch allen Freundinnen und Freunden, die mir gezeigt haben,
dass es sich lohnt, für Träume zu kämpfen.

Vielmals danke ich auch dem Ausbildungsreferenten der Badischen
Landeskirche Herrn Prof. Dr. J. Cornelius-Bundschuh für die finanzielle
Unterstützung dieser Arbeit und die Aufnahme ins Lehrvikariat der Landeskirche. Ebenso danke ich der VELKD für die Zuschüsse zur Drucklegung dieser Arbeit.

Um Nachsicht bitte ich, dass ich bei den Exkursen nicht ausführlicher
geworden bin. Es sind nur Ansätze, die aber als separate Aufsätze den Umfang der Arbeit noch einmal erheblich erweitert und wohl gesprengt hätten.
Ich musste mich bei dem Thema, das, wie sich allmählich zeigte, den Zeitraum eines ganzen Jahrtausends umfasst, schließlich streng begrenzen.

Ich wünsche allen Leserinnen und Lesern dieser Arbeit, dass sie ebenso
mit Geduld und Interesse diesen weiten Forschungsweg mitgehen.

Gaiberg bei Heidelberg, im Oktober 2011   Darina Staudt

1. Einleitung

Die christliche Religion wird heute oft als eine der drei monotheistischen Religionen bezeichnet, unbeschadet des trinitarischen Bekenntnisses oder der starken Hervorhebung der Person Jesu Christi. Das ruft die Frage hervor: Wie kann eine Religion – oder bescheidener ein Bekenntnis – noch monotheistisch[1] genannt werden, wenn weiteren Größen göttlicher Rang zugesprochen wird? Wie konnte es dazu kommen, dass ein Mensch wie Jesus von Nazareth schon bald nach seinem gewaltsamen Tod neben dem einigen und alleinigen Gott verehrt wurde?

Die Christen der ersten Generation betrachteten sich mit großer Selbstverständlichkeit als Monotheisten und hatten doch Jesus Christus (als Sohn) in die Gottheit integriert, ohne dass sie dies als Bedrohung der Einzigkeit und der Würde Gottes empfanden. Im Gegenteil, sie folgerten vielfach aus den alten Schriften, dass dies so sein müsse und dass Gott eine menschliche und messianische Gestalt auf Erden annehmen müsse. Diese „zweite Person", Jesus Christus, war so bedeutend, dass sie bald dem neuen Bekenntnis den Namen gab.

Die folgende Untersuchung geht der Frage nach, welche sprachlichen Begriffe verwendet wurden, um das Bekenntnis zum einen und einzigen Gott in der jüdischen Mutterreligion des Christentums auszudrücken, gegenüber Gefährdungen abzuschirmen und mit ihm den Herausforderungen der jeweiligen Zeit zu begegnen. Vor allem soll untersucht werden, inwieweit neben jüdischen Traditionen auch griechische Traditionen inhaltlich oder sprachlich auf das christliche Bekenntnis Einfluss ausübten. Denn auch in Griechenland waren einige Philosophen zu einem monotheistischen Glauben vorgedrungen.

Es geht in der hier vorgelegten Untersuchung um einige wenige Formeln, also recht kleine sprachliche Einheiten, die als solche – hat man einmal den Blick dafür geschärft – innerhalb ihres Kontextes erkennbar sind. Zur Präzisierung des Begriffs *Formel* liegen einige Definitionen bereit, die sich zwar unterscheiden, aber in einem Punkt einig sind, dass es sich um recht feststehende, kaum veränderbare Wendungen handelt, die wohl erweitert und kombiniert werden können, aber so etwas wie einen harten Kern bilden, der

---

[1] Zur Geschichte des Begriffs Monotheimus Vgl. F. STOLZ, Einführung in den biblischen Monotheismus, 4–8.

über viele Generationen überliefert wird. Es sind vorgeprägte Formulierungen, in denen sich der jüd. oder christl. Glaube oder auch hell. Überzeugungen niederschlagen, also Formulierungen, die die Verfasser der Texte nicht eigenständig formuliert haben.

Die formale Unveränderlichkeit ist das erste Merkmal von „Formeln". Sie wird in der Definition von A. KROPP hervorgehoben. Im Anschluss an vorhergehende Definitionen der Literaturwissenschaft nennt sie in ihrer Studie über *Magische Sprachverwendung in vulgärlateinischen Fluchtafeln (defixiones)* eine Formel „eine lexikalisch und syntaktisch fest gefügte, meist satzwertig gebrauchte Wortgruppe mit besonderer pragmatischer Funktion ...“[2]. Sie führt weiter aus: „Ein hoher Formalisierungsgrad und die Unantastbarkeit des Wortlautes können mitunter sogar zu Überlieferung und Konservierung von Textelementen führen, die sich dem menschlichen Verständnis entziehen, wie dies z.B. auf Zauberworte und -zeichen zutrifft“[3]. Das gilt freilich nicht nur für Zauberformeln. So haben für den Religionsgeschichtler G. MENSCHING Formeln in religiösen Kontexten aufgrund ihrer feierlichen Zitierung eine besondere Aura: „Unter Ausschaltung spontaner und freier Wortgestaltung bilden die Religionen feste Formeln, die in besonders intensiver Weise wegen ihrer objektiven und unveränderlicher Gestalt die Mächtigkeit des heiligen Wortes festhalten, wenn sie in festgelegten Rhythmus, in bestimmter Tonhöhe und Lautstärke sowie unter geistiger Konzentration rezitiert werden“.[4]

Die formale Unveränderlichkeit der Formeln muss sich in verschiedenen Texten durchhalten. Diese relative Autonomie gegenüber dem jeweiligen literarischen Kontext ist das zweite Merkmal von „Formeln". Sie wird in einer Definition von M. GÖRG betont: „In der literaturwissenschaftlich orientierten Exegese bezeichnet Formel eine syntaktisch gleichgebaute Wortverbindung oder Wortgruppe, die im Unterschied zu einer nur auf ein literarisches Werk bezogenen ‚geprägten Wendung' in mehreren literarischen Werken belegt ist und falls diese unabhängig voneinander sind, auf eine Sonderexistenz hinweist“[5].

Der relativen Autonomie gegenüber dem literarischen Kontext auf der einen Seite entspricht eine Abhängigkeit vom pragmatischen Kontext auf der anderen Seite als drittes Merkmal von Formeln. Ihnen werden – je nach Situation (Sitz im Leben) – verschiedene Funktionen zugeschrieben. Das wird in der Definition von E. KÄSEMANN hervorgehoben: „Liturgische Formeln erwachsen im Zusammenhang kultischer Handlungen und neh-

[2] A. KROPP, Magische Sprachverwendung in vulgärlateinischen Fluchtafeln (defixiones), 191.
[3] A. KROPP, ebd., 135.
[4] G. MENSCHING, Art. Formeln. I. Religionsgeschichtlich, RGG[3], Bd. 2 (1958), Sp. 992.
[5] M. GÖRG, Art. Formel, NBL, Bd. 1 (1991), Sp. 687.

men, zu Wiederholung durch die gottesdienstliche Versammlung bestimmt, einen festen Platz im Geschehen der Liturgie ein"[6]. E. KÄSEMANN schließt Hymnen ausdrücklich von dieser Definition aus.

Die relative Unveränderlichkeit der Wortfolge, ihre Autonomie gegenüber dem literarischen Kontext und ihr pragmatischer Sitz im Leben machen es möglich, Kriterien für das Erkennen von Formeln zu definieren. Eine Zusammenstellung solcher Kriterien findet sich bei E. STAUFFER, der mit einer geradezu lyrischen Definition einsetzt: „Die Glaubensformeln sind in die Masse theologischer Darlegungen eingebettet wie Kristalle in eine amorphe Gesteinsmasse. Die Gesteinsmasse kann chemisch aus dem gleichen Stoff bestehen, wie der Kristall, die kann auch aus andern Stoffen zusammengesetzt sein. Der Kristall selbst kann in verschiedenem Maße ausgeformt und durchgebildet sein, er kann so verstümmelt sein, dass wir nur noch eine charakteristische Fläche, einen spezifischen Winkel erkennen können. Umso mehr müssen wir unsern Blick schärfen, um den Kristall und seine Formgesetze zu erfassen"[7]. Er stellt zwölf Erkennungsmerkmale für Formeln fest.[8] Bewährt haben sich vor allem sieben „Indizien für das Vorhandensein vorgeformter Traditionsstücke", die PH. VIELHAUER zusammengestellt hat:[9]

1. Zitationsformeln, die eine Überlieferung einführen.
2. Das Heraustreten eines Textes durch Formelhaftigkeit oder poetische Stilelemente, wie rhythmische Gliederung, strophischen Aufbau, Relativ- oder Partizipialstil.
3. Das Auftreten einer Terminologie, die von der des Verfassers abweicht.
4. Theologische Vorstellungen, die von den sonstigen des Verfassers abweichen.
5. Die Wiederkehr derselben, eventuell leicht abgewandelten formelhaften Wendung oder Aussage bei verschiedenen Autoren.
6. Gedanken, die über den Zusammenhang auffällig hinausgehen und besonders streng und geschlossen formuliert sind.
7. Grammatische Inkorrektheiten und stilistische Härten.

Diese Untersuchung beschränkt sich auf drei herausragende Formeln:
1. εἷς θεός – die Einzigkeitsformel
2. μόνος θεός – die Alleinanspruchsformel
3. οὐκ ἔστιν ἔτι πλήν und vergleichbare Wendungen – die Verneinungsformel.

---

[6] E. KÄSEMANN, Art. Formeln. II. Liturgische Formeln im NT, RGG³, Bd. 2 (1958), Sp. 993.
[7] E. STAUFFER, Die Theologie des Neuen Testaments, 215f.
[8] „Zwölf Kriterien formelhaften Glaubensgutes im NT", in: E. STAUFFER, ebd., 315.
[9] PH. VIELHAUER, Geschichte der urchristlichen Literatur, 12.

Alle drei Formeln sind uns gut vertraut aus dem Wortlaut des ersten Gebots, seinen Paralleltexten, Zusammenfassungen und Fortführungen im
Neuen Testament. Alle drei Formeln stehen für die Mitte des Alten Bundes,
schützen den Gottesbegriff und grenzen ihn von anderen Kulten ab. Die
Frage erhebt sich, wie bei dieser Vorgabe aus „der Väter-Religion" die
Integration Jesu Christi in die Gottheit erfolgen konnte und welche Konsequenzen die Christen der ersten Generationen aus diesem Erbe zogen.

Der Weg der Untersuchung beginnt daher bei alten Texten, die wir aus
der griech. Philosophie besitzen, und verfolgt diese Spur – trotz manchmal
spärlicher Quellenlage – bis in die ausgehende Antike. Eine zweite Spur
beginnt im frühen Judentum im AT (mit der Thora, den Propheten und
Psalmen) und führt über das reiche jüd. Schrifttum der hell.-röm. Zeit bis
zum NT.

Die Fragestellung ist auch durch die Diskussion der letzten Jahrzehnte
veranlasst, wo die Frage nach dem Ursprung und Inhalt des jüd. Monotheismus neu gestellt wurde. Was bis dahin allgemeine Überzeugung war,
dass der Glaube Israels immer als streng monotheistisch und einzigartig
betrachtet wurde, ist durch neuere Forschungen ins Wanken gebracht. Die
wissenschaftlichen Veröffentlichungen zu dieser Frage sind unübersehbar
und wachsen täglich. Sie können nur in Auswahl herangezogen werden.

Wir verfolgen hier nur die begrenzte Frage nach der sprachlichen Aus-
drucksform des Monotheismus in kurzen Formeln. Wir fragen also z.B.,
welche Bedeutung die zum ersten Mal bei Xenophon begegnende Formel
εἷς θεός überhaupt besitzt, woher sie mitten aus einer polytheistischen Welt
kommt, wie sie aufgenommen wurde, welche Wandlungen sie durchmachte
und welchen Platz sie schließlich in der Welt der griech.-röm. Kultur erhielt. Es ist auch die Frage, wie ein einzelner Gott inmitten einer Vielzahl
von Völker- und Funktionsgöttern eine herausragende Rolle spielen konnte,
bis er schließlich zum Herrn der Welt erklärt wurde.

Der Gegenstand der Arbeit ist jedoch nicht nur die εἷς θεός-Formel, sondern es sind verschiedene Prädikationen zu untersuchen, die einen Monotheismus formelhaft zum Ausdruck bringen. Es sollen nicht Erzählungen,
Geschichten oder Visionen als ganze behandelt werden, obwohl unsere
Untersuchung den literarischen Kontext und die umfassendere Gattung
immer berücksichtigen muss. Denn die Formeln sitzen oft an hervorgehobenen Stellen als pointierte Aussagen in eben solchen Erzählungen. Auch
geht es nicht um die Untersuchung von Gottesbegriffen und Umschreibungen Gottes oder das jeweilige Gottesbild als Ganzem.

Vorrangig muss von der LXX ausgegangen werden, da sie die Sprache
des NT liefert. Aber selbstverständlich müssen dafür auch die hebr. Begriffe in Betracht gezogen werden, das אחד, wie es im Sch^ema' Israel Dtn 6,4
gebraucht ist; בַּד, בְּדָד, wie es an zahlreichen Stellen des AT und den späte-

ren Schriften zu finden ist, und אָיִן, עוֹד אֵין (u.a.), das ebenfalls an etlichen
Stellen des AT gebraucht wird, bevor diese Formeln in der griech. Fassung
Verbreitung und auch Widerspruch finden.

Da einige Schriften aus hell.-röm. Zeit nicht mehr in Griechisch, auch
nicht Aramäisch oder Hebräisch, vorliegen und nur noch in Übersetzungen,
meistens in Sprachen des östlichen Mittelmeerraums greifbar sind, mussten,
um die Formeln zu entschlüsseln, manche Umwege über alte und neuere
Übersetzung gegangen werden, z.B. wenn ein Text, der nur noch in Armenisch überliefert war, im 19. Jh. entdeckt, ins Lateinische übersetzt und so
veröffentlicht wurde. Das bringt einerseits eine gewisse Unsicherheit, zeigt
aber auf der anderen Seite die weiten Interpretationsmöglichkeiten.

Abschließend soll knapp dokumentiert werden, wie aus dem kleinen
Quell der griech. Philosophie und dem Zufluss der jüd. Traditionen ein
Strom literarischer und öffentlicher Bezeugungen bei Kirchenvätern und in
Gestalt von Inschriften entstanden ist. Letzteres würde eine eigene Untersu-
chung über die Spätantike rechtfertigen.

Dass nicht nur die Interpretationen, sondern auch die unterschiedlichen
Übersetzungen dieser knappen Formeln eine wichtige Rolle spielen, wird
schon bei den ersten Texten erkennbar. Um dem Gewicht dieser Texte
sichtbaren Ausdruck zu verleihen, wurden sie in Kästchen hervorgehoben
und eine Übersetzung als Erstorientierung beigefügt. Zu entdecken, wie
diese alten Formeln über Jahrhunderte, ja Jahrtausende prägend wirkten,
welche Vielfalt an Interpretationen sie – bis in die neueste Zeit! – hervorrie-
fen, ist das Spannende bei dieser Untersuchung.

Die Entdeckung und Erforschung von Formeln im NT hat bereits eine
lange Geschichte, entwickelte sich jedoch seit dem Ende des 19. Jh. nur
zögernd. Wesentliche Anregungen kamen von Seiten der atl. Gelehrten, vor
allem von H. GUNKEL. Dieser distanzierte sich von der literarkritischen
Schule und der damals weit verbreiteten Auffassung, die biblischen Bücher
als Leistung einzelner Schriftsteller oder religiösen Persönlichkeiten zu
betrachten. Vielmehr verfolgte er die Methode, in bestimmten Gattungen
das „Überindividuelle und Typische"[10] zu erfassen und diese auf ihren sozialen Ort hin zu befragen, den sog. Sitz im Leben. H. GUNKEL forderte unter
dem Eindruck der Volkskundeforschung, die literarische Gesetzmäßigkei-
ten dieser Literaturgattung zu erkunden und zu beachten, besonders die
Voraussetzungen bei mündlichen Traditionen, wo vieles in Redewendungen
und feststehenden Formeln weitergegeben wird. Greifbar werden H.
GUNKELS Auffassungen in *Reden und Aufsätze*, die 1913 erschienen, doch
bereits schon vorher vorgetragen waren und Impulse gegeben hatten. Entscheidend war die Erkenntnis, dass in der einfachen Volksliteratur, wie sie

---

[10] U. BAUER, Art. Formgeschichte, NBL, Bd. 1 (1991), Sp. 687.

auch die Evangelien darstellen, Glaubensgut weitgehend anonym und in Gestalt von Formeln und „kleinen Formen" tradiert wird.

Viel verdankt die Formelforschung E. NORDEN, der mit seiner breit angelegten Studie *Agnostos Theos*, ebenfalls 1913 veröffentlicht, ntl. Texte einem Vergleich mit solchen aus der hell. Welt unterzog. Seine These lautete, dass die christliche Missionspredigt einem „überlieferten Schema"[11] folgt und dabei zahlreiche Formen und Formeln aus ihrer Umwelt übernimmt. Er vertrat die Auffassung, dass „diese Missionspredigten die letzten Ausläufer althellenischer Prophetenreden"[12] seien und dass sich die Aussagen der Missionspredigten nicht so sehr wie wir annehmen von der Sprache ihrer Umwelt unterschieden. Allerdings enthielten sie beständig die Elemente „Aufforderung zur Erkenntnis des wahren Gottes und der dadurch bedingten Sinnesänderung"[13]. Dies konnte auch mit den Vorstellungen und Sprachformeln der Stoa ausgedrückt werden, wie die Allmachtsformel in der Areopagrede zeigt. Der Geschichte, Verbreitung und Wandlung dieser Formeln und ihren Spuren im NT geht E. NORDEN ausführlich in seiner Studie nach.[14] Darüber hinaus gibt er im Anhang eine umfangreiche Zusammenstellung formelhafter Wendungen aus hell. Zeit.

Ähnlich hatte schon A. DEISSMANN 1909 in seinem Werk *Licht vom Osten* angesichts von „neu entdeckten Texte der hellenistisch-römischen Welt" argumentiert, dass der Unterschied der christlichen Missionspredigt zur heidnischen Sprachwelt nicht so gewaltig ist. Unter Betonung der „Volkstümlichkeit des Urchristentums"[15] stellt er die These auf: „sprach- und begriffsgeschichtlich ist der Kontakt des Urchristentums mit der Umwelt größer als sein Kontrast"[16]. Er macht diese These besonders an den Wundern fest, die nach seiner Ansicht einfach dazu gehörten: „die ganze antike Welt ist voll von Wundern"[17]. Aber A. DEISSMANN spricht noch nicht von Formeln, sondern stellt „Kultworte"[18] in den Mittelpunkt, die jedermann, „auch den ärmsten und gerade der ärmsten Seele verständlich gewesen"[19] seien. Er nennt als solche leichtverständliche Kultworte „Lamm Gottes, Gekreuzigter, Hirte, Eckstein [...] Menschensohn, Gottessohn [...] Heiland, Hoherpriester, Herr, König"[20]. Eine umfassende Erforschung dieser Wendungen und Kultworte erfolgte beim ihm jedoch nicht.

---

[11] E. NORDEN, Agnostos Theos, 3.
[12] E. NORDEN, ebd., 10.
[13] E. NORDEN, ebd., 10.
[14] Vgl. E. NORDEN, ebd., 241ff.
[15] A. DEISSMANN, Licht vom Osten, 293.
[16] A. DEISSMANN, ebd., 293.
[17] A. DEISSMANN, ebd., 294.
[18] A. DEISSMANN, ebd., 295.
[19] A. DEISSMANN, ebd., 295.
[20] A. DEISSMANN, ebd., 295.

Einen Durchbruch erzielte die Formelforschung, als M. DIBELIUS die Methode H. GUNKELS konsequent auf die Evangelien übertrug und 1919 die *Formgeschichte des Evangeliums* veröffentlichte, die große Resonanz fand. Er betrachtete die urchristliche Literatur als sog. „Kleinliteratur" und betonte, dass deren Entstehung und Überlieferung anderen Gesetzen unterliegt als große Literatur, die von einem bestimmten Autor in eigenem Stil geschaffen ist. In dieser Literaturform der Urchristenheit – so seine Überzeugung – wird weit mehr tradiert als neu geschaffen. Auch das älteste Evangelium Mk hat – wie er hervorhebt – sehr viel von der Urgemeinde übernommen. Wie A. DEISSMANN und H. GUNKEL denkt auch er „dabei an jene Unterschicht, die an den Kunstmitteln und Richtungen des literarisch-künstlerischen Schrifttums nicht teil und mit seinem Publikum nichts zu schaffen hat"[21]. Er hält daran fest: „die Verfasser sind nur zum geringsten Teil Schriftsteller, in der Hauptsache Sammler, Tradenten, Redaktoren. Im Überliefern, Gruppieren und Bearbeiten des ihnen zugekommenen Materials besteht ihre Tätigkeit vor allem …"[22].

Innerhalb dieser kleinen Einheiten spielen kurze feste Formulierungen eine besondere Rolle: die sog. Formeln. Er erkennt solche z.B. in den Wundergeschichten „mehrmals werden Heilungs- und Erweckungswunder mit Hilfe einer wundertätigen Formel vollzogen"[23]. Daher wiederholen sich bei Exorzismen gleiche oder ähnlich lautende Austreibungsbefehle, die öfters sogar mit dem hebr. Originalwort wiedergegeben werden. M. DIBELIUS schließt daraus: „wer ein Zauberwort weitergibt, ermöglicht seine Verwendung; sollten nicht auch bei dieser Weitergabe praktische Rücksichten mitsprechen?"[24]. Gleiches beobachtete er bei den zahlreichen Heilungsberichten, die auf Epidauros gefunden wurden. Sie werden „zumeist nach einer festgelegten stilistischen Schema erzählt … in oft gebrauchten Wendungen"[25].

M. DIBELIUS gibt in der Einleitung zur zweiten Auflage seines Werkes 1933 einen Forschungsüberblick, in welchem er sich von der verbreiteten Auffassung der Evangelisten als Schriftsteller distanziert und vielmehr auf die stille und anonyme Tradition des Glaubensgutes in Gestalt fester Redeformen verweist. Dankbar hebt M. DIBELIUS die Pionierleistung von J.G. HERDER hervor, der mehr als ein Jahrhundert zuvor solche Gesetzmäßigkeit für die Volkstumsforschung erkannt hatte.

---

[21] M. DIBELIUS, Die Formgeschichte des Evangeliums, 1.

[22] M. DIBELIUS, ebd., 2.

[23] M. DIBELIUS, ebd., 80.

[24] M. DIBELIUS, ebd., 81. Vgl. hierzu die oben zitierte These von A. Kropp über Formel als Zauberworte.

[25] M. DIBELIUS, ebd., 169. Die gebräuchlichsten Formeln sind von ihm ebd. in Anm. 2 festgehalten.

Es überrascht, dass R. BULTMANN in seiner *Geschichte der synoptischen Tradition*, die 1921 in ersten und 1933 in einer zweiten überarbeiteten Auflage erschien, nicht das Stichwort „Formel" aufgreift. Wohl betrachtet er M. DIBELIUS' Werk als eine „ergänzende und korrigierende Arbeitsweise"[26] und bezieht sich häufig darauf. Auch nimmt er den Begriff Formel gelegentlich auf, widmet ihm aber keine große Aufmerksamkeit. Ihm ging es vielmehr darum, die „Entstehung und Tradition der Einzelstücke zu rekonstruieren"[27].

Inzwischen hatte E. PETERSON seine Studien über die ΕΙΣ ΘΕΟΣ *Inschriften in der christlichen Epigraphik* vorgelegt, zunächst 1920 als Dissertation, schließlich 1926 als eine Neubearbeitung seiner Habilitation, jetzt stark erweitert zu einer umfassenden Sammlung von Inschriften und Belegen aus dem gesamten Vorderen Orient. Er stellte in diesem Werk hunderte Inschriften, die diese Formel in Abwandlung und Erweiterungen enthielten, zusammen. Jedoch entstammt das gefundene Material zumeist dem 4. und 5. Jh. n.Chr. Rückschlüsse auf die vorchristliche Zeit sind daher nur begrenzt möglich. E. PETERSON kommt zu dem auch heute weithin anerkannten Schluss, dass diese Formel keineswegs immer im Sinn eines absoluten Monotheismus verwendet wurde. Das ist ein Ergebnis, dass trotz der chronologischen Differenz dieser Inschriften zum Neuen Testament für das Problem eines christologisch modifizierten Monotheismus hoch relevant ist.

Auch E. STAUFFER widmete in *Die Theologie des Neuen Testaments*, die zwar 1941 abgeschlossen war, aber erst nach dem Krieg Verbreitung fand, einen erheblichen Teil den „Glaubensformeln der Urkirche"[28]. Unter Bezug auf die Anregungen der Brüder A. SEEBERG (1903) und R. SEEBERG (1922) suchte er nach den Wurzeln des Apostolicums. Er sieht diese Anfänge in „der Geschichte Jesu Christi und seines Erdenweges … Hier waren aber auch katechismusartige Formeln als Leitfaden und Gedächtnisstoff unentbehrlich"[29]. Die wichtigste Quelle für Formeln wurde forthin die Katechese und der Gottesdienst, dort entsteht die „dogmatische Tradition"[30]. „Die Tradition ist der Strom, der die dogmatischen Lehrstücke durch die Zeiten trägt. Zugleich aber ist sie der Garant, der ihre normative Geltung verbürgt."[31] Neben den schon im „Spätjudentum"[32] tradierten monotheistischen Formeln sieht er in den acht Petrusformeln[33] der Apg eine besondere Quelle

---

[26] R. BULTMANN, Geschichte der synoptischen Tradition, 6.
[27] R. BULTMANN, ebd., 4.
[28] Vgl. E. STAUFFER, Die Theologie des Neuen Testaments, 212–234.
[29] E. STAUFFER, ebd., 213.
[30] E. STAUFFER, ebd., 215.
[31] E. STAUFFER, ebd., 215.
[32] E. STAUFFER, ebd., 212. Stauffer meint die hellenistische vorchristliche Zeit.
[33] Vgl. E. STAUFFER, ebd., 222.

für die spätere christliche Tradition. Darüber hinaus formuliert er im An-hang[34] zwölf Kriterien zur Erkennung formelhaften Glaubensgutes im NT, die auch heute weitgehend Gültigkeit haben.

1955 greift H. CONZELMANN in einem Aufsatz *Was glaubte die frühe Christenheit?* die Frage nach den Formen das Glaubensgutes auf und stellt fest, das NT ist „durchzogen von einigermaßen fest formulierten Sätzen, in welchen ausdrücklich der Glaube als solcher bekannt wird. Sie heben sich durch ihren Stil und andere Merkmale aus ihrer Umgebung heraus und verstehen sich als verpflichtende und umfassende Aussagen über den Glau-ben"[35]. H. CONZELMANN wendet sich aber gegen ein „nahe liegendes Miss-verständnis … als seien in diesen Formeln bequem ein zeitloses Prinzip, das destillierte reine ‚Wesen des Christentums' zu gewinnen …"[36]. Er betont auch, dass solche Bekenntnisse nicht unbedingt in einem „fixierten autorita-tiven Wortlaut"[37] bestehen, sondern „in dieser Hinsicht bemerken wir in der Frühzeit trotz eines gewissen Grundbestandes an Begriffen, Stilformen, eine große Mannigfaltigkeit"[38].

H. CONZELMANN legt besonderen Wert darauf, dass diese Formeln theo-logische Interpretation verlangen. „Als geschichtliche Größe drängt das Bekenntnis auf stete Interpretation. So knapp die Formeln sind, so stecken doch in jedem Begriff, in jeder Aussage bestimmte weitergreifende Vorstel-lungen."[39] H. CONZELMANN macht diese These besonders an den drei Titeln fest: Herr, Christus, Sohn Gottes.[40] Alle drei drücken die absolute Stellung von Jesus aus. Und für alle drei gilt, dass sie nicht von Paulus oder einem Evangelisten geschaffen, sondern längst von der Gemeinde tradiert werden. Daher rücken für ihn die beiden Begriffe πιστεύειν und ὁμολογεῖν in den Mittelpunkt, die er als zusammengehörig und „praktisch synonym"[41] be-trachtet. Das Wesen der Homologie ist die Akklamation,[42] das Wesen des Credos die Lehre und Reflexion.[43] Beides geschieht vorwiegend mittels der bekannten Formeln. Davon sind aber zu unterscheiden die Lieder, die wohl in die Nähe der Akklamation gehören, aber eine breitere Interpretation und neuere Formulierungen zulassen. „Das Lied ist nicht in derselben Weise normativ wie jenes (Taufbekenntnis). Es entfaltet sich daher freier, legt einzelne Motive in die Breite auseinander, was das Bekenntnis gerade nicht

---

[34] Vgl. E. STAUFFER, ebd., 316.
[35] H. CONZELMANN, Was glaubte die frühe Christenheit?, 107.
[36] H. CONZELMANN, ebd., 107.
[37] H. CONZELMANN, ebd., 108.
[38] H. CONZELMANN, ebd., 108.
[39] H. CONZELMANN, ebd., 108.
[40] H. CONZELMANN, ebd., 109.
[41] H. CONZELMANN, ebd., 109.
[42] Vgl. H. CONZELMANN, ebd., 112.
[43] Vgl. H. CONZELMANN, ebd., 113.

tut."[44] Die Formelbildung – so betont H. CONZELMANN am Ende seines Aufsatzes – bringt daher auch eine notwendige Abgrenzung „gegen zwei Strömungen, die gnostische und apokalyptische"[45] und somit gegen jede häretische Richtung.

Einen neuen Höhepunkt der Formelforschung bringen die 60er Jahre. W. KRAMER unternimmt in seiner 1963 veröffentlichten Dissertation *Christos Kyrios Gottessohn* ausführliche *Untersuchungen zu Gebrauch und Bedeutung der christologischen Bezeichnungen bei Paulus und den vorpaulinischen Gemeinden.* W. KRAMERS Ausgangspunkt lautet: „Glücklicherweise finden sich im corpus Paulinum alte, d.h. vorpaulinische und relativ kleine, literarisch fassbare Einheiten, die in stereotyper Form wiederkehren und in denen je eine der christologischen Bezeichnungen festhaftet. Geht man von diesen kurzen, vorpaulinischen, gewöhnlich mit dem Gottesdienst in Zusammenhang stehenden Formeln aus, so hat man in traditionsgeschichtlicher und historischer – und damit auch methodischer – Hinsicht sichern Boden unter den Füßen"[46].

Seine Arbeit ist konsequent geteilt in vorpaulinisches und paulinisches Material. Sein Ziel ist dabei, den Ursprung und die Verwendung der ursprünglichen Formeln durch Paulus zu erkennen und zu unterscheiden. Ein dritter Teil mit Spezialproblemen über den historischen Jesus und den Christus-Titel ist hier wenig von Belang. W. KRAMER unternimmt, den Anregungen H. CONZELMANNS folgend, eine Analyse von pistis und homologia. Dabei bringt er den Titel Christus besonders mit der pistis als Glaubensgrundlage in Verbindung, inhaltlich mit der Auferweckung Christi von den Toten. Er bezeichnet daher die Formel, die H. CONZELMANN etwas missverständlich Credo genannt hatte, als Pistisformel[47], was sich inzwischen weitgehend durchgesetzt hat. Den Titel Kyrios findet er dagegen mehr in der Homologie und auch das εἷς κύριος deutet er klar als Akklamation. Aber für ihn ist Akklamation zugleich auch eine Proklamation[48] und das bedeutet Verkündigung und Abwehr von Unglauben und Häresie. Es steht außer Zweifel, dass die bei Paulus belegten Formeln weithin ein Produkt des hell. Urchristentums sind. Besonders beachtlich ist, wie W. KRAMER den Ursprüngen der einzelnen Formeln nachgeht.

Wenige Jahre später legt K. WENGST eine umfassende Untersuchung *Christologische Formeln und Lieder des Urchristentums* vor, 1967 als Dissertation, 1971 als Buch. Er steht in vielem W. KRAMER, an dessen

---

[44] H. CONZELMANN, ebd., 116.
[45] H. CONZELMANN, ebd., 117.
[46] W. KRAMER, Christos Kyrios Gottes Sohn, 11.
[47] W. KRAMER, ebd., 17.
[48] W. KRAMER, ebd., 92.

Arbeit er anknüpft, sehr nahe,[49] stellt aber auch neue und präzise Fragen: „Von den bei Paulus festgestellten Formeln her muss dann weitergefragt werden, ob sie sich auch in den nachpaulinischen Schriften des Urchristentums nachweisen lassen. Ist die Form bewahrt worden, oder zeigen sich Um- und Weiterbildungen oder Auflösungserscheinungen? Lassen sich Übergänge von der ursprünglichen Entstehungsgemeinde in eine andere Gemeinde feststellen? In welcher Weise verändert sich dabei das Verständnis der Formeln? Bleibt der Sitz im Leben derselbe?"[50].

K. WENGST unterscheidet schärfer als die vorausgehenden Autoren katechetische Formeln, Akklamationen und Lieder und kommt damit weitgehend einer Forderung nach, die E. KÄSEMANN wenige Jahre zuvor an den Anfang seines Artikels über *Formel* in der RGG³ gestellt hatte. „Bisher fehlt eine umfassende Darstellung der ntl. Formelsprache. Sie hätte liturgisches, klar von kerygmatischen, katechetischen, dogmatischen, juridischen Sätzen, von Schwurformeln, Liedern, Wendungen der Missions- und Erbauungssprache zu unterscheiden."[51]

Sehr beachtlich ist darüber hinaus ein detaillierter Forschungsbericht bis etwa 1970, den K. WENGST seiner Arbeit als Einleitung voranstellt. Unter anderem setzt er sich mit O. CULLMANNS Methode[52] auseinander, der von bestimmten Gemeindesituationen als Sitz im Leben auszugehen versuchte (z.B. Taufe, Gemeindeversammlung, Exorzismus, Verfolgungen, Polemik u.a.) und dazu Texte suchte. „Kritisch soll jedoch vermerkt werden, dass sich Cullmanns formgeschichtliche Arbeit darauf beschränkt, ‚Sitze im Leben' festzustellen, zu denen er dann Texte sucht, die hier entstanden seien. Man könnte darin die ‚konstruktive Methode' erkennen. Aber die wird bei Cullmann nicht ergänzt durch die analytische: die Fragen nach genauer Abgrenzung der Formel, nach möglichen Interpolationen, nach klaren Formen und Gattungen kommen zu kurz."[53] – Ausführlich geht K. WENGST auch auf die Erforschung von Liedern und Hymnen ein, die jedoch für unsere Untersuchung nicht von Belang ist.

In seiner Untersuchung der Stelle 1Kor 8,6 stellt K. WENGST in Übereinstimmung mit W. KRAMER fest, dass es sich bei der Formel εἷς θεός um eine Akklamation handelt. Auch vermutet er für sie ein relativ hohes Alter und beruft sich dabei auf einen leider fragmentarischen Text, den E. PETERSON ebenfalls gefunden hatte und als einen Kultruf aus der Mysterienreligion im 2. oder gar 3. vorchristlichen Jahrhundert einstuft. K.

---

[49] K. WENGST, Christologische Formeln und Lieder des Urchristentums, 20, bezeichnet er Kramers Buch als Gesprächspartner in seiner Arbeit.

[50] K. WENGST, ebd., 12.

[51] E. KÄSEMANN, Art.: Formeln, II. Liturgische Formeln im NT, RGG³ Bd. 2 (1958), Sp. 993ff.

[52] O. CULLMANN, Die ersten christlichen Glaubensbekenntnisse, 4.

[53] K. WENGST, ebd., 18.

WENGST hält es für wahrscheinlich, dass die Kyrios-Akklamation aus dem Heidentum eindrang, als der Kyrios-Titel in der Urchristenheit gebräuchlich wurde.[54] Und daher sei es bald zur Erweiterung der Christus-Akklamation gekommen. So schätzt er, wie E. PETERSON schon vermutet hatte, dass das εἷς nahezu gleichbedeutend mit μέγας ist. Auch für die viel zitierte Stelle Eph 4,5 vermutet er, dass eine εἷς-Akklamation den Kern des Textes bildet, um die herum eine „triadische, dem Verfasser vorgegebene Akklamation"[55] gebaut ist. Dieser Meinung schließt sich auch PH. VIELHAUER an.[56]

Schließlich stellte sich PH. VIELHAUER eine Aufgabe, von der R. BULTMANN zweifelte, ob sie überhaupt zu bewältigen sei, nämlich eine umfassende *Geschichte der urchristlichen Literatur* zu verfassen, eine Einleitung nicht nur in die Schriften des NT, sondern auch in die Apokryphen und die Apostolischen Väter. 1975 wurde sie veröffentlicht. Im zweiten Kapitel dieses umfänglichen Werkes gibt PH. VIELHAUER einen Überblick über „vorliterarische Formen"[57], wie er im Vorwort zugesteht, ein etwas schwieriges Kapitel, das „wegen der Spröde des Materials eine besondere Konzentration bei der Lektüre erfordert"[58] und dem Anfänger zunächst nicht zu empfehlen ist. Denn es handelt sich dabei um die zahlreichen Formeln, oft kleinste Einheiten, die aus dem ganzen NT genommen und miteinander in Verbindung gebracht werden.

Einerseits fasst PH. VIELHAUER in seinem Werk im Wesentlichen das zusammen, was die bisherige Forschung über Entstehung und Gebrauch der Formeln hervorgebracht hat, andererseits gibt er eine sehr genaue Darstellung des vielfältigen Materials. Neben M. DIBELIUS, der wie sich immer wieder zeigt, die wesentlichen Grundlagen für die Formelforschung geliefert hat, bezieht sich PH. VIELHAUER auf H. CONZELMANN und folgt wie K. WENGST dessen Hervorhebung von Homologie und Credo, bevorzugt aber für die letztere Gruppe mit W. KRAMER die Bezeichnung Pistisformeln[59]. Diese enthält „das in der Vergangenheit liegende Heilsgeschehen"[60], besonders die Auferweckung Jesu von den Toten. Auch er hält die Auferweckungsformel für die älteste, die er auf die palästinische Urgemeinde zurückführt.[61] Wie W. KRAMER und K. WENGST, kommt er zu dem Schluss: „die Pistisformeln haben ihren Sitz im Leben im Katechumenat"[62]. Dagegen

---

[54] K. WENGST, ebd., 140.
[55] K. WENGST, ebd., 142.
[56] Vgl. PH. VIELHAUER, ebd., 33.
[57] Vgl. PH. VIELHAUER, ebd., 9ff.
[58] PH. VIELHAUER, ebd., 1.
[59] PH. VIELHAUER, ebd., 13.
[60] PH. VIELHAUER, ebd., 14.
[61] Vgl. PH. VIELHAUER, ebd., 20.
[62] PH. VIELHAUER, ebd., 21.

gehören die Akklamationen in den Gottesdienst selbst. – Darüber hinaus unterscheidet PH. VIELHAUER außer den Pistisformeln und Homologien kerygmatische Formeln, liturgische Texte, darunter auch die εἰς-Akklamation und Lieder. Schließlich gehört zu den vorpaulinisch überkommenen Formen auch die Paränese, die teils auf die jüd. Weisheitsliteratur zurückgeht, teils aber auch hell. Ursprung ist.

Während in den vergangenen Jahrzehnten die Forschung an christologischen Formeln im NT überwog, oft unter Einbeziehung der Apokryphen, der Apostolischen Väter und der Hermetischen Schriften, wird in dieser Arbeit der Akzent anders gesetzt. Es soll die griech. und jüd. Vorgeschichte einiger Bekenntnisformeln bzw. Akklamationen erkundet werden, die später in der Urchristenheit eine Rolle spielen. Es geht also um die frühen Bausteine dieser urchristlichen liturgischen Elemente. Dabei beschränkt sich die Arbeit nicht auf die Formel εἰς θεός und εἰς κύριος, auf die man sich bisher in neutestamentlichen Arbeiten beschränkt hat, sondern zieht andere monotheistische Formeln mit ein. Die „Einzigkeitsformel" begegnet in der Vorgeschichte des NT nämlich als Alternative zur „Alleinanspruchsformel" (μόνος θεός). Indem wir die nuancierte Bedeutung der verschiedenen Formeln in ihren Kontexten untersuchen, können wir vielleicht verständlich machen, warum diese Alleinanspruchsformel im NT nur eine marginale Bedeutung hat, obwohl sie aus der jüd. Tradition stammt, während die Einzigkeitsformel griech. Tradition ist.

Wir werden sehen, dass die Geschichte der monotheistischen Formeln komplexer ist, als es auf den ersten Blick aussieht. Die Einzigkeitsformel wird zwar früh bei Xenophanes im 6. Jh. v.Chr. geprägt. Aber warum verschwindet sie dann für lange Zeit in der griech. Tradition? Warum begegnet sie erst in hellenistisch-römischer Zeit in nennenswerter Belegdichte? Warum dringt gerade sie in jüdisch-hellenistische Schriften ein? Warum hat sie möglicherweise schon auf die Übersetzung des Sch^ema's in der LXX eingewirkt?

Erst wenn man alle diese Frage geklärt hat, wird man den neutestamentlichen Befund angemessen deuten können: die Ausweitung der ihrem Ursprung nach griech. Einzigkeitsformel von dem einen und einzigen Gott auf Jesus – und das Zurücktreten der Ausschließlichkeitsformel, die eindeutig jüdischen Ursprungs ist.

2. Die Formeln in der griechischen Tradition

2.1 Die Vorsokratiker

Xenophanes
Die erste Erwähnung der εἰς θεός-Formel findet sich bei Xenophanes aus Kolophon (weiter nur Xen) in der Mitte des 6. Jh. v.Chr. Unter den etwa vierzig erhaltenen oder ihm zugeschriebenen meist recht kurzen Fragmenten[1] befassen sich elf mit Glauben an die Götter, davon zehn in polemischer Weise, die deutliche Distanz zum allgemeinen polytheistischen Glauben erkennen lassen.[2] Besonders scharf ist die Polemik in den Frgm. 11–17, weil die Darstellung der Götter in ihrer simplen Menschlichkeit nichts als die eigenen Völker, ihre Sitten und Gebräuche widerspiegelt. Xen greift die weit verbreitete Praxis der bildhaften Darstellung und der derben Mythen heftig an und führt sie, indem er die Vergleiche aus dem Tierreich heranzieht, ad absurdum. Von diesen ironischen Versen heben sich die Frgm. 23 und 24 wie Bekenntnisse positiv ab. Die scharfe Polemik gegen die Götter in Menschengestalt weist darauf hin, dass seine Auffassung über die Gottheit neu ist. Weil Xen sich auf niemand beruft und sehr pointiert formuliert, scheint er der erste zu sein, der solche Kritik vorträgt.

Frgm. 23:	*Ein einziger Gott,* unter Göttern und
εἰς θεός, ἔν τε θεοῖσι καὶ ἀνθρώποισι	Menschen am größten, weder an Gestalt
μέγιστος, οὔτι δέμας θνητοῖσιν ὁμοίιος	den Sterblichen ähnlich, noch an Ge-
οὐδὲ νόημα.	danken.

Der Vers enthält die Behauptung, *es existiert nur ein einziger Gott!* Xen steigert diese schroffe These, indem er diesen Gott über jedes Maß lobt: der

---

[1] Übersetzung der Frgm, wenn nicht anders vermerkt, nach H. DIELS/W. KRANZ (Hg.), Fragmente der Vorsokratiker.

[2] Positiv und dennoch ein wenig distanziert ist die Aussage am Ende des ersten Frgm, das von einem Festgelage handelt: „Aber der Götter fürsorglich zu gedenken, das ist edel." H.DIELS/W. KRANZ (Hg.), Bd. I, 128. – Auch die Erwähnung in der Mitte des Frgm: „es geziemt zuerst dem Gott Lob zu singen", ist keine bewusst monotheistische Aussage, sondern eine übliche, die die Sitte, die Lokalgottheit oder den Gott, dessen Fest man feiert, besonders zu bedenken. Wahrscheinlich stammt dieses Frgm des Xen aus früherer Zeit als die anderen polemischen.

Größte unter Göttern und Menschen[3], also der oder das Größte im Kosmos. Schützende und abwehrende Formulierungen treiben die These über die Einzigartigkeit weiter: *weder an Gestalt den Sterblichen ähnlich, noch an Gedanken.* Damit distanziert sich Xen von allen Gottesbildern und Mythen, die er selbst als fahrender Sänger jahrelang vorgetragen hat. Der einzige Gott denkt nicht wie die Menschen. Beide Zeilen enthalten poetisch geprägte, schon seit Homer bekannte Doppelformulierungen: Götter und Menschen bzw. Gestalt und Gedanken. Beide Verszeilen meinen weitgehend dasselbe: dieser eine Gott ist unvergleichbar mit irgendetwas im Kosmos.

Dazu gehört Frgm. 24 οὖλος ὁρᾶι, οὖλος δὲ νοεῖ, οὖλος δέ τ᾽ ἀκούει/*als Ganzer sieht er, als Ganzer denkt er, als Ganzer hört er.*[4] Die Formulierung zeigt, dass Xen unter Gott nicht (nur) ein großes fernes Prinzip versteht, sondern dass er positive Eigenschaften besitzt. Ob sich dieser Gott (die Verben stehen alle in 3.Sg.: er sieht!) den Menschen zuwendet und sie wahrnimmt, ob eine Beziehung entsteht, muss offen bleiben. Der jüd. Religionswissenschaftler Y. AMIR stellt als größtes Defizit dieses Gottes fest, dass er nicht angeredet werden kann.[5] Die Gottheit ist jedoch nicht in vielerlei Funktionen gespalten, wie die homerischen Götter (Licht, Wetter, Fruchtbarkeit usw.), sondern ist eine Einheit für sich, ein „Ganzer".

Wenn Xen (Frgm. 25) diesem Gott zugesteht, dass er ἀλλ᾽ ἀπάνευθε πόνοιο νόου φρενὶ πάντα κραδαίνει/*alles ohne Mühe mit seiner Geisteskraft erschüttert,* dann wendet er sich gegen die Aufteilung der Naturkräfte in positive und negative, die verschiedenen Gottheiten zugeordnet werden. Stattdessen behauptet er, dass die eine Gottheit die Fähigkeit besitzt, mit ihrem Tun einzugreifen, schöpferisch zu gestalten und zu verändern.[6]

Die Formulierung *mit des Geistes Kraft* (Frgm. 25) beschreibt den inneren Zusammenhang und die Gesetzmäßigkeit des εἷς, was später Aristoteles mit τέλειος bezeichnet. Der Schwerpunkt der Aussage liegt weniger bei den anthropomorphen Bildern „Sehen, Hören, Denken" als bei dem dreifachen οὖλος (Frgm. 24). Es soll eine Gottheit ohne Widersprüche sein. Οὖλος (ganz) und εἷς sind korrespondierende Begriffe. Der einzige Gott existiert ohne inneren Widerspruch. Er „handelt" mit ganzer Kraft und braucht keinen anderen neben sich.

---

[3] Die Formulierung „unter Göttern und Menschen" ist eine häufig gebrauchte sprachliche Wendung, die die Gesamtheit des Kosmos umschreibt. H. DIELS/W. KRANZ, ebd., 135, Anm.z.St. nennt sie eine „polarische Ausdrucksweise". Es ist keine religiöse Formel.

[4] H. DIELS hat dafür die treffende deutsche Übersetzung gefunden: „Gott ist ganz Auge, ganz Geist, ganz Ohr."

[5] Y. AMIR, Die Begegnung des biblischen und des philosophischen Monotheismus als Grundthema des jüdischen Hellenismus, 5.

[6] Der Begriff κραδαίνειν hat die Bedeutung: *in Schrecken setzen,* im übertragenen Sinne *er zeigt seine Macht.* MENGE/GÜTHLING, Wörterbuch, 402.

So klar die These von der göttlichen Einheit und Einzigkeit und so scharf die Polemik gegen die anthropomorphen Darstellungen der Götter ist, Xen rät dennoch zur Vorsicht, wie Frgm. 34 zeigt:

καὶ τὸ μὲν οὖν σαφὲς οὔτις ἀνὴρ ἴδεν οὐδέ τις ἔσται / εἰδὼς ἀμφὶ θεῶν τε καὶ ἄσσα λέγω περὶ πάντων· / εἰ γὰρ καὶ τὰ μάλιστα τύχοι τετελεσμένον εἰπών, / αὐτὸς ὅμως οὐκ οἶδε· δόκος δ᾽ ἐπὶ πᾶσι τέτυκται.	Und das Genaue freilich erblickte kein Mensch und es wird auch nie jemand sein, der es weiß (erblickt hat) in bezug auf die Götter und alle Dinge, die ich nur immer erwähne ... Schein haftet an allem.

In Frgm. 26 ist von dem εἰς θεός ein weiteres Kennzeichen der Einheit und Einfachheit genannt, die These, dass die Gottheit an *einem* Ort beharrt. Damit wendet er sich gegen die phantasiereichen Erfindungen über die Verwandlungen und Turbulenzen der Gottheiten.

αἰεὶ δ᾽ ἐν ταὐτῶι κινούμενος οὐδέν οὐδὲ μετέρχεσθαί μιν ἐπιπρέπει ἄλλοτε ἄλληι.	Stets aber am selbigen Ort verharrt er, sich gar nicht bewegend und es geziemt ihm nicht hin und her zu gehen, bald hierhin, bald dorthin.

Die Polemik richtet sich gegen die mythischen Aussagen, dass Götter sich dahin und dorthin begaben und wieder verschwanden, oft unter Veränderung ihrer Gestalt. Gewiss kritisiert die Behauptung auch die Praxis der Prozessionen, in denen Götterstatuen mitgetragen oder gefahren wurden. Von einem Gott, der allgegenwärtig ist und alles erfüllt, ist die Aussage über einen Orts- und Gestaltwechsel unlogisch oder lächerlich.[7] H. DIELS/W. KRANZ interpretieren das εἰς als οὐρανός.[8] So wie der Himmel überall ist, ist auch Gott überall. Von Xen liegen also vier Aussagengruppen über die Gottheit vor:

1. der Spott über die Göttermythen und –abbildungen
2. das Bekenntnis zu einem einzigen alles umfassenden Gott, der an einer Stelle beharrt
3. der Versuch seine Aktivität und Nähe mit anthropomorphen Bildern zu beschreiben: Gott sieht, hört, denkt und gestaltet als Ganzer

---

[7] Xen geht damit einen anderen Weg als Hesiod in seiner Theogonie, der Zeus eine Vorrangstellung gewährt. Der eine Gott des Xen bleibt ohne Namen. Der Name Zeus wäre für diesen Einen keine passende Bezeichnung. Xen ist weniger kompromissbereit als Heraklit, der dem Größten halb freiwillig (s.u. zu Heraklit Frgm. 32) doch den Namen Zeus zugesteht.

[8] H. DIELS/W. KRANZ (Hg.), ebd., 135, Anm. für Zeile 4.

4. Ratschläge zur Vorsicht über irgendwelche Aussagen zum Göttlichen. Es klingt nach Altersweisheit, wenn er schreibt: alles ist nur ein Raten, Meinen und Suchen.

Der Begriff εἷς steht bei Xen nicht nur für das Zahlwort Eins, sondern für das einheitliche, widerspruchsfreie, göttliche Handeln ohne Abenteuer und Anmaßungen der homerischen Götter. Dieser Gott ist eine zuverlässige Größe. Dennoch bleibt er namenlos und abstrakt.

Es verdient Beachtung, dass DtJes und Xen etwa gleichzeitig lebten und ihre Wirksamkeit wohl in die gleichen Jahre fiel. Xen ist nach Angaben von Apollodor um 580 v.Chr. geboren, seine „Blüte" war zur 60sten Olympiade, also zwischen 537–540 v.Chr. – exakt die Zeit, als sich die Krise um Babylon zuspitzte und DtJes seine ermutigende Botschaft verkündete. Dennoch gibt es nahezu keine Gemeinsamkeit zwischen den Gottesauffassungen. Der Gott des Xen ist statisch, DtJes Gott ist dynamisch, kreativ und eifersüchtig. Doch ist die Polemik beider Verfasser gegen die Lächerlichkeit der Götzenbilder ähnlich. Vermutlich ist dies Ausdruck eines verbreiteten Überdrusses und der Unglaubwürdigkeit einer gewissen Religiosität. Zutreffend vermerkt M. HENGEL über solche Abhängigkeiten, es ist „die Möglichkeit in Betracht zu ziehen, dass auch analoge Erscheinungen auftreten, die nicht durch kausale Ableitungen und Abhängigkeitsbeziehungen zu erklären sind, weil gewisse Gedanken einfach reif geworden waren und unabhängig voneinander gleichzeitig an verschiedenen Orten ausgesprochen wurden".[9]

Wir wissen leider nicht, wie diese Thesen über εἷς θεός aufgenommen wurden. Jedenfalls wurde Xen weder zu Lebzeiten noch später der ἀσέβεια beschuldigt. Die vorsokratischen Naturphilosophen scheinen ihn zu kennen, zitieren ihn aber nicht, soweit das spärliche Material, das uns erhalten ist, darüber eine Aussage zulässt.

W. RÖD würdigt ihn: „Xenophanes wirkte in erster Linie durch seine Theologie und die mit dieser zusammenhängenden metaphysischen und erkenntnistheoretischen Gedanken auf die Späteren: Zunächst negativ auf Heraklit, den er zum Widerspruch herausforderte, sodann positiv auf Parmenides und die Angehörigen der Schule von Elea."[10]

Heraklit

Heraklit hat die Thesen des Xen, wie Frgm. 40 zeigt, aufgenommen und abgewandelt und statt des εἷς das neutrale ἕν in den Vordergrund gestellt. Er präzisiert in Frgm. 50: ἕν πάντα εἶναι/*alles ist eins*, und nimmt so den Gedanken der Ganzheit und des in sich Einheitlichen auf. Jedoch steht er auch zur Tradition und bezeichnet dieses Eine als Zeus:

---

[9] M. HENGEL, Judentum und Hellenismus, 198.
[10] W. RÖD, Geschichte der Philosophie, Bd. I, [2]1988, 88.

Frgm. 32:	Eins, das allein Weise, will nicht und
ἓν τὸ σοφὸν μοῦνον λέγεσθαι οὐκ	will doch mit dem Namen Zeus benannt
ἐθέλειкαὶ καὶ ἐθέλει Ζηνός ὄνομα.	werden.

Heraklit wählt nach H. DIELS/W. KRANZ diese seltsam zögerliche Formulierung „*will nicht und will doch*", „weil er mit dem vulgären Zeus nicht einverstanden ist"[11]. Daher lässt sich der Schluss ziehen: Zeus oder das Göttliche ist in sich die Weisheit schlechthin, die Ordnung und ist ohne Risse und Widersprüche – einheitlich in jeder Beziehung. „Heraklits Logos ist aber nicht nur allgemeine Form der Wirklichkeit, sondern auch das Eine Weise, das göttlich ist und alles lenkt. Das Eine ist das allein Weise."[12]

Frgm. 10:	Ganzes und Nichtganzes,
ὅλα καὶ οὐχ ὅλα,συμφερόμενον	Einträchtiges Zwieträchtiges,
διαφερόμενον, συνᾷδον διᾷδον,	Einklang und Zwieklang, und aus Allem
καὶ ἐκ πάντων ἓν καὶ ἐξ ἑνὸς πάντα.	*Eins* und aus *Einem* Alles.

Was bei Xen Frgm. 25 noch auf den einen Gott hin formuliert war, wird hier erstmals zur *pantheistischen Weltformel*. Alle Gegensätze fallen zusammen, alles strebt zusammen, aus allem wird Eins – und aus Einem entsteht Alles. Die Widersprüche sind aufgehoben. Dieser „Einheitsgesichtspunkt"[13] ist nicht allein Eigentümlichkeit der Eleaten, sondern ein Denkmuster der Griechen. So betont W. RÖD: „die Philosophie hatte, indem sie nach dem Ursprung der Welt im Ganzen fragte, die Wirklichkeit als Einheit betrachten gelehrt. Im Rahmen der philosophischen Konstruktion der Welt als Einheit konnte die Kosmologie die Beobachtungstatsachen ordnen und die Einzelerklärungen systematisieren."[14] Nur so war es möglich, einen Mittelpunkt und eine Klarheit des Denkens zu gewinnen.

Läßt sich ein *Ursprung dieser Einheitsidee* finden? Wahrscheinlich hat die Behauptung des Xen von einem einzigen Gott doch ältere Wurzeln, die in den Göttermythen zu finden sind. W. RÖD sieht die Einheitsidee entstanden „aus den mythischen Vorstellungen der Welteinheit. Indem das mythische Denken die gesamte Wirklichkeit als einheitlichen Herrschaftsbereich der Götter darstellte und die Vielzahl der Götter auf ein erstes Paar göttlicher Mächte, letzten Endes auf ein einziges Prinzip, wie immer es inhaltlich

---

[11] H.DIELS/W. KRANZ (Hg.), ebd., 159, Anm. für Zeile 2; W. RÖD, ebd., 99 meint dagegen: „Wird mit ‚Zeus' der olympische Gott gemeint, so ist dieser Name dem Einen unangemessen; hat er nur die Funktion einer Chiffre, die auf das Göttliche hinweist (wie später z.B. bei Kleanthes), so ist seine Verwendung zulässig."

[12] W. RÖD, ebd., 99.

[13] W. RÖD, ebd., 24.

[14] W. RÖD, ebd., 25.

bestimmt werden mochte, zurückführte, lehrte es die Wirklichkeit als Einheit sehen."[15] Vielleicht erklärt diese Einheitsidee auch, dass in der Literatur oft ein schneller Wechsel von θεοί zu θεός (oder ὁ θεός) erfolgt, ohne dass damit immer ein einzelner Gott gemeint ist. So kommt W. RÖD zu dem Schluss, „einmal ist die Philosophie dem Mythus offensichtlich insofern verpflichtet, als sie dessen Einheitskonzeption des Alls der Form nach übernahm."[16]

Diese Einheit würde aber gestört durch die Vielzahl der Götter, ihre Eifersucht und Streitereien. Dieses Chaos passt nicht zur Idee der Einheit. Die Idee der Einheit gewinnt als ursprüngliche die Oberhand. Dies anzuerkennen bedeutet für Heraklit … ὁμολογεῖν σοφόν ἐστιν ἕν πάντα εἶναι/*es ist weise zu sagen, alles sei eins* (Frgm. 50). Wo Einheit so konsequent gedeutet wird, hat die Vielzahl der Götter und Figuren keinen Platz mehr, sie verfallen dem Spott, wie die Frgm. 5 und 127 und 129 beweisen:

5. … τέοισιν εὔχονται, ὁκοῖον εἴ τις δόμοισι λεσχηνεύοιτο, οὔ τι γινώσκων θεοὺς οὐδ᾽ ἥρωας οἵτινές εἰσι.	Und sie beten auch zu den Götterbildern da, wie wenn einer mit Gebäuden eine Unterhaltung pflegen wollte, weil man nicht Götter erkennt und Heroen als das, was sie sind.
127. εἰ θεοί εἰσιν, ἵνα τί θρηνεῖτε αὐτούς; εἰ δὲ θρηνεῖτε αὐτούς, μηκέτι τούτους ἡγεῖσθε θεούς.	Wenn es Götter gibt, weshalb beweint ihr sie? Wenn ihr sie aber beweint, haltet sie nicht mehr für Götter!
129. δαιμόνων ἀγάλμασιν εὔχονται οὐκ ἀκούουσιν, ὥσπερ ἀκούοιεν, οὐκ ἀποδιδοῦσιν, ὥσπερ οὐκ ἀπαιτοῖεν	Sie beten zu den Götterbildern, die nicht hören, als ob sie Gehör hätten, die keinen Lohn zahlen, wie sie auch nichts fordern könnten.

Folglich stehen die Götter der Erkenntnis der Einheit im Wege. Ziel dieses Einheitsgedankens ist ein *universales normatives Gesetz*, das Logos heißt. „Das universale Gesetz, das Heraklits Logos meint, ist auch, obwohl nicht ausschließlich, Projektion einer bestimmten sozialen und politischen Verfassung auf das Universum, mit der Absicht, eben jene Verfassung als Ausdruck der universalen kosmischen Ordnung deuten zu können."[17]

Daher steht für Heraklit die Einheit und Einzigkeit des Göttlichen, das ἕν, im Mittelpunkt. Jedoch sieht er anders als Xen auch die Gegensätze und Veränderungen. Die göttliche Einheit ist für ihn nicht starr und ohne Bewegung, sondern vielmehr im *Wandel* und *Werden*, wie besonders Frgm. 30

---

[15] W. RÖD, ebd., 25.
[16] W. RÖD, ebd., 27.
[17] W. RÖD, ebd., 95.

vom lebendigen Feuer zeigt. Heraklits Gottesbild, sofern man es überhaupt so bezeichnen kann, oder besser sein Weltbild, ist anders geprägt als das des Xen, nämlich dynamisch.

Melissos aus Samos

Trotz aller Unterschiede in den Ausprägungen ihrer Lehre bleibt für viele Philosophen des 5. Jh. v.Chr. das ἕν als neutrale Mitte des Kosmos maßgebend. Stellvertretend für viele sei hier Melissos aus Samos genannt. Nach seiner Auffassung kann eine Vielheit eigentlich nicht existieren, denn da würde eine Einheit gegen eine andere stoßen, wie die Frgm. 5–7 zeigen:

5... εἰ μὴ ἓν εἴη, περανεῖ πρὸς ἄλλο᾽.	Wäre es nicht *eines*, so wird es gegen ein anderes eine Grenze bilden.
6 μὲν εἰ γὰρ (ἄπειρον) εἴη, ἓν εἴη ἄν· εἰ γὰρ δύο εἴη, οὐκ ἂν δύναιτο ἄπειρα εἶναι, ἀλλ᾽ ἔχοι ἂν πείρατα πρὸς ἄλληλα᾽.	Denn falls es unendlich (grenzenlos) wäre, wäre es *eins*. Denn wären es zwei Dinge, so könnten sie nicht unendlich (grenzenlos) sein, sondern bildeten gegeneinander Grenzen.
7 οὕτως οὖν ἀίδιόν ἐστι καὶ ἄπειρον καὶ ἓν καὶ ὅμοιον πᾶν.	So ist denn ewig und unendlich und *eins* und gleichmäßig ganz und gar.

Ebenso ist in dem großen Frgm. 8 das allein existierende Sein der Ausgangspunkt der Argumentation:

8 μέγιστον μὲν οὖν σημεῖον οὗτος ὁ λόγος, ὅτι ἓν μόνον ἔστιν· ἀτὰρ καὶ τάδε σημεῖα. εἰ γὰρ ἦν πολλά, τοιαῦτα χρὴ αὐτὰ εἶναι, οἷόν περ ἐγώ φημι τὸ ἓν εἶναι.	Der wichtigste Beweispunkt dafür, dass das Seiende *eins allein* ist, ist nun diese Darlegung. Aber auch folgendes gibt es als Beweispunkte. Wäre nämlich eine Vielheit von Dingen, so müssten sie so beschaffen sein, gerade wie ich es von dem *Eins* aussage.

Diese Texte zeigen, wie eine Vielheit für Melissos und die anderen Naturphilosophen undenkbar erscheint und die Eins, das ἕν, als Prinzip alles durchdringt. Im Gegensatz zu Heraklit akzeptiert er auch keine Wandlungen dieses ἕν. Die gleiche Denkrichtung ist bei mehreren Eleaten zu finden, sie entwickeln ihre Philosophie weitgehend ohne eine Gottheit.

Epicharmos aus Krastos

Etwa zeitgleich mit Heraklit lebte Epicharmos und beschreibt die Vorstellung der Ganzheit und Einheitlichkeit mehr mit personalen Kategorien, indem er an die Thesen des Xen – *als Ganzer sieht er, hört er* … – anknüpft und die Autorität dieser Gottheit hervorhebt. Er legt Wert auf das wachsame Auge Gottes, ein Motiv, das in vielfacher Form in der Religionsgeschichte wiederkehrt: Gott als Aufseher und Richter.

Frgm. 23:	*Nichts* entflieht der Gottheit; das sollst
οὐδὲν ἐκφεύγει τὸ θεῖον· τοῦτο	du erkennen, er selbst ist unser Aufseher
γινώσκειν σε δεῖ· αὐτός ἐσθ' ἁμῶν	und vermag ein jedes Ding, Gott. (wört-
ἐπόπτης, ἀδυνατεῖ δ' οὐδὲν θεός.	lich: *nichts* ist ihm unmöglich).

Epicharmos bekräftigt diese Funktion im Kernsatz seiner These mit Verneinungsformeln. Dabei wird die positive Aussage (*er ist unser Aufseher*) von zwei Negationen: *nichts entflieht … und nicht ist ihm unmöglich* gerahmt. Die erstere Negation wirkt durch ihre Bildhaftigkeit (es gibt kein Entfliehen), die letztere benützt eine doppelte Verneinung und wirkt somit sehr bejahend, was H. DIELS/W. KRANZ in seiner positiv geprägten Übersetzung (er vermag jedes Ding) zum Ausdruck gebracht haben. Das betonte αὐτός liegt nahe bei εἷς und kann es manchmal ersetzen. Die Kombination mit Negationen dient zur Absicherung der zentralen These, man könnte sie daher als *defensiv* bezeichnen.

Philolaos aus Kroton

Etwas später, am Ende des 5. Jh. v.Chr., lebte Philolaos aus Kroton, der als Pythagoreer Ansehen gewann. Der Umfang der von ihm erhaltenen Fragmente ist nicht groß, aber beachtlich, denn sie belegen erstmals die Reflektion von bestimmten Zahlen und Zahlenverhältnissen. So schätzen Frgm. 7 und 8 besonders die Eins und Frgm. 11 die Zehn. In Frgm. 20 finden wir Begriffe, die sehr an Xen erinnern. Der Satz bringt ein Bekenntnis zur Einzigkeit Gottes mit fünf weiteren Definitionen über die besonderen Qualitäten Gottes, eine frühe summarische Theologie.

Frgm. 20:	
ἔστι γὰρ ἡγεμὼν καὶ ἄρχων ἀπάντων,	… *Gott einer*, ewig, beharrlich, unbe-
θεός, εἷς, ἀεὶ ὤν, μόνιμος, ἀκίνητος,	weglich, sich selbst gleich, verschieden
αὐτὸς ἑαυτῶι ὅμοιος, ἕτερος τῶν ἄλλων	von den übrigen.

Dieses Frgm. wird jedoch von H. DIELS/W. KRANZ als „zweifelhaft" eingestuft. Die Stelle ist nur bei Philo von Alexandrien, De Creatione 100, zitiert und eben diese schwache Bezeugung begründet den Zweifel an der Echtheit, denn Philo hatte eine Neigung, die Pythagoreer als Zeugen für seine Theologie anzuführen und interpretiert oftmals etwas in sie hinein. Allein die Tatsache, dass sich der Lobpreis des einzigen Gottes bei Philo in einem Zitat über die Zahl Sieben befindet, lässt Zweifel aufkommen. Jedoch ist es möglich, dass Philo eine jüd. Bearbeitung des alten Philosophen vorlag, denn es gab in hell. Zeit zahlreiche Ergänzungen griech. Texte in jüd. Sinn.[18] Als altgriech. Beleg über εἷς θεός scheidet dieser Text jedenfalls aus. – Anders steht es mit den Frgm. 7 und 8, die allgemein als echt anerkannt werden.

Frgm. 7 und 8:	Das zuerst zusammengefügte, *das*
τὸ πρᾶτον ἀρμοσθέν, τὸ ἕν, ἐν τῶι	*Eins*[19], in der Mitte der Kugel heißt
μέσωι τᾶς σφαίρας ἑστία καλεῖται.	Herd. (oder Hestia)
ἡ μὲν μονὰς ὡς ἂν ἀρχὴ οὖσα πάντων.	*Eins* (Einheit) ist aller Dinge Anfang.

In Frgm. 7 definiert Philolaos das ἕν, die große Urkraft und Einheit als Kugel und vermutet in ihrem Inneren Feuer. Es ist nicht wesentlich, ob dieser Feuerherd als vulkanisches Magma innerhalb der Erdkugel oder als feurige Energie eines runden Weltalls gedacht ist. Beachtlich ist, dass immer wieder von einem ἕν wie von einem Punkt aus gedacht wird, aus welchem alles entsteht. Ebenso wird in Frgm. 8 dieser Urpunkt, diesmal μονάς genannt („Alleinheit"), als Anfang aller Dinge definiert. Diese These gewinnt später Bedeutung für die Stoa.

Das ausführliche Frgm. 17 nimmt diesen Gedanken auf und beginnt mit der These: ὁ κόσμος εἷς ἐστιν/*der Kosmos ist einheitlich (einzig)*.[20] In dieser Form ist der Gedanke für Philolaos typisch, aber er gehört nicht nur ihm. Mehreren Philosophen jener Zeit lag daran, festzuhalten, dass es nicht zwei oder mehrere Welten gibt, auch dass diese eine nicht irgendwie geteilt oder widersprüchlich ist. Die Frage nach anderen Welten scheidet für Philolaos, auch für Plato u.a. aus. Damit ist auch der Gedanke an mehrere Gottheiten hinfällig, weil jede – so die Theorie – eine eigene Welt regieren müsste. – Im weiteren Text dieses Frgm. 17 wird die Genesis des Kosmos dargestellt, wie er sich in verschiedene Richtungen ausbreitet, wobei immer wieder der gedachte Mittelpunkt hervorgehoben wird.

Zusammenfassend bleibt festzuhalten: nach Xen spricht während der nächsten Jahrhunderte kaum einer der Philosophen von εἷς θεός, vielmehr denken alle über ein ἕν als Ursprung und Mittelpunkt des εἷς κόσμος nach. Manche verfolgen eine noch radikalere Kritik und wenden sich gegen die

---

[18] Zur literarischen Bearbeitung bzw. Ergänzung klassischer griechischen Texte durch hell.-jüd. Autoren vgl. unten in Kap. 2, den Abschnitt über Pseudepigraphie.

[19] So die Übersetzung von H. DIELS/W. KRANZ, ebd., 312. Andere Übersetzungsmöglichkeit wäre: *das Eine*.

[20] Überraschend ist, dass H. DIELS/W. KRANZ hier für εἷς nicht die Übersetzung *einer* oder *einzig*, sondern *einheitlich* gewählt hat, was eine Anlehnung an die Thesen des Xen ist.

Religion als ganze, wie z.B. Empedokles, Protagoras, Prodikos und Kritias.[21] Nur das unstrittene Frgm. 21 verfolgt eine andere Richtung. Innerhalb einer breit vorgetragenen These über das Weltall wird vorsichtig auch ein Schöpfer und Lenker angedeutet.

Frgm. 21 (Auszug)	Vielmehr war diese Welt von Ewigkeit
ἀλλ᾽ ἦν ὅδε ὁ κόσμος ἐξ αἰῶνος καὶ εἰς αἰῶνα διαμενεῖ, εἷς ὑπὸ ἑνὸς τῶ συγγενέος καὶ κρατίστω καὶ ἀνυπερθέτω κυβερνώμενος. ἔχει δὲ καὶ τὰν ἀρχὰν τᾶς κινήσιός τε καὶ μεταβολᾶς ὁ κόσμος εἷς ἐὼν καὶ συνεχὴς καὶ φύσει διαπνεόμενος καὶ περιαγεόμενος ἐξ ἀρχιδίου.	her und bleibt bis in Ewigkeit. Es gibt nur *Eine* und sie wird nur von *Einem* gelenkt, der ihr wesensverwandt, allmächtig und unübertrefflich ist. Auch hat die Welt als *einziger*, zusammenhängender und von der Natur durchwehter und umgedrehter Körper den Anfang der Bewegung und Veränderung von Anfang an.

Der Text rühmt den Ursprung, die Beständigkeit und Unvergleichlichkeit des einen Kosmos. Dreimal erscheint in dem Abschnitt ἀεί/*ewig,* fünfmal αἰών, davon zweimal in der feierlichen Doppelformulierung: ἐξ αἰῶνος καὶ εἰς αἰῶνα/*von Ewigkeit bis in Ewigkeit.* Ferner gibt es zahlreiche Negationen (unvergänglich, unbezwinglich, die unendliche Ewigkeit), die den Gegensatz zum Irdischen hervorheben. In geschickter Weise werden dabei die positiven Aussagen immer wieder von negativen bzw. defensiven Formeln gestützt. Die zentrale Aussage ist: εἷς ὑπὸ ἑνός/*ein (Kosmos) von Einem (gelenkt).* Dieser Eine ist nicht ausdrücklich als Gott bezeichnet, es ist nur ein stiller Hinweis auf eine Gottheit. Die andeutende Genitivverbindung ὑπὸ ἑνός wird in der Folgezeit auch im NT eine Rolle spielen.

Diese zentrale These *von einem* Kosmos ist wohl der Anlass, dass der Abschnitt dem pythagoreischen Philosophen Philolaos zugeschrieben wurde. Es gibt jedoch viele Gründe, die darauf hindeuten, dass dieser Text nicht von dem Philosophen des 5. Jh. v.Chr. stammt, sondern aus viel späterer Zeit:

1. Die vielfache Betonung eines unveränderlichen Gottes ist typisch für die Stoa.[22]

2. Der Abschnitt wird von der Überlieferung mit der Überschrift „über die Seele" eingeführt. Solch eine Verbindung des Kosmos mit der Weltseele, an welcher alle Menschen Anteil haben, ist ebenfalls in der Stoa zu finden.

---

[21] Vgl. W. CAPELLE, Die Vorsokratiker, 238, 333, 367 u. 378.
[22] Vgl. M. HOSSENFELDER, Stoa, Epikureismus und Skepsis, 85: „Die Welt wird also durch göttliche Vorsehung regiert, und zwar gibt es nur einen Gott, eben die in allen Dingen wirkende und formende Vernunft. Trotzdem wollten die Stoiker die Volksreligion mit ihrem Polytheismus keineswegs angreifen, sondern sie versuchten, sie mit ihrem Pantheismus in Einklang zu bringen, indem sie die griechischen Götter allegorisch erklärten als verschiedene Erscheinungsweisen der einen und selben Vernunftgottheit, die fälschlich für selbstständige Götter gehalten wurden."

3. Die These, dass ein Teil der kosmischen Kraft unverändert bleibt, der andere aber der Veränderung unterliegt, ist ebenfalls bezeichnend für die Philosophie der Stoa. Das aufeinander Einwirken von λόγος und ὕλη ist der Rhythmus des Kosmos.[23]

4. Konkrete Aussagen über die Menschen sind nicht enthalten, alles dreht sich um die Weltseele und den Kosmos, die in Eins gesetzt werden. All das ist bezeichnend für die Stoa, wo die große Gleichung lautet:

$$\text{εἷς κόσμος} = ἕν = πάντα = νοῦς = πρόνοια = ψυχή = εἱμαρμένη \; (= θεός).^{24}$$

W. CAPELLE hebt in seiner Analyse den großen Gegensatz dieses Gottesbildes zu Aristoteles' hervor: „In der Stoa dagegen ist die Gottheit ... vor allem die ‚Vorsehung' die unablässig auf die Erhaltung des Weltganzen bedacht ist und alles in diesem aufs weiseste und vollkommenste eingerichtet hat."[25] Für die Stoiker war die Frage nach Gott nicht der Anfang ihres Denkens. Sie gingen vielmehr von ἕν καὶ πᾶν aus, identifizierten es aber am Ende mit Gott.

Es ist für unsere Untersuchung weniger wichtig, ob der obere Abschnitt Philolaos zugeschrieben oder gefälscht ist und deshalb auszuscheiden wäre. Entscheidend ist vielmehr die Beobachtung, dass die These von der Einzigkeit Gottes, des Kosmos und der Weltseele weiter gewirkt hat und dass diese These bewusst mit dem angesehenen Philosophen in Verbindung gebracht und damit aufgewertet wurde.[26]

2.2 Platon, Antisthenes und Aristoteles

Platon
Bei Platon findet sich die Formel εἷς θεός nicht. Er gebraucht wie viele Griechen den Singular mit Artikel ὁ θεός, den Plural meist ohne Artikel θεοί und das Neutrum τὸ θεῖον ohne wesentlichen Bedeutungsunterschied. H.

---

[23] Vgl. M. HOSSENFELDER, ebd., 81: „Sie unterschieden an allem Körperlichen zwei Prinzipien: Hyle und Logos, „Stoff" und „Vernunft". Diese identifizierten sie mit den beiden Charakteristika des Seienden: der Fähigkeit zu leiden und zu wirken. Der Stoff repräsentiert die Leidensfähigkeit des Körpers; er ist für sich ohne Gestalt, Eigenschaft und Bewegung, aber er kann alles dieses annehmen und ist die Substanz für Gestalten, Eigenschaften und Bewegungen. Die Vernunft hingegen ist das wirkende Prinzip; sie formt, qualifiziert und bewegt den Stoff, indem sie ihn vollständig durchdringt."

[24] Auch Zenon von Kition (335–262 v.Chr.), der Gründer der stoischen Schule, soll laut Diogenes Laertius in Testimonia et fragmenta 102.9 Diog. Laert. VII 135,136 gesagt haben: ἕν τε εἶναι θεὸν καὶ νοῦν καὶ εἱμαρμένην καὶ Δία πολλαῖς τε ἑτέραις ὀνομασίαις προσονομάζεσθαι. / *Das Eine erscheint sowohl als Gott und Weltordnung und Schicksal und Zeus und noch unter vielen anderen Bezeichnungen.* (DS)

[25] W. CAPELLE, Die griechische Philosophie II, 118.

[26] Frgm. 21 gleicht in mancher Hinsicht einer Predigt, die auffallend viele Prädikationen des Weltalls und Wiederholung verschiedener feierlicher Formeln enthält, eine eher kreisende als weiterführende Argumentation.

KLEINKNECHT urteilt: „Mit (ὁ) θεός ist dabei nicht die Einheit einer bestimmten Persönlichkeit im monotheistischen Sinne gemeint, sondern viel mehr die trotz aller Vielgestaltigkeit klar empfundene Einheit der religiösen Welt. Der griechische Gottesbegriff ist wesenhaft polytheistisch, freilich nicht im Sinne vieler vereinzelter Götter, wohl aber einer geordneten Göttergesamtheit ...".[27]

Zwar distanziert sich Platon in Politeia II,20 (bzw. 380 cff) und III,5 (bzw. 391d) vom Polytheismus und den Mythen eines Hesiod und Homer, aber er gebraucht den Plural θεοί auch in einem traditionellen Sinn, nicht zuletzt bei üblichen Beschwörungsformeln. Dennoch halten einige Wissenschaftler Platon für einen Monotheisten. Positiv zitiert Platon Xen im „Sophisten" 242d. Dreihundert Jahre später hält auch Cicero Platon für einen Monotheisten.[28] In der Tat gibt es einige Formulierungen, die der monotheistischen Auffassung sehr nahe kommen. So lautet seine wichtigste Aussage über das Wesen Gottes in Politeia II,21 (382e):

Κομιδῇ ἄρα ὁ θεὸς ἁπλοῦν καὶ ἀληθὲς ἕν τε ἔργῳ καὶ λόγῳ, καὶ οὔτε αὐτὸς μεθίσταται οὔτε ἄλλους ἐξαπατᾷ, οὔτε κατὰ φαντασίας οὔτε κατὰ λόγους οὔτε κατὰ σημείων πομπάς, οὔθ᾽ ὕπαρ οὐδ᾽ ὄναρ.	Also ist Gott offensichtlich von *einfach-einheitlichem* und *wahrhaftem* Wesen in Wort und Werk, wandelt sich weder selbst, noch täuscht er andere, nicht in Erscheinungen, in Worten oder Zeichen, die er entsendet, nicht im Wachen, noch im Traum![29]

Mit diesen Begriffen ἁπλοῦς und ἀληθές nimmt Platon die Vorstellungen des Xen auf. Demnach ist für ihn Gott ἁπλοῦς/*frei von Widersprüchen* und ἀληθές/*zuverlässig* und *treu*. Die sieben Verneinungen mit οὔτε bekräftigen die Zuverlässigkeit im Blick auf sein ethisches Verhalten und die Beständigkeit seines Wesens im Gegensatz zur Willkür der homerischen Götter. Der Gott Platons verändert sich nicht, weder in Bezug auf einen Ort oder sein Wesen. Auch ist durch das Prädikat ἁπλοῦς das Böse und Unglück ausgeschlossen, denn das Schlechte kann nach Platon nicht von Gott kommen (Vgl. Politeia II,18). Im Abschnitt Politeia II,21 (383a) betont er das einheitliche Wesen einer Gottheit:

... ὡς μήτε αὐτοὺς γόητας ὄντας τῷ μεταβάλλειν ἑαυτοὺς μήτε ἡμᾶς ψεύδεσι παράγειν ἐν λόγῳ ἢ ἐν ἔργῳ;	... dass sie weder Gaukler sind, die sich verwandeln, noch uns durch Lügen täuschen in Wort oder Werk!

---

[27] H. KLEINKNECHT, Art. θεός, ThWNT 3 (1938), 67.

[28] M.T. CICERO, De natura deorum I, 19.

[29] Übersetzung nach K. VRETSKA, Platon, Der Staat, 159.

Hier ist in zurückhaltender Sprache der gleiche Sachverhalt angesprochen wie bei Xen Frgm. 11 und 12, dass nach den Mythen Götter leicht ihre Gestalt ändern und ihr Spiel mit Menschen treiben. Deutlichere Aussagen über das Wesen Gottes finden sich bei Platon nicht. Vielmehr klagt z.B. A. GRAESER: „Freilich lassen sich die eigentlichen religiösen Momente nur schwer dechiffrieren. Sooft in den Platonischen Schriften auch von Gott, Göttern und Göttlichem die Rede ist, so wenig füllen sich die Worte mit konkretem Gehalt. Sicher kannte Plato keinen persönlichen Gott. Auch lässt die Ideenphilosophie einer wie immer gearteter Gottes-Vorstellung keinen eigentlichen Raum. Und so gewinnt man den Eindruck, dass es sich bei den Platonischen Reden über Götter und Göttliches um eine der dichterischen Sprache angeglichene Ausdrucksweise handelt: Zwar rekurriert der Schriftsteller Plato auf wohlbekannte Vorstellungen; doch meint der Philosoph *de facto* anderes. Denn Gegenstand seiner Religiosität waren die unvergänglichen Ideen."[30] Insofern gilt sein Denken als dualistisch. – Darüberhinaus wurde ein Abschnitt aus der großen Abhandlung des „Timaios" maßgebend, die Platon später den Ruf einbrachte, Monotheist zu sein:

Tim 31b	Damit sie [die eine Welt] also als
Ἵνα οὖν τόδε κατὰ τὴν μόνωσιν ὅμοιον	gleichfalls *einzig in ihrer Art* dem voll-
ᾖ τῷ παντελεῖ ζῴῳ, διὰ ταῦτα οὔτε δύο	kommenen lebendigen Wesen ähnlich
οὔτ' ἀπείρους ἐποίησεν ὁ ποιῶν	wäre, darum bildete der Schöpfer weder
κόσμους,ἀλλ' εἰς ὅδε μονογενὴς οὐρανὸς	zwei noch auch unzählige Welten,
γεγονὼς ἔστιν καὶ ἔτ' ἔσται.	sondern, wie dies Weltgebäude als ein
	einzig geborenes entstanden ist, so
	besteht es auch und wird auch fernerhin
	also bestehen.

Platon nimmt Gedanken von Parmenides und Melissos auf, ohne Genaues über den Schöpfer auszuführen. Wesentlich ist ihm, dass es nicht mehrere Welten gibt und diese eine vollkommen ist.

Antisthenes

Gleichzeitig mit Platon lebte Antisthenes (ca. 440–366 v. Chr.) von und in Athen, ebenfalls ein Schüler des Sokrates, der Gründer der Kynischen Schule, von Platon jedoch nicht als Freund angesehen. Er soll gesagt haben:

[π]αρ' Ἀντισθένει δ' ἐν μὲν <τ>ῷ	Nach Antisthenes dem Naturforscher
Φυσικῷ λέγεται τὸ κατὰ νόμον εἶναι	sagt man, gemäß dem Gesetz gibt es
πολλοὺς θεοὺς, κατὰ δὲ φύσιν ἕν<α>.[31]	viele Götter, gemäß der Natur *Einen*.

---

[30] A. GRAESER, Sophistik und Sokratik, Plato und Aristoteles, 163.

[31] Die Textvariante zeigt, dass einige Tradenten lieber das Neutrum ἕν gesehen hätten, anstelle des personalen εἰς bzw. ἕνα. Aber die Logik des Satzes spricht klar für ἕνα.

Diese Formulierung stellt das Denken gemäß der φύσις dem nach dem νόμος gegenüber. Dabei gewinnt νόμος die Bedeutung einer menschlichen Satzung, etwa im Sinne von Tradition. κατὰ φύσιν hat etwa die Bedeutung von *natürlich, selbstverständlich*. Aber Antisthenes scheint sich für keine der beiden Denkrichtungen zu entscheiden, sondern lässt das Argument mit einem gewissen Zynismus offen. Er schließt wohl: so verschieden können Wahrheiten ausfallen, je nach den Voraussetzungen! Zwar kann man in dem kurzen Text eine gewisse Neigung zur Deutung κατὰ φύσιν spüren, aber letztlich scheint dem Kyniker beides egal zu sein, ob es viele Götter gibt oder nur einen. Denn diese Schule stellte ohnehin die traditionellen Werte in Frage.

Aristoteles

Für Aristoteles ist die entscheidende Aussage über Gott, ein recht vorsichtiger und vager Satz: ὁ θεὸς ἀρχή τις/*Gott gewissermaßen ein Anfang* (MA 2.983 [a]8), der vieles oder alles offen lässt. Aristoteles sieht in Gott wohl die ursprüngliche Kraft, die die Welt in Bewegung setzt, aber danach keine Rolle mehr spielt. Seitdem waltet das Welt- oder Naturgesetz einzig und allein. Diese Gottheit ist unsichtbar und sehr fern, wie die Stelle Μλ 7. 1072 [a]26 bestätigt.

ὁ θεὸς τὸ πρῶτον κινοῦν ἀκίνητον, ἀίδιον καὶ οὐσία καὶ ἐνέργεια	Der Gott ist das erste unbewegte Bewegende, die Ursache und Macht und Energie.

Auch die folgende Formulierung ist bezeichnend für Aristoteles' Philosophie und Frömmigkeit: ἀνάγκη εἶναί τι ἓν καὶ ἀίδιον τὸ πρῶτον κινοῦν (ΦΘ 6. 259 [a]14)/*irgendetwas muss die Ursache für die erste Bewegung gewesen sein*. Damit konnte er den Begriff *Gott* vermeiden und mit τι ἓν blieb alles offen, es konnte *Gott*, eine *Energie* oder sonst etwas sein, das den Anstoß gab. Deshalb findet sich bei Aristoteles weder die εἰς θεός-noch μόνος θεός-Formel, vielmehr ist das εἰς auf λόγος und νοῦς bezogen, das *allein waltende Weltgesetz* oder wie das Zitat aus Οα 9. 279 [a]11, 227 [b]30, zeigt, auch auf οὐρανός. Mit dem Begriff τέλειος nimmt er wahrscheinlich die Gedanken des Pythagoreers Philolaos auf, dass der Kosmos einzigartig und in sich harmonisch sei.

εἰς καὶ μόνος καὶ τέλειος ὁ οὐρανός	Der Himmel ist *einer* und *allein* und vollkommen.

Es ist feste Überzeugung von Aristoteles, dass im Kosmos ein einheitliches Prinzip waltet und er formuliert deshalb geradezu ironisch:

Met 12,107 6a:	
τὰ δὲ ὄντα οὐ βούλεται πολιτεύεσθαι κακῶς. „οὐκ ἀγαθὸν πολυκοιρανίη· εἷς κοίρανος ἔστω."	Das Seiende aber hat nicht den Willen, schlecht regiert zu werden: „nicht gut ist Vielherrschaft, *einer sei Herr*."

Diese Sentenz wird später häufig zitiert, sowohl im politischen Sinn, um Demokratie abzuwehren und eine Alleinherrschaft zu begründen, als auch im religiösen Sinn, um die alleinige Herrschaft eines Gottes zu beweisen. Solche Stellen, die eine einheitliche Ausrichtung betonen, sind bei Aristoteles mehrfach zu finden.[32]

Im Gegensatz zu Platons Dualismus[33] vertritt er den bereits bei anderen Philosophen vorgefundenen typisch griechischen *Monismus*. Die These eines einheitlichen λόγος, die in seinen Schriften an zahlreichen Stellen belegt ist, wird von mehreren Philosophenschulen übernommen, außer von den Kynikern. Das εἷς verbindet sich bei ihm permanent mit λόγος und νοῦς. Aber die Stoiker verbinden das εἷς, wie das folgende Beispiel zeigt, sowohl mit νοῦς als auch mit θεός und weiteren Begriffen.

2.3 Die Stoiker

Onatas

Onatas knüpft bei der Beschreibung der Einzigkeit Gottes sowohl bei Heraklit wie Aristotels an. Er setzt Gott der Weltvernunft, auch der Weltseele und dem inneren lenkenden Prinzip, also den Naturgesetzen gleich. Soweit folgt er ganz den stoischen Vorstellungen: *Er ist alles*. Dieser Gott wird mit keinem Namen bezeichnet.

(bei Stob. ecl. I 48 W)	Denn der Gott ist (die) Vernunft und
μὲν γὰρ ὁ θεός ἐστιν νόος καὶ ψυχὰ καὶ τὸ ἀγεμονικὸν τῶ σύμπαντος κόσμω ... δοκέει δέ μοι καὶ μὴ εἷς εἶμεν ὁ θεός, ἀλλ᾽ εἷς μὲν ὁ μέγιστος καὶ	(die) Seele und (das) Lenkende für das ganze Weltall ... Ich glaube also, wenn wir sagen es ist nicht nur *Ein Gott*, sondern der *Eine* ist

---

[32] W. NESTLE, Griechische Religiosität von Alexander d.Gr. bis auf Proklos, Bd. III, 172, führt dafür zahlreiche Stellen aus der Metaphysik an.

[33] W. NESTLE, ebd., 178, betont, dass Platon in ungriechischer Weise zu einem Dualismus neigte, der die Welt der Ideen dem Irdischen entgegensetzte.

καθυπέρτερος καὶ ὁ κρατέων τῶ παντός, τοὶ δ᾽ ἄλλοι πολλοὶ διαφέροντες κατὰ δύναμιν· βασιλεύεν δὲ πάντων αὐτῶν ὁ καὶ κράτει καὶ μεγέσθει καὶ ἀρετᾷ μέζων. οὗτος δέ κ᾽ εἴη θεὸς ὁ περιέχων τὸν σύμπαντα κόσμον ... ἔστι γὰρ ἡγεμὼν καὶ ἄρχων ἁπάντων εἰς ἀεὶ ὢν θεός, μόνιμος ἀκίνητος αὐτὸς ἑαυτῷ ὅμοιος.	der Größte und mächtiger und stärker als alles, dann unterscheiden sich die vielen anderen nach (ihrer) Kraft, er regiert über alle(s) und beherrscht und überragt sie und ist tüchtiger (und) größer. Existiert dieser Gott, so umfasst der den ganzen Kosmos ... Denn er ist ein Lenker und Herrscher von allem, *Ein immer seiender Gott*, allein unbewegt, derselbe (nur) sich selbst gleich.

Dabei betont Onatas, dass es nicht darum geht, an *einen* Gott zu glauben, denn das tun viele Völker und Städte, indem sie *ihren* einen Gott verehren. Sondern nach Onatas ist dieser Eine stärker als alle anderen. Hier zitiert er wohl Xen (μέγιστος!). Die anderen ἄλλοι πολλοὶ existieren irgendwie weiter, sind aber dem Einen untergeordnet. So wird der εἶς θεός bei Onatas inklusiv, alles einschließend verstanden. Zwar sind seine Rivalität und sein Anspruch auf Exklusivität noch erkennbar, aber nicht mehr maßgebend.[34] Diese Gottheit hat keine persönliche Züge, sondern wirkt wie bei Xen recht statisch. Nur wagen die Stoiker wieder vorsichtig von Gott zu sprechen, indem sie das ἕν mit dem εἶς identifizieren.

Es bleibt offen, wie weit verbreitet diese Schrift des Onatas war, jedoch steht fest, dass sie voll und ganz die Überzeugung der Stoiker zusammenfasst. Wichtig war ihnen, dass nur ein Gott existiert, der alles umschließt. Andererseits scheint Onatas nicht so angesehen zu sein wie andere Stoiker.[35] Der Abschnitt ist zwar nicht sehr differenziert und ausführlich. Doch es könnte sein, dass dieser Text gerade wegen seiner einfachen Struktur und Aussage gewisse Verbreitung fand.

---

[34] E. NORDEN, Agnostos Theos, 40, sieht eine Parallele zwischen Onatas und Apollonios. Er vermerkt: „Hier wird der Monotheismus, als eine μείωσις Gottes, zurückgewiesen, so dass nicht bezweifelt werden kann, dass auch Apollonios sagen will: es genüge nicht, bloß den πρῶτος anzuerkennen, sondern nach ihm müssten notwendigerweise auch die di minorum gentium Geltung behalten."

[35] In der Literatur und in Lexika ist wenig über den Verfasser Onatas zu finden. K.v. FRITZ, Art. Onatos, PRE 35,2 (1939), Sp. 411, urteilt ziemlich kritisch: „Onatos (Ὄνατος) Pythagoreer aus Kroton, angeblicher Verfasser einer Schrift περὶ θεοῦ καὶ θείου in pseudodorischem Dialekt und platonischer Terminologie, aber ohne bemerkenswerten stoischen oder peripatetischen Einschlag, wie er in manchen anderen Schriften dieser Literaturgattung sehr stark zu spüren ist." Ich kann mich dieser Beurteilung nicht anschließen, denn ich halte die Auffassung dieses Abschnitts typisch für die Stoa. Onatas lebte wohl im 3. Jh. v.Chr.

Kleanthes von Assos

Zu Beginn des 3. Jh. v.Chr. verfasste der Philosoph Kleanthes den *Hymnus an Zeus*, der als typisch für die frühe Stoa gilt. Dieser Hymnus gehört zur Gattung der philosophischen Preislieder und ist bis heute hoch geschätzt, weil er sowohl die populären Vorstellungen über die Gottheit als auch stoische Gedanken aufnimmt und in einer ausgefeilten poetischen Sprache vorträgt.[36] Die Tendenz einen einzigen Gott hervorzuheben, ist in dem Gedicht unverkennbar. Hier sollen nur einige Verse zitiert werden:

1-6 (Anrufung)

Κύδιστ' ἀθανάτων, πολυώνυμε,
παγκρατὲς αἰεί, / Ζεῦ, φύσεως ἀρχηγέ,
νόμου μέτα πάντα κυβερνῶν, / χαῖρε.
σὲ γὰρ πάντεσσι θέμις θνητοῖσι
προσαυδᾶν· / ἐκ σοῦ γὰρ γένος ἐσμὲν +
ἤχου μίμημα λαχόντες / μοῦνοι, ὅσα
ζώει τε καὶ ἕρπει θνήτ' ἐπὶ γαῖαν· /
τῶ σὲ καθυμνήσω καὶ σὸν κράτος αἰὲν
ἀείδω.

Erhabenster der Unsterblichen, *vielnamiger*, stets alles beherrschender Zeus, Herr über die Natur, der du alles nach dem Gesetz lenkst, sei gegrüßt! Denn dich anzusprechen, ziemt sich für alle Sterblichen. Denn aus dir sind wir entstanden, da wir des Gottes Abbild erlost haben als einzige von allem, was lebt und sich sterblich über die Erde bewegt. Deshalb will ich Dich preisen und deine Macht immer besingen.

18-21 (Beschreibung der göttlichen Macht)

ἀλλὰ σὺ καὶ τὰ περισσὰ ἐπίστασαι
ἄρτια θεῖναι / καὶ κοσμεῖν τἄκοσμα,
καὶ οὐ φίλα σοὶ φίλα ἐστίν·/
ὧδε γὰρ εἰς ἓν πάντα συνήρμοκας,
ἐσθλὰ κακοῖσιν, / ὥσθ' ἕνα γίγνεσθαι
πάντων λόγον αἰὲν ἐόντα.

Aber du weißt sowohl das Ungerade gerade zu machen wie das Ungeordnete zu ordnen, und das Nicht-Liebe ist dir lieb. Denn so hast du *zu einem alles zusammengefügt*, das Gute mit dem Schlechten, dass eine Vernunft, ewig seiend, aus allem entsteht;

32-39 (abschließendes Gebet)

ἀλλὰ Ζεῦ πάνδωρε, κελαινεφές,
ἀρχικέραυνε, / ἀνθρώπους ῥύου <σύ γ'>
ἀπειροσύνης ἀπὸ λυγρῆς· / ἣν σύ,
πάτερ, σκέδασον ψυχῆς ἄπο, δὸς δὲ
κυρῆσαι / γνώμης ἧ πίσουνος σὺ δίκης
μέτα πάντα κυβερνᾷς· / ὄφρ' ἂν
τιμηθέντες ἀμειβώμεσθά σε τιμῆ, /
ὑμνοῦντες τὰ σὰ ἔργα διηνεκές,
ὡς ἐπέοικε / θνητὸν ἐόντ'· ἐπεὶ οὔτε

Zeus, du Allesgeber, Dunkelumwölkter, Herr mit dem hellen Blitz, so bewahre die Menschen vor verderblicher Unerfahrenheit! Die vertreibe, Vater, von der Seele und gib, dass wir auf Einsicht stoßen, auf die gestützt du mit Recht alles lenkst, damit wir, geehrt, dir Ehre zurückzahlen, indem wir deine Werke unaufhörlich preisen, wie es sich für einen Sterblichen ziemt; denn weder für

---

[36] Vgl. J.C. THOM, Cleanthes' Hymn to Zeus, 1: „The poem is therefore often described in superlative terms, variously praising its religious, philosophical, or poetic qualities." – Ähnlich urteilt M. POHLENZ, Die Stoa, 1, Anm. 2: „dieses einzigartige Zeugnis stoischer Frömmigkeit, das von dichterischer Phantasie ebenso wie von religiösem Gefühl getragen ist und dabei in jedem Worte auf die rationale Theorie der Stoa Bezug nimmt."

βροτοῖς γέρας ἄλλο τι μεῖζον / οὔτε θεοῖς ἢ κοινὸν ἀεὶ νόμον ἐν δίκῃ ὑμνεῖν.	Sterbliche gibt es eine andere größere Ehrengabe noch für Götter, als das allgemeine Gesetz stets, wie es recht ist, zu preisen. [37]

Kleanthes von Assos war Nachfolger des Zenon von Citium und zweites Haupt der Stoa. Er lebte von 331–230 v.Chr. und soll nahezu 100 Jahre alt geworden sein, nach Meinung von J.C. THOM sogar 101.[38] Er fertigte zahlreiche Werke im stoischen Geist an, allein 57 Titel sind überliefert, wenn auch nur der geringere Teil erhalten ist. Darunter befinden sich mehrere poetische Texte. Sein bekanntestes Werk ist der Hymnus an Zeus, nach J.C. THOM etwa um 280 v.Chr. geschrieben.[39] Kleanthes wählte bewusst immer wieder die dichterische Form, weil diese nach seiner Auffassung besser als alles andere die göttliche Wahrheit auszudrücken schien.[40] Dieser bekannte Text ist auch im NT zitiert, in der Apg ist V. 4a des Kleanthes-Hymnus in der Areopag-Rede des Paulus erwähnt. Apg 17,28: ὡς καί τινες τῶν καθ' ὑμᾶς ποιητῶν εἰρήκασιν· τοῦ γὰρ καὶ γένος ἐσμέν.

Das pädagogische Ziel dieses Hymnus war, die Hörer zu überzeugen, in Übereinstimmung mit der Natur oder nach „dem Logos", dem Weltgesetz zu leben,[41] und eine verhältnismäßig strenge Ethik zu beachten.[42] Der Hymnus ist ein lebendiger Ausdruck einer philosophisch geprägten Frömmigkeit und eines für seine Zeit typischen *Synkretismus*. Zeus ist nicht allein Herr des Himmels, Vater und Herr der olympischen Götter, sondern er ist ολυώνυμος/*vielnamig*. Der Sinn dieses Begriffes ist nach J.C. THOM mehrdeutig, er wurde schon bei Homer benützt und ist damit bekannt. Diese Bezeichnung „vielnamig" bedeutet, dass Zeus die Namen und Funktionen anderer Götter und Göttinnen in sich aufgenommen hat. Damit werden die anderen Gottheiten eigentlich überflüssig.

Darüber hinaus bedeutet dieser Begriff „vielnamig" für die Stoa, dass Zeus mit anderen Urkräften identisch ist, nämlich *Kosmos, Weltordnung, Feuer, Seele, Geist*, usw. Ohne direkt eine andere traditionelle Gottheit zu nennen, die inkorporiert ist, wählt Kleanthes diese poetische Ausdruckswei-

---

[37] Übersetzung nach W. CAPELLE.

[38] J. C. THOM, ebd., 3.

[39] J. C. THOM, ebd., 7.

[40] J. C. THOM, ebd., 5: „He thirdly emphasized the importance of poetry to express the truth about the gods."

[41] J. C. THOM, ebd., 6: „A fourth characteristic of Cleanthes' work is the cosmological basis given to ethics by limiting Zeno's *telos* formula of ‚living in accordance with nature'. "

[42] „Wenn ich die Lebensanschauung des Epikur als durchaus quietistisch und egoistisch, beziehungsweise utilitaristisch bezeichnet habe, so ist dagegen die der Stoa in des Wortes tiefstem Sinne aktivistisch und altruistisch, denn sie will den Menchen aufrufen zu ständiger sittlicher Arbeit an sich selbst und in der menschlicher Gemeinschaft." W. CAPELLE, Die griechische Philosophie II, 101.

se. Alles läuft auf die *Gewalt eines einzigen Gottes hin*. Zeus schafft allein die θέμις, die gültige Ordnung in der Welt, er ist somit der Einzige.

Dies beweisen auch die anderen Epitheta der ersten beiden Zeilen: κύδιστ' ἀθανάτων/*höchster der Unsterblichen*, παγκρατὲς αἰεί, Ζεῦ/*ewig alles beherrschender Zeus*, φύσεως ἀρχηγέ/*Herrscher über die Natur*. Die feierlichen Anreden wiederholen sich in leicht veränderter Form im abschließenden Gebet, VV. 32ff: Zeus ist der πάνδωρος/*der alles Gebende*, auch πατήρ, womit die anderen Gottheiten an den Rand gedrängt sind. Zeus ist Eines und Alles.

Kleanthes will sofort in der ersten Zeile des Gebets, in der Anrufung die korrekten Bezeichnungen der Gottheit nennen, denn nur wenn diese Anreden stimmen, kann auch das Gebet als Ganzes erhört werden. In den weiteren Zeilen folgt das Bekenntnis, dass das Weltgesetz alles lenkt und als innerstes Prinzip in allem waltet. Der gleiche Gedanke von κοινός νόμος wird in V. 24 wiederholt und noch einmal in der letzten Zeile hervorgehoben: man muss besingen das κοινὸν ἀεὶ νόμον.

Die wesentliche Aussage findet sich in den VV. 18–21, wo die *einzigartige Schöpferkraft* beschrieben wird. Zeus ist fähig das Ungerade zu Geradem zu machen, das Ungeordnete, auch das Unschöne, Hässliche in eine schöne Ordnung zu verwandeln und das Feindliche wieder zum Freund zu machen. Ein wichtiger Glaubenssatz der Stoa steht in V. 20: ὧδε γὰρ εἰς ἓν πάντα συνήρμοκας/*das hast du alles zu Einem zusammengefügt, das Edle mit dem Schlechten*. Dabei ist der Blick weniger in die Vergangenheit gerichtet, sondern in die Zukunft, denn es ist die Beschwörung der immer gleichen Macht des Zeus, die alles zusammenfügen kann und aus den Gegensätzen der Welt eine *neue Ordnung* zu bauen vermag. Die *kosmische Harmonie* ist das Ziel des göttlichen Heilsplanes.[43] Es geht also in V. 20 keineswegs um eine Mischung von Gutem und Schlechtem, was sehr unlogisch wäre, nicht zuletzt im Blick auf die κακοί, die ja getadelt werden, sondern es ist die Kraft der Neuschöpfung, die auch das Schlechte überwindet. „The good and the bad are not equal partners, but they are blended in such a way (ὧδε) that the end product is a restored rational order."[44]

Der Hymnus verurteilt jene Menschen als schlecht oder töricht, die dieser Einsicht nicht folgen und den einzigen Logos als Ausdruck des ewigen und alleinigen Zeus nicht anerkennen wollen. *„Bewahre die Menschen vor verderblicher Unkenntnis"*, (V.32) heißt es im abschließenden Gebet. – Die Funktion dieses Hymnus war wahrscheinlich nicht im allgemeinen Kult angesiedelt, denn dafür waren diese Formulierungen zu schwierig, sondern dieser Text wurde wohl für Andachten innerhalb der Stoa-Schule verwen-

---

[43] Vgl. J. C. Thom, ebd., 109.
[44] J. C. Thom, ebd., 108.

det.[45] Ihre Erkenntnis des Weltenherrschers wurde damit gelobt und die Unkenntnis der Masse oder der anderen philosophischen Schulen verurteilt. – Vielleicht wurde der Hymnus auch bei privaten Festen von Solisten vorgetragen.[46] Die Verbreitung dieses Hymnus beruhte auf der großen Zusammenschau aller göttlichen Funktionen, die in dem obersten Gott zusammenfließen, eine Art kosmischer Monotheismus.

Marcus Aurelius

Ta eis eauton 7.9.1.3.	Der Kosmos ist *einzigartig* aus allen
κόσμος τε γὰρ εἷς ἐξ ἁπάντων καὶ θεὸς	Dingen und Gott ist *einzig* durch alles.
εἷς δι᾽ ἁπάντων καὶ οὐσία μία	Seine Macht ist *einzig*, das Naturgesetz
καὶ νόμος εἷς, λόγος κοινὸς πάντων	*ein einziges* als gemeinsames Ord-
τῶν νοερῶν ζῴων, καὶ ἀλήθεια μία,	nungsprinzip aller bekannten Lebewe-
εἴγε καὶ τελειότης μία τῶν ὁμογενῶν	sen, eine *einzige* Wahrheit und schließ-
καὶ τοῦ αὐτοῦ λόγου μετεχόντων ζῴων.	lich *eine* endgültige Bestimmung für das
	Menschengeschlecht und die durch
	diese Ordnung dazugehörenden Lebe-
	wesen.[47] (DS)

Dieser gewaltige Satz mit sechs εἷς-Prädikaten und drei πάντα-Formulierungen und weiteren hervorragenden Begriffen, sprachlich sehr schön gebaut, beruht vor allem auf der stoischen Philosophie: *ein Gott, der als Ordnungsprinzip alles durchdringt.* Dabei lassen sich auch Spuren des Aristoteles erkennen, wenn der Logos, das Naturgesetz hervorgehoben wird. Man kann diesen Satz als begeisterten Ausruf über die göttliche Ordnung verstehen und als Akklamation im religiösen Sinn. Nicht von ungefähr wählt der Marc Aurel *sechs* philosophische Begriffe und zeigt damit, dass er das pythagoreische Schema aufnimmt. Jedoch geht er nicht analytisch vor, sondern präsentiert diese Zeilen seinen Zeitgenossen und Freunden als eine Summe seiner Philosophie, die viel Bekanntes reflektiert und wenig Eigenständiges enthält. Dieser Abschnitt zeigt, dass Marc Aurel zu einem *theoretischen Monotheismus* vorgedrungen war.

Doch hat diese Überzeugung ihn nicht gehindert, in seinem Reich die Verehrung zahlloser Gottheiten zu gestatten und selbst alle Riten zu vollziehen. So heißt es auch an anderer Stelle seiner Selbstbetrachtungen 6,30:

---

[45] J. C. THOM, ebd., 11.

[46] J. C. THOM, ebd., 11.

[47] Eine andere Übersetzung bietet A. WITTSTOCK, Marc Aurel, 94: „Aus allem zusammengesetzt ist *eine* Welt vorhanden, *ein* Gott, alles durchdringend, *ein* Körperstoff, *ein* Gesetz, *eine* Vernunft, allen vernünftigen Wesen gemein, und *eine* Wahrheit, sowie es auch *eine* Vollkommenheit für all diese verwandten, derselben Vernunft teilhaftigen Wesen gibt."

„Ehre die Götter und fördere das Heil der Menschen".[48] Die stoische Philosophie war so etwas wie seine Privatreligion. Dennoch brachte ihm diese Haltung die Bewunderung ein, „ein Philosoph auf dem Kaiserthron" zu sein.

Ein stoischer Philosoph in Pisidien

[7] ὄγκον δὲ προγόνων λῆρον καὶ φλήναφον ἀγεῦ. [8] οὐ γάρ τοι πρόγονοι τὸν ἐλεύθερον ἄνδρα τίθεντι· [9] εἰς γὰρ Ζεὺς πάντων προπάτωρ, μία δ' ἀνδράσι ῥίζα, [10] εἰς παλὸς πάντων·[49]	Das Prahlen über die Vorfahren halte für Geschwätz und Gerede; denn nicht die Vorfahren machen einen Mann zum Freien. Der *eine* Zeus ist der Vorfahr von allen, *eine* und dieselbe Wurzel haben alle Männer, aus *einem* und demselben Lehm sind alle geformt.

Eine kleine philosophische Abhandlung in Versform über die wahre Freiheit und die Vergänglichkeit. „Die Stoiker haben gelehrt, dass wahrhaft frei nur ein Mensch sein könne, der nach seinem Charakter frei ist. In diesem eigentlichen Sinn frei könne auch ein Sklave sein; Beweis hierfür ist, wie hier ausgeführt wird, der als Sklave geborene Epiktet"[50]. In diesem Text setzt der namentlich unbekannte Verfasser die äußerliche Freiheit, die in Familientradition ererbt wurde, der inneren entgegen. Indem er sich auf Zeus als Vater aller Menschen beruft, wischt er die Unterschiede weg. Es sind gleich drei εἰς-Formeln, die den gemeinsamen Ursprung betonen: ein *Gott*, der Schöpfer aller Menschen, eine *Wurzel* (eine Anspielung auf die irdischen Vorfahren) und – ein *Lehm*, womit die vergängliche Seite des Menschen angedeutet wird. Die dreifache Einzigkeitsformel ist der Mittelpunkt des ganzen Gedichts und stellt die Gegenposition in Frage: der Stolz auf vornehme und freie Vorfahren ist nicht so viel wert, wie die Würde, die von Gott kommt, allen gegeben ist und gleichermaßen vergänglich ist.

---

[48] Ähnlich in 5,33.

[49] Steinepigramme aus dem griechischen Osten, hg. v. R. MERKELBACH/J. STAUBER, Bd. IV, 121. Zitiert auch bei E. PETERSON, ebd., 254f.

[50] Steinepigramme aus dem griechischen Osten, hg. v. R. MERKELBACH/J. STAUBER, Bd. IV, 121.

2.4 Römische Schriftsteller

M.T. Cicero
Cicero schrieb ein Jahrhundert vor der Entstehung des Christentums ein Buch über das Wesen der Götter „De natura deorum". Es war keineswegs das erste Buch dieser Art, es gab schon eine Reihe von Vorgängern. Protagoras, Philodemos und Phaidron u.a. hatten Bücher zu diesem Thema verfasst, die Cicero nützte. Zu Beginn seiner Ausführungen versichert er dem Leser, dass er zwar alles sorgfältig darstellen, aber sich eines Urteils enthalten will. Jedoch ist klar, dass er einem allgemeinen Polytheismus zuneigt, ohne sich für bestimmte Gottheiten besonders zu erklären. Sein Buch richtet sich vielmehr gegen die Skeptiker und Atheisten, vor allem gegen Epikur und die Kyniker. Offenbar hatte eine atheistische Bewegung schon ziemlich viele Anhänger im römischen Reich des 1. Jh. v.Chr. gefunden. Platon hält er quasi für einen Monotheisten und äußert sich leicht verächtlich über dessen manchmal unterschiedlich ausfallende Formulierungen, die er als widersprüchlich empfindet. Er zitiert auch Xen, jedoch recht kurz und keineswegs mit seinen markantesten Ausführungen über die Religion. Cicero oder seine Vorlagen scheinen diese Seite des Xen nicht zu kennen.

Wenn aber bei einem solchen religiösen Thema Xen außer acht gelassen ist – und Cicero geht auf viele andere Philosophen recht sorgfältig ein – muss diese Auslassung schon das Ergebnis einer längeren Entwicklung sein, so dass der „Fremde aus Elea", wie Platon Xen nannte, so gut wie vergessen war. In den vielen Schriften, die Cicero bespricht, scheint sich nirgends das Argument von einem einzelnen Gott gefunden zu haben. Zitiert wird das Bekenntnis des Xen zum εἷς θεός erst bei Clemens von Alexandrien in Strom. um 200 n.Chr. Wenn Cicero gelegentlich von Gott im Sg. spricht, ist es nicht mehr als eine rhetorische, distanzierte und ironische Wendung:

De natura deorum I,52 sive in ipso mundo deus inest aliquis, qui regat, qui gubernet, qui cursus astrorum, mutationes temporum, rerum vicissitudines ordinesque conservet, terras et maria contemplans hominum commoda vitasque tueatur, ne ille est inplicatus molestis negotiis et operosis.	Ist aber in der Welt selbst *irgendein Gott* enthalten, der sie regiert und leitet, der den Lauf der Gestirne, die verschiedenen Jahreszeiten und den ordnungsgemäß wiederkehrenden Wechsel der Naturerscheinungen erhält, der Erdteile und Meere überwacht und dadurch für die Wohlfahrt und das Leben der Menschen sorgt, dann ist jener Gott wahrhaftig in beschwerliche und mühevolle Aufgaben verwickelt. (Gerlach/Bayer)

Die Schrift Ciceros belegt durch ihr Schweigen, dass das Argument εἷς θεός so gut wie verschwunden war und stattdessen ein Skeptizismus dominierte. Auch Josephus erwähnt mehr als ein Jahrhundert später Xen nicht, obwohl er einige der griechischen Philosophen als Zeugen des Monotheismus würdigt.

Plinius d.Ä.

Und doch findet sich eine Spur von Xenophanes im lateinischen Schrifttum, denn Plinius d.Ä. (24-79 n.Chr.) hat in seiner berühmten Historia naturalis Buch 2,5 in einer Art Vorwort, nachdem er die Einmaligkeit des Kosmos beschrieben hatte, sich verhältnismäßig ausführlich über die oft gestellte Frage nach Gott geäußert: de deo – im Sing.! Dieses Kapitel muss Plinius nicht leicht gefallen sein, er prangert zahlreiche und ziemlich absurde Glaubenspraktiken an, und stellt die These auf, dass die Menschheit die Gottheit aufgeteilt habe, „damit jeder in seinem Anteil das verehre, dessen er am meisten bedürfe" (2,5,15). Doch er schreibt auch:

2,5,14 ... quisquis est deus, si modo est alius, et quacumque in parte, totus est sensus, totus visus, totus auditus, totus animae, totus animi, totus sui.	Wer auch Gott sei, wenn es überhaupt einen anderen gibt und in welchen Teile (des Alls) er auch sein mag, er ist ganz Gefühl, ganz Gesicht, ganz Gehör, ganz Seele, ganz Geist, ganz er selbst.[51]

Vor allen kritischen Schilderungen bringt Plinius eine Definition der Gottheit, die eindeutig Formulierungen des Xen aufnimmt: fünf Begriffe von denen vier eindeutig der Sentenz des Xen entnommen sind, nur die erste sensus/*Gefühl* ist vorangestellt. Die folgenden drei stehen genau in der Reihenfolge wie bei Xen, die letzte (Geist) ist eine Abwandlung des Begriffs aus Xen Frgm. 25. In der Formulierung totus sui/(etwa) *ganz sich selbst treu*, kann man des Xen Polemik gegen die turbulenten Bewegungen der Gottheiten erkennen. Die Zitierung erfolgt ohne Xen zu nennen, vielleicht gar ohne ihn zu kennen, denn immerhin wird im gleichen Abschnitt Demokrit genannt. Auch die Polemik gegen die Verleumdung der Götter (Xen Frgm 11.12), dass ihnen Diebstahl und Ehebruch nachgesagt wird, nimmt Plinius (2,5,17) direkt auf. Selbst des Xen Warnung, dass alles nur ein Eindruck und Schein sei, findet sich hier: nihil esse certi (2,5,25). Nur gegen die Xen-These: *er vermag alles*, polemisiert Plinius, denn Gott könne nicht die Naturgesetze aufheben (2,5,27). Er schließt seine geistvollen Ausführungen mit der Feststellung, dass eben die Natur das sei, was wir Gott nennen, liegt damit auf der stoischen Linie und hat sich eine quasi sakrale Ausgangsposition für sein säkulares Werk geschaffen. Mit einem sechsmaligen *totus* wird zwar die Gottheit geehrt, aber es bleiben leere Formeln, die nirgends aufgenommen oder ausgelegt werden. Jedenfalls spricht er über Gott im Singular mit Respekt, über

---

[51] Quelle und Übersetzung: R. KÖNIG/G. WINKLER, C. Plinius Secundus d.Ä., Bd. II, 22f.

die „Teile", die zahlreichen Gottheiten mit Spott – wohl eine Einstellung, die bei der gebildeten Elite Roms populär gewesen sein dürfte, bezeichnend für den paganen Monotheismus, während gleichzeitig der rasant sich ausbreitende Kult der Isis die Masse, die Unterschicht, ansprach.

Strabo

Der Geograph Strabo bringt wenige Jahrzehnte vor der Zeitenwende im 16. Buch innerhalb des Berichtes über Zoelesyrien und Arabien auch einige Abschnitte über Juda. Zwar scheinen die Informationen, die er verarbeitet, aus heutiger Sicht etwas vermischt und verworren, und doch sind die Auffassungen, die dahinter stehen, aufschlussreich, denn sie zeigen, wie das Judentum von einem Ausländer betrachtet wurde. Es kommt wohl einer Würdigung gleich, wenn Mose als ehemaliger ägyptischer Priester dargestellt wird. Mose wird die Behauptung unterstellt, dass er sich gegen den Tierkult in Ägypten und gegen die menschengestaltige Abbildung von Göttern durch die Griechen gewandt habe und deshalb aus Ägypten ausgewandert sei. Das ist die aktualisierte Version des Bilderverbotes und eine bekannte Polemik gegen den ägyptischen Kult der Tiermumien. Man hört geradezu die Anklänge an das erste und zweite Gebot heraus: es ist nur ein Gott, aber die lautet bei dem überzeugten Stoiker im pantheistischen Sinn.

ἔφη γὰρ ἐκεῖνος καὶ ἐδίδασκεν ὡς οὐκ ὀρθῶς φρονοῖεν οἱ Αἰγύπτιοι θηρίοις εἰκάζοντες καὶ βοσκήμασι τὸ θεῖον, οὐδ' οἱ Λίβυες, οὐκ εὖ δὲ οὐδ' οἱ Ἕλληνες ἀνθρωπομόρφους τυποῦντες. εἴη γὰρ ἕν τοῦτο μόνον θεὸς τὸ περιέχον ἡμᾶς ἅπαντας καὶ γῆν καὶ θάλατταν, ὃ καλοῦμεν οὐρανὸν καὶ κόσμον καὶ τὴν τῶν ὄντων φύσιν· τούτου δὴ τίς ἂν εἰκόνα πλάττειν θαρρήσειε νοῦν ἔχων ὁμοίαν τινὶ τῶν παρ' ἡμῖν;	Er [Mose] sagte nämlich und lehrte, es beruhe auf einer falschen Vorstellung, wenn die Ägypter und Libyer die Gottheit in Gestalt wilder und zahmer Tiere abbildeten; aber auch die Griechen täten nicht recht mit ihrer menschengestaltigen Ausformung. Denn *Gott sei einzig und allein* das, was uns alle und die Erde und das Meer umgibt, das, was wir Himmel und Weltall und Natur der Dinge nennen: welcher vernünftige Mensch würde es da wagen dies in einer Gestalt abzubilden, die mit irgendetwas bei uns die Ähnlichkeit hat? (Radt)

Es ist unsicher, ob Strabo diese Version des jüd. Glaubens so mitgeteilt wurde oder ob er sie selbst so bearbeitet hat. Denn dabei ist die Schöpfung ganz mit dem Schöpfer verschmolzen. Überraschend ist, dass er die Alleinanspruchsformel (mit dem Attribut μόνος) benützt, wie es die strenge jüd. Tradition lehrte und sie dennoch mit dem stoischen Glaubenssatz kombiniert.

Epiktet

Im Gegensatz dazu kann als Beispiel für einen hoch stehenden paganen Monotheismus Epiktet (ca. 50–130 n.Chr.) gelten. Er, der als junger Sklave nach Rom kam, hatte die Chance durch die Gunst seines Herrn die stoische Philosophie kennen zu lernen und schließlich sogar freigelassen zu werden. Es spricht viel dafür, dass er im Rom der 70er und 80er Jahre, bevor er von Domitian ausgewiesen wurde, Kontakt mit jüdischen und christlichen Sklaven sowie Freigelassenen hatte und ihre Überzeugungen kannte. Es gibt bei ihm eine große Nähe zu christlichen Gedanken, bes. in der Ethik, wo er die Hinnahme und Überwindung von Unrecht reflektiert.

Mehr als andere Philosophen seiner Zeit ist er in der Lage trotz des Polytheismus einfach von einem Gott zu sprechen – Gott im Singular! Wohl ist das die stoische Tradition, in welcher er aufwuchs. Trotzdem ist seine Rede von Gott nicht pantheistisch oder physikalisch geprägt, sondern letztlich persönlich und seelsorgerlich. Umso auffälliger ist, dass die Aussage εἷς θεός oder erst recht μόνος θεός bei ihm fehlt. Er schildert in warmen Worten die Gesetzmäßigkeit der Natur und schließt von daher auf einen *ordnenden Gott*, den er überzeugend beschreibt. Dafür zwei Beispiele:

Dissertationes ab Arriano digestae 2,14,11 λέγουσιν οἱ φιλόσοφοι, ὅτι μαθεῖν δεῖ πρῶτον τοῦτο, ὅτι ἔστι θεὸς καὶ προνοεῖ τῶν ὅλων …	Die Philosophen behaupten, dass man zuerst lernen muss, dass (ein) Gott existiert und dass er für alle sorgt […]. (DS)
Fragmenta IV Τῶν ὄντων τὰ μὲν ἐφ' ἡμῖν ἔθετο ὁ θεός, τὰ δ' οὐκ ἐφ' ἡμῖν. ἐφ' ἡμῖν μὲν τὸ κάλλιστον καὶ σπουδαιότατον, ᾧ δὴ καὶ αὐτὸς εὐδαίμων ἐστί, τὴν χρῆσιν τῶν φαντασιῶν. τοῦτο γάρ ὀρθῶς γιγνόμενον ἐλευθερία ἐστίν, εὔροια, εὐθυμία, εὐστάθεια, τοῦτο δὲ καὶ δίκη ἐστὶ καὶ νόμος καὶ σωφροσύν η καὶ ξύμπασα ἀρετή. τὰ δ' ἄλλα πάντα οὐκ ἐφ' ἡμῖν ἐποιήσατο. οὐκοῦν καὶ ἡμᾶς συμψήφους χρὴ τῷ θεῷ γενέσθαι …	Von allem, was existiert, hat Gott einen Teil in unsere Verfügungsgewalt gegeben, den anderen Teil nicht. In unserer Macht steht das Schönste und Wichtigste, wodurch Gott selbst glücklich ist: der Gebrauch unserer Eindrücke und Vorstellungen. Denn wenn diese Möglichkeit richtig genutzt wird, bedeutet dies Freiheit, Glück, Heiterkeit, Würde, aber auch Recht, Gesetz, Selbstbeherrschung und Tüchtigkeit in jeder Form. Alles andere aber hat Gott nicht in unsere Macht gegeben. Daher ist es notwenig, dass wir in Übereinstimmung mit Gott gelangen … (Nickel)

Dieses Gottesbild ist keineswegs von Synkretismus geprägt, sondern steht für eine weitverbreitete Auffassung, dass es eine einfache und zuverlässige Gottheit gibt, die ein positives Verhältnis zu den Menschen sucht,[52] die ebenso Zuverlässigkeit und Selbstzucht verlangt. Seine einfache Rede von Gott fordert eine einfache ehrliche Ethik heraus. Monotheismus und Moral gehören für ihn zusammen.

Plutarch

Der Philosoph und Schriftsteller (46–119 n.Chr.) gab etwa zur Wende des 1. zum 2. Jh. n.Chr. in einer Schrift „Das E in Delphi" eine Darstellung seiner Religion. Plutarch hatte neben mehreren politischen Funktionen das Amt des Apollopriesters in Delphi inne, was eine weitgehend religionspolitische, repräsentative Aufgabe war.

Anlass für diese Schrift war die Deutung des „Epsilon" am Eingang des Tempels in Delphi,[53] ein Kennzeichen „Logo" und zugleich ein rätselhaftes Symbol der örtlichen Gottheit. Plutarch stellt sieben Deutungen vor, geht aber dabei von dem Diphthong ει aus, weil das E damals so ausgesprochen wurde. Die sieben Deutungen sind völlig unterschiedlich und er gibt keiner den Vorzug, sondern lässt sie als göttliches Geheimnis nebeneinander stehen. Jede habe ein gewisses Recht.[54] In dieser Schrift äußert er sich mehrfach über sein Gottesverständnis, das monotheistisch, aber auch von der pythagoreischen Lehre geprägt ist.

Für Plutarch ist es wichtig die Fünf hervorzuheben als die heilige Zahl des Apollo, der für ihn zum obersten Gott geworden ist.[55] Er stellt fest: es gab fünf Titel oder

---

[52] M. ENDERS, Art. Epiktet, RGG[4], Bd. 2 (1999), Sp. 1365f, schreibt zusammenfassend: „Inhaltlich vertritt E. dezidiert eine Tugend-Ethik der gesollten Übereinstimmung mit Gott, der eine tiefe rel. Innerlichkeit eignet und für welche die Haltung der gehorsamen Ergebenheit in den göttlichen Willen und der Dankbarkeit für alles von Gott Gegebene charakteristisch ist."

[53] Das E wurde auch auf dem Omphalos in Delphi gefunden.

[54] Die sieben Interpretationen sind: 1. das E steht im damaligen Rechensystem für die Zahl *Fünf*. 2. E ist der zweite Vokal und damit verbunden mit der *Sonne*, dem zweiten Planeten und dieser wieder wird identifiziert mit *Apollo*; 3. ει bedeutet „wenn", bzw. „ob" (man etwas tun soll). Mit dieser *Frage* und Formulierung wandten sich die Ratsuchenden an das Orakel. 4. ει ist ein *Anruf* bei den Gebeten, oft in der Kombination, ει γαρ, „o wenn doch". 5. ει steht oft in den *Orakeln*. Plutarch interpretiert das als eine Herausforderung an die menschliche Logik Verbindungen herzustellen. (386F) 6. Die Fünf ist nach Plutarch die *wichtigste Zahl* des mathematischen Systems, bedeutsam auch für die Philosophie und Musik. 7. ει heißt auch „du bist", also Teil und Anrede eines *Bekenntnisses* gegenüber Apollo. – Neuere Interpretationen gehen von anderen Voraussetzungen aus und es wird die Auffassung vertreten, ει könnte die Bedeutung haben: Gehe!, Tue! oder Tritt ein! Vgl. zum Ganzen: Plutarch's Moralia in sixteen Volumes, V., 351c–438e, with an English Translation by F. C. BABBITT, 185.

[55] In der Schrift „Über das E in Delphi" wendet sich PLUTARCH vorsichtig und kritisch gegen die populäre Auffassung, dass Apollo identisch mit Helios sei. Apollo bezieht seine hervorragende

Bezeichnungen für Apollo, fünf Sophisten (385E), fünf Elemente[56] (390A), fünf Teile des Kosmos (350A) usw. Dabei grenzt er seine Lehre von denen ab, die die Sieben oder die Sechs hervorheben. Er nennt diese Gruppen nicht, aber es ist offensichtlich, dass er damit still gegen die jüd. und gegen eine pythagoreische Richtung polemisiert. Das E bleibt als fünfter Buchstabe im Alphabet für den Apollo-Kult ein Symbol der Heiligkeit (385A). Geschickt knüpft Plutarch an pythagoreische Erklärungen an. Demnach ist die Fünf die erste Kombination von einer geraden und einer ungeraden Zahl. Während man nach unserem Zahlensystem die Eins und Zwei dafür halten würde, zählt die *Eins* im pythagoreischen System nicht als Zahl, sondern als Urpunkt, μονάς. Die geraden Zahlen zählen als weibliche, die ungeraden als männliche und deshalb wird die Zahl Fünf als erste Summe einer geraden und einer ungeraden Zahl, der 2+3, auch als γάμος, als *Ehe* oder *Heirat* besonders geehrt (388A). Die hochgeschätzte Fünf bringt nun, gleichsam wie Kinder, immer wieder eine Fünferzahl (männlich!) oder eine Zehnerzahl (weiblich!) hervor. Die Fünf kann und muss sich immer wieder selbst reproduzieren, meinen die Pythagoreer. Hinter der festlichen Zahl Fünf steht aber die geheimnisvolle Ureinheit, die μονάς, die Eins, die voller Kraft auf Entfaltung drängt. Wenn nach dieser pythagoreischen Lehre irgendeine Zahl durch zwei geteilt wird, bleiben entweder zwei gleiche „weibliche Teile" oder – falls es eine ungerade Zahl ist – zwei gleiche Teile und ein Rest. Wird z.B. die 19 durch 2 geteilt, wird nach Plutarch weniger das Ergebnis 9 ½ gesehen, sondern 9 + 1 + 9.[57] Diese Eins ist nun die kraftvolle Potenz, die bald alles verändern kann.[58] Entscheidend ist, dass dieser „Rest", die Eins, bzw. der *sich regenerierende Mittelteil*/μέσον γόνιμον (388), in der Lage ist durch Addition oder Subtraktion die ungerade Zahl zu einer geraden zu machen, bzw. die gerade Zahl zu einer ungeraden. Dies gilt als wichtiger, geradezu göttlicher Eingriff, der die Qualität einer Zahl verändert. Demnach ist die Eins, die μονάς, eine Ureinheit, der ganz besondere Qualität zukommt. *Diese Eins ist auf Veränderung und Wachstum angelegt, ist Dynamik und Potenz.* Die Eins kann alles verändern, neu schaffen.

Über die Eigenart der Eins führt W. RÖD aus: „Besondere Aufmerksamkeit verdient die pythagoreische Lehre von der Einheit (μονάς) und ihrem Verhältnis zum Begrenzten. Die Eins wurde von den Pythagoreern zwar als Ursprung der Zahlen aufgefasst, galt jedoch ebenso wenig als Zahl, wie der Punkt, mit dem die Eins in Verbindung gebracht wurde [...] Da die Eins nicht als Zahl betrachtet wurde, konnte sie auch nicht der Einteilung der Zahlen in gerade und ungerade unterworfen sein; da sie aber als Ursprung der Zahlen überhaupt galt, musste sie Ursprung des Geraden wie des Unge-

---

Stellung laut Plutarch nicht von Helios. Im Volksglauben aber blieb Apollo mit Helios verbunden. (393D/E).

[56] PLUTARCH, Über das E in Delphi, 387ff.

[57] Vgl. R. SEIDE, Die mathematischen Stellen bei Plutarch, 98: „Bei παντάπασιν muss in der Übersetzung der Zusatz ‚in gleiche Teile' stehen; denn es ist nicht die Rede davon, dass die ungerade Zahl überhaupt keiner Teilung fähig ist – dem widerspräche ja μεριζόμενος – sondern, dass sie eben nicht halbierbar ist. Aufteilbar ist sie sehr wohl, aber die Teilung belässt die Einheit als Rest: 2n+1 = n+1+n."

[58] „According to Aristotle, the Pythagoreans furthermore held that the Monad participates in the natures of both odd and even (τὸ ἓν φησιν ἀμφοτέρων μετέχειν τῆς φύσεως) because it can, by adding or subtracting one, change odd into even and vice versa." J. C. THOM, ebd., 102.

raden sein und mithin ansatzweise beides enthalten. Die Eins ist pythagoreischer Auffassung zufolge gerade-ungerade."[59]

Diese Hochachtung der Eins, die mit ihrer Potenz das Weltall gestalten soll, war in der Zeit des späteren Hellenismus, als der Glaube an die olympischen Götter längst in eine Krise geraten war, als pythagoreischer und philosophischer Glaube ziemlich verbreitet.[60] Auch Philo hatte schon ein Jahrhundert vor Plutarch ähnliche Argumentationsmuster benützt, und sie scheinen seinen Hörern und Lesern nicht unbekannt gewesen zu sein. M.P. NILSSON urteilt: „Die Zahlensymbolik imponierte der großen Menge durch ihre Schwerverständlichkeit und Spitzfindigkeit, sie verschaffte den Pythagoreern den Ruf, geheimes Wissen zu besitzen."[61]

Als weiterer Beweis für die Einzigkeit seines Hauptgottes gibt Plutarch eine Etymologie für den Namen Apollo, die er wohl selbst erfunden hat. Er deutet ihn als A-πολύ = nicht viel. Er verbindet auch den Apollo-Namen *Ieius* mit den Prädikaten εἷς und μόνος.

393 C:	
Ἀπόλλων μὲν γὰρ οἷον ἀρνούμενος τὰ πολλὰ καὶ τὸ πλῆθος ἀποφάσκων ἐστίν, Ἴηιος δ᾽ ὡς εἷς καὶ μόνος· Φοῖβον δὲ δήπου τὸ καθαρὸν καὶ ἁγνὸν οἱ παλαιοὶ πᾶν ὠνόμαζον	Er ist Apollo, der der Vielheit absagt und der Masse abschwört. Er ist Ieius[62], wie *einzig* und *alleine*. Phoebus nämlich wie bekannt, ist ein Name, den die Alten nannten, für einen ganz Reinen und Leuchtenden …

An anderer Stelle spricht Plutarch von μόνωσις, der Einzigkeit oder Alleinheit bzw. der Einsamkeit seines Gottes Apollo, die zu seinem Namen geführt habe (388E). Ähnliche Gedanken hatte ein halbes Jahrhundert zuvor Philo geäußert, ohne dass eine literarische Abhängigkeit zu vermuten ist. Den zweiten Namen Φοῖβός deutet er (etymologisch richtiger) als der Reine, Unvermischte. So werden allein diese Namen für Plutarch zu Beweisen für die Einzigkeit seines Gottes[63], den er abschließend in poetischer Weise[64] lobt.

---

[59] W. RÖD, ebd., 65. In der Formulierung der Pythagoreer: ἡ μὲν μονὰς ἀμφοτέρων ἐπίκοινός ἐστι/die μονάς gehört zu beiden Seiten (388A).

[60] M.P. NILSSON, Geschichte II, 415, vermerkt über den Rückgang und das Neuaufleben der pythagoreischen Lehre: „Die pythagoreische Philosophie scheint in der hellenistischen Zeit eingegangen zu sein und blühte erst wieder im ersten vorchristlichen Jahrhundert auf."

[61] M.P. NILSSON, ebd., 417.

[62] Die Etymologie PLUTARCHS, dass der Name Ieius von einem alten Wort ἴα, ἴης = Eins abgeleitet sein soll, ist wohl ziemlich willkürlich. Der Name stammt eher von einem Ausruf ἰή, der an Apollo gerichtet war. Vgl. Plutarch's Moralia, 246, Anm. b.

[63] M.P. NILSSON, ebd., 407, stellt fest, dass Zeus bei Plutarch eigentlich keine Rolle spielt: „Zeus freilich legt kaum wie bei den Stoikern das Kleid des höchsten Gottes an, von Apollon aber, dem großen Gott, dem er selbst diente, spricht er in der Schrift über das E in Delphi fast so, als ob dieser es täte."

393 A/B: Ἀλλ' ἔστιν ὁ θεὸς, εἰ χρὴ φάναι, καὶ ἔστι κατ' οὐδένα χρόνον ἀλλὰ κατὰ τὸν αἰῶνα τὸν ἀκίνητον καὶ ἄχρονον καὶ ἀνέγκλιτον καὶ οὐ πρότερον οὐδέν ἐστιν οὐδ' ὕστερον οὐδὲ μέλλον οὐδὲ παρῳχημένον οὐδὲ πρεσβύτερον οὐδὲ νεώτερον· ἀλλ' εἷς ὢν ἑνὶ τῷ νῦν τὸ ἀεὶ πεπλήρωκε, καὶ μόνον ἐστὶ τὸ κατὰ τοῦτον ὄντως ὄν, οὐ γεγονὸς οὐδ' ἐσόμενον οὐδ' ἀρξάμενον οὐδέ παυσόμενον. οὕτως οὖν αὐτὸν δεῖ σεβομένους ἀσπάζεσθαι καὶ προσαγορεύειν, ,εἶ,' καὶ νὴ Δία, ὡς ἔνιοι τῶν παλαιῶν, εἶ ,ἕν.'	*Aber der Gott existiert*, wenn man das sagen muss, und Er existiert nicht nur für eine bestimmte Zeit, sondern in alle Ewigkeit, die unbewegt und unbegrenzt und unwandelbar ist, wo es kein früher und später gibt, keine Zukunft und keine Vergangenheit, kein älter oder jünger. Aber Er, der *einzig* ist, hat nur mit einem Augenblick die Ewigkeit vollendet. Das ist *allein* das wirklich Seiende, weder gewachsen, noch künftig. Auch hat es keinen Anfang noch Ende. Deshalb müssen wir, wenn wir es verehren, grüßen und mit den Worten ansprechen: *Du bist*. Und ich schwöre, wie einige der Alten (sagten): *Du bist das Eine.*

Dabei variiert Plutarch bewusst seine entscheidende Aussage: Apollo ist εἷς/*der Einzige* und er ist ἕν/*das Einzige*, womit er alle Seiten, die Philosophie und den Volksglauben, befriedigt. Wenige Zeilen später führt er aus: τὸ δ' ἓν εἰλικρινὲς καὶ καθαρόν/*das Eine ist einfach und rein*.

Darüber hinaus gibt es zwei weitere Begriffe, die die Stellung des alleinigen Gottes umschreiben und nicht nur von Plutarch vielfach gebraucht werden: ὕψιστος und ὕπατος. In beiden Begriffen ist noch zu erkennen, dass es um eine Erhebung über andere Götter geht. Eigentlich stand diese Bezeichnung nur Zeus zu. Trotzdem gilt, wie G. BERTRAM urteilt: „Fast alle in volkstümlicher Literatur nachweisbaren Superlative sind Elative, d.h. sie werden angewendet, um einen möglichst hohen Grad der Vollendung auszudrücken. Der Elativ enthält eine absolute Aussage, keine Relation oder Vergleichung.“[65]

---

[64] Leider lässt die deutsche Übersetzung kaum die *poetische Struktur* dieses Abschnittes erkennen. Die Gliederung zeigt einen ringförmigen Aufbau: 1. Bekenntnis: es ist ein Gott (was mir der letzten Zeile korrespondiert), 2. es folgen zehn Negativ-Formulierungen bzw. Abgrenzungen: er ist nicht, 3. zentrales Bekenntnis zur Einzigkeit und ewigen Herrschaft, 4. wieder Reflektionen, Negationen und Abgrenzungen, 5. Aufruf zur Verehrung, 6. erneutes kurzes Bekenntnis zum Einen. – Auffallend ist dabei die *Sprachmelodik*. Die drei recht kurzen bekenntnisartigen Sätze oder Formeln sind sprachlich hell, auf dem εἶ bzw. εἷς aufgebaut, während die längeren Zwischenstücke, Negationen und Reflektionen eher dunkle Vokale enthalten und Neutra bevorzugen (siebenmal οὐδέν).

[65] G. BERTRAM, Art. ὕψιστος, ThWNT 8, 613. Das Wort „ὕψιστος ist zunächst rein poetisch; viel jünger sind die Zeugnisse aus religiöser Sprache ... Als Prädikat des Zeus findet sich ὕψιστος Pind Nem 1,60; 11,12; Aesch Eum 28; Soph Phil 1289. Zeus ist damit als der auf dem höchsten

Zweifellos ist der Abschnitt 393 A/B ein Herzstück der Schrift Plutarchs, wo er einerseits viel aus dem stoischen Sprachschatz nützt, andererseits bewusst seine breite Bildung mit den unterschiedlichen εἰ-Interpretationen ausbreitet, auch mit ἔν und εἰς spielt.[66] Inwieweit Plutarch mit seiner Apollo-Theologie Anerkennung fand und Zeus-Jupiter den Rang streitig machen konnte, muss dahin gestellt bleiben. Jedenfalls wurde der vielgelesene Plutarch zu einem vorsichtigen Gegner des Polytheismus.

Aristeides Aelius
Mitte des 2. Jh. n.Chr. hat Aristeides, der große Rhetor, nicht nur in Rom, sondern auf vielen Reisen sein umfassendes Wissen und seinen kunstfertigen Umgang mit der Sprache in öffentlichen Reden bewiesen, von denen verhältnismäßig viele erhalten sind. Neben zahlreichen Inschriften aus dem Sarapis-Kult, die oft in Kürze den Dank für Rettung oder Heilung dokumentieren, ist eine Rede Aristeides' die wichtigste Quelle über den Sarapis-Kult. Sie wurde nach einem längeren Ägyptenaufenthalt wohl im Jahr 143 n.Chr. verfaßt.[67] Die Rede beweist, dass es von diesem Gott keinen Mythos gab, denn einen solchen hätte der Rhetor an den Anfang seiner Ausführungen stellen müssen. Stattdessen hebt er die rettenden Taten dieser Gottheit hervor, auch kosmische Aspekte, die sich mit dem Helios-Titel verbinden. Bei dieser Aretologie wird mehrfach der Anspruch auf Einzigkeit mit farbigen Worten hervorgehoben. Das Bekenntnis Εἷς Ζεὺς Σέραπις bildet den Hintergrund der Rede. Jedoch ist auffällig, dass dabei niemals exklusive oder gar militante Begrifflichkeit verwendet wird. Es gibt keinerlei Verbote anderen Göttern ebenfalls Reverenz zu erweisen, wie ausdrücklich in §§ 22 und 23 formuliert wird. In blumigen Wendungen beschreibt er die Vorzüge dieses Heilgottes.[68]

Berge thronende Gott charakterisiert, der zugleich der Gott und Herr des Himmels ist. Zeus ist damit auch der höchste Garant der Gerechtigkeit, und so wird die Bezeichnung als höchster auch im moralischen Sinne verstanden werden können."

[66] M.P. NILSSON, ebd., 404, schreibt über Plutarchs Theologie: „Das Göttliche ist nicht reich durch Silber oder Gold, noch mächtig durch Donner und Blitz, sondern durch Wissen und Vernunft. Gott sieht alles ringsum, was zu Lande und auf dem Meere geschieht; er kennt eines jeden Gesinnung und Art. Er ist Leiter alles Guten, der Vater alles Schönen, er kann etwas Schlechtes weder machen noch leiden. Der Gott freut sich über diejenigen, die seiner Tugend nacheifern und ihm in Güte und Menschenliebe ähnlich sind, und teilt ihnen aus seiner Gesetzlichkeit, Gerechtigkeit, Wahrheit und Milde mit. Dieser Gott ist dem stoischen zum Verwechseln ähnlich; der Unterschied, ob er transzendent oder immanent sei, ist verwischt, er hat eine leise persönliche Abtönung, wie bei Epiktet."

[67] Vgl. A. HÖFLER, Der Sarapishymnus des Ailios Aristeides, 3f.

[68] A. HÖFLER, ebd., 59, betont, dass σῴζειν ein Schlüsselwort für das Verständnis des Sarapis ist.

Rede auf Sarapis 21-24passim	So rufen ihn ja auch die Bürger der
21 οἱ μὲν δὴ τῆς μεγάλης πρὸς Αἰγύπτῳ πόλεως πολῖται καὶ ἕνα τοῦτον ἀνακαλοῦσι Δία, ὅτι οὐκ ἀπολέλειπται δυνάμει περιττῇ, ἀλλὰ διὰ πάντων ἥκει καὶ τὸ πᾶν πεπλήρωκε.	großen Stadt an Ägyptens heiligem Strom als den „Einzigen, den Zeus" aus, weil er nicht übertroffen wird durch irgendeine Macht über ihm, sondern durch alles hin webt und lebt und das All erfüllt.
22-23 μόνος δὲ καὶ ἕτοιμος τῷ τινος δεομένῳ τοῦτ' ἐπιτελεῖν· ὥστε καὶ ἄνθρωποι περὶ μὲν τῶν ἄλλων οὐ κατὰ τὰ αὐτὰ φέρονται, ἀλλὰ τιμῶσιν ἄλλοι ἄλλους θεούς, τοῦτον δὲ μόνον πάντες ὁμοίως τοῖς σφετέροις νομίζουσιν. διὰ γὰρ τὸ τὰς πάντων ἔχειν δυνάμεις οἱ μὲν ἀντὶ πάντων τοῦτον θεραπεύουσιν, οἱ δὲ οἷς νομίζουσιν ἐφ' ὁτῳοῦν καὶ τοῦτον προσνομίζουσιν ὡς κοινὸν ἁπάσης ὄντα τῆς γῆς ἐξαίρετον. οὐ μόνον δὲ τὰς ἐν τῇ γῇ πάσας ἔχει δυνάμεις οὗτος εἷς ὢν καθ' ἑκάστην.	Als einziger ist er aber auch bereit, jedem jedwege Bitte zu erfüllen; darum bemühen sich die Menschen um die anderen Götter nicht im selben Maße, sondern die einen ehren die, die andern andere Götter; diesen ganz allein aber rechnen alle gleicherweise zu den ihrigen. 23. Weil er nämlich die Vollkommenheit aller in sich vereinigt, so verehrt man ihn teils ganz allein an Stelle all der anderen Götter, teils aber nimmt man seine Verehrung noch zu der der anderen Götter hinzu, die sonst herkömmlicherweise in bestimmten Lagen angegangen werden, da ja er für die ganz Erde mit Vorzug der gemeinsame Gott ist. Aber nicht nur auf dem Land besitzt er alle Macht als „der Einzige" auf jedem Gebiet.
24 ... πάντα αὐτὸς εἷς ὤν, ἅπασιν εἷς ταὐτὸν δυνάμενος ...	24. ... in allem ist er der Einzige, als Einziger vermag er dasselbe, ... (Höfler)

Hier werden die Alleinanspruch- und die Einzigkeitsformel munter nebeneinander gebraucht, um die Hörer zu überzeugen, dass Sarapis der Höchste und Beste ist. Neu ist der Begriff κοινός im Sinn von „gemeinsamer" Gott, der alle Funktionen in sich vereinigt – ein Übergott. Dennoch, wie A. HÖFLER feststellt, lässt sich dieser Lobpreis der Einzigkeit mühelos auf andere Gottheiten übertragen.[69] So berichtet Aristeides in seiner *Asklepios*-Rede, dass er während einer Krankheit in einem Tempel das Lichtumstrahl-

---

[69] A. HÖFLER, ebd., 3, über die Rede-Hymnen des Aristeides: „Die meisten sind Paradestücke mit allem Aufputz der Rhetorik und mit einer Leichtigkeit der Übertragung gewisser Gottesbegriffe von einem Gott auf den anderen." Ob dahinter ein echtes monotheistisches Verständnis gesehen werden kann, ist sehr fraglich.

te Haupt dieses Gottes gesehen und dieses ihm ein Zeichen mit der Hand gegeben habe, um bei ihm zu bleiben. Angesichts dieser Auszeichnung rief er ihm zu: εἷς „Du, Einziger!" und Asklepios habe ihm geantwortet: σὺ εἷ/*du bist es!*[70] Aristeides verstand dieses Wort als Ermutigung zum Leben, um die Krankheit zu überwinden. Abgesehen von dem Wortspiel εἷς – σὺ εἷ hebt Aristeides ganz ähnlich wie bei Sarapis mit dieser Begrifflichkeit elativ die Bedeutung des Asklepios hervor. Der Gebrauch der Einzigkeitsformel zeigt also, dass sie in der Mitte des 2. Jh. schon allgemeinen verwendet wurde und leicht auf andere Gottheiten übertragen werden konnte. Die alte Anrufungsformel verblasst zu einer rhetorischen Wendung.

Proklos – oder ein „Anonymus neoplatonicus"?

Ὦ πάντων ἐπέκεινα· τί γὰρ θέμις ἄλλο σε μέλπειν; ... / Μοῦνος ἐὼν ἄφραστος, ἐπεὶ τέκες ὅσσα λαλεῖται. / Πῶς νόος ἀθρήσει σε; σὺ γὰρ νόῳ οὐδενὶ ληπτός, / Μοῦνος ἐὼν ἄγνωστος, ἐπεὶ τέκες ὅσσα νοεῖται. / Πάντα σε καὶ λαλέοντα καὶ οὐ λαλέοντα λιγαίνει· / Πάντα σε καὶ νοέοντα καὶ οὐ νοέοντα γεραίρει. ... / Ἐκ σέο πάντα πέφηνε· σὺ δ᾽ οὐδενός εἵνεκα μοῦνος. / Σοὶ ἐνὶ πάντα μένει· σοὶ δ᾽ ἀθρόα πάντα θοάζει. / Καὶ πάντων τέλος ἔσσι, καὶ εἷς καὶ πάντα ὑπάρχεις, / Οὐχ ἓν ἐών, οὐ πάντα. πανώνυμε, πῶς σὲ καλέσσω / Τὸν μόνον ἀκλήϊστον;	Du jenseits von Allem! Wie anders ist es recht, Dich zu besingen? ... *einzig* Unsagbarer, da Du zeugtest, was gesagt werden kann. Wie soll Denken Dich begreifen? Du nämlich bist keinem Denken fassbar, *Einzig Unerkennbarer*, da Du zeugtest, was gedacht werden kann. Alles Redende und Nicht-Redende ruft Dich. Alles Denkende und Nicht-Denkende feiert Dich ... Aus Dir ist Alles erschienen; *Du aber bist als Einziger um nichts willen.* In Dir bleibt Alles, zu Dir eilt Alles hin. Und Aller Ende bist Du, *Einer und Alles* bist Du, *Nicht Eins seiend*, nicht Alles. Allnamiger, wie soll ich Dich nennen, den *Einzig Unnennbaren*?[71]

Mit zahlreichen Superlativen und paradoxen Bezeichnungen (Allnamiger, Unnennbarer) spricht der Philosoph im 5. Jh. n.Chr. eine göttliche Macht an, die er teils mit abstrakten Begriffen, teils mit Negativ-Definitionen (οὐχ ἓν ἐών) zu umschreiben versucht. Drei Alleinanspruchsformeln neben zwei εἷς-πάντα-Formeln heben sich hervor und betonen die Unvergleichlichkeit, einen typisch neuplatonischen Gedanken. Das Ganze will ein allumfassendes Gebet sein, ist jedoch ein sehr theoretisches Gebilde. Der Text wirkt überladen und übertrieben. Es sind die Verse eines Epigonen, weder

---

[70] Vgl. M.P. NILSSON, Geschichte II, 562.
[71] Text und Übersetzung aus: W. BEIERWALTES, Denken des Einen, 315–136.

ein recht philosophisches noch ein religiöses Dokument. Wo die μόνος-Formel eingesetzt wird und ein persönlicher Akzent auftaucht, erfolgt doch sofort eine Verneinung (Unerkennbarer). Das Gebet schließt mit der gleichen Zeile, wie es begonnen hatte: hier scheint mehr Ratlosigkeit als Lobpreis zu sein. Jedoch ist der Text ein Beleg dafür, dass im ausgehenden römischen Reich in noch nichtchristlichen Kreisen eine Bemühung um den Monotheismus sehr verbreitet war.

2.5 Die Theokrasie

Apollonios von Tyana
Apollonios von Tyana aus der zweiten Hälfte des 1. Jh. n.Chr. verfasste eine Schrift über die Opferpraxis. Diese Schrift wird von E. NORDON ausführlich zitiert, weil er sie zu dem Hintergrundmaterial der Apg, besonders der Areopagrede zählt. Der Text ist deshalb von Interesse, weil er die Inklusivität, die durch die Theokrasie, die *Götterverschmelzung* entstanden ist, reflektiert. In dieser Schrift ist zu erkennen, dass der Eine eben doch nicht der einzige ist und einige andere Götter gewisse Rechte behalten. Apollonios gesteht zu, dass die ἄλλοι θεοί nicht völlig beseitigt sind, sondern Geltung behalten und wohl auch Opfer erwarten dürfen. Der höchste Gott aber ist anderer Natur. Er besitzt keinen Namen, kein Bild und deshalb sind Opfer für ihn nicht angemessen. Wir finden hier einen ahnenden, zurückhaltenen Monotheismus vor.

περὶ θυσιῶν (überliefert bei Eusebios praep. ev. IV 13) Οὕτως τοίνυν μάλιστα ἄν τις, οἶμαι, τὴν προσήκουσαν ἐπιμέλειαν ποιοῖτο τοῦ θείου, τυγχάνοι τε αὐτόθεν ἵλεώ τε καὶ εὐμενοῦς αὐτοῦ παρ᾽ ὅντιν(α) οὖν μόνος ἀνθρώπων, εἰ θεῷ μὲν ὅν δὴ πρῶτον ἔφαμεν ἑνί τε ὄντι κεχωρισμένῳ πάντων, μεθ᾽ ὃν γνωρίζεσθαι τοὺς λοιποὺς ἀναγκαῖον, μὴ θύοι τι τὴν ἀρχὴν μήτ(ε) ἀνάπτοι πῦρ μήτε καθόλου τι τῶν αἰσθητῶν ἐπονομάζοι.	So erst wird einer, meine ich, der Gottheit den ihr zukommenden Dienst erweisen und eben dadurch sich ihrer Gnade und ihres Segens teilhaftig machen, mehr als sonst irgend einer auf der Welt, wenn er dem Gotte, den wir den *Ersten* nannten, *dem Einen,* der von allem abgesondert ist, nach dem aber auch die übrigen unbedingt Geltung behalten müssen, überhaupt nichts opfert, noch ihm Feuer anzünden, noch ihm einen irgendwie der Sinnenwelt angehörigen Namen beilegen wird …[72]

---

[72] Zitiert bei E. NORDEN, ebd., 39, und Anhang 3, 343.

Apollonios beschreitet den typischen Weg des Kompromisses: er erkennt einen einfachen obersten Gott, der keinerlei Opfer braucht, und duldet zugleich die Götter der Volksreligion als Zugeständnis an die Masse.

Apuleius von Madaura

Der lateinisch schreibende Schriftsteller Apuleius aus Madaura (Afrika) hat in der zweiten Hälfte des 2. Jh. n.Chr. sein Buch Metamorphosen verfasst, in denen er auch den damals sehr weit verbreiteten Kult der ägypt. Göttin Isis glorifizierend vorstellt. Dabei beschreibt er in einem in Prosa verfaßten Lobpreis ihre kosmische Gewalt über Himmel, Erde, Meer und Totenreich und bezeichnet sie als *numen unicum*, die eben in *vielfacher Gestalt* und unter *verschiedenen Namen* verehrt wird. Diese Namen führt er anschließend aus. Es sind zehn verschiedene Bezeichnungen weiblicher Gottheiten, ähnlich dem Hymnus des Isidor von Narmuthis (s.u.), aus den verschiedensten Regionen des Reiches, die letztlich alle die gleiche meinen: die von Äthiopiern und Ägyptern „unter dem richtigen Namen" verehrte Isis.

Metamorphosen XI, 5	Mutter aller Dinge in der Natur, Herrin
'En adsum tuis commota, Luci, precibus, rerum naturae parens, elementorum omnium domina, saeculorum progenies initialis, summa numinum, regina manium, prima caelitum, deorum dearumque *facies uniformis*, quae caeli luminosa culmina, maris salubria flamina, inferum deplorata silentia nutibus meis dispenso: cuius *numen unicum* multiformi specie, ritu vario, nomine multiiugo totus veneratur orbis.	aller Sterne, uranfänglicher Nachkomme der Jahrhunderte, Oberste der Götter, Königin der Toten, Erste der Himmlischen, *einheitliches Antlitz* der Götter und Göttinnen; die ich das lichtreiche Dach des Himmels, die heilbringenden Winde des Meeres, das beklagenswerte Schweigen der Toten, der Nekropole und der Balsamierungsstätte regiere durch mein (Kopf)nicken, und die als *Einheitsgöttin* in vielfältiger Gestalt und unter vielen unterschiedlichen Namen der ganze Erdkreis verehrt.[73]

---

[73] Quelle: Apuleius of Madaura, The Isis Book, Metamorphoses, ed. by J.G. GRIFFITHS, 74. Übersetzung: R. SCHULZ, Warum Isis, 251–280. Beachtlich ist die *Liste der Namen* und Länder, die im weiteren Text miteinander verbunden und schließlich mit Isis identifiziert werden: „Die Phrygier, das älteste Volk nennen mich Pessinuntia, Mutter der Götter, so auch die Athener, ihrem Lande entsprossen Cecropeia Minerva und die seetüchtigen Zyprer Paphia Venera, die pfeilbewaffneten Kreter Dictynna Diana, die dreisprachigen Sizilier Ortygia Proserpina, die Eleuser nennen mich die altehrwürdige Ceres, andere als Juno, wieder andere Bello, für die einen bin ich Hecate, für die anderen Rhamnusia, aber für diejenigen, denen als ersten die Strahlen des Sonnengottes aufgehen, wie er täglich neu geboren wird, den Äthiopiern und Afrikanern, die stolz darauf sind, das originale Wissen zu besitzen, den Ägyptern, die ehren mich mit einem hervorragendem Ritual und rufen mich mit dem wahren Namen Königin Isis".

O. WEINREICH vermutet hinter dieser Theokrasie noch ein anderes Motiv: der Kampf gegen einen weitverbreiteten Fatalismus und Astralglauben. Die „Macht des Fatums bedrohte die Allmacht der großen Götter: also müssen sie sich wehren, wenn sie nicht zu einem resignierten Kompromiss greifen wollen".[74] Dies erkläre die Anhäufung von Titeln, Macht und Ansehen aus der ganzen Welt. Auch in einem anderen Text sieht er „diese Kampfstellung gegen den blinden Schicksalsglauben und die Astrologie".[75]

Der Hymnus des Herodoros an den Sonnengott
Nicht nur in Hymnen oder in philosophischen Abhandlungen ist die Formel εἷς θεός zu finden, die Anerkennung eines obersten Gottes wird auch in Inschriften bezeugt, die an öffentlichen und privaten Gebäuden, sowie auf Friedhöfen eingemeißelt sind.

Der folgende Hymnus an den Sonnengott ist nach Einschätzung von R. MERKELBACH/J. STAUBER[76] vielleicht schon im 3., spätestens aber im 2. Jh. v.Chr. entstanden, also etwa zur gleichen Zeit wie der Zeus-Hymnus des Kleanthes.

[26] Σὺ πλοῦτον π[ι]νυτοῖς νέμεις [οὐ π]αραίρετον εὔρουν [27] Τοίγαρ ἔθν[εα] καὶ πόλεις πουλ[υ]ώνυμο[ν ὄμ]μα [28] ῾Ωσίωσαν, ἐπεὶ σέβας μ[οῦνο]ς ἔσκε[ς] ἁπάντων. [29] Ναί, Μαρᾶ θεέ, πανταχ[οῦ] ... [30] Παντόπτης, ὕπατος [θεῶν	Du teilst den Klugen Reichtum zu, der nicht weggenommen werden kann und schön strömt. Darum haben die Völker und Städte dein vielnamiges Auge geheiligt, denn du bist für alle der *einzige* Gegenstand der Verehrung. Ja, Gott Mara (Herr), überall … Alles-Erblickender Oberster der Götter …

Es handelt sich um das Frgm aus einem langen Hymnus an Apollo-Helios, wie die erhaltene Überschrift bzw. Widmung bezeugt (hier nicht abgedruckt). Der größte Teil des Steins ist zerstört, jedoch ist genug Text erhalten, um dieses Gedicht als Akrostichon zu erkennen. Die Anfangsbuchstaben der ersten 28 Zeilen ergeben „Seleukeia am Eulaios", womit dieser Ort besonders hervorgehoben wird – der Hinweis auf eine religionspolitische Maßnahme. Ferner ist ein wesentlicher Teil des Schlusses erhalten, der hier dokumentiert ist. Darin wird die Gottheit dafür gepriesen, dass sie den „Klugen" Reichtum und zwar in großen Mengen gewährt. Folglich haben

---

[74] O. WEINREICH, Neue Urkunden zur Sarapis Religion, 13.
[75] O. WEINREICH, ebd., 13.
[76] Steinepigramme aus dem griechischen Osten, hg. v. R. MERKELBACH/J. STAUBER, Bd. III, 9. Text und Übersetzung von ebd.

die Menschen Apollo-Helios' „vielnamiges Auge" zur Verehrung ersehen. Er gilt ihnen als die *einzige* heilige Macht σέβας. Dieses Bekenntnis wird mit der μόνος-Formel unterstrichen, was aber nicht falsch verstanden werden darf. G. DELLING schreibt zur Verwendung der Alleinanspruchsformel: „im religiösen Bereich versucht man zunächst durch die superlativische Anrede [die μόνος-Formel] den Gott zur Hilfe geneigt zu machen. ... Der Polytheimus ist damit keineswegs in Frage gestellt."[77] Es liegt hier ein elativer Gebrauch vor, an diesem Ort (mit einem neuen Heiligtum) ist Apollo-Helios besonders wichtig!

Isishymnus von Cyrene in der Cyrenaika
Ähnlich wie in dem Lobpreis des Apoleius von Madaura wird in diesem Hymnus Isis mit höchsten Worten gepriesen. Sie gilt als die größte, wird verehrt als die Herrscherin über alle Regionen der Erde, sogar Schöpferin. Eine Verneinungsformel und zwei rhetorische Fragen unterstreichen diese Macht. Der zentrale Satz: *es nennen mich daher alle die höchste Göttin*, ist sicher nicht nur eine elative Ausdrucksweise des Dichters, sondern entsprach einer weitverbreiteten Frömmigkeit des Isiskults am Ende des 1. und 2. Jh. n.Chr. Es ist der einzige bekannte Text, wo ihr nicht nur die Alleinanspruchsformel, sondern auch als höchstes Prädikat die Einzigkeitsformel zugebilligt wird, die sonst nur Sarapis zusteht.

Nr. 136 Ἀγαθῇ τύχῃ. VV. 4-8.15.20-21	Zu gutem Glück !
Ἐγὼ τύραννος Εἶσις αἰῶνος μόνη πόντου τε καὶ γῆς τέρμονὰς τ᾽ ἐπιβλέπω καὶ σκῆπτρ᾽ ἔχουσα καὶ μί᾽ οὖσ᾽ ἐπιβλέπω. Καλοῦσι δή με πάντες ὑψίστην θεόν, πάντων μεγίστην τῶν ἐν οὐρανῶι θεῶν. ... Ἐμοῦ δὲ χωρὶς γείνετ᾽ οὐδὲν πώποτε, ... Τίς ἂν δύναιτο τἀμ[ὰ καταβαλεῖν κράτη] ἤ τις μαρᾶναι [τῶν ἐμῶν ἔργων σθένος][78]	Ich *Isis alleinige Herrin* der Welt schaue über die Enden von Meer und Erde hin, das Zepter führend und *als eine* überblicke ich alles. Es nennen mich daher alle die *höchste Göttin*, von allen Göttern im Himmel *die größte*. Ohne mich entsteht niemals etwas, ... Wer könnte meine Macht stürzen oder die Kraft meiner Werke zerstören? (Pfohl)

---

[77] G. DELLING, ΜΟΝΟΣ ΘΕΟΣ, ThLZ 77 (1952), Sp. 471.
[78] Griechische Inschriften als Zeugnis der privaten und öffentlichen Lebens, hg. v. G. PFOHL, 149. Der Text wurde wahrscheinlich in Jahr 103 n.Chr. verfasst.

Hymnos auf Isis von Isidorus von Narmuthis
Noch deutlicher als in den bisher beschriebenen Isis-Hymnen, zeigt der folgende Text aus dem 2. Jh. n.Chr. wie zahlreiche Göttinnen aus verschiedenen Ländern des Ostens in der einen Gestalt Isis zusammen fließen. G. DELLING bemerkt zu diesem Hymnus, dass er darin einen ernsthaften Schritt zum Monotheismus sieht.[79] Zunächst ist es eher der Versuch, mittels der großangelegten Theokrasie die diversen Göttinnen des Ostens unter die Herrschaft der Isis zu bringen und so ihren Vorrang zu sichern.[80]

VV. 1-3 und 14-24	Reichtum gewährende Königin der
πλουτοδότι βασίλεια θεῶν, ‘Ερμοῦθι ἄνασσα / παντοκράτειρα, τύχη ’Αγαθή, μεγαλώνυμε’Ισι, / Δηοῖ ὑψίστη, ... / Μητέρα δὴ κλήξουσι θεῶν καὶ Θρήικες ἄνδρες, /‘Ελληνες δ’ ‘Ηρην μεγαλόθρονον ἠδ’ ’αφροδίτην / καὶ ‘Εστίαν ἀγαθήν, καὶ’Ρεῖαν, καὶ Δήμητρα, / Αἰγύπτιοι δὲ Θιοῦιν, ὅτι μούνη εἶ σὺ ἄπασαι / αἱ ὑπὸ τῶν ἐθνῶν ὀνομαζόμεναι θεαὶ ἄλλαι.	Götter, Herrin Hermuthis, Alles beherrschende, Göttin guten Gelingens, Isis mit großem Namen, oberste Deo (Demeter) [...] die thrakischen Männer rufen dich, Mutter der Götter’; die Griechen Hera auf dem großen Thron und Aphrodite und gute Hestis und Rhea und Demeter; die Ägypter aber Die *Eine*, weil du, die *Eine*, alle anderen Göttinnen bist, welche die Völker mit ihren Namen benennen. [81]

Eine ganze Reihe von *Göttinnen mit unterschiedlichen Funktionen* (Fruchtbarkeit, Jagd, Liebe, das häusliche Feuer u.a.) werden hier kombiniert. Es sind vornehmlich weibliche Eigenschaften, die sich in Isis vereinigen, was offenbar zu ihrer großen Beliebtheit beitrug. Schließlich wird die Identifikation mit der Alleinanspruchsformel zusammengefasst. Das könnte ein Zeichen dafür sein, dass die Kombination so vieler Göttinnen doch etwas ungewöhnlich ist und dass es einer Klärung bedarf, wer nun wirklich die größte ist. Beachtlich ist, dass die Würde der Isis trotz so vieler Identifikationen nur mit der Alleinanspruchsformel und nicht mit der Einzigkeitsformel beschrieben wird. Der Begriff εἷς scheint Sarapis vorbehalten zu sein, während Isis mit μόνη und μεγάλη zufrieden sein muss, wie auch die Inschrift auf einem römischen Haus beweist: Εἷς Ζεὺς Σάραπις/Μεγάλη ’Ισις ἡ κυρία (Brizio in Bull.-arch. 1873 S.36).[82]

---

[79] G. DELLING, ebd., Sp. 472.

[80] Ähnlich der Metamorphosen des Apuleius von Madaura findet die lange Liste der Göttinnen und ihre Verehrer ihr Ziel bei den Ägyptern, die allein die richtige Beziehung zu dieser Übergottheit hätten.

[81] Übersetzung nach: R., SCHULZ, Warum Isis?, 266.

[82] E. PETERSON, ΕΙΣ ΘΕΟΣ, 205.

Kore, die große Göttin von Samaria

Eine ähnliche Aufteilung der Begriffe findet sich auf einem Marmorfragment, das in Samaria in einer Zisterne gefunden wurde.[83] Eine fünfzeilige Inschrift zur Verherrlichung der Göttin Kore: ΕΙΣ ΘΕΟΣ / Ο ΠΑΝΤΩΝ / ΔΕΣΠΟΤΗΣ / ΜΕΓΑΛΗ ΚΟΡΗ / Η ΑΝΕΙΚΗΤΟΣ / Ein Gott! / von allen / der Herrscher / groß (ist) Kore / die Unbesiegbare.

K. JAROŠ schreibt im Kommentar zum Fund: „an die ausschließliche Einzigkeit der Göttin mag dabei weniger gedacht sein, obwohl die Inschrift indirekt auch ein Zeugnis für den beginnenden monotheistischen Gedanken im gehobenen hell. Paganismus ist. Dass die Göttin als die unbesiegbare bezeichnet wird, ist außergewöhnlich, da dieses Epitheton dem Sol invictus gegeben ist. D. Flusser 1975: 16f nimmt an, dass der Schreiber dieser Zeilen von der Sol invictus Theologie beeinflusst war und daher Kore (identifiziert mit Isis und Persephone) neben Helios stellen konnte, dem Herrn des Universums."[84] – Die Interpretationen dieser Inschrift variieren also sehr. K. JAROŠ bezieht die ersten Zeilen auf Kore, während D. FLUSSER sie auf einen anderen Gott, möglicherweise Helios bezieht, mit dem Kore verbunden wird. L. DISEGNI[85] bezieht die Inschrift auf Kore, verweist aber darauf, dass die weibliche Gottheit zunächst mit maskulinen Prädikaten versehen wird. Es muss offen bleiben, ob es sich bei dem Lob in den ersten drei Zeilen auf den einen Gott, den Herrscher der ganzen Welt, um Kore oder einen anderen Gott über ihr handelt, in dem sie inkorporiert ist, oder ob die ersten Zeilen ein Standarttext der normalen Götteranrufung sind.

Recht unsicher bleibt die Altersbestimmung dieses Fragments. Wenn es zutrifft, dass dieses Fragments aus dem 2. Jh. n.Chr stammt, dann wäre dies die früheste Bezeugung der εἷς θεός-Formel auf einer Inschrift. L. DISEGNI schätzt im Gegensatz zu anderen, dass diese Inschrift relativ spät, im 4. Jh. n.Chr. gefertigt wurde.

Exkurs: Hellenismus, Synkretismus und Theokrasie

Schon in der Zeit der griech. Klassik (4. Jh. v.Chr.) ist eine gewisse Zusammenschau der Göttervielfalt zu beobachten. Denn zuweilen stehen nicht die zwölf Olympischen Götter einzeln im Vordergrund, sie werden immer öfter als Gesamtheit gesehen. Die vielen Götter, die zunächst in unterschiedlichen Regionen ihren Ursprung haben, „wachsen" zusammen und werden einfach als die δώδεκα oder Ὄλυμπιοί oder οἱ οὐρανοί bezeichnet, eine himmlische Einheit, die als gesamte respektiert wird. W.

---

[83] Quelle: K. JAROŠ, Inschriften des Heiligen Landes aus vier Jahrtausenden, 398, Inschrift Nr. 260, auf einem Marmorfragment. Fundort: Samaria. Aufbewahrungsort: Jerusalem, Rockefeller Museum, Nr. 32.2348.

[84] K. JAROŠ, Inschriften des Heiligen Landes aus vier Jahrtausenden, 398.

[85] DI SEGNI, L., Εἷς θεός in Palestinian Inscriptions, SCI 13 (1994), 100.

NESTLE urteilt: „Der Ausdruck ‚die zwölf Götter' wird jetzt geradezu sprichwörtlich für die Gesamtheit der weltregierenden Gottheiten. Sie erschienen aber auch als kultische Einheit."[86] Er meint, mit dieser Zusammenschau der Gottheiten und der Zurückdrängung einzelner Eigenschaften vollziehe sich auch eine „Ethisierung" des Gottesglaubens.[87]

Später, in der Zeit Alexanders d.Gr. und der Diadochen, ist verstärkt zu beobachten, dass Götter aus verschiedenen Ländern miteinander identifiziert werden. Der eine umschließt den anderen und kann eventl. noch mehrere (kleinere) Gottheiten inkorporieren. W. NESTLE weist darauf hin, dass dabei die Gottheiten des Ostens oft größere Kraft entfalten als die der griech. Städte.

„Das Bezeichnende an diesem Vorgang ist, dass es sich nicht nur um eine äußerliche Aufnahme barbarischer Kulte durch die Griechen handelt, wie wir sie schon im 5. Jahrhundert beobachten konnten, sondern um eine gegenseitige Durchdringung verschiedener Religionen, um ein Ineinanderwachsen religiöser Ideen, um ein Ineinanderfließen mythischer Vorstellungen, nicht selten um ein Aufgehen mehrerer Göttlicher Wesen in Einem, das seinen Verehrern als Allgottheit erscheint, so dass durch mannigfache Formen eines zunächst henotheistischen Kultus eine monotheistische Strömung mit wachsender Stärke sich Bahn bricht."[88]

Solche Identifikationen vollzogen sich z.B. von *Zeus* und *Helios*, von *Dike* und *Themis*, von *Hermes* und *Anubis*, aber auch *Hermes* und *Herakles* und wieder an anderen Orten von *Hermes* und *Pan*, von *Phoibos* und *Apollo*. Beachtlich ist, dass der ägyptische Gott *Ammon* mit *Zeus* identifiziert wurde und in der Oase Siva ein Heiligtum erhielt. So entstanden neue Zentren der Verehrung und neue Hauptgottheiten, die faktisch andere Gottheiten abwerteten.

W. NESTLE beschreibt, dass *Isis* – mit *Demeter* und *Io* gleichgesetzt – zur neuen Allgöttin wird. Auf „Inschriften erscheint Isis als Erfinderin des Ackerbaus, der Schrift und der unverbrüchlichen staatlichen Ordnungen, als Himmelsgöttin, die die Gestirne lenkt, als Herrin des Meeres und der Schiffahrt, als Begründerin des Rechts und besonders der Ehe, als Erweckerin von Eltern- und Kindesliebe, als Vertilgerin des Kannibalismus und Stifterin einer menschlichen Religion, als Beschützerin von Wahrheit und Recht, als Hüterin des Eides, Schöpferin der Sprachen, als barmherzige Schirmerin Verfolgter und Wahrerin der Gerechtigkeit, als Herrin des Krieges, des Blitzes, der Sonne, der See, als Befreierin von Banden, als Städtegründerin und Gesetzgeberin, als Herrin des Regens und der aus dem Meer aufgetauchten Inseln, als Besiegerin des Schicksals: kurz als allmächtige Göttin, der die ganze Welt ge-

---

[86] W. NESTLE, Griechische Religiosität vom Zeitalter des Perikles bis auf Aristoteles. Bd. II, 20.

[87] W. NESTLE, ebd., Bd. II, 57: „Dabei lässt sich beobachten, dass die bei Homer noch vorherrschende Willkür im Handeln der Götter mehr und mehr dem Glauben an ihr gerechtes Walten weicht und dass damit Hand in Hand auch eine Wandlung im Begriff der Frömmigkeit sich vollzieht, insofern diese doch nicht mehr bloß in kultischer Korrektheit, sondern im frommen, d.h. sittlichen Handeln erblickt wird. Es vollzieht sich also eine Ethisierung des Götterglaubens."

[88] W. NESTLE, ebd., Bd. III, 35.

horcht."[89] Isis übernimmt die unterschiedlichsten Funktionen für die Glaubenden: *eine wird zuständig für alles*. So verbreitet sich ihr Kult vom Osten her und wird zu einer Konkurrenz für Zeus und Jupiter, weshalb sie in Rom zeitweise verboten wird.

Eine ähnliche Anhäufung von Funktionen vollzieht sich bei *Dionysos*[90], er wird von einer Genussgottheit zur Vegetationsgottheit, er schließt Überirdisches und Unterirdisches in sich ein. Dionysos wird sogar mit *Sabatzios* und *Attis* und *Osiris* identifiziert und gewinnt gewaltig an Macht und neue Orte der Verehrung. Auch bei *Asklepios*, der zunächst überhaupt nicht unter die zwölf Olympischen Göttern gezählt wurde, flossen andere Gottheiten mit ein, z.B. *Tyche*[91] und Eigenschaften von Apollo. Er wird so zum Allgott, auch zuweilen *Zeus-Asklepios* genannt.[92] Es ist nicht verwunderlich, dass angesichts einer solchen „integrierenden" Entwicklung auch der Gott Israels miteinbezogen werden sollte. Eine Identifizierung mit anderen Gottheiten der griech. Welt konnte aus hell. Sicht durchaus als Anerkennung dieses Gottes verstanden werden. Es ist ein Spezifikum des jüd. Gottes Jahwe, dass er solche Verbindungen mit hell. Gottheiten nicht eingehen will, und dass dort, wo sie zur Sprache kommen, die Juden mit lautem Protest antworten (s. 1Makk 1,43–50). Andererseits ist der Sarapiskult, ohnehin eine künstliche Religion, geradezu prädestiniert, sich mit anderen Gottheiten zu verbinden.

Der Sarapis-Kult

Für den ganzen Orient wird die Neuschaffung eines Hauptgottes unter dem Namen *Sarapis* in Alexandria entscheidend. Der ägyptische König Ptolemaios (367–283 v.Chr.), einer der Feldherrn Alexanders d.Gr., ließ die Kolossalstatue des *Darzales*,[93] der in Sinope als Unterwelt-Gott verehrt wurde, in die neue ägyptische Stadt Alexandria holen und bezeichnete diese Gottheit mit dem Namen Sarapis. Dieser Kunstname erinnerte an die alte Gottheit von Memphis, Usar-Api (*Osiris-Apis*). Sarapis wurde zum Hauptgott erhoben, den sowohl Ägypter wie die neu angesiedelten Hellenen verehren sollten.[94] „Sarapis ist wie Osiris Totenbeherrscher und Erdgott und Beisitzer der Isis; er ist aber auch Herr des *Lichts* und *Sonnengott*, des *Lebens* und des *Todes*, griech. ausgedrückt, Hades *und* Dionysos. Auch *Zeus, Helios* und *Asklepios* nimmt er in sich auf und zeigt eine Tendenz, sich zum Allgott zu erweitern."[95] Alle diese Verschmelzungen können durch Inschriften nachgewiesen werden. Der wesentliche Unterschied zu anderen Gottheiten war, dass Sarapis keinen Mythos über seine Herkunft besaß. Überraschend ist auch, dass kein Mythos „entdeckt" oder erfunden

---

[89] W. NESTLE, ebd., Bd. III, 40.

[90] W. NESTLE, ebd., Bd. III, 33.

[91] W. NESTLE, ebd., Bd. III, 23.

[92] Vgl. W. NESTLE, ebd., Bd. III, 30f.

[93] Vgl. O. WEINREICH, Neue Urkunden zur Sarapis-Religion, 7, Anm. 7.

[94] D. KESSLER, Das hellenistische Serapeum in Alexandria und Ägypten in ägyptologischer Sicht, 211ff, vertritt die Auffassung, dass der Sarapis weniger für die ägyptische Bevölkerung vorgesehen war, sondern vor allem der griech. Oberschicht dienen sollte.

[95] W. NESTLE, ebd., Bd. III, 36. Hervorhebungen im Text von mir.

wurde. Vielmehr konnte und sollte sich dieser Gott durch seine Wohltaten Ansehen verschaffen.[96] Da Sarapis die irdische wie die himmlische Dimension (Spender von Wärme und Regen) als auch die Unterwelt in sich einschloß, galt er als Retter und Wohltäter.[97]

Die ursprüngliche Anrufung (im 3. Jh. v.Chr.) richtete sich an Σάραπις allein, wobei er gelegentlich mit einem Prädikat μέγας versehen wird.[98] Dass sein Name zunächst allein ohne Ergänzung durch eine andere Gottheit stand, lässt sich durch einige Inschriften aus früher Zeit beweisen.

Μεγάλῳ Σαράπι ǀ καὶ θεοῖς ǀ πᾶσι.[99]	Μέγα τὸ ὄνομα τοῦ Σάραπις.[100]
νικᾷ ὁ Σάραπις τὸν φθόνον.[101]	Σαράπιδι ἐπιφα[νεῖ].[102]
Σαράπιος Σωτῆρος.[103]	(Ὠα)θεν Σαράπιδι.[104]

In der Folgezeit wurde Sarapis aber immer öfter zusammen mit Isis und Anubis verehrt, was durch recht viele Inschriften belegt ist.[105]

2142. Delos. Aus Serapeon C. Zeit zwischen 250–166 v.Chr. Bläulicher Marmor. Σαράπιδι, Ἴσιδι, Ἀνούβιδι, Ἡρακλείδης Πέττιος Νεμερίου Ῥωμαῖος, ἐφ᾽ ἱερέως Σωκλέου τοῦ Ἀφροδισίου Φλυέως.[106]

Diese Götter stehen *nebeneinander*, sie werden gemeinsam als Trias verehrt. Wohl gibt es auch die Einzelverehrung für jede einzelne Gottheit, wie einige Inschriften belegen. Besonders die Verehrung der Isis hat sich bald selbständig ausgebreitet.[107] Aber im 3. und 2. Jh. v.Chr. war in den im östlichen Mittelmeerraum entstehenden Sarapeen die gemeinsame Verehrung der Gottheiten weit häufiger als die von Sarapis alleine. Beachtlich ist, dass sich nie die Reihenfolge innerhalb dieser Trias ändert und Sarapis immer voransteht. Aber nirgendwo ist aus jener Zeit eine heidnische Inschrift

---

[96] Auch der gerade zum Kaiser ausgerufene Vespasian, dem noch eine göttliche Legitimation fehlt, kann diese nach Sueton (Vespasian 7) im Serapaion erhalten, in dem er fast wider Willen einen Blinden und einen Lahmen heilt. SUETON, Cäsarenleben, 445.

[97] Vgl. O. WEINREICH, Neue Urkunden zur Sarapis-Religion, 10f.

[98] So auch M.P. NILSSON, Geschichte II, 125.

[99] F. PREISIGKE, Sammelbuch griechischer Urkunden aus Ägypten, Bd. I, Inschrift Nr. 380, Tonlampe, Weihung, 34.

[100] F. PREISIGKE, ebd., Inschrift Nr. 381, 34.

[101] E. PETERSON, ΕΙΣ ΘΕΟΣ, Inschrift, 230. Vgl. O. WEINREICH, Neue Urkunden, 33, Anl. IV.

[102] CE 100 = I Délos 2102. Ara dedicata a. 122/1, in: L. VIDMAN, Sylloge inscriptionum, 70.

[103] L. VIDMAN, Sylloge inscriptionum, Inschrift Nr. 240 von Rhodos, 128.

[104] L. VIDMAN, Sylloge inscriptionum, Inschrift Nr. 10 aus Athen, 10.

[105] L. VIDMAN, Sylloge inscriptionum, 62, zählt allein für die Insel Delos nicht weniger als 300 Inschriften dieser „ägyptischen Religion": „Deli reperti sunt non minus quam 300 tituli ad cultum Aegyptium pertinentes.".

[106] Inscriptions de Délos, publ. par. P. ROUSSEL, 242–243.

[107] In L. VIDMANS Zusammenstellung befinden sich unter den ca. 1000 Belegen außerhalb Ägyptens weit mehr Inschriften über Isis als über Sarapis.

der Gottesprädikation mit der Einzigkeitsformel zu finden.[108] Denn selbst wenn ein einzelner Gott mit Lob oder Dank genannt wird, heißt es lediglich: Σαράπιδι oder Ἴσιδι.

Dieser Götter-Trias musste die jüd. Gemeinde im Alexandria des 3. Jh. v.Chr. begegnet sein – neben manchen anderen Gottheiten, die in Mittel- und Oberägypten verehrt wurden – und dies rief den Widerspruch der Juden hervor. Sie stellten vielmehr das εἷς κύριος von Dtn 6,4 in den Mittelpunkt. Deshalb ist davon auszugehen, dass die Juden Alexandrias bei der Übersetzung der Thora wie selbstverständlich, aber auch bewusst den Zahlenbegriff εἷς für ihre Übersetzung von Dtn 6,4 verwendeten und im Kontrast zu dieser heidnischen Trias deutlich εἷς κύριος formulierten – „wir haben nur einen einzigen Herrn!". Dass es eine „Bekanntschaft" mit dem Hexameter des Xen gab, ist wenig wahrscheinlich, weil sich von den anderen Argumenten des Xen keine Spuren finden. Die Berufung auf Xen hat wahrscheinlich eher in späterer Zeit stattgefunden, wie Y. AMIR vermutet.[109] Wie oben bei der Darstellung Ciceros vermerkt, spielte die These des Xen in der hell. Welt keine Rolle. Aber es geschah wohl dort in Alexandria, vielleicht auch an anderen Orten, dass sich die Begriffe κύριος und θεός zu vermischen begannen und austauschbar wurden. Ebenso war es wohl erst im späten 1. Jh. v.Chr., als dem Bekenntnis des εἷς κύριος von griech.-ägypt. Seite die „Parole" εἷς Ζεὺς Σάραπις entgegengesetzt wurde.[110]

So wurde zur Stärkung des Sarapis die Kombination mit Zeus gesucht oder geschaffen, die später in 2. Jh. n.Chr. durch zusätzliche Gottheiten erweitert wurde: Διὶ Σωτῆρι, Σαράπιδι, Ἴσιδι, Ἀνούβιδι κτλ (CE 190 = I Délos 2109).[111] Es ist m.E. nicht auszuschließen, dass die Theokrasie εἷς Ζεὺς Σάραπις, die zwar erst in der Vespasianszeit belegt ist, spätestens seit der Zeitenwende zustande kam, mitveranlasst durch die jüd. „Konkurrenz" des εἷς κύριος. A. HÖFLER[112] dagegen vermutet, dass die Verbindung

---

[108] Auf der Insel Delos, wo schon früh drei Sarapeen errichtet wurden und tausende Inschriften erhalten sind, sind auch über hundert Inschriften mit dieser Trias erhalten oder auch in erweiterter Form überliefert, meistens mit Ἀρποκράτες, jedoch keine einzige mit der Einzigkeitsformel. Vgl. dazu auch L. VIDMAN, Sylloge inscriptionum, 120f.

[109] Y. AMIR, Die Begegnung des biblischen und des philosophischen Monotheismus als Grundthema des jüdischen Hellenismus, 2.

[110] Die Einheitsformel könnte mitveranlasst sein, durch zwei Ereignisse: 1. die Integration Ägyptens ins römische Reich nach dem Tod der letzten Pharaonin Cleopatra 31. v.Chr. Die Verbindung der Gottheiten wäre somit ein politisches Signal. 2. Es ist nicht ausgeschlossen, dass man sich im 1. Jh. v.Chr. auf Regierungs- und Priesterseite gedrängt sah, dem sich schnell ausbreitenden Isis-Kult etwas entgegenzusetzen. Denn dieser Kult, der seine Unterstützer in der Masse der Unterschicht hatte, machte dem Sarapiskult immer wieder den Rang streitig, Isis-Tempel wurden ohne Erlaubnis und *vor* Sarapis-Tempeln errichtet. Daher könnte sich eine Verbindung der obersten Gottheiten zwecks Zurückdrängung des Isis-Kults nahe gelegt haben. Zum Ganzen Vgl. R. TURCAN, The Cults of the Roman Empire, 85ff.

[111] L. VIDMAN, Sylloge inscriptionum, 76.

[112] A. HÖFLER, ebd., 79. – Aristeides erwähnt in seiner Sarapis-Rede 21 wohl zu recht, dass die Bevölkerung von Alexandria diesen Gott auch mit Zeus bezeichnet.

zu Zeus nicht durch eine offizielle Entscheidung hergestellt wurde, sondern dass sie allmählich durch die Ähnlichkeit der Statuen zustande kam.

Die Formel εἷς Ζεὺς Σάραπις hat mehrfache Bedeutung:

1. Sarapis hat sich damit Zeus *unterstellt*, beansprucht aber wohl einen lokalen Herrschaftsraum. Die Formel verbindet die ägyptische Gottheit mit der alten und höchsten im hell. Raum, Zeus.

2. Die Formel schafft eine *umfassende Gottheit*, die den Griechen und Ägyptern gleichermaßen Vertrauen schaffen soll.

3. Sarapis gilt als eine chthonische Gottheit, er gehört zur Erde und regiert die Unterwelt, Zeus dagegen beherrscht den Himmel und die Menschen. Zusammen beherrschen sie alle Teile der Welt und bilden eine *kosmische Einheit*.[113]

Sinn und Zweck der Formel εἷς Ζεὺς Σάραπις ist also umfassender als W. NESTLE sie übersetzte (*es gibt nur einen Zeus Sarapis*), was auch O. WEINREICH übernimmt,[114] denn beide betonen ihren exklusiven Sinn. Die Formel hat aber mehr *inklusive Bedeutung*, denn sie zeigt vor allem, dass Sarapis zu Zeus gehört, der Übergottheit.[115] A. HÖFLER weist auch nach, dass „die Vorstufen der Gleichung Sarapis-Helios" schon auf Osiris zurückgehen.[116] Man kann das Wachstum von Sarapis an der Erweiterung der Formel beobachten.

Σάραπις	3. Jh. v.Chr.
... Σαράπιδι, Ἴσιδι.[117]	3. Jh. v.Chr.
... Σαράπιδί Ἴσιδι, Ἀνούβιδι ...[118]	3. Jh. v.Chr.
εἷς Ζεὺς Σάραπις[119]	1. Jh. v. und n.Chr.

---

[113] Die sozialen und politischen Aspekte der Einführung des neuen Kultes würdigt M.P. NILSSON, Geschichte, 158, kritisch: „Den Ägyptern, die sich an ihre alten Kulte hielten, blieb er immer fremd; die Priester werden allerdings wohl nicht ungern gesehen haben, dass ein Gott, den sie als den ihrigen ansehen konnten, von den Griechen weithin verehrt wurde. So diente der Sarapiskult auch der Einigung der Bevölkerungselemente."

[114] O. WEINREICH, Neue Urkunden zur Sarapis-Religion, 14 und 17.

[115] Die Verehrung der anderen alten ägyptischen Gottheiten und des israelischen Gottes ist damit keineswegs unterbunden. Dass der König Ptolemaios I. seinen neuen Reichsgott Sarapis nicht exklusiv, absolutistisch und intolerant gestaltete, ist auch daran erkennbar, dass er die Juden in seinem Reich gewähren ließ, ihnen zwei Stadtteile in der neu entstehenden Stadt Alexandria zuwies, und dass sich die Juden noch viele Jahre später auf die ihnen zugestandene Toleranz beriefen.

[116] A. HÖFLER, Der Sarapishymnus des Ailios Aristeides, 60. D. KESSLER, Das hellenistische Serapeum in Alexandria und Ägypten in archäologischer Sicht, 191, liefert weitere Nachweise dieser Beziehung, die zu Domitians Zeit offiziellen Rang erhält.

[117] L. VIDMAN, Sylloge inscriptionum, 36, Inschrift Nr. 74 aus Euboea von einem Marmoraltar. Vollständig: Αἰσχύλος, Ἀριστέου, Σαράπιδι, Ἴσιδι.

[118] L. VIDMAN, Sylloge inscriptionum, 37, Inschrift Nr. 77 aus Euboea.

Εἷς Ζεὺς Σάραπις/Μεγάλη Ἶσις ἡ κυρία[120]	1. Jh. n.Chr.
εἷς Ζεὺς Ἥλιος Σάραπις[121]	seit Domitian 90 n.Chr.
(Διὶ Ἡλίῳ μεγάλῳ) Σαράπιδι καὶ τοῖς συννάοις θεοῖς, ὑπὲρ σωτηρίας Αὐτοκράτορος Καίσαρος Τραιανοῦ Ἀδριανοῦ Σεβαστοῦ ...[122]	Anfang 2. Jh. n.Chr.
Διὶ Ἡλίῳ Μεγάλῳ Σαράπιδι τῷ ἐν Κανώβῳ καὶ πᾶσι τοῖς θεοῖς ἀνέθηκεν Σαραπίων ὁ καὶ Ἰσίδωρος ...[123]	2. Jh. n.Chr.
εἷς Ζεὺς, εἷς Ἀίδης, εἷς Ἥλιος, ἐστι Σάραπις[124]	2. Jh. n.Chr.
εἷς Ζεὺς, εἷς Ἀίδης, εἷς Ἥλιος, εἷς Διόνυσος, εἷς θεὸς ἐν πάντεσσι·	1.–2. Jh. n.Chr.
Ἴς Ζεὺς Σέραπις καὶ Ἡλι(ο)ς Ἑρμανοῦβις.[125]	2. Jh. n.Chr.
Soli Serapi/sum sua cline/in h(onorem) d(omus) d(ivinae)/5 Dextrinia Iusta//L. Dextrini Iusti/[f]ilia Agripp(inensis) d(ono) d(edit).[126]	2. Jh. n.Chr., Köln
Εἷς Ζεὺς Μίτρας Ἥλιος κοσμοκράτωρ ἀνείκητος[127]	3. Jh. n.Chr., Rom
Διὶ Ἡλίῳ με|γάλῳ Σεράπιδι	ἐπὶ τῇ βάθρᾳ ὑπὲρ εὐχαριστίας Ἱέραξ ἀνέθηκεν ἐπ᾽ ἀγαθῷ.	... τῶν κυρίων Φιλίππων	Σεβαστῶν, Μεχείρ[128]	274 n.Chr.

Die Entwicklung der Inschriften beweist, dass die Einzigkeitsformel verwendet wird, sobald es um die Verbindung mit einem stärkeren Gott geht. Die εἷς-Sarapis-Formel

---

[119] L. VIDMAN, Sylloge inscriptionum, 183, Inschrift Nr. 363 aus Dura-Europos. Vollständig: Εἷς Ζεὺς Σέραπις. Καλὴν τὴν ἡμέραν. – Die kurze Formel findet sich besonders häufig auf Werken der Kleinkunst, wohl als apotropäisches Zeichen. Belege bei O. WEINREICH, Neue Urkunden zur Sarapis-Religion, 24f.

[120] E. PETERSON, ΕΙΣ ΘΕΟΣ, 205.

[121] O. WEINREICH, Neue Urkunden zur Sarapis-Religion, 9, und A. HÖFLER, Der Sarapishymnus des Ailios Aristeides, 79.

[122] Inscriptiones Graecae ad res Romanas Pertinentes, Bd. 1, hg. v. R. CAGNAT, Nr. 1049.

[123] Inscriptiones Graecae ad res Romanas Pertinentes, Bd. 1, hg. v. R. CAGNAT, Nr. 1050.

[124] Diese Kombination von vier Gottheiten weist auf eine neue Deutung hin (die vier Jahreszeiten): Zeus/Frühjahr, Hades/Winter, Helios/Sommer, Sarapis/Herbst. Daher gibt es auch einige Götterkombinationen, in welchen Sarapis durch Dionysos ersetzt ist. Vgl. dazu E. PETERSON, ΕΙΣ ΘΕΟΣ, 306.

[125] F. PREISIGKE, Sammelbuch der griechischen Urkunden aus Ägypten I, Nr. 349 – Inschrift, Weihaltar, Marmor.

[126] In: L. VIDMAN, Sylloge inscriptionum, 308, Inschrift Nr. 720 – nahe beim Dom gefunden, jetzt im Museum Dombunker. Weißer Marmor.

[127] In: O. WEINREICH, Neue Urkunden zur Sarapis-Religion, 22. Auch E. PETERSON, ΕΙΣ ΘΕΟΣ, 238. Aus der Thermen der Caracalla. Zuerst veröffentlicht von Ghislanzoni in Notizie degli scavi 1912, 323, s. ferner Cumont und Canet in Compt. rend. acad. des inscr. 1919, 313f. – Ursprünglich stand an zweiter Stelle der Name Sarapis. Die Inschrift lässt aber Auskratzungen und Korrekturen erkennen.

[128] F. PREISIGKE, Sammelbuch der griechischen Urkunden aus Ägypten I, Nr. 402 – Inschrift, Weihung, Abukir.

besitzt nach O. WEINREICH einen „elativen, superlativen Sinn und kann geradezu monotheistischen annehmen".[129] Darüber hinaus ist erkennbar, dass statt eines εἷς das Prädikat μέγας verwendet werden kann. E. PETERSON vermutet sogar: „beliebter als die μόνος-Formel war die μέγας-Formel".[130] Die μόνος-Formel erscheint in Verbindung mit Sarapis überhaupt nicht. Sarapis wird später immer weniger allein verehrt. Es ist sehr wohl denkbar, ja wahrscheinlich, dass das Sarapeion in Alexandria und andere Kultstätten dieses Gottes mit zahlreichen traditionellen Götterfiguren ausgestattet wurden, mehr zur Zierde als zur Verehrung. In der Cella stand nur die große Figur des Sarapis aus dunklem Stein mit einem Fruchtkorb auf dem Haupt und den Gesichtszügen des Zeus. Gewiß wurde mit allen diesen Formeln und Bekenntnissen den Bürgern Alexandriens und der damaligen Oikumene demonstriert. Sarapis hat sich Zeus unterstellt und gehört ganz zu ihm. Es ist keine volle Identität, denn jeder Gott kann auch allein verehrt werden. – Der Sarapiskult hat zahlreiche Spuren in Form von Münzen[131] hinterlassen, ein Zeichen für seine große öffentliche Anerkennung.[132] Dabei spielte eine Rolle, dass die Verbindung Alexandria-Zypern-Kreta-Rom eine der Hauptschifffahrtslinien in der Antike war. Insgesamt sind seit der Mitte des 1. Jh. n.Chr. Hunderte von Prägungen nachgewiesen, die meisten aus Alexandria. Viele bilden Sarapis, erkennbar durch den Fruchtkorb auf dem Kopf, stehend oder sitzend, mit verschiedenen Signa ab, manchmal auch zusammen mit Isis. Es gibt zwar m.W. keine einzige Münze, die die Inschrift εἷς Ζεὺς Σάραπις trägt, aber der ikonographische Beleg für diese Götterkombination liegt in einer Münze aus dem Jahr 75–76 v.Chr. vor.[133] Die ikonographische Darstellung mit Siegessymbolen zeigt die einzigartige Stellung des Sarapis.

2.6 Überblick und Zusammenfassung

	Einzigkeitsformel	Andere Formeln	
Xen 23	εἷς θεός		6. Jh. v.Chr.
Heraklit 32		ἓν τὸ σοφὸν μοῦνον	5. Jh. v.Chr.
10		ἓν καὶ ἐξ ἑνὸς πάντα	
50		ἓν πάντα εἶναί	
Melissos 5.6.7		jeweils ἕν	5. Jh. v.Chr.
8		ἓν μόνον ἔστιν	

---

[129] O. WEINREICH, Neue Urkunden zur Sarapis-Religon, 28.

[130] E. PETERSON, ΕΙΣ ΘΕΟΣ, 196.

[131] Für die Abbildung der Münzen vgl.: Numismatische Bilddatenbank Eichstätt, NBE, Alte Geschichte a.d. Universität Eichstätt-Ingoldstadt, 2005, http://www.gnomon.ku-eichstaett.de //LAG/nbe/nbe.html. Exemplare: Numismatica Ars Classica NAC AG: Auction 31/Nr. 76, Auction 33 (5th April 2006)/Nr. 592, Auction 27 (12th May 2004)/Nr. 394, Auction 25 (25th June 2003)/ Nr. 459.

[132] Wegen der Rettung aus Seenot wurde der Kult des Sarapis bes. bei Seeleuten gepflegt.

[133] Vgl. J. VOGT, Die alexandrinischen Münzen, 43. Im Jahr 86–87 n.Chr. werden für Domitian ebenfalls Münzen mit Zeus Sarapis und auch Helios Sarapis geprägt. Vgl. ebd., 48. Unter Hadrian wird schließlich auch der Sarapis-Tempel abgebildet. Vgl. ebd., 98.

Epicharmos 23		ἀδυνατεῖ δ᾽ οὐδὲν θεός	5. Jh. v.Chr.
Philolaos 8 17		τὸ ἕν + μονάς ὁ κόσμος εἷς	5. Jh. v.Chr.
Platon Polit 382e		ὁ θεὸς ἁπλοῦς καὶ ἀληθές	4. Jh. v.Chr.
Antisthenes	κατὰ δὲ φύσιν ἕνα		4. Jh. v.Chr.
Aristoteles Met 12,107 6a	εἷς καὶ μόνος καὶ τέλειος ὁ οὐρανός εἷς κοίρανος ἔστω		4. Jh. v.Chr.
Kleanthes 20		ἓν πάντα	3. Jh. v.Chr.
Hymnus an den Sonnengott		ἐπεὶ σέβας μ[οῦνο]ς ἔσκε[ς] ἁπάντων	3./2.Jh.v.Chr.?
Ps.-Philolaos 21 20	εἷς ὑπὸ ἑνός θεός, εἷς	+ ὁ κόσμος εἷς	2./1. Jh. v.Chr.
Apollonios	ἑνί τε ὄντι κεχωρισμένῳ		1. Jh. n.Chr.
Plinius d.Ä. Hist.nat. 2,5	totus sensus …	deus in partes degessit	1. Jh. n.Chr.
Plutarch 388A 393 C 393 A/B	Ἰήιος δ᾽ ὡς εἷς καὶ μόνος εἷς ὢν	εἶ ‚ἕν᾽	1./2. Jh. n.Chr.
Aelius Aristides	εἷς … σὺ εἶ		2. Jh. n.Chr.
Marc Aurel	θεὸς εἷς δι᾽ ἁπάντων		2. Jh. n.Chr.
Apuleius von Madaura	numen unicum		2. Jh. n.Chr.
Hymnus an den Sonnengott		ἐπεὶ σέβας μ[οῦνο]ς ἔσκε[ς] ἁπάντων	3./2. Jh. v.Chr.?
Sarapis-Kult Julian, or. IV, p. 136 Ps.-Just., cohort. Ad Gent 15 = Orph. fragm. 239 Macrob. Sat. I, 18,17	εἷς Ζεὺς Σάραπις εἷς Ζεὺς, εἷς Ἀίδης, εἷς Ἥλιος ἐστι Σάραπις εἷς Ζεὺς, εἷς Ἀίδης, εἷς Ἥλιος εἷς Διόνυσος, εἷς θεὸς ἐν πάντεσσι· εἷς Ζεὺς, εἷς Ἀίδης, εἷς Ἥλιος εἷς Διόνυσος	μεγάλη Ἰσις	1. Jh. n.Chr. 2. Jh. n.Chr.
Hymnus auf Isis	μί᾽ οὖσ᾽	μόνη	2. Jh. n.Chr.

aus Cyreneika			
Hymnus auf Isis von Isidorus		ὅτι μούνη εἶ σύ	2. Jh. n.Chr.
Ein stoischer Philosoph in Pisidien	εἷς γὰρ Ζεὺς, μία ...ρίζα, εἷς παλὸς πάντων		2./3. Jh. n.Chr.
Proklos	εἷς καὶ πάντα ὑπάρχεις		5. Jh. n.Chr.

Nachdem Xen etwa um 500 v.Chr. die These εἷς θεός vorgegeben hatte, wird die Formel εἷς θεός zeitweise kaum benützt, und stattdessen stellen die Philosophen andere Leitbegriffe in den Mittelpunkt. Diese sind vor allem κόσμος, der häufig mit dem Prädikat εἷς verbunden wird, und das neutrale ἕν. Erst im Zeitalter des Hellenismus und der Stoa tritt die Einzigkeitsformel εἷς θεός wieder hervor. Auch Plinius d.Ä. bringt ein Zitat von Xen, das sehr an die Einzigkeitsformel erinnert. Sie besitzt somit mehrere Bedeutungen:

1. Εἷς θεός ist zunächst ein abgrenzendes logisches Argument, nahe der Bedeutung von μόνος, also *exklusiv* und gegen eine Vielzahl von Göttern gerichtet, wie es die Absicht des Xen war.

2. Εἷς bedeutet: Er ist in sich *einheitlich*, homogen, ohne Spaltung und innere Widersprüche, ohne divergierende Vielheit. Die Einheit steht der Gefahr eines Chaos entgegen.

3. Diese Einheit εἷς θεός ist immer auch *inklusiv*, weil sie andere Götter entweder unterordnet oder sich mit ihnen verbindet. Εἷς θεός ist eine umfassende Größe. Die Namen der anderen vereinnahmten Götter und Dämonen können genannt sein oder auch ungenannt bleiben.

4. Εἷς θεός gilt als *unveränderbar* in alle Ewigkeit. Damit werden altgriechische und homerische Vorstellungen über die Gottheit abgelehnt. Er ist unbewegt. Er kann wohl auch, wie Aristoteles betont, als ursprünglicher Beweger verstanden werden. Er kann alles andere in Bewegung setzen, bleibt aber selbst über diese Bewegung erhaben.

5. Εἷς ist, soweit es als Zahl gesehen wird, von pythagoreischen Vorstellungen mitgeprägt, eine *Potenz*, die wächst und alles durchdringt. Diese Ureinheit kann mit der Begrifflichkeit der Pythagoreer als μονάς bezeichnet werden. Die pythagoreischen Vorstellungen treten eine Zeitlang in den Hintergrund, leben dann im 1. Jh. v.Chr. mit den sog. Neupythagoreern wieder auf und werden sehr populär.

6. Εἷς bekommt einen elativen Sinn und gewinnt die Bedeutung von *einzigartig, herrlich, groß*.

7. Daher wird εἷς θεός zu einem Prädikat der *Verehrung* eines Gottes. Die Formel enthält ein doxologisches Element. Sie kann zur Anrufung dienen: sie ist eine Akklamation.

8. Es gibt mehrere Begriffe, die in gleicher Weise gebraucht werden und die Einzigkeit, Einheit und Größe umschreiben ὕψιστος, ὕπατος, μεγάλος, βασίλειος. Die Autorität, die in dem Begriff εἷς steckt, wird oft mit dem Wort des Aristoteles zum Ausdruck gebracht: εἷς κοίρανος ἔστω.

9. Neben der Einzigkeitsformel spielt die Auffassung Platons eine Rolle, wenn er zwar nicht wörtlich, so doch sachlich Xen aufnimmt und Gott als ἁπλοῦς und ἀληθές beschreibt. Platon gilt vielen als Monotheist.

10. Die Formel εἷς θεός wird in der Antike bis ins 1. Jh. n.Chr. höchst selten benützt. Auch Zeus oder irgendeine andere Gottheit wird bis ins 1. Jh. n.Chr. niemals mit der Einzigkeitsformel beschrieben, nicht einmal im großen Hymnus des Kleanthes. Offensichtlich wird die große Anzahl anderer Gottheiten durchweg respektiert. Angesichts des allgemein herrschenden Polytheismus ist die Formel eine Unmöglichkeit bzw. eine Kampfansage und Häresie, weil sie den olympischen Göttern ihre Rechte streitig macht. Antisthenes beschreibt recht genau diesen Zustand: nach allgemeiner Sitte gibt es viele Götter, aber eigentlich nur einen.

11. Einzige Ausnahme, die die Thesen des Xen vorsichtig aufnimmt, ist der Philosoph Onatas. Sein Denken liegt in der Richtung der Stoa, er wagt wieder von Gott zu sprechen und das Weltall mit ihm zu identifizieren.

12. Der Begriff μόνος aber spielt in der griech. Tradition als Prädikat von Gottheiten keine Rolle. Es wird von keinem Gott behauptet, dass er allein Geltung habe, dazu gab es viel zu viele Götter. Wenn die Alleinanspruchsformel gelegentlich gebraucht wird – eventl. zusammen mit der Einzigkeitsformel – dann hat dies einen elativen, unterstreichenden Sinn, entweder auf den lokalen oder den persönlich wichtigsten Gott bezogen, dem man mit dem Prädikat μόνος „Du einziger!" Zuneigung bringt.

13. Die εἷς Ζεὺς Σάραπις-Formel ist erst seit dem 1. Jh. n.Chr. belegt. Sie verbindet Sarapis mit Zeus zu einer Größe, dabei bezieht Sarapis seine Autorität von Zeus. Möglicherweise ist die Formel eine Reaktion auf das Bekenntnis εἷς κύριος der Juden in Alexandria.

14. Wahrscheinlich ist diese Verbindung Zeus-Sarapis gerade in dem Zeitraum zustande gekommen, als Ende des 1. Jh. v.Chr. Ägypten seine relative Selbstständigkeit verlor und dem röm. Reich einverleibt wurde, nachdem die kulturelle Integration in die hell. Welt längst stattgefunden hatte. Auch die Zurückdrängung des Isis-Kultes kann eine Rolle gespielt haben.

15. Dass die Σάραπις-Formel wachsen, andere Gottheiten mit einem εἷς-Prädikat integrieren kann, beweist, dass εἷς nicht streng als Zahl und exklusiv betrachtet wird, sondern inklusiv und elativ.

16. Die Entstehung zahlreicher jüd. Literatur in Ägypten, beschreibt den Streit um die Gottesaussassungen.

17. Verbreitet ist die *Theokrasie*, die Kombination unterschiedlicher Gottheiten aus vielen Provinzen und mit unterschiedlichen Funktionen. Diese

Entwicklung ist bes. ablesbar an den Isis-Hymnen. Die Frage, ob die Theokrasie als Schritt zum paganen Monotheismus bezeichnet werden kann, ist m.E. eher zu verneinen. Denn, die vielen Götter behalten weiterhin ihre Funktion und Verehrung.

18. Der Überdruß an der Vielzahl der Gottheiten bringt in der Kaiserzeit einen Durchbruch zum *theoretischen Monotheismus*. Dieser pagane Monotheismus ist gut bei Epiktet erkennbar, der zwar nicht die εἷς θεός-Formel benützt, aber konsequent und einfach von θεός spricht. Ebenso anerkennt Plinius d.Ä. einen großen Gott, verachtet aber die Vielzahl. Er verwendet zwar nicht solus deus, aber totus deus.

19. Dass die εἷς-Formel im 2. Jh. n.Chr. allgemein verbreitet ist und leicht auf jeden Gott übertragen werden kann, beweist Aristides in seinen Reden. *Der Begriff der Einzigkeit verliert langsam ihren Wert*, auch wenn Marc Aurel sie in einer Art Bekenntnis für seine stoische Weltauffassung in feierlicher Form in Gebrauch nimmt. Es kommt in der ausgehenden Antike zu einer Art Inflation dieser Formel, was im Gebet bei Proklos ablesbar ist.

20. Die Formel εἷς θεός hat nach griech.-röm. Verständnis nie die zahlreichen Gottheiten des Volksglaubens ausgeschlossen oder unterdrückt. Auch die Götter anderer Völker werden keineswegs abgelehnt. Es ist eine tolerante Formel, selbst wenn bei einigen frühen Philosophen die exklusive Tendenz beobachtet werden konnte. Das εἷς θεός bleibt in den meisten Fällen inklusiv.

Das wichtigste Ergebnis für unsere weitere Untersuchung ist: die Einzigkeitsformel (εἷς θεός) hat zwar eindeutig ihren Ursprung in Griechenland bei Xenophanes, aber sie wird erst seit der Zeitenwende häufiger gebraucht – vor allem im Sarapiskult, der in Ägypten entstanden ist. Es ist möglich, aber nicht streng nachweisbar, dass diese monotheistische Formel ihren „Aufschwung" der Interaktion mit dem monotheistischen Diasporajudentum in Ägypten verdankt. Wir wenden uns daher nun der jüd. Tradition und den in ihr beheimateten monotheistischen Formeln zu, trennen dabei zwar zwischen dem AT und den jüd.-hell. Schriften, kommen aber mit der griech. Übersetzung des AT in der LXX von vornherein in die hell. Zeit des Judentums.

3. Die Formeln in der Tradition des Alten Testaments

Es ist erstaunlich, dass die Formulierung εἷς θεός in den kanonischen Schriften des Alten Testaments bzw. der Septuaginta nicht verwendet wird. Es gibt eine einzige Stelle, die diese Formel in leicht abgewandelter Fassung bringt, θεός εἷς in Mal 2,10. Ob diese veränderte Wortstellung auch eine Bedeutungsverschiebung enthält oder nur zufällig ist, soll später untersucht werden. Zunächst erhebt sich die Frage: warum vermieden die Verfasser der atl. Schriften diese Wendung, obwohl sie aus unserer Sicht eine monotheistische Bedeutung hat und das Bekenntnis Israels zu seinem einzigen Gott stützen könnte?

Die Frage lässt sich wohl nicht direkt beantworten, sondern mittels einer Untersuchung, die der Frage nachgeht: mit welchen Worten und Begriffen haben die Israeliten den Glauben an ihren einzigen Gott beschrieben? Warum erschien den Übersetzern der LXX εἷς θεός nicht als Formulierung geeignet? Doch gibt es in der LXX einige wenige εἷς κύριος-Stellen, die einbezogen werden müssen. Darüber hinaus finden sich in den Schriften des AT, um die Ausschließlichkeit Jahwes darzustellen, viele unterschiedliche Formulierungen, kurze Prädikationen, knappe Bezeichnungen, auch Frageformen. Für die Untersuchung müssen wir vom Text der LXX ausgehen, denn sie ist die sprachliche Grundlage für das NT. Zugleich muss der hebr. Text berücksichtigt werden, um Sinn, Zuspitzungen und Abweichungen von der hebr. Vorlage zu erkennen.[1]

3.1 Die Einzigkeitsformel

Das Schᵉma': Dtn 6,4f
Unter den εἷς κύριος-Stellen ist vor allem der bekannte Abschnitt *Dtn 6,4f*, das sog. Schᵉma' Israel, das heute als Bekenntnis der Juden gilt:[2]

---

[1] Für die dt. Textfassungen dieser Abschnitte wurde auch auf die neue LXX-Übersetzung von W. KRAUS (Hg.), Septuaginta deutsch, zurückgegriffen. In einigen Fällen wurden eigene Übersetzungen angefertigt (mit DS bezeichnet).

[2] Die Anerkennung als Bekenntnis der Juden hat das Schᵉma' wohl erst seit dem 2. Jh. n.Chr. gewonnen, als in der Märtyrerlegende des Rabbi Akiba der Ausruf echad zum Symbol wurde.

שְׁמַע יִשְׂרָאֵל ⁴	ἄκουε Ισραηλ κύριος	Höre Israel, der Herr,
יְהוָה אֱלֹהֵינוּ יְהוָה אֶחָד:	ὁ θεὸς ἡμῶν κύριος εἷς	unser Gott, ist ein (einzi-
⁵ וְאָהַבְתָּ אֵת יְהוָה אֱלֹהֶיךָ	ἐστιν καὶ ἀγαπήσεις	ger) Herr. Und du sollst
בְּכָל־לְבָבְךָ	κύριον τὸν θεόν σου	den Herrn deinen Gott, aus
וּבְכָל־נַפְשְׁךָ וּבְכָל־מְאֹדֶךָ:	ἐξ ὅλης τῆς καρδίας σου	deinem ganzen Denken
	καὶ ἐξ ὅλης τῆς ψυχῆς	und aus deiner ganzen
	σου καὶ ἐξ ὅλης	Seele und aus deiner
	τῆς δυνάμεώς σου	ganzen Kraft heraus lie-
		ben. (Kraus/Karrer)

Vor allem geht es um die Interpretation der kurzen Formel, die im AT
einzigartig ist: יְהוָה אֱלֹהֵינוּ יְהוָה אֶחָד/κύριος ὁ θεὸς ἡμῶν κύριος εἷς ἐστιν.
Die Bestimmung dieser Formel ist vielfältig und z.T. unsicher. G.V. RAD
hielt sie für einen „traditionellen *Ruf*, mit dem man in alten Zeiten die
Kultversammlung, den kahal, eröffnete."[4] G. BRAULIK bezeichnet sie als
eine „*Lehreröffnungsformel* der Stämme"[5] und bewertet sie als Grund-
dogma[6] und Grundnorm des JHWH-Glaubens. Im Judentum wurde die
Stelle traditionell als *Gebet* bezeichnet, wogegen sich J.J. PETUCHOWSKI
wendet, „das Sch°ma' ist kein Gebet, sondern eine *Proklamation*"[7]. E.
NIELSEN hält die Formel für einen „*Ausruf*"[8], will aber überraschender-
weise das zweite Glied dieses Ausrufes streichen.[9] N. LOHFINK bezeichnet
sie als eine „*Parole*"[10]. Oder handelt es sich um eine *kultische Erklärung*,
vielleicht um ein religionspolitisches *Programm*? Vielleicht eine Forderung der Jahwe-allein-Bewegung und somit prophetischen Ursprungs?[11]

Auch T. VEIJOLA gesteht zu: „die Interpretation der Kernaussage von V.
4b, die die Grundlage des jüdischen Glaubensbekenntnisses bildet, stellt
den Ausleger vor erhebliche Schwierigkeiten, die schon mit der Übersetzung beginnen"[12]. Vielerlei Alternativen entstehen, weil es sich im Hebr.
um einen Nominalsatz handelt, bei dem das Verb fehlt und אֶחָד verschieden

---

[3] Diese und die folgenden Hervorhebungen sind von mir vorgenommen.
[4] G. v. RAD, Das fünfte Buch Mose, Deuteronomium, 45.
[5] G. BRAULIK, Studien zum Buch Deuteronomium, 145.
[6] G. BRAULIK, Das Buch Deuteronomium, in: E. Zenger, u.a., Einleitung in das Alte Testament, ⁵2004, 154.
[7] J.J. PETUCHOWSKI, Die traditionelle jüdische Liturgie, 68.
[8] E. NIELSEN, Deuteronomium, 5.
[9] Ebd., 84.
[10] N. LOHFINK, Das Alte Testament und sein Monotheismus, in: K. Rahner (Hg.), Der eine Gott
und der dreieine Gott, 41.
[11] B. LANG, Die Jahwe-allein-Bewegung, 97ff.
[12] T. VEIJOLA, Das fünfte Buch Mose, Deuteronomium, Kapitel 1,1–16,17, ATD 8,1, 177.

verstanden werden kann. T. VEIJOLA führt mehrere Alternativen[13] bei der Übersetzung an.

Die wichtigsten Übersetzungsmöglichkeiten sind folgende:

1. *Jahwe ist unser Gott, Jahwe allein.*[14] Das heißt: unser Gott *heißt* Jahwe. Das ist sein heiliger Name. Fremde Götter/Namen sind für Israel tabu.

2. Jahwe ist *unser* Gott, Jahwe allein. Gemeint ist: es gibt zwar andere Götter bei anderen Völkern – aber Jahwe gehört zu Israel. Sie haben nur ihn allein. Die anderen Götter spielen für Israel keine Rolle.

3. Jahwe unser Gott, Jahwe ist *einzig.* Das bedeutet: es gibt keine anderen Götter und auch keine Göttin mit ihm. Israel liebt nur ihn, den Einzigen.[15]

4. Jahwe ist unser Gott! Jahwe ist *einzigartig.* Sinn dieser Aussage ist: kein anderer Gott ist mit ihm vergleichbar. Er ist wunderbar. Er hat Israel oft gerettet und wird das auch in Zukunft tun. Es gibt zwar andere Götter, aber sie können sich mit Jahwe nicht messen.

5. Jahwe ist unser Gott! Jahwe ist nur *einer.* Damit ist gemeint: es gibt keine verschiedenen Jahwes an verschiedenen Orten. Es soll keine Vermischung und verschiedene Ausprägungen des Kultes geben.

Jedoch sind alle diese Bedeutungen nicht scharf voneinander zu trennen, gehen ineinander über und ergänzen einander. Außerdem gibt es in modernen jüd. Übersetzungen[16] noch weitere Varianten.

Die wesentliche Frage ist, ob es sich um *einen* Satz oder um zwei Sätze handelt. T. VEIJOLA plädiert für einen *zweigliedrigen Satz poetischer Natur,* wo die zweite Hälfte mit etwas anderen Worten das Gleiche aussagt, wie die erste. „Nach den Regeln des Parallelismus wollen die parallel laufenden Nominalsätze ungefähr dasselbe über Jahwe aussagen."[17] Als Begründung

---

[13] T. VEIJOLA, ebd., 178: „1. Jahwe, unser Gott, Jahwe ist einzig", 2. „Jahwe, unser Gott, ist ein (einziger) Jahwe", 3. „Jahwe ist unser Gott, Jahwe ist einer" und 4. „Jahwe ist unser Gott, Jahwe ist einzig". – Veijola betont, dass die Alternativen zwei und drei „das sog. monojahwistische Verständnis des Satzes" voraussetzen.

[14] Ähnlich G. V.RAD, „Höre Israel, Jahwe (ist) unser Gott, Jahwe als einer allein!", ebd., 44.

[15] Diese Anlehnung an die Liebessprache betont besonders G. BRAULIK, Das Buch Deuteronomium, in: E. Zenger (Hg.), Einleitung in das Alte Testament, 153: „Einzig' ist ein Topos der Liebessprache ... Israels ausschließliche Treue zu seinem ‚Einzigen' gab dem kleinen Vasallenstaat Juda zunächst außenpolitische Widerstandskraft gegen den assyrischen Imperialismus und opponierte innenpolitisch gegen einen judäischen Despotismus und religiösen Synkretismus."

[16] R. GRADWOHL, Bibelauslegungen aus jüdischen Quellen, 123, führt in der Erklärung zu Dt 6,4ff einige *jüdische* Übersetzungen an: „Höre Israel, der Ewige, unser Gott, ist ein einiges ewiges Wesen." (M. Mendelsohn, L. Zunz, R.I. Reggio); „Höre Israel! der Ewige ist unser Gott, der Ewige ist Einer." (J. Wohlgemuth, J. Bleichrode); „Höre Israel, der Herr, unser Gott, der Herr ist eins." (R.J.H. Hertz); „Höre Israel, der Herr ist unser Gott, der Herr allein". (R.Sch. D. Luzzatto, R.W.G. Plaut und bereits Ibn Esra und R. Samuel ben Me'ir); „Höre Jisrael, ER unser Gott, Er einer!" (Buber-Rosenzweig).

[17] T. VEIJOLA, ebd., 178.

dient ihm die Stelle Sach 14,9, ein „Vers, der offensichtlich im Anschluss an Dtn 6,4b formuliert ist".[18] Sacharija bringt ebenfalls den Jahwe-Namen zweimal und erweitert die Aussagen von Dtn 6,4b:

Dtn 6,4b	Dtn 6,4b (LXX)	Sach 14,9
יְהוָה אֱלֹהֵינוּ	κύριος ὁ θεὸς ἡμῶν	καὶ ἔσται κύριος εἰς βασιλέα ἐπὶ πᾶσαν τὴν γῆν
יְהוָה אֶחָד	κύριος εἷς ἐστιν	ἐν τῇ ἡμέρᾳ ἐκείνῃ ἔσται κύριος εἷς καὶ τὸ ὄνομα αὐτοῦ ἕν

Nach T. VEIJOLA hat Dtn 6,4 die Bedeutung „*Jahwe ist unser Gott, Jahwe ist einzigartig*". Dabei vertritt er die Auffassung, dass die Bedeutung des אֶחָד als die „*Einzigartigkeit* Jahwes" [19] ein Hinweis auf dessen Rettungstat bei der Herausführung aus Ägypten und die Bewahrung unter den anderen Völkern ist, wie sie im Rahmen des dtn. Gesetzes in den Mose-Reden ausführlich dargestellt wird. „Dass Jahwe sein Volk aus der Mitte eines anderen Volkes herausgenommen hat, ist in den Augen des Verfassers ein religionsgeschichtliches Unikum."[20]

Dieser Deutung (Betonung der Einzigartigkeit) steht die andere *politische* und *kultische* gegenüber, nach welcher „die wesenhafte Einheit Jahwes gegen die Vielheit seiner Erscheinungsformen in lokalen Heiligtümern, wo er verschiedene Lokalnumina in sich aufgenommen haben kann"[21], gemeint ist.[22] Diese Interpretation bezieht sich auf den Kampf gegen den Polyjahwismus. Dabei hat wahrscheinlich die zeitweilige politische Annäherung von Juda an Samaria und eine Kultzentralisation[23] eine Rolle gespielt. Das entscheidende Motiv wäre dann eine *kultische Einigkeit*, um Gegensätze zwischen den Gebieten von Juda und Samaria zu überwinden. Diese religionspolitische Interpretation wird von T. VEIJOLA abgelehnt, aber von E.

---

[18] T. VEIJOLA, ebd., 179.

[19] T. VEIJOLA, ebd., 175.

[20] T. VEIJOLA, ebd., 116.

[21] T. VEIJOLA, ebd., 178.

[22] So auch F. CRÜSEMANN, Die Thora, 260, der an die Abwehr des Polyjahwismus erinnert, „wie er in Formeln wie ‚JHWH von Dan', ‚JHWH von Teman' und ‚JHWH von Samaria' belegt ist."

[23] „Auch Joschija von Juda (640–609 v.Chr.) hat jedenfalls eine Kultstättenzerstörung durchgeführt (2Kön 23,4–20). Zur Legitimation brauchte er mehr als das Gesetz der Opferzentralisation. Er griff wohl vor allem auf die alte privilegrechtliche Vorschrift zurück, Heiligtümer anderer Götter (zu denen dann auch synkretistisch gewordene JHWH-Heiligtümer gerechnet wurden) vollständig zu vernichten (vgl. Ex 34,13; 23,24; Dtn 7,5; 12,2f)." G. BRAULIK, Das Buch Deuteronomium, in: Zenger, 144. M. CLAUSS, Geschichte des Alten Israel, 69, würdigt die sog. Josianische Reform: „Josias Konzept ging von der Idee eines einheitlichen Reiches unter einer einheitlichen Führung aus, von einem Reich, das dem Schutz eines Nationalgottes unterstellt war, den es in einem einheitlichen Kult feierte".

AURELIUS[24] vertreten. Beide Interpretationen stimmen darin überein, dass sie nicht im Sinne eines Monotheismus verstanden werden können. Doch deuten beide auf eine relativ frühe Entstehung im 7. Jh. v.Chr. hin.

Bei der Interpretation des Sch^{e}ma's wird im allgemeinen V. 4 eng zusammen mit V. 5, dem Liebesgebot, gesehen.[25] Dem widersprechen jedoch T. VEIJOLA u.a., sie halten das Liebesgebot V. 5 für eine paränetische Einfügung, die den Zusammenhang von V. 4 zu V. 6 unterbricht. „Die Syntax verrät weiterhin, dass V. 5 einen späteren Einschub darstellt, der den logischen Zusammenhang zwischen V. 4b und V. 6* unterbricht, weil er nämlich „diese Worte" (V. 6*) zu weit von ihrem inhaltlichen Bezug V. 4b trennt."[26] Auch E. AURELIUS meint: „das weckt den Verdacht, dass das Liebesgebot in V. 5 jünger als das Bekenntnis in V. 4 ist".[27] In der Tat leistet das Liebesgebot keinen direkten Beitrag zum Verständnis der Formel in V. 4b und gehört nicht zwingend dazu. Es wurde wohl von einer späteren Redaktion eingefügt, die die pädagogische Seite im Dtn stark hervorhob. Jedoch passt das Liebesgebot gut an diese Stelle, weil es der *Einzigkeit* Gottes die *Einheitlichkeit* des Menschen (mit ganzem Herzen, ganzer Seele und aller Kraft) gegenüberstellt.[28] Demnach läge der Ursprung der Proklamation Dtn 6,4 in der Kultzentralisation des Königs Josia in letzten Viertel des 7. Jh. v.Chr., das Liebesgebot aber Generationen später.

Die Bedeutung der kurzen Formel יְהוָה אֱלֹהֵינוּ יְהוָה אֶחָד lässt sich auch aus ihrer Stellung im Dtn erschließen. Die Exegeten sind sich heute weitgehend einig, dass dieser Satz ein *Leitwort,* ein Motto[29] für das ganze Dtn gebildet hat. Das Leitwort stand wohl ganz am Beginn des Ur-Dtn[30] in seiner als Mo-

---

[24] „Warum wird das Zahlwort ‚ein' (אחד) benützt? Anders gesagt: Warum genügt nicht das Bekenntnis ‚JHWH ist unser Gott' (יהוח אלהינו)? Warum wird dem ein zweiter paralleler Satz hinzugefügt, ‚JHWH ist einer/ein einziger' (יהוח אחד)? Hatte jemand behauptet, dass es mehrere JHWHs gäbe? Ja – jedenfalls war es durch Jahrhunderte hindurch eine geläufige Erfahrung gewesen, dass Israel und Juda im Krieg miteinander waren, d.h. dass der samarische JHWH ins Feld gegen den jerusalemischen JHWH zog. ... Das Zahlwort אחד bedeutet dasselbe wie überall sonst: einer, ein einziger, im Unterschied zu zwei oder mehreren. Die Pluralform ‚unser' wird deshalb gebraucht und betont, weil Jahrhunderte von Streitigkeiten überwunden werden sollten: JHWH ist unser gemeinsamer Gott, nicht nur Judas und nicht nur Israels." E. AURELIUS, Die fremden Götter im Deuteronomium, in: M. Oemig/K. Schmit (Hg.), Der eine Gott und die Götter, 150f.

[25] So auch G. BRAULIK, Das Buch Deuteronomium, in: Zenger, 153.

[26] T. VEIJOLA, ebd., 177.

[27] E. AURELIUS, ebd., 152.

[28] „DtrB hat die Gewohnheit, den Text seines Vorgängers mit paränetischen Stücken zu umrahmen." T. VEIJOLA, ebd., 107. Eine andere Ansicht vertritt E. NIELSEN, ebd., 84. Er plädiert für die Streichung des Satzteils „unseres Gottes", hält ihn jedenfalls für überflüssig. In seiner Übersetzung, wo dieser Satzteil aber erhalten bleibt, verbindet er sehr bewusst V. 4 als Kausalsatz mit V. 5: „Höre Israel, *weil* der Herr ..."

[29] T. VEIJOLA, ebd., 175.

[30] So auch G. BRAULIK, ebd., in: Zenger, 153: „Die Theologie des Volkes ... beginnt ... mit dem monolatrischen Bekenntnis in 6,4f am Anfang des joschijanischen Ur-Dtn." Braulik, Veijola u.a. stimmen also darin überein, dass V. 4b und wohl auch V. 6–9 ein hohes Alter besitzen und zu den Quellen des Dtn gehören, jedoch vertritt Veijola die Auffassung, dass dieser alte Teil erst

se-Rede konzipierten Fassung und wurde fortgesetzt in V. 20, der sog. Musterkatechese[31]. Der Grundbestand der Gesetze, Kap. 12–26, wurde wohl in frühnachexilischer Zeit von der „Rede des Mose" umrahmt, deren Überschrift 4,45 gewesen war: „Dies sind die Ermahnungen und Gebote und Rechte, die Mose den Israeliten bekannt machte, als sie aus Ägypten gezogen waren ...", fortgesetzt mit dem wuchtigen Satz: „Jahwe ist einer, Jahwe ist unser Gott", ein Fanfaren-Stoß[32], wie E. NIELSEN es nennt.

Die großen Abschnitte zwischen 4,45 bis 6,3 sind nach allgemeiner Überzeugung *Einfügungen* unterschiedlicher Relevanz und aus verschiedenen Epochen, was hier nur kurz skizziert werden kann: 1. der Dekalog 5,6–21, dessen Bedeutung durch 2. eine Epiphanie 5,1–5 und 22–27 unterstrichen wird, 3. eine pädagogische Ermahnung 5,28–37 und 4. eine weitere Ermahnung, die den hohen Wert des Landes in 6,1–3 hervorhebt, was in V. 10–19 fortgesetzt wird.[33] Es besteht weitgehend Übereinstimmung darin, dass der Text des Dekalogs relativ jung ist und erst im 5. Jh. v.Chr. formuliert wurde.[34] Die Proklamation Dtn 6,4 ist aber für alle der Leittext, nicht zuletzt weil dadurch eine scharfe Abgrenzung erzielt wird.

Gemäß diesem Leitwort ist es die größte Sünde, den einzigartigen Jahwe zu ignorieren, den Wert des wunderbaren Landes zu vergessen, andere Götter (aus anderen Ländern) zu verehren und irgendwelche Götterfiguren anzufertigen. Die Argumentation am Beginn des Dtn bezieht sich immer wieder auf das erste und zweite Gebot. Das Motto, so kurz wie es ist, wird in Dtn ausgiebig entfaltet, ein Verfassungsentwurf[35] des Jahwe-Volkes. Das Dtn fordert in allen seinen Teilen die kompromisslose Verehrung Jahwes – reine Monolatrie. G. BRAULIK meint darin den verborgenen Zweck zu erkennen: das Dtn „erklärt JHWHs Gott-Sein sprachlich zwar monolatrisch, aber sachlich-theologisch bereits monotheistisch"[36]. Das betonte אֶחָד am Satzende unterstreicht das.

Bei der Übersetzung dieser Stelle Dtn 6,4 in der LXX wurde ganz entsprechend der hebräischen Vorlage formuliert: „κύριος ὁ θεὸς ἡμῶν κύριος εἷς ἐστιν". Das griech. Zahlwort εἷς wird als Übersetzung gewählt und zur be-

---

später in den Text eingefügt wurde, als die Rahmenerzählung mit der Mose-Fiktion geschaffen wurde.

[31] Vgl. T. VEIJOLA, ebd., 175.

[32] E. NIELSEN, ebd., 5.

[33] Vgl. T. VEIJOLA, ebd., 176.

[34] G. BRAULIK, ebd., in Zenger, 143: „Die Fassung des Dekalogs die jetzt in 5,6–21 zitiert wird, dürfte allerdings textgeschichtlich sehr jung sein: Sie ist um den Sabbat herum aufgebaut, doch der spielt im Dtn sonst noch keine Rolle."

[35] G. BRAULIK, ebd., in: Zenger, 145.

[36] G. BRAULIK, ebd., in: Zenger, 153f. Auch F. STOLZ, Einführung in den biblischen Monotheismus, 187, betont, dass die Einzigkeitsforderung eindeutig nachexilisch ist, und nennt das Dtn ein utopisches Buch (Vgl. 175).

sonderen Betonung nachgestellt. In der griech. Satzmelodie zielt diese Aussage wie in der hebr. Vorlage auf die Betonung des dritten Satzgliedes. Wenn der Kontext des Dtn so energisch die Ausschließlichkeit Jahwes vertritt, könnte sich die Übertragung des אֶחָד mit μόνος nahe legen. Warum bleiben die Übersetzer angesichts der scharfen Abgrenzung dennoch bei εἷς?

Es muss festgehalten werden, dass das Dtn zunächst nur die Monolatrie vertritt und den anderen Völkern ihre Götter zugesteht. Die Ausschließlichkeit Jahwes gilt nur für Israel. Jahwe wird nicht für andere Völker beansprucht. Es wird sogar ausdrücklich bestätigt, dass andere Völker die Astralgötter verehren können, „denn der Herr, dein Gott, hat sie zugewiesen allen anderen Völkern unter dem ganzen Himmel" (Dtn 4,19). Jahwe war also nicht allein in der Welt, er stand neben unzähligen anderen Volks- und Lokalgöttern. Das wird im Dtn nicht bezweifelt. Es gilt die „gemeinorientalische Anschauung, nach der jedes Volk seinen eigenen Gott bzw. seine eigenen Götter hat"[37]. Offensichtlich hat das εἷς nicht die stark distanzierende Bedeutung wie das μόνος.

Auch ist zu berücksichtigen, dass sich in dieser Zeit des 3. Jh. v.Chr. in Alexandria, dem vermutlichen Ort der Übersetzung der LXX, im Nildelta unter den Griechen der Kult des Sarapis durchsetzte. Wie oben dargestellt, wurde dieser meist zusammen mit der Isis und Anubis verehrt. Dass die Israeliten in Alexandria die verschiedenen kultischen Aspekte des Sarapis als Unterwelts-, Fruchtbarkeits- und Himmelsgott erfahren haben, ist zu vermuten. Denn der Götterkult vollzog sich nicht nur im Sarapeion, sondern auch in öffentlichen Festen und Umzügen.[38] Erst recht mussten die Juden Alexandrias die Verbindung der beiden anderen Gottheiten zur Totenwelt Isis (als Gemahl des Osiris) und Anubis (als Öffner der Unterwelt) strikt gemieden haben. Gegenüber dieser dominierenden Dreiheit und den vielen anderen Namen der ägyptischen Tradition formulierten die Juden in der Thora sehr einfach und klar: κύριος εἷς ἐστιν.[39] Dass später auch die Gottheit Sarapis, ob allein oder zusammen mit Zeus, Helios u.a. unter dem Prädikat εἷς verherrlicht wurde, ist wohl eine Reaktion auf das jüd. Einzigkeitsbekenntnis.

---

[37] T. VEIJOLA, ebd., 116.

[38] H.-J., KLAUCK, Die Religiöse Umwelt des Urchristentums I, 113.

[39] So auch W. SCHRAGE, Unterwegs zur Einzigkeit und Einheit Gottes, 14: „Dass das Bekenntnis zur Einzigkeit Gottes keine gleichbleibende Größe ist, sondern in den verschiedenen jüdischen Strömungen und Bereichen unterschiedlich akzentuiert wird, und unterschiedlichen Gattungen und ‚Sitzen im Leben' angehört, auch unterschiedliche Funktionen und Konsequenzen hat, z.B. *in der Apologetik des hellenistischen Diasporajudentums gegenüber Polytheismus und Idolatrie seiner Umgebung eine größere Rolle spielt*, ist zwar nicht zu übersehen und wird auch im folgenden nicht einfach ignoriert …". (Hervorhebung von mir.)

Es ist jedoch fraglich, ob bei der Formulierung der jüd. Einzigkeitsformel der Hexameter des Xen in Hintergrund stand.[40] Denn wenn die Juden die diversen religiösen Aussagen des Xen betrachteten, konnten sie nur entdecken, dass dies weit von ihrem Gottesverständnis ist.[41] Es spricht auch nichts dafür, dass die Formulierung des Xen bei der Kombination von Sarapis und Zeus eine Rolle spielte.

In Dtn 6,4 liegt also das inklusive Verständnis vor: *alles umfassend, groß*. Wenn die jüd. Übersetzer des Dtn für das אֶחָד der Proklamation die Formulierung εἷς und nicht μόνος wählten, haben sie Jahwe dem Sarapis gegenübergestellt. Es ist einerseits eine lobpreisende, aber auch eine tolerante Formel; μόνος wäre schärfer und distanzierend; εἷς ist wohl ein Zahlwort, aber in ihm schwingen noch andere Bedeutungen mit, wie oben ausgeführt, die eine inklusive Deutung zulassen. Wahrscheinlich verstanden die Griechen das gleiche Wort εἷς etwas anders als die Juden. Für die Juden war der Akzent: *einer allein*, für die Griechen: *der eine, der alles umfasst*.

Mal 2,10

| οὐχὶ θεὸς εἷς ἔκτισεν ὑμᾶς οὐχὶ πατὴρ εἷς πάντων ὑμῶν τί ὅτι ἐγκατελίπετε ἕκαστος τὸν ἀδελφὸν αὐτοῦ τοῦ βεβηλῶσαι τὴν διαθήκην τῶν πατέρων ὑμῶν | Hat euch nicht *ein Gott* erschaffen? Ist nicht *einer der Vater* von euch allen? Warum handelt ihr dann treulos, einer gegen seinen Bruder, indem ihr den Bund eurer Väter entweiht? (DS) |

In einem Diskussionswort macht der Prophet[42] den Zuhörern den Vorwurf, untreu gegenüber Gott gewesen zu sein. Sein Argument: der eine (große) Gott hat doch Israel geschaffen und alle sind seine Kinder.[43] Deshalb ist es eine Sünde, eine Ehe mit den Frauen der Nachbarvölker zu schließen. Er

---

[40] So vermutet D. ZELLER, Der eine Gott und der eine Herr Jesus Christus, in: T. Söding (Hg.), Der lebendige Gott, 35. Jedoch ist die Formulierung εἷς θεός wohl nicht vor dem 1. Jh. n.Chr. zu finden.

[41] So zutreffend auch I. KEZBERE, Umstrittener Monotheismus, 36: „Bei dieser Begegnung mussten die Juden feststellen, dass sich ihr Glaube stark vom Monotheismus der griechischen Philosophen unterschied. Deren theoretischer Monotheismus war problemlos mit der polytheistischen Kultpraxis des Volkes zu verbinden." Die Unterschiede, wie Juden sie empfunden haben müssen, hat Y. AMIR, Die Begegnung des biblischen und des philosophischen Monotheismus als Grundthema des jüdischen Hellenismus, 2, zutreffend dargestellt.

[42] Es wird heute vielfach bezweifelt, ob Maleachi eine bestimmte Person war, oder ob unter dieser Bezeichnung verschiedene Diskussionsworte zusammengestellt wurden, um dem Zwölf-Propheten-Buch einen markanten Abschluss zu geben. E. ZENGER, Das Buch Maleachi, in: Zenger, 584, schreibt zum Namen Maleachi: „Die Bedeutung des Eigennamens [ist] unklar: ‚mein Bote' oder ‚der Bote JHWHs' oder ‚mein schützender Bote/Engel ist JHWH'."

[43] In der HB ist die Reihenfolge umgekehrt: Vater zuerst, danach Gott. Die Voranstellung Gottes in der LXX will die Frömmigkeit betonen.

bezeichnet solche Ehen mit „der Tochter eines fremden Gottes" in V. 11 als schweren Frevel. In Form von Fragen greift er seine Hörer an.

Entscheidend ist, dass an dieser Stelle der Gott Israels mit dem Prädikat εἷς versehen wird, obwohl μόνος oder μέγας oder ζηλωτής genauso denkbar wären. Das zweifache εἷς in Verbindung mit Gott bzw. Vater beschreibt seine Macht und Einzigkeit und appelliert an die Einheit des Volkes. Hier kommt dem εἷς eine *exklusive* Bedeutung zu: Israel hat nur diesen einen Vater! Keineswegs werden damit die Götter anderer Völker in Frage gestellt. Der Prophet spricht nicht von einer Herrschaft des Gottes Jahwe über die ganze Welt, sondern es geht um das jüd. Volk. Diejenigen, die hier mit πάντων ὑμῶν bezeichnet sind, sind nur die Juden. Die Formulierung ist monolatrisch, hat aber monotheistische Tendenz. Die Bedeutung des εἷς ist in Mal 2,10 durch seine betonte Nachstellung exklusiv und distanzierend. Eine Verbindung zu Dtn 6,4 kann, muss aber nicht bestehen.

Die zeitliche Einstufung von Mal und bes. dieser Stelle ist schwierig. Ein Grundbestand von Mal kommt wohl aus dem 5./4. Jh. v.Chr., aber eine spätere Bearbeitung bis in hell. Zeit ist wahrscheinlich.[44] Das Prophetenwort gewinnt durch die Aufnahme in die kleine Sammlung Mal in späterer Zeit neue Bedeutung, weil in der Diaspora die Frage der Eheschließung mit nicht israelitischen Frauen aktuell war. Der Text ist gerade in seiner LXX-Umstellung alt und zugleich neu: 5. bzw. 3./2. Jh. v.Chr.

Dan 3,17

Aufschlussreich ist der Gebrauch von εἷς in dem großen erzählenden Kapitel Dan 3, weil es eine Kraftprobe mit einem König und somit auch dessen Gott beschreibt. Es ist zu beachten, dass die LXX-Version von der HB inhaltlich abweicht und אֱלָהַנָא/*unser Gott* durch die Formel θεὸς ἐν οὐρανοῖς εἷς κύριος ἡμῶν ersetzt bzw. sichtlich erweitert. Eine Übersetzung aus der LXX ist genauso wie aus der HB mit Unsicherheiten belastet.

הֵן אִיתַי אֱלָהַנָא דִּי־אֲנַחְנָא פָלְחִין יָכֵל לְשֵׁיזָבוּתַנָא מִן־אַתּוּן נוּרָא יָקִדְתָּא וּמִן־יְדָךְ מַלְכָּא יְשֵׁיזָב:	Wenn unser Gott existiert, dem wir dienen – er vermag uns zu erretten. Aus dem Ofen des lodernden Feuers und aus deiner Hand, König, wird er erretten.[45]
ἔστι γὰρ θεὸς ἐν οὐρανοῖς εἷς κύριος ἡμῶν ὃν φοβούμεθα ὅς ἐστι δυνατὸς ἐξελέσθαι ἡμᾶς ἐκ τῆς καμίνου τοῦ πυρός καὶ ἐκ τῶν χειρῶν σου βασιλεῦ ἐξελεῖται ἡμᾶς	Denn *der* Gott im Himmel ist unser *einziger* Herr, den wir fürchten, der mächtig ist, uns aus dem Feuerofen zu befreien; und aus deinen Händen, König, wird er uns befreien. (Kraus/Karrer)

---

[44] E. ZENGER, ebd., in: Zenger, 584.
[45] Übersetzung nach K. KOCH, Daniel, Dan 1–4, BK XXII/1, 251f.

K. KOCH stellt im Kommentar zur Stelle fest, dass V.17HB ein Anakoluth ist. „Eine logisch ganz einwandfreie Deutung lässt sich in keinem Fall erzielen (BLa 365b)."[46] Er übersetzt das εἷς κύριος schärfer mit „einziger Herr".[47]

Bei V. 17 handelt es sich um das entscheidende Wort aus der langen Erzählung der drei Männer im Feuerofen: das Bekenntnis der Verurteilten zum lebendigen Gott, der seine Treuen auch aus der größten Gefahr retten kann. Wenn hier die Formulierung εἷς κύριος benützt wird, ist dies eine sprachlich feste Wendung, die Übersetzung von יְהוָה אֶחָד, die aber im hebr. Original gar nicht enthalten ist und zur *Verstärkung* eingeführt wurde. Diese Formel bezeichnet sowohl die Einzigkeit wie die Macht Gottes. Auch die Prädikate *groß, gewaltig, wundertätig* hätten verwendet werden können. Dennoch entscheidet sich der Verfasser für die Formulierung εἷς κύριος, die hier *exclusive* Bedeutung hat. Auch dieser Text ist ein Beweis für eine Monolatrie mit einer monotheistischen Tendenz: es gibt noch andere Mächte bzw. Götter, aber sie verlieren an Macht.

Die Danielerzählungen sind zumeist erst im 2. Jh. v.Chr. endgültig formulierte Texte, die auf der Bearbeitung älterer Stoffe beruhen.[48] Über die genaue zeitliche Ansetzung dieser Texte vor oder während des Konfliktes mit Antiochus IV. Epiphanes gehen die Auffassungen sehr auseinander.[49] Aber die späte Datierung der Texte ist weitgehend akzeptiert. Die Endgestalt des Dan entstand in der Phase des schärfsten Angriffs des Hellenismus auf die jüd. Religion. Dies ist wohl der Grund, dass in der LXX für die Macht Gottes sehr starke Formulierungen gewählt wurden.

Sach 14,9
Die Stelle Sach 14,9 wurde bereits bei der Analyse von Dtn 6,4 erwähnt und ausgeführt, dass der Vers die Struktur der Proklamation aufnimmt.

וְהָיָה יְהוָה	καὶ ἔσται κύριος εἰς	Dann wird der Herr
לְמֶלֶךְ עַל־כָּל־הָאָרֶץ	βασιλέα ἐπὶ πᾶσαν τὴν	König sein über die ganze
בַּיּוֹם הַהוּא יִהְיֶה	γῆν ἐν τῇ ἡμέρᾳ ἐκείνῃ	Erde. An jenem Tag wird
יְהוָה אֶחָד וּשְׁמוֹ אֶחָד:	ἔσται κύριος εἷς καὶ	der Herr der *einzige* sein
	τὸ ὄνομα αὐτοῦ ἕν	und sein Name der *einzige*. (E)

Der Text bietet einen hoffnungsvollen Ausblick auf die Zukunft. Das ganze Kap. 14 beschreibt den „Tag des Herrn". „Sach 14 ist ein apokalyptisch eingefärbtes ‚Wort-

---

[46] K. KOCH, ebd., 252.
[47] K. KOCH, ebd., 252.
[48] Vgl. H. NIEHR, Das Buch Daniel 1–12, in: Zenger, 511.
[49] Vgl. H. NIEHR, ebd., 510f.

Gemälde' des ‚Propheten' (…) über das Endzeitgeschehen in und um Jerusalem. Siebenmal wird der Ausdruck ‚an jenem Tag' eingeflochten und zwölfmal das Wort ‚Tag' gebraucht. Das Grundthema ist also der ‚eschatologische Tag Jahwes'."[50] Zunächst bringt „dieser Tag" eine Eroberung und Katastrophe, aber dann übernimmt Jahwe die Führung gegen die Völker und zieht mit seinen Engeln in Jerusalem ein. Darauf wird (V. 7) *ein* besonderer Tag kommen, „einzigartig"[51], nämlich ein Tag ohne Nacht. „Jahwe wird in der ganzen Welt als der Alleinzige (vgl. Dtn 6⁴), als der Gottkönig schlechthin, erkannt und anerkannt …"[52]. Alles Chaos wird aufgehoben und es gelten nur noch Jahwe und sein Name als Herrschaftssymbol über die Welt.

Obwohl der Kern des Sach-Buches aus dem 5. Jh. v.Chr. stammt, wird dieser Teil, Kap. 12–14 einmütig als sehr viel später eingeordnet.[53] Dieser Text gehört zu den jüngsten des AT. Er gehört, wie W. Rudolph gesehen hat, in die Makkabäer-Zeit.[54] Es ist überraschend, dass bei der Beschreibung der endgültigen Herrschaft Gottes, bei der Formulierung dieser Vision nicht die Alleinanspruchsformel, sondern die *Einzigkeitsformel* benützt wird. Die Entscheidung für das εἷς hat wohl eine grundsätzliche, eine prophetische Ursache: die Vision sieht den Gott Israels als *zukünftigen einzigen Herrn* der ganzen Welt. Dabei geht es ganz aktuell um die Beseitigung der hell. Könige.[55] Dieser allumfassende Herrschaftsanspruch kann mit dem Begriff μόνος nicht zutreffend ausgedrückt werden. Gewiß wird das nachgestellte Zahlwort κύριος εἷς von der hebr. Wortstellung her beeinflusst sein. Jedenfalls bringt es eine Betonung durch die Abweichung von der normalen Stellung und in ihrer doppelten Form (κύριος εἷς … ὄνομα ἕν). So klingt es wie ein Programm, was auch mit dem vorauslaufenden „der Herr wird König sein" angedeutet wird. Das εἷς umschreibt einen feierlichen Abschluss, der die Würde Gottes hervorhebt, der nun alles umfasst.[56]

Eine Ähnlichkeit im Gebrauch von Einzigkeitsformel weist der Text *Hes 37,22–24* auf, der sich jedoch nicht auf Gott bezieht, sondern auf einen weltlichen Herrscher: ἄρχων εἷς ἔσται αὐτῶν/*sie sollen alle einen einzigen König haben*. Dieser Abschnitt bezieht sich auf die erhoffte Wiedervereinigung der beiden jüd. Staaten Juda und Samaria bzw. Juda und Joseph unter einem einzigen Herrscher. Es ist aufschlussreich,

---

[50] A. Deissler, Zwölf Propheten III, Zefanja, Haggai, Sacharja, Maleachi, 178f.

[51] A. Deissler, ebd., 180.

[52] A. Deissler, ebd., 180.

[53] „Dass 1–8.9–11.12–14 aus jeweils unterschiedlichen Epochen stammen, ist weitgehender Konsens der Forschung. … Die beiden Fortschreibungen 9–11 und 12–14 dürften wegen ihrer zeitgeschichtlichen Transparenz auf die beginnende hellenistische Epoche hin (…) und die Erschütterungen der ptolemäischen Epoche erst im ausgehenden 4. Jh. (9–11) bzw. im 3. Jh. (12–14) entstanden sein.", E. Zenger, ebd., in: Zenger, 581. Eine spätere Einstufung nehmen zwar E. Bosshard, R.G. Kratz, O.H. Steck vor, sie schätzen zwischen 240 und 220 v.Chr. bleiben damit aber noch ziemlich allgemein. Nach E. Zenger, ebd., 581.

[54] W. Rudolph, Haggai, Sacharja 1–8, Sacharja 9–14, Maleachi, 223.

[55] W. Rudolph, ebd., 223.

[56] Wahrscheinlich war V. 9 einmal der Abschluss dieser Texteinheit, aber es gab dann offensichtlich eine Reihe von Ergänzungen und Fortschreibungen, die VV. 10–21, deren unterschiedlichen Wert Elliger in seinem Kommentar schon im Druck deutlich hervorhebt. K. Elliger, Das Buch der zwölf kleinen Propheten, 167f.

dass diese Funktion des Königs bewusst mit εἰς bezeichnet wird, nicht mit μόνος, obwohl es um die Überwindung der Rivalität zweier Staaten geht. Wieder bezeichnet εἰς das Verbindende. Der Text ist verhältnismäßig jung, stammt wohl nicht aus dem 6. Jh. v.Chr., sondern etwa aus dem 2. Jh. v.Chr.[57] F.-L. HOSSFELD stellt fest, im Gegensatz zu W. ZIMMERLI[58], dass es an diesem Text „Bearbeitungen bis in die Makkabäerzeit des 2. Jh. v.Chr."[59] gegeben habe. Möglicherweise erinnert der Text auch an die Machtpolitik der Hasmonäer und die Eroberung Samarias von Johannes I. Hyrkan im Jahr 109 v.Chr.

Zusammenfassung: ein Zahlwort wird zum Prädikat

1. Die Einzigkeitsformel aus dem Sch[e]ma' wird nicht länger als religiöspolitisches Programm verstanden, sondern als Kennzeichen der Einzigkeit und Einzigartigkeit Jahwes, der allerdings eine Kultkonzentration auf Jerusalem entsprach.

2. Das Zahlwort εἰς hat gemäßt der jüdischen Tradition eine exklusive Bedeutung. Andererseits hat es für Griechen eine eher inklusive Bedeutung: ein Gott, der alles umschließt.

3. Εἰς gewinnt wie ein Eigenschaftswort neben dem Zahlwert die Bedeutung von *groß, mächtig, kraftvoll, alles umfassend*. Es wird zu einem *göttlichen Prädikat*. In diesem Sinn wird es von den Übersetzern der LXX auf יהוה/κύριος bezogen.

4. In den Jahrhunderten zwischen dem Exil und der seleukidischen Konfrontation schien dieser Begriff εἰς nicht geeignet, um die Größe und Macht des Gottes Israels auszudrücken – aber im 2. Jh. v.Chr. begegnet er wieder. Im 5. und 4. Jh. v.Chr. benützte man vor allem das בד/μόνος.

5. Allen fünf zuletzt genannten Texten, die in unterschiedlicher Weise εἰς-Formulierungen enthalten, ist gemeinsam: sie entstanden nicht, wie etwa das Motto im Sch[e]ma' Dtn 6,4b in früher Zeit (7. Jh. v.Chr.), sondern alle *in später Zeit*, wahrscheinlich im 3./2. Jh. v.Chr.

6. Seit eben dieser Zeit gewinnt die Einzigkeitsformel zunehmend an Bedeutung, bis sie im 2. Jh. n.Chr. sogar zum jüdischen Bekenntnis wird.

---

[57] F.-L. HOSSFELD, Das Buch Ezechiel, in: Zenger, 503, bemerkt kritisch zu Ez 37: „Der Visionsbericht V. 1–11 hebt sich von den anderen drei großen Visionsberichten Kap. 1–3; 8–11; 40–48 ab. Er besitzt kein Datum, redet nicht von einer Erscheinung der Herrlichkeit JHWHs, ist nicht eingebunden in ein Netz von die Visionen verklammernden Rückverweisen und besitzt keinen erkennbaren Abschluss mit Angaben zur Pragmatik der Vision. Das lässt Zweifel an einer Verfasserschaft Ezechiels aufkommen."

[58] W. ZIMMERLI, Ezechiel, BK XIII/2, 911, bezieht den Text auf die Situation nach dem Fall von Jerusalem und das Exil im 6. Jh. v.Chr.: „21–24a zeigen demgegenüber ein realistisches Ernstnehmen der seit 587 veränderten Situation."

[59] F.-L. HOSSFELD, ebd., in: Zenger, 504.

3.2 Die Verneinungsformeln

Überall wo Werte in den Vordergrund gerückt, wo Ordnungen und Gebote erlassen werden, gibt es auch Abgrenzungen, Verbote und Verneinungen. Diese negierenden Begriffe dienen jedesmal zur *Bekräftigung der positiven Aussage.* Ein Beispiel: in diesem Garten wachsen sehr gute Früchte. Negativ: in keinem anderen Garten wachsen so gute Früchte. Oder: kaufe keine Früchte aus einem anderen Garten, bzw. nimm keine Früchte außer von diesem Garten. – Solche Formulierungen sind Wiederholungen des ersten Gedankens in anderen Worten. Diese Negationen bilden einen *Schutz* um die positive These, wie auch in der Poesie vieles doppelt ausgedrückt wird und bes. bei Weisheitssprüchen die zweite Zeile das Gleiche meint wie die erste, jedoch eine andere sprachliche Form benützt.

Die einfache Verneinungsformel
Um die Ausschließlichkeit Jahwes hervorzuheben, wird oft die Formel: οὐκ ἔστιν (ἔτι) πλὴν αὐτοῦ verwendet.

Dtn 4,35: ὥστε εἰδῆσαί σε ὅτι κύριος ὁ θεός σου οὗτος θεός ἐστιν καὶ οὐκ ἔστιν ἔτι πλὴν αὐτοῦ.	Daher sollst du erkennen, dass der Herr, dein Gott, dieser (wahre) Gott ist und *keiner außer* ihm. (DS)
Dtn 4,39: καὶ γνώσῃ σήμερον καὶ ἐπιστραφήσῃ τῇ διανοίᾳ ὅτι κύριος ὁ θεός σου οὗτος θεὸς ἐν τῷ οὐρανῷ ἄνω καὶ ἐπὶ τῆς γῆς κάτω καὶ οὐκ ἔστιν ἔτι πλὴν αὐτου	Und du sollst heute erkennen und dein Denken darauf richten, dass der Herr, dein Gott, (dass) dieser Gott im Himmel oben und auf der Erde unten ist und es *keinen außer ihm* gibt. (Kraus/Karrer)

In diesen Versen wird jeweils nach der Selbstvorstellung Gottes in zweifacher Weise seine Einzigkeit Gottes definiert:
1. positiv: οὗτος θεός – dieser, der bekannte (wahre, wirkliche) Gott und
2. negativ und exklusiv: οὐκ ἔστιν ἔτι πλὴν αὐτοῦ – es gibt keinen Gott außer ihm.

Beide Formulierungen, die positive und negative, haben den gleichen Sinn: es ist nur einer der wahre Gott und zwar der, „den du schon kennst": אֱלֹהֶיךָ יהוה/κύριος ὁ θεός σου. Diese Bundesformel „Jahwe *dein* Gott" ist eine typisch dtn Formulierung, die die Direktheit des Gottesbezugs hervorhebt. Sie ist in der LXX häufiger zu finden als im hebr. Original, z.B. Dtn 4,39, wo das „dein" fehlt: הָאֱלֹהִים. Gleichbedeutend mit πλήν ist πάρεξ, jedoch seltener benützt. Es ist ebenfalls eine der Übersetzungen des hebr. בִּלְתִּי, בִּלְעֲדֵי und זוּלָה.

Die Verneinungsformel ist einfach und eingliedrig *keiner außer mir*. Der Sinn ist *ich/er allein*. Als Aussage im Munde Gottes wirkt sie voller Autorität, die nicht mehr angezweifelt werden kann. Deshalb steht diese Formel meist am Schluss eines Gedankengangs. – Während diese Texte aus dem 6. oder 5. Jh. v.Chr. stammen, scheint ein Text in frühere Zeit zu weisen, nämlich Hos 13,4, denn Hosea wirkte in 8. Jh. v.Chr.[60]

Hos 13,4		Ich aber, ich bin der Herr,
וְאָנֹכִי יְהוָה אֱלֹהֶיךָ מֵאֶרֶץ מִצְרָיִם וֵאלֹהִים זוּלָתִי לֹא תֵדָע וּמוֹשִׁיעַ אַיִן בִּלְתִּי׃		dein Gott, seit der Zeit in Ägypten; du sollst keinen anderen Gott kennen als mich. Es gibt *keinen* Retter *außer mir*. (E)
	Hos 13,4LXX ἐγὼ δὲ κύριος ὁ θεός σου στερεῶν οὐρανὸν καὶ κτίζων γῆν οὗ αἱ χεῖρες ἔκτισαν πᾶσαν τὴν στρατιὰν τοῦ οὐρανοῦ καὶ οὐ παρέδειξά σοι αὐτὰ τοῦ πορεύεσθαι ὀπίσω αὐτῶν καὶ ἐγὼ ἀνήγαγόν σε ἐκ γῆς Αἰγύπτου καὶ θεὸν πλὴν ἐμοῦ οὐ γνώσῃ καὶ σῴζων οὐκ ἔστιν πάρεξ ἐμοῦ	Ich aber bin der Herr dein Gott, der den Himmel befestigt und die Erde erschafft, dessen Hände das ganze Heer des Himmels erschufen, und ich habe dich nicht angewiesen, dass du ihnen nachfolgen solltest; und ich führte dich hinauf aus dem Lande Ägypten und *einen Gott ausser mir wirst du nicht kennen* und einen der rettet *gibt es nicht außer mir*. (DS)

Hos 13,1–3 bringt eine Gerichtsandrohung über Ephraim (Samaria), wo Hosea etwa zwischen 750–722 v.Chr. wirkte. Heftige Vorwürfe werden gegen das Volk Israel geäußert und ein schlimmer schneller Untergang angekündigt (V. 3). V. 4 bringt noch mal eine Bestätigung im Mund Gottes, die knapp auf die wichtigsten Geschehnisse der Heilsgeschichte und Jahwes einzigartiges Handeln verweist. – Es überrascht, dass diese Formulierung nahezu identisch ist mit den Texten aus DtJes: Jes 44,6.8; 45,5.6.14; 45,21 (auch πάρεξ), 46,9. Die Vermutung legt sich nahe, dass dieser Vers eine Einfügung aus späterer Zeit ist. Diese Hypothese wird erhärtet durch die *Erweiterung in der LXX*, die das *Walten Jahwes im Kosmos* im Anschluss an DtJes beschreibt. Ausdrücklich wird erwähnt, dass Gott das ganze „Heer des Himmels", die

---

[60] E. ZENGER, ebd., in: Zenger, 525, führt einige Theorien über die Entstehung von Hosea an, die „sich auf vier Grundmodelle reduzieren" und in unterschiedlicher Weise eine Vergrößerung des Grundbestandes aus dem 8. Jh. v.Chr. bis in frühhellenistische Zeit vertreten. H.-W. WOLF, Hosea, XI., nennt das Jahr 752.

Sterne erschaffen hat, aber zugleich wird Israel gewarnt diese zu verehren. In diesem Vers ist ein ganzes Programm enthalten: die Rettung aus Ägypten, die Schöpfungstätigkeit Jahwes, sowie das Verbot des Astralkultes. HB schließt mit einer die LXX sogar mit zwei Verneinungsformeln.[61] Der Zweck ist die ausschließliche Autorität Jahwes zu verteidigen.

Die zweigliedrige Verneinungsformel

Eine andere Art von Verneinungsformel, die bes. bei DtJes häufig zu finden ist, ist die zweigliedrige, die die eifersüchtige Forderung betont: *ich und kein anderer*. Neben den Aussprüchen (Orakel) im Namen Jahwes, Spottliedern über die Götterbildfabrikation und visionären Darstellungen fallen bei DtJes diese strengen Aussagen auf, Bekräftigungen, die oft am Ende eines Gedankens stehen.[62]

Jes 45,6		
אֲנִי יְהוָה וְאֵין עוֹד׃	ἐγὼ κύριος ὁ θεὸς καὶ οὐκ ἔστιν ἔτι	Ich bin der Herr, und sonst niemand.

DtJes formuliert die Ausschließlichkeit meistens in zweifacher Form:
a) durch eine *positive Aussage*, die Vorstellung des den Hörern bekannten Gottes mit seinem Namen Jahwe, bzw. κύριος, denn mit der Bekanntgabe des Namens beginnt bereits sein Herrschaftsbereich[63],
b) die positive Aussage wird in den meisten Fällen ergänzt und abgesichert durch eine *negativ formulierte*: „es ist kein anderer", „es ist keiner außer ihm" oder eine ähnliche exklusive Formulierung. Der Zweck ist die Verteidigung des ersten Satzteils. Der zweite Teil ist nicht eigentlich negierend, sondern *defensiv*. (Vgl. oben die Ausführung über Epicharmos.)
Erst durch den zweiten Teil gewinnt die positive These ihre richtige Kraft, die Exklusivität.

---

[61] Solche Verneinungsformeln mit πλήν finden sich außer bei DtJes auch in Jes 64,3, ferner in Ex 8,6; 20,3; 22,19, auch im abschließenden Rahmen des Dtn: Dtn 32,39 (= Oden 2,39); und im dtr Geschichtswerk 1Sam 2,2 (= Oden 3,2); 2Sam 7,22; 22,32; schließlich in der Chronik: 1Chr 17,20. Weiter in Ps 18 (LXX 17), 32; Hos 13,4 und Joel 2,27; Sap 12,13; Bel 1,41.

[62] Diese Aussage im Mund Gottes findet sich in einigen Varianten im Buch DtJes.z.B. Jes 43,11.13, und 45,22. Die Formel אֲנִי יְהוָה/ich bin der Herr! findet sich bei DtJes 18mal.

[63] G. V.RAD, Theologie II, 94, schreibt über Kraft des Wortes, auch des Namens: „Diese bannende Macht des Wortes war dem antiken Menschen sehr wohl bekannt". M. ALBANI, ebd., 133, dazu: „Die Nennung eines Namens bedeutete auch sonst in verschiedenen Lebenssituationen schon die Anerkennung einer Herrschaft. … Sprach man den Namen eines Gottes über jemanden aus, so unterstellte man denjenigen seiner Macht, seinem Schutz und Segen." Auch vertritt M. ALBANI, 212, im Anschluss an Mettinger die Auffassung, dass die „alte Zebaoth-Theologie in der dtn-dtr Theologie durch die ‚Name-(sem)Theologie' oder bei Ezechiel und in der priesterschriftlichen Tradition durch die ‚Kabod –Theologie' ersetzt" worden sei.

Jes 42,8 positiv: a. ἐγὼ κύριος ὁ θεός τοῦτό μού ἐστιν τὸ ὄνομα negativ: b. τὴν δόξαν μου ἑτέρῳ οὐ δώσω οὐδὲ τὰς ἀρετάς μου τοῖς γλυπτοῖς	a. Ich bin der Herr, der Gott, das ist mein Name; b. ich überlasse die Ehre, die mir ge- bührt, keinem andern, meinen Ruhm nicht den Götzen (Schnitzwerken).
43,11 a. ἐγὼ ὁ θεός b. καὶ οὐκ ἔστιν πάρεξ ἐμοῦ σῴζων	a. Ich bin der Gott, b. und außer mir gibt es keinen Retter.
45,5–6[64] a. ὅτι ἐγὼ κύριος ὁ θεός b. καὶ οὐκ ἔστιν ἔτι πλὴν ἐμοῦ θεός καὶ οὐκ ᾔδεις με [6]ἵνα γνῶσιν οἱ ἀπὸ ἀνατολῶν ἡλίου καὶ οἱ ἀπὸ δυσμῶν ὅτι οὐκ ἔστιν πλὴν ἐμοῦ a. ἐγὼ κύριος ὁ θεός b. καὶ οὐκ ἔστιν ἔτι	a. Ich bin der Herr, der Gott b. außer mir gibt es keinen Gott und du hast mich nicht erkannt. Damit man vom Aufgang der Sonne bis zu ihrem Untergang erkennt, daß es außer mir keinen Gott gibt. a. Ich bin der Herr, b. und sonst niemand.

Die doppelte Form der Argumentation bleibt bei DtJes konstant, sie wiederholt sich auch später, unterliegt aber Veränderungen. Öfter wird der
erste Teil erweitert, selten der zweite. Folgende Grundformen sind üblich:

a. Positiv	b. Negativ/Defensiv
ἐγὼ κύριος ὁ θεός 42,8; 45,5.6	πλὴν ἐμοῦ οὐκ ἔστιν θεός 44,6; 45,5.6; 46,9
ἐγὼ κύριος ὁ θεός σου 43,3	τὴν δόξαν μου ἑτέρῳ οὐ δώσω 42,8; 48,11
ἐγὼ κύριος ὁ θεός ὁ ἅγιος ὑμῶν 43,15	οὐκ ἔστιν πάρεξ ἐμοῦ (σῴζων) 43,11; 45,21
ἐγὼ πρῶτος καὶ ἐγὼ μετὰ ταῦτα 44,6; 48,12	τίς ἕτερος 44,24
ἐγὼ κύριος ὁ συντελῶν πάντα 44,24	οὐκ ἔστιν ἔτι 45,5.6; 45,18; 46,9
ἐγὼ ἐποίησα γῆν καὶ ἄνθρωπον ἐπ' αὐτῆς 45,12	οὐκ ἔστιν ἄλλος (πλὴν ἐμοῦ) 45,21.22
ἐγὼ κύριος ὁ θεός σου ὁ ἅγιος Ισραηλ 43,3	καὶ σωτὴρ οὐκ ἔστιν πάρεξ ἐμοῦ 45,21
ἐγὼ ὁ θεός σου 51,15	

---

[64] 45,5.6 LXX hat einen gekürzten bzw. verstümmelten Text von der Berufung des Kyros, der
in voller Länge heißt: ich gürte dich und du kanntest mich nicht, d.h. ich habe dich ausgerüstet und
berufen, obwohl du keine Ahnung von mir hattest. Die LXX hat jedenfalls keinen flüssigen,
logischen griech. Satz.

ἐγώ εἰμι 41,4.10; 43,10; 45,18.22; 46,9	
ἐγὼ ὁ θεός 43,11	

Die Übersicht zeigt, dass alle Stellen in der einen oder anderen Spalte einander sehr ähneln, sie scheinen geradezu austauschbar zu sein. Die Erweiterungen auf der positiven Seite heben jeweils bestimmte Aspekte hervor, z.B. die schöpferische Tätigkeit oder die ewige Existenz. Die defensiven bzw. exklusiven Formulierungen sind nahezu gleich, wobei nur die (ironische) Frage τίς ἕτερος in Jes 44,24 vom Grundschema abweicht.

Deshalb überrascht es nicht, wenn die hebr. Formulierung in der LXX verschieden übersetzt wird. So wird עוֹד אַיִן/*keiner sonst* in 45,18 mit „οὐκ ἔστιν ἔτι" wiedergegeben, einige Zeilen weiter in 45,21 und 22 zweimal mit „οὐκ ἔστιν ἄλλος" und in 46,9 mit „οὐκ ἔστιν ἔτι πλὴν ἐμου". Die Übersetzer der LXX haben hier die verschiedenen Ausdrucksmöglichkeiten für die starre Formel genützt. Markant wirkt die Erweiterung im ersten Gebot des Dekalogs Ex 20, 2–3, wo der erste Teil die große Rettungstat Jahwes erinnert:

a. ἐγώ εἰμι κύριος ὁ θεός σου ὅστις ἐξήγαγόν σε ἐκ γῆς Αἰγύπτου ἐξ οἴκου δουλείας	Ich bin Jahwe, dein Gott, der dich aus dem Land Ägypten geführt hat, aus dem Sklavenhaus.
b. οὐκ ἔσονταί σοι θεοὶ ἕτεροι πλὴν ἐμοῦ	*Außer mir soll es keine anderen Götter geben.* (DS)

Erst mit dem zweiten Teil gewinnt das Ganze einen Sinn und wird zum *Gesetz*. Die beiden Teile bedingen einander, jeder allein stellt wenig dar. Weitere Belegstellen für die Doppelstruktur finden sich im Dtn und im dtr-Geschichtswerk. Die negative/defensive Aussage kann auch ausführliche verbale Gestalt annehmen, als Drohung für Bestrafung oder Vernichtung.

Dtn 6,15 a. θεὸς ζηλωτὴς κύριος ὁ θεός σου ... b. ἐξολεθρεύσῃ σε ἀπὸ προσώπου τῆς γῆς ...	der Herr dein Gott, ein eifersüchtiger Gott, er könnte dich im ganzen Land vernichten
Dtn 4,35 a. κύριος ὁ θεός σου οὗτος θεός ἐστιν b. καὶ οὐκ ἔστιν ἔτι πλὴν αὐτου	Jahwe ist der Gott, *kein anderer ist außer ihm.*
Dtn 32,4 a. θεὸς πιστός b. καὶ οὐκ ἔστιν ἀδικία a. δίκαιος καὶ ὅσιος κύριος	Er ist ein treuer Gott, es ist keine Ungerechtigkeit (in ihm) gerecht und zuverlässig ist der Herr.

Im letzten Beispiel aus dem Moselied (4. oder 3. Jh. v.Chr.) findet sich die Wiederholung einer positiven Aussage. Diese könnte ebenso in der ersten Zeile stehen. Aber durch die *positive Rahmung* gewinnt der mittlere negativ formulierte Satz an Gewicht.

Wie im ganzen Text Dtn 32 liegen hier poetische Formulierungen und Erweiterungen der alten Bekenntnisse vor. So ist auch das Bild vom verzehrenden Feuer in V. 22 aufgenommen und stark ausgemalt. Dtn 32,39 nimmt ebenfalls die Doppelstruktur auf, führt sie mit mehreren *entgegengesetzten Begriffen* (töten – lebendig machen u.a.) fort.

Dtn 32,39	Seht, seht, dass ich es bin, und *es gibt*
ἴδετε ἴδετε ὅτι ἐγώ εἰμι καὶ οὐκ ἔστιν	*keinen Gott außer mir.* Ich werde töten
θεὸς πλὴν ἐμοῦ ἐγὼ ἀποκτενῶ καὶ ζῆν	und leben machen, ich werde schlagen,
ποιήσω πατάξω κἀγὼ ἰάσομαι καὶ οὐκ	und ich werde auch heilen, und es gibt
ἔστιν ὃς ἐξελεῖται ἐκ τῶν χειρῶν μου	keinen, der aus meinen Händen reißen
	wird. (Kraus/Karrer)

DtJes begründet seine positiven Thesen über die Vollmacht Jahwes mit zwei Argumenten:

1. Weissagungsbeweis – im Gegensatz zum Versagen Marduks und seiner Priesterschaft, den Feldzug und Sieg des Kyros richtig vorauszusagen.[65] Jahwe hat ohne Berater das Richtige gesagt.

2. Die alleinige Schöpferkraft Jahwes, die sich nicht nur auf das Land (Israel), sondern auf den Himmel und die ganze Erde erstreckt. Das letztere Argument war für DtJes so entscheidend, dass es fast jede Aussage prägte.

Die Formulierung *keiner sonst* hat bei DtJes zuerst die Bedeutung: Jahwe ist so weise und mächtig, dass er keine Ratgeber zum Regieren und keine Helfer zur Schöpfung benötigt. Er ist stark genug, dies alles selbst zu vollbringen. Er ist mächtiger als Marduk und dessen ganzer himmlischer Hofstaat. Andere Gottheiten spielen einfach keine Rolle mehr. Wenn es sie gibt, haben sie versagt. Die Formel verteidigt jedes Mal die Autorität Jahwes. So kurz wie der Satzteil ist, so markant ist er doch.

Exkurs: Das verzehrende Feuer

An mehreren Stellen in den Rahmentexten des Dtn finden sich weitere markante Formulierungen, die die Auschließlichkeit Jahwes hervorheben, besonders das Bild vom göttlichen Feuer, das sich gegen jeden Gegner wendet. In dieser These vom

---

[65] Vgl. M. ALBANI, Der eine Gott und die himmlischen Herrscharen, 96.

„verzehrenden Feuer" droht Jahwe diejenigen zu vernichten, die einem anderen Gott dienen wollen – ein Ausdruck höchster Intoleranz, wie er gar nicht in die Antike passte, wo die Völker mit ihren Göttern nebeneinander existierten. Dass sich bei diesen Texten zwei Motive mischen, nämlich das Bild vom *Epiphaniefeuer,* wie es Dtn 5,25ff mehrfach erwähnt ist, und dem *Zornesfeuer* Jahwes, wie hier beschrieben, spielt für unsere Untersuchung weiter keine Rolle. Entscheidend ist der rigorose Ausschließlichkeitsanspruch Jahwes. Seine Eifersucht „verbrennt die Gegner".

Dtn 9,3	Und du sollst heute erkennen, dass der
καὶ γνώσῃ σήμερον ὅτι κύριος ὁ θεός	Herr, dein Gott, (dass) dieser vor dei-
σου οὗτος προπορεύεται πρὸ	nem Angesicht hergeht. Er ist ein ver-
προσώπου σου πῦρ καταναλίσκον ἐστίν	zehrendes Feuer. Dieser wird sie zerstö-
οὗτος ἐξολεθρεύσει αὐτούς καὶ οὗτος	ren und wird sie in die Flucht schlagen
ἀποστρέψει αὐτοὺς ἀπὸ προσώπου σου	vor deinem Angesicht und du wirst sie
καὶ ἀπολεῖς αὐτούς καθάπερ εἶπέν σοι	in Kürze vernichten, wie der Herr (es)
κύριος	dir gesagt hat.[66] (Kraus/Karrer)

G.V. RAD widmet diesem ungeheuren Anspruch des Gottes Israels in seiner Theologie ein eigenes Kapitel „Das erste Gebot und Jahwes Eiferheiligkeit"[67] und hebt das von der antiken Welt Abweichende folgendermaßen hervor: „Und damit stehen wir von dem, was das Eigentümlichste an Israels Kultus ist, vor dem schroffen Ausschließlichkeitsanspruch Jahwes im ersten Gebot. Eifer (קִנְאָה) ist ja so viel wie Eifersucht, also ein aus dem Persönlichsten kommender Affekt, als Eifernder ist Jahwe personhaft bis zur höchsten Intention. Das ist also Jahwes Eifer, dass er für Israel der Einzige sein will, dass er nicht gesonnen ist, seinen Anspruch auf Verehrung und Liebe mit irgendeiner göttlichen Macht zu teilen."[68]

Vermutlich sind die Stellen Dtn 4,24; 6,4f und 9,3 die ursprünglichen, vor Ex 24,17 geschaffen, als in frühnachexilischer Zeit die Rückkehrer aus dem babylonischen Exil eine strenge Neuordnung des Staates Juda suchten. Vielleicht liegen die Wurzeln auch noch in Babylon, als man versuchte Regeln zur Distanzierung von den örtlichen Göttern aufzustellen. Es war das Ziel innerhalb Israels die absolute Alleinherrschaft Jahwes zu sichern und jede andere Kultpraxis auszurotten. Die Verehrung eines anderen Gottes im Kult[69] oder privat, war fortan völlig unmöglich. Vielleicht wurde wirklich die Todesstrafe angewandt, wie Dtn 17,1–7 festgelegt. Doch richten sich diese scharfen Drohungen nicht gegen andere Völker, sondern nach

---

[66] Sinngleiche Formulierungen finden sich in Dtn 4,24; 6,15; Ex 24,17. Weitere Belege für die Vorstellung der vernichtenden Eifersucht Jahwes als *verzehrendes Feuer* finden sich in Lev 10,2; Num 16,35; 2Sam 22,9 = Ps 18,9; Ps 97,3; Jes 30,27; Ez 30,14-16; Ez 39,6.

[67] G. V.RAD, Theologie I, 203ff.

[68] G. V.RAD, Theologie I, 207.

[69] Wie Ez 8,3 berichtet.

innen, wie J. ASSMANN wieder betont hat.[70] – Die zeitliche Ansetzung dieser Texte ergibt eine unmittelbare Nähe zu DtJes. Seine Botchaft bildete wahrscheinlich sogar die Grundlage für diese Texte im Dtn.

Die zweigliedrige Verneinungsformel gegen Babylon
Wahrscheinlich ist das entscheidende Bekenntnis zu „Jahwe allein" sogar nur ein verändertes Zitat aus Babylon, denn der Prophet wirft in 47,10 der stolzen Stadt, der „Jungfrau Babylon" bzw. ihren Astrologen oder Astronomen, die wohl zugleich Priester waren, vor, dass sie hochmütig seien, weil sie sich auf den hohen Standard ihrer Astralwissenschaft berufen.

Jes 47,10	וַתִּבְטְחִי בְרָעָתֵךְ	Aber du trautest auf deine Bosheit,
	אָמַרְתְּ אֵין רֹאָנִי	sagtest: Keiner sieht mich!
	חָכְמָתֵךְ וְדַעְתֵּךְ	Siehe: dein Wissen und dein Können,
	הִיא שׁוֹבְבָתֶךְ	Das verleitet dich.
	וַתֹּאמְרִי בְלִבֵּךְ	Du sagtest in deinem Sinn:
	אֲנִי וְאַפְסִי עוֹד:	Ich! Und *keine sonst!* [71]
47,10 (LXX) τῇ ἐλπίδι τῆς πονηρίας σου σὺ γὰρ εἶπας ἐγώ εἰμι καὶ οὐκ ἔστιν ἑτέρα γνῶθι ὅτι ἡ σύνεσις τούτων καὶ ἡ πορνεία σου ἔσται σοι αἰσχύνη καὶ εἶπας τῇ καρδίᾳ σου ἐγώ εἰμι καὶ οὐκ ἔστιν ἑτέρα		Im Vertrauen auf deine Schlechtigkeit[72] hast du gesagt: ich bin es und es gibt keine andere. Wisse, dass deine Weisheit und Bosheit dir zur Schande gereichen wird, selbst wenn du in deinem Herzen stolz sprichst: ich bin es und keine andere. (DS)

In dieser vorwurfsvollen Rede an die Adresse Babylons finden sich gleich zweimal die stolzen Selbsteinschätzungen dieser Stadt als dem Zentrum einer Weltmacht: Babylon ist die beste! – und keine Stadt kann sich mit ihr vergleichen. *Ich bin es und sonst keine.* Der zweite Vorwurf *keiner sieht mich* betrifft die moralische Seite. Vermutlich ist damit die Korruption gemeint. Die LXX zeichnet sogar ein schlechteres Bild von Babylon als HB, denn sie veränderte und pointierte: das „Wissen" wird zur πορνεία, was gut zu πονηρία passt. Zwar kann πορνεία Hurerei bedeuten, aber hier ist

---

[70] Nach J. Assmanns viel diskutierter These, dass der Monotheismus notwendigerweise zur Gewalt führe, stellt Assmann selbst in einer neueren Veröffentlichung klar: „Heute, nach über 2000 Jahren, ist es wichtig, sich klar zu machen, dass die Gewalt dem Monotheismus keineswegs als eine notwendige Konsequenz eingeschrieben ist. Warum sollte die Unterscheidung zwischen wahr und falsch gewalttätig sein? Die Sprache der Gewalt entstand aus dem politischen Druck, aus dem der Monotheismus gerade befreien will. Sie gehört in die revolutionäre Rhetorik der Konversion ..." J. ASSMANN, Gott und die Götter, in: G. Palmer, Fragen nach dem einen Gott, 50.

[71] Übersetzung von L. KÖHLER mit besonderer Wertschätzung bei Westermann zitiert. C. WESTERMANN, ebd., 151.

[72] Eine andere angemessene Übersetzung für heute wäre: „korrupter Zustand" oder „Morschheit".

wohl Götzendienst und Betrug gemeint. Mit diesem griech. Begriff ist gegenüber dem hebr. Original eine Verschiebung eingetreten, denn das astronomische Wissen wird zur Unmoral. Damit ist der ursprüngliche Sinn in der LXX teilweise verbogen. Wahrscheinlich ist diese Version der LXX von der Metropole Alexandria beeinflusst. C. WESTERMANN wendet sich ausdrücklich gegen die Bezeichnung *Spottlied* und betont: „unter den vielen Völkersprüchen gegen Babylon ist nicht einer, der so wie dieses Deuterojesaja-Wort auf die geistige Macht Babylons eingeht. ... Er verspottet das alles durchaus nicht! ... Es ist wahrscheinlich das erste Mal in der Weltgeschichte, dass die Verabsolutierung der Macht nicht auf materielle Mittel, Heer, Waffen und Reichtum, sondern die geistigen Grundlagen der Macht zurückgeführt wird"[73].

Beiden Fassungen, HB und LXX, ist gemeinsam, dass die Stadt sehr selbstbewußt ist, aber dass dieser Stolz zerbrochen wird. Es ist sehr wahrscheinlich, dass diese Autorität der Staatsmacht und der Wissenschaft von Babylon mit der Parole: *ich bin es und sonst keine* von DtJes auf Jahwe übertragen wurde. Deshalb stellt DtJes die Frage der Vergleichbarkeit, die nicht nur rhetorisch ist, sondern die deutlich auf die Schwäche Marduks zielt.[74] Folglich kann DtJes die Überlegenheit Jahwes zum Ausdruck bringen und tut dies auf vielfältige Weise. Er stellt energische Fragen am Anfang (sechsfach τίς bzw. τίνα) in 40,12–18 und noch einmal in 40,25 zusammenfassend.

40,12	Wer maß mit (hohler) Hand das Wasser
τίς ἐμέτρησεν τῇ χειρὶ τὸ ὕδωρ καὶ	und den Himmel mit der Handspanne
τὸν οὐρανὸν σπιθαμῇ καὶ πᾶσαν	und die ganze Erde mit (seiner) Hand?
τὴν γῆν δρακί τίς ἔστησεν τὰ ὄρη	Wer wog die Berge mit der Waagschale
σταθμῷ καὶ τὰς νάπας ζυγῷ	und die Waldtäler mit der Doppelwaage? (Kraus/Karrer)
40,25	Jetzt also, mit wem wollt ihr mich
νῦν οὖν τίνι με ὡμοιώσατε καὶ	vergleichen und wem soll ich ähnlich
ὑψωθήσομαι εἶπεν ὁ ἅγιος	sein?, spricht der Heilige. (DS)

Auch in 43,9 ist noch einmal die provozierende Frage gestellt, die praktisch zum Vergleich herausfordert. – Die Fragen finden innerhalb der Schrift des DtJes selbst ihre Beantwortung, bes. in Kap. 43, wo ein Vielfaches אֲנִי bzw. ἐγώ den Hörern energisch sagt, wer die Macht hat.[75] Diese Methode des

---

[73] C. WESTERMANN, ebd., 156.

[74] „Die Vergleichsfrage ‚mit wem ...?' dürfte sich also vor diesem Hintergrund auf Marduk selbst beziehen, während in der zweiten Frage nach dem Aufstellen eines Abbildes auf Marduks astrales Abbild Neberu angespielt sein könnte." M. ALBANI, ebd., 161.

[75] Für M. ALBANI, ebd., 247, ist das vielfache אך dem Ausschließlichkeitsanspruch Jahwes: „Das betonte אך soll besagen, dass kein anderer sich dieser grundlegenden Schöpfungstat rühmen darf."

subtilen Fragens ist wohl erfolgreicher als die offene Polemik gegen Marduks Alleinanspruch, auch besser als wenn DtJes den babylonischen Gott namentlich genannt hätte. Denn mit der Fragemethode gelingt es dem Propheten seine Hörer miteinzubeziehen, zwingt sie zum Nachdenken und Mitargumentieren.[76] Die provozierenden Fragen[77] ziehen darauf ab, Jahwe als den einzigen Gott darzustellen, der Veränderungen bewirken kann. Deshalb gilt der Satz „Ich bin es und niemand sonst" fortan von Jahwe, nicht von Babylon.

Die ausdrucksvollen Fragen des DtJes verfolgen den Zweck die kosmische Überlegenheit Jahwes über Marduk zu beweisen. In jedem Fall ist der Monotheismus, den DtJes beschreibt, von babylonischen Vorstellungen mitgeprägt, besonders von mythologischen. – Diesen Aspekt hat besonders M. ALBANI herausgearbeitet. Seine These lautet, dass die „monotheistischen Tendenzen und die Astralisierung des Gottesverständnisses in den altorientalischen Religionen in einem Zusammenhang stehen"[78]. Nach seiner Auffassung war die assyrische Religion schon auf dem Weg zum Monotheismus.[79] Einerseits war diese Tendenz in der astronomisch geprägten Religion vorgezeichnet, weil die Sternbewegungen in großer Regelmäßigkeit verlaufen und das eine Prinzip dahinter sich als einzige Gottheit anbot. Andererseits hatte Marduk so viele Gottheiten inkorporiert, dass diese selbst schier bedeutungslos waren und in ihm aufgingen.[80] Daher hatte Marduk keinen Rivalen im eigenen Land.[81] Diese Tendenzen förderten das Ansehen des Sonnengottes Schamash als Hauptgottheit. Da Marduk als Götterkönig viele himmlische Untertanen hatte, war „der Marduk-‚Monotheismus'… inklusiver Art, dem JHWH-Glauben prophetischer Provenienz dagegen eignete eine ausgesprochen exklusive Tendenz"[82]. Marduk verkörperte das ganze Firmament.[83]

Da ist es gerade überraschend, dass dennoch des Königs Sohn Nabonid eine andere Ansicht vertrat und den Mondgott Shin zur obersten Gottheit erklären wollte.[84] Nach

---

[76] M. ALBANI, ebd., 128, erwartet beim mündlichen Vortrag eine Denkpause!

[77] Die gleiche Methode des provozierenden Fragens findet sich wieder in Hiob 38 und 39, dort jedoch als Rede von Jahwe selbst an Hiob: „Wo warst du, als ich die Erde gründete? (V. 4) … Bist du zu den Quellen des Meeres gekommen? (V. 16) … Hast du erkannt, wie breit die Erde ist? (V. 18)". Auch dies sind Fragen, die nicht recht zu beantworten sind, die nur dazu dienen, die Unvergleichlichkeit und Größe Jahwes zu betonen. Wo am Ende Hiob antwortet: „Siehe, ich bin zu gering, was soll ich antworten? Ich will meine Hand auf meine Mund legen" (40,4). Der Gedankengang schließt in 42,2 mit dem Bekenntnis zu dem allmächtigen Gott: „Ich erkenne, dass du alles vermagst und nichts, was du dir vorgenommen, ist dir zu schwer". Diese Hiobtexte dürften zwar wesentlich später geschrieben sein, haben aber sicher in den Fragen des DtJes ein Vorbild.

[78] M. ALBANI, ebd., 26.

[79] M. ALBANI, ebd., 53 und 118.

[80] M. ALBANI, ebd., 52.

[81] M. ALBANI, ebd., 58.

[82] M. ALBANI, ebd., 253.

[83] M. ALBANI, ebd., 70.

[84] M. ALBANI, ebd., 105 und 116.

M. ALBANI war DtJes in diesem Religionsstreit der „lachende Dritte"[85]. Diese Situation, dass die Verehrung Marduks in Gefahr war, habe seine Priesterschaft veranlasst, frühzeitig mit Kyros Verbindung aufzunehmen und ihn zum Feldzug gegen Babylon zu ermuntern, um die echte Marduk-Verehrung wieder herzustellen[86], was DtJes sicher nicht bekannt war. Nabonid sei nicht mehr zur Durchführung der geplanten Reform gekommen. Später wurde Marduk tatsächlich von Kyros wieder in seine Funktion als Stadtgott eingesetzt, vermutlich sehr zum Entsetzen von DtJes. Dennoch prägte der Konflikt mit Babylon und Marduk die Sprache und Vorstellung des DtJes.

Die größte Dichte von Aussagen mit dem Ausschließlichkeitsanspruch findet sich im DtJes, in der Grundschicht Jes 40–48. An mindestens 21 Stellen ist die Forderung nach dem alleinigen Herrschaftsrecht Jahwes erhoben. Die Macht Jahwes ist das zentrale Thema bei DtJes, die Autorität des israelischen Gottes, der allen anderen Göttern überlegen ist. Dieses Thema wird in verschiedensten Formulierungen, Bildern und Diskussionstexten immer wieder eindringlich vorgebracht.

Die gleiche Argumentation, die apodiktisch formulierte Autorität, findet sich häufig bei Ez in ähnlichen Formulierungen und zwar besonders die sog. Erkenntnisformel.

Ez 6,7	וְנָפַל חָלָל בְּתוֹכְכֶם וִידַעְתֶּם כִּי־אֲנִי יְהוָה:	καὶ πεσοῦνται τραυματίαι ἐν μέσῳ ὑμῶν καὶ ἐπιγνώσεσθε ὅτι ἐγὼ κύριος	Und tödlich Verwundete werden fallen unter euch und ihr werdet (dann) erkennen, *dass ich der Herr bin.* (Kraus/Karrer)
33,29	וְיָדְעוּ כִּי־אֲנִי יְהוָה	καὶ γνώσονται ὅτι ἐγώ εἰμι κύριος	Dann werden sie erkennen, daß *ich der Herr bin* … (DS)

Nach einer Zählung von W. ZIMMERLI[87] ist diese Formel bei Ez in leichten Abwandlungen 72-mal verwendet. Sie hat den gleichen Sinn wie die Formel: *keiner außer mir* oder *ich allein.* Aber eine Doppelstruktur, etwa „ihr werden erkennen, dass ich der Herr bin und keiner außer mir", ist bei Ez nicht zu finden. Denn er setzt sich nirgends mit babylonischen Gottheiten auseinander. Jahwe erweist seine Macht nach Ez zunächst dadurch, dass er Unglück über die Stadt bringt, und später, dass er Heil und Rettung anzeigt, auch wenn nicht so konkret wie bei DtJes. Die Zeit des Ez war eben früher, als die Perser noch nicht in Sicht waren. Die Formel: „ihr sollt erkennen: ich bin der Herr", dient zur abschließenden Bekräftigung einer vorangegangenen Unheils- oder Heilszusage. „Nun ergibt die nähere Untersuchung … dass die Formel immer mit dem Bericht über ein Handeln Jahwes verbunden ist."[88]

---

[85] M. ALBANI, ebd., 116.
[86] M. ALBANI, ebd., 96.
[87] W. ZIMMERLI, Ezechiel, BK XIII/1, 56.
[88] W. ZIMMERLI, ebd., 58.

Solche rhetorischen Fragen stehen auch in Ps 18 (LXX 17),32. In dem großen (51 Verse) „Danklied des Königs nach siegreichem Kampf"[89], findet sich unter den vielen lobenden Formulierungen über Jahwes Beistand auch das Bekenntnis:

Ps 18,32	Ps 17,32 ὅτι τίς θεὸς	Denn wer ist Gott *außer*
כִּי מִי אֱלוֹהַּ מִבַּלְעֲדֵי	πλὴν τοῦ κυρίου καὶ τίς	dem Herrn, wer ist Gott,
יְהוָה וּמִי צוּר זוּלָתִי אֱלֹהֵינוּ:	θεὸς πλὴν τοῦ θεοῦ ἡμῶν	*wenn nicht* unser Gott?

Es sind zwei Fragen, aber die gleiche Antwort. H.-J. KRAUS schreibt zu diesem Teil des Ps: „das Danklied erhebt immer wieder in Lobpreis und Bekenntnis die einzigartige Macht, die im Charisma an den König darge-reicht wird"[90]. Der Psalmist benützt die Bezeichnung צוּר/*Fels* für Gott, was die Verlässlichkeit Jahwes und vielleicht auch die kriegerische Härte andeu-tet. Die Formulierung erinnert sehr an Dtn 32, wo diese Bezeichnung für Gott dominiert. Die LXX-Übersetzer des Ps aber verwenden hier die For-mulierung τίς θεὸς πλὴν τοῦ κυρίου, die in diesem exklusiven Sinn: „kein anderer als du" in den Psalmen nur hier verwendet wird.[91] Ps 18 enthält sehr alte Bilder, Vorstellungen und Formulierungen. Daher ist H.-J. KRAUS vorsichtig bei der zeitlichen Einordnung und meint, der „Ps 18 trägt die Züge der späteren Neuformulierung"[92]. Bei solcher Neubearbeitung in einer Zeit, die von DtJes geprägt war (nachexilisch), könnte die Formel τίς θεὸς πλὴν τοῦ θεοῦ ἡμῶν aufgenommen worden sein.

3.3 Die Alleinanspruchsformel

Die Behauptung DtJes, dass Jahwe ohne Berater und Helfer gewirkt habe, scheint in der Zeit nach dem Exil während des Aufbaus des Tempels und der religiösen Restauration allmählich in den Hintergrund getreten zu sein. Der Kampf gegen Marduk war Erinnerung, aber nicht mehr aktuell. Marduk war zwar nicht mehr der Hauptgott eines Weltreiches, aber wieder Stadtgott von Babylon. In dieser Zeit, im 5. Jh. v.Chr., grenzte sich Israel zunehmend

---

[89] So die Überschrift von H.-J. KRAUS, Psalmen I, 136.

[90] H.-J. KRAUS, Psalmen I, 148.

[91] Die übrigen 14 Stellen, wo πλήν verwendet wird, haben keine exklusive Bedeutung, sondern oft eine verstärkende (LXX 31,6; 38,6.7.12; 139,14) oder eine kontrastierende (LXX 48,16; 61,5.6.10; 74,9; 84,10; 90,8), im Sinne „aber, jedoch, indessen". F. BLASS/A. DEBRUNNER/F. REHKOPF, Grammatik, § 449,1. So auch MENGE/GÜTHLING, ebd., 560. Dieses betonende πλήν steht meist am Anfang eines Verses bzw. eines Satzes, ähnlich wie ἀλλά. Eine besondere Betonung ist in Ps 68 (LXX 67),22 erzielt, wo die Kraft Jahwes in gewaltigen Bildern beschrieben wird.

[92] H.-J. KRAUS, Psalmen I, 142.

von seinen Nachbarn und deren Göttern ab, um jeden Einfluß der fremden Gottheiten auszuschalten. Das machte sich auch in der Sprache bemerkbar. Statt des bei DtJes dominierenden אֵין וְעוֹד, wird immer mehr das בַּד, bzw. לְבַדִּי, לְבַדּוֹ (ich/er) „allein" verwendet. Zwar erscheint dieser Begriff schon einmal mitten im Text des DtJes, in 44,24 לְבַדִּי – ich allein.

כֹּה־אָמַר יְהוָה גֹּאֲלֶךָ	οὕτως λέγει κύριος	So spricht der Herr, dein
וְיֹצֶרְךָ מִבָּטֶן	ὁ λυτρούμενός σε καὶ	Erlöser, der dich im
אָנֹכִי יְהוָה עֹשֶׂה כֹּל	ὁ πλάσσων σε ἐκ κοιλίας	Mutterleib geformt hat:
נֹטֶה שָׁמַיִם לְבַדִּי	ἐγὼ κύριος ὁ συντελῶν	Ich bin der Herr, der alles
רֹקַע הָאָרֶץ	πάντα ἐξέτεινα τὸν	bewirkt, der *ganz allein*
(מִי) (אִתִּי) [מֵאִתִּי]:	οὐρανὸν μόνος καὶ	den Himmel ausgespannt
	ἐστερέωσα τὴν γῆν τίς	hat, und die Erde befestigt
	ἕτερος	hat, wer sonst? (E)

Es ist jedoch sehr wahrscheinlich, dass die Alleinanspruchsformel hier erst später in den Text kam, denn das Wort בַּד erscheint sonst nicht bei DtJes, obwohl es seiner Theologie des Monotheismus bestens entspräche. Darüberhinaus führt dieser Ausdruck zu einer Doppelung, einer Tautologie, denn der gleiche Gedanke, dass Jahwe *allein* den Himmel aufspannte und die Erde gründete, ist am Ende des Satzes sogar eindrücklicher mit מִי אִתִּי/*Wer ist mit mir?* ausgesprochen. Die LXX umschreibt das distanzierter in der dritten Person: τίς ἕτερος.

Diese Gründe sprechen also dafür, dass לְבַדִּי in Jes 44,24 nicht urspünglich ist, sondern später zur Verstärkung eingefügt wurde. DtJes drückte die Exklusivität Jahwes meistens mit עוֹד אֵין oder בִּלְעֲדֵי, בִּלְתִּי, אֶפֶס, זוּלָה aus, plastische Sätze, die deutlich sagten: andere Götter gibt es nicht, genauer: nicht mehr! Denn das עוֹד enthält einen zeitlichen Aspekt „nicht wieder".

Laut L. KOEHLER/W. BAUMGARTNER[93] bedeutet dieser Begriff c.sf. לְבַדִּי/*(ich) allein*. Wenn man die Grundbedeutung bei der Wortbildung berücksichtigt „Teil, Stück", dann kann man präzisieren לְבַדּוֹ bzw. לְבַדִּי/*für seinen (meinen) Teil, für sich (mich)*, im Sinne von „gib Jahwe *den ihm gebührenden Teil*". So wird die Abgrenzung Israels gegenüber seinen Nachbarn im politischen und kultischen Sinn deutlich. Der Begriff steht häufig am Ende eines Satzes oder Abschnitts und erhält dadurch eine eindringliche Wirkung. Es geht dabei nicht mehr um den Kampf gegen den Marduk, sondern um *Warnungen vor irgendeinem Götzendienst*, der etwa von Ägypten, den Philistern, Tyros oder sonst wo eindringen könnte. Diese

---

[93] L. KOEHLER/W. BAUMGARTNER, Lexicon in Veteris Testamenti Libros, 108.

strenge Warnung wird durch mehrere Bekenntnisse und Geschichten im dtr. Geschichtswerk eingeschärft, z.B. 1Sam 7,3–4 als Rede Samuels.

וְהָכִינוּ לְבַבְכֶם אֶל־יְהוָה	καὶ ἑτοιμάσατε τὰς	… bereitet eure Herzen
וְעִבְדֻהוּ לְבַדּוֹ וְיַצֵּל	καρδίας ὑμῶν πρὸς	zum Herrn und dient ihm
אֶתְכֶם מִיַּד פְּלִשְׁתִּים:	κύριον καὶ δουλεύσατε	allein, dann wird er euch
	αὐτῷ μόνῳ καὶ ἐξελεῖται	aus der Hand der Anders-
	ὑμᾶς ἐκ χειρὸς	stämmigen errettet. Und
וַיָּסִירוּ בְּנֵי יִשְׂרָאֵל אֶת־הַבְּעָלִים	ἀλλοφύλων καὶ	die Israeliten entfernten
וְאֶת־הָעַשְׁתָּרֹת וַיַּעַבְדוּ	περιεῖλον οἱ υἱοὶ Ισραηλ	die (Baals-)Schanden und
אֶת־יְהוָה לְבַדּוֹ: פ	τὰς Βααλιμ καὶ τὰ ἄλση	die Haine der Astaroth und
	Ασταρωθ καὶ ἐδούλευσαν	*dienten dem Herrn allein.*
	κυρίῳ μόνῳ	(Kraus/Karrer)

Deshalb ist 1Sam 7,3f ein Leittext für die kultische Ausrichtung Israels, der jede Art von Nutzung alter Kultstätten und die Einrichtung von neuen untersagt.[94] Gleich zweimal ist das exklusive לְבַדּוֹ bzw. μόνῳ gebraucht.

Dieser Rede des Propheten Samuel entspricht ein zweiter Text 2Kön 19,15.19, wo der angesehene König Hiskija sich in größter Feindesnot an Jahwe wendet und schließlich gerettet wird. Auch in diesem Text erscheint zweimal das בַּד bzw. μόνος:

וַיִּתְפַּלֵּל חִזְקִיָּהוּ לִפְנֵי יְהוָה	καὶ εἶπεν κύριε ὁ θεὸς	… und er sagte: Herr, du
וַיֹּאמַר יְהוָה אֱלֹהֵי	Ισραηλ ὁ καθήμενος ἐπὶ	Gott Israels, der auf den
יִשְׂרָאֵל יֹשֵׁב הַכְּרֻבִים	τῶν χερουβιν σὺ εἶ	Cherubin thront, du bist
אַתָּה־הוּא הָאֱלֹהִים	ὁ θεὸς μόνος ἐν πάσαις	allein der Gott unter allen
לְבַדְּךָ לְכֹל מַמְלְכוֹת	ταῖς βασιλείαις τῆς γῆς	Königsherrschaften der
הָאָרֶץ אַתָּה עָשִׂיתָ	σὺ ἐποίησας τὸν	Erde, du hast den Himmel
אֶת־הַשָּׁמַיִם וְאֶת־הָאָרֶץ:	οὐρανὸν καὶ τὴν γῆν	und die Erde gemacht.
וְעַתָּה יְהוָה אֱלֹהֵינוּ	καὶ νῦν κύριε ὁ θεὸς	Und nun, Herr, unser Gott,
הוֹשִׁיעֵנוּ נָא מִיָּדוֹ וְיֵדְעוּ	ἡμῶν σῶσον ἡμᾶς	rette uns aus seiner Hand,
כָּל־מַמְלְכוֹת הָאָרֶץ	ἐκ χειρὸς αὐτοῦ καὶ	und alle Königsherrschaf-
כִּי אַתָּה יְהוָה	γνώσονται πᾶσαι	ten der Erde werden er-
אֱלֹהִים לְבַדֶּךָ: ס	αἱ βασιλεῖαι τῆς γῆς ὅτι	kennen, dass du der Herr
	σὺ κύριος ὁ θεὸς μόνος	(bist), der Gott, allein.

---

[94] Bezeichnend sind zwei Änderung gegenüber dem hebr. Text. Nicht mehr wie im hebr. Original ist in der späteren griech. Fassung V. 3 Astarte genannt, sondern τὰ ἄλση (τό ἄλσος), Höhenheiligtümer oder heilige Bezirke, Astarte wird aber in V. 4 wieder erwähnt. Statt der Philister in V. 3 werden allgemeiner ἀλλόφυλοι/fremde Völker genannt.

Während bei DtJes לְבַדּוֹ bzw. בַּד wie dargestellt nur ein einziges Mal, in Jes 44,24, zu finden und die Ursprünglichkeit zweifelhaft ist, wird μόνος im Dtn und erst recht in der dtr-Literatur zunehmend gebraucht. Er *ersetzt den negativen/defensiven Satzteil*, wie es noch im Griechischen klarer hervortritt: πλὴν ἐμοῦ οὐκ ἔστιν θεός, und *verkürzt* ihn auf ein Wort. „Es gibt keinen außer ihm" = „er *allein*".

Diese abgekürzte Redewendung setzt sich schon im Hebräischen in der Zeit nach DtJes, etwa im 5. und 4. Jh. v.Chr. durch. Die Formulierung לְבַדּוֹ bzw. לְבַדִּי wird später in der LXX regelmäßig mit μόνος übersetzt. Dieser Begriff scheint so hoch geschätzt zu sein, dass er sogar immer wieder in Texte eingefügt wird, wo im hebr. Original gar kein בַּד stand, z.B. Ps 135,7 oder Ps 86 (LXX 85),10, wo sogar noch zusätzlich ein μέγας angefügt wird.

Am Beispiel von Ex 22,19 ist auch gut zu erkennen, dass μόνος eigentlich eine Verkürzung darstellt. Einerseits ist der Gedankengang doppelt ausgedrückt (wer den *Göttern* opfert, soll dem Tod geweiht sein und *Jahwe allein*), andererseits fehlt dem zweiten Satzteil bzw. der Formel das Verb. Dieses könnte heißen: nur dem Jahwe allein *darf geopfert werden*. Es schließt in der kurzen Form πλὴν κυρίῳ μόνῳ wohl an den ersten Teil des Satzes an, ist aber dennoch steif und formelhaft, eben abgekürzt. M. NOTH hält diese Formulierung בִּלְתִּי לַיהוָה לְבַדּוֹ ohnehin für einen „Zusatz"[95]. Es ist eine orthodoxe Verstärkung und Drohung.

Ex 22,19	ὁ θυσιάζων θεοῖς	Wer (irgendwelchen)
זֹבֵחַ לָאֱלֹהִים יָחֳרָם	θανάτῳ ὀλεθρευθήσεται	Göttern opfert, soll dem
בִּלְתִּי לַיהוָה לְבַדּוֹ:	πλὴν κυρίῳ μόνῳ	Tode ausgeliefert werden, *nur dem Herrn allein* (soll geopfert werden). (DS)

Eine Besonderheit stellt die Stelle 1Kön 8,39 dar, wo μονώτατος verwendet wird, ein Superlativ, „ganz alleine", der in der HB keine Entsprechung hat, sondern wohl eine hell. Redeweise aufnimmt. Es handelt sich um ein Gebet in extremer Not.

1Kön 8,39	καὶ σὺ εἰσακούσῃ ἐκ τοῦ	Höre sie im Himmel,
וְאַתָּה תִּשְׁמַע הַשָּׁמַיִם	οὐρανοῦ ἐξ ἑτοίμου	dem Ort, wo du wohnst,
מְכוֹן שִׁבְתֶּךָ וְסָלַחְתָּ	κατοικητηρίου σου καὶ	und zeige Erbarmen!
וְעָשִׂיתָ וְנָתַתָּ לָאִישׁ	ἵλεως ἔσῃ καὶ ποιήσεις	Greif ein, und gib jedem
כְּכָל־דְּרָכָיו אֲשֶׁר תֵּדַע	καὶ δώσεις ἀνδρὶ κατὰ	Menschen gemäß seinen
אֶת־לְבָבוֹ כִּי־אַתָּה יָדַעְתָּ	τὰς ὁδοὺς αὐτοῦ καθὼς ἂν	Wegen, wie du sein Herz
לְבַדְּךָ אֶת־לְבַב	γνῷς τὴν καρδίαν αὐτοῦ	kennst, denn du *ganz*

---

[95] M. NOTH, Das zweite Buch Mose. Exodus, 150.

:כָּל־בְּנֵי הָאָדָם	ὅτι σὺ μονώτατος οἶδας τὴν καρδίαν πάντων υἱῶν ἀνθρώπων	*alleine* kennst das Herz aller Menschenkinder. (DS)

Die Psalmen

Man könnte erwarten, dass in den Ps die alleinige Macht Jahwes besonders angerufen und hervorgehoben wird. Jedoch erscheint der Ausschließlichkeitsanspruch Jahwes mit dem Begriff בַּד/μόνος in den Ps nur an acht Stellen, während die Formulierung mit πλήν in der exklusiven Bedeutung sogar nur einmal benützt wird, in Ps 18 (LXX 17),32.

Die weiteren Belege für die Alleinanspruchsformel stehen entweder in Hymnen oder in hymnischen Abschnitten. In *Ps 72 (LXX 71)* handelt es sich um das Gebet für einen König. Ausführlich werden die Erwartungen, aber auch Wünsche an ihn ausgebreitet. Das Gebet endet V. 17 mit einem großen Lob auf seinen Namen und dem Wunsch für eine weltweite Herrschaft. H.-J. KRAUS[96] vermutet, dass hier jedes Mal der Name des jeweiligen Regenten eingefügt wurde. An diesen ziemlich weltlichen Wunsch („sein Name soll ewig bleiben, solange die Sonne währt"), der wohl orientalischer Sitte entsprach, wurde wie eine Korrektur dieser säkularen Wünsche ein *orthodoxer Schluss* angehängt. V. 18 betont die alleinige Herrschaft Gottes. So sieht es auch H.-J. KRAUS: „An Ps 72 ist ein liturgisch-hymnisches Schlussstück angefügt worden. Jahwe wird gepriesen. Er allein tut Wunder"[97].

Ps 71,18 LXX εὐλογητὸς κύριος ὁ θεὸς ὁ θεὸς Ισραηλ ὁ ποιῶν θαυμάσια μόνος	Gepriesen sei der Herr, der Gott Israels! Er *allein* tut Wunder.

Auch in V. 19, dem letzten Vers des Psalms, wohl einem weiteren Zusatz, wird noch mal eine orthodoxe Betonung vorgenommen. „Gelobt sei *sein* herrlicher Name" – und damit ist im Gegensatz zu V. 17, wo des Königs Name gerühmt wird, Jahwes Name gemeint. Nicht zuletzt scheinen die VV. 18 und 19 das Ende einer kleinen Psalmensammlung, der „Gebete Davids", gewesen zu sein, wie V. 20 mitteilt, also ein Rahmen, der das Vertrauen in Jahwe besonders betont. Aber die angehängte Aussage: „Gott allein tut Wunder", klingt wie eine *Korrektur* oder *Protest* gegenüber den alten Vorstellungen über das Königtum. Im Vergleich zu DtJes ist auch die Aussage: „er vollbringt allein *Wunder*", neu. Für DtJes war die ganze Schöpfung ein Werk Jahwes, ein großes Wunder. Hier aber sind eher einzelne Taten ge-

---

[96] H.-J. KRAUS, Psalmen I, 499.
[97] H.-J. KRAUS, Psalmen I, 499.

meint, mehr als jeder erfolgreiche König tun kann. Daher scheint diese Formulierung aus späterer Zeit zu stammen.

Fast die gleiche Formulierung wird in *Ps 136 (LXX 135),4* verwendet: eine große Dankliturgie mit festem Refrain[98], die im ersten Teil VV. 4b–9 die Schöpfung und im zweiten größeren Teil VV. 10–25 den Exodus besingt. Für beide Teile ist das Bekenntnis V. 4 eine Überschrift.

τῷ ποιοῦντι θαυμάσια μεγάλα μόνῳ	Der *allein* große Wunder tut,
ὅτι εἰς τὸν αἰῶνα τὸ ἔλεος αὐτοῦ	denn seine Barmherzigkeit währt ewig.

Jede weitere Zeile dieses Hymnus' erinnert an eine Wundertat in der Schöpfung oder Heilsgeschichte. In jedem Vers ist ein Wunder wahrzunehmen, das auf Jahwes alleiniger Macht beruht. Das μόνος-Bekenntnis betont die wunderbaren Ereignisse gleich am Anfang der Aufzählung. V. 4 ist ein Leitwort für diesen Psalm aus der „Spätzeit"[99], der summarisch die Heilsgeschichte reflektiert.

So wie dem μόνος das πάντα entspricht (*er allein schafft alles*), trifft dies auch für αἰών zu. Während πάντα vor allem die räumliche Ganzheit beschreibt, umfasst αἰών die zeitliche Ganzheit (*er allein lebt ewig*). Gelegentlich werden sogar beide Begriffe zu πάντα αἰῶνα kombiniert, um die Bedeutung zu steigern.[100]

Ps 81 (LXX 80), der besonders im ersten Teil die Befreiung aus Ägypten in Erinnerung ruft und teilweise als Rede Gottes konzipiert ist, bringt mitten im Hymnus eine Version des 1. Gebotes. Dabei gibt es mit der zweimaligen Weckformel *höre mein Volk/höre Israel* deutliche Anklänge an Dtn 6,4.

Ps 81,9–11	80,9–11 (LXX)	Ps 81,9-11
9 שְׁמַע עַמִּי וְאָעִידָה בָּךְ	ἄκουσον λαός μου καὶ	Höre, mein Volk, und ich
יִשְׂרָאֵל אִם־תִּשְׁמַע־לִי׃	διαμαρτύρομαί σοι Ισραηλ	bezeuge dir feierlich:
10 לֹא־יִהְיֶה בְךָ אֵל זָר	ἐὰν ἀκούσῃς μου	Israel, wenn du auf mich
וְלֹא תִשְׁתַּחֲוֶה לְאֵל נֵכָר׃	οὐκ ἔσται ἐν σοὶ θεὸς πρόσ	hörst, wird bei dir *kein*
11 אָנֹכִי יְהוָה אֱלֹהֶיךָ	φατος οὐδὲ προσκυνήσεις	*neuer Gott* sein, und du
הַמַּעַלְךָ מֵאֶרֶץ מִצְרָיִם	θεῷ ἀλλοτρίῳ	wirst vor *keinem fremden*
הַרְחֶב־פִּיךָ וַאֲמַלְאֵהוּ׃	ἐγὼ γάρ εἰμι κύριος ὁ θεός	*Gott* niederfallen. Denn
	σου ὁ ἀναγαγών σε ἐκ γῆς	ich bin der Herr, dein
	Αἰγύπτου πλάτυνον	Gott, der dich aus dem
		Land Ägypten herauf-
		führt. (Kraus/Karrer)

---

[98] H.-J. Kraus, Psalmen II, 900.

[99] H.-J. Kraus, Psalmen II, 901.

[100] Vgl. H. Sasse, Art. αἰών, ThWNT 1 (1933), 199.

Gleichfalls wird mit zwei ähnlichen Verneinungsformeln bzw. Verboten das Hauptgebot der Alleinverehrung Jahwes eingeschärft. „Ein Vergleich mit Ex 20,3 [...] zeigt, dass die charismatische Rechts- und Gerichtsverkündigung im Gottesdienst die alten Gebote neu formuliert."[101] Während im ersten Teil des Psalms viele alte vorexilische Elemente erkannt werden,[102] gilt der zweite Teil mit Aufweis der schlimmen Folgen im Fall des Unglaubens als nachexilisch. Beide Verneinungsformeln weisen eine Ähnlichkeit zu DtJes auf. Im Ganzen steht der zweite Teil der dtr-Geschichtstheologie sehr nahe.[103] Beachtlich ist, dass die LXX den Begriff θεός πρόσφατος/*neu* statt θεός ἄλλος wählte, wohl eine Aktualisierung in der hell. Zeit. Die zeitliche Einstufung des Psalms ist schwierig, sicher gehört er nicht zu den späten Psalmen, sondern eher ins 5. Jh. v.Chr.[104]

In *Ps 83 (LXX 82)* handelt es sich um ein „Klagelied des Volkes"[105], in dem für das Volk und um den Untergang der Feinde gebetet wird. E. ZENGER nennt ihn einen irritierenden Psalm[106], denn er ist voll von Rachegedanken und Verwünschungen. Die Meinungen über die Zeit seiner Entstehung gehen sehr auseinander.[107] Sie reichen von der vorexilischen Zeit bis zur Makkabäerzeit. Möglicherweise ist der Ps gewachsen und hat schließlich spät die gegenwärtige Form angenommen. H.-J. KRAUS urteilt: „es geht also in der Niederwerfung des Völkersturms um die universale Gottesherrschaft, um die Huldigung vor dem עֶלְיוֹן"[108]. – V. 19 bietet jedoch einen Schluss, der sich sehr vom Inhalt des übrigen Psalms abhebt. Während den Feinden Untergang und Verderben gewünscht wird, oder in VV. 17 und 18 mindestens Schande und Schrecken, heißt es in V. 19:

Ps 83,19	Ps 82,19 (LXX) καὶ	Sie sollen erkennen, dass
19 וְיֵדְעוּ כִּי־אַתָּה שִׁמְךָ יְהוָה	γνώτωσαν ὅτι ὄνομά σοι	dein Name Herr ist, *du*
לְבַדֶּךָ עֶלְיוֹן עַל־כָּל־הָאָרֶץ:	κύριος σὺ μόνος ὕψιστος	*allein* bist der Höchste
	ἐπὶ πᾶσαν τὴν γῆν	über der ganzen Erde./DS

---

[101] H.-J. KRAUS, Psalmen II, 566. Er urteilt über die Gattung: „Es liegt also (wie in Ps 50,7ff) eine prophetische Gerichtsverkündigung vor, die im Gottesdienst (vgl. 2–6a) vorgetragen worden ist." Ebd., 563.

[102] So bes. F.-L. HOSSFELD, Psalm 81. Aufruf zur Treue gegen Gott. F.-L. HOSSFELD/E. ZENGER, Psalmen II, 51–100, 457.

[103] „Dem Typus deuteronomischer bzw. deuteronomistischer Geschichts- und Gerichtspredigt (vgl. zu Ps 78) steht die Verkündigung nahe." H.-J. KRAUS, Psalmen II., 563.

[104] So auch F.-L. HOSSFELD, Psalm 81. Aufruf zur Treue gegen Gott, in: F.-L. HOSSFELD/E. ZENGER, Psalmen II, Psalm 51–100, 458.

[105] So H. Gunkel, J. Begrich, in: H.-J. KRAUS, Psalmen II, 576.

[106] E. ZENGER, Psalm 83. Eine Bitte um Hilfe gegen Feinde des Volkes, in: F.-L. HOSSFELD/E. ZENGER, Psalmen II, 465.

[107] H.-J. KRAUS, Psalmen II, 577.

[108] H.-J. KRAUS, Psalmen II, 580.

Hier dominiert nicht der Gedanke der Vernichtung, sondern der der Bekehrung und Einsicht. Dies unterstreicht auch E. ZENGER: „Daneben steht die (redaktionell hinzugefügte) Vision, die Feinde sollen nur ‚als Feinde' untergehen – nicht durch ihren physischen Tod, sondern durch Erkenntnis und Anerkenntnis der von JHWH gesetzten Weltordnung …".[109] Die Formulierung erinnert an die Erkenntnisformel bei Ez wie auch an DtJes 42,8, wo die Würde Jahwes im Namen begründet wird. Ob die Gottesbezeichnung עליון zu den ältesten gehört oder doch eher zu den jüngeren, ist wieder sehr kontrovers. Das Gottesprädikat ὕψιστος spricht eher für eine späte Zeit.[110] Denn es ist eine Bezeichnung, die sehr typisch für den Hellenismus ist, und die der alten Bezeichnung עליון gleichgesetzt wurde. Manches spricht für das 4. oder 3. Jh. v.Chr. Dieser Vers, eine kleine Doxologie, wird an den älteren Ps angehängt worden sein, als ein gewisser Impuls zur Jahwe-Mission bestand. Denn er enthält ganz andere Prinzipien als der Rest des Ps, eher friedliche, auch pädagogische.

Ps 86 (LXX 85) das Klagelied eines Einzelnen, bringt in VV. 8–10 Formulierungen, die von DtJes und dem Dtn gut bekannt sind. In einem Gebet aus großer Not werden Beschwörungen der Allmacht Gottes vorgebracht. Ein Gott, der Wundertaten vollbringen kann, wird, ja muss auch den in Not geratenen Beter erretten können.

Ps 86,8-10	Ps 85,8-10 οὐκ ἔστιν	Herr, unter den Göttern
8 אֵין־כָּמוֹךָ בָאֱלֹהִים אֲדֹנָי	ὅμοιός σοι ἐν θεοῖς κύριε	ist *keiner wie du*, und
וְאֵין כְּמַעֲשֶׂיךָ:	καὶ οὐκ ἔστιν κατὰ τὰ	nichts gleicht den Werken, die du geschaffen
9 כָּל־גּוֹיִם אֲשֶׁר	ἔργα σου πάντα τὰ ἔθνη	hast. Alle Völker kommen und beten dich an,
עָשִׂיתָ יָבוֹאוּ	ὅσα ἐποίησας ἥξουσιν καὶ	
וְיִשְׁתַּחֲווּ לְפָנֶיךָ	προσκυνήσουσιν ἐνώπιόν	sie geben, Herr, deinem
אֲדֹנָי וִיכַבְּדוּ לִשְׁמֶךָ:	σου κύριε καὶ δοξάσουσιν	Namen die Ehre.
10 כִּי־גָדוֹל אַתָּה	τὸ ὄνομά σου ὅτι μέγας	Denn du bist groß und
וְעֹשֵׂה נִפְלָאוֹת	εἰ σὺ καὶ ποιῶν θαυμάσια	tust Wunder; *du allein*
אַתָּה אֱלֹהִים לְבַדֶּךָ:	σὺ εἶ ὁ θεὸς μόνος	*bist Gott der große*. (DS)
	ὁ μέγας	

---

[109] E. ZENGER, Psalm 83. Eine Bitte um Hilfe gegen Feinde des Volkes, in: F.-L. HOSSFELD/E. ZENGER, Psalmen II, 468.

[110] Zum Begriff ὕψιστος Vgl. Anm 125 bei Plutarch. – In HB kommt der Begriff עליון, der häufig mit ὕψιστος wiedergegeben wird 31mal und vor allem in poetischen Stücken vor. Vgl. G. BERTRAM, Art. ὕψιστος, ThWNT 8, 615. – „Gemeint ist damit der Hohe, der in der Höhe (auf Bergen, im Himmel) Wohnende, der Erhabene. Es ist eine Hoheitsbezeichnung von archaisch-hymnischem Charakter für Jahwe u dient wie etwa auch Schaddaj als Eigenname." Ebd., 615; – In den Spätschriften des AT kommt ὕψιστος zunehmend in Gebrauch. „Bes. häufig kommt ὕψιστος bei Sir vor, nämlich 44mal, wobei an 23 St der HT erhalten ist." Ebd., 616.

Eine Negation οὐκ ἔστιν ὅμοιός und eine Alleinanspruchsformel ὁ θεὸς μόνος ὁ μέγας umrahmen das Lob Gottes, der weit über Israel Einfluß besitzt und zu dem die Völker kommen werden. Die Anlehnung an DtJes besteht jedoch nicht in einer Frage: „wer ist wie du?" (so in Ps 112,5 LXX), sondern in dem Bekenntnis: „keiner ist dir gleich". Auch in V. 10 wird wie in Ps 145 und 136 an die Wundertaten und die alleinige Größe und Macht Jahwes appelliert. „Daß Jahwe allein Gott ist (10b), wird an den Tag kommen. Die prophetisch universale Erfüllung sprengt darum die Enge der Not, in der der Beter sich befindet, sie schließt eine Fülle des Trostes in sich"[111]. Ähnlich hebt E. ZENGER den eschatologischen Aspekt der zukünftigen Gottesherrschaft hervor.[112] – Es ist erstaunlich, dass das Bekenntnis zum alleinigen Gott nicht noch einmal im zweiten Teil des Psalms, dem Dank für die Hilfe, aufgenommen wird. Nur die besondere Ehrung seines Namens wird zweimal erwähnt (VV. 11 und 12).[113]

Ps 51 (LXX 50) hebt sich von anderen ab, denn hier ist das בַּד/μόνος nicht direkt mit dem Gottesnamen verbunden.

Ps 50,6 (LXX) σοὶ μόνῳ ἥμαρτον καὶ τὸ πονηρὸν ἐνώπιόν σου	Gegen dich *allein* habe ich gesündigt, und ich habe Böses vor dir getan …

Der Gottesname אֲדֹנָי/κύριος erscheint erst in V.17[114]. Selbst die Anrede אֱלֹהִים/θεός steht einmal – relativ entfernt – am Anfang und erst wieder V.12. Auch die Formulierung: σοὶ μόνῳ ἥμαρτον/*an dir allein habe ich gesündigt* ist im AT einmalig. Nach H.-J. KRAUS hat diese Satz zu „Auseinandersetzungen"[115] geführt, ob es sich dabei um Götzendienst handelte oder um eine Verschuldung gegenüber Menschen.[116] E. ZENGER betont, dass es ein Bittgebet um Sündenvergebung und Neuschaffung sei und wendet sich ener-

---

[111] H.-J. KRAUS, Psalmen II, 598.

[112] E. ZENGER, Psalm 86. Der Hilferuf eines Armen zu Gott, in: F.-L. HOSSFELD/E. ZENGER, Psalmen II, 478.

[113] Nach H.-J. KRAUS, Psalmen II, 597, scheint dieser Ps 86 (LXX 85) zu erheblichen Teilen aus Zitaten anderer Psalmen zu bestehen und er folgert „das Lied ist fraglos in später Zeit anzusetzen, sollte aber um seiner vielen Entlehnungen willen nicht prinzipiell entwertet werden". Deshalb ist das Bekenntnis zum alleinigen Gott ein fester Bestandteil von Gebeten aus späterer Zeit.

[114] H.-J. KRAUS, Psalmen I, 382f, ändert bei den VV. 3, 12 und 16 Elohim zu Jahwe, denn „im elohistisch redigierten Teil des Psalters ist statt אלהים wohl יהוה zu lesen".

[115] Es ging dabei um die Frage, ob der Beter sich etwa durch Götzendienst an Jahwe selbst versündigt hat oder ob es sich um eine Schuld gegenüber Menschen handelt. H.-J. KRAUS, ebd., 386, kommt zu dem Schluss: „Wer Jahwes Gebote übertritt, versündigt sich an Gott selbst – das ist ohne Frage die in 6 zugrundeliegende Auffassung."

[116] H.-J. KRAUS, Psalmen I, 384, schätzt vorsichtig, dass der Psalm in exilischer oder frühnachexilischer Zeit entstanden sein könnte. Wie oben dargestellt, setzte sich in dieser Zeit im 5. Jh. v.Chr. der Begriff בַּד, בְּדָד/μόνος als Gottesprädikat durch.

gisch gegen die Deutung als Krankenpsalm.[117] Was auch immer die dahin-
terliegende Vorstellung gewesen sein mag, entscheidend ist, dass hier μόνος
anstelle von θεός oder Jahwe steht, evtl. auch anstelle von κύριος αὐτός. Die
Übersetzung könnte daher auch heißen: *ich habe mich an dir als dem Alleinigen versündigt.* Das zeigt, dass sich das Adjektiv μόνος verselbständigt
hat, zu einem Substantiv wurde, sich von einer Gottesbezeichnung zu einem
Gottesnamen wandelte.

Exkurs: Lagen die Ursprünge für den Monotheismus Israels in Ägypten?

Seit einem Jahrhundert ist durch Übersetzungen und archäologische Funde die radikale Reform des ägyptischen Pharao Amenophis IV., der sich bald Echnaton nannte,
bekannt geworden. Seitdem wird auch diskutiert, ob der Monotheismus Israels ein
spätes Erbe jener Amarna-Zeit ist, als erstmals eine Gottheit als allein maßgebend in
den Mittelpunkt gestellt worden war. Besonders S. FREUD hat diese These vertreten
und manche Zustimmung, aber auch Widerspruch erfahren. In der Tat belegen einige
Texte aus dem 14.–12. Jh. v.Chr. nach der dt. Übersetzung den Alleinanspruch einer
Gottheit und dies nicht nur zur Unterstreichung in einem elativen Sinn, sondern es
geht um einen einzigen übergeordneten Gott, der alles lenkt. So heißt es in einem
Kulthymnus[118] *an den Sonnengott Amun aus der 18. Dynastie,* noch vor Echnaton:

> VI, 2 Deine vollkommene Gestalt macht die Hände schlaff,
> Die Herzen vergessen, wenn sie dich sehen.
> *Einzigartige Gestalt,* die schuf alles, was da ist,
> *Einzig Einer,* der machte, was existiert.
> Aus dessen Augen die Menschen hervorgegangen sind,
> aus dessen Mund die Götter wurden. …
> VI, 7 Heil dir, der du dies alles tatest, *Einzig Einer,* mit vielen Händen.

Hier finden sich bereits die Motive, die eine Generation später zur ausschließlichen
Lehre und Grundlage des Kultus unter Amenophis IV. werden. Wesentlich ist, dass
der Sonnengott Aton als einziger der ägyptischen Gottheiten kein Kultbild und keinen
Tempel hatte. In dem großen Hymnus Echnatons (zwischen 1365–1348) wird Aton
als der alleinige Schöpfer für seine Weisheit, aber auch für seine gerechte Regierung
gepriesen.

> V.8 … *du einziger Gott, außer dem es keinen mehr gibt!* Du hast die Erde geschaf-
> fen nach Deinem Herzen, du ganz *allein* … [V. 11] du hast den Himmel fernge-
> macht, um an ihm aufzugehen und alles zu schauen, was du gemacht hast, du ganz

---

[117] E. ZENGER, Psalm 51. Bitte um Vergebung und Neuschaffung, in: F.-L. HOSSFELD/E.
ZENGER, Die Psalmen II, Psalm 51–100, 333.

[118] Religionsgeschichtliches Textbuch, Hymnus an Amun aus der 18. Dynastie, 41f. Alle hier
angeführten ägyptischen Texte sind übersetzt von H. BRUNER.

> *allein*, … Du machst Millionen von Gestalten aus dir, *dem Einen*, Städte und Dörfer, Äcker, Wege und den Strom. [119]

In dem berühmten Hymnus des reformerischen Pharao, den er unter Aufnahme bekannter Motive selbst verfasst haben soll, setzte sich die monotheistische Auffassung ganz durch. Es war nur noch *eine* Gottheit, die segenspendende Sonne, entscheidend. Zugleich wurde in dem Hymnus die vielfältige Wirkung des Einen auf die ganze Welt in wunderbaren Bildern beschrieben, von denen einige Verse zweifellos eine Vorlage für Ps 104,20ff bildeten. Gerade deshalb ist es erstaunlich, dass sich in diesem Psalm keine Alleinanspruchsformel findet, sondern „nur" der Lobpreis des Einzigen aufs Prächtigste dargestellt wird, der ohne Parallele im AT ist.

Der Text des Tausend-Strophen-Lied stammt „aus der Zeit nach Amarna und stellt Amun als Verkörperung alles Göttlichen dar, ohne die Existenz anderer Götter zu leugnen oder aus den Augen zu verlieren."[120] Jedoch handelt es sich nicht um einen kultischen Hymnus, sondern um ein „literarisch-theologisches Werk", das das einheitliche und umfassende Handeln Amuns darstellen will. Der Text ist ein Kompromiss zwischen der Amun-Religion und den anderen Gottheiten, die in dem langen Text ausdrücklich erwähnt und anerkannt sind. Hier einige Beispiele für die zahlreichen elativen und exklusiven Formulierungen dieses Lieds.

> (Neunte Strophe.)
> 9. Sie (die Tiere und Vögel) sind in seiner Hand, mit einem Siegel verschlossen,
> Und *kein Gott* kann sie öffnen, außer Seiner Majestät.
> *Es gibt keinen*, der handelt, außer ihm,
> Dem *großen* Gott, dem Leben für die Neunheit.
> (Zweihunderste Strophe.)
> 17 … *Einer* ist Amun, der sich vor ihnen verbirgt,
> der sich geheimhält vor den Göttern, dessen Wesen man nicht kennt.
> Er ist ferner als der Himmel und tiefer als die Unterwelt
> – *kein Gott* kennt seine wahre Gestalt. … ‚Der Verborgene' (=Amun) ist sein Name entsprechend dem, wie er geheimnisvoll ist. [121]

In dem theologischen Text tritt ein neues Motiv auf: im Gegensatz zum täglich sichtbaren Sonnengott wird die göttliche Kraft als eigentlich unsichtbar dargestellt, selbst der Name ist nicht bekannt, wie auch das Wesen des Gottes verborgen bleibt.

Nach der Restauration unter den Nachfolgern Echnatons wird der frühere Hauptgott Ägyptens Amun wieder in seine Rechte eingesetzt. Der folgende Vers aus einem Hymnus an Amun benützt wohl die Terminologie, die vorübergehend für Aton gegolten hatte, obwohl de facto wieder die Neunzahl der Götter verehrt wird.

---

[119] Religionsgeschichtliches Textbuch, hg. v. W. BEYERLIN, Der große Hymnus Echnatons an Aton, 45f.
[120] Religionsgeschichtliches Textbuch, Das Tausend Strophen Lied, 47.
[121] Religionsgeschichtliches Textbuch, Das Tausend Strophen Lied, 51.

> ¹¹⁶Gehe auf für mich, mache, dass ich am Leben bleibe! *Du bist der einzigartige Gott, ohne seinesgleichen.* [122]

Während die Überlieferung dieser Texte und zahlreicher anderer Motive aus der ägyptischen Literatur außer Zweifel stehen, bleibt die Frage, ob der jüd. Monotheismus ein Erbe der Echnaton-Religion ist, offen. Bisher gibt es keinen Beweis für eine Brücke aus der Amarna-Zeit zu Mose oder Israel – es sei denn, man sieht sie in Mose selbst. Aber Mose gehört vielleicht erst ins 11. oder 10. Jh. v.Chr. und ist als historische Gestalt nicht greifbar. Die Auffassungen von Maneto und Strabo, dass Mose ein ägyptischer Priester gewesen sei, sind als spätere Interpretationen aufzufassen, die eher etwas über die Verfasser und das Wissen und die Einstellung ägyptischer Priester im frühen Hellenismus aussagen als über Mose. J. ASSMANN nennt daher Mose eine „Figur der Erinnerung, aber nicht der Geschichte"[123] und folgt keineswegs S. FREUDS direkt konstruierter Spur von Echnaton zu Mose, die dieser aufzuweisen suchte.[124] Es handelt sich nach J. ASSMANN nur um eine „Gedächtnisspur" und „eine Gedächtnisgeschichte des religiösen Antagonismus"[125]. Gegenwärtig stößt die These einer Vermittlung des ägyptischen Monotheismus auf Israel eher auf Zweifel, bleibt aber im Gespräch.

3.4 Die Allmachtsformel

Es ist auffallend, dass dort, wo der Begriff μόνος benützt wird, meist auch eine πάντα-Formel erscheint. Daher scheinen μόνος und πάντα zusammenzugehören. Die These lässt sich gut überprüfen an Jes 44,24, denn es war schon berichtet, dass nur in dieser Stelle bei DtJes der Begriff *allein* erscheint. Ergibt der Vers auch ohne μόνος und πάντα einen Sinn?

Jes 44,24		
אָנֹכִי יְהוָה (עֹשֶׂה כֹּל)	ἐγὼ κύριος (ὁ συντελῶν πάντα) ἐξέτεινα τὸν	Ich bin der Herr, [der alles bewirkt], der [ganz allein]
נֹטֶה) שָׁמַיִם לְבַדִּי)	οὐρανὸν (μόνος) καὶ	den Himmel ausgespannt
רֹקַע הָאָרֶץ (מִי) (אִתִּי) [מֵאִתִּין]:	ἐστερέωσα τὴν γῆν τίς ἕτερος	hat, und die Erde befestigt hat, wer sonst? (DS)

Der Versuch beweist, dass bei Ausklammerung dieser Worte keine Sinnverschiebung eintritt. Die Formel *alles* und *allein* verstärkt lediglich die Aussage. Der Sinn von „allein" findet sich ebenfalls in τίς ἕτερος. Wahrscheinlich wurden die μόνος-πάντα Teile eingefügt, um die Aussage von der Alleinherrschaft Jahwes zu bekräftigen.

---

[122] Religionsgeschichtliches Textbuch, Hymnisches Gebet an Amun, 67.
[123] J. ASSMANN, Moses der Ägypter, 18.
[124] FREUD, Der Mann Moses und die monotheistische Religion, 69ff.
[125] J. ASSMANN, Moses der Ägypter, 23.

Auch in Neh 9,6 erscheinen in Verbindung mit μόνος gleich viermal πάντα-Formulierungen:

Neh 9,6	καὶ εἶπεν Εσδρας σὺ εἶ	Und Esdras sprach: Du
אַתָּה־הוּא יְהוָה לְבַדֶּךָ	αὐτὸς κύριος μόνος σὺ	selbst bist allein der Herr!
(אַתְּ) [וְאַתָּה] עָשִׂיתָ אֶת־הַשָּׁמַיִם	ἐποίησας τὸν οὐρανὸν	Du hast den Himmel und
שְׁמֵי הַשָּׁמַיִם וְכָל־צְבָאָם	καὶ τὸν οὐρανὸν τοῦ	den Himmel des Himmels
הָאָרֶץ וְכָל־אֲשֶׁר עָלֶיהָ	οὐρανοῦ καὶ πᾶσαν τὴν	geschaffen und ihre ganze
הַיַּמִּים וְכָל־אֲשֶׁר בָּהֶם	στάσιν αὐτῶν τὴν γῆν	Schar, die Erde und alles,
וְאַתָּה מְחַיֶּה אֶת־כֻּלָּם ...	καὶ πάντα ὅσα ἐστὶν ἐν	was auf ihr ist, die Meere
	αὐτῇ τὰς θαλάσσας καὶ	und alles, was in ihnen
	πάντα τὰ ἐν αὐταῖς καὶ	ist; du erfüllst sie alle mit
	σὺ ζωοποιεῖς τὰ πάντα ...	Leben ... (Kraus/Karrer)

Ganz gewiß handelt es sich hier nicht um Einschübe, sondern um ursprüngliche Formulierungen. Es scheint logisch und passend, was gesagt ist und könnte nicht gekürzt werden, wie im vorigen Beispiel. Die Beobachtung von B. REICKE, dass „viele der betreffenden Ganzheitsaussagen dem orientalischen Hymnenstil entstammen dürften"[126], ist wohl zutreffend. K. GALLING[127] vermutet, dass diese Stelle als ein Loblied in „spätnachexilischer Zeit" entstanden ist. Die Klage über den Verlust der Freiheit (V. 36f) spricht keineswegs für die Perserzeit, sondern eher für die hell. Epoche. Deshalb sind πάντα- Formulierungen in dieser Epoche reichlich zu finden.[128]

In 1Chron 29,11 erscheint zwar nicht μόνος, aber das Wort δεσπόζειν/*unumschränkt gebieten*[129]. Es hat in dieser Stelle eine ähnliche Bedeutung wie μόνος (ἄρχειν) und daher folgen gleich mehrere πάντα-Formulierungen. μόνος- und πάντα-Formulierungen bilden einen inneren Zusammenhang, weil echte Herrschaft sich über alle Bereiche ausdehnen will und nichts außer acht lässt, was sich eventl. solcher Herrschaft entziehen will.

1Chron 29, 11.12.14.16	
σοί κύριε ἡ μεγαλωσύνη καὶ ἡ δύναμις	[11]Dein, Herr, sind Größe und Kraft,
καὶ τὸ καύχημα καὶ ἡ νίκη καὶ ἡ ἰσχύς	Ruhm und Sieg und Stärke; denn du
ὅτι σὺ πάντων τῶν ἐν τῷ οὐρανῷ καὶ	regierst *alles* im Himmel und auf der
ἐπὶ τῆς γῆς δεσπόζεις ἀπὸ προσώπου	Erde, vor deinem Angesicht erschrickt
σου τράσσεται πᾶς βασιλεὺς καὶ ἔθνος	*jeder* König und jedes Volk.

---

[126] B. REICKE, Art. πᾶς, ἅπας, ThWNT 5 (1954), 888.

[127] K. GALLING, Die Bücher der Chronik, Esra, Nehemia, 293.

[128] Vgl. die Ausführung oben über Frgm. 21 des Philolaos und den Zeushymnus des Kleanthes.

[129] W. BAUER, Griechisch-deutsches Wörterbuch, Sp. 352.

παρὰ σοῦ ὁ πλοῦτος καὶ ἡ δόξα σὺ πάντων ἄρχεις κύριε ὁ ἄρχων πάσης ἀρχῆς καὶ ἐν χειρί σου ἰσχὺς καὶ δυναστεία καὶ ἐν χειρί σου παντοκράτωρ μεγαλῦναι καὶ κατισχῦσαι τὰ πάντα ... 14 ... ὅτι σὰ τὰ πάντα ... 16 ... καὶ σοὶ τὰ πάντα ...	12 Von dir kommen Reichtum und Ehre; du regierst *alles*, Herr, Herrscher von allem Anfang an und in deiner Hand liegen Kraft und Stärke; von deiner Hand, Allherrscher, machst du alles groß und gibst die Kraft 14 ... Von dir kommt *alles* ... 16 ... dir gehört *alles* ... (DS)

Noch mehr als in Neh 9,6 sind hier zahlreiche πάντα-Formulierungen gebraucht, die offensichtlich bewusst mit den Ruhmes-Worten (μεγαλωσύνη, δύναμις, καύχημα, νίκη, ἰσχύς) abwechseln. Einige dieser πάντα - Formulierungen, besonders die beiden letzteren in VV. 14 und 16, könnten der stoischen Philosophie entstammen. Gott wird als König und Alleinherrscher über alles gesehen, der jedem Teil Geist und Lebenskraft verleiht.[130] Das ist gut erkennbar im sog. Gebet Hiskias Jes 37 = 2Kön 19. Dieses Gebet in größter Not mit der Bitte um Rettung vor Feinden formuliert mehrfach den Glauben an den einzigen Gott, der über allem steht.

Jes 37,16 κύριε σαβαωθ ὁ θεὸς Ισραηλ ὁ καθήμενος ἐπὶ τῶν χερουβιν σὺ θεὸς μόνος εἶ πάσης βασιλείας τῆς οἰκουμένης	Herr Sabaoth, Gott Israels, der über den Cherubin sitzt, du allein bist Gott über jedes Königreich der bewohnten Welt ... (Kraus/Karrer)
Jes 37,20 σὺ δέ κύριε ὁ θεὸς ἡμῶν σῶσον ἡμᾶς ἐκ χειρὸς αὐτῶν ἵνα γνῷ πᾶσα βασιλεία τῆς γῆς ὅτι σὺ εἶ ὁ θεὸς μόνος	Du aber Herr, unser Gott, errete uns aus ihrer Hand, damit jedes Reich der Erde erkennt, dass du allein Gott bist. (DS)

Hier wird nicht das Bekenntnis zu Jahwes Schöpfertätigkeit wiederholt, sondern seine gegenwärtige Macht beschworen, die er über die (damaligen) politischen Herrscher ausüben sollte. Deshalb betont der Text Gottes Thronen über den Cheruben. Dieses Gebet Hiskijas ist gewiss eine Formulierung aus spät-nachexilischer Zeit. Besonders der Blick auf die große Zahl der Königreiche zeigt, dass der Text wohl nicht aus dem 8. Jh. v.Chr. stammen kann, als nur die Assyrer die Bedrohung darstellten. Die Formulierung spricht ganz für die hell. Zeit, als es darum ging, die Identität Israels in einer Welt von vielen Königen (Diadochen!) zu bewahren. Diese Situation ruft den Appell an Jahwes Macht hervor.

[130] Die πάντα-Formulierungen entfallen nur, wenn μόνος betont am Ende steht, z.B. 2Kön 5,17 oder Jes 2,11 und 17. Auch Ps 86 (LXX 85),10.

Wie bei vielen Texten, die in der LXX die μόνος-Formel enthalten, ist beim folgenden in der HB-Fassung der Begriff כל/*alles* nicht vorhanden. Es heißt da nur זאת/*dieses*. Wenn die LXX ein πάντα einfügt, nimmt sie wohl nur eine Redeform auf, die beweist, wie verbreitet solche πάντα-Formulierungen im Hellenismus waren. Es ist sehr beachtlich, dass bei etwa 10 Prozent der LXX-Stellen mit πάντα das כל in der hebr. Vorlage fehlt. Den zunehmenden Gebrauch von πάντα-Formeln in der LXX erklärt G. BERTRAM mit der „Ausdehnung des universalen Anspruchs"[131] Gottes.

Besonders viele πάντα-Formulierungen gibt es im Buch Jesus Sirach, jedoch sind sie dort selten mit μόνος verbunden, sondern im poetischen Parallelismus membrorum mit sinngleichen Begriffen weitergeführt, z.B. Sir 39, 33 (LXX), = HB 39,39. Meistens bezieht sich das πάντα auf die sichtbare Welt.

τὰ ἔργα κυρίου πάντα ἀγαθὰ καὶ πᾶσαν χρείαν ἐν ὥρᾳ αὐτῆς χορηγήσει	Die Werke des Herrn sind alle gut, und alles Notwendige wird er zu seiner Stunde gewähren. (Kraus/Karrer)

Eine Ausnahme stellt die folgende Stelle dar, schon wegen der gehobenen Sprache:

Sir 18,1–2 ὁ ζῶν εἰς τὸν αἰῶνα ἔκτισεν τὰ πάντα κοινῇ κύριος μόνος δικαιωθήσεται	Sir 18,1 Der in Ewigkeit lebt, hat alles insgesamt erschaffen, der Herr *allein* erweist sich als gerecht. (E)

Hier wird ein doppeltes Bekenntnis, das Ende und Anfang umfasst, mit einer Aussage über die gegenwärtige Wirkung Gottes verbunden. Das πάντα in der Mitte erstreckt so seinen Sinn auf alle Bereiche, Vergangenheit, Zukunft und Gegenwart. Diese zeitliche Betrachtungsweise ist in der Stoa weniger üblich. – Aber sehr erstaunlich ist die Aussage, die im ganzen AT einmalig ist:

Sir 43,27 πολλὰ ἐροῦμεν καὶ οὐ μὴ ἀφικώμεθα καὶ συντέλεια λόγων τὸ πᾶν ἐστιν αὐτός	Sagten wir nochmal soviel, wir kämen an kein Ende; darum sei der Rede Schluss: Er ist *alles*! (E)

Am Ende eines langen Kapitels über die Vielfalt der Schöpfung beginnt der letzte lobpreisende Abschnitt mit diesem Ausruf: *Er ist alles*. Die Übersetzung lautet aber präziser: *das All ist er selbst*, und dies entspricht ganz der

---

[131] So G. BERTRAM, Art. πᾶς, ThWNT 5 (1954), 889.

stoischen Auffassung. Diese Behauptung wird aber nicht im philosophischen Sinn vertieft, sondern die nachfolgenden Formulierungen betonen wieder deutlich den Unterschied Gottes zur Schöpfung, „er ist doch noch höher" (V. 32). Man kann darin die Korrektur von V. 27 sehen, jedoch eine gemäßigte, weil die stoische Sentenz erhalten blieb. Das Nebeneinander solcher Aussagen im Hellenismus ist keineswegs ungewöhnlich. Eine Fülle von πάντα-Aussagen stehen in Sir 42, zwar ohne irgendein μόνος, aber die lobenden Formulierungen, die voran gehen, sind so gewaltig, dass kein Zweifel daran bestehen kann, dass nur Gott allein es ist, der solche Wunderwerke vollbringt und regiert. In den zahlreichen πάντα-Formeln ist das μόνος versteckt.

Sir 42,22–23 ὡς πάντα τὰ ἔργα αὐτοῦ ἐπιθυμητὰ καὶ ὡς σπινθῆρός ἐστιν θεωρῆσαι πάντα ταῦτα ζῇ καὶ μένει εἰς τὸν αἰῶνα ἐν πάσαις χρείαις καὶ πάντα ὑπακούει	Wie sind doch alle seine Werke begehrenswert! Und wie ein Funke ist, was man schaut! Alles dieses lebt und bleibt in Ewigkeit mit aller Nützlichkeit, und alle Dinge gehorchen. (Kraus/Karrer)

Ähnlich ist der Befund in Sap. Es gibt da viele πάντα-Formulierungen, die Gottes Wirken beschreiben, zumeist ohne μόνος-Formulierung. Bezeichnend ist aber die Ausnahme Sap 10,1, eine Stelle, die sich auf die Weisheit bezieht. Dabei sind die Häufungen von πάντα-Aussagen auffallend, auch in Wortzusammensetzungen wie παντοκράτωρ in Sap 7,23f, wo gleich fünf solche Formen aufgezählt werden, die sich alle auf die Weisheit als Mitschöpferin beziehen.

Sap 7,23-24 ἀκώλυτον εὐεργετικόν φιλάνθρωπον βέβαιον ἀσφαλές ἀμέριμνον παντοδύναμον πανεπίσκοπον καὶ διὰ πάντων χωροῦν πνευμάτων νοερῶν καθαρῶν λεπτοτάτων πάσης γὰρ κινήσεως κινητικώτερον σοφία διήκει δὲ καὶ χωρεῖ διὰ πάντων διὰ τὴν καθαρότητα	… nicht zu hemmen, wohltätig, menschenfreundlich, fest, sicher, ohne Sorge, *alles* vermögend und *alle* Geister durchdringend, die denkenden, reinen und zartesten. Denn die Weisheit ist beweglicher als *alle* Bewegung; in ihrer Reinheit durchdringt und erfüllt sie *alles*. (E)

Dazu gehören auch weitere Totalaussagen wie „dann kann nichts Unreines in sie hineinkommen". Das überschwängliche Loblied mündet in 7,27:

μία δὲ οὖσα πάντα δύναται καὶ μένουσα ἐν αὐτῇ τὰ πάντα καινίζει	Sie ist nur *eine* und vermag doch *alles*; ohne sich zu ändern, erneuert sie alles.

Eine ähnliche Häufung von πάντα-Aussagen findet sich in Sap 11,23, in Form eines Gebets zu dem Allmächtigen.[132] DtJes hatte in sehr klaren lebendigen Bildern gesprochen: Jahwe hat den Himmel ausgespannt, die Erde gegründet, er führt das Heer der Sterne vollzählig heraus (40,26), er bereitet einen Weg durch die Wüste und lässt Wasserströme in der Steppe auftreten. Aber diese lebendigen Bilder verschwinden später und stattdessen wird eine *verkürzte pauschale Redeweise* benützt. Wie das μόνος schon eine verkürzte Wendung darstellt („ich habe es selbst gemacht", „ich hatte keine Helfer" = allein), scheint auch das πάντα wohl eine „orthodoxe", allumfassende, aber bis zu einem gewissen Grad auch eine ökonomische Redeweise zu sein. Statt auszuführen, was im Einzelnen gemeint ist, heißt es kurz πάντα. Diese Inflation von πάντα-Aussagen ist nicht allein auf die Stoa zurückzuführen, sondern auch ein Zeichen einer späten Epoche. Auch deshalb scheint es nur logisch, dass die abgekürzten Redeweisen μόνος und πάντα einander bedingen.

Die kleine Auswahl aus den zahllosen πάντα-Stellen der LXX zeigt, wie die *Bedeutung* dieses Begriffs, wenn er in Verbindung mit Jahwes Schöpfen und Regieren verbunden war, *wuchs*. Die zusammenfassende Abkürzung über Jahwes Schöpfertätigkeit wandelte sich zu einer immer mehr gebrauchten Wendung, die auch philosophische Anklänge hatte und bei den gebildeten Griechen wie Juden vermutlich positiv aufgenommen wurde.

Pronomina – αὐτός, οὗτος

Das Bekenntnis zum alleinigen Gott wird zuweilen durch die gebräuchlichen Wörter αὐτός und οὗτος unterstrichen. Dabei haben beide Begriffe einen verweisenden Charakter: οὗτος ist der „dir bekannte" Gott, dessen Taten erzählt werden, der „mit dir einen Bund geschlossen hat", αὐτός der Gott, der niemanden braucht und auch nicht neben sich duldet. Eine leicht abgewandelte Form des Bekenntnisses findet sich in 1Kön 8,60, wo θεός mit αὐτός verbunden wird. Die VV. 59 und 60 sind wahrscheinlich nicht originär in dem Text, dem großen Tempelweihgebet des Salomo, sondern wie E. WÜRTHWEIN[133] vermutet ein späterer Einschub. Aber gerade diese Tatsache ist für unsere Untersuchung interessant, dass die Alleinherschaft mit dem Begriff αὐτός unterstrichen werden kann.

1Kön 8,60: a. κύριος ὁ θεός αὐτὸς θεὸς	der Herr ist Gott, der *Gott selbst*
b. καὶ οὐκ ἔστιν ἔτι	und es gibt *keinen außer* ihm

---

[132] Zweifellos haben die griechischen Begriffe die deutsche Sprache geprägt, z.B. das All, die Allmacht, der Allmächtige, usw.

[133] E. WÜRTHWEIN, Die Bücher der Könige, 96 und 101, lässt bewusst die Interpretation dieser Verse aus.

Der Begriff αὐτός kann nach MENGE-GÜTHLING[134] nicht nur „selbst, persönlich" bedeuten, sondern auch „absolut, für sich selbst, allein". αὐτός wird mehrfach zusammen mit μόνος verwendet und dient zur gegenseitigen Verstärkung. So in dem Text, der etwa gleichzeitig (nachexilisch) entstanden sein dürfte: αὐτός als Übersetzung von אַתָּה־הוּא, im Sinne von *selbständig* und *ohne Gehilfen*.

Neh 9,6a	καὶ εἶπεν Εσδρας σὺ εἶ	Und Esdras sprach: Du
אַתָּה־הוּא יְהוָה לְבַדֶּךָ	αὐτὸς κύριος μόνος σὺ	*selbst* bist *allein* der
(אַתְּ) [אַתָּה] עָשִׂיתָ אֶת־הַשָּׁמַיִם	ἐποίησας τὸν οὐρανὸν ...	Herr! Du hast den Himmel ... geschaffen

In dem sehr späten Text von 1Esdras haben wir sogar die ganz ungewöhnliche Kombination von drei Begriffen, die nahezu das Gleiche ausdrücken, die aber von einem weltlichen autokratischen Herrscher sprechen und dessen Macht beschreiben. Die Kombination der Einzigkeits- und Alleinanspruchsformel bringt die höchste Macht zum Ausdruck.

1Esdras 4,7	
καὶ αὐτὸς εἷς μόνος ἐστίν ἐὰν εἴπῃ	Und er ist *der Eine allein*. Wenn er
ἀποκτεῖναι ἀποκτέννουσιν εἶπεν	befiehlt zu töten, töten sie; befiehlt er,
ἀφεῖναι ἀφίουσιν	freizulassen, lassen sie frei.[135]

Die folgenden Beipiele zeigen, dass das Pronomen αὐτός auch für θεός stehen kann, etwa in dem Sinn „der absolute Herr".

Hiob 28,24	
αὐτὸς γὰρ τὴν ὑπ᾽ οὐρανὸν πᾶσαν	Denn er selbst beobachtet das ganze
ἐφορᾷ εἰδὼς τὰ ἐν τῇ γῇ πάντα ἃ	(Gefilde) unter dem Himmel, er kennt
ἐποίησεν	alles auf der Erde, das er gemacht hat. (Kraus/Karrer)

Ähnlich kann οὗτος verwendet werden, denn es weist auf die Bekanntheit und Vertrautheit dieses Gottes, von dem Israel sich keinesfalls lösen soll. So bringt der Text Dtn 9,3 gleich ein Dreifaches οὗτος, jedes Mal mit einer sehr scharfen Drohung verbunden.

Dtn 9,3	
καὶ γνώσῃ σήμερον ὅτι κύριος ὁ θεός	Und du sollst heute erkennen, dass der
σου οὗτος προπορεύεται πρὸ προσώπου	Herr, dein Gott, (dass) dieser vor dei-
σου πῦρ καταναλίσκον ἐστίν οὗτος	nem Angesicht hergeht. Er ist ein ver-
ἐξολεθρεύσει αὐτούς καὶ οὗτος	zehrendes Feuer. Dieser wird sie zerstö-
ἀποστρέψει αὐτοὺς ἀπὸ προσώπου σου	ren und wird sie in die Flucht schlagen
καὶ ἀπολεῖς αὐτούς καθάπερ εἶπέν σοι	vor deinem Angesicht und du wirst sie
κύριος	in Kürze vernichten, wie der Herr (es) dir gesagt hat. (Kraus/Karrer)

---

[134] MENGE-GÜTHLING, Wörterbuch, 122.

[135] Übersetzung von K.-F. POHLMANN, 3. Esra-Buch, 398.

Auch Dtn 4,35 bringt ein sehr pointiertes οὗτος in der Verbindung mit der Verneinungsformel:

Dtn 4,35	
ὥστε εἰδῆσαί σε ὅτι κύριος ὁ θεός σου οὗτος θεός ἐστιν καὶ οὐκ ἔστιν ἔτι πλὴν αὐτοῦ	Daher sollst du erkennen, dass der Herr, dein Gott, *dieser* (wahre) Gott ist *und keiner außer ihm.* (DS)

Zu Recht überträgt Luther diesen Begriff in Dtn 4,35 mit „der Herr allein".

3.5 Überblick und Zusammenfassung

	Einzigkeitsformel	Alleinanspruchsformel	Verneinungsformel	
Dtn 6,4	κύριος ὁ θεὸς ἡμῶν κύριος εἷς ἐστιν			7./5. Jh.
Jes 40,25			τίνι με ὡμοιώσατε	6. Jh.
Jes 45,6			ἐγὼ κύριος ὁ θεός καὶ οὐκ ἔστιν ἔτι	6. Jh.
Jes 43,11			οὐκ ἔστιν πάρεξ ἐμοῦ σῴζων	6. Jh.
Jes 45,5-6			οὐκ ἔστιν ἔτι πλὴν ἐμοῦ θεός καὶ οὐκ ᾔδεις με οὐκ ἔστιν πλὴν ἐμοῦ οὐκ ἔστιν ἔτι	6. Jh.
Jes 44,6			πλὴν ἐμοῦ οὐκ ἔστιν	6. Jh.
Jes 46,9			οὐκ ἔστιν ἔτι πλὴν ἐμου	6. Jh.
Jes 45,21f			οὐκ ἔστιν ἄλλος πλὴν ἐμοῦ δίκαιος καὶ σωτὴρ οὐκ ἔστιν πάρεξ ἐμοῦ ... οὐκ ἔστιν ἄλλος	6. Jh.
Jes 45,18			οὐκ ἔστιν ἔτι	6. Jh.
Jes 40,12-14			τίς ἐμέτρησεν ... τίς ἔδειξεν αὐτω 7 rhetor. Fragen	6. Jh.
Jes 47,10			ἐγώ εἰμι καὶ οὐκ ἔστιν ἑτέρα (Kritik)	6. Jh.

Jes 42,8			δόξαν μου ἑτέρῳ οὐ δώσω	5. Jh.
Jes 48,11			τὴν δόξαν μου ἑτέρῳ οὐ δώσω	5. Jh.
Dtn 4,35			οὐκ ἔστιν ἔτι πλὴν αὐτοῦ	5. Jh.
Dtn 4,39			οὐκ ἔστιν ἔτι πλὴν αὐτοῦ	5. Jh.
Hos 13,4			οὐκ ἔστιν πάρεξ ἐμοῦ	5. Jh.
Mal 2,10	θεὸς εἷς + πατὴρ εἷς			5. Jh.
Ex 20,2-3			οὐκ ἔσονταί σοι θεοὶ ἕτεροι πλὴν ἐμου	5. Jh.
Ps 81 (𝔊 80),10–11			οὐκ ἔσται ἐν σοὶ θεὸς πρόσφατος οὐδὲ προσκυνήσεις θεῷ ἀλλοτρίῳ	5. Jh.
Jes 44,24		κύριος ... ἐξέτεινα τὸν οὐρανὸν μόνος	... τίς ἕτερος	5. Jh.
Ps 51(𝔊 50),6		σοὶ μόνῳ ἥμαρτον		5./4. Jh.
1Sam 7,3		δουλεύσατε αὐτῷ μόνῳ		5./4. Jh.
1Sam 7,4		ἐδούλευσαν κυρίῳ μόνῳ		5./4. Jh.
1Kön 8,60			οὐκ ἔστιν ἔτι	5./4. Jh.
2Kön 19,15 = Jes 37,16		σὺ εἶ ὁ θεὸς μόνος		4. Jh.
2Kön 19, 19 = Jes 37,20		ὅτι σὺ κύριος ὁ θεὸς μόνος		4. Jh.
Ex 22,19		πλὴν κυρίῳ μόνῳ		4. Jh.
Dtn 32,12		κύριος μόνος ἦγεν αὐτούς	καὶ οὐκ ἦν μετ' αὐτῶν θεὸς ἀλλότριος	4. Jh.
Neh 9,6		σὺ εἶ αὐτὸς κύριος μόνος		4./3. Jh.

1Kön 8,39		ὅτι σὺ μονώτατος οἶδας τὴν καρδίαν		4./3. Jh.
1Esdr 4,7	καὶ αὐτὸς εἷς	μόνος ἐστίν		3. Jh.
Dtn 32,39			οὐκ ἔστιν θεὸς πλὴν ἐμοῦ	3. Jh.
Ps 83,19	(LXX 82),19	σὺ μόνος ὕψιστος		3. Jh.
Ps 18 (ᬒ 17),32			ὅτι τίς θεὸς πλὴν τοῦ κυρίου καὶ τίς θεὸς πλὴν τοῦ θεοῦ ἡμῶν	3./2. Jh.
Ps 86 (ᬒ 85),8–10		σὺ εἶ ὁ θεὸς μόνος ὁ μέγας	οὐκ ἔστιν ὅμοιός σοι ἐν θεοῖς	3./2. Jh.
Ps 72 (ᬒ 71),18		ὁ ποιῶν θαυμάσια μόνος		3./2. Jh.
Ps 136 (ᬒ 135),4		τῷ ποιοῦντι θαυμάσ ια μεγάλα μόνῳ		2. Jh.
Sach 14,9	κύριος εἷς καὶ τὸ ὄνομα αὐτοῦ ἕν			2. Jh.
Dan 3,17	εἷς κύριος			2. Jh.
Hes 37, 22–24	ἄρχων εἷς + ποιμὴν εἷς (gemeint König)			2. Jh.

Der Begriff „μόνος/allein" hat in Verbindung mit Jahwe folgende Bedeutungen, die vor allem in DtJes zu finden sind:

1. Jahwe kann ganz *ohne (himmlische) Berater* auskommen. Er braucht keinen, der ihm irgendwelche Ratschläge liefert. Er hat selbst seinen Plan und Willen.

2. Jahwe hat auch die Schöpfung des gesamten Alls, des Urmeeres, des Himmels mit allen Sternen und der bewohnten Erde *ohne jeden Gehilfen* vollbracht – er brauchte keinen Beistand von astralen Gottessöhnen.

3. Er braucht überhaupt *kein himmlisches Heer,* das nach babylonischem Glauben Marduk zur Verfügung stand und ihm am Ende doch nicht nützte. Er ist in ganz anderer Weise Herr der Geschichte. Die Sterne sind von ihm geschaffen, also sind sie ihm gehorsam.

4. Jahwe kann *nicht mit einem Planeten oder Sternbild identifiziert* werden – dafür ist er viel zu groß. Und es gibt für ihn auch kein Abbild auf

Erden. Solche Verbildlichung wäre eine Verkleinerung und Beleidigung für ihn. Er existiert ganz ohne solche sichtbaren Zeichen.

5. Jahwe hat *keine Partnerin,* keine Aschera. Dies ist ein Aspekt, der im dtr-Geschichtswerk zwar historisch aufgearbeitet wird (die Sünde Salomos: viele Frauen und mit ihnen viele neue Gottheiten). Er gewinnt aber offensichtlich in der Zeit des Hellenismus angesichts des aufkommenden Sarapis- und Isiskults und der griech. Götter-Paare neue Bedeutung. Zugleich muss man wohl voraussetzen, dass Jahwe *nicht als Mann gedacht* wird, sondern übergeschlechtlich, worauf besonders K. BALTZER[136] hinweist.

6. Jahwe kennt und duldet keinerlei Einfluß irgendwelcher anderer Gottheiten oder Dämonen. Der Name Jahwe bleibt unvermischt und wird *nicht mit einer anderen Gottheit verbunden*, was offensichtlich einigen Hellenisten sehr gefallen hätte. Das gilt auch für die griech. Übersetzung κύριος. Wahrscheinlich wurde diese Gefahr einer Kombination schon durch die Formulierung des Schᵉmaʿ abgewehrt (bis im NT bewusst der κύριος-Titel mit dem Namen Jesus Christus verbunden wurde).

7. Der Begriff μόνος stellt eine sprachliche Verkürzung und Zuspitzung dar, die sich im 5. und 4. Jh. v.Chr. in hebr. Form לְבַדּוֹ/בַּד durchsetzte und mehrfach in Texte als Gottesprädikat zur Betonung eingefügt wurde. Die Alleinanspruchsformel wurde bevorzugt, als in der Zeit Esras und danach sich Israel von anderen Völkern abgrenzte.[137]

8. DtJes, obwohl er als *der* Monotheist gilt, verwendete nicht die Alleinanspruchsformel. Der einzige Beleg für den Gebrauch von μόνος Jes 44,24 ist ein späterer Einschub im hell. Stil, wie auch die beigefügte πάντα-Formel zeigt.

9. Der Anspruch auf Alleinverehrung schließt zwar keinesfalls die Duldung anderer Kulte in ihren Ländern aus, aber innerhalb von Israel gilt nur der Eine. Deshalb tat sich Israel sehr schwer mit fremden Volksgruppen im eigenen Land, selbst wenn diese nicht grundsätzlich feindlich eingestellt waren (Samaritaner, Griechen, Römer, Phönizier, Philister u.a.).

10. Einige Male wird die Formel πλὴν κυρίῳ μόνῳ einfach zur *Bekräftigung* der vorherigen Aussage angefügt, z.B. Ex 22,19 und in einigen Psalmen.

11. Die Alleinanspruchsformel wird zu einem Schlüsselbegriff im Judentum und wird daher immer wieder in wichtigen Texten benützt oder später eingefügt, während gleichzeitig die Formel im Griechentum in den Göttermythen keine Rolle spielt.

---

[136] K. BALTZER, Deuterojesaja, KAT 10,2, 60.

[137] F. STOLZ, Einführung in den biblischen Monotheismus, 95, weist darauf hin, dass ja der Name Israel bedeutet: *El streitet.*

12. Es ist erstaunlich, dass sich die Alleinanspruchsformel in den Psalmen nur an wenigen hervorgehobenen Stellen findet. Einige μόνος-Formulierungen befinden sich an betonter Stelle, am Ende eines Psalmes oder eines Abschnitts. Sie dienen zur Bekräftigung der vorherigen Aussagen. Das μόνος-Bekenntnis gleicht gewissermaßen einem „Amen", „so ist das und nicht anders!". So besonders in Ps 81 (LXX 80) und in Ps 83 (LXX 82).

13. Im Allgemeinen wird in den Psalmen das Bekenntnis zu Jahwe durch Erinnerung persönlich erfahrener Rettungstaten (z.B. „du hast mich herausgezogen aus der Grube ...") oder rettendes Handeln für das ganze Volk Israel in der Wüstenzeit und in den Krisen ausgedrückt, weniger durch das knappe exklusive Bekenntnis mit der Alleinanspruchsformel. Vielleicht ist die Formulierung in Ps 18 (LXX 17),32, die ganz dem Sprachgebrauch des DtJes entspricht, die älteste Aufnahme dieser Formel in den Psalmen.

14. In zwei Psalmen, nämlich 51 (LXX 50) und 81 (LXX 80) bildet das Bekenntnis zum alleinigen Gott die Mitte, d.h. diese Stellen bezeichnen den thematischen Schwerpunkt, und zwar das Sündenbekenntnis vor dem Alleinigen (Ps 51) und die Gerichtsverkündigung mit dem ersten Gebot (Ps 81). Diese Psalmen lassen die Verwendung der Formel „Gott allein" in nachexilischer Zeit erkennen, als die Besinnung über das Versagen der vorigen Generationen und das Gerichtsbewusstseins stark war. Gleichfalls ist 1Sam 7 als religionspolitischer Leittext zu bewerten.

15. In einigen Stellen der Psalmen dient die Anfügung der Formel als orthodoxe Korrektur vorheriger Darstellungen im Sinn einer Warnung vor königlichem Machtmißbrauch Ps 72 (LXX 71) und Kriegslust Ps 83 (LXX 82),19.

16. Das Bekenntnis zum alleinigen Gott wird in späterer Zeit zum bekannten Topos, der im Tempelkult nicht fehlen sollte, so besonders in der großen Dankliturgie Ps 136 (LXX 135) und in Ps 86 (LXX 85). Dass die Alleinanspruchsformel zum Kult gehört, beweist das außerbiblische Zeugnis des Geografen Strabo.

17. Wo eine Alleinanspruchsformel benützt wird, scheint eine πάντα-Formel direkt hervorgerufen zu werden. Es sind entgegengesetzte Superlative: *einer allein schafft/sieht alles.*

18. Manche πάντα-Aussagen ähneln den Formulierungen der stoischen Philosophie. Es ist auffallend, wie oft πάντα-Aussagen in den Spätschriften des ATs verwendet werden und damit gängige Redeweisen des Hellenismus aufnehmen, bes. Sir und Sap. Allmählich werden πάντα-Formulierungen inflationär gebraucht (1Chron 29,11ff).

19. Eine Übersicht der griech. und hebr. Begriffe, die die Ausschließlichkeit umschreiben:

εἷς	אֶחָד		ein, einer, einzigartig
πάρεξ	בלה	c. sf. בִּלְתִּי	außer mir
	בִּלְעֲדֵי	c. מִן = מִבַּלְעֲדֵי	außer
	זולה	c. sf. זוּלָתִי	ausgenommen, außer
πλήν	אַיִן	כִּי־אֵין כ	es gibt kein (wie),
	(אַיִן) + עוֹד		sonst nicht, nicht mehr
		אֵין עוֹד	sonst keiner
	בַּד	מִלְבַדּוֹ	außer ihm
	בלה	c. sf. בִּלְתִּי	außer mir
	זולה	c. sf. זוּלָתֶךָ	ausgenommen, außer
		c. sf. זוּלָתִי	
	בִּלְעֲדֵי	c. מִן = מִבַּלְעֲדֵי	außer
	אֶפֶס		kein
		אֶפֶס כ	keiner wie
μόνος	בַּד	c. sf. לְבַדִּי	ich allein
		c. sf. לְבַדּוֹ	
		c. sf. לְבַדְּךָ	
	בָּדָד		allein
μονώτατος	superlativ		ganz allein

Als Ergebnis für die weitere Untersuchung halten wir fest: Die Alleinanspruchsformel (μόνος θεός) ist eindeutig in jüdischer Tradition verwurzelt. Sie mag am Anfang Ausdruck einer Monolatrie gewesen sein, in Verbindung mit der Ausschließlichkeitsformel aber wird sie immer eindeutiger Ausdruck des konsequenten jüdischen Monotheismus. Die Einzigkeitsformel hat im Sch^{e}ma' (Dtn 6,4) eine jüdische Wurzel, in der griechischen Übersetzung von Dtn 6,4 lehnt sie sich an die im damaligen Griechentum schon existierende Einzigkeitsformel (als εἷς κύριος) an – wahrscheinlich schon in Interaktion mit hellenistischer Frömmigkeit, insbesondere dem Sarapiskult. Insgesamt hat aber die Einzigkeitsformel vom Dtn 6,4 im Alten Testament kaum ein Echo gefunden. Das ändert sich mit dem jüdischen Schrifttum aus hellenistischer Zeit, dem wir uns nun zuwenden.

4. Die Formeln in jüdischen Schriften der hellenistischrömischen Zeit

4.1 Jüdische Identität in hellenistischer Zeit

Im 4. Jh. v.Chr., am Ende der Perserzeit, stand mit großer Wahrscheinlichkeit die bevorzugte Gottesbezeichnung in Israel ziemlich fest: יהוה. Daneben wurde ebenso häufig, aber nicht so präzis אֱלֹהִים benützt, und bei den Priestern auch קָדוֹשׁ. Diese Gottesbezeichnung, die sich bei Jesaja besonders in der Verbindung mit קְדוֹשׁ יִשְׂרָאֵל findet, hat eine ähnliche Bedeutung, wie יהוה allein, denn der Begriff קָדוֹשׁ betont die Abgesondertheit Gottes bzw. bei Jesaja die ausschließliche Bindung an Israel.[1] Der Name Jahwes gehörte nur Israel, er war von diesem Volk geschützt. „Denn in seinem Namen ist Jahwe selbst geheimnisvoll präsent."[2]

Der Einbruch des Hellenismus brachte eine Öffnung, neue Handelsbeziehungen, Reisende, durchziehendes Militär, aber auch die Auswanderung vieler Juden, mit neuen Kontakten zum Mutterland. Diese Öffnung erforderte zugleich Schutzmaßnahmen für den Tempel und den traditionellen Glauben. Deshalb wurde nach allgemeiner Auffassung etwa um 300 v.Chr. das Tetragramm in der Aussprache durch אֲדֹנָי[3] ersetzt, vielleicht mehr in der Diaspora als im Mutterland, um den Namen הַמְפֹרָשׁ שֵׁם vor Heiden zu verbergen.[4]

Die Macht des Hellenismus zeigte sich zunächst eher in sanfter Form. Er machte auch Juden neugierig auf die neuen kulturellen Einrichtungen, die bis dahin unbekannt waren: das Theater, die Bildung, den Sport in den Gymnasien, die Festspiele, die philosophischen Schulen, die Vielzahl der Tempel. Besondere Aufmerksamkeit dürfte die neu entstehende Gottheit Sarapis und später Isis gefunden haben. Darüber hinaus war Homer als „Lehrbuch" der griech. Sprache unübersehbar, denn mit seinen Hexametern wurde allgemein unterrichtet. So wurde jeder, der Griechisch lernte, ob er

---

[1] O. PROCKSCH, Art. ἅγιος, ThWNT 1 (1933), 93.

[2] G. V.RAD, Theologie II, 358.

[3] Die Herkunft des Wortes adonaj ist unsicher. G. QUELL, Art. κύριος, ThWNT 3 (1938), 1058ff, vermutet, dass der Begriff Adonaj/mein Herr aus der Gebetssprache in den Kult übernommen wurde. In letzter Zeit hat J. ASSMANN die Auffassung vertreten, dass das Wort ägyptischer Herkunft ist: eine Ableitung von Aton, der während der Amarna-Zeit der alleinige Gott war.

[4] Bald kam es zu einer weiteren Verschleierung. „Er wurde ersetzt, bei der Schriftverlesung durch אֲדֹנָי, im freien Gebrauch durch שָׁמַיִם. Aber auch diese Ersatzworte wurden mit der Zeit selbst wieder tabu. Die Lesung אֲדֹנָי für יהוה wurde auf den gottesdienstlichen Gebrauch beschränkt. Bei der privaten Lektüre las man הַשֵּׁם „der Name". Ebenso wurde שָׁמַיִם nochmals ersetzt durch הַמָּקוֹם das ganz allgemeine „der Ort" (dh eben: der Himmel = Gott)." K. G. KUHN, Art. ἅγιος, ThWNT 1 (1933), 99.

wollte oder nicht, mit der Götterwelt vertraut.[5] Wahrscheinlich hatten die Juden eher Zugang zur Philosophie, weil diese meistens die Ethik und die Gemeinschaft bzw. den Staat berührte. Hier traf sich das Interesse der vom Mose-Gesetz geprägten Juden mit der Philosophie. Jedenfalls war zu Beginn des 2. Jh. v.Chr. die Nähe und Neugier auf die griech. Kultur groß, was sich auch in der Namensgebung zeigte.

In der Zeit der Ptolemäer fühlten sich die Israeliten weitgehend respektiert, sowohl im Mutterland wie in der schnell wachsenden Metropole Alexandria.[6] Der Priester Onias III. konnte etwa um 190 v.Chr. sogar in Leontopolis einen jüd. Tempel errichten, der der jüd. Bevölkerung in Ägypten einen Mittelpunkt bot, obwohl dieses Heiligtum immer im Schatten von und zeitweise in Opposition zu Jerusalem stand.[7] Im Allgemeinen war die Erfahrung mit den Ptolemäern positiv. Aber durch den Sieg der Seleukiden von Paneas 198 v.Chr. geriet die jüd. Aristokratie immer mehr in die Wirren zwischen den beiden vorderasiatischen Herrschaften. So neigte die Tempelaristokratie stärker zum Hellenismus und unterstützte den Seleukiden Antiochus IV., der auch einen Wechsel im Amt des Hohenpriesters veranlasste.[8] Bald wollte diese Gruppe weitergehende Anpassungen an die allgemeine Hellenisierungspolitik[9] und strebte eine Verfassungsreform an, die der Thora nur noch eine untergeordnete Rolle zugestand. Diese Kooperation mit den Heiden weckte aber den Zorn der konservativen Landbevölkerung, was schließlich zum Aufstand der Makkabäer führte. Besonders der Eingriff in den Kultus und eine geplante Verbindung von Zeus und Jahwe rief den Zorn der Frommen hervor.[10]

Die Reaktion der Juden auf den hell. Druck war unterschiedlich[11]: Es gab eine *Anpassung* an die hell. Umwelt, bes. von der städtischen Oberschicht, gelegentlich völlige Abkehr vom Judentum. Dies lässt sich nicht in Zahlen erfassen. Es gab diese Abkehr von Juden, obwohl die Berichte in 1Makk 1,12ff und 2Makk 4 ein einseitig negatives Bild vom Einfluss des Hellenismus zeichnen. Auch sind die heftigen Warnungen in Schriften des AT ein Hinweis darauf, dass die Gefahr des Abfalls gesehen wurde.

---

[5] M.P. NILSSON, Geschichte II, 62: „Wenn der Religionsunterricht zu fehlen scheint, so ist das nur scheinbar, sonst wäre dieser Abschnitt nicht am Platze. Zum Teil wurde er ja durch den Literaturunterricht vermittelt. Schon das erste Schulbuch, Homer, führte die Götterwelt vor, und sie begegnete den Schülern auf Schritt und Tritt bei jedem Dichter und in aller Dichtererklärung."

[6] „Mit Beginn des 2. Jh. v.Chr. begann für die *Juden Ägyptens* und besonders Alexandriens eine Blütezeit, die über zweihundert Jahre anhielt." G. STEMBERGER, Geschichte der jüdischen Literatur, 48.

[7] Auch in Ägypten kam es in der zweiten Hälfte des 2. Jh. v.Chr. zu einer schwere Krise und ersten Verfolgung, als König Ptolemaios gegen Bewohner von Alexandrien vorging und auch Juden von Leontopolis betroffen waren, also vermutlich ein erstes Pogrom. N. MEISNER, Aristeasbrief, 43. Vgl. auch M.P. NILSSON, Geschichte II, 34.

[8] Vgl. P. SCHÄFER, Geschichte der Juden in der Antike, 52ff.

[9] G. STEMBERGER, ebd., 27, meint, der Anlass für diese Hellenisierungspolitik des Antiochus III. war: „durch eine gemeinsame Kultur sein gefährdetes Großreich besser zusammen zu halten."

[10] Vgl. E.J. BICKERMANN, Der Gott der Makkabäer, 112.

[11] G. STEMBERGER, ebd., 54f, berichtet, dass es eine Reihe von Werken im hell. Judentum gab, „die ganz bewusst jüdische Geschichte in hellenistischem Kleid" darboten. Sie sind alle verloren gegangen und nur mit einzelnen Zitaten bei Kirchenvätern nachweisbar.

Ein *Kompromiss* bestand darin, das Positive in der griech. Kultur zu erkennen und doch Juden zu bleiben. Diese Position wurde wahrscheinlich von sehr vielen jüd. Auswanderern in der Diaspora eingenommen. Das Problem dabei war, die vielen Spannungen auszuhalten, z.b. die Speisegebote und Sabbatgesetze, die eine Distanz zu den heidnischen Nachbarn erzeugten.

Weitgehende Ablehnung der hell. Kultur und Hervorhebung der eigenen Tradition war eine weitere Möglichkeit. Dabei wurde sehr bewusst die Überlegenheit der jüd. Tradition und des mosaischen Gesetzes betont. Diese Einstellung war wohl überwiegend bei der Landbevölkerung verbreitet.

Offenen Widerstand gab es sowohl unter Antiochus IV. Epiphanes wie in späteren Zeiten.

Resignation wie nach der Eroberung Jerusalems und den späteren vergeblichen Aufständen machte sich breit. Man suchte nach dem Sinn des Geschichtsverlaufs. Es kam zum großen Rückzug nach Innen, und entwickelte eine introvertierte Frömmigkeit bei weitgehender Ablehnung des Hellenismus.

Die *Spannungen* des Judentums zur hell. Kultur sind in den vielen Schriften jener Epoche zu erkennen, obwohl die politischen Ereignisse meistens nicht klar genannt sind, sondern Decknamen für die Tyrannen stehen, z.B. Nebukadnezar anstelle Antiochus IV. Die überwiegende Zahl der Schriften betont die eigene Heilsgeschichte, die Treue zum Gesetz und die Zuverlässigkeit Jahwes. Eine kleinere Zahl (soweit erkennbar) hebt die positiven Seiten der hell. Kultur hervor, betont wohl auch die Treue zum Gesetz, sieht aber viel Verbindendes zwischen den beiden Kulturen. Es bleibt eine Frage, ob sich die Unterschiede in der Einstellung auch in den Gottesbezeichnungen erkennen lassen.

Exkurs: Die Eigenart der jüdischen Literatur der hellenistisch-römischen Zeit

Ein Überblick über die Literatur zwischen oder neben den beiden Testamenten steht vor dem Problem, die Entstehung dieser Schriften einigermaßen zu bestimmen – aus mehreren Gründen:

1. Diese Literatur will sehr alt sein, gibt sich zeitlos und will damit dauernde Gültigkeit beanspruchen. Sie will heilig sein. Sie entzieht sich der Geschichte und will doch in die Geschichte hineinwirken.

2. Die Schätzungen über den Entstehungszeitraum einzelner Werke zeigen selbst bei Fachleuten recht widersprüchliche Ergebnisse. Die Vermutungen über die Zeitspanne der Entstehung einer Schrift schließen oft mehrere Jahrhunderte ein. Nur für einen Teil der Literatur lässt sich Entstehungszeit einigermaßen zuverlässig eingrenzen. Ursache für diese Unsicherheit ist – wie mehr und mehr erkannt wurde –, dass die meisten Schriften nicht auf einmal, sondern allmählich entstanden sind, d.h. vielfach ergänzt und überarbeitet wurden.

3. Die meisten Schriften dieser Zeit haben sogar viele Stufen der Entstehung durchlaufen. Dem griech. Haupttext lag fast immer eine hebr. oder aram. Vorlage zugrunde. Diese Vorlage selbst war schon die Erweiterung eines alten Kerns. Dieser hatte ein Motiv aus dem AT ausgestaltet, z.B. die Aufnahme Henochs in den Himmel oder das Leiden Hiobs. Die griech. Version war meist das Ergebnis einer jahrhundertelangen Entwicklung von einer Novelle zum Buch oder einem Predigtmotiv zum Midrasch. Diese griech. Version wurde wieder in verschiedener Weise bearbeitet, angereichert oder auch gekürzt, manchmal mit ganz neuen Teilen versehen. Ab dem 2. Jh. n.Chr. erfolgten oft christl. Einfügungen, einige deutlich, andere wenig erkennbar. Schließlich kam es zu Übersetzungen, vor allem in die orientalischen Sprachen – aramäisch, koptisch, syrisch, armenisch, zuweilen auch persisch, arabisch und sahidisch. Zwar führten diese Übersetzungen selten zu neuen Bearbeitungen, vielmehr wurde ziemlich wortgetreu übersetzt, aber es ergaben sich doch manchmal Verschiebungen in der Aussage.

Somit kann man für viele uns erhaltene Schriften eine Entstehungszeit von drei Jahrhunderten vermuten, manchmal noch mehr, ohne die letzten Veränderung bei der Überlieferung in den verschiedenen Ländern und Sprachen zu berücksichtigen. In jedem Fall war Ziel und Zweck dieser Schriften die *Bewahrung und Bewährung des Glaubens an den Gott Israels*. Oft wird dies auch einfach umschrieben: dem Gesetz treu bleiben. Das *Gesetz* steht für die gesamte Religion, nicht allein für die ethischen Gebote.

Abgesehen von den wenigen Schriften, die in den christlichen Kanon der LXX aufgenommen wurden, besteht keine sichere Kenntnis über die Verbreitung dieser Literatur. Es kam zweifellos zu vielen Verlusten, aber auch zu einigen zufälligen Funden, z.B. die Apokalypse Abraham gibt es nur in einem einzigen Exemplar, andere Werke sind in zahlreichen Handschriften überliefert. Auffallend ist, dass diese Schriften vorwiegend im Osten, gerade auch im äthiopisch-koptischen Sprachbereich und später von Byzanz aus im slawischen Bereich weit mehr verbreitet waren als im Westen. Neue Schriften kamen aber seit dem 3. Jh. n.Chr. nicht mehr dazu. G. STEMBERGER urteilt: „die Zeit der offenen Auseinandersetzung mit der hellenistischen Kultur war zu Ende, die Vielfalt literarischen Schaffens für lange vorüber."[12] Die Frage für diese Untersuchung lautet, ob und wie in diesen Schriften die drei Formeln verwendet und verstanden wurden.[13]

---

[12] G. STEMBERGER, ebd., 28.

[13] Zu den Übersetzungen der folgenden Texte: In vielen Fällen wurde die Übersetzung aus den „Jüdischen Schriften aus hellenistisch-römischer Zeit" oder aus anderen Fachveröffentlichungen, in wenigen Fällen die Einheitsübersetzung übernommen. Die Namen der Übersetzer sind vermerkt. Die mit DS bezeichneten Übersetzungen stammen von eigener Hand.

4.2 Die Einzigkeitsformel

Jesus Sirach
Eine der wenigen Stellen, die die Einzigkeitsformel anführen, steht im Eröffnungsteil des Buches Jesus Sirach.[14] Im Abschnitt 1,1–10 wird die Herkunft der Weisheit von Gott überschwänglich gepriesen. So heißt es in V. 8:

εἷς ἐστιν σοφός φοβερὸς σφόδρα καθήμενος ἐπὶ τοῦ θρόνου αὐτοῦ	*Einer ist weise* und sehr zu fürchten, er sitzt auf seinem Thron. (DS)

Sir gehört in seinem Grundbestand zu den frühesten Schriften des hell. Zeitalters.[15] Sir lässt noch ein positives Verhältnis zur hell. Welt erkennen. Der Verfasser Sir will in der Tradition hebr. Weisheit Verhaltensregeln für verschiedene Situationen geben. Seine Grundhaltung ist eine tiefe Frömmigkeit, *die Furcht des Herrn*. Menschliche Weisheit ist nur eine Gabe Gottes.

Entsprechend scheint der Sinn von Sir 1,8 ein Lob Gottes zu sein, seine Weisheit verdient Beachtung und Ehrfurcht. Der Vers im Eingangskapitel hat die Rolle eines Leitworts und richtet sich auch gegen den Machtanspruch der Seleukiden und Ptolemäer. Das Bekenntnis sagt mit beiden Zeilen in weisheitlichem Parallelismus: nur Einer hat die ganze Macht. Die Spitze des Satzes liegt in der zweiten Hälfte: *dieser Eine sitzt auf seinem Thron* und ist mächtiger als alle anderen.

Dennoch erheben sich Zweifel an dem Text, denn die beiden parallelen Prädikate σοφός und φοβερός sind nicht durch ein καί verbunden. Zwar scheint es einleuchtend, dass am Anfang einer Sprüchesammlung die Weisheit Gottes gepriesen wird. Aber das ist nicht das Thema des Buches, sondern es geht darin um menschliche Weisheit. Der Vers ist wohl nicht in seiner ursprünglichen Form erhalten, sondern wurde um das scheinbar gut passende Wort σοφός angereichert.[16]

Der V. 8 ist auch ohne diesen Zusatz logisch, denn er betont die Würde Gottes in klassischer Weise εἷς ἐστιν/*einer ist* und beschreibt ihn als einen, der *zu fürchten ist*/φοβερός σφόδρα. Das ist eine Vorwegnahme des zweiten Teils der Einleitung, die mit V. 11 beginnt und bis V. 30 die *Furcht des Herrn* ausführlich beschreibt. Wahr-

---

[14] Eine Fassung des hebr. Textes kam überraschend 1896 in der Genizah der Karäer-Synagoge von Kairo zutage, jedoch in unvollständiger Form. Auch einige Fragmente in Qumran und von Massada bestätigen die Existenz einer hebr. Fassung. Aber der hebr. Gesamtbestand beträgt nach jetzigen Kenntnissen nur 3/5 des griech. Textes. Auch der erste Teil fehlt uns. Vgl. G. SAUER, ebd., 485.

[15] Nach eigenen Angaben ist die hebr. Fassung um 190 v.Chr. entstanden. Die Übersetzung mit etlichen Erweiterungen kam etwa 60 Jahre später in Ägypten zustande. Diese Angaben des Verfassers werden aus heutiger Sicht als zuverlässig betrachtet.

[16] G. SAUER, Jesus Sirach, 507, gibt in den Anmerkungen zur Stelle den Hinweis, „das Wort weise ist mit Rickenbacher, 9f, hier auszulassen. Es fehlt in 𝕾 und der lat. Übersetzung. In Sir wird es an 24 Stellen stets nur auf Menschen, nie auf Gott bezogen."

scheinlich kommt die Einfügung σοφός gar nicht aus dem Kontext, wo in V. 9 betont wird, dass Gott die Weisheit geschaffen habe. Es handelt sich vielmehr um eine Einfügung nach dem Vorbild des *Pseudophokylides*, wo eben diese Formulierung εἷς ἐστιν σοφός auch zu finden ist (s.u.). Wenn der Begriff σοφός herausgenommen wird, bleibt der einfache Satz εἷς ἐστιν φοβερός/*einer ist zu fürchten*. Der Satz enthält einen Anklang an das Sch^ema': κύριος ὁ θεὸς ἡμῶν κύριος εἷς ἐστιν, dessen letztes Glied hier aufgenommen wird und einen hervorgehobenen Lobpreis enthält. Dann wäre der Satz zweigliedrig zu übersetzen: *Einzig ist er! Er ist sehr zu fürchten. Er sitzt auf dem Thron.*

So bleibt festzuhalten, dass im hebr. Original in der feierlichen Einleitung nur ein אחד stand. Das lässt sich durch eine Parallele belegen, nämlich in dem abschließenden Hymnus Sir 42,15–43,28. Darin werden die Werke der Schöpfung beschrieben; in der hebr. Fassung befindet sich in V. 21a (nach Smend) der Begriff אחד.[17]

Sir 42, 20-21		Nicht wird vermisst bei
ל]א נ[עדר ממנו כל שכל 20	οὐ παρῆλθεν αὐτὸν πᾶν	ihm irgendeine Erkenntnis,
ולא חלפו כל דבר	διανόημα οὐκ ἐκρύβη ἀπ'	und nichts entgeht ihm.
נ]בורת חכמ[תו תכן a21	αὐτοῦ οὐδὲ εἷς λόγος	Die Macht seiner Weisheit
	τὰ μεγαλεῖα τῆς σοφίας	bleibt bestehen, *einer ist er*
אחד הוא מעולם:	αὐτοῦ ἐκόσμησεν ὡς	*von Ewigkeit her*, nichts
ל]א נוס[ף ולא נאצל c21	ἔστιν πρὸ τοῦ αἰῶνος	kann hinzugefügt werden
ולא צריך לכל מבין:	καὶ εἰς τὸν αἰῶνα οὔτε	und nichts kann wegge-
	προσετέθη οὔτε	nommen werden, keinen
	ἠλαττώθη καὶ οὐ	Ratgeber braucht er.
	προσεδεήθη οὐδενὸς	(Sauer)
	συμβούλου	

Man kann davon ausgehen, dass die feierliche אחד/εἷς-Formulierung *an zwei sich entsprechenden Stellen*, im Eingangs- und im Schlusshymnus (vor dem Väterlob), verwendet wurde. Beide Male liegt ein doxologisch geprägter, emphatisch betonter Sinn vor.[18]

---

[17] Seltsamerweise fehlt diesmal eine Übersetzung des אחד im griech. Text, denn die hebr. Vorlage ist eindeutig. Es ist nur konsequent, dass Sauer die griech. Fassung ignoriert und sich ganz an die hebr. hält.

[18] Beide Stellen wurden jedoch im Laufe der Zeit in der griech. Fassung verändert, im Eingangshymnus wurde durch Einfügung von σοφός der Akzent verschoben, im zweiten Hymnus hat es eine fehlerhafte Abschrift gegeben und das εἷς ist verschwunden. Es ist wahrscheinlich, dass der griech. Text an dieser Stelle durch eine Fehllesung zustande kam. Haben die Worte ὡς ἔστιν ursprünglich εἷς ἔστιν gelautet? Zumindest bei Minuskeln ist das Schriftbild sehr ähnlich. Bei Majuskeln könnte das Schriftbild ΩC bzw. EIC zu Verwechslung geführt haben. Auch eine akustische Fehlleistung könnte vorliegen. In Sir 42 ist die Einzigkeitsformel als positive Aussage auch durch zwei verneinende Sätze gerahmt und somit betont. Dies unterstützt die These, dass in Sir 1,10 nur das emphatische εἷς, ohne σοφός stand, als Ausruf und Lobpreis.

Mitten im Buch Sir 17,25–18,14 findet sich ebenfalls ein Lobpreis der Größe Gottes. Es handelt sich um die Einleitung zu einem neuen Abschnitt seiner Weisheitsschrift. In 18,2 steht die Formulierung:

Sir 18,1-2:	Der, der ewig lebt, erschuf das All
ὁ ζῶν εἰς τὸν αἰῶνα ἔκτισεν τὰ πάντα	insgesamt. *Der Herr allein* erweist sich
κοινῇ κύριος μόνος δικαιωθήσεται	als gerecht.[19] (Sauer)

Diese Aussage κύριος μόνος δικαιωθήσεται passt jedoch nicht recht in den Zusammenhang. Denn der vorherige Text handelt von der Ordnung in der Natur und V. 3 nimmt diesen Gedanken ebenfalls wieder auf. Vermutlich handelt es sich also bei V. 1 und 2 um eine *Randnotiz*, die in den Text geraten ist. Die drei Worte wären eine gute Antwort auf die in den folgenden Versen gestellte rhetorische Frage: τίς ἐξιχνεύσει τὰ μεγαλεῖα αὐτοῦ;/Wer ergründet seine großen Taten? Die Antwort auf diese Frage muss heißen: „keiner ist dazu in der Lage". Dann passt die Bemerkung oder Randnotiz: *es ist der Herr allein* … Diese Notiz ist eine Zeile vorher in den Text gekommen. Auch der im Haupttext der LXX weggelassene V. 3 bringt eine summarische und übliche Ergänzung, die die Macht Gottes beschreibt.[20]

Der Befund zeigt, dass die Formulierung κύριος μόνος in Sir 18,2 wahrscheinlich ein späterer Eintrag ist. Das Prädikat μόνος für Gott ist jedenfalls nicht typisch für Sir. Er benützt vor allem ὕψιστος und ἰσχυρός. Dem Begriff ὕψιστος widmet er sogar eine besondere Auslegung am Ende des ersten Teils bzw. des Lobpreises 43,30–36. Ein Grund, weshalb die drei Worte von V. 2 hier eingeschoben wurden, sind auch die in V. 1 befindlichen Begriffe αἰών und πάντα, zu denen das μόνος wie selbstverständlich hinzugehört. Im Übrigen aber schließt V. 4 logisch an V. 1 an. – Auch die zweite mögliche Stelle, die ein μόνος zu enthalten scheint Sir 24,24, ist in den griech. Handschriften schwach bezeugt,[21] und entfällt daher als Beleg.

Sir 33,5	36,4 LXX	36,5 HB
וידעו כאשר ידענו	καθάπερ καὶ ἡμεῖς	Und sie werden erkennen,
כי אין אלהים זולתך:	ἐπέγνωμεν ὅτι οὐκ ἔστιν	wie wir erkannt haben,
	θεὸς πλὴν σοῦ κύριε	dass es *keinen Gott gibt außer dir*. (Smend)

---

[19] G. SAUER, ebd., 549, fügt unter Berufung auf einige Handschriften in seiner deutschen Übersetzung das interpretierende „und außer ihm gibt es keinen/και ουκ εστιν αλλος πλην αυτου" bei.

[20] (3) οιακιζων τον κοσμον εν σπιθαμη χειρος αυτου, και παντα υπακουει τω θεληματι αυτου, αυτος γαρ βασιλευς παντων εν κρατει αυτου, διαστελλων εν αυτοις αγια απο βεβηλων pau. LXX, hg. v. A. RALPH, kritischer Apparat zu V. 2 und 3, 406.

[21] Rickenbacher denkt an christliche Tradition, so G. SAUER in seiner Übersetzung, ebd., 565, Anm. 24a. Sir 24,24 ist nicht im Haupttext der LXX aufgenommen.

Anders ist die Stelle Sir 36,5 (LXX 36,4!) zu beurteilen, obwohl die hebr. Urfassung die Ausschließlichkeitsformel bezeugt. Die Formel befindet sich mitten in einem Gebet um die Errettung des Volkes Israel aus einer feindlichen Umwelt. Solche polarisierende Haltung entspricht aber nicht der Gesinnung, die in den übrigen Teilen des Buches Sir zu finden ist. Deshalb bestehen erhebliche Zweifel, ob das Gebet in der ursprünglichen Fassung von Sir stand. Vermutlich ist es wegen der Weisheitssentenz 35,21–25 eingefügt worden. Es ist nicht verwunderlich, dass angesichts der feindseligen Haltung hier mittels der Verneinungsformel ein Bekenntnis zum Gott Israels ausgesprochen wird. Das ist die gleiche Gesinnung, die die Psalmen Salomos prägt. Dafür ist auch bezeichnend, dass sich in diesem Kapitel die hell. Gottesbezeichnung *Höchster* nicht findet. Der Text in Sir 36,5 ist somit als *sekundär* anzusehen.[22] Er wurde vermutlich in 1. Jh. v.Chr. oder n.Chr. aus Gründen der Frömmigkeit eingefügt.

Zusammenfassend lässt sich festhalten: bei Sir sind *alle Alleinanspruchsformeln* spätere *Einfügungen*, wohl aber sind die Einzigkeitsformeln am Anfang und Ende des ersten Teils, in Kap. 1 und 42 ursprünglich, zwei echte Lobpreisungen des einen Gottes mit einer inklusiven Tendenz.

Pseudepigraphische jüdisch-hellenistische Dichtung: Die Sprüche des Phokylides

(53) Μὴ γαυροῦ σοφίηι μήτ᾽ ἀλκῆι μήτ᾽ ἐνὶ πλούτωι (54) εἷς θεός ἐστι σοφὸς δυνατός θ᾽ ἅμα καὶ πολύολβος.[23]	Brüste dich nicht mit Weisheit oder mit Stärke oder mit Reichtum. *Der Eine Gott (allein)* ist weise zugleich und mächtig und reich an Segen. (Walter)

Die sog. Sprüche des Pseudo-Phokylides (PseuPho) bestehen aus einem *moralischen Lehrgedicht* mit 219 Hexametern, das den Namen des alten Phokylides aus dem 7. Jh. v.Chr. benützt, um eine ethische Botschaft zu transportieren. Von Phokylides selbst sind nur 16 Sprüche erhalten, denen Witz nachgesagt wird, und sie scheinen in der Antike sehr geschätzt gewesen zu sein. Seine Dichtungen begannen jeweils mit der originellen Zeile:

---

[22] Auch J. Marböck, Das Buch Jesus Sirach, in: Zenger, 413, erwähnt, dass für diesen Text die Herkunft von Sir in Frage steht.

[23] Das Wort πολύολβος scheint eine besondere, vielleicht einmalige Wortbildung zu sein. Sie findet sich nicht in Menge/Güthling, Wörterbuch. Das Wort ὄλβος aber ist aufgeführt mit der Bedeutung: „a) Glück, Glückseligkeit, Segen, Gedeihen, Heil; b) insb. Wohlstand, Reichtum Macht". Menge/Güthling, ebd., 485.

auch dies ist von Phokylides. Vielleicht war dieser Satz der Anlass für eine komplette neue Dichtung, eine Pseudepigraphie.[24]

Diese Dichtung wiederholt, was in den anderen Büchern der Weisheit und z.T. in den Gesetzen des Mose (Dtn) geschrieben ist. Ihr Anliegen ist gutes zwischenmenschliches Verhalten, wobei kaum direkt auf eine Gottheit Bezug genommen wird. Wohl aber wird zur (stoischen) Mäßigung und Kontrolle der Begierden geraten. Der V. 54 steht daher mit einer Aussage über Gott isoliert in diesem Gedicht. Er ist wohl ein frommer Kommentar zu V. 53, wo vor hochmütigem Gebrauch des Wissens gewarnt wird und unterstreicht mit Hilfe der Einzigkeitsformel Gottes Macht und Weisheit. So wird die griech. Haltung mit jüd. Ethik übertroffen.[25]

Es ist auch beachtlich, dass hier mit dem Glauben an den einen Gott die Zusage besonderen Erfolgs und Segens verbunden ist. Die Gefahren der Verfolgung sind also noch nicht in Sicht. Das spricht für eine Entstehung dieser Dichtung im 1. Jh. v.Chr., als die Verhältnisse, zumindest in Alexandria, noch ziemlich friedlich waren. Darüber hinaus könnte die Formulierung εἰς θεός ἐστι eine Anspielung an Xen sein. Vom Inhalt her hätte der Verfasser genauso wählen können: θεός μόνος ἐστιν, was deutlich mehr jüd. geklungen hätte. So aber hat er eine klassische griech. Formulierung gewählt. Es spricht viel dafür, dass dieser Vers nicht in der ursprünglichen Fassung stand, sondern aus Gründen der Frömmigkeit eingefügt wurde.[26]

Pseudo-Orpheus (PseuOrph)

Die Überlieferung der folgenden Verse findet sich bei Justin (= J), Clemens von Alexandrien (= C[1]), in einem Aristobul-Zitat bei Euseb (= E) und in der

---

[24] Der häufig benützte Begriff *Fälschung* ist im Blick auf jene Zeit vielleicht unangemessen, denn es geht dabei um eine weithin geübte Praxis der Benutzung eines großen Namens, um eine These zu vertreten. Es ist eher ein Anhängen an einen berühmten Dichter oder Schriftsteller, wie es ja auch im NT geschieht. – So weist auch N. WALTER, Pseudepigraphische jüdisch-hellenistische Dichtung, 182, darauf hin, dass der Stil dieses Dichters in der Antike bald nachgeahmt wurde. Ob hier eine direkte Anknüpfung an die originellen Sprüche besteht, ist vollkommen unsicher.

[25] N. WALTER, ebd., 192, hierzu: „M.E. legt die vom Autor bewusst vollzogene gegenseitige Integrierung von biblisch-weisheitlicher und hellenistisch-populärethischer Tradition die Annahme nahe, dass er seinen Glaubensgenossen unter vorgeblichem Bezug auf einen griechischen Autor, der als ‚weiser' galt (V.2), zeigen wollte, wie eng gut griechische und gut biblische Moral beieinander liegen."

[26] Über die Absicht und die Methode dieser Schriftgattung setzt sich Walter in der ‚Pseudepigraphischen jüdisch-hellenistischen Dichtung' auseinander und vertritt die Auffassung, dass diese Literatur nicht eigentlich für Missionszwecke geschrieben wurde, sondern für jüdische Leser. „Es ist deshalb anzunehmen, dass der Autor auf die Bedürfnisse jüdisch-hellenistischer Leser zielte und damit bei ihnen auch eine gewisse Resonanz fand." N. WALTER, ebd., 192; ähnlich 180.

sog. Tübinger Theosophie (= T).[27] Dabei ist die Rezension A die kürzeste und wohl die älteste.

JC¹ET	Rezension A	Rezension C
(10) εἷς ἔστ', αὐτογενής, ἑνὸς ἔκγονα πάντα τέτυκται, (E: αὐτοτελής, αὐτοῦ δ' ὕ πο πάντα τελεῖται,)	*Einer ist er,* aus sich selber geworden; aus dem Einen entsprossen, ist alles geschaffen.	*Er ist Einer,* in sich selbst vollkommen; von ihm wird alles vollbracht. (Walter)
JC¹ET (17) οὐδέ τις ἔσθ' ἕτερος χωρὶς μεγάλου βασιλῆος. (E: σὺ δέ κεν ῥέα πάντ' ἐσορήσω) (T: οὐδεις ἔσθ' ἕτερος τῷ κεν ῥέα πάντ' ἐσορῆται.) (18) αἴ κεν ἴδῃς αὐτόν·	(17) Und *es ist kein anderer* (Gott) außer dem großen König.	(17) *Einen anderen gibt es nicht.* Du würdest leicht alles (voll Bewunderung) anschauen, (18) wenn du ihn selbst sehen könntest. (Walter)

Die beiden hier zitierten Bekenntnisse einmal mit der Einzigkeitsformel, das andere Mal mit der Verneinungsformel in den VV. 10 und 17, nur wenige Zeilen voneinander getrennt, scheinen unterschiedliche theologische Konzepte zu vertreten: V. 10 ein hell.-inklusives Verständnis, jedoch V. 17 ein jüd.-exklusives Verständnis. Tatsächlich aber liegen die beiden Formulierungen näher beieinander, denn es geht in dem Abschnitt von V. 10–17 um die Herkunft des Bösen. PseuOrph sagt wie Hiob: auch vom Guten bzw. von Gott kann Böses kommen. Es gibt nur *eine* Quelle sowohl für das Gute als auch für das Übel. Es gibt keinen Satan oder Gegengott.

Dieser Text, der Orpheus zugeschrieben wurde, stammt wahrscheinlich aus der ersten Hälfte des 1. Jh. n.Chr., etwa aus der Zeit Philos, aus einem hell. Judentum, „das sich griechischer Bildung öffnete und sich bemühte, Gedanken insbesondere der stoischen Kosmologie mit biblischer Schöpfungstheologie zu verbinden"[28]. Es geht in dieser Dichtung nicht um einen jüd.-geprägten exklusiven Monotheismus, sondern um den hell. Begriff der inklusiven Gottheit. Deshalb ist es auch nicht verwunderlich, wenn dieser Text in einer Fassung Rezension A sogar den Namen Zeus als „Hüter aller Dinge" enthält. Die Fassung aber, die Clemens benützt, hatte offensichtlich den Namen Zeus bereits gestrichen.[29] Im Hintergrund steht die Fiktion, dass Orpheus, der mythische Sänger, der zunächst zahlreiche Götter besungen hat, sich vor seinem Tod zum Glauben zu einem einzigen Gott bekehrt und dies als Testament seinen Schülern hinterlassen habe. Trotz der alten Sage von Orpheus ist die sog. Orphik ein spätes

---

[27] Vgl. zum Ganzen: N. WALTER, ebd., 217ff.

[28] N. WALTER, ebd., 227.

[29] Vgl. N. WALTER, ebd., 222f.

Phänomen, das mitten im Hellenismus im 2. und 1. Jh. v.Chr. beginnt. Es handelt sich um mystische und spekulative Texte, aus denen sich später die Gnosis und christliche Mystik des 2. und 3. Jh. n.Chr. nährten. Daher hatten diese Texte keine Chance in den jüd. oder in den christlichen Kanon aufgenommen zu werden.

Gefälschte Verse auf Namen griechischer Dichter

Die neun angeblichen Zitate mit Namen bekannter griech. Dichter, die in einer Zusammenstellung bei Justin und Clemens von Alexandrien zitiert sind, bringen in unterschiedlicher Weise das Lob des einen Gottes vor. Während sie im Altertum den verschiedenen Dramatikern zugeschrieben wurden, hat man sie seit der Zeit des Humanismus zunehmend als einheitliche Fälschung bezeichnet. Es ist dennoch kaum zu vermuten, dass sie von einer Hand stammen.[30] Sie verraten alle eine vollkommene Kenntnis und Beherrschung der griech. Sprache und Dichtung. In perfekter Weise, meistens mit Hexametern, setzten sie jüd. Vorstellungen in hell. Form um.[31] Nicht bei allen sieben erwähnten Dramatikern finden sich direkt die Einzigkeits- oder die Alleinanspruchformel, aber die Tendenz aller Abschnitte ist bei verschiedenem Wortlaut dieselbe: das entschiedene Eintreten für einen Monotheismus. Das Gedicht des angeblichen Sophokles lobt zuerst den einen einzigen Gott und Schöpfer in groß-artigen Bildern. Dann führt der Verfasser aus, wie lächerlich („verwirrt im Herzen") im Gegensatz dazu die menschlichen Bemühungen sind, mit teuren Götterfiguren und großen Festen einen verlässlichen Halt zu finden. Inhaltlich gibt es hier eine Nähe zu den vielen atl. Stellen des Götterspottes. Wahrscheinlich wurde das Gedicht im Stil des Sophokles nur in Florilegien verbreiten. Es ist auch kein Schauspieltext oder Rolle bekannt, wo diese Verse enthalten wären.

Sophokles (1): GCS 52	
p. 402	
εἰς ταῖς ἀληθείαισιν, εἰς ἐστι<ν> θεός,	1 *Einer in Wahrheit, einer (nur) ist Gott,*
ὃς οὐρανόν τε ἔτευξε καὶ γαῖαν μακρὴν	2 der den Himmel schuf und die große Erde,
p. 403	3 die schäumende Brandung des Meeres
πόντου τε χαροπὸν οἶδμα καὶ ἀνέμων βίαν.	und die Gewalten der Winde.
θνητοὶ δὲ πολλοὶ καρδίαν πλανώμενοι,	4 Wir vielen Sterblichen aber, verwirrt im Herzen, 5 errichteten uns Tröstungen
ἱδρυσάμεσθα πημάτων παραφυχὴν	für (alle) Leiden:
θεῶν ἀγάλματα ἐκ λίθων, ἢ χαλκέων	6 Standbilder von Göttern aus Stein oder Erz 7 oder Figuren, aus Gold gearbeitet
ἢ χρυσοτεύκτων ἢ ἐλεφαντίνων τύπους	oder aus Elfenbein. 8 Wenn wir solchen
θυσίας τε τούτοις καὶ κακὰς	(Bildern) Opfer und herrliche Feste
πανηγύρεις	

---

[30] Vgl. N. WALTER, ebd., 245f.

[31] G. STEMBERGER, ebd., 58, beurteilt die „Übernahme griechischer Namen", also die Pseude-pigraphie: „Die Freiheit im Umgang mit Verfassernamen der eigenen Tradition, die aus einem unterentwickelten Bewusstsein von geistigem Eigentum und schriftstellerischen Persönlichkeit stammt, erleichterte dieses Vorgehen."

| στέφοντες, οὕτως εὐσεβεῖν νομίζομεν. | 9 bereiten, wähnen wir, in solcher Weise recht fromm zu sein. (Walter) |

Am Anfang wirkt das zweifache εἰς in einer Zeile sehr stark. Es ist ein sprachlich sehr gut gelungenes Bekentnnis zur Einzigkeit Gottes. Auch dass *Wahrheit* und *Gott* parallel zueinander gestellt sind und danach eine umfassende Aussage über die Schöpfung folgt, wirkt überzeugend. Es liegt eine doppelte Argumentation vor, der Beweis von Gottes Größe durch seine sichtbare riesige Schöpfung und im Gegensatz dazu die kleinen Götterfiguren. – Der zweite Sophokles-Text (hier nicht abgedruckt) enthält weder die Alleinanspruchs- noch die Einzigkeitsformel, ist aber in der Sache nicht weniger deutlich. Er spricht in apokalyptischen Bildern, d.h. der Verfasser bedient sich vollkommen jüd. Vorstellungen, um die einmalige Macht Gottes in griech. Weise zu beschreiben. Es gibt eine Nähe zu Sib III,83–92.

Aischylos

Eine ähnliche – nicht ganz so apokalyptisch geprägte – Argumentation wie Sophokles II verfolgt ein Text, der Aischylos zugeschrieben wurde:

| GCS 52 p. 415 χώριζε θνητῶν τὸν θεὸν καὶ μὴ δόκει ὅμοιον σαυτῷ σάρκινον καθεστάναι. οὐκ οἶσθα δ᾽ αὐτόν· ποτὲ μὲν ὡς πῦρ φαίνεται ἄπλατος ὁρμή, ποτὲ δὲ ὕδωρ, ποτὲ δὲ γνόφος· καὶ θηρσὶν αὐτὸς γίνεται παρεμφερής, ἀμένῳ νεφέλη τε καὶ ἀστραπῇ, βροντῇ, βροχῇ. ... ἐπὰν ἐπιβλέψῃ γοργὸν ὄμμα δεσπότου. (12) πάντα δυνατὴ γὰρ δόξα ὑψίστου <θεοῦ>. | 1 *Unterscheide Gott* von den Sterblichen, und meine nicht, 2 du könntest einen Fleischgeborenen *ermitteln, der ihm gleich wäre.* [32] 3 Du kennst ihn nicht! Bald erscheint er wie das Feuer 4 (in seiner) *unnahbaren Gewalt,* bald wie das Wasser, bald wie das Dunkel; 5 auch Tieren kann er ähnlich werden, 6 ja dem Wind, der Wolke, dem Blitz, Donner, Regenguß. ... 11 wenn das furchterregende Auge des Herrschers auf (sie) blickt. 12 Denn er vermag alles – die Ehre (gebührt) dem *höchsten* Gott! (Walter) |

Mit kräftigen Bildern wird Gottes Gewalt in der Natur beschrieben, die in nichts vergleichbar ist mit der Macht eines Menschen (V. 1–2). Ob V. 9 und 10 apokalyptische Bilder enthält oder nur an die Erdbeben und Stürme

---

[32] Der gleiche Gedanke, wie in V.2 findet sich in einem Zitat, das Hesiod zugeschrieben wird und ebenfalls bei CLEMENS VON ALEXANDRIEN, Protr 73,3 und Strom. V 112,3 zu finden ist.

erinnert, ist nicht klar. Anlass für diese Naturgewalt ist vor allem „der furchterregende" Blick des Herrschers (δεσπότης). Dieses Motiv des Herrschers, der mit seinem Blick alles vermag und doch selbst nicht gesehen wird, ist ein Motiv, das in verschiedenen Varianten in den gefälschten Versen (Euripides[33] und Dyphilos V) wiederkehrt.[34] Die Einzigkeit Gottes wird so poetisch umschrieben bis das Ganze in einer Doxologie mit einer πάντα-Formel mündet.

Das Gedicht strebt auf den Höhepunkt in V. 12 zu, ein Lob in der Sprache der Stoa *er vermag alles* und *Ehre dem ὕψιστος*, womit das gebräuchlichste Gottes-Epitheton des Hellenismus aufgenommen wird.

Diphilus

GCS 52	[16] Seid auf der Hut, ihr, die ihr glaubt,
p. 407	*es sei kein Gott!*
Ὁρᾶτε ὅσοι δοκεῖτε οὐκ εἶναι θεόν.	[17] [die ihr, recht unklug, zweifach euch
Δὶς ἐξαμαρτάνοντες οὐκ εὐγνωμόνως·[35]	vergeht:]
ἔστι\<ν\> γάρ, ἔστιν· εἰ δέ τις πράττει	[18] *Er ist fürwahr – er ist!* Und wenn es
καλῶς,	einem (gut) ergeht,
κακὸς πεφυκώς, τὸν χρόνον κερδαινέτω·	[19] obwohl er schlecht ist von Natur,
χρόνῳ γάρ οὗτος ὕστερον δώσει δίκην.	der nütze seine Zeit!
	[20] Denn er wird später dann zur Zeit
	noch Strafe büßen müssen. (Walter)

In den Stromata 5,14,121 des Clemens von Alexandrien, wird ein Abschnitt nach Pseudo-Justin zitiert, insgesamt nur 20 Zeilen, deren Verfasser der Komödien-Dichter Diphilus[36] gewesen sei. Der Abschnitt bringt eine scharfe Warnung, Gott zu vergessen oder seine Existenz zu bezweifeln. Vielleicht richtet sich der Vers gegen die teilweise atheistisch eingestellten Kyniker, aber vor allem gegen die hellenisierenden Juden.

---

[33] Zum Vergleich seien hier die Euripides zugeschriebenen Verse aufgeführt, weil sie das Motiv des alles überblickenden und doch nicht selbst sichtbaren Gottes aufnehmen. θεὸν δὲ ποῖον, εἰπέ μοι, νοητέον; τὸν πάνθ' ὁρῶντα καὐτὸν οὐχ ὁρώμενον (GCS 12 p.52) / wie beschaffen – sage mir – soll man Gott sich denken? Als den, der *alles sieht, doch selbst nicht sichtbar* ist. (Walter). Dieser paradoxe Gedanke, der auch bei Diph und PseudOrph und in den Sib III genannt ist, dient dazu, die Einmaligkeit Gottes, sowie seine einzigartige Fähigkeit zu beweisen, die Menschen in ihrem rechten oder falschen Verhalten zu beobachten und zu richten.

[34] Vergleiche oben die Ausführungen zu Epicharmos aus Krastos.

[35] Diese Zeile nur bei Ps. JUST., de Mon., 3.

[36] Die Zeit der Entstehung sollte nicht zu eng gefaßt werden, sie kann von 2. Jh. v.Chr. bis ins frühe 2. Jh. n.Chr. gedauert haben – so lange Juden vom Hellenismus begeistert waren und nicht verfolgt wurden.

Die Formulierung in V. 18: „ἔστι<ν> γάρ ἔστιν" wirkt durch Wiederholung des Verbs sehr stark. Gewiß ist sie auch dadurch veranlasst, dass die Aussage in einen Hexameter passen soll. Sie ist überzeugend und erinnert an die lebendige Rede, wo wichtige Worte wiederholt werden.

Das zweite imitierte Diphilus-Zitat ist noch deutlicher und fordert direkt zur Anbetung ‚τιμᾶν' des einzigen Gottes auf, den der Verfasser – dies ist eine Ausnahme! – den *Vater* nennt, sowie auch *Urheber* und *Schöpfer*. Hier liegt offensichtlich nicht das inklusive (oft mit εἷς verbundene), sondern das exklusive jüd. Gottesverständnis vor, denn die Alleinanspruchsformel steht in Mittelpunkt:

Otto p. 150	
Διότι τὸν ὄντα κύριον πάντων ἀεὶ	Drum sollst du den, der wahrhaft aller
p. 152	Dinge Herr für immer ist,
Καὶ πατέρα τοῦτον διὰ τέλους τιμᾶν	(den) Vater, *ihn allein* beständig ehren,
μόνον, Ἀγαθῶν τοσούτων εὑρετὴς καὶ	so vieler Güter Urheber und Schöpfer.
κτίστορα.	(Walter)

Pseudo-Pythagorika: Pythagoras I

In einer Schrift, die Justin Martys zugeschrieben wurde (sog. Pseudo-Justinus), De Monarchia sind der folgende Einleitungstext und die beigefügten Verse enthalten *Mit ihm ist auch* Pythagoras *einer Meinung, wenn er folgendes schreibt:*

Otto p.134	[1] Wenn einer (von sich) sagen wollte:
Εἴ τις ἐρεῖ· Θεός εἰμι πάρεξ ἑνός,	„*Ich bin Gott, (noch) außer dem Einen*",
οὗτος ὀφείλει	dann müßte der [2] eine Welt gleich dieser
Κόσμον ἴσον τούτῳ στήσας εἰπεῖν·	zustande bringen und sagen können:
Ἐμὸς οὗτος,	„Dies ist meine (Welt)"; [3] und er müßte
Κοὐχὶ μόνον στήσας εἰπεῖν ἐμός, ἀλλὰ	sie nicht nur zustande bringen und
κατοικεῖν	sagen: „Meine (ist's)", sondern müsste [4]
Αὐτὸς ἐν ᾧ πεποίηκε· πεποίηται δ' ὑπὸ	selbst in dem auch wohnen, was er
τούτου.	geschaffen hat – ist sie ja doch von ihm
	geschaffen! (Walter)

Ein Verfasser in hell. Zeit, der sich wohl selbst mit Justin in Verbindung sah, bringt hier als Wort des Pythagoras einen bei den Eleaten häufig reflektierten Gedanken: wenn es noch einen weiteren Gott gäbe, müsste er eine eigene Welt vorweisen können! – Der Zweck ist dabei folgender: weil keine andere Welt bekannt ist, gibt es auch keinen anderen Gott, also existiert nur der eine Gott über der uns bekannten Welt.

Der Abschnitt stammt aber kaum von Pythagoras (der ohnehin historisch kaum fassbar ist), weil dieser Gedanke sicher bei Aristoteles oder anderen Schriftstellern Spuren hinterlassen hätte. Die Verse stammen wohl eher von Neupythagoreern, die in hell. Zeit zunehmend Anerkennung fanden.[37] Die Theorie, dass es noch andere Welten geben könnte, fand sich jedoch schon bei Anaximander. Hier wird der Gedanke abgewandelt und von Gott her gedacht. Das Argument zeigt in jedem Fall, dass die alte Vorstellung, dass jeder Gott ein bestimmtes Volk (Stadt und Tempel) besitze, vergangen ist. Der Verfasser überträgt diesen Gedanken in kosmische Weite, wie im Hellenismus üblich.

Pythagoras II
Ein weiterer angeblicher Text von Pythagoras ist zweifach belegt. Erstens: bei Pseudo-Justin in der Cohortatio ad Graecos 19b mit der knappen Einleitung:
Εἰ δὲ καὶ σαφεστέραν ἀπόδειξιν τῆς Πυθαγόρου περὶ ἑνὸς θεοῦ δόξης πο θεῖτε γνῶναι, ἀκούσατε καὶ τῆς αὐτοῦ δόξης. Οὕτως γὰρ ἔφη·/*Wenn ihr eine noch klarere Darlegung der Anschauung des* Pythagoras *von dem Einen Gott zu vernehmen wünscht, dann schenkt seiner Ansicht auch Gehör! Er sagt nämlich so:*

Zweitens: bei Clemens v. Alex. in Protreptikos 72,4 mit der kurzen Einleitung: *Wir wollen auch die Jünger des Pythagoras nicht schweigend übergehen, die da sagen:*

Ὁ μὲν θεὸς εἷς, αὐτὸς δὲ οὐχ, ὥς τινες ὑπονοοῦσιν, ἐκτὸς τᾶς διακοσμήσιος, ἀλλ' ἐν ἑαυτῷ ὅλος ἐν ὅλῳ τῷ κύκλῳ ἐπισκοπῶν πάσας γενέσιάς ἐστιν, κρᾶσις ἐὼν τῶν ὅλων αἰώνων, καὶ ἐργάτας ἐὼν τῶν αὐτοῦ δυνάμιων καὶ ἔργων, ἀρχὰ πάντων, ἐν οὐρανῷ φωστήρ, καὶ πάντων πατήρ, νοῦς καὶ ψύχωσις τῶν ὅλων κύκλων, ἁπάντων κίνασις. Οὕτω μὲν οὖν ὁ Πυθαγόρας. (PsJus)	*Gott ist Einer,* und er steht nicht, wie einige wähnen, außerhalb der Weltordnung, sondern in ihr, er ganz im ganzen Weltkreis, der Wächter über allem Werden, die Verschmelzung aller Zeitalter, der Bewirker seiner Kräfte und Lichtspender aller Werke im Himmel und Vater aller Dinge, die (Welt)Vernunft und die Beseelung des ganzen Weltkreises, das Bewegung(sprinzip) aller Dinge.

---

[37] M.P. NILSSON, Geschichte II, 239.

Auch dieser Abschnitt, ausnahmsweise in Prosa, dürfte kaum auf Pythagoras oder einen anderen Philosophen des 6. Jh. v.Chr. zurückgehen, sondern der hell. Zeit entstammen. Auffällig ist, dass eine doppelte Argumentation vorliegt: 1. Gott ist *in allem* und 2. zugleich *über allem*. Die erste Vorstellung ist eher stoisch, zumal in dem kurzen Text siebenmal die Begriffe ὅλος und πᾶς benützt werden. Anderersseits nimmt der Text aristotelische Vorstellungen auf, wenn er vom Entstehen aller Dinge γένεσις und von der Bewegung κίνησις spricht. Es scheint dem Verfasser auch weniger um eine Logik von Zahlen zu gehen, sondern um das vielseitige Wirken des einen Gottes. So spricht viel für die Entstehung in der hell. Zeit, jedoch muss es nicht ein jüd. Schriftsteller gewesen sein. Hierfür sind die Anklänge an das AT nicht deutlich genug. Zwar meint N. WALTER, „dieser Prosa-Stück enthält nichts, was nicht von einem jüd. Autor gesagt werden könnte."[38] Aber in diesem Fall sind die allgemein philosophischen Begriffe stärker als die jüdischen. θεὸς εἷς ist die Überschrift für mehrere schöpferische Funktionen, es ist das gut griech. inklusive Verständnis von εἷς, das mehreres subsumieren kann.

Das slawische Henochbuch

Etwa im frühen 1. Jh. n.Chr., wahrscheinlich im Umfeld des Philo von Alexandrien oder möglicherweise auch in Palästina selbst, jedenfalls vor dem Fall von Jerusalem, ist ein Henochbuch entstanden, das in hebr. Sprache verfasst war. Das Buch ist trotz seiner Form als Apokalypse von einer „Atmosphäre eines weltoffenen hellenistischen Disporajudentums"[39] bestimmt. Dieses Henochbuch wurde ins Aramäische und ins Griechische übersetzt, bearbeitet und dann wieder in mehrere Sprachen übersetzt. Deshalb unterscheidet sich das äthiopische Henochbuch beträchtlich vom slawischen.[40]

Im Mittelalter fand über Byzanz eine Version besondere Verbreitung in der russ. Kirche bzw. im kirchenslaw. Sprachraum und gewann großes Ansehen. Daher ist diese kirchenslaw. Übersetzung in etwa 20 Handschriften überliefert. In dem Text geht es um die Einsetzung eines gültigen Priestertums und es kann sein, dass dieses Motiv besonderen Anklang in der damals neu entstehenden russ. Kirche fand, und dass daher dort so viele Abschriften gefertigt wurden.

---

[38] N. WALTER, Pseudepigraphische jüdisch-hellenistische Dichtung, 257.
[39] C. BÖTTRICH, Das slawische Henochbuch, 785.
[40] Sowohl die ursprüngliche hebräische Fassung, wie auch die griechische Übersetzung sind verloren, bzw. bisher nicht gefunden. Kleine Fragmente der hebräischen Fassung fanden sich in der 4. Qumranhöhle.

Hen(sl) 69,4	Und Methusalem verharrte nahe bei dem
и пребыст Меѳ[ех]оусаломь близ	Altar, und er betete zum Herrn und
ѡлтара и помоли са Господеви,	sprach: *„Herr der ganzen Welt, du*
и рече· Всего сына избравъ	*Einer,* der du meinen Vater Henoch
ѡт отца нашего Еноха, и ты,	erwählt hast! Erwecke du deinem Volk
Господи, ави ереа людемь своимь,	einen Priester, und gib ihren Herzen
и (вразоуми) срдца	Verstand, daß sie deine Herrlichkeit
боѧти са славы твоеа и	fürchten, und alles nach deinem Willen
сотвори(ти) по воли твои все.	tun." (Böttrich)

C. BÖTTRICHS Übersetzung beruht auf der längeren Fassung, dessen Grundlage die Hs. R ist. In dem hier eingedruckten kürzeren altslawischen Text
fehlt aber das Bekenntnis zu einem Gott und stattdessen heißt es hier nur:
aus allen Söhnen (Menschen) hast du meinen Vater Henoch erwählt. Die
Fassung R hat die Bedeutung:

R: Господи въсего вѣка едине избрави ѡтца./Herr der ganzen Welt,
du *einer* …

Während die Fassung B das „du" betont:

B: Господи всего вѣка, сыи единъ, избравыи отца/Herr der ganzen
Welt, der *du einer* bist … So versteht es auch C. BÖTTRICH.[41]

Dieses Bekenntnis, das an das Sch^e^ma' erinnert, steht in einem der letzten
Kapitel des Hen(sl). Methusalem spricht es als Priester bei seiner Einsetzung. Möglicherweise wurde tatsächlich bei der Einsetzung von Priestern
zitiert.[42] Dies ist die einzige Stelle, wo eine solche Anspielung an das Sch^e^-
ma' vorgenommen ist. Die übrigen in diesem Buch gebrauchten Gottesbegriffe entsprechen einerseits ganz der hell. Praxis[43], andererseits werden
einige exklusive Formulierungen gebraucht.

Bei der Anrufung: *du einer,* handelt es sich gewiß um eine Übertragung
des griech. εἷς. Dieser Begriff hat hier eine eher exklusive Bedeutung, die
keinerlei Verbindung zu anderen Gottheiten erlaubt. Es ist vor allem ein
Lob, eine Akklamation, fast wie ein eigener Name gebraucht und deshalb
auch in der slaw. Übersetzung geschickt mit einem „Du" versehen. So liegt
ein elativer Gebrauch vor.

Es ist zu beachten, dass in der hier vorliegenden kirchenslaw. Version,
sowohl oben bei „du bist Einer" wie auch bei den Begriffen *Alleinherr-*

---

[41] C. BÖTTRICH, ebd., 1005, Anm. 4c.

[42] Aber die Priester dürften kaum ein solches Bekenntnis, das die Herrschaft Gottes über die
ganze Erde ausruft, gebraucht haben, sondern nur das Sch^e^ma', das sich an Israel wendet. Dieses
erweiterte Bekenntnis von Gottes Weltherrschaft ist zwar von DtJes gesprochen und von vielen
übernommen, aber ob es offiziell im Kult benützt wurde, ist zweifelhaft.

[43] Vgl. C. BÖTTRICH, ebd., 815, Anm. 122.

schaft und *alleinige Macht* und weiter unten bei *Einzigkeit* immer der gleiche Wortstamm єдинъ verwendet wird, so dass das griech. μόνος und εἷς nicht genau zu unterscheiden sind. Dennoch ist vom Satzbau und Sinn her für die Verse 33,7 und 34,1 in der griech. Vorlage ein μόνος bzw. μοναρχία zu vermuten.

Hen(sl) 33,7-8	[7]Alle Heere habe ich geschaffen *und alle Kräfte*,[44] und *es gibt keinen*, der mir widersteht oder mir nicht gehorcht. Denn alle gehorchen *meiner Alleinherrschaft* und dienen *meiner alleinigen Macht*. [8]Und gib ihnen die Bücher deiner Handschrift. Und sie werden [sie] lesen und mich als den Schöpfer aller Dinge erkennen. Und sie werden verstehen, *daß kein anderer ist außer mir.* (Böttrich)
Вса воинества азь сътворихъ, нѣст протива са мнѣ или не покорꙗꙗ са, и вси покораютъ са моемȣ єдиновластию и работаютъ моєи єдинои власти. И бдаи же имъ книгы рȣко(писа)ниꙗ твоєго, и почтоутъ и познаютъ творца ихъ, и разȣмѣютъ и тѣ ꙗко нѣст [творца] иного развѣе мене, ...	

Dagegen benützt C. BÖTTRICH im folgenden Text nach der Handschrift R den Begriff „(моꙗ) єдинство", was mehr *Einzigkeit* bedeutet und dafür könnte in der griech. Vorlage vielleicht ein ἑνότης/*Einheit, Einzigkeit* gestanden haben.

Hen(sl) 34,1	Und sie haben nichtigen Samen gesät, wobei sie Gott *nicht fürchten und mich nicht verehren*;[45] und haben eitle Götter angebetet, und sie haben *meine Einzigkeit* abgewiesen. (Böttrich)
И всѣютъ семена поустошнаꙗ, и поклонат са богомь соуетнымъ и ѡтриноутъ єдиновластьє моє	

Die folgenden Beispiele zeigt, wie die Erkenntnisformel mit der Verneinungsformel verbunden wird und zwar in einer Weise, die die kulturelle Praxis des Lesens aufnimmt und dem Erkennen gleichstellt.

Hen(sl) 36,1	Und sie werden lesen und erkennen, daß es keinen (anderen)[46] gibt außer mir. (Böttrich)
И да прочтоут и разоумѣ[е]ютъ ꙗко нѣст развѣе мене ...	

---

[44] Die Formulierung „и вса силы/ und alle Kräfte" fehlt in allen kürzeren Hss. C. BÖTTRICH, ebd., 933, Anm. 7b.

[45] Der Teil „wobei sie Gott nicht fürchten und mich nicht verehren" findet sich nur in der längeren Version von Hen(sl). Links ist die kürzere Version eingedruckt.

[46] Die kirchenslaw. Version hat in der Handschrift R noch den Begriff иного/einen anderen.

| Hen(sl) 47,3 | Denn es gibt keinen anderen außer dem |
| ꙗко нѣст разбѣе Господа единаго. | Herrn. (Böttrich) |

Das sind gewaltige Treue-Bekenntnisse, die jede andere Loyalität aus-schließen. Mehrere Handschriften fügen nach „Господа" noch „единаго" ein, was mit *alleinigen* übersetzt werden kann. C. BÖTTRICH benützt an dieser Stelle die Verneinungsformel. Mit größter Wahrscheinlichkeit stand hier im Griechischen μόνος.

Wir finden hier eine verschärfende Doppel-Formel: *dient ihm allein, betet nur den wahren Gott an.* Der Ursprung dieser Doppelformel dürfte aber im Hebräischen עבד und im Griechischen λατρεύειν[47] gelautet haben. Beide Begriffe wurden sowohl mit *dienen* als auch mit *anbeten* übersetzt, so auch hier.

Hen(sl) 66,2	
Пред лицемь Господнимь ходите и	wandelt vor seinem Angesicht und *dient*
том꙽ единомоу слоужите ...	*ihm allein*... (DS)

Im Hen(sl) findet sich neben allen gebräuchlichen hell. Gottes-Epitheta an einer entscheidenden Stelle gegen Schluss („nahe am Altar") das Hauptbekenntnis, das die Herrschaft des einen Gottes über die Welt verkündet. Darüber hinaus betont Hen(sl) mit Ausschließlichkeitsformeln den Glauben an den einzigen Gott. So verwendet er gern den Begriff „единовластье", was wahrscheinlich dem griech. μοναρχία entspricht. Trotz gewisser Offenheit zur hell. Welt und weisheitlichen Erfahrung lässt diese Schrift keine Zweifel an dem exklusiven Verständnis.

Paralipomena Jeremiou

In einer Nacherzählung der Jeremia-Geschichte, die in den Jahrzehnten nach der Zerstörung Jerusalems 70 n.Chr., vielleicht erst um 120 n.Chr. entstanden ist[48], findet sich in einem Gebet eine Formulierung, die Gottes zukünftige Belohnung besonders hervorhebt. Denn die Schrift setzt sich mit dem Problem der Zukunft und der Auferstehung auseinander. Weil die Auferstehung im Vordergrund stand, wurde diese jüd. Schrift christlich rezipiert und ab dem 2. Jh. n.Chr. auch christlich bearbeitet.

Die Gebetsformulierung ist recht kurz, nur V. 6. Der weitere Text bringt ein Selbstgespräch, in dem sich der Verfasser selbst tröstet:

---

[47] Vgl. MENGE/GÜTHLING, ebd., 417.
[48] B. SCHALLER, Paralipomena Jeremiou, 678ff.

6,5 Καὶ ἄρας τοὺς ὀφθαλμοὺς αὐτοῦ εἰς τὸν οὐρανὸν, προσηύξατο λέγων· (6) Σὺ ὁ θεὸς ὁ παρέχων μισθαποδοσίαν τοῖς ἀγάπωσί σε.	6, 2(5) Und er erhob seine Augen zum Himmel, betete (und) sprach: (6) *Es gibt einen Gott,* der Lohn bereit hält seinen Heiligen. ...(Schaller)

Das kurze Gebet ist ein Appell an Gott, doch seine Heiligen in Zukunft nicht (wieder) zu verlassen, sondern sie für ihre Leiden zu belohnen. Der Beter beschwört also mit der Einzigkeitsformel die Macht Gottes, damit dieser alles wende.

Die Übersetzung des V. 6 von B. SCHALLER basiert jedoch auf einer anderen Textversion. Es handelt sich dabei um einen Mischtext, wobei auch Aeth und Handschrift C eine Rolle spielen. Der hier abgedruckte griech. Text hat wörtlich die Bedeutung: „*Du bist der Gott, der Lohn bereitet denen, die dich lieben*". Nur in der Handschrift C ist eine Formulierung, die im Griechischen lauten musste: εἰς θεός. Vielleicht beruht die obige Variante auf einem Hörfehler beim Diktieren (εἰς statt σύ) oder einer absichtlichen Änderung, die εἰς θεός als *Lobpreis* voranstellte. Die äthiopische Version übersetzt: „Groß ist Gott", wie auch die armenische „Gelobt sei Gott". Beide deuten auf eben diese griech. Version εἰς θεός. Ob aber ursprünglich εἰς θεός da gestanden hat, ist nicht sicher, denn das Gebet ist eine Anrede in der zweiten Person, wie die letzten Worte: ἀγάπωσί σε/*die dich lieben* beweisen.

Die übrigen in ParJer benützten Epitheta Gottes entsprechen der späthell. Sprache, jedoch fällt auf, dass der Begriff ὕψιστος nicht benützt wird. Vor allem sind κύριος und παντοκράτωρ verwendet. Daneben sucht der Verfasser mit einer Anzahl besonderer Begriffe[49] für Gott seiner Verehrung Ausdruck zu geben, z.b. *auserwähltes Licht, Ruhe der gerechten Seelen, unsere Stärke, Räucherwerk der lebendigen Bäume,* u.a. So ist auch die Verwendung der Einzigkeitsformel doxologisch geprägt, genauer ein Appell aus der nationalen Not.

Sapientia Salomonis

In Sap gibt es einige wenige Stellen, die mit εἷς, μόνος oder πλήν gestaltet sind. Dabei beziehen sich die Aussagen meistens auf die Weisheit, die bevorzugte erste Schöpfung Gottes. Aufschußreich für Stil und Denkweise der Sap ist 7,22, weil er in sprachlicher Variation die Ausschließlichkeitsformel aufnimmt.

Sap 7, 22 (σοφία) ἔστιν γὰρ ἐν αὐτῇ πνεῦμα νοερόν ἅγιον μονογενές πολυμερές λεπτόν εὐκίνητον	Ein Geist ist nämlich in ihr, der denkt und heilig ist, *einzig* und vielfältig, fein und behend,

---

[49] Zu den Gottesprädikationen vgl. B. SCHALLER, ebd., 682f.

| τρανόν ἀμόλυντον σαφές ἀπήμαντον φιλάγαθον ὀξύ ... | klar und ungetrübt, deutlich, unversehrt und das Gute liebend ... (Georgi) |

In diesem Lobpreis werden zwei gegensätzliche Begriffe kombiniert: μονογενές (*allein geboren oder gezeugt*)[50] und πολυμερές (*vielseitig*). Solches Zusammendenken von Gegensätzen gehört zur Absicht der Sap. Die Formulierung stellt wohl kein tiefes Bekenntnis dar, sondern ist eher ein Spiel mit paradoxen Begriffen, das mit sieben weiteren ausgewählten Worten fortgesetzt wird und schließlich in das Lob mündet:

Sap 7,27	*Sie ist eins und vermag doch alles.*
μία δὲ οὖσα πάντα δύναται καὶ μένουσα	Sie beharrt in sich selbst und erneuert
ἐν αὐτῇ τὰ πάντα καινίζει καὶ κατὰ	doch alles, und in jeder Generation
γενεὰς εἰς ψυχὰς ὁσίας μεταβαίνουσα	siedelt sie in fromme Seelen über und
φίλους θεοῦ καὶ προφήτας κατασκευάζει	rüstet Gottesfreunde und Propheten aus. (Georgi)

In diesem Vers ist wieder das stoische Schema εἰς-πάντα herauszuhören, auch mit einer starken Betonung der Paradoxie „obwohl sie [die Weisheit] einzig ist, vermag sie doch alles zu vollbringen". Der Gedanke wird fortgesetzt, indem eine weitere Paradoxie eingeführt wird: sie ist aus Urzeiten und wirkt doch erneuernd für jede Generation. D. GEORGI bemerkt zu diesem literarischen Stil von Sap: „Polarisierungen von Bildern, Werten, Begriffen, Personen, Gruppen, Zeiten und Orten erfolgen nahezu pausenlos".[51] Und „wenn auch der Satzstil überaus einfach ist, so ist dafür der Wortschatz extrem reich und gewählt".[52]

Die Entstehung dieser Weisheitsschrift wird sehr unterschiedlich bewertet. D. GEORGI vermutet, dass sie schon im späten 2. Jh. v.Chr. entstand.[53] S. SCHROER[54] dagegen hält eine Entstehung auch sehr viel später, nämlich im frühen 1. Jh. n.Chr. für möglich. D. GEORGI nennt sie auch wegen ihrer widersprüchlichen Ausrichtung „die erste gnostische Schrift"[55], in der es eigentlich „nicht um Wissen, sondern um Bewusstsein"[56] geht.

---

[50] MENGE/GÜTHLING, ebd., 459.
[51] D. GEORGI, Weisheit Salomos, 391.
[52] Ebd., 392.
[53] Ebd., 395f.
[54] SCHROER, Das Buch der Weisheit, in: Zenger, 402.
[55] D. GEORGI, ebd., 394.
[56] Ebd., 394.

Pseudo-Philo: AntBibl

Eine weitere εἰς-Formel befindet sich im sog. Pseudo-Philo, den Antiquitates Biblicae. Der unbekannte Verfasser versucht einen Überblick über die Geschichte des Volkes Israel zu geben und diese Darstellung lässt erkennen, dass die Verbindung zur hell. Kultur ein Irrweg war. „Daß diese Begegnung negativ ausfiel, ist Grund des vergangenen und gegenwärtigen Unheils."[57] Vermutlich sollte die Darstellung wohl bis zur ersten Zerstörung Jerusalems 587 v.Chr. reichen, aber der Text bricht beim Tod des Königs Saul ab, wobei unsicher ist, ob der Verfasser verstarb oder ob die Text-Überlieferung unvollständig ist. Die Schrift wurde mit großer Wahrscheinlichkeit in den Jahrzehnten nach der Zerstörung Jerusalems in Palästina verfasst.

Die Einstellung ist sehr ähnlich der Bußgesinnung, die im Gebet des Asarja formuliert ist. Die Schrift ist wohl zunächst hebr. entstanden und „die griechische Version dürfte nicht lange nach der hebräischen Niederschrift entstanden sein"[58], wohl zur Beginn des 2. Jh. n.Chr. Aber der Text ist vor allem in lat. Sprache überliefert, die griech. Version liegt nicht mehr vor. Von der hebr. Fassung sind einige Fragmente aufgetaucht. Das theologische Anliegen besteht darin, das Gesetz des Mose anstelle des Kultes in den Mittelpunkt zu stellen. Das wird durch die Darstellung der Geschichte des Volkes Israel begründet. Dabei werden die Erzväter als Vorbilder empfohlen.

In einem Abschnitt, der die Bekehrung Abrahams und die böse Reaktion seiner Umgebung darstellt, findet sich die εἰς-Formel als das entscheidende Bekenntnis gegen alle Todesgefahren. Denn seine Mitmenschen wollen ihn in einen brennenden Ziegelofen werfen. Man kann zwar fragen, ob das Bekenntnis, das an das Sch^ema' erinnert, ursprünglich in diesem Text stand, denn es scheint den Zusammenhang zu unterbrechen, aber auf jeden Fall wurde es bald oder später bewusst an dieser Stelle eingefügt, wo es um die tödliche Verfolgung ging. Dass es sich um eine Anspielung an das Grundbekenntnis Israels handelt, ist auch erkennbar an dem hebr. Text, der in dem Fragment erhalten ist: ‏כי אל אחד ידענו ואותו נעבד‎.

AntBibl 29, 4	AntBibl 6,4 𝔏	Da packte sie das Volk
‏ויאמרו להם הנשיאים‎	Et comprehendit eos	des Landes, und sie
‏למה לא חפצתם לעשות‎	populus terre et adduxe-	führten sie zu ihren
‏הלבנים עם עמי הארץ‎	runt eos ad principes suos,	Fürsten und sprachen zu
‏ויענו להם ויאמרו לא‎	et dixerunt: Hi sunt viri	ihnen: „Dies sind die
‏נעשה הלבנים ולא‎	qui transgressi sunt consi-	Männer, die unsere
‏נדבק בכם כי אל אחד‎	lia nostra et nolunt ambu-	Beschlüsse übertreten

---

[57] CH. DIETZFELBINGER, Pseudo-Philo: Antiquitates Biblicae, 97.
[58] CH. DIETZFELBINGER, ebd., 93.

ידענו ואותו נעבד אף כי הייתם שורפים אותנו באש עם הלבינים לא נלך בדרכיכם:	lare in viis nostris. Et dixerunt ad eos duces: Quare noluistis mittere singuli quique lapides cum populo terre? Et illi responderunt dicentes: Non mittimus vobiscum lapides, nec coniungimur voluntati vestre. Unum Dominum novimus, et ipsum adoramus. Et si nos mittatis in ignem cum lapidibus vestris, non consentiemus vobis.	haben und nicht in unseren Wegen wandeln wollen." Da sprachen die Anführer zu ihnen: „Warum wolltet ihr nicht, ein jeder einzelne, zusammen mit dem Volk des Landes Steine (ins Feuer) werfen?" Und jene antworteten und sprachen zu ihnen: „Wir werfen nicht mit euch Steine, und wir verbinden nicht unseren Willen mit euch. *Einen Gott* kennen wir (nur), und ihn beten wir an. Auch wenn ihr uns mit euren Steinen ins Feuer werft, werden wir euch nicht zustimmen." (Dietzfelbinger)

Die Einzigkeitsformel findet sich an zwei weiteren Stellen verbunden mit wichtigen Begriffen: nämlich mit dem *Weinstock* und *Hirten*.

AntBibl 12, 8 Et tunc ascendit Moyses in montem, et oravit dicens: Ecce nunc tu Deus qui plantasti vineam unam, et dedisti radices eius in abyssum, et sarmenta eius extendisti usque ad sedem tuam altissimam ...	Und dann stieg Mose auf den Berg und betete und sprach: „Siehe jetzt, du Gott, der du einen *einzigen Weinstock* gepflanzt hast und hast seine Wurzeln in den Abgrund (hinab) gegeben und seine Zweige hast du sich erstrecken lassen bis zu deinem höchsten Sitz ..." (Dietzfelbinger)

Die lat. Form: *unum* deutet auf ein ursprüngliches ἕνα ἄμπελον hin, das hebr. גֶּפֶן. Obwohl hier kein Fragment der hebr. Urversion vorhanden ist, ist die Sache ziemlich deutlich. Die AntBibl vergleichen an sechs Stellen Israel mit einem Weinstock[59]. Der Bezug ist das Weinberg-Gleichnis Jes 5, denn der Weinstock ist ein Bild für die einzige Liebe Gottes und die Erwählung Israels. Die Begriffe *Weinberg* und *Weinstock* wechseln aber häufig. Die

---

[59] CH. DIETZFELBINGER, ebd., 135, Anm. 8a.

folgenden Aussagen über den Weinstock (er verliert seine Frucht, Gott wird zornig über ihn, lässt ihn vertrocknen, verbrennt ihn) deuten auf die Katastrophen Israels hin. Deshalb klagt der fromme Verfasser und appelliert an Gottes ursprünglichen Plan, den er mit seinem „Weinstock", dem Volk, hatte und erinnert eindringlich an dessen Erwählung. Auch wenn der Verfasser von AntBibl den Begriff εἰς anstelle von μόνος bzw. *solus* wählte, ist das exklusive Verständnis nicht zu übersehen.

In 19,3 richtet sich die Hoffnung auf einen starken Volksführer, einen herausragenden *Hirten, wie Mose,* wohl einen König und Priester zugleich, einen eschatologischen Herrscher, der Israel aus allen Gebieten sammelt und es einheitlich regiert.

AntBibl 19, 3	Dann aber werdet ihr und eure Söhne
Tunc autem et vos et filii vestri et omnes generationes vestre que surgent post vos querent diem mortis mee et dicent in corde suo: Quis dabit nobis pastorem unum sicut Moysen aut iudicem talem filii Israel, qui in omni tempore oret pro peccatis nostris et exaudiatur pro iniquitatibus nostris?	und alle eure Geschlechter, die sich nach euch erheben werden, fragen nach dem Tag meines Todes, und sie werden sagen in ihrem Herzen: „Wer wird uns geben *einen einzigen Hirten wie Mose* oder (wer wird geben) einen solchen Richter den Söhnen Israel, der zu aller Zeit bittet für unsere Sünden und erhört werde für unsere Bosheiten?" (Dietzfelbinger)

Von AntBibl fehlt außer der griech. auch die hebr. Fassung, aber der Begriff *pastorem unum* ist unmissverständlich. Mose erhält das Prädikat *unum* bzw. εἰς, was weniger ein Zahlwort als die Beschreibung seiner Fähigkeit ist, nämlich, dass er *einzigartig* ist, weil er eine besondere Verbindung zu Gott hatte.[60] Es ist interessant, dass diese Verbindung nicht mit der Vermittlung des Gesetzes begründet wird, sondern mit seiner Fürsprache und dem Gebet. Das *unum* ist wohl *exklusiv* zu verstehen, es hebt in jedem Fall die besondere Funktion des Mose hervor, in der Bedeutung: *kein anderer konnte das tun.*

Schließlich ist erstaunlich, dass in dieser Schrift für Gott fast immer nur θεός gebraucht, aber der Begriff ὕψιστος konsequent vermieden wird – eine klare Absage an den Hellenismus. Vermutlich ist deshalb sogar die Melchisedek-Szene Gen 14,18, weil der Begriff עֶלְיוֹן/ὕψιστος zum ersten Mal erscheint, weggelassen. Der Begriff κύριος wird gelegentlich gebraucht, wenn es sich um Zitate handelt.

---

[60] Vgl. N. LOHFINK/J. BERGMANN, Art. אֶחָד, ThWAT 1 (1973), Sp. 210f, wird auch die Bedeutung „hervorragend" angeführt.

Deshalb erfolgt in 23,13f wieder ein Rückgriff auf die Alleinanspruch-formel in Anspielung an die Szene beim „Landtag" von Sichem (Jos 24,15ff). Diese Absonderung und Exklusivität ist das Anliegen der AntBibl gerade in der Zeit der großen geistigen Krise, als Tempel und Stadt zerstört waren. Es ist ein trotziger Appell an das verunsicherte und verstreute, teil-weise versklavte Volk, dennoch seinem Gott treu zu bleiben.

AntBibl 23,13–14	
Hec sunt verba que locutus est Dominus ad me nocte hac.	Dies sind die Worte, die der Herr zu mir gesprochen hat in dieser Nacht. Da
Et responderunt omnes populi et dixe-runt : *Dominus est Deus noster*, et ipsi soli serviemus.[61]	antworteten alle Leute und sprachen: „Der Herr ist unser Gott, *und ihm allein wollen* wir dienen. (Dietzfelbinger)

Die AntBibl gebraucht das Hauptbekenntnis Israels nur einmal, aber an einer sehr entscheidenden Stelle, bei der Bedrohung Abrahams, als dieser in den Ziegelofen geworfen werden sollte. Gerade dieses Bekenntnis führt zu seiner Rettung. Darin liegt die Botschaft. Darüber hinaus gibt es in der Schrift die Hervorhebungen *unus/ϵἷς: ein einziger Hirte* oder *ein einziges erwähltes Volk*. Wann immer diese Begriffe mit der Einzigkeitsformel gebraucht werden, sind sie exklusiv verstanden.

Das 4. Buch Esra

Das Buch 4Esra ist ein eindringlicher Appell an Gott, seinen Plan mit Israel nicht zu vergessen, es aus der Erniedrigung zu erretten, welche ihm durch die Zerstörung Jerusalems widerfahren ist. Da sind die Suche nach Sinn in der Geschichte und eine Bitte, die Treue zum Gesetz zu halten. Es gibt also sachlich viele Gemeinsamkeiten mit AntBibl, doch ist die Argumentation viel differenzierter. Gemeinsam ist der Appell an Gott, „den einzigen Weinstock", das Volk, nicht zu vergessen.

Dieses Buch, das wahrscheinlich um 100 n.Chr. in hebr. Sprache geschrieben war, wurde vermutlich bald ins Griechische übersetzt, jedoch ist diese Übersetzung wie auch das hebr. Original verloren.[62] Der Verfasser stammte wohl aus Kreisen der Frommen, die sich nach der Zerstörung Jerusalems noch im Mutterland aufhielten und in Jabne einen bescheidenen neuen Mittelpunkt fanden. Das Buch unterscheidet sich von anderen jüd. Büchern der hell.-röm. Zeit durch eine sehr ausgewählte Spra-che, zahlreiche Bildworte und differenzierte Argumentation. Das ist wohl der Grund dafür, dass 4Esr ziemlich verbreitet war, in mehrere Sprachen übersetzt wurde und in etwa 20 Handschriften erhalten ist, von denen die lat. Version als die beste gilt.

---

[61] G. Kisch, Pseudo-Philo's Liber Antiquitatum Biblicarum, 177.
[62] Diese historischen Angaben alle nach J. Schreiner, Das 4. Buch Esra, 291ff.

Gleich am Anfang der Schrift steht ein eindringliches Gebet („Meine angst-
erfüllten Worte zum Höchsten …" 3,3), die mit der Doppelformulierung
„Dominator Domine" untertänig beginnt. J. SCHREINER vermutet, dass diese
Formulierung, die noch sechsmal in der Schrift erscheint, auf יהוה אֲדֹנָי zurückgeht.[63] Ebenso möglich ist die Quelle אֱלֹהִם אֲדֹנָי oder κύριος ὁ θεός.

4Esr 3,3–4	Und mein Geist wurde sehr erregt, und
3 Et ventilatus est spiritus meus valde,	ich begann, zum Höchsten angsterfüllte
et coepi loqui ad Altissumum verba	Worte zu sprechen und sagte: „Herr,
timorata,	Herrscher, du hast doch am Anfang, als
4 et dixi : O Dominator Domine, nonne	du *ganz allein* die Erde gebildet hast,
tu dixisti ab initio, quando plasmasti	gesprochen und hast dem Staub befoh-
terram, et hoc solus, et imperasti orbi	len. (Schreiner)

Beeindruckend ist die Klage vor dem Höchsten, in welcher der Verfasser
mit sehr gewählten Bildern Gott seine Liebe zu Israel vorhält. Es sind sieben Vergleiche, die jeweils mit dem Prädikat: *una/unum* versehen sind. Das
Ganze wird im V. 27 zusammengefaßt: das *eine* Volk mit dem besonderen
Gesetz wie auch AntBibl 12 (s.o.). In diesem Abschnitt wirkt jedes *u-
nus/una* wie ein Reflex der Einzigkeit Gottes. Das lässt den Schluss zu:
4Esr spricht neben allen direkten Worten zu Gott auch oft in indirekter
Weise über Gottes Einzigkeit. Zehnmal erscheint das Wort *unus* in dem
kurzen Abschnitt, das letzte Mal in der Bildung *unicum*. Alle diese Formulierungen gehen zweifellos auf das griech. εἷς, μία, ἕν zurück. In dieser
Häufung bilden sie eine einzige anhaltende Klage. Die Argumentation
dieses eindringlichen Gebet beruht auf dem Gedanken der Erwählung des
Volkes Israel: der eine und einzige Gott *muss* sein einziges Volk in seinem
einzigartigen Land beschützen!

4Esr 5,23 – 28	… und [ich] sagte: Herrscher, Herr, aus
23 et dixi: Dominator Domine, ex omni	allen Wäldern der Erde und aus allen
silva terrae et ex omnium arborum eius	ihren Bäumen hast du dir *den einen*
elegisti vineam unam, 24 et ex omnium	*Weinstock* erwählt, 24 aus allen Län-
terrarum orbis elegisti tibi foveam	dern der Erde hast du dir *das eine Land*
unam, et ex omnibus floribus orbis	erwählt, aus allen Blumen der Erde hast
elegisti tibi lilium unum, 25 et ex omni-	du dir *die eine Lilie* erwählt, 25 aus
bus abyssus maris replesti tibi rivum	allen Tiefen des Meeres hast du dir *den*
unum et ex omnibus aedificatis civitati-	*einen Bach* gefüllt, aus allen erbauten
bus sanctuficasti tibimetipsi Sion, 26 et	Städten hast du für dich selbst *den Zion*
ex omnibus creatis volatilibus nomi-	geheiligt, 26 aus allen erschaffenen

---

[63] J. SCHREINER, ebd., 312, Anm. 4b.

nasti tibi columbam unam, et ex omnibus plasmatis pecoribus providisti tibi ovem unam, 27 et ex omnibus multiplicatis populis adquisisti tibi populum unum, et ab omnibus probatam legem donasti huic quem desiderasti populo. 28 Et nunc, Domine, utquid dedisti unum pluribus et praeparasti unam radicem super alias et disparsisti unicum tuum in multis?	Vögeln hast du dir *die eine Taube* gerufen, aus allem geschaffenen Vieh hast du dir *das eine Schaf* schon im voraus ausersehen, 27 aus all den vielen Völkern hast du dir *das eine Volk* erworben, und das von allen als gut *anerkannte Gesetz*[64] hast du diesem Volk gegeben, das du geliebt hast. 28 Jetzt aber, Herr, *weshalb hast du das eine* den vielen ausgeliefert, *den einen Sproß* vor den anderen in Schande gebracht und *dein einziges* unter die viele zerstreut? (Schreiner)

Alle diese Vergleiche finden sich im AT, keiner ist neu.[65] Neu ist nur die Betonung durch ein jeweiliges Prädikat *unus/einzig* und die dichte Anzahl der Vergleiche. Der sprachliche Reflex der Verehrung eines Gottes findet sich schon an vielen Stellen im AT, jedoch nicht in Reihen und Zusammenstellungen wie hier in 4Esr, sondern die Bilder wurden einzeln gebraucht. Es ist damit auch ein Gegensatz zur Popularsprache der Stoa zu erkennen. Während diese häufig die εἰς-πάντα-Formel benützt, neigen die jüd. Verfasser in späthell. Zeit zur εἰς- oder μόνος-Formel. Das ist zugleich eine Ablehnung des kosmischen Denkens der Griechen, wo immer wieder τά πάντα/*das All* hervorgehoben war. Stattdessen betonen die jüd. Autoren die Erwählung des *einen* (Land, Stadt, König, usw.) durch den *Einen Gott*.

Wohl grundsätzliche Bedeutung gewinnt die Aussage: durch *einen* Menschen kam die Sünde[66] – mit der Erwartung: also kann sie auch durch *einen* beseitigt werden! *Ein* Mensch wurde durch das Wasser gerettet (Noah), *einer allein* brachte das Gesetz (Mose). Das Gesetz selber ist auch nur *eines* (obwohl es in sich vielfältig ist). Im Zwölf-Propheten-Buch wird der *eine* Tag zum Ziel der Geschichte. *Einer* steigt aus dem Meer: *ein* Sohn und Retter.[67] Wahrscheinlich waren viele Hervorhebungen mittels der Einzigkeitsformel schon lange vor dem 4Esr bekannt, zumal auch einige von Paulus gebraucht wurden.

---

[64] Diese Formulierung, dass das Gesetz (des Mose) von allen anerkannt sei, ist euphemistisch, bzw. es erinnert an die Stoa, wo solche εἰς-πάντα-Formulierungen häufig sind.

[65] Weinstock: Jes 5,1–7; Land: Dt 6,10f; Lilie: Hos 14,6; Cant 2,2; Bach: Cant 4,15; Zion: Ps 14,7; Ps 48; Jes 8,18; Taube: Ps 74,19; Schaf: Ps 74,1; Ps 79,13. Die Bezeichnung Bach in V.25 ist selten. Es ist aber offensichtlich, dass es sich um den Jordan handelt. Deshalb fügen auch die armen. und georg. Übersetzungen *Jordan* hinzu. J. SCHREINER, ebd., 326, Anm. 25.

[66] 4Esr 1,5–10 über Adam.

[67] 4Esr 13,2 und 25.

Diese bildhaft Gottes Einzigkeit umschreibende Sprache findet ihren Niederschlag auch in den vielen *Siebener-Reihen*[68]. Die Sieben ist, wie Philo (Op 100) ausführt, ein εἰκών/*Abbild* der Einzigkeit Gottes. Eine der wichtigen Siebener-Reihen steht in 6,1–6, die Gottes Einmaligkeit zu umschreiben versucht.[69]

Ein Reflex der Erwählung, die mit εἷς/*unum*/*einzigartig* umschrieben ist, findet sich in 4Esr 6,57f, wo in einer kleinen Reihe „dein Volk Israel" mit den seltenen Titeln: *primogenitus* und *unigenitus* bezeichnet wird, das Letztere wohl eine Übersetzung von μονογενής.

4Esr 6,57–58	57 Nun aber, Herr, siehe wie jene Völ-
Et nunc, Domine ecce istae gentes quae in nihilum deputatae sunt dominari nostri et devorare nos, 58 Nos autem populus tuus, quem vocasti primogenitum, unigenitum, aemulatorem, carissimum, traditi sumus in manibus eorum.	ker, die für nichts erachtet wurden, uns beherrschen und uns zertreten. 58 Wir jedoch, dein Volk, das du deinen Erstgeborenen, *Einzigen,* Anhänger, Liebling genannt hast, sind ihren Händen ausgeliefert. (Schreiner)

Während für die späte Zeit des Hellenismus Zusammenstellungen von zahlreichen Gottestiteln durchaus üblich sind, ist die Reihe in 7,131 sehr ungewöhnlich, denn es sind sieben *milde* Gottes-Titel aufgeführt: *der Barmherzige, der Gnädige, der Langmütige, der Freigebige, der Gnadenreiche, der Gütige, der Verzeihende.* Kein einziges Mal erscheint „gewaltig" oder ähnliches. Manche der Übersetzer änderten deshalb den Wortlaut und führten den Begriff „Starker" ein.[70] Andere ersetzten den letzten Begriff mit „Richter".[71] Es scheint sich ein neues Verständnis des einen und einzigen Gottes anzudeuten.

Eine weitere Stelle beschreibt den großen Unterschied von Schöpfer und Geschöpf. In großartigen Bildern versucht der Beter sich Gott zu nähern, bis er ihn *einzig* nennt.

4Esr 8,6–7	6 O Herr über uns, erlaube deinem
6 O Domine super nos, si permittes servo tuo, ut oremus coram te et des nobis semen cordis et sensui culturam unde fructum fiat, unde vivere possit	Knecht, vor dir zu beten. Gib Samen unserem Herz und Pflege dem Verstand, dass Frucht entsteht, wodurch jeder Sterbliche zum Leben gelangen könnte,

---

[68] Weitere Siebener-Reihen befinden sich in 7, 80–87: die Qualen für die verachteten Seelen; 7, 88–98: die Verheißungen für die Frommen; 7,106ff: Beter für die Feinde; 8,52ff: Paradieshoffnungen; 14,14ff: eine kleine Liste ethischer Ermahnungen.

[69] Das Vorbild für diese „bevor-Sätze" bildete wohl der Abschnitt Prov 8,24–29.

[70] J. SCHREINER, ebd., 360, Anm. 132c.

[71] Ebd., 361, Anm. 139a.

omnis corruptus qui portavit locum hominis. 7 Solus enim es, et una plasmatio nos sumus manuum tuarum, sicut locutus es.	der Menschengestalt getragen hat. 7 *Denn du bist der Einzige,* und wir sind *ein Gebilde,* das Werk deiner Hände, wie du gesagt hast. (Schreiner)

Die Hervorhebung der Erwählung durch ein emphatisches εἷς als Reflex des Glaubens an den einen Gott ist auch in zahlreichen Texten des AT zu finden. Die Aussagen beziehen sich dabei eher auf gewöhnliche oder auch seltsame Einzelheiten, z.b. Ex 36: *einerlei Maß,* oder 1Kön 4,19: *ein Verwalter,* Dtn 28,25: die Feinde sollen auf *einem Weg besiegt werden,* Ex 12,46: das Opferlamm soll *in einem Haus* gegessen werden. Wenn betont wird, dass z.b. die Feinde auf *einem* Weg besiegt werden, erhält mit dem Prädikat εἷς der Sieg eine Art Weihe, er zeigt göttliches Handeln an. 4Esr verwendet also die Einzigkeitsformel grundsätzlich für exklusive Aussagen.

Die Elia-Apokalypse

In einem der ersten Kapitel der Elia-Apokalypse, die nur kopt. erhalten ist, findet sich (nach der dt. Übersetzung) eine Formulierung, die in der griech. Vorlage wahrscheinlich εἷς θεός oder ὄνομα ἕν (τοῦ) θεοῦ geheißen hat. Wenige Zeilen später müsste eine abgewandelte εἷς-Formulierung stehen, die vermutlich φωνὴ μία (nach Gen 11,1) gelautet hat. Aber die griech. Übersetzung der ApcEl wie auch die jüd. Urschrift ist verloren. Die Apokalypse, die wohl erst um die Mitte des 3. Jh. n.Chr. [72] entstanden ist, ist nur in kopt. Dialekten überliefert. [73] Daher ist nur ein indirekter Rückschluss möglich.

ApcEl 26, 1.5.10.17

(1) Es wird geschehen in jenen Tagen, da gebietet er Frieden von Ägypten aus und eine nichtige(?) [74] Gabe. Er wird Frieden geben diesen Heiligen und sagen: (5) *Einer* [75] *ist der Name Gottes.* Er wird Ehre geben den Heiligen und Aufrichtung den heiligen Stätten. Er wird nichtige(?) Geschenke geben dem Hause Gottes. Er wird umhergehen in den (10) Städten Ägyptens mit List, ohne dass man es bemerkte. Er wird die heiligen Stätten zählen. Er wird wägen die Götzenbilder der Heiden. Er wird zählen ihre Schätze. Er wird Priester einsetzen für sie. Er wird befehlen, zu ergreifen die Weisen des Landes und die Großen des Volkes, damit man sie führe nach der Hauptstadt am Meer, indem man (er) sagt ... (17) *Eine einzige Sprache* soll sein. (Schrage)

---

[72] W. SCHRAGE, Die Elia Apokalypse, 201.

[73] W. SCHRAGE, ebd., 198.

[74] Die Übersetzung in 26,3 „eine nichtige Gabe" korrigiert W. SCHRAGE, ebd., 241, Anm. f, in Anlehnung an Stern in „reichliche Geschenke".

[75] G. STEINDORFF, Die Apokalypse des Elias. Die achmimische Handschrift, 79, übersetzt mit: „Einzig ist der Name Gottes".

Der Abschnitt gehört zu einer Offenbarung bzw. Weissagung, die offensichtlich Alexander d.Gr. meint, denn die Andeutungen weisen auf Ägypten und die Familie Alexanders d.Gr.[76] Anderes passt mehr zur röm. Zeit. Die Beurteilung, die Alexander hier erfährt, ist aber nicht genau zu deuten. Sind die Tempel, die er großzügig beschenkt, die traditionellen Kultstätten und auch der Jahwe Tempel? Sind die Zählung der heiligen Städte, die Einsetzung von Priestern und die angeordnete Besiedlung der Stadt am Meer (Alexandria) als positive oder als tyrannische Maßnahme gewertet? Nach einigen Formulierungen scheint es, dass Alexander als Initiator von Friedensmaßnahmen gilt, aber manches kann auch mit anderen Königen in Verbindung gebracht werden.[77] Insofern ist die Weissagung offen für einen zukünftigen Friedenskönig.

Das Ziel dieses Textes ist die Überwindung von Vielfalt und Feindschaft. Das wird in der Einheitsformel, die in der griech. Vorlage τὸ ὄνομα ἕν und φωνή μία gelautet haben dürften, anvisiert. Es handelt sich wohl um eine Formulierung in Anlehnung an Sach 14,9. Obwohl Alexander d.Gr. keine einheitliche Gottheit für sein Reich eingeführt hat, belegt der Text die Erinnerung an große Regierungsmaßnahmen. Dabei kann auch die Legende mitgespielt haben, dass sich Alexander zu *einem* Gott bekannt habe.[78] Zutreffend ist, dass Alexander und seine Nachfolger *eine* Kultur und Sprache förderten.

4.3 Zusammenfassung

1. Die bisherige Analyse der jüdischen Schriften der hellenistischen Zeit hat gezeigt, dass sich die Einzigkeitsformel häufig in Texten findet, die eine gewisse Öffnung zum Hellenismus erkennen lassen, z.B. Sir. Auch da ist der Gebrauch dieser Formel begrenzt auf wenige doxologische Texte in rahmenden Hymnen. Da diese Zeichen der Frömmigkeit aber den späteren Generationen offensichtlich zu wenig waren, fügten sie einige Texte ein, vor allem den Hymnus in Sir 17,25–18,14, die größeres Vertrauen in den einzigen Gott sprachlich stärker zum Ausdruck bringen. Auch σοφός wird als Gottesprädikat der menschlichen Weisheit gegenüber gestellt.

2. Daneben findet sich die Einzigkeitsformel in monotheistisch geprägten Hymnen, die einigen griech. Klassikern zugeschrieben wurden. Dabei wurde die Formel meistens am Anfang oder ganz am Ende, als Überschrift oder dort, wo ein besonderer Akzent gesetzt werden kann, verwendet. Da für diese Hymnen die Form des Hexameters gewählt wurde, ist die Sprache und Aussagekraft dieser Imitationen zweifellos gelungen. Einige dieser

---

[76] Vgl. dazu W. SCHRAGE, ebd., 241, Anm. 26 c), e) und g) und 212.

[77] W. SCHRAGE, ebd., 212, vermerkt: „Vor allem im hellenistischen Judentum ist Alexander aber meist freundlicher beurteilt worden ... Auch in der ApcEl ist er mehr Friedensbringer und gerechter Rächer an Ägypten, Verfechter des Monotheismus und Förderer der Juden."

[78] So W. SCHRAGE, ebd., 241, Anm. c.

Gedichte beschreiben die Einzigkeit Gottes eher indirekt mit gewaltigen Bildern. – Wie im Fall des Philolaos wurden in Nachahmung der Pythagoreer auch einige philosophische Texte geschaffen, um die Urkraft der Eins – nach Pythagoreern die μονάς – zu preisen und so den angesehenen Pythagoras und seine Schule als Beweis für die Einzigkeit Gottes in Anspruch zu nehmen.

3. Dagegen wird die Einzigkeitsformel in anderen Schriften in einem *exklusiven* Sinn gebraucht. Es sind diese Schriften, die mit größter Wahrscheinlichkeit nach dem Fall von Jerusalem entstanden und die wieder mehr die Abgrenzung zum Hellenismus betonen, so in Hen(sl) und ParJer. In diesen Schriften ist die Formel doxologisch gebraucht. Sie steht in Gebeten, die sich aus schlimmer nationaler Not an Gott als Retter wenden.

4. Auch in den Schriften AntBibl und 4Esr, die wohl ebenfalls in den Jahrzehnten nach dem Fall von Jerusalem verfasst wurden und Orientierung in der geistigen Krise geben wollen, wird die Einzigkeitsformel verwendet, doch nicht in der Anrufung oder dem Lobpreis Gottes, sondern sie wird benützt, um das *einzigartige Verhältnis* Gottes zu seinem Volk (Weinstock, Liebling usw.), die Erwählung, zu beschreiben. So wird die Formel auch hier exklusiv verwendet.

5. Für die sehr freie, fast spielerische Verwendung der Formel liefert Sap den Beweis. Hier wird das exklusive Verständnis durch Entgegensetzung (ein Gott – vielfältig) einerseits bestätigt, andererseits variiert, ohne dass damit ein inklusives Verständnis akzeptiert würde.

4.4 Die Alleinanspruchs- und Verneinungsformel

Der 3Esra
Bei 3Esr handelt es sich um eine Übersetzung einer etwas fragmentarischen hebr. oder aram. Vorlage, „die im großen und ganzen dem masoretischen Text schon entsprach"[79] und die wohl im 3. Jh. v.Chr. entstanden war.[80] Der schwierigen Frage, wie und warum es neben den überlieferten masoretischen Texten zur Bewahrung einer anderen Textzusammenstellung über die Esra- und Nehemia-Zeit kam, kann hier nicht nachgegangen werden.[81] Beachtlich ist, dass es sich beim 3Esr um eine sprachlich bessere Fassung als

---

[79] K.-F. POHLMANN, 3Esra-Buch, 378.
[80] K.-F. POHLMANN, ebd., 379, neigt offensichtlich dieser Auffassung von Walde und Rudolph zu.
[81] Ausführlich ist das beschrieben bei K.-F. POHLMANN, ebd., 383f.

Ἔσδρας β handelt. Einige Begriffe divergieren, was für unsere Untersuchung relevant ist.[82] Der Abschnitt 3Esr 8,24f nimmt eine zentrale Funktion in der Esra-Überlieferung ein, weil er die Installation und rechtliche Sicherung des Jahwe-Glaubens, sowie mögliche Sanktionen beschreibt. In Esr 7,26f werden die gleichen Strafmaßnahmen angedroht, nur die Gottesbezeichnung lautet anders.

1Esd 8,24–25	3Esr 8,24–25
ὅσοι ἐὰν παραβαίνωσι τὸν νόμον τοῦ θεοῦ σου καὶ τὸν βασιλικόν ἐπιμελῶς κολασθήσονκαὶ πάντες αι ἐάν τε καὶ θανάτῳ ἐάν τε καὶ τιμωρίᾳ ἢ ἀργυρικῇ ζημίᾳ ἢ ἀπαγωγῇ εὐλογητὸς μόνος ὁ κύριος ὁ δοὺς ταῦτα εἰς τὴν καρδίαν τοῦ βασιλέως δοξάσαι τὸν οἶκον αὐτοῦ τὸν ἐν Ιερουσαλημ	Und alle, die etwa das Gesetz deines Gottes oder das des Königs übertreten, sollen streng bestraft werden, entweder mit dem Tod oder mit einer (anderen) Strafe, sei es mit einer Geldbuße oder mit Verbannung. Gepriesen (sei) *der alleinige Herr,* der dieses in das Herz des Königs gab, um sein Haus in Jerusalem zu verherrlichen. (Pohlmann)
Esr 7,27	Gepriesen sei der *Herr, der Gott unserer Väter!* Denn er hat dem König das alles
εὐλογητὸς κύριος ὁ θεὸς τῶν πατέρων ἡμῶν ὃς ἔδωκεν οὕτως ἐν καρδίᾳ τοῦ βασιλέως τοῦ δοξάσαι τὸν οἶκον κυρίου τὸν ἐν Ιερουσαλημ	ins Herz gelegt, um das Haus des Herrn in Jerusalem so herrlich auszustatten. (E)

3Esr 8,24 enthält die abschließende Anweisung aus dem großen Erlaß des Königs Ataxerxes (VV. 9–24), der dem Gesetz (des Mose) und damit dem Staat Juda einen rechtlichen Status innerhalb des persischen Reiches gewährt. Ob dieser Erlaß in dieser Form historisch ist, kann wohl bezweifelt werden, aber sicher enthält er einen wahren Kern und den Beweis, dass von allen Juden die Einhaltung der mosaischen Gesetze gefordert und Abweichungen mit Strafen belegt wurden. Die öffentliche Verlesung dieses Erlasses schließt Esra mit einem Dank ab. Eigentlich müsste dieser Dank an den großzügigen König gerichtet sein, aber die Formulierung ist anders (V. 24 bzw. 27), er dankt Gott zuerst und setzt den Perserkönig, der die Erlaubnis zum Tempelbau gegeben hatte, an die zweite Stelle, indem er erklärt, dass die Erlaubnis zum Tempelbau eine Eingebung Gottes war. Demnach ist der König eher ein Werkzeug in der Hand Gottes als ein Initiator.

Ein Vergleich der zwei Texte zeigt: es gibt keinen sachlichen Unterschied zwischen beiden Versionen Esdras α (3Esr) und Esdras β (Esra). Beide stehen auch in der LXX. Der Unterschied besteht lediglich in der Gottesbe-

---

[82] „Vergleicht man 3Esr mit der Übersetzung von Ἔσδρας β, so ergibt sich, dass sich beide Übersetzungen in auffälliger Weise voneinander unterscheiden. Während der Verfasser von Ἔσδρας β am Worte klebt und eine wörtliche Übersetzung zu erreichen sucht, mit der Folge allerdings, dass für einen griechischen Leser der Text oft unverständlich wurde, trägt 3Esr den griechischen Sprach- und Stilgesetzen im viel höherem Grade Rechnung." K.-F. POHLMANN, ebd., 378.

zeichnung: *der alleinige Herr* und *der Gott unserer Väter*. Welche Übersetzung entsprach der Vorlage? Die Frage ist nicht leicht zu klären, aber möglicherweise hilft ein zweiter Text bei der Klärung dieses Problems.

1Esd 9,46	3Esr 9, 45.46
	Und als Esra das Buch des Gesetzes
[...] καὶ ἐν τῷ λῦσαι τὸν νόμον πάντες	aufnahm vor der Versammlung [...] und
ὀρθοὶ ἔστησαν καὶ εὐλόγησεν Εσδρας	das Gesetz öffnete, erhoben sich alle.
τῷ κυρίῳ θεῷ ὑψίστῳ θεῷ σαβαωθ	Und Esra pries den Herrn, *den höchsten*
παντοκράτορι	*Gott, den allmächtigen Gott Zebaoth.*
	(Pohlmann)

1 Esd 9,46 berichtet ebenfalls von einer öffentlichen Lesung des Gesetzes und den Dank an Gott dafür. Das abschließende Lob Gottes durch Esra ist teils mit traditionellen, teils mit hell. Gottesbezeichnungen formuliert. Verwunderlich ist, dass hier weder eine Alleinanspruchs-, noch irgendeine Verneinungsformel benützt wurden. Dafür kann die Parallelstelle des masoretischen Textes zum Vergleich herangezogen werden:

Neh 8,6	Dann pries Esra den Herrn, den *großen*
וַיְבָרֶךְ עֶזְרָא אֶת־יְהוָה הָאֱלֹהִים הַגָּדוֹל	Gott; darauf antworteten alle mit erho-
וַיַּעֲנוּ כָל־הָעָם אָמֵן אָמֵן בְּמֹעַל יְדֵיהֶם	benen Händen: Amen, amen! Sie ver-
וַיִּקְּדוּ וַיִּשְׁתַּחֲוֻ לַיהוָה אַפַּיִם אָרְצָה:	neigten sich, warfen sich vor dem Herrn
	nieder, mit dem Gesicht zur Erde. (E)

In MS ist nur die Gottesbezeichnung *groß* verwendet, die in der griech. Fassung mit ὕψιστος und παντοκράτωρ erweitert und an den hell. Sprachgebrauch angepasst wurde. Dabei entspricht der Begriff παντοκράτωρ dem altertümlichen hebr. צְבָאוֹת. Jedoch an dieser Stelle scheint der Titel Σαβαώθ bewusst noch einmal eingefügt zu sein.[83]

Daher lässt sich festhalten: die μόνος-Formel ist in den Esra-Texten nicht verankert. Es überwiegen stattdessen die hell. Begriffe ὕψιστος, παντοκράτωρ, κρατύς. Die einzige μόνος-Stelle scheint eine *Präzisierung bei der Übersetzung* der Esra-Schriften im Lauf des 2. Jh. v.Chr. zu sein, und zwar eine freie betonende Übertragung der Vorlage, die wohl anders gelautet hatte. Offensichtlich hat Ἔσδρας β, wie in anderen Fällen die wörtliche Wiedergabe der Vorlage, in diesem Fall *Gott unserer Väter*/יְהוָה אֱלֹהֵי אֲבוֹתֵינוּ beibehalten. Darüber hinaus ist diese Stelle ein Beweis dafür, dass der Begriff גָּדוֹל auch mit μόνος übertragen werden kann. Zusammenfassend scheint folgende Entwicklung erkennbar zu sein:

Traditionelle Fassung	Hebräisch, 4. Jh. v.Chr.	יְהוָה אֱלֹהֵי אֲבוֹתֵינוּ	Gott unserer Väter
Veränderte Fassung in frühhell. Zeit	Hebräisch, 3. Jh. v.Chr. Griechisch	גָּדוֹל μέγας	Großer Gott
Zugespitzte Fassung	Griechisch, 2. Jh. v.Chr.	μόνος	nur ein Gott

Die Bücher Esr und Neh zeigen, dass die Alleinanspruchsformel nicht am Anfang, sondern eher am Ende einer Entwicklung stand, um die Abgrenzung gegenüber den Heiden in einem aggressiv empfundenen Hellenismus zu markieren.

Das Buch der Jubiläen

Das Buch der Jubiläen gehört zu den umfangreichsten und sehr traditionell geprägten Schriften aus der hell.-röm. Zeit.[84] Daher ist es umso verwunderlicher, dass in dieser Schrift nur zweimal die μόνος-Formel erscheint, soweit die dt. Übersetzung erkennen lässt, denn leider ist uns dieses Buch vollständig nur in äth. Sprache erhalten. Daneben gibt es zahlreiche Fragmente von 16 Rollen aus Qumran in hebr. Sprache, was ihr hohes Ansehen in dieser Gemeinschaft bestätigt. Vermutlich ist die Schrift um die Mitte des 2. Jh. v.Chr. in Jerusalem entstanden, beruhend auf älteren Quellen, und sie wurde zur Programmschrift des sog. Lehrers der Gerechtigkeit und der Gemeinschaft der Essener.[85] Die Frage ist, warum in dieser umfassenden Schrift die Alleinanspruchsformel so selten vorkommt und, wenn sie doch zweimal gebracht wird, welche Absicht damit verfolgt wird. Der Grund dafür, dass dieses Bekenntnis vom Verfasser im Allgemeinen vermieden wird, ist wohl folgender: Gott ist tatsächlich *nicht mehr allein*, sondern umgeben von einer großen Schar von Helfern, den Engeln mit allen möglichen Namen und Funktionen. Die Engel sind gleich am ersten Tag erschaffen. (Original koptisch.)

Jub II,2: Denn *am ersten Tag* schuf er die Himmel, die über dem Himmel sind, und die Erde und die Wasser und *jeden Geist, der dienen sollte* vor ihm, nämlich die *Engel* des Angesichts und die Engel der Heiligung auch und die Engel des Geistes des Feuers und die Engel des Geistes des Windes und die Engel des Geistes der Wolken und aller Finsternis und des Hagels und des Schnees und die Engel der Stimmen und der Donnerschläge und für die Blitze und die Engel der Geister der Kälte und der Hitze und des Windes und des Frühjahrs und der Erntezeit und des

---

[84] H. STEGEMANN, Die Essener, Qumran, Johannes der Täufer und Jesus, 131f, nennt sie eine bevorzugte Traditionschrift der Essener. K. BERGER, Das Buch der Jubiläen, 279, urteilt ähnlich: „dieses Buch ist Ausdruck eines Reformwillens ... gegen hellenisierende Juden".

[85] „Die These, dass Jub im Vorfeld der Qumranbewegung entstanden ist, finde ich bestätigt bei Hultgard, 44f." K. BERGER, ebd., 295.

> Sommers und (die Engel) aller Geister seiner Werke, die in den Himmeln und auf
> der Erde und die in allen Schluchten und der Finsternisse und des Lichts und der
> Morgenröte und des Abends, die er bereitet hat im Wissen seines Herzens. (Berger)
>
> Jub I,29: Und es nahm der *Engel* des Angesichtes, der *einherzog vor den Herren*
> *Israels,* die Tafel der Einteilung der Jahre … (Berger)

Ein Engel bildet auch die eigentliche Autorität des Buches als Vermittler
der göttlichen Offenbarung an Mose. Das ganze Buch beansprucht die Rede
eines Engels zu sein, ein Ich-Bericht[86] im Munde eines Engels. Alles befindet sich unter der Herrschaft der Engel, auch jedes Volk untersteht einem
Engel.

Eine Ausnahme davon bildet Abraham. Er hat als der besondere Freund
Gottes einen „Direktbezug". Er gilt als der Vater der jüd. Religion (Gen
13,4), mit ihm schloß Gott einen Bund (Gen 15, vgl. auch Sir 44,20f). Ihm
steht es zu, Gott direkt anzusprechen: „du allein bist für mich Gott". Der
folgende Abschnitt steht in einem Kapitel, das sich an Gen 12, Abrahams
Berufung, anlehnt, aber auch die Entscheidung gegen den Götzendienst
enthält – das Götzenhaus wird verbrannt. Danach am Abend blickt er be-
wundernd zum Himmel:

> Jub XII, 17–19
>
> (17) Und eine Stimme kam in sein Herz: „Alle Zeichen der Sterne und die Zeichen
> des Mondes und die Sonne – sie alle sind in der Hand des Herrn – was soll ich (sie)
> erforschen? (18) Wenn er will, wird er regnen lassen morgens und abends. Und
> wenn er will, wird er (den Regen) nicht herabkommen lassen. Und alles ist in
> seiner Hand." (19) Und er betete in dieser ganzen Nacht und sagte: „Mein Gott,
> mein höchster Gott.[87] *Du allein* bist für mich Gott. Und du hast alles erschaffen.
> Und Werk deiner Hände ist alles, was ist. Und dich und dein Reich habe ich er-
> wählt. " (Berger)

Ein weiterer Text spricht von einer ähnlichen Bevorzugung des Volkes
Israels, das keinem der Völkerengel unterstellt ist, sondern ebenfalls eine
direkte Beziehung zu Gott hat, Gott selbst regiert sein Volk und lässt keinen
Engel dazwischen. Diese unmittelbare Verbindung Gottes mit seinem eigenen Volk wird mit der Alleinanspruchsformel ausgedrückt.

---

[86] K. BERGER, ebd., 295. – In dieser Traditionslinie beansprucht auch der Koran Offenbarung
eines Engels an Mohammed zu sein.

[87] Syr bringt eine andere Version: „Und Abraham betete in dieser Nacht und sagte: Gott, mein
Gott, du allein bist Gott, Höchster, rette mich vom Irrtum dieses Volkes …". K. BERGER, ebd.,
394, Anm. 19d.

> Jub XV, 31–32
>
> (31) Und er hat es geheiligt und gesammelt aus allen Menschenkindern. Denn es gibt viele Völker und viel Volk, und alle sind sein. Und über alle lässt er Geister herrschen, damit sie sie weg von ihm verführen.
>
> (32) Aber über Israel lässt er sie nicht herrschen, *niemand,* weder Engel noch Geist. *Denn er allein ist ihr Herrscher.* Und er bewahrt sie, und er wird sie fordern für sich aus der Hand seiner Engel und von seinen Geistern und aus der Hand aller seiner Gewalten, damit er sie bewahre und er sie segne und sie ihm gehören und er ihnen gehöre von jetzt an und bis in Ewigkeit. (Berger)

Daher widersprechen diese beiden Stellen mit der Alleinanspruchsformel nicht der grundsätzlichen Tendenz der Jub, sondern bestätigen die Sonderrolle Abrahams und Israels. – Die übrigen Gottesbezeichnungen in Jub entsprechen teils der HB (יהוה/κύριος), teils den Begriffen der hell. Zeit.

Der Aristeasbrief

Arist entstand in relativ früher Zeit, aber sicher nicht im 3. Jh. v.Chr., wie er vorgibt, sondern wohl am Ende des 2. Jh. v.Chr, etwa 150 Jahre nach den Ereignissen, die er berichten will. Es ist eine Art Roman in Briefform,[88] angeblich von einem Heiden geschrieben. Dieser benützt zwar viele zeitgeschichtliche Angaben, aber seine Mitteilungen sind mit Vorsicht zu verwerten. Sicher gab es davon nie eine hebr. Urfassung. Weil Arist die Entstehung der LXX beschreibt und diese die Heilige Schrift der frühen Christenheit war, wurde dieser Roman häufig abgeschrieben. Es sind noch über 20 Hss davon erhalten.[89] Über den Zweck der Schrift gehen die Meinungen sehr auseinander. Zunächst überwog die Auffassung, der „Brief des Aristeas an Philokrates" berichte über die Entstehung der LXX, genauer nur des Pentateuchs. Aber wahrscheinlich ist die Legende von der Entstehung der LXX nicht der Hauptzweck der Schrift, sondern lediglich ein Rahmen.

In den letzten Jahrzehnten wurde diese Schrift vor allem als Missionsliteratur eingestuft, die den Ägyptern oder anderen Hellenisten die jüd. Religion vermittelt und besonders die Schwierigkeiten bei den Speisegesetzen zu erklären versucht. G. STEMBERGER hält sie eher für eine „Apologie des Judentums".[90] Das Buch geht aber sehr wenig auf die israelische Geschichte ein und deshalb scheidet das Motiv Mission als Zweck aus. Ein weiteres Motiv ist die ausführliche Darstellung von vernünftigem und weisheitlichem Verhalten, wie es aus der Frömmigkeit erwächst. Dieser Teil ist besonders in den Tischreden zu finden. N. MEISNER vertritt mit guten Gründen die Meinung, dass es dem Verfasser im letzten Viertel des 2. Jh. v.Chr. vor allem darum

---

[88] G. STEMBERGER, ebd., 50: „ein Tendenzroman in Briefform". Ähnlich urteilt N. MEISNER, Aristeasbrief, 39.

[89] N. MEISNER, ebd., 43 spricht von 23 Hss.

[90] G. STEMBERGER, ebd., 50.

ging, die politische Führung in Alexandria milde zu stimmen und ihr eine freundliche Behandlung der Juden zu empfehlen.[91] Daneben war es das Ziel des Verfassers, wohl auch die Autorität der LXX-Übersetzung und die Ablehnung anderer Übersetzungen sicherzustellen.[92]

Bei Arist stellt sich die Frage, wie diese so überaus hell. Schrift mit der jüd. Alleinanspruchs- und der Einzigkeitsformel umgeht. Nur an zwei Stellen benützt der Arist die scharf abgrenzende μόνος-Formel, beide Mal im Mund des Hohenpriesters. Gleich zu Beginn der langen Rede des Hohenpriesters heißt es:

Arist 132	
προϋπέδειξε γὰρ πάντων ὅτι μόνος ὁ θεός ἐστι, καὶ διὰ πάντων ἡ δύναμις αὐτοῦ φανερὰ γίνεται, πεπληρωμένου παντὸς τόπου τῆς δυναστείας, καὶ οὐθὲν αὐτὸν λανθάνει τῶν ἐπὶ γῆς γινομένων ὑπ' ἀνθρώπων κρυφίως, ἀλλ' ὅσα ποιεῖ τις αὐτῷ φανερὰ καθέστηκε, καὶ τὰ μέλλοντα γίνεσθαι	Zuallererst zeigte er, dass *nur ein Gott* ist und seine Kraft durch alle Dinge offenbar wird, da jeder Platz voll seiner Macht ist, und dass nichts, was die Menschen auf Erden heimlich tun, vor ihm verborgen ist, sondern was einer tut, und sogar das zukünftige Geschehen, ist ihm offenbar. (Meisner)

Arist verbindet dieses deutliche Bekenntnis zum einen Gott mit dessen Fähigkeit, alles zu kennen und zu wissen, ein häufiges Motiv in der jüd. Literatur. Aber die Erklärung ist eher stoisch (διὰ πάντων) als jüdisch. Als guter Jude hätte er auf die Rettungstaten Gottes zurückgreifen müssen. Doch die Rettung aus Ägypten mit Mose wäre für Alexandria ein recht unpassendes Argument. Arist argumentiert nirgends mit den Rettungstaten Jahwes. So benützt *diese* Stelle exklusive Begrifflichkeit, während die Schrift als Ganze einen inklusiven Gottesbegriff vertritt.

Ähnliches gilt für die zweite Stelle mit der Alleinanspruchsformel. Die Fähigkeit Gottes alles zu durchschauen, ist an den „Gesetzgeber" (der Name Mose wird fast konsequent vermieden!)[93] weitergegeben und dieser erlässt daher strenge Gesetze, um die alleinige Verehrung für τὸν μόνον θεὸν καὶ δυνατόν gegen alle Gefahren zu sichern.

---

[91] Zweck der Tischreden ist vor allem „die Warnung vor Machtmissbrauch". N. MEISNER, ebd., 40.

[92] Mehrere Autoren nannten den Aristeasbrief eine „Propaganda-Schrift" für eine griechische Bibelübersetzung. N. MEISNER, ebd., 38.

[93] Einzige Namensnennung in 144.

Arist 139.140	
(139) Συνθεωρήσας οὖν ἕκαστα σοφὸς ὢν ὁ νομοθέτης, ὑπὸ θεοῦ κατεσκευασμένος εἰς ἐπίγνωσιν τῶν ἁπάντων, περιέφραξεν ἡμᾶς ἀδιακόποις χάριξι καὶ σιδηροῖς τείχεσιν, ὅπως μηθενὶ τῶν ἄλλων ἐθνῶν ἐπιμισγώμεθα κατὰ μηδέν, ἁγνοὶ καθεστῶτες κατὰ σῶμα καὶ κατὰ ψυχήν, ἀπολελυμένοι ματαίων δοξῶν, τὸν μόνον θεὸν καὶ δυνατὸν σεβόμενοι παρ᾽ ὅλην τὴν πᾶσα κτίσιν. (140) Ὅθεν οἱ Αἰγυπτίων καθηγεμόνες ἱερεῖς, ἐγκεκυφότες εἰς πολλὰ καὶ μετεσχηκότες πραγμάτων, ἀνθρώπους θεοῦ προσονομάζουσιν ἡμᾶς· ὃ τοῖς λοιποῖς οὐ πρόσεστιν, εἰ μή τις σέβεται τὸν κατὰ ἀλήθειαν θεόν, ...	139 Da nun der Gesetzgeber als Weiser, der von Gott zur Erkenntnis aller Dinge befähigt wurde, (dies) alles klar erkannte, umgab er uns mit undurchdringlichen Wällen und eisernen Mauern, damit wir uns mit keinem anderen Volk irgendwie vermischen, (sondern) rein an Leib und Seele bleiben und – befreit von den törichten Lehren – *den einzigen und gewaltigen Gott* überall in den ganzen Schöpfung verehren. 140 Daher nennen uns die Oberpriester der Ägypter, die in vieles Einblick haben und vertraut sind mit (solchen) Dingen, „Menschen Gottes". Diese (Bezeichnung) steht den übrigen nicht zu, es sei denn, jemand verehrt den *wahren Gott*. (Meisner)

Es ist erstaunlich, dass hier, wo die Abgrenzung der Juden bildhaft und die Alleinanspruchsformel gebraucht werden, diese Abgrenzung in hell. Harmonie gleich wieder relativiert wird, indem die ägyptischen Oberpriester als Zeugen eingeführt werden. Die Exklusivität ist hier nicht konsequent durchgehalten.

Im Weiteren nimmt Arist den Gedanken von dem einen Gott eher allgemein und vorsichtig auf und spricht nur noch von μία δύναμις und zwar mit einer typischen Genitivformulierung, die den Einen geradezu in den Hintergrund drängt.

Arist 143	
Τὸ γὰρ καθόλου πάντα πρὸς τὸν φυσικὸν λόγον ὅμοια καθέστηκεν, ὑπὸ μιᾶς δυνάμεως οἰκονομούμενα, καὶ καθ᾽ ἓν ἕκαστον ἔχει λόγον βαθύν, ἀφ᾽ ὧν ἀπεχόμεθα κατὰ τὴν χρῆσιν, καὶ οἷς συγχρώμεθα.	Einerseits ist nämlich alles im Ganzen genommen hinsichtlich des natürlichen Sinnes gleich, da es ja *durch eine Macht* regiert wird, andererseits hat jeder für sich einen tiefen Sinn: sowohl das, was wir vermeiden, als auch, was wir benutzen. (Meisner)

So wird in den meisten Stellen des Buches in ziemlich allgemeiner Form über Gott gesprochen. θεός (ohne Artikel!) ist auch die entscheidende Bezeichnung für Gott. Nur im Mund des Hellenisten Sosibios werden die sonst gebräuchlichen Bezeichnungen für Gott verwendet: ὕψιστος und παντοκράτωρ. Lediglich an einer Stelle wird die Bezeichnung κύριος eingeführt:

Μνείᾳ μνησθήσῃ κυρίου τοῦ ποιήσαντος ἐν σοὶ τὰ μεγάλα καὶ θαυμαστά. / *Gedenke des Herrn, der an dir das Große und Wunderbare getan hat.* Diese Formulierung steht im letzten Teil des großen „Berichts" über das Gespräch mit dem Hohenpriester, in welchem dieser dem „Heiden" Aristeas die jüd. Religion erklärt. Der Verfasser entschließt sich hier sogar zu einem etwas freien Schriftzitat, eine Kombination von Dtn 7,18 und 10,21, das inhaltlich an Ps 135 (LXX) erinnert. Es ist in dieser Schrift die einmalige und vorsichtige Benützung der Gottesbezeichnung κύριος. Arist gibt dazu eine eher wissenschaftliche Erklärung – eine sehr griech. Argumentation! Denn da, wo in Ps 135LXX nach der Bewunderung der Schöpfung die einzelnen Rettungstaten des κύριος aufgezählt werden, wird jetzt eine wissenschaftliche Erklärung von Körperfunktionen geboten. In anderen Teilen des Arist wird auf das Bekenntis des Hohenpriesters zum einzigen Gott oder κύριος kein Bezug mehr genommen.

Arist zeigt eine ziemlich offene und freundliche Einstellung zur hell. Welt, auch wenn er die jüd. Speisegebote als nützliche Besonderheit seines Volkes verteidigt. Diese Offenheit geht so weit, dass er – als „heidnischer Schriftsteller" kann er das – entgegen den alten Verboten, die Namen der Götter nicht in den Mund zu nehmen, das doch tut, und den Namen des obersten griech. Gottes – nur ihn! – gleich zweifach nennt.

Arist 16	
Τὸν γὰρ πάντων ἐπόπτην καὶ κτίστην θεὸν οὗτοι σέβονται, ὃν καὶ πάντες, ἡμεῖς δέ, βασιλεῦ, προσονομάζοντες ἑτέρως Ζῆνα καὶ Δία·	Als Bewahrer und Schöpfer des Alls verehren sie nämlich Gott, und den (verehren) alle Menschen: wir nennen ihn nur anders: „Zeus". (Meisner)

Zuerst erkennt der „Heide" Aristeas Gott als den Schöpfer, den angeblich alle verehren, aber er fügt in absichtlicher Annäherung hinzu: „wir nennen ihn nur anders" und benützt dann, um die vielfältigen Möglichkeiten von Gottes Namen hervorzuheben, gleich zwei Varianten, zwei unterschiedliche Akkusative des Namens Zeus[94]: Ζῆνα und Δία. Dabei enthält die erste Akkform das Wort ζῆν[95], *Leben*. Arist nimmt diese Version selbst positiv auf und deutet sie auf den *leben*spendenden Gott. Auch die zweite Akk-form Δία nimmt er vorsichtig auf als Präposition, „der, *durch* den alles geschieht". Das Ganze ist sprachlich äußerst geschickt gemacht. Dem Arist gelingt mit dieser Doppelform das jüd. Bekenntnis zum Schöpfergott und dem griech. obersten Gott zusammenzubinden. Dies ist eine einmalige Annäherung an die griech. Religion. Ein vollkommen inklusives Verständnis: es gibt nur noch einen Gott, obwohl es für ihn noch *viele Namen* gibt. Im gleichen Sinn wird der Begriff θεός bei den 72 Antworten der Tischge-

---

[94] N. MEISNER, ebd., 47f, Anm. 16a bemerkt hierzu: „Der griechische Text bietet das im Deutschen nicht wiederzugebende Wortspiel mit den beiden Akkusativen von Ζεύς: Ζῆνα καὶ Δία".
[95] MENGE/GÜTHLING, ebd., 311.

spräche benützt, kein einziges Mal wird ein jüd. exklusives Verständnis hervorgehoben, sondern es ist immer allgemein weisheitlich.

Die Makkabäerbücher
Im Folgenden sollen die vier Makkabäerbücher gemeinsam betrachtet werden, obwohl sie aus sehr verschiedenen Zeitabschnitten stammen und unterschiedliche Ziele verfolgen. Gemeinsam sind ihnen die Situation der Verfolgung und die Bewährung im Martyrium. Die Frage ist, wie angesichts unterschiedlicher Ausgangspositionen die Formeln gebraucht werden. Da 2Makk mit großer Wahrscheinlichkeit vor dem 1Makk verfasst wurde, wird es hier vorangestellt.[96]

Das 2. Makkabäerbuch
2Makk ist die Schrift, die wohl den schärfsten Gegensatz zur hell. Welt erkennen lässt.[97] In ihr spielen Gebete eine herausragende Rolle, denn sie beweisen die hilfreiche Nähe Gottes in allen Gefahren. Das erste Gebet nach dem Bericht über das Feuerwunder ist ein Leittext für das ganze Buch. Es beginnt mit vielen Gottesanrufungen, 2Makk 1,24-27:

ἦν δὲ ἡ προσευχὴ τὸν τρόπον ἔχουσα τοῦτον κύριε κύριε ὁ θεός ὁ πάντων κτίστης ὁ φοβερὸς καὶ ἰσχυρὸς καὶ δίκαιος καὶ ἐλεήμων ὁ μόνος βασιλεὺς καὶ χρηστός ὁ μόνος χορηγός ὁ μόνος δίκαιος καὶ παντοκράτωρ καὶ αἰώνιος ὁ διασῴζων τὸν Ισραηλ ἐκ παντὸς κακοῦ ὁ ποιήσας τοὺς πατέρας ἐκλεκτοὺς καὶ ἁγιάσας αὐτούς πρόσδεξαι τὴν θυσίαν ὑπὲρ παντὸς τοῦ λαοῦ σου Ισραηλ καὶ διαφύλαξον τὴν μερίδα σου καὶ καθαγίασον ἐπισυνάγαγε τὴν διασπορὰν ἡμῶν ἐλευθέρωσον τοὺς δουλεύοντας ἐν τοῖς ἔθνεσιν τοὺς ἐξουθενημένους καὶ βδελυκτοὺς ἔπιδε καὶ γνώτωσαν τὰ ἔθνη ὅτι σὺ εἶ ὁ θεὸς ἡμῶν	Das Gebet aber lautete so:»Herr, Herr unser Gott, Schöpfer aller Dinge, Furchtgebietender und Starker, Gerechter und Barmherziger, *alleiniger* König und allein Gütiger, *einziger* Lebensspender und *einzig* Gerechter, Allherrscher und Ewiger, der Du Israel rettest aus allem Übel, der Du unsere Väter auserwählt und geheiligt hast, nimm an das Opfer für Dein ganzes Volk Israel und bewahre und heilige Deinen Anteil. Führe unsere Brüder in der Zerstreuung wieder zusammen, befreie die unter den Heiden Versklavten, sieh auf die für nichts Geachteten und Verabscheuten: *so* sollen die Heiden erkennen, daß *Du unser Gott bist.* (Habicht)

---

[96] So H. ENGEL, Die Bücher der Makkabäer, in Zenger: Einleitung, 319 und 327.
[97] Der 2 Makk ist in Palästina entstanden, etwa vier oder fünf Jahrzehnte nach den Makkabäerkriegen.

Dieses Gebet mit einer Häufung von Gottesbezeichnungen ist sorgfältig aufgebaut. Es enthält nach der doppelten Anrede κύριε κύριε zwölf Titel, wo jeweils zwei zusammengehören. Darunter findet sich auch dreimaliges μόνος, das zu dem letzten und umfassenden Titel παντοκράτωρ καὶ αἰώνιος überleitet. Dieser Titel παντοκράτωρ ist die wichtigste Gottesbezeichnung im 2Makk und erscheint meistens im Zusammenhang von großen Krisen oder Schlachten (8,11.24; 11,13). Der Begriff wird benützt, um zu zeigen, dass der Gott Israels allen weltlichen Mächten überlegen ist. Daneben werden einige wenige Male auch andere Titel, wie δεσπότης (z.B. 9,13), δυνάστης (12,28) oder παντεπόπτης (9,5) benützt. Die Alleinanspruchsformel erscheint nur noch einmal im ganzen Buch, am Ende des berühmten Kap. 7, dem Martyrium der sieben Brüder und ihrer Mutter. Dort heißt es als Bekenntnis des letzten Bruders:

2Makk 7,37	
ἐγὼ δέ καθάπερ οἱ ἀδελφοί καὶ σῶμα καὶ ψυχὴν προδίδωμι περὶ τῶν πατρίων νόμων ἐπικαλούμενος τὸν θεὸν ἵλεως ταχὺ τῷ ἔθνει γενέσθαι καὶ σὲ μετὰ ἐτασμῶν καὶ μαστίγων ἐξομολογήσασθαι διότι μόνος αὐτὸς θεός ἐστιν	Ich aber will so wie meine Brüder meine Seele hingeben für die väterlichen Gesetze und will dabei Gott anrufen, er möge dem Volk bald gnädig werden und Dich mit Prüfungen und Zuchtruten eingestehen lassen, dass *er allein Gott ist.* (Habicht)

Wie oben bei der Analyse der Psalmen festgestellt, wird auch hier die Alleinanspruchsformel an herausgehobener Stelle, am Höhepunkt und Ende eines Textes eingesetzt. Diese Aussage ist das Ziel des Abschnittes. Dagegen ist in dem vorauslaufenden Kapitel 6, 18–31, in dem Bericht über das Martyrium des 90-jährigen Schriftgelehrten Eleasar die μόνος-Formel überhaupt nicht zu finden. Der sterbende Eleasar begibt sich in die Hände des παντοκράτωρ, der früher oder später die Peiniger bestrafen wird (V. 26).

Im letzten Kapitel des 2Makk wird noch einmal ein Bekenntnis formuliert, das die Macht und das Recht des israelischen Gottes hervorhebt. Denn das Sabbatgebot wird hier ausdrücklich auf Gott selbst – nicht auf Mose! – zurückgeführt. Es ist ein göttliches und kein irdisches Gesetz.

2Makk 15,4	
τῶν δ᾽ ἀποφηναμένων ἔστιν ὁ κύριος ζῶν αὐτὸς ἐν οὐρανῷ δυνάστης ὁ κελεύσας ἀσκεῖν τὴν ἑβδομάδα	Als diese aber äußerten: „Es ist *der lebendige Herr, der selbst im Himmel regiert,* der angeordnet hat, den Sabbat zu beachten …". (DS)

Obwohl schon einige Prädikate verwendet sind, um die Würde des Gottes Israels zu umschreiben, wird zusätzlich in der Mitte des Textes ein αὐτός verwendet, um zu zeigen, dass dieser Gott mit seinem Innersten diese Gebote gegeben hat. Wie in 7,37 wird αὐτός zusammen mit μόνος oder auch abwechselnd und nahezu sinngleich gebraucht.

Dieser Befund beweist, dass 2Makk die Alleinanspruchsformel nur wenige Male, aber sehr gezielt verwendet, nämlich dreimal in Einleitungsgebet und einmal bei der Märtyrerlegende in 7,37. Im abschließenden Kapitel 15,4 aber wird αὐτός verwendet in einem offenen, geradezu frechen Bekenntnis auf die provokante Frage des Herrschers: wer ihnen wohl die Beachtung des Sabbats geboten habe?! 2Makk hat ein exklusives Gottesverständnis, Arist aber ein vollkommen inklusives.

Das 1. Makkabäerbuch

Es ist verwunderlich, dass in diesem Buch, das so kompromißlos die Verteidigung des jüd. Volkes beschreibt, keine der drei abgrenzenden Formeln zu finden ist. Mehr, selbst der Begriff *Gott* wird konsequent vermieden und nur sehr indirekt ist die Rede von ihm, wenn formuliert wird, dass das *Gesetz* geachtet oder verlassen wird.[98] Der Begriff *Gesetz* steht nicht allein für eine Verfassung des Staates Juda unter den Seleukiden, sondern ist ein Begriff für die gesamte Religion und Frömmigkeit. Jedoch „als Historiker hütet der Verfasser sich strikt in seiner Darstellung Gott jemals direkt eingreifen zu lassen, ja überhaupt zu nennen"[99]. Der Ausgangspunkt für die Polemik ist eine Entscheidung des seleukidischen Herrschers:

1Makk 1,41	
καὶ ἔγραψεν ὁ βασιλεὺς πάσῃ	Damals schrieb der König seinem gan-
τῇ βασιλείᾳ αὐτοῦ εἶναι πάντας	zen Reich vor, alle sollen zu einem
εἰς λαὸν ἕνα	*einzigen* Volk werden, ... (E)

Der Herrscher von Antiochia wollte sein riesiges heterogenes Reich nach einheitlichem Prinzip verwalten und war zunächst duldsam gegen die verschiedenen Kulte. Wie M.P. NILSSON betont: „Die Seleukiden haben die mannigfaltigen Kulte ihres Reiches unparteiisch begünstigt. Selbstverständlich waren sie den griechischen Kulten besonders geneigt ..."[100] Aber offenbar zeigte die Unterwürfigkeit und Anpassungsbereitschaft der Juden bald Grenzen. Nicht allein die Bevorzugung der Hauptgottheiten Zeus und

---

[98] Dieses Verschweigen des Begriffes *Gott* machte offensichtlich auch Übersetzern der Neuzeit Schwierigkeiten. Sowohl LUTHER wie die Einheitsübersetzung führen den Begriff nachträglich ein, meistens in Verbindung als „das Gesetz Gottes". Die Wortverbindung findet sich nicht einmal als Variante in irgendwelchen Handschriften.

[99] H. ENGEL, ebd., in: Zenger, 319.

[100] M.P. NILSSON, ebd., 169.

Apollo oder die des Dionysos (der bei den Ptolemäern sehr verehrt wurde) erregte Ärger, sondern auch die vorgesehene Verbindung Jahwes mit Zeus. Die Juden empfanden die seleukidischen Maßnahmen als tyrannisch. Gegen diese *Einheit* wehrten sich die jüd. Vertreter vehement, bis es zum schweren Konflikt kam. So stand der König mit dem Plan für *ein* Volk gegen *ein* Gesetz eines Gottes. Die Einheit und Macht Gottes wird seltsamerweise im 1Makk nicht definiert, aber ausführlich erzählt. Der Lobpreis Gottes besteht in den Siegen der Makkabäer, die – so jedenfalls die Berichte – gegen übermächtige Feinde errungen werden. Die Polarisierung ist ebenso an einem anderen Begriff zu erkennen, wenn es in 4,30 heißt: „ ... εὐλογητὸς εἶ ὁ σωτὴρ Ισραηλ ...". Das ist das einzige Mal, wo Gott mit einem Titel angeredet wird, der sonst eindeutig dem politischen Herrscher gehörte.

Die Frage aber bleibt, warum der Verfasser sich nicht auch der Einzigkeitsformel bedient. Gerade in 4,11 wäre εἰς nicht unpassend. Ein εἰς nach ὅτι könnte die Aussage betonen und damit an eine große griech. Tradition anknüpfen. Aber offensichtlich vermeidet der Verfasser eine solche inklusive Formel, weil er eben exklusiv denkt.

1Makk 4,11 καὶ γνώσονται πάντα τὰ ἔθνη ὅτι [[εἰς!]] ἔστιν ὁ λυτρούμενος καὶ σῴζων τὸν Ισραηλ	Dann werden alle Völker erkennen, daß es einen gibt, der Israel loskauft und rettet. (E)

Das 3. Makkabäerbuch

Das 3Makk unterscheidet sich von vielen anderen jüd. Schriften der hell.-röm. Zeit dadurch, dass es in einem ausgezeichneten Griechisch abgefasst ist und sich von vornherein (ohne hebr. Urfassung) an Diaspora-Juden und Griechen bzw. die Völker wendet. Die Handlung des 3Makk spielt nicht während der Makkabäer-Kämpfe, sondern liegt nach der Fiktion zeitlich davor in Ägypten, nämlich z.Z. von Ptolemaios IV. Philopator, ca. 221–204 v.Chr. Gemeinsam mit den anderen Makkabäerbüchern sind die Themen: Judenverfolgung und Kampf um religiöse Grundrechte.

Dieses Buch, das wahrscheinlich erst um die Jahre 25/24 v.Chr. in Alexandria verfasst wurde,[101] richtet sich einerseits an eine potenziell feindselige heidnische Umwelt, andererseits liegt dem Verfasser viel daran, „seine Glaubensgenossen ein rechtes Verhältnis zu den nichtjüdischen Nachbarn zu lehren, ein Mittelweg zwischen Assimilation und völliger Abschließung".[102] Direkter Anlass für die Abfassung war

---

[101] E. KAUTZSCH, Die Apokryphen und Pseudepigraphen des Alten Testament I, 121, hatte als Zeitraum der Entstehung nicht weniger als anderthalb Jahrhunderte (1. Jh. v.Chr. bis zum Jüdischen Krieg) für möglich gehalten und sich nicht festgelegt. M. HADAS, The Third and Fourth Books of Maccabees, 21, plädiert mit guten Gründen für eine Entstehung um 25–24 v.Chr. in Alexandria.

[102] G. STEMBERGER, Geschichte der jüdischen Literatur, 53.

wohl ein Zensus, eine Volkszählung unter der neu etablierten röm. Herrschaft, wodurch weiteres Unheil drohte. Insofern sind die abschreckenden Erzählungen von der Bestrafung der früheren Herrscher wegen Übertretung jüd. Gesetze (Betreten des Tempels u.a.) eine Warnung an die Adresse der Römer, an ihre lokalen Verwalter und die heidnischen Nachbarn. Eine missionarische Absicht wird mit dem Büchlein wohl nicht verfolgt.

Im Gegensatz zum 1Makk zögert 3Makk überhaupt nicht von Gott zu sprechen, jedoch sind die Begriffe für Gott ausschließlich hell. gewählt, jüd. Bekenntnisformeln sind konsequent vermieden. Das wichtigste Prädikat, mit dem Gott bezeichnet wird, ist μέγας bzw. μέγιστος, sowie mehrere Formeln, die seine Kraft und Macht beschreiben,[103] z.B. auch Gottes Fähigkeit alles zu sehen und evtl. zu strafen. Der Verzicht auf die Einzigkeits-, Alleinanspruchs- und Verneinungsformel ist gewiß daraus zu erklären, dass den hell. Lesern in einer Form, die nicht hebr. ist, die Macht des Gottes Israels vermittelt werden soll. Das geschieht gerade in umgekehrter Form: Gottes Einzigkeit wird durch eine *große Vielfalt von Begriffen und Titeln* erklärt. Bei den über 20 Stellen, wo Gott direkt genannt ist, ist keine Formulierung der anderen gleich. Manchmal gibt es ausgesprochen reiche Zusammenstellungen von Epitheta, die die griech. Leser faszinieren sollten. Die erste Anrufung 3Makk 2,2 benützt noch weitgehend die üblichen Titel, betont aber mit μόναρχος und παντοκράτωρ gleich die exklusive Vollmacht des israelischen Gottes. Als Beispiel für diese Vielfalt 3Makk 6,18.

3Makk 2,2	O Herr, Herr, du König des Himmels
κύριε κύριε βασιλεῦ τῶν οὐρανῶν καὶ δέσποτα πάσης κτίσεως ἅγιε ἐν ἁγίοις μόναρχε παντοκράτωρ πρόσχες ἡμῖν καταπονουμένοις ὑπὸ ἀνοσίου καὶ βεβήλου θράσει καὶ σθένει πεφρυαγμένου	und Gebieter aller Kreaturen, Allheiliger, *Alleinherrschender, Allmächtiger,* achte auf uns, die wir von einem Unheiligen und Ruchlosen, der auf [seine] Kühlheit und Stärke pocht, bedrängt werden. (Kautzsch)
3Makk 6,18	Da ließ der *hochherrliche, allmächtige*
τότε ὁ μεγαλόδοξος παντοκράτωρ καὶ ἀληθινὸς θεὸς ἐπιφάνας τὸ ἅγιον αὐτοῦ πρόσωπον ἠνέῳξεν τὰς οὐρανίους πύλας ἐξ ὧν δεδοξασμένοι δύο φοβεροειδεῖς ἄγγελοι κατέβησαν φανεροὶ πᾶσιν πλὴν τοῖς Ἰουδαίοις	*und wahrhafte* Gott sein heiliges Antlitz scheinen und öffnete die Pforten des Himmels; aus ihnen stiegen zwei lichtglänzende Engel von furchtbarem Ansehen herab, allen sichtbar außer den Juden. (Kautzsch)

---

[103] M.P. NILSSON, Geschichte II, 576, hält eine Kraftlehre und Häufungen von Gottesbezeichnungen typisch für diesen Zeitraum des 2. Jh. v.Chr.

Die Schrift endet mit einem sprachlich fein abgestimmten Lob, das den politisch gefärbten Begriff σωτήρ vermeidet und doch das gleiche sagt.

3Makk 7,23	
εὐλογητὸς ὁ ῥύστης Ισραηλ εἰς τοὺς ἀεὶ χρόνους αμην	Gepriesen sei der Retter Israels bis in ewige Zeiten Amen. (Kautzsch)

3Makk vertritt trotz der Vielfalt der Begriffe ein exklusives Gottesbild.

Das 4. Makkabäerbuch

Diese 4Makk genannte Schrift gibt sich als philosophische Erörterung der Tugenden und bringt dafür einige Beispiele aus den Büchern des AT. Im weiteren Teil überwiegt die Argumentation mit ausgemalten Märtyrerberichten. „Die Verklammerung von philosophischer These im ersten Hauptteil und exemplarischer Erzählung im zweiten Hauptteil ist enger durchgeführt, als man beim ersten Lesen vermuten möchte."[104] Diese Märtyrerlegenden sind in enger Anlehnung an 2Makk 6 und 7 gestaltet, wobei aber der alte Schriftgelehrte Eleazar als Philosoph dargestellt wird, der ausführlich mit dem König Antiochus IV. Epiphanes argumentiert und dann das Martyrium auf sich nimmt. Die philosophische Behandlung wird zwar am Ende noch einmal aufgegriffen, spielt aber keine große Rolle mehr – das Buch ist überwiegend eine fein ausgearbeitete Märtyrerlegende in „einem guten bis vorzüglichen Griechisch abgefasst"[105].

Die μόνος-Formel findet sich nur ein einziges Mal an hervorragender Stelle, nämlich in der entscheidenden Rede des Eleazar, in der es um das auffälligste Unterscheidungsmerkmal der Juden von ihrer Umwelt ging, die Speisegebote.[106] Dabei werden die Tugenden σωφροσύνη, ἀνδρεία und δικαιοσύνη aus dem jüd. Gesetz – „unserer Philosophie" – abgeleitet, was schließlich zur εὐσέβεια zusammenfließt, um den einzigen und wahrhaften Gott zu verehren.

---

[104] H.-J. KLAUCK, 4. Makkabäerbuch, 649.

[105] H.-J. KLAUCK, 4. Makkabäerbuch, 665.

[106] „Das große Problem, mit dem der Autor ringt, ist das der Assimilation. Was er selbst der griechischen Zivilisation alles verdankt, wie tiefgehend er von ihr geprägt ist, davon legt sein eigenes Werk ... beredtes Zeugnis ab. Aber der Verfasser sieht mit Sorge, wie sich in seinem Umfeld liberale Einstellungen zur Gesetzesobservanz auszubreiten beginnen. Deshalb prangert der Autor mit seinen Lasterkatalogen das Streben nach Ämtern und Ansehen an. ... Besondes hinderlich und besonders schwer einsichtig zu machen, waren die Speisetabus, die in 4 Makk nicht ohne Grund zum wichtigsten Identitäts- und Erkennungsmerkmal der Bekenner des wahren jüdischen Glaubens werden." Ebd., 664.

4Makk 5,22–24	22 Du verspottest unsere Philosophie,
22 χλευάζεις δὲ ἡμῶν τὴν φιλοσοφίαν ὥσπερ οὐ μετὰ εὐλογιστίας ἐν αὐτῇ βιούντων 23 σωφροσύνην τε γὰρ ἡμᾶς ἐκδιδάσκει ὥστε πασῶν τῶν ἡδονῶν καὶ ἐπιθυμιῶν κρατεῖν καὶ ἀνδρείαν ἐξ ἀσκεῖ ὥστε πάντα πόνον ἑκουσίως ὑπομένειν 24 καὶ δικαιοσύνην παιδεύει ὥστε διὰ πάντων τῶν ἠθῶν ἰσονομεῖν καὶ εὐσέβειαν ἐκδιδάσκει ὥστε μόνον τὸν ὄντα θεὸν σέβειν μεγαλοπρεπῶς	als ob uns, wenn wir nach ihr leben, Verständigkeit völlig abginge. 23 In der Tat, sie lehrt uns ja lediglich *Besonnenheit*, so daß wir alle Lüste und Begierden beherrschen; sie übt die *Tapferkeit* ein, so daß wir jeden Schmerz bereitwillig ertragen; 24 sie erzieht uns zur *Gerechtigkeit*, so daß wir in allen Gemütslagen doch ausgewogen agieren; sie lehrt uns die *Frömmigkeit*, so daß wir *allein den Gott,* der wahrhaft ist, in gebührend erhabener Weise verehren. (Klauck)

Die leicht abgewandelten vier Kardinaltugenden der Antike bilden hier die Zusammenfassung der jüd. Philosophie und nehmen geradezu die Stellung des Gesetzes ein. Im Kontext will die eigenwillige Interpretation sagen: die Einhaltung des jüd. Gesetzes und besonders der Speisegebote entspricht den Idealen der vier Kardinaltugenden und ist somit die rechte Verehrung des einen und einzigen Gottes. Hier wird also die strenge jüd. Ethik mit den griech. Idealen zusammengesehen. Dies ist eine Gleichung, die in der hell. Welt wohl viele Anhänger gehabt haben dürfte.

Dieses Bekenntnis zum alleinigen Gott in 4Makk weicht von den übrigen jüd. Texten insofern ab, als es sprachlich und philosophisch pointiert formuliert ist: μόνον τὸν ὄντα θεόν. Bei dieser Formel handelt es sich um die Aufnahme der Formulierung von Ex 3,14: ἐγώ εἰμι ὁ ὤν (und 1Kön 19,15) eine Formulierung, die ebenfalls philosophisch klingt und am besten mit *der seiende* oder *der existierende Gott* übersetzt wird.

Sowohl der starke philosophische Rahmen der 4Makk[107] als auch die ausgeprägte Martyriumsdarstellung haben zu einer breiten Rezeption dieser Schrift in christlichen Kreisen geführt, so dass sie von Kirchenvätern zitiert, in zahlreichen Abschriften überliefert und dem Kanon der LXX beigefügt wurde.

Übersicht über den Gebrauch der abgrenzenden Formeln in den Makk:

	Zielgruppe	Entstehungszeit	Terminologie	Formelgebrauch
2Makk	antihellenistisch	um 100 v.Chr	zahlreiche	3mal μόνος in

---

[107] Die Entstehung dieser Schrift wird nicht nur von H.-J. KLAUCK, sondern von den meisten Exegeten in den Jahren 90–100 n.Chr. oder wenig später angesetzt und in Palästina oder Syrien vermutet.

	für Juden geschrieben	in Palästina	traditionelle Gottesbegriffe	Doxologie
1 Makk	antihellenistisch für Juden und Griechen	nach 100 v.Chr. in Palästina	keine Nennung des Gottesbegriffes	narrativ
3 Makk	an Griechen gerichtet (Warnung)	um 25 v.Chr. in Ägypten	zahlreiche vielfältige Gottestitel	abschreckende Erzählung
4 Makk	Juden und Griechen	ca. 100 n.Chr. in Diaspora	popularphilosophische Begriffe	einmal μόνος zusammen mit 4 Tugenden

Das Buch Judith

Obwohl Judt unbedingt zum traditionellen Glauben steht und keine Verleugnung von Jahwe duldet, benützt es doch die Alleinanspruchsformel nicht.[108] Stattdessen führt der Verfasser im Mund des Heiden Achior, der als benachbarter Ammoniter den Kult des Volkes Israel und seine Geschichte kennt und erzählt, den Begriff *Gott des Himmels*, ein.

Judt 5,8	Als sie vom Weg ihrer Vorfahren abge-
καὶ ἐξέβησαν ἐξ ὁδοῦ τῶν γονέων	wichen waren und den Gott des Him-
αὐτῶν καὶ προσεκύνησαν τῷ θεῷ	mels anbeteten, den sie als (wahren)
τοῦ οὐρανοῦ θεῷ ᾧ ἐπέγνωσαν	Gott erkannt hatten, verjagten (die
καὶ ἐξέβαλον αὐτοὺς ἀπὸ προσώπου	Chaldäer) sie weg vom Angesicht ihrer
τῶν θεῶν αὐτῶν ...	Götter ... (Zenger)

---

[108] Das Buch Judith gehört wie 2Makk zu den sehr traditionsbewussten Schriften der hellenistischen Zeit. E. ZENGER, Das Buch Judith, 439, urteilt: „Der Roman wird so zu einem Traditionsmodell des Jahweglaubens." Die Schrift beschwört den Glauben an den Gott Israels ohne den geringsten Kompromiss. Die Handlung und viele Motive nimmt sie aus dem AT. Vgl. E. Zenger, ebd. Es ist kein historisches Werk, sondern ein kämpferisches Glaubensbuch. Seine Urfassung war ursprünglich sicher hebr. Ebd., 430f. Dieser Text ist verloren, jedoch wurden in Qumran einige Fragmente gefunden, die bei unserer Untersuchung mitberücksichtigt werden. Aber, das betonen alle neueren Ausleger, diese Schrift will nicht im eigentlichen Sinn militant sein, sondern will die Macht Gottes bei den Geringen zeigen. Die Theologie von Judt ist zusammengefasst in 9,11: „Denn deine Macht stützt sich nicht auf die große Zahl und deine Herrschaft nicht auf kräftige Männer, sondern du bist der Gott der Erniedrigten, du bist der Helfer der Kleinen, der Beistand der Schwachen, der Beschützer der Verachteten, der Retter der Hoffnungslosen." – H. ENGEL, Das Buch Judith, in: Zenger, 298, vertritt die Auffassung: „Gott kämpft nicht, er lässt auch nicht die Israeliten, die besseren Soldaten oder überlegen bewaffnet sein, seine Hilfe und rettende Macht passt überhaupt nicht in militärische Kategorien, ironisiert diese vielmehr: er rettet ‚durch die Hand einer Frau'." In ihrer eigenwilligen Konzeption und Erotik gehört die Schrift zur Weltliteratur. Sie ist wahrscheinlich in den Jahrzehnten nach den Makkabäerkriegen, vielleicht erst kurz vor Ende des 2. Jh. v.Chr. entstanden. Vgl. E. ZENGER, ebd., 431.

Dieser Titel „Gott des Himmels", der in der persischen Zeit[109] aufgekommen ist, scheint wie auch der ganze erste Teil des Buches (Kap. 1–7) eine Vorbereitung für den zweiten Teil zu sein, wo Judith auftritt und die eindeutigen Bekenntnisse spricht. Das wird an zwei Stellen durch die Verneinungsformel: „kein anderer Gott" ausgedrückt. Der Verfasser greift zu dieser alten Formel, obwohl ein anderer Gott in der Erzählung überhaupt keine Rolle spielt. Das Eindringen der Feinde ist Versuchung genug. Oder steht doch die Einführung eines Dionysos-Kultes als Gefahr im Hintergrund, wie er in 2Makk erwähnt wird (6,7 und 14,33)? Jedenfalls droht bei Eroberung der Stadt den Überlebenden die Proskynese vor dem siegreichen Gott-König.

Deshalb verdient ein Abschnitt Beachtung, wo μόνος nicht mit Gott, sondern mit der Gegenfigur, einem weltlichen Herrscher, dem König Nebukadnezar, verbunden wird, der göttliche Verehrung beansprucht. Dieser König, der laut Text allein die Weltherrschaft fordert, veranlasst die Zerstörung aller anderen Heiligtümer. Mit der Durchführung dieses Auftrags ist der Feldherr Holofernes beauftragt.

Judt 3,8	3,13 𝔏	
καὶ κατέσκαψεν πάντα τὰ ὅρια αὐτῶν καὶ τὰ ἄλση αὐτῶν ἐξέκοψεν καὶ ἦν δεδομένον αὐτῷ ἐξολεθρεῦσαι πάντας τοὺς θεοὺς τῆς γῆς ὅπως αὐτῷ μόνῳ τῷ Ναβουχοδονοσορ λατρεύσωσι πάντα τὰ ἔθνη καὶ πᾶσαι αἱ γλῶσσαι καὶ αἱ φυλαὶ αὐτῶν ἐπικαλέσωνται αὐτὸν εἰς θεόν	praeceperat enim illi Nabuchodonosor rex ut omnes deos terrae exterminaret videlicet ut ipse solus diceretur deus ab his nationibus quae potuissent Holofernis potentia subiugari	Doch er zerstörte alle ihre Heiligtümer und schlug ihre Götterhaine um. Ihm war der Auftrag gegeben, alle Götter der Erde zu vernichten, damit alle Völker der Erde Nebukadnezar *allein* dienen und alle Zungen und Stämme *ihn allein* als (ihren) Gott anrufen sollten. (Zenger)

Hinter dem Motiv, dass Nebukadnezar göttliche Verehrung beansprucht, steht die Erfahrung des Herrscherkultes in der Zeit des Hellenismus, was besondere Auswirkungen auf den israelitischen Kult mit sich brachte, gleich wo Juden lebten. In dieser Epoche neigten alle Herrscher dazu, sich und oft auch ihre Gattinnen zu divinisieren und göttliche Verehrung zu fordern. „Der Herrscherkult, der sowohl dem gestorbenen wie dem regierenden König, der Königin und dem Kronprinzen gewidmet wurde"[110], war nicht nur in Antiochia, sondern auch in Alexandria eine Selbstverständlichkeit, wird aber in den jüd. Schriften nicht direkt thematisiert, sondern

---

[109] G.V. RAD, Art. οὐρανός, ThWNT 5 (1954), 507.
[110] M.P. NILSSON, ebd., 167.

indirekt in dieser Form von Erzählungen kritisiert. Für diese Auffassung, dass sich der Text *gegen die Divinisierung der orientalischen Könige* wendet, spricht auch die Tatsache, dass in Judt keine Polemik gegen die hölzernen oder goldenen Götterfiguren zu finden ist. Vielmehr sollen, wie Judt 3,8 beweist, alle Götterfiguren zugunsten des Herrscherkultes beseitigt werden. Wohl aber wird dem Vertreter dieses Herrscherkultes, dem Holofernes am Ende das Haupt abgeschlagen.

Während der Belagerung der Stadt Bethulia, wo auf die Gefahr der Proskynese hindeutet wird, ergreift Judith mehrfach das Wort, versucht ihren ängstlichen Volksgenossen Mut zu machen und das Vertrauen auf Gott zu stärken, damit sie nicht vom Glauben abfallen. Dabei ist ihr die Verneinungsformel in den Mund gelegt.

8,19	8,19 C	Judt 8,20	Jud 8,19 (= 8,20)	Jud 8,20
אל כן נפלו	ועל כן נמסרו	ἡμεῖς δὲ	pro scelere	Wir aber
בחרב אויביהם	לחרב לשבר	ἕτερον θεὸν	quo dati sunt	kennen *keinen*
ובמהומה	ולחפה	οὐκ ἔγνωμεν	in gladium et	*anderen Gott*
ואנחנו לאל	ולכלימה ביד	πλὴν αὐτοῦ	in rapinam et	*als ihn allein.*
אחר לא	כל שואיהם	ὅθεν	in	Deshalb
השתחוינו	ואנחנו לא	ἐλπίζομεν ὅτι	confusionem	hoffen wir,
ואלהי נכר	נדע אל אחר	οὐχ	inimicis suis	dass er uns
לא עבדנו כי	זולתו אלהינו	ὑπερόψεται	nos autem	und unser
אם אלהי		ἡμᾶς οὐδ᾽ ἀπὸ	alterum deum	Geschlecht
השמים		τοῦ γένους	nescimus	nicht verlas-
		ἡμῶν	praeter ipsum	sen wird.
				(Zenger)

In dieser Tabelle sind zwei hebr. Versionen (B und C) aus den Fragmenten von Qumran berücksichtigt, die zeigen, dass schon recht früh verschiedene Versionen dieses zentralen Verses im Umlauf waren. Auch die lat. Version lässt erkennen, dass das entschiedene Bekenntnis bald Interpretationen und Erweiterungen hervorrief. Es handelt sich daher nicht um wörtliche Übersetzungen, sondern um Varianten.

Auch in dem folgenden Text, einem Gebet von Judith mitten in der Krise, wird mit der Verneinungsformel die Verweigerung eines anderen Kultes gefordert.

B	C	9,14	Judt 9,19 (= 9,14)	Judt 9,14
וכל הגוים	למען ידעו	καὶ ποίησον	et omnes	Mach, daß
ידעו כי אתה	כל הגוים כי	ἐπὶ παντὸς	gentes agnos-	dein ganzes

יי אלהים	אתה אלהים	ἔθνους σου	cant quoniam	Volk und
ואין אחר	חיים ואין	καὶ πάσης	tu es Deus et	jeder Stamm
מבלעדיך	זולתך אלהים	φυλῆς	non est alius	erkennt und
		ἐπίγνωσιν τοῦ	praeter te	weiß, daß du
		εἰδῆσαι ὅτι σὺ		*allein* Gott
		εἶ ὁ θεὸς θεὸς		bist, der Gott
		πάσης		aller Stärke
		δυνάμεως καὶ		und Macht,
		κράτους καὶ		und daß es für
		οὐκ ἔστιν		dein Volk
		ἄλλος		Israel *keinen*
		ὑπερασπίζων		*anderen*
		τοῦ γένους		Schützer gibt
		Ισραηλ εἰ μὴ		als *dich allein.*
		σύ		(Zenger)

Der hier eingedruckten Übersetzung von Zenger ist zuzustimmen, auch wenn sie im Deutschen ein *allein* einführt. Man könnte das absolute ὁ θεός auch übersetzen: der *wahre* oder *wirklich existierende* Gott. Mit der Behauptung οὐκ ἔστιν ἄλλος ὑπερασπίζων ist den hell. Königen der von ihnen beanspruchte Titel σωτήρ abgesprochen. Zumindest die Israeliten lassen ihn nicht für sich gelten.[111] Es geht in Judt daher nicht um militärische Härte, sondern um Standhaftigkeit im Glauben gegen alle Drohungen von Seiten der politischen Führung, die sich Göttlichkeit anmaßt. Dem steht der Alleinanspruch Jahwes gegenüber.

Das Buch Esther und die Zusätze

Das Esther-Buch in seiner ursprünglichen Fassung entstand wohl schon im 4. oder 3. Jh. v.Chr. und ist ein Beweis dafür, dass es schon damals in der Diaspora zu Pogromen gegen die jüd. Bevölkerung kam. Est ist die einzige Schrift aus spät-atl. bzw. frühhell. Zeit, die nirgends den Begriff *Gott* bringt,[112] nicht einmal am Ende nach Bestehen der Krise. Dennoch kann man sich der Meinung E. ZENGERS anschließen, dass es ein „*hoch-theologisches Buch*"[113] ist, das das Wirken Gottes in Verborgenheit darstellt. Aber diese indirekte Bezeugung war offensichtlich vielen Juden nicht genug – sie mieden dieses Buch, gewiß auch wegen des profanen

---

[111] Vgl. M. P. NILSSON, ebd., 183f.

[112] „Der (ca. 160 Verse umfassende) hebräische Text ist die kürzeste Fassung und ist gegenüber den anderen Fassungen durch sein ‚Gottesschweigen' charakterisiert, d.h. in ihm wird Gott nicht ausdrücklich erwähnt, weder auf der Ebene der Erzählung noch im Munde der handelnden Figuren." E. ZENGER, Das Buch Ester, in: Zenger, 302.

[113] Ebd., 309, Hervorhebung von ihm.

Milieus, eines Harems an einem heidnischen Königshof. Deshalb finden sich in Qumran von Est auch keine Spuren. Dieses oben genannte „Gottesschweigen"[114] hat einige fromme Benützer oder Freunde des Buches veranlasst, es zu „verbessern" und zu ergänzen. Daher sind in der griech. Fassung einige Einfügungen vorgenommen worden, die Gottes Bedeutung direkt hervorheben, vor allem zwei längere Gebete von Mordechai und Esther, die den scheinbaren „Mangel an Frömmigkeit" mehr als ausgleichen. Denn in diesen Zusätzen finden sich die Begriffe κύριος und θεός abwechselnd insgesamt 42mal.[115] Auch die Verneinungsformel steht in zwei Fassungen da.

ZusEst 4,17	2 … und sprach: „Herr, Herr, du König,
(2) κύριε κύριε βασιλεῦ πάντων κρατῶν	der aller (Dinge) mächtig ist, denn in
ὅτι ἐν ἐξουσίᾳ σου τὸ πᾶν ἐστιν	deiner Gewalt befindet sich das All, und
καὶ οὐκ ἔστιν ὁ ἀντιδοξῶν σοι ἐν τῷ	*keiner kann gegen dich auftreten,* wenn
θέλειν σε σῶσαι τὸν Ισραηλ	es dein Wille ist, Israel zu retten.
(3) ὅτι σὺ ἐποίησας τὸν οὐρανὸν καὶ	3 Ja, du hast den Himmel und die Erde
τὴν γῆν καὶ πᾶν θαυμαζόμενον ἐν τῇ	und alles, was unter dem Himmel ange-
ὑπ' οὐρανὸν καὶ κύριος εἶ πάντων καὶ	staunt wird, geschaffen, 4 und Herr bist
οὐκ ἔστιν ὃς ἀντιτάξεταί σοι τῷ κυρίῳ	du über alles, und *keiner vermag dir,*
	dem Herrn, zu widerstehen. (Bardtke)
ZusEst 4,17	14 Und sie flehte zu dem Herrn, dem
(12) κύριέ μου ὁ βασιλεὺς ἡμῶν σὺ εἶ	Gott Israels, und sprach:»Mein Herr,
μόνος βοήθησόν μοι τῇ μόνῃ καὶ μὴ	unser König, *du bist einer!* Komm mir
ἐχούσῃ βοηθὸν εἰ μὴ σέ ὅτι κίνδυνός	zur Hilfe, die einsam ist und keinen
μου ἐν χειρί μου	anderen Helfer als dich hat! 15 Die mich
	bedrohende Gefahr ist unmittelbar
	eingetreten! (Bardtke)

Innerhalb dieser Zusätze, gleich zu Beginn in V. 2 (im Gebet Mardochais) findet sich nach einer dreifachen Anrede Gottes und einer Beschreibung seiner Gewalt, eine ungewöhnlich formulierte Verneinungsformel οὐκ ἔστιν ὁ ἀντιδοξῶν σοι, verbunden mit der Hoffnung auf die Rettung Israels, und sie wird in V. 4 nahezu wortgleich wiederholt: καὶ οὐκ ἔστιν ὃς ἀντιτάξεταί σοι τῷ κυρίῳ.

Ebenso wird wenig später beim Gebet der Esther gleich zu Beginn in V. 12 eine zweifache Anrede (Herr und König) gebraucht, die mit anderen Worten als bei Mardochai zu dem Bekenntnis des alleinigen Gottes führt. Auffallend ist, dass in den nächsten Zeilen der Begriff μόνος erneut erscheint, aber diesmal in Bezug auf Esther, sie ist μόνη/*die einsame* und ruft: hilf mir! Hier wird vom Verfasser die Einsamkeit und Hilflosigkeit

---

[114] Ebd., 302.
[115] H. BARDTKE, Zusätze zu Esther, 33.

eines Menschen, und zwar einer Frau, der Einsamkeit oder Einzigkeit Gottes gegenübergestellt. Seine Einzigkeit ist Macht – er braucht keine Helfer. Aber ihre Einzigkeit ist nur Elend – eine aufschußreiche Entgegensetzung mit dem gleichen Begriff. (In V. 18 wird dieser Gott sogar der *König der Götter* genannt, eine ziemlich heidnische Form für den ὕψιστος.)

Während die Entstehung des Esther-Buches im 3. Jh. v.Chr. angesetzt wird, dürften die Zusätze erst sehr viel später eingefügt worden sein, entweder in der Zeit der makkabäischen Kriege[116] oder wahrscheinlich noch viel später, in der Mitte des 1. Jh. n.Chr., als der Jüdische Krieg begann, oder gar nach dem Fall von Jerusalem. Trotz dieser Zusätze blieb für das Judentum das Esther-Buch mindestens zeitweise eine Schrift geringeren Ranges. Die Verneinungsformel steht wie ein Treueeid nur an zwei hervorgehobenen Stellen im Text: in Gefahr und höchster Not, sicherlich ein Hinweis für alle Israeliten in ähnlicher Bedrohung genauso zu handeln.

Die Zusätze zu Daniel: Das Gebet des Asarja

Anderer Art sind die Zusätze zum Buch Daniel, denn dem Grundbestand des in sich uneinheitlichen Buches Daniel fehlt es nicht an Frömmigkeit.[117] Die späteren Erweiterungen bringen neue Legenden von Daniel und seinen Freunden, wohl Ausformungen älterer Motive, die in verschiedenen Phasen des 1. Jh. n.Chr. aufgeschrieben und eingefügt wurden. Im Gebet Asarjas finden wir die Erkenntnis- und die Alleinanspruchsformel zusammen am Ende des Gebets, das heftig die Unterdrückung beklagt und an Gott appelliert, seinen Bund mit dem Volk nicht zu vergessen (V.10) – ähnlich wie ParJer. Die Anrufung, die eigentlich auf die Wiederherstellung Israels zielt (damit die Völker erfahren, dass Jahwe der wahre Gott ist) bildet den *Höhepunkt und Abschluss* des Gebets. (Es folgt danach nur noch eine kurze Wendung, die Gottes Herrschaft δόξα auf die ganze Welt οἰκουμένη bezieht. Es handelt sich dabei um eine Nachbildung von 1Kön 8,60). Wie häufig steht das entscheidende Bekenntnis, nämlich die Erkenntnis- mit der Alleinanspruchsformel kombiniert, am Ende des Textes ZusDan 3,45:

γνώτωσαν ὅτι σὺ εἶ μόνος κύριος ὁ θεὸς καὶ ἔνδοξος ἐφ᾽ ὅλην τὴν οἰκουμένην	Erkennen sollen sie, dass *du, Herr, allein Gott bist* und hochgerühmt auf dem ganzen Erdkreis! (Plöger)

---

[116] So H. BARDTKE, ebd., 27.
[117] Nach übereinstimmender Ansicht entstand das Buch Daniel unter Aufnahme älterer Motive in der Zeit der makkabäischen Krise, 168–164 v.Chr. H. NIEHR, Das Buch Daniel, in: Zenger, 511.

Das Gebet Asarjas dürfte mit größter Wahrscheinlichkeit in den Jahrzehnten nach der Zerstörung Jerusalems entstanden sein. Denn in V. 14 ist gesagt, dass es keinen Ort mehr gibt, wo Opfer stattfinden können. Im V. 9 ist von einer Art Schweigegebot die Rede, d.h. vermutlich mußten sich die Juden sehr bedeckt halten. In V. 8 wird geklagt, dass sie dem Feind vollkommen ausgeliefert sind. Das alles deutet auf die röm. Herrschaft und die Versklavung hin. Wieder ist gut erkennbar, die Alleinanspruchsformel wird in der Zeit äußerster Not und Abgrenzung angewandt. – Wenn es zutrifft, dass dieser Text spät, gegen Ende des 1. Jh. n.Chr. geschaffen wurde, muss bedacht werden, ob nicht auch eine Polemik gegen die Integration Christi in die Gottheit formuliert ist.

Bel und der Drachen

Unter den Zusätzen zu Daniel befindet sich auch die legendarische Erzählung von Daniel und dem Drachen.[118] Diese Legende ist eindeutig eine Fortsetzung der Erzählung von Bel in Babel Dan 14,1–22, denn auch von diesem Drachen wird behauptet, dass er angebetet wird, dass er isst und trinkt und ein *lebendiger Gott* sei. Dem hält Daniel sein eigenes Bekenntnis entgegen.

Bel (TH) 1,25	Daniel entgegnete: „Den Herrn, meinen
καὶ εἶπεν Δανιηλ κυρίῳ τῷ θεῷ μου	Gott, verehre ich, weil *er ein lebendiger*
προσκυνήσω ὅτι οὗτός ἐστιν θεὸς ζῶν	*Gott* ist. Doch, König, gib du mir die
σὺ δὲ βασιλεῦ δός μοι ἐξουσίαν καὶ	Erlaubnis, dann werde ich den Drachen
ἀποκτενῶ τὸν δράκοντα ἄνευ μαχαίρας	ohne Schwert (LXX: Eisen) und Keule
καὶ ῥάβδου	töten!" (Plöger)

Der Widerspruch besteht in einem sehr betonten Satz: *dieser [aber] ist ein lebendiger Gott!* Diese Formel οὗτός ἐστιν θεὸς ζῶν scheint wie eine katechetische Vorgabe für Juden im Gespräch mit Heiden zu sein. Mit dieser Formulierung wird ohne die exklusive Alleinanspruchsformel dem Gesprächspartner angesichts der Götterfiguren in sehr einfacher Weise gesagt: aber unser Gott ist nicht aus Materie, sondern lebendig.

Nach der legendarischen Überlieferung gelingt es Daniel, den Drachen trickreich zu töten, er wird dafür aber von der Bevölkerung verfolgt und in

---

[118] Die Zeit der Abfassung ist ziemlich unsicher. H. NIEHR, Das Buch Daniel, in: Zenger, 516, vertritt die Auffassung, dass es in der Ptolemäerzeit in Alexandria, entweder im 1. Jh. v.Chr. oder im 1. Jh. n.Chr. enstanden sein kann. Manches spricht für eine späte Entstehung, vielleicht sogar erst im 2. Jh. n.Chr. Denn zahlreiche Einfügungen, meist in Form von Gebeten und Bekenntnissen, wurden von pharisäischer Seite vorgenommen.

eine Löwengrube geworfen. (Diese Geschichte wird mit einer Legende um den Propheten Habakuk erweitert. VV. 32–38.) Aber Gott beschützt Daniel und der König selbst sieht, wie er vor den wilden Tieren bewahrt worden ist.

Bel (TH) 1,41	Da rief der König mit lauter Stimme und
καὶ ἀναβοήσας φωνῇ μεγάλῃ εἶπεν	sprach: „Groß bist du, Herr, du Gott
μέγας εἶ κύριε ὁ θεὸς τοῦ Δανιηλ	Daniels! *Und keinen anderen gibt es*
καὶ οὐκ ἔστιν πλὴν σοῦ ἄλλος	*außer dir!*" (Plöger)

Während in V. 25 im Munde Daniels selbst noch ein einfaches Bekenntis „κυρίῳ τῷ θεῷ μοῦ" gebracht wird, das er dann begründet mit „οὗτός ἐστιν θεὸς ζῶν", folgt am Schluss der Erzählung im Mund des (noch) heidnischen Königs das umfassende doppelte Bekenntnis „μέγας εἶ κύριε ὁ θεὸς τοῦ Δανιηλ καὶ οὐκ ἔστιν πλὴν σοῦ ἄλλος". Zuerst spricht der König eine Erkenntnis über die Macht des Gottes Daniels aus, was eigentlich von jeder Gottheit gesagt werden kann: *du bist groß* (dies könnte ebenso gut mit der Einzigkeitsformel gesagt werden). Erst mit dem zweiten Teil des Bekenntnisses, mit der Verneinungsformel, gewinnt das Treuebekenntnis volle Gültigkeit. Dieses starke Bekenntnis zum einzigen Gott im Munde eines Heiden ist die typische Zuspitzung in einer Legende. Hier ist die exklusive Form des Bekenntnisses gewählt und nicht das hell. ὕψιστος, weil sich diese Legende gegen das Heidentum wendet.

Joseph und Aseneth

Eine ähnliche Aufnahme wie im Esther-Buch findet die Alleinanspruchsformel als literarisches Motiv im Roman *Joseph und Aseneth*, obwohl letzterer etwa 200 Jahre später als Est entstanden ist. Dieser Roman, nach dem Vorbild griech. Liebesromane gestaltet,[119] wurde wohl in griech. Sprache, vermutlich in Alexandrien um die Zeitenwende geschrieben. Die Schrift zeigt große Nähe und Offenheit zur hell. Kultur, vertritt auch keine eigene Theologie, geht aber doch von einer Besonderheit des Judentums aus und wurde zeitweise als Missionsschrift bewertet. Innerhalb eines großen Gebets der Aseneth (JosAs 12,14) findet sich der folgende Gedanke:

ἐλέησόν με κύριε	Erbarme dich mein, Herr,
καὶ φύλαξόν με <τὴν> παρθένον ἁγνὴν	und hüte mich, die Jungfrau keusch, die
τὴν ἐγκαταλελειμμένην καὶ ὀρφανὴν	zurückgelassene und Waise.
διότι σὺ εἶ [μόνος] κύριε πατὴρ γλυκὺς	Denn *du (selbst)* bist, *Herr*, ein Vater
καὶ ἀγαθὸς καὶ ἐπιεικής.	süß und gut und gelinde. (Burchardt)

---

[119] C. BURCHARD, Joseph und Aseneth, 591.

Ähnlich wie in den ZusEst 4,17[12], wo die μόνη/die Verlassene, Vereinsamte und Hilflose dem μόνος als Mächtigem gegenübergestellt ist, wird in diesem Vers in emotionaler Weise der Vaterschaft Gottes das irdische Schicksal eines verlassenen Kindes ohne Eltern entgegengesetzt. Der Gegensatz heißt hier πατήρ – παρθένος/όρφανή.

Ob das μόνος, das den Gegensatz nochmal verstärkt, ursprünglich im Text stand, ist fraglich. Textkritisch ist dies keineswegs sicher. Das μόνος in V. 14 ist nur von Handschriften der Gruppe a, den Textzeugen A und P bezeugt. „A ist am sorgfältigsten und vollständigsten, der beste griechische Einzelzeuge überhaupt. P ist nicht viel schlechter. ... Sie haben einen gemeinsamen Ahnen (α)."[120] Obwohl die Aussage des Satzes mit dem Gegensatz *Waise – gütiger Vater* ausreichend wäre, wurde früher oder später das μόνος eingefügt, um den Gegensatz und die Rettung hervorzuheben. Der gleiche gegensätzliche Gedanke findet sich im folgenden Vers, wo ταπείνωσις der φιλανθρωπία Gottes gegenüber gestellt wird. Das Alleinsein hat also bei Menschen ganz andere Bedeutung als bei Gott, denn es bedeutet Gefahr, das Alleinsein-Gottes bedeutet jedoch absolute Kraft, die andere retten kann.

JosAs 13,1	Suche heim, Herr, meine
ἐπίσκεψαι κύριε τὴν ταπείνωσίν μου	Selbst(erniedrigung) und erbarme dich
καὶ ἐλέησόν με.	mein, blicke hin auf meinen Waisen-
ἐπίβλεψον ἐπὶ τὴν ὀρφανίαν μου	stand und habe Mitleid (mit) mir, die
καὶ οἴκτειρόν με τὴν τεθλιμμένην.	(da) betrübt ist. Siehe nämlich, ich
ἰδοὺ γὰρ ἐγὼ ἀπέφυγον ἐκ πάντων	(selbst) floh weg aus allen und zu dir
καὶ πρὸς σὲ κατέφυγον κύριε τὸν μόνον	nahm ich Zuflucht, Herr, dem *al-*
φιλάνθρωπον.	*lein(ig)en* Menschenfreund. (Burchardt)

Die syrische Baruch Apokalypse

Diese Apokalypse greift mehrfach auf starke *Ausschließlichkeitsformeln* zurück, um die Alleinherrschaft Gottes zu betonen und seine alles übersteigende Größe und Macht zu beschreiben. Die Situation ist die Erniedrigung, die Israel nach der Zerstörung Jerusalems erfahren hat. Daher ist diese Schrift wie auch 4Esr, dem sie sehr nahe steht, ein eindringlicher Appell an Gott, eine Wende herbeizuführen. Zwar benützt sie häufig den Begriff ὕψιστος, aber nur gelegentlich die Begriffe *Allmächtiger* (omnipotens, παντοκράτωρ) und *Herr* (dominus, κύριος), was eigentlich verwunderlich ist. Verfaßt wurde die Schrift wohl Anfang des 2. Jh. n.Chr.

ApcBar(syr) 21,7	... *für dich allein* gilt doch nur dies: daß
tibi uni hoc est, ut facias statim omne	du sofort tust alles, was du willst. 8 Du
quod volueris: qui in numero guttas	lässt auf die Erde regnen mit den vielen

---

[120] C. BURCHARD, ebd., 583.

pluviae super terram pluis; et finem temporum, antequam veniant, tu solus nosti, intende in deprecationem meam. Tu enim solus potes sustentare omnes qui sunt, et eos qui praetereunt et eos qui futuri sunt, eos qui peccant et eos qui justificantur, sicut vivens investiga-bilis, tu enim solus es vivens immortalis et investigabilis, et numerum hominus nosti. [121]	Regentropfen, *allein* du weist das Ende der Zeiten, bevor sie angekommen sind. Blick doch auf mein Gebet! 9 *Nur du* kannst alles noch erhalten: die sind, vergangen sind und einmal kommen werden, die sündigen und die sich recht-schaffen gezeigt haben: du bist der Lebende, der unerforschlich ist. 10 Du bist ja *der einzig* Lebende, Unsterbliche und Unerforschliche, du kennst die Zahl der Menschen. (Klijn/Bunte)

Diese große Macht Gottes wird in einem Abschnitt beschrieben, wo gleich dreimal solus (μόνος) benützt wird. Voran steht aber, nach der Übersetzung des 19. Jh. von Ceriani ein *tibi uni*. Gewiß war dies in der griech. Übersetzung eine Formulierung, die εἰς in irgendeiner Form enthielt. Ganz wörtlich würde die griech. Formulierung heißen: σοι ἑνί. Diese Formulierung ist selten in Bezug auf Gott gebraucht. Wahr-scheinlicher war ein Akkusativ oder tatsächlich ein εἰς. Ebenso wird an einer anderen Stelle des Buches, wieder in einem Gebet Baruchs, Gott als derjenige bezeichnet, der allein wahres Wissen und Leben hat, über alle irdische Zeiten hinaus.

ApcBar(syr) 54,1 Et postulavi a Forti et dixi: Tu, Domine, solus praenoscis excelsa aevi, et quod in temporibus contingit, adducis verbo tuo, et contra opera habitatorum terrae acceleras initia temporum, et finem horarum tu solus noscis;	Und ich flehte den Mächtigen an und sagte: „Du *allein*, o Herr, hast zuvor die Höhen der Welt gekannt, und was (noch) geschehen wird in den Zeiten, das bringst du durch dein Wort. Und gegen die Werke der Erdbewohner bringst du eilends nahe die Anfänge der Zeiten. Das Ende der Perioden kennst *nur du allein*. (Klijn/Bunte)

Das Bekenntnis wird gerahmt und bekräftigt durch zwei Alleinanspruchs-formeln, Mitwissende gibt es nicht, alles bleibt sein Geheimnis. – Den einzigartigen Ursprung (*ab uno*) betonen zwei Stellen am Ende des Buches:

ApcBar(syr) 78,4 Et vere scio, quod non vincti fuerimus nos omnes duodecim tribus in uno vinculo, sicuti qui ab uno patre geniti sumus.	Und wahrlich, ich weiß: Sind wir nicht alle, wir, die zwölf Stämme, in *einer Gefangenschaft* gebunden, wie wir ja auch *von einem Vater* abstammen? (Klijn/Bunte)

---

[121] Hier wird die lateinische Übersetzung von A. M. CERIANI zitiert, der die ApcBar(syr) in Mailand entdeckte und 1871 veröffentlichte.

Innerhalb eines Briefes von Baruch, den er den neuneinhalb Stämmen schreibt, betont er stark die Gemeinschaft seines Volkes, sogar aller zwölf Stämme, und vergleicht diese Zusammengehörigkeit mit einer Gefangenschaft. Er erinnert dabei zugleich an die Abstammung von einem Vater. Diese Stelle greift zurück auf Mal 2,10. Mit diesem Vater ist sicher Abraham gemeint, aber der Zusammenhang lässt auch die besondere göttliche Herkunft durchscheinen. Die Einheit wird zugleich religiös und national verstanden, auf den Urvater Abraham und auf Gott selbst zurückgeführt.

ApcBar(syr) 85,14	
Propter hoc una per unum lex, unum seculum, et illis qui sunt in eo, finis omnibus.	Darum besteht *ein Gesetz* durch *einen und eine Welt dazu, ein* Ende auch für alle Dinge, die darin bestehen. (Klijn/Bunte)

Am Ende des Buches im vorletzten Vers findet sich ein eigenartiger Lobpreis, ein Höhepunkt und Abschluss dieser Schrift, wo ein dreifaches *una /unum* erscheint. Wörtlich würde die Übersetzung heißen: daher kommt von Einem (Gott) *ein einziges Gesetz für diese eine Welt* ... Es scheint sich bei dieser Formulierung geradezu um eine Anti-Formel gegenüber der stoischen Allmachtsformel eines Poseidonios: ἐν καὶ πᾶν zu handeln, bzw. der dreigliedrigen Formel, wie sie später auch bei Mark Aurel zu finden ist: „O Natur, aus dir ist alles, in dir ist alles, auf dich hin ist alles" (IV,23). Mit dem dreifachen εἰς/unus wird der deutliche Gegensatz des jüd. Glaubens zum griech. markiert, besitzt hier also eine *exklusive* Bedeutung.

Die Himmelfahrt Mose
Unter den zwölf Kapiteln der AssMos hebt sich das zehnte ab. Es ist ein Hymnus, der die Theophanie am Ende der Zeit mit allen gewaltigen Begleiterscheinungen beschreibt. Während die vorausgehenden Kapitel die Geschichte des Volkes Israel äußerst kritisch behandeln und viele Vorwürfe wegen der andauernden Sünden gemacht und Strafen angekündigt werden, wird in dem Hymnus Israel zu Ehren erhoben (V. 8). Voraussetzung dafür ist V. 7, dass – offensichtlich umgekehrt wie bisher – der Zorn Gottes sich gegen die Heiden wendet und ihnen das Strafgericht angekündigt wird.

AssMos X,7	Quia exurgit summus	Denn der höchste Gott,
ὅτι ἐξεγερθήσεται ὁ ὕψιστος θεὸς ὁ αἰώνιος μόνος καὶ φανερῶς ἐλεύσεται, ἵνα	Deus aeternus solus, et palam veniet ut vindicet gentes et perdet omnia idola eorum.	*der allein ewig* ist, wird sich erheben, und er wird offen hervortreten, um die Heiden zu strafen, und

τιμωρήσηται τὰ ἔθνη,		alle ihre Götzenbilder
καὶ ἀπολέσεται πάντα		wird er vernichten.
τὰ εἴδωλα αὐτῶν.		(Brandenburger)

Das Prädikat μόνος wird hier sehr bewusst mit Gottes zeitlich ausgedehnter Macht in Verbindung gebracht. Der Begriff ist ganz exklusiv gebraucht, es gibt keinen anderen Gott neben dem Einen, der alle Zeiten umfasst. Dabei nimmt die AssMos die hell. Sprache und Vorstellungen auf, auch das viel gebrauchte Epitheton ὕψιστος. Somit werden hier zwei Prädikate aus recht unterschiedlichen Traditionen kombiniert: ὕψιστος aus der hell. Welt und μόνος aus der jüd. Tradition. Letzteres wird besonders mit αἰών verbunden, so dass die beiden Begriffe zwei unterschiedliche Dimensionen bezeichnen: ὕψιστος den Raum und αἰών die Zeit. Wie der rahmende Text zeigt, der ziemlich aggressive Vorstellungen enthält, liegt hier ein exklusives Verständnis zugrunde. – Die Zeit der Endfassung ist der Anfang des 1. Jh. n.Chr., eine zugrunde liegende Grundschrift geht auf die Makkabäerzeit zurück.

Das Buch Baruch

Im Buch Baruch, einer Zusammenstellung unterschiedlicher poetischer Stücke und Prosa-Texte, vermutlich aus der Mitte des 1. Jh. v.Chr. oder früher, findet sich weder eine Einzigkeits- noch eine Alleinanspruchsformel, aber öfter eine Erkenntnisformel. Darüber hinaus gibt es nur einmal eine Verneinungsformel.

Bar 3,36.37	
οὗτος ὁ θεὸς ἡμῶν οὐ λογισθήσεται	*Dieser* ist unser Gott, *dem keiner* gleich
ἕτερος πρὸς αὐτόν ἐξεῦρεν πᾶσαν ὁδὸν	erachtet wird. Er hat erkundet jeden
ἐπιστήμης	Weg zur Erkenntnis … (Gunneweg)

Die Erkenntnisformeln sind bezeichnend für weisheitliche Texte. Auch das poetische Stück, in welchem die Verneinungsformel 3,36 steht, ist ganz weisheitlich geprägt, ähnlich wie Prov 1–9 oder Sir 24. Das Thema des ganzen Abschnitts ist die Erkenntnis der göttlichen Ordnung der Naturphänomene, eine Ordnung die sich auch im Kult abbildet. Jedoch ist im ersten Teil dieses Abschnitts, der mit der Weckformel „Höre Israel" beginnt, was auch an das Schᵉmaʿ erinnert, zunächst von Gott direkt nicht die Rede, sondern von der Torheit und der Sünde Israels. Die Weisheit wird als eigene Größe gepriesen, und wie bei Hi 42 die Kleinheit des Menschen im Gegensatz zu Gottes Größe hervorgehoben. Erst in Bar 3,32 werden die Aussagen konkreter: ἀλλὰ ὁ εἰδὼς τὰ πάντα γινώσκει αὐτήν.

Das Ganze mündet in dem Ausruf: οὗτος ὁ θεὸς ἡμῶν. Dazu passt eine weitere betonende Aussage, wie sie hier im Text mit der schön formulierten Verneinungsformel zu finden ist. Andererseits bezweifelt E. KAUTZSCH diesen Textbestand, „da nun aber bisher im Lied auf die Möglichkeit des Vorhandenseins eines fremden Gottes nirgends unzweifelhaft ... hingedeutet ist"[122]. Auch weil dieser Satzteil „rhythmisch überschüssig"[123] ist, bezeichnet E. KAUTZSCH diese Formel hier als eine Glosse[124]. Wenn man diesen Satzteil, οὐ λογισθήσεται ἕτερος πρὸς αὐτόν' heraus-nimmt, gibt der Zusammenhang ebenso einen guten Sinn: *dieser ist unser Gott, er hat erkundet jeden Weg zur Erkenntnis.*

Bezeichnend ist aber, dass Redakteure, denen der Text zu säkular schien, immer wieder die Gelegenheit wahrnahmen, zu dem Begriff Gott einen Lobpreis oder eine Formel einzutragen, die die Ausschließlichkeit hervorhebt. Während der größte Teil des Liedes von einem umfassenden inklusiven Gottesverständnis ausgeht, wird mit der Verneinungsformel ein anderer Akzent gesetzt, der so ursprünglich nicht im Text stand.

Die Elia-Vita
In den Propheten-Viten, die wohl Ende des 1. Jh. v.Chr. entstanden sind, ist weder die Einzigkeits-, noch die Alleinanspruchsformel benützt. Lediglich in der Elia-Vita ist ein besonderer Begriff für Gott verwendet: „ὁ ἀληθινὸς καὶ ὄντως θεός". Dieser ist ähnlich dem von Philo verwendeten, auch im Diaspora-Judentum gebräuchlichen. Es ist eine Anlehnung an die Namensoffenbarung in Ex 3,14LXX. Wenn es zutrifft, dass die Thora im letzten Viertel des 3. Jh. v.Chr. allmählich übersetzt wurde,[125] dann hat sich dieser Begriff ab etwa 200 v.Chr. als die allgemeine Gottesbezeichnung und als Ersatz für einen anderen hebr. Namen durchgesetzt.

21,6 Προβλήματος γενομένου παρ' αὐτοῦ καὶ τῶν προφητῶν τοῦ Βάαλ, τίς ἂν εἴη ὁ ἀληθινὸς καὶ ὄντως θεός, ᾔρησε γενέσθαι θυσίαν παρά τε αὐτοῦ κἀκείνων καὶ μὴ ὑποθεῖναι πῦρ, ἀλλ' ἕκαστον εὔξασθαι καὶ τὸν ἐπακούοντα αὐτὸν εἶναι θεόν.	Als die Frage entstand zwischen ihm und den Propheten des Baal, wer der *wahre* und in Wirklichkeit *seiende Gott sei,* wählte er, dass ein Opfer dargebracht würde von ihm und jenen und man kein Feuer daran legen sollte, sondern jeder beten solle und der, der ihn erhören würde, sei Gott.

---

[122] E. KAUTZSCH, Apokryphen und Pseudepigraphen des Alten Testaments I, 221, Anm. e.
[123] Ebd., 221, Anm. e.
[124] Ebd., 221, Anm. e.
[125] M. TILLY, Einführung in die Septuaginta, 36.

Die Testamente der 12 Patriarchen

TestXII gehören wohl in ihrer Endfassung zu den späteren jüd. Schriften der hell.-röm. Zeit. Eine Grundschrift könnte aus dem 2. Jh. v.Chr. stammen. Die TestXII lassen keinerlei Annäherung an den Hellenismus erkennen lassen. Gerade deshalb ist es verwunderlich, dass in dieser Schrift die μόνος-Formel nur ein einziges Mal zu finden ist.

TJos VI,5	
Καὶ εἶπον πρὸς αὐτήν· "Ότι ἐπλήρωσας αὐτὸ γοητείας θανάτου· καὶ πῶς εἶπας ὅτι Οὐ προσεγγίζω τοῖς εἰδώλοις ἀλλὰ τῷ Κυρίῳ μόνῳ;	Da sprach ich zu ihr: „Du hast sie [die Speise] mit Tod angefüllt. Wie konntest du sagen, ich nahe mich nicht den Götzen, sondern dem *Herrn allein*. (Becker)

Es handelt sich um eine Stelle, wo Joseph berichtet, wie die aufdringliche Ägypterin ihm mit einer Speise, die mit Zaubermitteln vermischt ist, die Besinnung zu rauben versucht, und dass er diese Speise nicht gegessen hat. Überraschend ist, dass bei diesem Text sofort mit der Ablehnung von Götzen argumentiert und die Zuflucht zu *Gott allein* gelobt wird. Vermutlich ist die versuchte Verführung bzw. auch die Zauberspeise ein Symbol für alle Reize der hell. Welt, einschließlich der Menge der Götterfiguren. Davor kann nur die Zuflucht zu Gott selbst retten. Deshalb wird hier diese starke μόνος-Formel gewählt.

Darüber hinaus erscheint die Alleinanspruchsformel noch zweimal in *Zusätzen zu TestXII*. Zuerst in einem großen Bittgebet im TL, dessen Fragmente in aram. Sprache in Qumran erhalten blieben. Hier ist die Alleinanspruchsformel in dem bekannten Zusammenhang verwendet, dass Gott alles sieht, hört und weiß, wie schon Xen formuliert hatte, auch dass er als der allein Weise gilt und somit alle Gedanken der Menschen kennt.

Der Text aus 4Q 213 TL[126] Das Bittgebet 5,9-16	5,9–16 [Und ich öffnete meinen Mund und begann zu reden]. Und die Finger
[... ומללת פתחת ופמי]⁹ קדישא קדם לקשט [...]¹⁰ וידי כפי אנתה מרי אמרת]ו צלית רבא ידע בלחודיך ¹²⁷א[נתה ...]¹¹	meiner Hände und meine Unterarme ¹⁰[breitete ich aus, wie es sich gehört, vor dem großen Heiligen. Und ich begann zu beten und] ich sagte: „Mein Herr, du ¹¹[kennst alle Herzen, und alle Gedanken] *weißt du allein*. (Becker)

---

[126] 4 Q213, ergänzt nach der griech. Übersetzung (Athos-Handschrift zu TestLevi 2,3), Übersetzung: K. BEYER, Die aramäischen Texte vom Toten Meer I, 193.

[127] בלחודיך: ב + לחוד + Suffix sg. 2.m.; לחוד „nur, allein". K. BEYER, ebd., 572 (unter לחוד).

Es ist diesmal nicht das Gebet aus Not, sondern der allgemeine Lobpreis. Aufgrund dieses (Voraus)-Wissens wird Gott gebeten, alles, was hinderlich ist, aus dem Weg zu räumen und einen Anteil von seinem Wissen und Stärke zu geben. Dieses Wissen ist also sein Geheimnis, das er mit niemand teilt, er lässt zwar seine Propheten und seine Heiligen davon etwas erfahren. Dennoch verfügt er darüber allein. Es ist ein doxologisches Verständnis dieser Formel.

Eine weitere Alleinanspruchsformel findet sich in einer Stelle, die nach J. BECKER wahrscheinlich ein christlicher Zusatz des 2. oder 3. Jh. n.Chr. ist, weil sich in VV. 1–2 Andeutungen der Taufe finden. Diese μόνος-Formulierung unterscheidet sich von den bisherigen dadurch, dass sie nicht die kurze Form μόνος σοφός verwendet, die bereits bekannt war, sondern mit einem Verb ἐπίσταμαι konstruiert: μόνος ἐπίστασαι.

Zusatz des MS E zu TL 2,3	
(5) Κύριε γινώσκεις πάσας τὰς καρδίας καὶ πάντας τοὺς διαλογισμοὺς ἐννῶν (sic!)· σὺ μόνος ἐπίστασαι.[128]	(5) „Herr, du kennst alle Herzen und alle Erwägungen der ‚Einsichtigen'. *Du allein* bist verständig."[129] (Becker)

Hier wird wieder Gottes alleiniges Vorauswissen und die Kenntnis aller Pläne formuliert, vor allem der Blick in die Gewissen und Herzen, was ihn von allen Menschen unterscheidet.

Jedoch ist im hebr. TN die Verneinungsformel gleich in 4 Versionen zu finden. Das ist zusammengenommen eine sehr starke Betonung der Einzigkeit Gottes. Es wird eingeschärft, dass eine Zuwendung zu einem anderen Gott ein nicht wieder zu machender Fehler wäre, der die Erfahrung der Väter mißachten würde. Diese vierfache Verneinungsformel steht den Alleinanspruchsformeln in nichts nach, sie wirkt geradezu stärker und erinnert in ihrer klaren Aussage an DtJes, dessen Argumentation sie folgt.

Das hebr. Testament Naphthali X, 3–4	
3 לכן בני אני משביעכם שלא תתעו ולא תעבדו לאל אחר אלא לאותו שבחרו בו אבותיכם 4 כי ידוע תדעו שאין כמוהו ואין מי אשר יעשה כמוהו וכמעשיו בשמים ובארץ ואין מי אמר יפליא לעשות, כגבורותיו	(3) Darum, meine Söhne, beschwöre ich euch, dass ihr nicht (von ihm) abirrt, und *keinen anderen Gott* verehrt als den, den eure Väter erwählt haben. (4) Denn ihr wisst, es gibt *keinen, der ihm gleicht*. Und es ist *keiner, der handeln könnte* (so) wie er oder gemäß seinen Taten im

---

[128] Textquelle: R.H. CHARLES, The Greek Versions of the Testaments of the Twelve Patriarchs, 28f, Anm, 23.

[129] Die Übersetzung von J. BECKER, Die Testamente der zwölf Patriarchen, 139, Anhang 1: σὺ μόνος ἐπίστασαι/*du allein bist verständig* ist nicht glücklich. Es sollte besser heißen: *du kennst sie allein*.

	Himmel und auf Erden. Und *es gibt keinen*, der Wunder vollbringen könnte wie seine Krafttaten. (Becker)

Testament Abrahams

Diese Schrift knüpft an die Erzählung von der Begegnung Abrahams mit den drei Männern bzw. Engeln an, die ihm die Geburt eines Nachkommens verheißen, gestaltet aber das Thema in seltsamer Weise. Denn Sara erkennt Jahrzehnte später in einem fremden Gast einen der damaligen Boten wieder. Diesmal lacht sie nicht, sondern ein Traum Isaaks lässt sie weinen. Der Bote deutet diesen Traum auf den Tod Abrahams. Der Bote will ihn in den Himmel mitnehmen, aber Abraham wehrt sich und will nicht folgen. Darauf kehrt der Engel zu Gott zurück und holt sich neue Weisung, wie er sich verhalten soll. Bei dieser neuen Anweisung finden sich im Mund Gottes, ähnlich wie im ersten und zweiten Gebot, eine Selbstvorstellung und eine Verneinungsformel. Gott erinnert Abraham an seine Großzügigkeit, aber auch an seine Herrschaft, die mit der Verneinungsformel begründet wird.

TestAbr 8,21	8, 142.143 ... und ich werde dir alles
καὶ δώσω σοι πάντα ὅσα ἂν αἰτήσῃς παρ' ἐμοῦ, ὅτι ἐγώ εἰμι κύριος ὁ θεός σου, καὶ πλὴν ἐμοῦ οὐκ ἔστιν ἄλλος·	geben, was du von mir bitten wirst, denn ich *bin der Herr, dein Gott, und außer mir ist kein anderer.* (Jansen)

Gott muss, um Abraham zu überzeugen, seine ganze Autorität einsetzen. Abraham könnte sich auch nicht bei einem anderen Gott ein längeres Leben ausbitten. Es gilt, Abraham begreiflich zu machen, dass er viel Gutes erhalten hat, aber auch dass er sterblich ist, und das ist wohl nur mit dem Rekurs auf die volle Majestät Gottes möglich. Nach einigem Handeln akzeptiert Abraham auch die Botschaft und stellt sich allmählich auf seinen Tod ein.

Es ist verwunderlich, dass in dieser Schrift die Alleinanspruchsformel überhaupt nicht erscheint und die Verneinungsformel gerade einmal. Aber der Gesamttenor dieser erbaulichen Schrift ist eine verständnisvolle und nicht eine schroffe Sprache. Gott schickt durch seinen Engel seinem Freund Abraham immer wieder Botschaften und verschafft ihm so Einsichten, bis dieser folgt.[130] Gott, so ist die Botschaft, ist Herr über Leben und Tod.

---

[130] E. JANSSEN, Testament Abrahams, 200ff, gesteht zu, dass der Anlass und die Entstehungzeit des Buches nur schwer zu erschließen sind. Zeitweise wurde auch eine christliche Verfasserschaft vermutet, aber Janssen vertritt die Auffassung, dass das Testament Abrahams eine „durch und durch jüdische Schrift" ist, wahrscheinlich aus dem 2. Jh. oder gar 3. Jh. n.Chr. Einige Verfasser plädieren aber für die Zeit noch vor der hadrianischen Verfolgung.

Die Apokalypse Abrahams

In der ApkAbr, die nur in slaw. Sprachen erhalten ist, steht ein Hymnus, der nicht weniger als 40 Begriffe für Gott enthält. Neben einigen bekannten Titeln (Starker, Heiliger, Sebaoth) werden überwiegend seltene oder ganz ausgefallene Titel verwendet. Zweck aller dieser Bezeichnungen ist es, die Unvergleichlichkeit Gottes zu beschreiben. Deshalb sind viele Titel in der verlorenen griech. Vorlage mit einem α-Privativum gebildet, was jeweils den Gegensatz bezeichnet.

ОТКРОВЄНІЄ АВРААМА и поклонихсѧ токмо и рекохъ пѣ ѥнже наоучи мѧ. и рѐ гⷩⷩ непрестаіа и глахъ. и глаже и самъ пѣ᛭ Прѣвѣчне крѣпче сⷮⷮе элъ. бе ѥдиневластне самородене нетлѣѥме. бесквернне нерожене беспорочне бесмⷮⷮрьне. самосвершене. самосвѣтне. безматерне безꙋотьчне безродне высоче огньне члвеколюбче щедре. даровите ревнителю мои. терпѣливе премлⷮⷮве. ели рекше бе мои. вѣчныи крⷮⷮпце сⷮⷮе савлофе преславне. элъ. элъ. элъ. элъ. іаоилъ. ты ѥси ѥгоже възлюби дша моіа хранитель вѣчне огнь сыіатель. негромогласьне. молънозрачне многоочене . . . принми мѧ и покажи ми и наоучи мѧ. и възвѣсти рабꙋ своѥмꙋ ѥлико обѣща ми.	17,7 Und er sprach: „Sprich, ohne Unterbrechen!" Und ich sagte und er selbst sagte auch den Gesang: 8 *Urewiger, Starker, Heiliger, El, Alleinherrscher Gott, Selbstgeborener, Unverweslicher, Makelloser, Unerzeugter, Unbefleckter, Unsterblicher,* 9 *Selbstvollkommener, Selbstleuchtender, Mutterloser, Vaterloser, Ungeschaffener, Allhöchster, Feuriger,* 10 *Menschenfreund, Freigebiger, Barmherziger,* Voll der Inbrunst zu mir, Duldsamer, sehr Gnädiger, Eli, das heißt Mein Gott. 11 Ewiger, Starker, Heiliger, Sabaoth, Sehr Herrlicher, El, El, El, El, Jaoel, 12 Du bist es, den meine Seele liebgewonnen hat, Beschützer, Ewiger, Feuerstrahlender, Donnerstimmiger, dessen Blick wie der Blitz ist, Vieläugiger, [...] 18 Nimm mich gnädig auf und zeige mir und lehre mich und offenbare Deinem Knecht, was Du ihm versprochen hast. (Philonenko-Sayar/Philonenko)

Der Abschnitt lässt einige Unregelmäßigkeiten erkennen. Zwar stehen immer wieder ähnlich geformte Begriffe zusammen, z.B. „Selbstgeborener, Unverweslicher", aber es scheint, dass ein Grundbestand hier mehrere Zusätze erfahren hat. Offensichtlich wurden die hohen kosmischen Begriffe in V. 9 („Ungeschaffener, Allhöchster, Feuriger") bewusst mit einigen menschennahen Begriffen in V. 10 („Menschenfreund, Freigiebiger, Barmherziger) ergänzt oder vielmehr korrigiert. B. PHILONENKO-SAYAR/M.

PHILONENKO halten es auch für möglich, dass Teile des Hymnus nachträglich eingefügt wurden.[131] Wahrscheinlich ist, dass einige der Formulierungen nach V. 12 aus neuplatonischem Geist in frühchristlicher Zeit zugefügt wurden.

Vom Kontext her gesehen, auf Abraham bezogen, dürfte ein Grundbestand des Hymnus folgendermaßen gelautet haben: V. 8a *Urewiger, Starker*, V. 12a *Du bist es, den meine Seele liebgewonnen hat* und V.18 *Nimm mich gnädig auf und zeige mir und lehre mich und offenbare deinem Knecht, was Du ihm versprochen hast.*

Eine Schlüsselstellung in dieser Reihe hat der Begriff *alleinherrschender Gott*, mit großer Wahrscheinlichkeit eine Übersetzung von μόναρχος. Denn dieses μόνος hat die nächsten Begriffe bis *Ungeschaffener* geprägt, ja hervorgerufen. Die ersten drei Gottesprädikate in V. 8a werden weitgehend in V. 11a neu aufgegriffen. Der zweite Teil des Hymnus ab V. 11 ist daher eine mit neuen Begriffen angereicherte Entfaltung des ersten Teils. Die Alleinanspruchsformel ist als Leitmotiv für die anschließenden zwölf Begriffe in V. 8 und 9 von Selbstgeborener bis Allhöchster zu betrachten. Denn sie betonen alle das Anderssein Gottes. So hat das exklusive Verständnis in Verbindung mit neuplatonischen Vorstellungen eine überschwängliche Reihe mit Titeln hervorgebracht, die schließlich auch in die reiche russ. Liturgie einging.[132]

4.5 Formulierungen mit αὐτός: Tobit und Psalmen Salomos

Tobit

Im Buch Tobit bildet der Begriff αὐτός ὁ κύριος eine besondere Wendung, die in Verbindung mit den *Schlüsselworten* des Tobitbuchs ihre Bedeutung erhält.[133] J. FITZMYER hält die Stelle Tob 4,19 für das entscheidende Bekenntnis im Tobitbuch.[134]

---

[131] „Es ist möglich, dass diese Verse [gemeint 8–10] nachträglich eingefügt worden sind." B. PHILONENKO-SAYAR/M. PHILONENKO, Die Apokalypse Abrahams, 438.

[132] B. PHILONENKO-SAYAR/M. PHILONENKO, ebd., 438, verweisen auf „einen Gregorius dem Theologen zugeschriebenen Exorzismus".

[133] Wenn es zutrifft, dass wie H. ENGEL u.a. vermuten, Tob nach einer komplizierten Entstehungsgeschichte in der zweiten Hälfte des 2. Jh. v.Chr. abgeschlossen wurde, dann ist dies die gleiche Phase, als Sir überarbeitet wurde. Die Wahl der gut griech. αὐτός-Formel spricht für eine Zeit, als die abgrenzenden Tendenzen gegen den Hellenismus nicht überstark waren.

[134] Im Kommentar z.St.: „it again becomes the chief witness to the Tobit story." J.A. FITZMYER, Tobit, 178.

| διότι πᾶν ἔθνος οὐκ ἔχει βουλήν ἀλλὰ αὐτὸς ὁ κύριος δίδωσιν πάντα τὰ ἀγαθα | Denn kein Volk hat (guten Rat), sondern *der Herr selbst* gibt alles Gute. … (Ego) |

Das Bekenntnis, dass Gott selbst der Ursprung alles Guten ist, wird im Lobgesang des Tob in 13,8–18, dem Höhepunkt dieser Schrift, mit einem vierfachen αὐτός mit vier herausragenden Gottesbezeichnungen verbunden.

| Tob (S) 13,4 καὶ ἐκεῖ ὑπέδειξεν ὑμῖν τὴν μεγαλωσύνην αὐτοῦ καὶ ὑψοῦτε αὐτὸν ἐνώπιον παντὸς ζῶντος καθότι αὐτὸς ἡμῶν κύριός ἐστιν καὶ αὐτὸς θεὸς ἡμῶν καὶ αὐτὸς πατὴρ ἡμῶν καὶ αὐτὸς θεὸς εἰς πάντας τοὺς αἰῶνας | Dort hat er euch seine Majestät offenbart und erhebt ihn vor allem Lebenden, denn *er selbst* ist unser Herr, und *er selbst* ist unser Gott, und *er selbst* ist unser Vater, und *er selbst* ist Gott in alle Ewigkeiten. (DS) |

Die Betonung mit αὐτός hat den Sinn *wahrhaft, echt, zuverlässig.* αὐτός bezeichnet das Innerste Gottes, seine Ehre. Es ist die Absicht des Tob, Israels Wesen vom Innersten her zu bewahren und gegen äußere Gefahren zu schützen. Die Regeln, nur innerhalb der jüd. Gemeinschaft zu heiraten, unbedingt die eigenen Volksgenossen zu beerdigen und für die Armen zu sorgen, sind integrierende Maßnahmen, die die Identität des Volkes bewahren, während mit den Speisegesetzen eine Abgrenzung nach außen erfolgt.[135] Αὐτός hat die ursprüngliche Bedeutung *ohne Mitwirkung anderer, aus sich heraus, allein.* Deshalb gewinnt es etwa die gleiche Bedeutung wie μόνος und wird ähnlich oder abwechselnd mit diesem gebraucht.[136] Αὐτός hat hier exklusive Bedeutung, wie die Alleinanspruchsformel, die aber in Tob konsequent vermieden wird.

Psalmen Salomos

Wie Tob und TestAbr appellieren die Hymnen in PsSal[137] an das Innerste Gottes und beschwören ihn, Israel zu retten, die Züchtigungen abzuwenden und die Heiden zu bestrafen.

---

[135] B. EGO, Das Buch Tobit, 901.

[136] Tob gehört zu den Schriften, die zwar noch vor der Konfrontation der Makkabäerzeit entstanden, aber sie lässt keine Zweifel an der jüdischen Identität und der klaren Abgrenzung zu den Heiden. – B. EGO, ebd., 899f, vermutet den Entstehungsort in der östlichen Diaspora, im späten 3. oder frühen 2.Jh. v.Chr., ursprünglich in Aramäisch oder Hebräisch. Beide Fassungen sind in vermutlich bearbeiteter Form erhalten. Übersetzt wurde Tob in nahezu alle Sprachen des Nahen Ostens (883), wovon ebenfalls Handschriften erhalten sind. – G. STEMBERGER, ebd., 56 meint dagegen, dass die griechische Fassung erst im 1. Jh. v.Chr. entstanden ist.

[137] Diese Sammlung von 18 Hymnen überwiegend Klagelieder war sicher in hebr. Sprache, vermutlich im 1. Jh. v.Chr. verfasst. Die Sammlung wurde kein fester Bestandteil der LXX. M. TILLY, ebd., 19, kritisiert auch die Entscheidung Ralphs, diese Hymnen in die LXX-Ausgabe von 1930 aufgenommen zu haben.

17,1 κύριε σὺ αὐτὸς βασιλεὺς ἡμῶν εἰς τὸν αἰῶνα καὶ ἔτι ὅτι ἐν σοί ὁ θεός καυχήσεται ἡ ψυχὴ ἡμῶν	Herr, *du selbst* bist unser König für immer und ewig; ja, in dir, o Gott, soll unsere Seele sich rühmen.

Die eindringliche Bitte an *Gott selbst* bestimmt auch PsSal 17, den längsten aller dieser Hymnen (46 Verse). Gott wird eindringlich und oft König genannt (auch 17,34; 17,46), denn die eifernden Beter wollen, dass Gott entsprechend dieser Königswürde handelt und sein Volk aus der misslichen Lage befreit. Das σύ αὐτός entspricht dem 'attā hû',[138] und ist der Bedeutung von μόνος sehr ähnlich, besitzt also eine exklusive Tendenz.

4.6 Kombination der Formeln: Die Sibyllen

Die Sibyllen

Eine völlig eigene Gattung von Literatur, Apokalypsen in griech. Gewand, hervorgegangen aus Orakel-Orten Griechenlands, eigentlich mitten aus der heidnischen Praxis, sind die Bücher der Sibyllen. Wahrscheinlich hat die Erkenntnis den Ausschlag gegeben, dass diese Orakel aus dem 4. und 3. Jh. v.Chr. in großem Ansehen standen und dass viele Versionen davon bekannt waren. Deshalb konnten leicht „Ergänzungen" angefertigt werden. Die ekstatischen Weissagungstexte hatten etwas Prophetisches, was ihnen bei geschickter Imitation zumindest innerhalb der jüd. Kultur und darüber hinaus Anerkennung verschafft haben dürfte. Ihre angeblich ekstatische Herkunft erlaubte in rätselhafter, dunkler oder übertreibender Sprache – alles in Hexametern gesprochen – Inhalte zu vermitteln, die anderweitig nicht akzeptiert wurden. Ein großer Teil der Sibyllen besteht aus apokalyptischen Prophezeiungen, besonders in Sib III, verbunden mit vielen Drohungen gegen die Römer. So findet sich in Sib (Sib IV,128ff) auch die Deutung, dass der Vesuv-Ausbruch (im Jahre 79 n.Chr.) eine Strafe Gottes für die Zerstörung Jerusalems sei. Wahrscheinlich sind diese Teile der Sibyllen-Bücher am Ende des 1. Jh. n.Chr., vor allem aber im 2. Jh. und bis ins 3. Jh. n.Chr. entstanden.

Obwohl ein heidnischer Kern existierte, ist dieser nicht überall erkennbar.[139] Die jüd. oder christl. Teile überwiegen eindeutig. Die Besonderheiten der jüd.[140] (und danach

---

[138] So HOLM-NIELSEN, Die Psalmen Salomos, 97, Anm 1a.

[139] z.B. Sib III,110ff – die Erzählung von den Titanen ist schon bei Hesiod zu finden und stand wohl in einer frühen Fassung der Sib. Wenn solche archaischen und heidnischen Teile in dem eher jüd. geprägten Buch gelassen wurden, geschah dies, um das hohe Alter und die Echtheit der Sib zu dokumentieren und um später andere – jüdische! – Inhalte unterzubringen.

[140] Obwohl Sib III (ab V. 93) und Sib IV nach allgemeiner Auffassung jüd. Ursprungs sind, wurden sie doch vom Judentum abgestoßen, aber im Christentum, gerade auch im Westen, um so mehr aufgenommen und mit weiteren Weissagungen ergänzt. Eine hebr. Fassung dieser Texte dürfte nie existiert haben.

der christl.) Religion wurden später sehr massiv eingetragen. So finden sich nicht wenige Einzigkeitsformeln und noch mehr Alleinanspruchformeln, auch vielfach die Kombinationen beider. Überhaupt fallen in den Sib die vielen Häufungen und Wiederholungen auf, ein bewußtes Stilmittel, das an die ekstatische Herkunft erinnert. So wird auch die Einzigkeit Gottes an vielen Stellen hervorgehoben. Wenn es zu kombinierten Formulierungen εἰς mit μόνος kommt, ist erst recht die Leidenschaftlichkeit bewiesen. Das monotheistische Bekenntis wird so geradezu eingehämmert. Alle polemischen Argumente, die es in den Schriften gegeben hatte, um die Götterfiguren lächerlich zu machen, werden wiederholt.

Schon im ersten Abschnitt in Sib III,11–26 findet sich ein breit angelegtes Lob des einzigen Gottes, wo seine Allmacht und der Gegensatz zu den selbstgeschaffenen Götterbildern besungen wird. Die Alleinanspruch- und Einzigkeitsformel stehen Sib III, 11–12 hart beieinander, dazu auch die stoische Allmachtsformel.

Εἷς Θεός ἐστι μόναρχος, ἀθέσφατος, αἰθέρι ναίων, Αὐτοφυὴς, ἀόρατος, ὁρῶν μόνος αὐτὸς ἄπαντα	*Ein allein* herrschender Gott ist, un-nennbar, den Himmel bewohnend, Selbstgezeuget, unsichtbar, *allein* nur Alles erblickend … (Friedlieb 1852)
Sib Frgm. I., Proöm. 7–8 Εἷς Θεός, ὃς μόνος ἐστὶν, ὑπερμεγέθης, ἀγένητος, Παντοκράτωρ, ἀόρατος, ὁρώμενος αὐτὸς ἄπαντα·	*Ein Gott ist, ein einziger,* unendlich und ungezeugt, Herrscher des Alls, unsichtbar,[141] selbst Alles erblickend. (DS)

Das Bekenntnis zum einen und einzigen Gott wird in Sib III, IV und V in sehr ähnlichen Formulierungen, wie oben in Sib III,11 dargestellt, mit zahlreichen weiteren Prädikaten umrahmt, die die einzigartige Fähigkeit Gottes beschreiben, wie das Sib Frgm. I., Proöm. 7–8 zeigt.

In einem anderen kurzen Frgm. von 35 Zeilen wird der unendliche Gegensatz von Schöpfer und Geschöpf beschrieben, geradezu beschworen. Darauf, ab V. 19, werden die Menschen wegen ihrer schlechten Gesinnung getadelt, weil sie nicht mehr Gott opfern. Es ist auffallend, dass in dem kurzen Abschnitt so viele εἰς- und μόνος-Formulierungen stehen, wie sonst kaum irgendwo. Das Fragment benützt eine ziemlich aggressive Sprache, beschuldigt die Menschen oder droht ihnen, oder lockt sie auch wieder („kommt und jagt nicht stets der Finsternis und Dunkelheit nach", V. 29). Zu dieser polarisierenden Sprache passen die scharf abgrenzenden mehrfachen εἰς- und μόνος-Formulierungen sehr gut. Aber die einst

---

[141] H. MERKEL, ebd., 1136, korrigiert den Text: „Wir lesen mit Theophilos ὁρῶν μόνος (wie auch in Sib III,12), während Geffcken nach Justin ὁρώμενος liest."

kostbare Formulierung wird nun inflationär gebraucht wie etwa gleichzeitig im Heidentum bei Aristides Aelius. Hinzu kommen zahlreiche aggressive Formulierungen und Drohungen. Daher erhebt sich die Frage, ob die Sib nicht auch von einer Abwehr des Christentums geprägt sind (bevor sie christlich bearbeitet wurden).

Einige Beispiele für den Gebrauch der Alleinanspruchs- und der Einzigkeitsformel, sowie ihre Kombination oder auch die Verstärkung mit αὐτός sind in der Tabelle im folgenden Abschnitt aufgeführt.

Die Frage, ob εἷς in den Sib inklusiv oder exklusiv gebraucht ist, wird von der häufigen Zusammensetzung mit μόνος beantwortet. Mit der Alleinanspruchsformel wird die Bedeutung des jüd. exklusiven Gottes zugrunde gelegt, der zugleich alles umfasst. Auffällig ist auch, dass der Begriff κύριος überhaupt nicht gebraucht ist, was wohl darauf zurückzuführen ist, dass die Sib sich hier als heidnische bzw. nicht als jüd. Seherin vorstellt. Es werden sehr viele andere hell. Gottesprädikate verwendet, darunter auch sehr ausgefallene Begriffe, die dem Text der Sib eine besondere Originalität verleihen. Aber κύριος scheint um der Sache willen konsequent vermieden zu sein.

Die Übersicht zeigt, dass die Zahl der Einzigkeits- und Alleinanspruchsformeln, aber auch die Verneinungsformeln in den Sib weit größer ist als in allen anderen jüd. Schriften aus der hell.-röm. Zeit, was auf ihren offensiven Charakter zurückzuführen ist.

4.7 Überblick und Zusammenfassung

Die folgende Zusammenstellung versucht so gut wie möglich die Reihenfolge der Entstehung zu berücksichtigen.

	Einzigkeitsformel	Alleinanspruchsformel	Verneinungsformel, Treueformel
2. Jh. v.Chr.			
Sir 1,8	εἷς ἐστιν [σοφός]		
Sir 42,21	אחד ≠ ὡς ἔστιν[εἷς]		
3Esr 8,25		εὐλογητὸς μόνος ὁ κύριος	
ZusEst 4,17 [2.3]			οὐκ ἔστιν ὁ ἀντιδοξῶν σοικαὶ οὐκ ἔστιν ὃς ἀντιτάξεταί σοι
ZusEst 4,17 [12]		σὺ εἶ μόνος	

Jub 12,19		du allein (kopt.)	
Jub 15,32		er allein (kopt.)	
Judt 8,20			ἕτερον θεὸν οὐκ ἔγνωμεν πλὴν αὐτοῦ
Judt 9,14			οὐκ ἔστιν ἄλλος
Arist 132		μόνος ὁ θεός ἐστι	
Arist 139		τὸν μόνον θεὸν	
2Makk 7,37		μόνος αὐτὸς θεός ἐστιν	
1. Jh.v.Chr.			
TJos VI, 5		Κυρίῳ μόνῳ	
Text: 4Q 213 TL		בלחודיך ידע	
Zusatz des MS E zu TL 2,3 (V.5)		σὺ μόνος ἐπίστασαι·	
Das hebr. TN X, 3–4			תעבדו לאל אחר ולא שאין כמוהו ואין מי אשר יעשה כמוהו ואין
Bar 3,36			οὐ λογισθήσεται ἕτερος πρὸς αὐτόν
JosAs 12,14		σὺ εἶ [μόνος] κύριε	
JosAs 13,1		κύριε τὸν μόνον φιλάνθρωπον.	
Sap 7,22		(σοφία) μονογενές	
Sap 7,27	(σοφία) μία δὲ οὖσα		
Sap 12,13			οὔτε γὰρ θεός ἐστιν πλὴν σου
Sir 18,1–2		κύριος μόνος	
Sir 36,4			οὐκ ἔστιν θεὸς πλὴν σοῦ κύριε
Phokylides 54	εἷς θεός		
PseuOrph 17			οὐδέ τις ἔσθ' ἕτερος
Sophokles (I)	εἷς...εἷς ἐστι‹ν› θεός		
Diphilus	ἔστι‹ν› γὰρ ἔστιν		
		τιμᾶν μόνον	

Pythagoras (I)			Θεός ... πάρεξ ἑνός
Pythagoras (II)	θεὸς εἷς		
3Makk 2,2		μόναρχε παντοκράτωρ	
AssMos 10,7		θεὸς ὁ αἰώνιος μόνος	
1. Jh. n.Chr. (bis 70 n.Chr.)			
Hen(sl) 69,4	ЕДИНЕ/du Einer		
Hen(sl) 33,7–8		МОЕМȢ ЕДИНОВЛАСТИЮ ... МОЕИ ЕДИНОИ ВЛАСТИ ...	НѢСТ ПРОТИВА СА МНѢ ... НѢСТ [ТБОРЦА] ИНОГО РАЗВѢЕ МЕНЕ ...
Hen(sl) 34,1		ЕДИНОВЛАСТЬЕ МОЕ	
Hen(sl) 36,1			НѢСТ РАЗВѢЕ МЕНЕ
Hen(sl) 47,3			НѢСТ РАЗВѢЕ Господа ЕДИНАГО
Hen(sl) 66,2		ТОМȢ ЕДИНОМОУ	
Hen(sl) 33,4			НѢСТ (neben mir)
Die Krise nach 70 n.Chr.			
AntBibl 6,4L	Unum Dominum		
AntBibl 23,14		et ipsi soli	
ParJer	Σὺ ὁ θεὸς [εἷς]		
ZusDan 3,45		σὺ εἶ μόνος κύριος ὁ θεὸς	
Bel (TH) 1,41			οὐκ ἔστιν πλὴν σοῦ ἄλλος
4Esr 3,4		solus	
4Esr 8,7		Solus enim es	
ApcBar(syr) 21,7	tibi uni	tu solus nosti Tu solus potes tu solus es vivens	
ApcBar(syr) 54,1		Tu, Domine, solus tu solus noscis	
ApcBar(syr) 78,4	ab uno patre geniti		
ApcBar(syr) 85,14	una per unum lex, unum seculum		
TestAbr 8, 21			πλὴν ἐμοῦ οὐκ

			ἔστιν ἄλλος
ApkAbr 17,8		Ҕҽ́ ҏє́ҳннєвλα꙯тнє	
2.Jh. n.Chr.			
4Makk 5,24		μόνον τὸν ὄντα θεὸν (mit 4 Tugenden)	
Sib 3,11–12	Εἷς Θεός ἐστι	μόναρχος	
		μόνος	
Sib Frgm. I., Proöm. 7	Εἷς Θεός	ὃς μόνος ἐστὶν	
Frgm. I., Proöm. 15–17		Αὐτὸν τὸν μόνον ὄντα	
		Ὅς μόνος εἰς αἰῶνα	
Frgm. I., Proöm. 32	Εἷς θεὸς ἐστι		
Frgm. I., Proöm. 36		Ὅς μόνος ἐστι θεὸς	
Sib Frgm. III, 3	Θεὸς μόνος εἷς	πανυπέρτατος	
Sib Frgm. III, 16		αὐτὸς μόνος οἶδεν	
Sib Frgm. III,36		τῷ μόνῳ	
Sib II,51	Θεὸν δ᾽ ἕνα		
Sib II,126	Εἷς Θεός ἐστι σοφὸς		
Sib II,219	Εἷς γὰρ μόνος	ἄφθιτός ἐστιν	
Sib III,165		Θεὸς μὸνος	
Sib III,571		μόνος Θεός	
Sib III,629		μόνος ἐστὶ Θεὸς, κοὐκ	ἔστιν ἔτ᾽ ἄλλος.
Sib III,759		μόνος ἐστὶ Θεὸς, κοὐκ	ἔστιν ἔτ᾽ ἄλλος.
Sib III,705		Αὐτὸς ... μόνος	
Sib III, 718		μόνος ἐστὶ δυνάστης·	
Sib IV, 30	ἑνὸς Θεοῦ εἰς μέγα κῦδος		
Sib V, 284	ἕνα γὰρ γενετῆρα	Θεὸν μόνον	
Sib VIII, 377		Μοῦνος Θεὸς εἰμι,	καὶ οὐκ ἔστι Θεὸς ἄλλος
Sib IX, 37		μόνος αὐτὸς Θεὸς	
3. Jh. n.Chr.			

ApcEl 26,5	Einer ist der Name Gottes (kopt.)		

1. Alle Beobachtungen, die in der Zusammenfassung zum AT genannt wurden, treffen auch für die jüd. Schriften der hell.-röm. Zeit zu. Grundsätzlich dient die Alleinanspruchsformel zur *Abgrenzung* des Gottes Israels gegenüber den Göttern anderer Völker. Sie kam erst ab der Esra-Zeit auf, und verlor nur dort an Bedeutung, wo die Annäherung an den Hellenismus erklärtes Ziel war.

2. Die Formel wird bei *Anrufungen in großer Not* verwendet. Dies trifft besonders für die Schriften zu, die in den Jahrzehnten nach dem Fall Jerusalems geschaffen wurden: das Gebet Asarjas in den ZusDan und 4Esr 3,3–4, aber auch schon in AssMos X,7 nicht als Gebet, sondern als Prophezeiung, ferner in 2Makk 1,25 und zur Beschreibung des Martyriums in 7,37.

3. Gelegentlich wird αὐτός in der nahezu gleichen Bedeutung wie μόνος verwendet, z.B. in Tob 4,19 und Tob(S) 13,4 (viermal!), auch in PsSal. Dabei gewinnt der Begriff die Bedeutung: (Gottes) *Innerstes, Ehre, Selbst.* Dass dt. Bibelübersetzer häufig αὐτός mit *allein* widergaben, weist auf diese Synonymität hin.

4. Diese Formeln sind also für hervorgehobene Stellen wie Gebete, Doxologien, öffentliche Bekenntnisse, letzte Worte und Erklärungen in entscheidenden Momenten aufgespart.

5. Die Sib weichen von diesem Gebrauch in mehrfacher Hinsicht ab, denn sie verwenden die Alleinanspruchsformel recht zahlreich, oft auch in *Kombination* mit der Einzigkeitsformel. Daneben wird die Alleinanspruchsformel in Verbindung mit der Verneinungsformel benützt. Durch die permanente Wiederholung starker Formulierungen entsteht ein polemisches Textgebilde mit exklusiver Bedeutung. Es ist sehr wahrscheinlich, dass mit dieser geradezu militanten Verteidigung des Monotheismus auch eine Abwehr des Christentums beabsichtigt war.

6. Dennoch scheint die Alleinanspruchsformel allmählich verbraucht zu sein. G. DELLING meint, dass diese Formel durch ihren übertreibenden elativen Gebrauch, spätestens im 2. Jh. n.Chr. „als abgegriffen gilt"[142]. Daher werden allmählich andere sprachliche Formen gesucht, um die Einzigkeit Gottes auszudrücken, wie bes. in 3Makk zu beobachten ist.

7. Einige Schriften benützen die abgrenzenden Formeln oder den Begriff Gott gar nicht, sprechen nur indirekt vom Gesetz, Himmel oder erklären Gottes Macht ausschließlich narrativ (z.B. 1Makk und Est).

8. Wenn neben den abgrenzenden Formeln weit häufiger die griech. Begriffe: ὕψιστος, παντοκράτωρ, ἰσχυρός, κρατύς, μόναρχος, δεσπότης, βασιλεύς

---

[142] G. DELLING, ΜΟΝΟΣ ΘΕΟΣ, ThLZ (77) 1952, Sp. 471.

u.a. gebraucht werden (und nicht nur κύριος als Übertragung von יהוה), ist dies eine bewusste Inanspruchnahme der heidnischen Begriffe für den Gott Israels. Nur aus dem Kontext ist ersichtlich, dass mit *Höchster* nicht Zeus und mit *Starker* nicht Apollo gemeint ist.

9. Recht beliebt sind im 1. Jh. v.Chr. und n.Chr. Titel, die die *Macht und Kraft* Gottes beschreiben, während Begriffe, die die Barmherzigkeit, Güte und Gnade aufnehmen, eher zögernd und später, dann aber auch sehr bewusst verwendet werden (z.B. ApkAbr 17,7ff). – Auffällig sind *Häufungen* von Begriffen und neue Superlativ-Bildungen: Herr der Herren, Herrscher der Herrscher, König der Könige … (ApcDan(syr) 28 und 29; 2Makk 1,24ff, Hen(äth) 63,2).

10. Bedeutung gewinnen nunmehr auch abstrakte Begriffe, die eine Nähe zur Philosophie erkennen lassen: ζῶν/*der Lebendige* und ὁ ἀληθινὸς καὶ ὄντως θεός /*der wahrhaft seiende Gott*, weil sie den Götterfiguren entgegengesetzt werden können. Auch diese Begriffe können mit dem Prädikat μόνος oder εἷς verbunden werden.

11. Nach dem Fall von Jerusalem 70 n.Chr. wird in einigen Schriften die *hell. Begrifflichkeit reduziert* oder ganz vermieden, was auf neue Abgrenzung hindeutet. Die spätere Rückkehr des Judentums zur hebr. Sprache und Vermeidung griech. Texte schließt die hell. Begriffe ganz aus (z.B. im Gebet Asarjas). Die Verneinungsformel gewinnt neue Bedeutung als Treuebekundung.

12. In einigen Schriften werden absichtlich auch *ganz neue sprachliche Formen* gesucht, um das Anders-Sein Gottes gegenüber der Welt zu formulieren (3Makk, ParJer). Solche Begriffe sind z.B. der *Hochbetagte*, der einzige Menschenfreund (JosAs 13,1 μόνος φιλάνθρωπος), der *allweise Gott* (4Makk 1,12 πάνσοφος), der *alles überschauende Herr* (2Makk 9,5 παντεπόπτης κύριος).

13. Beachtung verdient die These *J. Assmanns*, dass die „monotheistische Semantik" und die damit verbundene Sprache der Gewalt weniger zur Abgrenzung nach Außen dient, sondern in Wahrheit nach innen gerichtet ist.

Für die weitere Untersuchung ist folgendes Ergebnis festzuhalten: Die jüdisch-hellenistischen Schriften dokumentieren in ihrem Gebrauch der monotheistischen Formeln die Spannung zwischen Akkulturation an den Hellenismus und die Distanzierung von ihm. Die Einzigkeitsformel (εἷς θεός) ist inklusiver und offener und wird von jüdischen Autoren auch „Heiden" in pseudepigraphischen Schriften in den Mund gelegt (Phokylides, Sophokles, Diphilus, Pythagoras). Die Alleinanspuchsformel grenzt stärker ab, kann aber dort, wo man einen Konsens mit Heiden formuliert (wie im Aristeasbrief) auch einen sich vorbereitenden „monotheistischen

Konsens" vorwegnehmen. Umgekehrt verbindet sie sich in den Sibyllinen mit der Einzigkeitsformel zu einem intensiven Aufruf an die nicht-jüdische Welt, sich zu dem einen und einzigen Gott zu bekehren.

5. Philo von Alexandrien

Für Philo von Alexandrien ist das Bekenntnis zur Einzigkeit Gottes der wichtigste Grundsatz, der in allen seinen Schriften unablässig vertreten wird. Er hat sich fast ausschließlich mit der Auslegung der Thora beschäftigt und da besonders ausführlich mit dem Buch Genesis und den Geboten. In eigenartiger Weise vermischte er jüd. und griech. Argumente. L. COHN meint in der Einleitung zur dt. Übersetzung seiner Werke, „Philos ganze Denk- und Anschauungsweise ist mehr griechisch als jüdisch. Er verwendet griechische Begriffe und Vorstellungen und überträgt sie auf jüdische Verhältnisse"[1]. L. TREITEL hebt noch mehr seine Grenzen hervor: „andererseits steht er so ganz unter dem Banne griechischer Philosophie, dass sein Lebenswerk, die Auslegung der heiligen Schrift, auf Schritt und Tritt von ihr beeinflusst wird, was ihn auch vielfach verhindert hat, die Bibel, die Thora Mosis, aus ihr selbst, ihrem Wortlaute nach zu erklären."[2] Erst in den letzten Jahrzehnten ist eine andere Betrachtungsweise eingetreten. So plädiert P. BORGEN[3] in Verbindung mit L. COHN dafür, Philo wieder mehr als jüd. Exegeten anzusehen, der die Thora im hell. Kontext auslegen will. Wie P. BORGEN in seinem Überblick darstellt, werden die griech. Impulse unterschiedlich bewertet. Er sieht ihn besonders in Verbindung mit einem mittleren Platonismus.[4] Zweifellos zeigte Philos Werk gerade wegen der eigenwilligen Synthese griech. und jüd. Elemente eine langanhaltende Wirkung innerhalb der Kirche[5], jedoch nicht im Judentum, wo er geradezu ignoriert wurde.

Der wirklich existierende Gott

Gut erkennbar ist diese Synthese an seiner bevorzugten Gottesbezeichnung ὄντως ὤν. Damit nimmt er eine im Diasporajudentum üblich gewordene Gottesbezeichnung auf, vermeidet aber zugleich andere hell. Titel.[6] Diese Bezeichnung ὄντως ὤν ist eine Anlehnung an Ex 3,14LXX ἐγώ εἰμι ὁ ὤν,

---

[1] L. COHN, Einleitung, in: L. Cohn (Hg.), Die Werke Philos von Alexandria in deutscher Übersetzung, Bd. I (1909), 11. – Die Übersetzungen der Texte sind aus: Philo von Alexandria. Die Werke in deutscher Übersetzung, hg. v. L. COHN/I. HEINEMANN/M. ADLER/W. THEILER, Bd. 1–6 (²1962), Bd. 7 (1964) übernommen.

[2] L. TREITEL, Gesamte Theologie und Philosophie Philo's von Alexandria, 2f.

[3] Vgl. P. BORGEN, Philo of Alexandria an exegete for his time, 12.

[4] P. BORGEN, ebd., 7.

[5] Philo weckt besonderes Interesse, weil er gleichzeitig mit Jesus und den ersten Aposteln lebte, wahrscheinlich ca. 20 v.Chr. bis ca. 45 oder 50 n.Chr. Jedoch gibt es keinen einzigen Nachweis dafür, dass er Jesus oder die junge Kirche kennt oder gar erwähnt.

[6] L. TREITEL, ebd., 8, nennt diese Formulierung „einen bekannten philosophischen Schulausdruck".

hat jedoch eine philosophische Prägung. Sie ähnelt in ihrer sprachlichen Form dem hebr. אֶהְיֶה אֲשֶׁר אֶהְיֶה. F. BÜCHSEL bezeichnet die Formel ὄντως ὤν als „geistreich, aber rationalisierend".[7] Der Begriff ὄντως ὤν ist gewissermaßen eine Tautologie, denn beide Worte sind von εἰμί abgeleitet. Er wird übersetzt mit *der wahrhaft Seiende* oder *wirklich Existierende,* wobei im Deutschen häufig der Begriff *Gott* hinzugefügt wird, der im Originaltext nur gelegentlich steht. So schreibt Philo in *Legatio ad Gaium,* wo er dem Kaiser schwere Vorwürfe wegen seiner Allmachtsansprüche macht:

Gai XLIII,347	… damit auf dem Umkreis dieser weiten
ἵν᾽ ἐν τῷ τῆς τοσαύτης γῆς περιβόλῳ	Erde keine Spur und keine Erinnerung
μηδὲν ἴχνος μηδὲ ὑπόμνημα καταλειφθῇ	an die Verehrung und heilige Scheu vor
τιμῆς καὶ εὐσεβείας τῆς εἰς τὸν ὄντως	dem *wahrhaft seienden wahren Gott*
ὄντα ἀληθῆ θεόν;	übrig bleibe? (Kohnke)

Die prägnante Formel wird oft je nach Kontext erweitert. In dem oben angeführten Zitat erhält der Begriff θεός drei nahezu gleichbedeutende Prädikate, die einander stützen und verstärken. Ob in dieser Gottesbezeichnung bewusst Lautmalerei angewandt wurde – ein fünffaches Omikron bzw. Omega und T-Laute! – muss offen bleiben. Die Formulierung ist recht scharf, weil sich darin sinnverwandte Wörter (ὄντως, ἀληθῆ) wiederholen, und sie ist, obwohl mit philosophischen Anklängen, extrem exklusiv und in der Aussage stärker als μόνος.

Diese Formulierung, sagt Philo, ersetzt jeden anderen Namen. Deshalb erwähnt er auch keinen anderen Gottesnamen aus der jüd. Tradition, sondern benützt konsequent diese Begrifflichkeit. Das Tetragramm scheint er nicht zu kennen oder vermeidet es konsequent. Jedenfalls ist die Interpretation des Namens, die er in Mos I,114f gibt, weit vom jüd. Selbstverständnis entfernt. Sie folgt vielmehr pythagoreischer Argumentation: die vier Buchstaben seien so bedeutsam wie die ersten vier Zahlen. Seine Interpretation der Stelle Ex 3,14 verweigert vielmehr Namen und Deutung:

Mos I,75	(Und Gott erwiderte: Zuerst sage ihnen,)
… ὅτι ἐγώ εἰμι ὁ ὤν, ἵνα μαθόντες	dass *ich der Seiende* bin, damit sie, über
διαφορὰν ὄντος τε καὶ μὴ ὄντος	den Unterschied zwischen dem *Seien-*
προσαναδιδαχθῶσιν, ὡς οὐδὲν ὄνομα	*den* und dem *Nichtseienden* belehrt,
τὸ παράπαν ἐπ᾽ ἐμοῦ κυριολογεῖται,	auch die Lehre vernehmen, dass es für
ᾧ μόνῳ πρόσεστι τὸ εἶναι.	mich, dem *allein das Sein* zukommt,
	überhaupt keinen mein Wesen treffen-
	den Namen gibt. (Badt)

---

[7] F. BÜCHSEL, Art. εἰμί, ὁ ὤν, ThWNT 2 (1935), 396f.

Damit hebt Philo die Transzendenz Gottes hervor und vertritt die These, dass eigentlich nur Gott wahrhaftes Sein besitzt, ein Zustand, der weder mit Namen noch Worten ausgedrückt werden kann. Der gleiche Gedanke findet sich in mut 11ff und somn 1,230. Philo geht dabei recht frei mit der biblischen Tradition um. Während es in Ex 3,15 heißt: „אֶהְיֶה ist mein Name", betont Philo, er kann keinen Namen haben, bzw. er nimmt die Definition des *Seienden* als Namen.

Daneben benützt Philo auch gern neutrale Formulierungen: τo θεῖον/das Göttliche, τo ὤν/das Seiende, τo ὕψιστον/das Höchste (nicht: *der* Höchste). Die Interpretation der Stelle all 3,82 zeigt, dass für ihn der Begriff ὕψιστον eine Ausnahme ist und er ihn nur zögernd verwendet.[8] Die einzigen Gottesbezeichnungen aus seiner hell. Umwelt sind δημιουργός und κτίστης. Beide stehen für das schöpferische Handeln Gottes. Im conf 170 nennt er Gott εἰς ἄρχων καὶ ἡγεμὼν καὶ βασιλεύς. Aber diese hell. Vergleiche sind für ihn nicht charakteristisch. Er bevorzugt klar ὁ ὤν als eine Formulierung, die sein Transzendenzverständnis trägt.

Die Einzigkeit Gottes

Bei Aussagen, die ihm besonders am Herzen liegen, verwendet Philo die Einzigkeitsformel. Jedoch zitiert er nie, jedenfalls in den uns erhaltenen Schriften, direkt das Sch^ema'. Wohl aber liegt seine ganze Argumentation auf der Linie: Gottes Wesen ist *einheitlich, einzigartig* und *unvergleichlich*. Ein gutes Beispiel für die Hervorhebung der Einzigkeit Gottes (und der irdischen Analogien) mit einem dreifachen εἰς findet sich in Gai LXI,171, die einen Grundsatz von Philos Philosophie und Glaube wiedergibt.

Gai LXI,171	Das zweite, dass Gott *einzig* ist, wegen
δεύτερον δ' ὅτι θεὸς εἷς ἐστι, διὰ τοὺς	der Vertreter der Vielgötterei … Die
εἰσηγητὰς τῆς πολυθέου δόξης, …	vierte Lehre ist, dass auch die *Welt*
τέταρτον δ' ὅτι καὶ εἷς ἐστιν ὁ κόσμος,	*einzig* ist, weil der *Schöpfer einzig* ist,
ἐπειδὴ καὶ εἷς ὁ δημιουργὸς (ὁ)	der durch *die Einzigkeit* sein Schöp-
ἐξομοιώσας αὐτῷ κατὰ τὴν μόνωσιν	fungswerk sich selbst gleich machte …
τὸ ἔργον, …	(Kohnke)

Die gleiche Zusammenfassung, nur ausführlicher in fünf Abschnitten bzw. Lehrsätzen, findet sich am Ende des Buches über die Schöpfung op 170–173. Man kann diese Zusammenfassung als ein persönliches Bekenntnis Philos bezeichnen. Darin werden auch apologetische Zwecke verfolgt, die

---

[8] G. BERTRAM, Art. ὕψιστος, ThWNT 8 (1969), Sp. 616, bemerkt zu Philos Interpretation: er „verwahrt sich in Bezug auf Gen 14 gegenüber einem polytheistischen Missverständnis."

sich gegen Tendenzen seiner Zeit richten.[9] Hinter den Ausführungen Philos stehen Gedanken aus Platons Dialog Timaios, der eine ähnliche bekenntnisartige Definition über die einzige Welt formulierte, sie jedoch nicht auf Gott bezog.[10]

op 170–172	170 Die erste [Lehre], dass Gott existiert
πρῶτον μὲν ὅτι ἔστι τὸ θεῖον καὶ	und waltet …
ὑπάρχει ..	171 Die zweite, dass *Gott einzig* ist,
δεύτερον δ᾽ ὅτι θεὸς εἷς ἐστι, διὰ τοὺς	wegen der Vertreter der Vielgötterei …
εἰσηγητὰς τῆς πολυθέου δόξης, …	Die dritte, dass die Welt wie gesagt,
τρίτον δ᾽ ὡς ἤδη λέλεκται ὅτι γενητὸς	geschaffen ist …
ὁ κόσμος … τέταρτον δ᾽ ὅτι καὶ εἷς	Die vierte Lehre ist, dass auch *die Welt*
ἐστιν ὁ κόσμος, ἐπειδὴ καὶ εἷς	*einzig ist, weil der Schöpfer einzig* ist,
ὁ δημιουργὸς ὁ ἐξομοιώσας αὐτῷ κατὰ	der durch die Einzigkeit sein Schöp-
τὴν μόνωσιν τὸ ἔργον, ὃς ἁπάσῃ	fungswerk sich selbst gleich machte und
κατεχρήσατο τῇ ὕλῃ εἰς τὴν τοῦ ὅλου	den ganzen Urstoff zur Erschaffung des
γένεσιν· ὅλον γὰρ οὐκ ἂν ἦν, εἰ μὴ ἐξ	Alls verwandte …
ὅλων ἐπάγη καὶ συνέστη τῶν μερῶν.	Die fünfte Lehre ist, dass Gott der Welt
πέμπτον δ᾽ ὅτι καὶ προνοεῖ τοῦ κόσμου	seine Fürsorge angedeihen lässt …
ὁ θεός· …	172 … dass Gott ist und waltet, dass der
… καὶ ὅτι ἔστι καὶ ὑπάρχει θεὸς καὶ	*wahrhaft Existierende einzig* ist, dass er
ὅτι εἷς ὁ ὢν ὄντως ἐστὶ καὶ ὅτι	die Welt geschaffen und nur diese eine
πεποίηκε τὸν κόσμον καὶ πεποίηκε ἕνα,	geschaffen, indem er sie, wie gesagt,
ὡς ἐλέχθη, κατὰ τὴν μόνωσιν	sich selbst durch die Einheit gleich
ἐξομοιώσας ἑαυτῷ, …	machte … (Cohn)

Die breiten Ausführungen Philos über das Wesen Gottes sind in ihrem Kern und in ihrer Absicht keine wissenschaftlichen Abhandlungen, sondern eher Predigten über das Wesen Gottes.[11] Weil diese Gottheit unvergleichlich ist, werden keine Vergleiche angewandt oder nur sehr gelegentlich negative. Er benützt auch keine anderen Bilder,

---

[9] H. LEISEGANG, Art. Philon (Alex.), PRE 39,2 (1941), Sp. 16, präzisiert die Hintergründe: „Er will zeigen, dass 1. aus der Lehre des Moses hervorgeht, dass es das Göttliche gibt (gegen die Atheisten), dass es 2. nur einen Gott gibt (gegen die Polytheisten), dass 3. die Welt eine gewordene (γενητός) ist (gegen alle die glauben, dass sie ungeworden und ewig sei und Gott gar keinen Anteil an ihr geben), dass 4. diese Welt nur eine ist, wie auch ihr Schöpfer (gegen die Epikureer und ihre Lehre von der Vielzahl der Welten) und dass 5. der Schöpfer für sein Geschöpf sorge nach den selben Gesetzen der Natur, nach denen auch die Eltern für ihre Kinder sorgen.“

[10] Tim 31A: „Sprechen wir also mit Recht nur von einer Welt, oder wäre es richtiger von vielen, ja, von einer unbegrenzten Zahl zu reden? Nur von einer kann die Rede sein, wenn anders sie wirklich nach ihrem Urbilde ins Werk gesetzt sein soll. Denn jenes, alle nur immer der Gedankenwelt angehörigen belebten Gebilde umfassende Wesen kann unmöglich ein zweites neben einem anderen sein; denn dann müsste es wiederum noch ein anderes, jene beiden umfassendes Wesen geben …“. PLATON, Sämtliche Werke III, 110.

[11] L. TREITEL, ebd., 2, nennt ihn „eine Predigernatur“.

wie sie in der jüd. Tradition üblich waren, z.b. vom starken Arm oder vom Zorn Gottes, denn Gott konnte nach stoischer und nach Philos Auffassung keinerlei Affekte kennen (imm 51f). Solche anthropomorphen Aussagen hält er für Zugeständnisse an die einfachen Leute (imm 54). Dass er es für unmöglich hält nach Gottes Gestalt und Eigenschaften zu fragen, zeigt sich in der Stelle all I, 36, wo er Gott ἀποίος /*ungeschaffen* bezeichnet.

Als Philosoph weigert sich Philo Geschichten aus der jüd. Tradition zum Beweis des Wirkens Gottes anzuführen – mit Ausnahmen der Erzvätergeschichten, die er allerdings allegorisch auslegt. Es ist unwahrscheinlich, dass er die große Erzähltradition der Königsbücher nicht kannte. Denn wenn er die Synagogen besucht hat, wie einige Stellen beweisen, müssen ihm die Propheten bekannt gewesen sein. Doch er nimmt sie nicht auf. Wenn Philo Bilder gebraucht, stammen sie eher aus der hell. Welt, besonders aus der damals sehr populären Astronomie oder der Medizin (z.B. Cher 26). Vielmehr liegt ihm daran, seinen Hörern und Lesern den einzigen Gott in griech. bzw. philosophischer Weise nahe zu bringen. So schreibt er in einer Zusammenfassung über den Dekalog in aristotelischer Tradition, dass Gott die ἓν αἴτιον τοῦ κόσμου/*die eigentliche Ursache der Welt* ist:

decal 155	So begreift das erste Gebot alle die
ὁ μὲν πρῶτος τῶν περὶ μοναρχίας· οὗτοι δὲ δηλοῦσιν, ὅτι ἓν αἴτιον τοῦ κόσμου καὶ ἡγεμὼν καὶ βασιλεὺς εἷς ὁ ἡνιοχῶν καὶ κυβερνῶν τὰ ὅλα σωτηρίως, ὀλιγαρχίαν ἢ ὀχλοκρατίαν, ἐπιβούλους πολιτείας φυομένας παρ' ἀνθρώποις τοῖς κακίστοις ἐξ ἀταξίας καὶ πλεονεξίας, ἐξεληλακὼς ἐκ τοῦ καθαρωτάτου τῆς οὐσίας, οὐρανοῦ.	Bestimmungen über die Alleinherrschaft (Gottes) in sich; diese erklären, dass *einer* der Urgrund der Welt ist, *einer der Herr und König*, der das All zu seinem Heile lenkt und regiert, der die Herrschaft des Volkshaufens, schädliche Regierungsformen, wie sie bei den schlechtesten Menschen aus der Unordnung oder Anmaßung entstehen, aus dem reinsten Teile der Welt, seinem Himmel, verbannt hat. (Treitel)

In dieser Erklärung über das erste Gebot und die daraus folgende Alleinherrschaft Gottes setzt er den zweifelhaften Herrschaftsformen der hell. Eliten (ὀλιγαρχία) oder Massen (ὀχλοκρατία) schroff die gute Herrschaft des einen Gottes entgegen. In jedem Fall schwingt dabei ein Zahlen-Argument mit: die vielen können nicht gut sein, selbst wenige können nicht gut sein, – die Masse schon gar nicht, nur Einer allein ist gut. Es gibt mehrere Belegstellen, die *einen* Herrscher dem Chaos der Masse entgegensetzen (z.B. Jos 36).[12] An anderer Stelle (Mos 212) beklagt er die Vielfalt der Worte und Lehrsätze und, dass sich die Philosophenschulen einander bekämpfen. Gegenüber dieser für ihn unübersichtlichen Vielfalt (die er aber selbst reichlich nützt!) preist er

---

[12] Philo kann sich dabei auf Aristoteles berufen: das Seiende aber hat nicht den Willen schlecht regiert zu werden.

die eine wahre (mosaische) Philosophie. Philos Gottesverständnis ist besonders vom Platonismus, z.T. auch von der Stoa geprägt.[13]

Für Philo ist Gott in seinem wahren Wesen seit Urzeiten allein und unwandelbar (all I,1–3 und 89). Er ist sich auch allein genug (spec I, 294; mut 27f). Er ist der alleinige Kosmopolit, der alles erfüllt (all III, 4; Cher 121): ὅτι μόνος κυρίως ὁ θεὸς πολίτης ἐστί. Alle anderen, d.h. die Menschen sind nur Beisassen. Nach Ps 24, der in Cher 124 zitiert ist (mein ist die ganze Erde), schließt Philo, dass Gott das All erfüllt, ähnlich wie es stoische Vorstellungen sagen. Daher wird fast eine Identität des Kosmos mit Gott behauptet. Philo nützt diese immanente Deutung der Stoa häufig,[14] verbindet sie aber gleichzeitig mit der Ideenlehre Platons. So versucht er Widersprüche zu biblischen Aussagen zu vermeiden, die die Transzendenz Gottes betonen. Zuweilen scheint Philo diesen Widerspruch nicht zu merken oder übergeht ihn bewusst.[15] Dabei verwendet Philo εἷς und μόνος abwechselnd.

spec 30–31	Und unaufhörlich schärft er ihnen (diese
καὶ συνεχῶς ἐπᾴδιε ποτὲ μὲν λέγων ὅτι	Lehre) ein, indem er bald sagt, dass „ein
θεὸς εἷς ἐστι καὶ κτίστης καὶ ποιητὴς	Gott ist", ein Gründer und Schöpfer
τῶν ὅλων, ποτὲ δὲ ὅτι κύριος τῶν	aller Dinge, bald dass er „der Herr aller
γεγονότων, ἐπειδὴ τὸ βέβαιον καὶ	Wesen" ist; denn Beständigkeit, Festig-
πάγιον καὶ τὸ κῦρος ὡς ἀληθῶς περὶ	keit und Herrschaft ist in Wahrheit nur
αὐτὸν μόνον πέφυκε. λέλεκται δ' ὅτι	bei ihm. Es heisst auch, dass „die, die an
„οἱ προσκείμενοι τῷ ὄντι θεῷ ζῶσι	dem wahren Gotte festhalten, alle le-
πάντες."	ben" (Dtn 4,4). (Heinemann)
spec 52	„ … denn das wirksamste Mittel zur
… φίλτρον γὰρ ἀνυσιμώτατον καὶ	Liebe und das festeste Band einigender
δεσμὸς ἄλυτος εὐνοίας ἐνωτικῆς ἡ	Zuneigung ist die Verehrung des einzi-
τοῦ ἑνὸς θεοῦ τιμή.	gen Gottes." (Heinemann)

Dennoch bleibt der Eindruck, dass die Einzigkeitsformel, das inklusiv geprägte εἷς, ihm mehr bedeutet als das abgrenzende μόνος. Eine solche Einzigkeitsformel findet sich auch in spec 65.

Ein wichtiger Aspekt seiner Gotteslehre ist die Lehre von der ἑνότης und μόνας. Gott ist allein und braucht die Schöpfung eigentlich nicht, er ist sich selbst genug (mut

---

[13] Vgl. PLATO, Politeia II, 382d.
[14] I. HEINEMANN schreibt in der Einleitung zur dt. Ausgabe, 14: „Dem Stoizismus verdankt er die physikalische Lehre und den größten Teil seiner psychologischen und ethischen Ansichten."
[15] „Es ist unzählige Mal gesagt worden und wird sich im Allgemeinen nicht bestreiten lassen, dass zahlreiche Widersprüche bei Ph. da sind, die den unsystematischen Kopf verraten." L. TREITEL, ebd., 5.

27f). Bei solchen Aussagen scheint Philos persönliche Lebenserfahrung im Hintergrund zu steht. Denn er, der hochbegabte Gelehrte, der wohl auch schon früh eine Isolierung von seinen Altersgenossen erlebt hat, idealisiert die Einsamkeit des Weisen, der ungestört seinen Studien nachgeht. In der Masse fühlt er sich fremd.[16] Da Gott der eigentlich Weise ist, muss dieser also vollkommen allein und einsam sein. Gott braucht auch nichts.[17] Dass Alleinsein ein besonderes Kennzeichen der Reinheit und Göttlichkeit ist, beweist Philo mit seiner Meinung, dass Adam sündlos war, solange er allein war (op 150). Gott ist sein eigenes Licht, er freut sich allein. Die weltlichen Feste mit allen ihren Exzessen der Massen sind ihm ein Greuel.

Cher 86	
τὸ δὲ δόγμα τοῦτ' ἐστί· μόνος ὁ θεὸς ἀψευδῶς ἑορτάζει· καὶ γὰρ μόνος γήθει καὶ μόνος χαίρει καὶ μόνος εὐφραίνεται καὶ μόνῳ τὴν ἀμιγῆ πολέμου συμβέβηκεν εἰρήνην ἄγειν· ἄλυπός ἐστι καὶ ἄφοβος καὶ ἀκοινώνητος κακῶν, ἀνένδοτος, ἀνώδυνος, ἀκμής, εὐδαιμονίας ἀκράτου μεστός ...	Diese Lehre lautet: *Gott allein* feiert in Wahrheit Feste, denn er *allein* darf sich freuen, er *allein* darf froh und heiter sein, er *allein* hat Frieden ohne jeden Kampf; er ist ohne Trauer und ohne Furcht und vollkommen frei von Übeln, keinem nachgebend, ohne Schmerzen, ohne Müdigkeit voll reiner Glückseligkeit; ... (Cohn)

Als Beweis für diese Auffassung dient ihm Isaak bzw. dessen Name. Denn, so die Argumentation Philos, Abraham gibt mit Isaak, was bekanntlich *Lachen* heißt, Gott sein Lachen zurück, das ihm ja ohnehin allein gehört. Gott aber verzichtet mit der abgewiesenen Opferung des Sohnes auf diese Gabe und schenkt Abraham wieder Isaak und die Freude. Überhaupt gibt Gott von dieser Freude etwas den Menschen ab (Abr 202–204). Gott ruht sich auch alleine aus (Cher 87), und gibt in Form des Sabbats dem Menschen Anteil an dieser seiner alleinigen Freude. Eigentlich, so argumentiert Philo, ist nur Gott bei sich selbst die Vollkommenheit. Er verträgt keine Vielheit oder Mischung. Nur wo er rein von irdischen Verhältnissen ist, ist er wahrhaft Gott.

all II, 1–3	
„Καὶ εἶπε κύριος ὁ θεός Οὐ καλὸν εἶναι τὸν ἄνθρωπον μόνον, ποιήσωμεν αὐτῷ βοηθὸν κατ' αὐτόν" (Gen.ii.18). διὰ τί τὸν ἄνθρωπον, ὦ προφῆτα, οὐκ ἔστι	„Und Gott der Herr sprach: Es ist nicht schön, dass der Mensch allein sei; wir wollen ihm einen Gehilfen nach seiner Art schaffen" (Gen 2,18). Weswegen, o Prophet, ist es nicht schön, dass der

---

[16] „Der Weise hingegen ist ein eifriger Verehrer des ruhigen Lebens, er zieht sich zurück und liebt das Alleinsein, er wünscht vor der Menge verborgen zu bleiben, nicht aus Menschenhass – denn er ist ein Menschenfreund, wie nur einer –, sondern weil er die Schlechtigkeit verabscheut, die der grosse Haufe liebt ... deshalb schließt er (der Weise) sich ein, bleibt meistens zu Hause und überschreitet ungern seine Schwelle ..." Abr 22 (Die Werke I, 101) – Auch Y. AMIR, Die hellenistische Gestalt des Judentums bei Philon von Alexandrien, 9, beschreibt eindrücklich die Weltfremdheit des alexandrinischen Gelehrten.

[17] Weil Gott nichts braucht, sind die Opfer überflüssig (spec I,271). Jedoch bekämpft Philo die Opferpraxis nicht direkt. Er betont jedenfalls, dass die Einstellung des Glaubenden wichtiger ist als die Opferpraxis.

καλὸν εἶναι μόνον; ὅτι, φησί, καλόν ἐστι τὸν μόνον εἶναι μόνον· μόνος δὲ καὶ καθ' αὑτὸν εἰς ὢν ὁ θεός, οὐδὲν δὲ ὅμοιον θεῷ· ὥστ' ἐπεὶ τὸ μόνον εἶναι τὸν ὄντα καλόν ἐστι - καὶ γὰρ περὶ μόνον αὐτὸν τὸ καλόν - οὐκ ἂν εἴη καλὸν τὸ εἶναι τὸν ἄνθρωπον μόνον. ὁ θεὸς μόνος ἐστὶ καὶ ἕν, οὐ σύγκριμα, τέτακται οὖν ὁ θεὸς κατὰ τὸ ἓν καὶ τὴν μονάδα, μᾶλλον δὲ ἡ μονὰς κατὰ τὸν ἕνα θεόν· πᾶς γὰρ ἀριθμὸς νεώτερος κόσμου, ὡς καὶ χρόνος, ὁ δὲ θεὸς πρεσβύτερος κόσμου καὶ δημιουργός.	Mensch allein sei? Weil es *schön* ist, meint er, *dass nur der Eine allein sei;* der *Eine* aber, *der für sich selbst eine Einheit bildet,* ist Gott, und nichts ist Gott ähnlich; da es aber schön ist, dass *der (wahrhaft) Seiende allein* sei – wie auch bei ihm allein das Schöne zu finden ist, – so ist es nicht schön, dass der Mensch allein sei. ... *Gott ist allein und ein Einziges, keine Zusammensetzung,* ... ... So entspricht also Gott der *Einheit* und dem *Alleinsein,* oder vielmehr das *Alleinsein dem einzigen* Gott; denn jede Zahl ist jünger als das Weltall, wie ja auch die Zeit es ist; Gott aber ist älter als die Welt, und ihr Schöpfer. (Heinemann)

Für Philo ist wichtig (op 15), dass beim ersten Schöpfungswerk die in der hebr. Formulierung festgehaltene Form: וַיְהִי־עֶרֶב וַיְהִי־בֹקֶר יוֹם אֶחָד (Gen 1,5) auch im Griech. gilt: καὶ ἐγένετο ἑσπέρα καὶ ἐγένετο πρωί ἡμέρα μία. Es ist nicht der *erste* Tag, nicht ἡμέρα πρώτη, sondern die Ureinheit der Zeit, die sich entfaltet. „Dieser ‚Tag', d.h. diese Einheit, umfasst in sich den κόσμος νοητός, die geistige Welt, das ideale Urbild der körperlichen Welt ...".[18] Dahinter steht einerseits die pythagoräische Lehre von der Kraft der Eins, andererseits kommt diese Vorstellung aus dem *Platonismus:* die Idee steht vor der Verwirklichung. Für Philo ist dieser „Tag" der Zeitpunkt, wo die Ideen geformt werden. Es ist die Zeit an sich. Er schreibt, das Schöpfungswerk könnte auch auf einmal passieren, aber es entsteht dann in perfekter Ordnung, denn die Sechs ist nach der pythagoreischen Wertordnung die vollkommene Zahl/ἀριθμός τέλειος und diese verweist so wieder auf die Ureinheit, die Eins, die μόνας.

Philo kennt auch die *Polemik gegen Schnitzwerke und Götterbilder,* aber er benützt dieses Argument nicht häufig. Es scheint ihm wohl zu vordergründig zu sein, zu wenig philosophisch, nicht zuletzt, weil er auch den Respekt vor anderen Gottheiten empfiehlt. Eine Ausnahme ist die Polemik in decal 7, ausgiebig sogar in decal 65–74. In decal 74 greift er die Vielzahl der griech. Götter als falsche Bezeichnungen ihres Wesens an. Auch in all III,22 spricht er davon, dass sich die gegossenen Bilder wieder auflösen. – Nur in einem

---

[18] H. LEISEGANG, Art. Philon (Alex.), PRE 39,2 (1941), Sp. 18.

Fall nennt Philo nicht nur etliche griech. Götter bei ihren Namen, in der Verteidigungs- bzw. Anklageschrift Gai 87–103, die sich vor allem an die heidnische Bevölkerung in Ägypten wendet. Hier kann er sogar die Gottheiten Apollo und Ares positiv erwähnen, weil er sie dem verächtlichen Verhalten des Caligula gegenüberstellt. Trotzdem ist dieses Argumentieren mit heidnischen Gottheiten kein Abweichen von seinem monotheistischen Glauben, sondern nur ein Versuch rein griech. zu argumentieren.

Die Rolle der Zahlensymbolik

Nicht allein beim Schöpfungswerk, sondern häufig begründet Philo die Einzigkeit Gottes in Anlehung an die Pythagoreer mit Zahlensymbolik oder Spekulationen. Mit dieser Argumentationsweise stand er nicht allein. Es gehörte zum Stil des gebildeten Hellenisten, die Argumente mit pythagoreischer Zahlenphilosophie zu untermauern. Solche Argumente galten geradezu als wissenschaftlicher Beweis. „Für das breite Publikum galten die Anhänger der geheimnisvollen pythagoreischen Lehren als Zauberer und Magier."[19] Um die einzigartige Ordnung der Schöpfung zu beweisen, greift er je nach Bedarf in op zahllose Argumente pythagoreischer Art aus allen Lebensbereichen, aus der Geometrie, Kosmologie, Geografie, Musik, Medizin und Biologie.

Entscheidend ist für ihn der Begriff oder die Lehre von der μόνας, die Eins. In diesem Fall steht nicht das Zahlwort εἷς im Vordergrund. Die μόνας ist sowohl zeitlich wie materiell die ursprüngliche Einheit, aus welcher die ganze Welt entsteht. Die μόνας enthält die Idee bzw. den Plan für die Erde und den Himmel – die ganze Schöpfung (z.B. decal 100ff – aus der μόνας entsteht die Idee des Himmels mit den sieben Teilen – Himmel, Erde, Luft, Raum, Wasser, Geist und Licht). Aus der μόνας entwickeln sich die Zahlen und alles, was sie tragen. Die μόνας ist unteilbar, insofern mathematisch gesehen eine Primzahl. Das hohe Ansehen der Primzahlen setzt sich fort bei der Einschätzung der Siebenzahl. Die Stelle zeigt, wie eng er die μονάς/*Eins* mit der Sieben zusammen sieht. In op 100 nennt er den Gott: θεὸς εἷς ἀεὶ ὤν, μόνιμος, ἀκίνητος/*ein einziger ewiger Gott, der beständig ist und unbewegt.*

Es ist nicht möglich im Rahmen dieser Arbeit auf seine Ausführungen über die Zahlen vier, fünf und sechs einzugehen. Schließlich bringt Philo die *Zehn-Zahl* ins Spiel (decal 20 und 28ff, ausgiebig in congr 89–120). Die Zehn galt als Schlüsselzahl,[20] weil sie alle Anfangszahlen von 1 bis 4 einschließt, wenn man sie addiert. Von ihr können durch Teilung Beziehungen zu anderen einzelnen Zahlen hergestellt werden. Sie ist eine Potenz von Eins und weist auf weitere Potenzen hin. Am Ende der Schrift decal 159 zieht Philo noch einmal die Verbindung zur Eins und nennt dort die Ein-Tages-Feste eines jeden Monats ein sichtbares Abbild der Einheit Gottes. – Besonders

---

[19] M. P. NILSSON, Geschichte II, 247.
[20] Seltsam und ohne sachlichen Bezug aber ist es, wenn Philo den Dekalog mit den 10 Kategorien des Aristoteles in Verbindung bringt (decal 20 und 28), ein rein zahlmäßiges, nicht weiter begründetes Argument, ein Versuch, um dem Dekalog besonderes Gewicht zu geben.

im Blick auf den Dekalog war er wohl der erste, der ausgiebig darüber nachdachte, warum es gerade zehn wichtige Gebote gibt. Alle diese Zahlen-Überlegungen laufen auf den gleichen Zweck hinaus: sie sind eine Reflexion der *Ureinheit Eins* und weisen auf sie zurück.

Wenn man diese zahlreichen Äußerungen zum Alleinsein Gottes betrachtet, kann man zu dem Schluss kommen, dass dies ein sehr ferner Gott ist, der die Welt und die Menschen nicht will oder braucht. In der Tat schreibt Philo (post 19), dass immer ein großer Abstand zwischen Gott und der Welt bleibt. Die starke Hervorhebung des Alleinseins Gottes steht ohne Parallelen in der jüd.-hell. Literatur. Jedoch findet sich der Gedanke von der Einsamkeit Gottes in einfacherer Form wieder bei Plutarch, der so auch den Namen seines Gottes zu erklären versucht. Philo greift nicht auf die Ausdrucksweise vieler seiner Zeitgenossen zurück, die Gott mit einer Menge Epitheta der Stärke auszeichneten. Für Philo ist die Einzigkeit und alles erfüllende Einheit Kraft genug. Diese Einzigkeit aus der μόνας ist Macht an sich.

Nur an wenigen Stellen stellt Philo in indirekter Weise den einzigen Gott als einen dar, der beobachtet und handelt, der rächt und straft oder belohnt. Diese Begriffe passen nicht recht zum philosophisch-naturwissenschaftlichen oder pantheistischen Ansatz seiner Theologie. Solche eher jüd. Argumentation findet sich in seinen beiden politischen Schriften über *Flaccus* und die Gesandtschaft nach Rom. In beiden Schriften breitet er aus, dass das Fehlverhalten der politischen Führer zu Strafmaßnahmen führt, dass die Anordnung, Götterbilder im Tempel und in Synagogen Alexandriens aufzustellen, einen schweren Verstoß gegen die heiligen Gesetze des einen Gottes darstellte, der die Strafe [Gottes] zur Folge hat (Gai 119f). In *Flaccus* ist es vor allem eine immanente Gerechtigkeit – Gott braucht nicht genannt zu werden. Die bösen Taten haben eine baldige Strafe zur Folge. Noch deutlicher als in der unvollständig erhaltenen Schrift *Legatio ad Gaium* wird in *Flaccus* ausgebreitet, dass die Strafe für den Missbrauch der Macht schnell und genau in der gleichen Weise folgt, wie Flaccus seine Maßnahmen geplant hatte. Wie er die Juden *vom Herd vertrieben* hatte, so ereilt ihn der Tod *am Herd*, wie Philo die Ereignisse deutet. Im weitesten Sinne greift Philo auf Vorstellungen zurück, die jüd. bzw. atl. sind. Diese Argumentation hat er mit Josephus gemeinsam.

Mittelwesen

Trotz dieser beharrlich bei Philo hervorgehobenen Einzigkeit Gottes gibt es auch eine andere Argumentationsweise, die das starre Schema der Einzigkeit durchbricht. Dabei stellt Philo dem Vater des Kosmos *zwei Kräfte* zur Seite wie zwei Arme, mit welchen der Seiende wirkt, und zwar die ποιητική/die schöpferische und die βασιλική/die regierende Kraft:

Abr 121–122	
... αἱ δὲ παρ' ἑκάτερα αἱ πρεσβύταται καὶ ἐγγυτάτω τοῦ ὄντος δυνάμεις,	... auf beiden Seiten aber sind die höchsten und nächsten Kräfte des Seienden,

ἡ μὲν ποιητική, ἡ δ' αὖ βασιλική· προσαγορεύεται δὲ ἡ μὲν ποιητικὴ θεός, ταύτῃ γὰρ ἔθηκέ τε καὶ διεκόσμησε τὸ πᾶν, ἡ δὲ βασιλικὴ κύριος, θέμις γὰρ ἄρχειν καὶ κρατεῖν τὸ πεποιηκὸς τοῦ γενομένου. δορυφορούμενος οὖν ὁ μέσος ὑφ' ἑκατέρας τῶν δυνάμεων παρέχει τῇ ὁρατικῇ διανοίᾳ τοτὲ μὲν ἑνὸς τοτὲ δὲ τριῶν φαντασίαν, ...	die schöpferische und die regierende; die *schöpferische heißt „Gott"*, denn mit dieser hat er das All (ins Dasein) gesetzt und eingerichtet, *die regierende „Herr"*, denn es ist billig, dass der Schöpfer über das Geschöpf herrscht und regiert. Begleitet also von diesen beiden Kräften, zeigt der Mittlere dem schauenden Geiste bald die *Erscheinung eines Einzigen* bald die von *dreien*... (Treitel)

Keinesfalls darf man diese zwei Kräfte gegeneinander stellen. Sie sind durch den Einen, den Seienden, zusammengehalten und gelenkt. Offenbar ging es Philo auch darum, die beiden Titel Gottes, die in der LXX gebraucht werden, κύριος und θεός, zu aktualisieren. Er verband dabei den Begriff θεός mit der ursprünglichen schöpferischen Kraft, den etwas politisch gefärbten Titel κύριος mit der aktuellen Weltregierung Gottes. – Wie der Duktus des Textes zeigt, verliert sich Philo in der Darstellung und schreibt schließlich von *drei* Kräften, die die Erscheinung des Einzigen wiedergeben.[21] Es waren eben diese Formulierungen von der Dreiheit, die mit dazu beitrugen, dass Philos Texte in den folgenden Jahrhunderten überliefert wurden, als das trinitarische Bekenntnis kirchliches Dogma wurde. Deshalb gilt sein Kommentar zu Gen 22 in der alten Kirche und besonders in der Orthodoxie als erste Darstellung der Trinität. An anderer Stelle (sacr 131) teilt Philo die *Zwischenkräfte* weiter auf und gliedert sie in *wohltuende* und *strafende*. Alle diese neuen Begriffe, die von Philo eingeführt wurden, scheinen den fernen Gott etwas näher zu rücken und in seinem Tun verständlicher zu machen.

Nur zögernd greift er auf die Vorstellung zurück, dass *Engel* bei der Schöpfung und beim Regieren der Welt mitwirken. Insofern ist das Bild von der Einzigkeit in einigen Schriften ein wenig durchbrochen, ohne dass Philo dies einräumt. Engel passen nicht recht zu dieser Weltsicht von Ideen, Tugenden und Kräften. Die Einzigkeit bleibt oberster Grundsatz, ganz gleich, mit welchen Hilfskräften Gott schöpft und waltet.

Der λόγος θεοῦ

Darüberhinaus ist für Philo der *Logos* eine solche Hilfs- und Mittelkraft. Während es sich bei den oben genannten Kräften um zwei Entsprechungen handelt, zwei sich ergänzende Aspekte (z.B. Schöpfung und Regierung),

---

[21] In mos 76 betont Philo, dass der Eine Gott auch Tugend ist und die drei Erzväter Abraham, Isaak und Jakob die Bedeutung *Belehrung, Begabung* und *Askese* haben. Ebenfalls ist der Glaube an den einzigen Gott in Abr 107 sehr bildhaft in drei Gestalten zu greifen. Denn die drei Besucher bei Abraham, die ihm die Geburt eines Sohnes ankündigen, sprechen mit *einer* Stimme und werden auch zusammen als Einer angesprochen. Alle drei sind von Philo als Einer gemeint.

wird der Logos allein eingeführt und als die Hauptstütze, sogar als das *Band*
des Weltalls bezeichnet. Auch hier variieren die Titel und Begriffe. Einmal
wird er Vermittler und *Dolmetscher* genannt, ein anderes Mal als Gott
selbst bezeichnet (all III,207). Auch für den λόγος gilt (wie bei der hochge-
schätzen Sieben-Zahl): er ist εἰκών, ein Abbild Gottes, eine Art Stellvertreter.

conf 97	Es ziemt sich nämlich, dass die, welche
εὐπρεπὲς γὰρ τοῖς ἑπαιρείαν πρὸς	einen Freundschaftsbund mit dem Wis-
ἐπιστήμην θεμένοις ἐφίεσθαι μὲν	sen eingegangen sind, das Verlangen
τοῦ τὸ ὂν ἰδεῖν, εἰ δὲ μὴ δύναιντο,	haben, das Seiende zu schauen, wenn
τὴν γοῦν εἰκόνα αὐτοῦ, τὸν ἱερώτατον	sie aber dies nicht vermögen, dann
λόγον, μεθ' ὃν καὶ τὸ ἐν αἰσθητοῖς	wenigstens sein Abbild, den allerheiligs-
τελειότατον ἔργον, τόνδε τὸν κόσμον·	ten Logos, und danach das unter den
	sinnlichen Dingen vollkommenste
	Werk, diese Welt. (Stein)

Logos hat die ursprüngliche Bedeutung von zahlenmäßiger *Ordnung, Sinn und System.*[22] Oft wird der Begriff auch mit *Vernunft* übersetzt. In diesem Fall handelt es sich
um eine *kosmische Ordnung*, ein vernünftiges, mathematisches Prinzip, die *weisheitliche Ordnung Gottes* für diese Welt. „Es ist dem Griechen selbstverständliche Voraussetzung, dass in den Dingen, in der Welt und ihrem Ablauf selbst primär ein λόγος,
ein erfahrbares und erkennbares Gesetz waltet …"[23] Die besondere Wertschätzung
des Begriffes λόγος ist bei Philo schon früh erkennbar, denn in einem Dialog mit
seinem Neffen Tiberius Julius Alexander, einer seiner ersten Schriften, diskutiert er
darüber, ob die Tiere einen λόγος haben. Da dieser Dialog wohl von ihm selbst seine
endgültige Fassung erhalten hat, ist es klar, dass er diese Schrift auch zur Propagie-
rung des λόγος-Begriffes unter seinen jüd. Mitbürgern oder zur Anerkennung seiner
Bemühung bei den griech. Nachbarn verfasst hat. Philo nennt an anderer Stelle diesen
Logos sogar *Sohn Gottes*, der alle Befugnisse eines Stellvertreters besitzt.

agr 51	… Gott, der Hirt und König, nach Recht
… ὁ ποιμὴν καὶ βασιλεὺς θεὸς ἄγει	und Gesetz, nachdem er seine *rechte*
κατὰ δίκην καὶ νόμον, προστησάμενος	*Vernunft,* seinen *erstgeborenen Sohn,*
τὸν ὀρθὸν αὐτοῦ λόγον καὶ πρωτόγονον	zum Leiter eingesetzt, damit sie die
υἱόν, ὃς τὴν ἐπιμέλειαν τῆς ἱερᾶς	Fürsorge für diese heilige Herde wie ein
ταύτης ἀγέλης οἷά τις μεγάλου	Unterbeamter und Vertreter des Groß-
βασιλέως ὕπαρχος διαδέξεται·	königs übernehme. (Cohn)

---

[22] Vgl. A. DEBRUNNER, Art. λέγω, ThWNT 4 (1942), 73, und H. KLEINKNECHT, Art. λέγω,
ThWNT 4 (1942), 77.
[23] H. KLEINKNECHT, Art. λέγω, ThWNT 4 (1942), 80.

Mit dem Begriff *Sohn* zeigt er, dass der λόγος engste Beziehung zum Seienden selbst hat, dass er ein *Teil Gottes* ist bzw. dessen sichtbarer Vertreter. Philo verteilt den Titel *Gottes Sohn* sogar zweimal (imm 31), nämlich einmal an den Kosmos, als den „jüngeren Sohn" und an den Logos, als den „älteren", womit er wohl sagen will, dass das Prinzip der Weltvernunft, das alles durchdringt, ursprünglicher als der Kosmos ist.

In der Stoa galt der Logos als eine Form des immanenten Gottes bzw. Kosmos und Nomos, eine alles erfüllende Größe, identisch mit Gott.[24] Bei Philo bekommt nun der Logos, die Weltvernunft eine Ehrenstellung als *Sohn,* als ein Teil Gottes, ein zweiter Gott mit allen Vollmachten. So bleibt der überraschende Tatbestand, dass der Schriftgelehrte und Philosoph Philo, der mit allergrößten Energie die Einzigkeit Gottes vertreten hat, zugleich Mittelwesen einführte, ein solches, den Logos, besonders hoch preist und ihn sogar als *Gottes Sohn* bezeichnet.

Während die Vorstellung der μεσίτης, der Mittelkräfte kaum jüd., sondern griech. ist, entspricht die Formulierung vom *Sohn* – Logos eher orientalischen Vorstellungen.[25] Denn der Gedanke, dass ein Vater einen *Sohn und Erben* haben muss, ein Herrscher auch einen *Stellvertreter* mit *Vollmacht,* war im Orient sehr ausgeprägt (während im Westen noch Formen der Polis-Demokratie eine gewisse Rolle spielten).[26] Deshalb haben sich die hell. Herrscher von Antiochia und Alexandria ganz selbstverständlich als Söhne der Götter definiert und damit ihren Status an den von Gottheiten herangerückt.

Es ging Philo in diesem Zusammenhang wohl darum, für sein jüd. Publikum den griech. Logos-Begriff hervorzuheben und zu nützen: der Logos, die Weltvernunft, ist eine schöpferische Macht, sie ist Mitregentin Gottes und nahezu identisch mit ihm. Aber „dieser λόγος θεοῦ oder θεῖος λόγος ist … nicht mehr wie in der Stoa Gott selbst … sondern als ein ἔργον Gottes … ist zwar auch ein Gott …, steht aber an zweiter Stelle"[27] formuliert H. KLEINKNECHT und präzisiert: „So ist der Logos eine von Gott ausgehende

---

[24] „In der Stoa ist der λόγος der Ausdruck für die Geordnetheit und teleologische Abgestimmtheit der Welt … Als solcher kann er nun nicht mehr (aktiv) mit konkreter *Rede,* die auf sinnvolle Begründung ausgeht (wie in der sokratisch-platonischer Philosophie), sondern nur noch (passivisch) mit (Welt-) *„Gesetz der Vernunft"* wiedergegeben werden." H. KLEINKNECHT, Art. λέγω, ThWNT 4 (1942), 83.

[25] Vgl. M. P. NILSSON, Geschichte II, 158, über die Divinisierung bei den Ptolemäern und 166, bei den Seleukiden. Die Herrscher nennen sich jeweils Söhne (oder Töchter) eines Gottes.

[26] Die Botschaft vom *einheitlichen Handeln* von Vater und Sohn wurde auch im Westen verstanden, „denn nach römischem Recht hat der Vater unumschänkte Gewalt über den Sohn", schreibt Philo in Gai 28 und beweist damit die in früheren Kulturen viel engere Zusammengehörigkeit von Vater und Sohn. Die pflichtmäßige Übereinstimmung von Sohn und Vater war eine anerkannte Tatsache, alles andere war Rebellion.

[27] H. KLEINKNECHT, Art. λέγω, ThWNT 4 (1942), 87.

Mittlergestalt, die die Verbindung herstellt zwischen dem in ferne Transzendenz gerückten Gott, der Welt und dem Menschen."[28] Der Logos bildet also ebenso wie die anderen Mächte (δυνάμεις) eine gewisse Brücke zwischen dem fernen, sich selbst genügsamen Gott und der Menschheit.

Zusammenfassung

Kein anderer Philosoph oder Theologe hat so theozentrisch gedacht wie Philo. Gott ist alles in allem, er schafft alles und lenkt alles. Sein Plan ist in jedem Gebot zu finden und selbst in jedem einzelnen Gesetz erkannte Philo einen tiefen göttlichen Willen und weit reichenden Sinn. Im Unterschied zu anderen Schriften seiner Zeit bezieht Philo die Einzigkeitsformel nicht auf den Tempel, die Stadt, sein Volk oder Land oder gar einen König, sondern – und darin übersteigt Philo bisheriges jüd. Denken! – auf die ganze Welt. Er denkt kosmopolitisch. Mit der Einzigkeitsformel beschreibt Philo den umfassenden Gott, neben dem es keinen anderen gibt. Er ist derjenige, der alles erfüllt. Aber gerade Philo, der so konsequent theozentrisch dachte, sprach schließlich von Mittelkräften, wenn auch in recht unterschiedlicher Weise, mal von schöpferischen und regierenden, von belohnenden oder strafenden, von Tugenden oder Qualitäten Gottes, bis er schließlich den Begriff Logos hervorhob, einen Schöpfungsmittler oder Teilhaber an Gottes Macht, den er sogar als Gottes Sohn preisen kann.

---

[28] Ebd., 87.

6. Flavius Josephus

Beide Schriftsteller, Philo und Flavius Josephus, blieben ihrer jüd. Tradition verbunden, auch wenn ihre Anpassung an die jeweilige Diasporasituation äußerst unterschiedlich ausfiel. Philo ging auf eine Synthese mit dem griech. Denken aus, Josephus (ca. 37–ca. 100 n.Ch.) passte sich in vieler Hinsicht den Erwartungen der Flavier und dem literarischen Geschmack seiner Zeit an und verkehrte in röm. Kreisen. Doch Josephus bekennt sich allmählich immer mehr zu seinem Judentum, auch zur priesterlichen Tradition und zum Gesetz. Während im Bell religiöse Themen nur zögernd angesprochen werden (Ausnahme: die Essener, Pharisäer und Zeloten), ist diese Zurückhaltung in Ant nicht mehr vorhanden.[1] Neben vielen historischen Fakten greift er immer öfter religiöse Themen auf. In der Schrift *Apion* aber sind Formulierungen wie die, dass Gott auf Seiten der Römer steht, nicht mehr zu finden. Vielmehr ist sie eine leidenschaftliche Verteidigung seines Volkes und seiner Bräuche. Er schreibt sogar einen Lobpreis auf das Gesetz.[2] Zugleich erlaubt er sich nicht wenige ironische Bemerkungen über die Götter und sogar über den Göttervater Zeus (Apion 2,239–257). Der Ton mancher dieser polemischen Stellen ist so bissig, dass das vielleicht sogar Konsequenzen für ihn gehabt haben kann. Es ist diese Schrift – nicht die Antiquitates! – wo er das ausführlichste Lob auf seinen Gott geschrieben hat. Die Zweifel an der Berufung Israels scheinen völlig überwunden. Vielleicht stand dahinter eine Enttäuschung über Rom.

---

[1] Für HÖLSCHER, ebd., Sp. 1952f, 1956 und 1962, steht fest, dass Josephus überwiegend fremde Quellen verwendet hat und dass seine eigene Arbeit sehr gering gewesen sei. Er habe vor allen Dingen abgeschrieben, schlecht zusammengeflickt und tendentiös gefälscht (Ebd., Sp 1973). Das Urteil Hölschers, der sich in dem umfangreichen Artikel vor allem mit den Quellen des Josephus befasst, ist sehr hart. Ähnlich hart ist das Urteil W. WEBERS, vgl. O. MICHEL/O. BAUERNFEIND, ebd., Bd. III, XXI. – Sicher ist zutreffend, dass Josephus zahlreiche Quellen ausgiebig und z.T. wörtlich übernommen hat. Es spricht für Hölscher, wenn er diese Vorlagen erkennt, jedoch übersieht er m.E. den eigenen Anteil des Josephus, der bei der Komposition größerer Reden, Gebete und der Bewertung von Fakten erkennbar ist. Besonders in Apion zeigt sich der eigenständige Schriftsteller in einer Polemik, die sowohl seine Bildung wie Überzeugung erkennen lässt. – A. SCHALIT schreibt in der Einleitung des Sammelbandes *Zur Josephus-Forschung*, 7: Josephus ist „von vielen Gelehrten der Neuzeit, Juden wie Nichtjuden, in seinem Werte als Schriftsteller maßlos herabgesetzt, ja verächtlich gemacht, endlich als Historiker mit dem Makel eines Fälschers und Lügners gebrandmarkt." – In der neueren Literatur, besonders in der Ausgabe von O. MICHEL/O. BAUERNFEIND wird diese harte Beurteilung nicht aufrechterhalten und mehr das literarische Vermögen des Josephus betont.

[2] Jedoch scheint Josephus niemals wieder nach Jerusalem zurückgekehrt zu sein. Er berichtet wohl von 62 Briefen an Agrippa, aber nie über einen Besuch bei ihm. Sein Landgut in Judea, das er als Geschenk von Titus bekommen hatte, hat vermutlich irgendwelchen Verwaltern oder seinem Bruder, der die Belagerung Jerusalems überlebte, gegeben.

Der bevorzugte Begriff: θεός

So unterschiedlich diese Schriften sind, verwendet Josephus für Gott im Allgemeinen einfach das Wort θεός, ohne Prädikate und zwar ziemlich häufig,[3] abwechselnd mal mit und mal ohne Artikel. „Ohne erkennbaren Bedeutungsunterschied in den verschiedensten Verbindungen, doch wird ὁ θεός bevorzugt."[4] Zuweilen gebraucht er auch den neutralen Begriff θεῖον, aber fast nie κύριος,[5] „weil κύριος als Übersetzung von יהוה nur noch bei Schriftlesung und Gebetsanrede auszusprechen erlaubt war."[6] Vielleicht mied er den κύριος-Begriff deshalb, weil dieser auf den Kaiser, seinen Gönner, bezogen werden konnte. Dieser eine, alles beherrschende Gott, besitzt für ihn höchste Autorität, wie in Ant 2,222 belegt ist:

ἔνθα καὶ ἔδειξεν ὁ θεὸς μηδὲν μὲν τὴν ἀνθρωπίνην σύνεσιν πᾶν δ' ὅ τι καὶ βουληθείη πράττειν αὐτὸ τέλους ἀγαθοῦτυγχάνον ...	Und jetzt bewies Gott, dass menschliche Klugheit nichts vermag, sondern dass er *alles nach seinem Willen zum Besten wenden* kann. (Clementz)[7]

Das Bekenntnis zur göttlichen Weisheit kombiniert eine hohe Meinung über die Macht des einen Gottes, wie die jüd. Tradition sie beschrieben hatte, und eine Aussage, die von der Stoa geprägt ist. Josephus nimmt die in der hell. Welt weit verbreiteten Allmachtsformeln, die in manchen Varianten bei ihm erscheinen und bezieht sie auf seinen Gott. Dieser Gott ist Herr der Geschichte und zugleich der Gott Israels, wie A. SCHLATTER zutreffend feststellt.[8] Den Herrn der Gegenwart bezeichnet er auch gelegentlich mit δεσπότης, vor allem als Anrede im Gebet.[9] δεσπότης ist der allein maßgebende Herr, Führer und Befehlshaber, wie ein Herr über Sklaven,[10] – ähnlich wie der Begriff μόναρχος, den aber Josephus nicht benützt. Auch den Begriff κτίστης/Schöpfer gebraucht er kaum.[11] Der Begriff δημιουργός ist nur dreimal im ganzen Werk enthalten: im Bekenntnis Abrahams (Ant 1,155), ferner in

---

[3] Nicht so in dem Abschnitt Bell 1,31–2,16. Die Ursache dafür ist, dass er wohl eine nichtjüdische Quelle benützte. Vgl. HÖLSCHER, ebd., Sp. 1945.

[4] E. STAUFFER, Art. θεός, ThWNT 3 (1938), 91.

[5] Ausnahmen Ant 20,90 und ein Zitat in Ant 13,68 aus Jes 19,19.

[6] E. STAUFFER, ebd., 91.

[7] Da in diesem Kapitel häufig die Übersetzungen von H. CLEMENTZ, Bd. 1 (1898); Bd. 2 (o.J.) und O. MICHEL/O. BAUERNFEIND, Bd. 1–3 (1959–1969) verwendet werden, sind diese jeweils durch die Abkürzung Cl, bzw. M/B bezeichnet. Die Übersetzung der Ant von H. Clementz vom Beginn des vorigen Jahrhunderts ist wohl in ihrer sprachlichen Gestalt veraltet, da sie aber immer noch die am meisten benützte dt. Übersetzung ist, habe ich den Originalwortlaut und auch die damalige Rechtschreibung beibehalten (z.B. Aegyptier oder Thron).

[8] A. SCHLATTER, Wie sprach Josephus von Gott?, 12 und 66.

[9] Vgl. A. SCHLATTER, ebd., 8.

[10] Vgl. MENGE/GÜTHLING, Sp. 161.

[11] Nur als Verb κτίζειν einige Male: Bell 3,353; 5,377; Ant 4,314.

Ant 1,272 und Ant 7,380. Nur einmal argumentiert er wirklich mit dem Begriff des Schöpfers, nämlich in seiner großen Rede gegenüber den Aufständischen (Bell 5,377). Dort begründet er die Erwartung der Rache für erlittenes Unrecht mit der Macht des Schöpfers. Die übrigen Stellen sind eher Übernahmen von gängigen Texten. Wohl nennt Josephus Gott einmal auch das *älteste Wesen* (Apion 2,207). Aber sonst sind die Gottesbezeichnungen der philosophischen Tradition (z.B. „das ewige Sein") nicht typisch für ihn. Er ist viel mehr der Gegenwart und der Existenz seines Volkes Israel verbunden. Besonderes Interesse gilt dem Zeitraum seit dem Aufstieg der Hasmonäer. Diese drei Jahrhunderte, die mit dem Aufstieg Roms zur Weltmacht zusammenfallen, sind vor allem der Handlungsraum seines Gottes.[12] Damit dürfte er durchaus das Interesse seiner Leser und Hörer im röm. Reich getroffen haben.

Erst in der späten Schrift Apion 2,167 und 2,190 entschließt sich Josephus doch eine philosophisch geprägte Definition seines Gottes zu geben. Offensichtlich wollte er ihn so beschreiben, wie es andere Schriftsteller jener Zeit auch taten, und um sie möglichst noch zu übertreffen, weil er nach der Anerkennung seines Volkes strebte. Dabei findet sich fast versteckt (im Akk. ἕνα) eine Einzigkeitsformel.[13]

Ap 2,167	
πραττομένων οὐδὲν οὔθ᾽ ὧν ἄν τις παρ᾽ αὐτῷ διανοηθῇ ἕνα αὐτὸν ἀπέφηνε καὶ ἀγένητον καὶ πρὸς τὸν ἀίδιον χρόνον ἀναλλοίωτον πάσης ἰδέας θνητῆς κάλλει διαφέροντα καὶ δυνάμει μὲν ἡμῖν γνώριμον	*Ihn selbst* stellte er als *ungeschaffen* und in alle Ewigkeit *unveränderlich* dar; an Schönheit sei er erhaben über jede vergängliche Gestalt, und offenbar werde er uns durch das Wirken seiner Macht, wie wohl wir ihn seinem Wesen nach nicht zu erkennen vermöchten. (Cl)

Die Begriffe, mit denen Josephus das Wesen seines Gottes beschreibt: *einzig*, *ungeschaffen*, *unveränderlich* und *schöner* kommen mit Ausnahme des ersten aus dem Neuplatonismus und der Popularphilosophie. Er postuliert, dass Gottes Macht erkennbar sei, aber sein Wesen unerkennbar. A. SCHLATTER bemerkt dazu: „das ist die Formel, durch die sich J. den Begriff Ewigkeit verdeutlicht. αἰώνιος hat er nicht als Gottes Eigenschaft."[14] J.M.G. BARCLAY betont, dass Josephus hier den Grund vorbereitet, um später die griechischen Mythen zu verspotten.[15]

---

[12] Für die Machtbeweise seines Gottes nützt er gern Kraftausdrücke, wie: ἰσχύς, κράτος, ἐξουσία, δύναμις.

[13] Im Gegensatz zur Übersetzung von H. CLEMENTZ, der sie betont an den Anfang stellt.

[14] A. SCHLATTER, a.a.O, 18.

[15] JOSEPHUS FLAVIUS, Against Apion, Ed. by Steve Mason, Transl. and Commentary by J.M.G. Barclay, Bd. 10, 2007.

Als Besonderheit seines Volkes und der Lehren des Moses gibt er wenige Zeilen später eine Interpretation der Gebote. Vor allem die Auslegung des ersten und zweiten Gebotes fällt recht eigenwillig aus.

Ap 2,190f	
πρώτη δ᾽ ἡγεῖται ἡ περὶ θεοῦ λέγουσα ὁ θεὸς ἔχει τὰ σύμπαντα παντελὴς καὶ μακάριος αὐτὸς αὑτῷ καὶ πᾶσιν αὐτάρκης ἀρχὴ καὶ μέσα καὶ τέλος οὗτος τῶν πάντων ἔργοις μὲν καὶ χάρισιν ἐναργὴς καὶ παντὸς οὑτινος φανερώτερος μορφὴν δὲ καὶ μέγεθος ἡμῖν ἄφατος πᾶσα μὲν ὕλη πρὸς εἰκόνα τὴν τούτου κἂν ᾗ πολυτελὴς ἄτιμος πᾶσα δὲ τέχνη πρὸς μιμήσεως ἐπίνοιαν ἄτεχνος οὐδὲν ὅμοιον οὔτ᾽ εἴδομεν οὔτ᾽ ἐπινοοῦμεν οὔτ᾽ εἰκάζειν ἐστὶν ὅσιον	Das erste (Gebot) lehrt von Gott und zwar folgendermaßen: *Gott ist alles*; er ist *vollkommen* und *selig*, sich selbst und allen genügend; Anfang, Mitte und Ende von Allem. Offenbar durch seine Werke und Gnaden, erkennbar wie alles andere, ist er doch nach Gestalt und Größe uns völlig unbekannt; denn kein Stoff und wäre es der kostbarste, ist wert, dass ein Bild daraus gefertigt werde. (Cl)

Während in der ersten Gottesdefinition Apion 2,167 der Schwerpunkt auf der Unvergleichlichkeit lag, überwiegen in 2,190 stoische πάντα-Aussagen (fünf in diesem kurzen Abschnitt! – neben einer Weltformel: er ist Anfang, Mitte und Ende). Mit dem eifersüchtigen Gott Israels hat das wenig zu tun. Verwunderlich ist, dass Josephus beim ersten Gebot nicht die Selbstvorstellung Gottes bringt, auch nicht die alte jüd. Formel אֶהְיֶה/εἷς θεός aufgreift, sondern seinen Gott mit stoischen Formeln umschreibt.[16] – Mehr als die erste Definition steht die zweite relativ isoliert in Josephus' Werk.

Die Einzigkeitsformel

So greift Josephus im folgenden Abschnitt Apion 2,193 andeutend die εἷς θεός-Formel auf, diesmal in einer Genitivkonstruktion. Das feierliche εἷς (Nom!) aber wird auf den Tempel bezogen – eine beachtliche, für Josephus bezeichnende Akzentverschiebung. Dabei ist unklar, wem der Tempel gehören soll, den Juden, allen Glaubenden oder allen Menschen. Jedenfalls hebt er die Einmaligkeit des Tempels hervor. Im Ganzen kommt die Einzigkeitsformel εἷς θεός verhältnismäßig selten vor, in den Ant nur in

---

[16] Sicher ist mit Absicht die Befreiungsformel „der dich aus Ägypten, aus der Sklaverei, herausgeführt hat" ausgelassen, vermutlich weil damals viele Juden relativ gut in Ägypten lebten oder auch, weil der Gedanke an eine Befreiuung aus der Sklaverei eine potenzielle Revolte andeuten konnte, denn nach 70 n.Chr. waren tausende Juden versklavt worden.

sechs Texten, eine in Apion 2,193, die weitgehend identisch ist mit einer Stelle in Ant.

Ap 2,193	
Εἷς ναὸς ἑνὸς θεοῦ φίλον γὰρ ἀεὶ παντὶ τὸ ὅμοιον κοινὸς ἀπάντων	Weil immer eines zu einem passt, sollte *der eine Gott* auch *nur einen Tempel* haben, der das gemeinsame Eigentum aller ist. (Cl)

Eigentlich sind es nur vier Abschnitte, die diese Formel bringen. Dabei fällt auf, dass Josephus weniger die feierliche Formel εἷς θεός benützt, sondern eher den Akk. ἕνα oder Gen. ἑνός.

In Ant 1,155 verwendet er die Formel im Akk. innerhalb einer Erklärung im Munde Abrahams.[17]

Ant 1,155	
ἔγνω πρῶτος οὖν τολμᾷ θεὸν ἀποφήνασθαι δημιουργὸν τῶν ὅλων ἕνα τῶν δὲ λοιπῶν εἰ καί τι πρὸς εὐδαιμονίαν συντελεῖ κατὰ προσταγὴν τὴν τούτου παρέχειν ἕκαστον καὶ οὐ κατ' οἰκείαν ἰσχύν	Daher erklärte er zunächst, dass es *nur einen Gott* gäbe, den *Schöpfer* aller Dinge und dass dieser alles, was zum Glücke diene, gewähre, während der Mensch aus eigener Kraft dies nicht erlangen könne. (Cl)

Für Abraham liegt der Beweis der Einzigkeit Gottes darin, dass er von der Schöpfung auf Gott schließt, auch die Erscheinungen und die Veränderungen am Himmel versteht, die auf Gott weisen. So schließt sich Josephus traditionellen Erklärungsmustern an, denn Abraham galt auch als Vater der Astronomie. Der Akzent dieser Stelle liegt nicht auf der Einzigkeit Gottes – diese ist eher selbstverständlich, sondern darauf, dass Abraham verstand, die Vorgänge im Kosmos zu deuten. Josephus kommt somit über eine stoische Denkweise zum Ergebnis der Einzigkeit Gottes. Abraham ist weniger als Monotheist, sondern eher als Aufklärer gezeichnet.

Auch bei der früheren Erklärung des ersten Gebots aus dem Dekalog in Ant hätte man die Einzigkeitsformel erwarten müssen. Zwar hatte Josephus den Dekalog zuerst weglassen wollen,[18] schiebt ihn dann aber doch in einer Kurzfassung nach. Ein kurzer und geradezu liebloser Abschnitt:

---

[17] Dabei stellt Josephus Abraham in einer zeitgemäßen Form als geschickten Mann und Reformator vor. „Er besaß einen scharfen Blick, große Überredungsgabe und selten irrende Urteilskraft, und da er auch tugendhaft war und im Ansehen eines weisen Mannes stand, beschloß er die hergebrachten falschen Ansichten von Gott in richtige umzuwandeln" (Ant 1,155 nach H. CLEMENTZ).

[18] Angeblich, weil es verboten sei, sie öffentlich auszusprechen. Jedoch gibt es keinen Beleg für ein solches Verbot, auch keine rabbinischen Parallelen. Wenn es gemeinschaftliche Gesetze

Ant 3,91	
Διδάσκει μὲν οὖν ἡμᾶς ὁ πρῶτος λόγος ὅτι θεός ἐστιν εἷς καὶ τοῦτον δεῖ σέβεσθαι μόνον ὁ δὲ δεύτερος κελεύει μηδενὸς εἰκόνα ζῴου ποιήσαντας προσκυνεῖν	Das erste Gebot lehrt uns, dass nur *ein Gott* ist und dass *er allein* zu verehren sei, das zweite schreibt vor, dass man keines Tieres Bild anbeten darf ... (Cl)

Beachtlich ist, dass Josephus hier die Alleinanspruch- und die Einzigkeitsformel zusammen benützt, und dass er das erste Gebot in Anlehnung an das
Sch^ema' Dtn 6,4 formuliert. Dennoch, diese Zusammenfassung wirkt überaus kurz und unbefriedigend, besonders erkenntlich an der Formulierung
des zweiten Gebotes, wo es nicht mehr darum geht, jedes Abbild Gottes zu
unterlassen, sondern er spricht nur noch von Tierbildern, die nicht angebetet
werden sollen, eine populäre Polemik gegen die ägyptische Praxis. Bei
dieser Formulierung θεός ἐστιν εἷς wird das εἷς zum reinen Zahlwort. Das
doxologische Element, das in dieser Formel enthalten war, ist verschwunden.

Bei der Beschreibung der mosaischen πολιτεία, der Staatsverfassung in
Ant 4,200f, versucht Josephus einiges nachzuholen, was er in dem oben
genannten Abschnitt über die Gebote äußerst knapp abgehandelt hatte.
Fünfmal wird die Einzigkeitsformel gebraucht, aber für Gott an vorletzter
Stelle!

Ant 4,200f ἱερὰ πόλις ἔστω μία τῆς Χαναναίων γῆς ἐν τῷ καλλίστῳ καὶ δι' ἀρετὴν ἐπιφανεῖ ἣν ἂν ὁ θεὸς ἑαυτῷ διὰ προφητείας ἕληται καὶ νεὼς εἷς ἐν ταύτῃ ἔστω καὶ βωμὸς εἷς ἐκ λίθων μὴ κατειργασμένων	*Eine Stadt* soll die heilige sein und an der vortrefflichsten Stelle Chananaeas erbaut werden, die Gott sich selbst durch eine Prophezeiung auswählen wird. In dieser Stadt soll sich *ein Tempel* befinden und *ein Altar,* der nicht aus behauenen, sondern aus einzeln zusammen gelesenen Steinen errichtet werden soll ... (Cl)
θεὸς γὰρ εἷς καὶ τὸ Ἑβραίων γένος ἕν	Denn *Gott ist einzig und einzig das Geschlecht* der Hebräer ... (DS)

waren, auf die Israel sogar besonders stolz war, mussten sie öffentlich ausgesprochen werden
können. Vielleicht will Josephus mit diesem angeblichen Verbot, gegen das er ja selbst verstößt,
entweder nur die Spannung erhöhen, um den Lesern anzukündigen, jetzt komme ein Geheimnis,
oder aber er umgibt den Dekalog mit dem Schein des mystischen, denn das Wort, das er für das
Verbot verwendet θεμιτόν, kommt aus den Mysterienkulten. Vgl. FLAVIUS JOSEPHUS, Translation
and Commentary, Judean Antiquities 1–4, Ed. by MASON, Translation a. Commentary by L.H.
FELDMAN, Bd. III, Anm. 190, 253.

In diesen zwei Versen findet eine Häufung von Einzigkeitsformeln mit εἰς bzw. μία und ἕν, wie an kaum einer anderen Stelle bei Josephus. Aber das Ziel der Darstellung ist die Hervorhebung von Jerusalem (einmalige Lage!) und des einzigen Tempels (einmalige Bauweise des Altars), während der eine Gott und das Volk nur den Hintergrund bilden.[19]

Auch in Ant 5,97 geht es um das Vorrecht des einzigen Altars bzw. Tempels in Jerusalem und die Verhinderung eines zusätzlichen Baues jenseits des Jordans. Es ist eine Szene, die keine biblische Vorlage hat, eine Konstruktion des Josephus, vermutlich auf Grund von Erzählungen über ein größeres Bauwerk im Ostjordanland, das evtl. ähnlich wie der Tempel in Leontopolis zur Konkurrenz für Jerusalem hätte werden können. Die Szene ist in Verbindung mit Josua gestaltet. Der Beschluss, dass es nur einen einzigen Altar geben könne, wird mit der Abstammung von *einem* Urvater begründet und dass sie daher *ein* Volk seien. Erst an zweiter Stelle wird Gott genannt, wieder ist εἰς nicht mehr als ein Zahlwort. – Diese Forderung wird noch einmal bekräftigt wenige Abschnitte weiter in Ant 5,112. Zwar wird Gott diesmal an erster Stelle genannt, aber das εἰς nur im Akk. und die Zuspitzung lautet wieder: die Einmaligkeit des Tempels.

Ant 5,97	
Ἀβράμου γὰρ ἅπαντές ἐσμεν οἵ τ' ἐνθάδε κἀκεῖ κατοικοῦντες θεός τε εἷς ὃς τούς τε ἡμετέρους προγόνους καὶ τοὺς ὑμῶν αὐτῶν παρήγαγεν εἰς τὸν βίον	Denn wir alle stammen von Abraham ab, mögen wir nun auf diesem oder jenem Ufer wohnen und *ein und derselbe Gott* hat eure wie unsere Vorfahren ins Leben gerufen … (Cl)
Ant 5,112	
ἀλλὰ θεόν τε ἕνα γινώσκειν τὸν Ἑβραίοις ἅπασι κοινὸν καὶ τὸν πρὸ τῆς σκηνῆς βωμὸν χάλκεον ᾧ τὰς θυσίας ποιήσειν	Sie erkannten vielmehr nur *einen einzigen Gott* an, den alle Hebräer gemeinsam verehrten, und wüssten, dass man nur auf einem Altar Gott opfern dürfe, nämlich dem ehernen Altar vor der heiligen Hütte. (Cl)

Der Streit zwischen den beiden Stammesgruppen endet in einer Art Kompromiss, nämlich dass die Stämme von jenseits des Jordans ihr Bauwerk zu einem σύμβολον der gemeinsamen Verwandtschaft erklären. Die ursprüngliche Geschichte vom „Landtag in Sichem" mit dem Bekenntnis des Josua, dass er nur Jahwe dienen wolle, ist damit stark verändert. Wie so oft wird

---

[19] Flav.Jos. erwähnt hier, dass Gott sich die Stadt durch eine besondere Prophezeiung auswählen wird. Dies entspricht nicht ganz der Vorlage Dtn 12,5. Dort ist zwar gesagt, dass Gott sich den Ort für seine Verehrung wählen wird, aber Josephus präzisiert dies zu einer Prophezeiung. – Die Stadt Jerusalem scheint in der Zeit des Hellenismus tatsächlich Ansehen gewonnen zu haben, denn mehrere lateinische Schriftsteller erwähnen sie als eine besonders schöne und großartige Stadt. Vgl. FLAVIUS JOSEPHUS, Judean Antiquities 1–4, ed. by MASON, Translation and Commentary by L.H. FELDMAN, Bd. 3, 399.

von Josephus anstelle des Glaubens an den einen Gott der einmalige Tempel mit seinem Privileg hervorgehoben.[20] Erneut wird die Einzigkeitsformel in Verbindung mit Elia verwendet. So heißt es in der Erzählung über das Opfer am Karmel (1Kön 18,39):

Ant 8,343	
Οἱ δ' Ἰσραηλῖται τοῦτ' ἰδόντες ἔπεσον ἐπὶ τῆς γῆς καὶ προσεκύνουν ἕνα θεὸν καὶ μέγιστον καὶ ἀληθῆ μόνον ἀποκαλοῦντες τοὺς δ' ἄλλους ὀνόματι ὑπὸ φαύλης καὶ ἀνοήτου δόξης πεποιημένους	Bei diesem Anblick fielen die Israeliten zur Erde nieder und beteten *den einen Gott* an, den sie den *einzigen, wahren und höchsten* nannten, während sie alle anderen als Thörichte und leere Einbildungen der Menschen bezeichneten.(Cl)

Hier gebraucht Josephus in großer Dichte die entscheidenden traditionellen Begriffe: *einzig, größter* und *in Wahrheit allein*, wobei er zusätzlich noch einen Satz anfügt, der sehr an die alte Formel *kein anderer Gott* erinnert. Insgesamt findet sich innerhalb der Elia-Erzählung eine besondere Häufung der Ausschließlichkeitsformeln (wieder in Ant 8,335.337), darunter auch eine auf den Propheten selbst bezogen, ebenfalls in Ant 8,338, obwohl sich in der Vorlage zu diesem Abschnitt 1Kön 18,39 keine der beiden Formeln findet.

Einige Zeilen später findet sich innerhalb der Elia-Erzählung in Verbindung mit der Alleinanspruchsformel ein einziges Mal jene Gottes-Formel, die für Philo maßgebend gewesen war, ὁ ὤν:

Ant 8,350	
... ὅτι μόνος εἴη θεὸς ὁ ὤν ὃν ἀπ' ἀρχῆς ἐθρήσκευσαν ...	... dass es nur *einen wirklich existierenden Gott* gäbe, den sie von Anfang an verehrt hätten. (DS)

Der Elia-Abschnitt bildet daher mit fünf Alleinanspruchsformeln, einer Einzigkeitsformel und einer philosophisch geprägten Formel einen Höhepunkt in der Darstellung der Traditionen Israels bei Josephus.

Die Alleinanspruchsformel

Die Alleinanspruchsformel μόνος θεός wird bei Josephus häufig mit der Allmachtsaussage kombiniert oder der Wahrheitsgehalt wird mit einem ἀληθής betont. An der Bekräftigung seiner Thesen mit ἀληθής liegt ihm

---

[20] Ohne es direkt aussprechen, plädiert Josephus so für den Wiederaufbau des Tempels und der Stadt. Es ist durchaus denkbar, dass er bei seinen Gönnern, den Kaisern Vespasian und Titus darum bat, aber offensichtlich abgewiesen wurde.

offenbar sehr. Um die Wertschätzung der Wahrheit hervorzuheben, fügt er in Ant 11,33ff eine weisheitliche Legende ein, in welcher der Wert der Wahrheit gegenüber den anderen Werten (Wein und Frauen) hervorgehoben wird (Ant 11,55). Dennoch übertreibt Josephus gern. – Die meisten dieser Formeln finden sich in Ant, nur eine in Apion, keine in Vita. In Bell sucht man lange vergebens nach alten Bekenntnisformeln[21]. Erst ganz am Ende des Bell findet sich zweimal die Alleinanspruchsformel und zwar als kritische Bezeichnung der extremen Haltung der Zeloten[22].

Bell 7,323	Vor Zeiten haben wir uns dafür entschieden, wackere Männer, dass wir weder den Römern *noch irgendjemand anderem dienen, außer Gott; denn dieser allein ist der wahre und gerechte Herr* über die Menschen. (M/B)
πάλαι διεγνωκότας ἡμᾶς ἄνδρες ἀγαθοί μήτε 'Ρωμαίοις μήτ' ἄλλῳ τινὶ δουλεύειν ἢ θεῷ μόνος γὰρ οὗτος ἀληθής ἐστι καὶ δίκαιος ἀνθρώπων δεσπότης	

Dies ist der Beginn der Rede des Kommandanten Eleasar auf der Festung Massada, als er keine Chance mehr sah, die röm. Belagerung zu überstehen. Darin ruft er seine Landsleute zum Selbstmord auf. In dieser von Josephus komponierten Rede findet sich die feierliche Bekenntnisformel und bekommt damit einen befremdlichen Beigeschmack: sie ist die Überzeugung von fanatischen Zeloten bzw. Sikariern. Es ist schwierig aus dem Mund dieser fanatischen Kämpfer zu hören, dass sie Gott als dem „wahren und gerechten Herrn" dienen wollen.[23]

---

[21] A. SCHLATTER hielt Bell zeitweise für so wenig jüdisch, dass er bezweifelte, ob die Schrift von Josephus (als Verfasser der Ant) stammen kann, so O. MICHEL/O. BAUERNFEIND in De bello Judaico, Bd. III, Ergänzungs- und Registerband, XXVf.

[22] Kritischer sieht es F. SIEGERT in den zusätzlichen Anmerkungen zu Vita, in: Flavius Josephus, Aus meinem Leben (Vita), Kritische Ausgabe, Übersetzung und Kommentar von F. SIEGERT/H. SCHRECKENBERG/M. VOGEL, 172, Anm. 17: „Tatsächlich hat Josephus den Aufstand gegen Rom zumindest anfänglich befürwortet." – Ausführlich setzt sich MASON, Flavius Josephus und das Neue Testament, 63, mit des Josephus' Darstellungen und Widersprüchen in Bell und Vita auseinander und kommt zum Schluss: „Es ist nicht einfach, sich ein Bild davon zu machen, welche Rolle Josephus während der Monate in Galiläa tatsächlich gespielt hat. Die Vermutung konnte nicht ausbleiben, dass er wenigstens in einer der beiden Darstellungen gelogen hat, um unangenehme Details seiner Vergangenheit zu verbergen." Andererseits nimmt MASON, ebd., 64, ihn aber auch ein wenig in Schutz: „erstens muss jemand, der bei Ausbruch des jüdischen Krieges in der Position des Josephus war, vor erheblichen Sachzwängen und schwierigen Entscheidungen gestanden sein." MASON, ebd., 67, betont mehrfach, dass die Schriften jener Epoche nicht nach dem strengen Kriterium der Wahrheit beurteilt werden sollten, sondern weitgehend nach den Kriterien des antiken Heldenkultes zu verstehen sind.

[23] H. SCHWIER, ebd., 50, bezweifelt, dass es zu einem Massenselbstmord kam und vermutet vielmehr, dass die römischen Eroberer ein Massaker anrichteten. Selbst wenn ein Bericht der überlebenden Frauen zu Jos in Rom gedrungen sein sollte, bleibt die Frage, ob Eleasar überhaupt eine Rede gehalten hat.

Die Bedeutung der beiden Reden des Eleasar macht den Interpreten ziemlich viele Schwierigkeiten, weil sie von der übrigen Darstellung der Zeloten abweicht und mit der Seelenlehre des Flav.Jos. ein eigenartiges Element hinein kommt. O. Michel/O. Bauernfeind vertritt die Ansicht, dass die ἀνάγκη „ein festes Wirklichkeitselement"[24] in dieser Rede darstellt. „Josephus gelang durch die Zusammenfügung der verschiedenen Stoffe unter seinem ἀνάγκη-Verständnis zu dieser unerhörten Möglichkeit, den letzten Führer des jüd. Aufstandes zur Diaspora sprechen zu lassen: der Tod ist kein Märtyrertod im eigentlichen Sinn, sondern die Tat von Männern, die sich unter die ἀνάγκη als dem erkennbaren Willen Gottes beugen."[25] Jedenfalls errichtet Josephus mit den beiden Reden dem Eleasar und den Zeloten ein Denkmal, vielleicht aus Schuldbewusstsein, dass er sich von ihnen getrennt hat. – Ein solches Gottesbekenntnis findet sich jedoch nicht bei der Schilderung des Kriegsbeginns, auch nicht im Mund der Zeloten. Dort heißt es vielmehr, Bell 2,517: *im Vertrauen auf ihre große Zahl stürmten sie los.*[26] Eigentlich müsste die Formel vom alleinigen Gott schon im Kampf von Galiläa genannt worden sein, aber Josephus verschweigt sie da, im Gegensatz zu Ant (s.u.). – Ein zweites Mal (Bell 7,410) wird die Formel in Bell ebenfalls Zeloten in den Mund gelegt und zwar solchen, die aus Judäa flüchten konnten und wieder in Alexandria zum Widerstand aufriefen. Josephus kritisiert ihre Tollkühnheit heftig:

Bell 7,410	
... καὶ Ῥωμαίους μὲν μηδὲν κρείττους αὐτῶν ὑπολαμβάνειν θεὸν δὲ μόνον ἡγεῖσθαι δεσπότην	... die Römer für nicht stärker als sich selbst zu erachten und *nur Gott allein als Herrn* anzuerkennen. (M/B)

Hier benützt Josephus Formulierungen, die seinen röm. Wohltätern sehr gefallen haben müssen, denn er betont, dass sich die Zeloten in ihrem Irrtum dem röm. Herrschaftsanspruch entziehen und nur ihren Gott anstelle des Imperators als Befehlshaber anerkennen wollten. Die Alleinanspruchformel wird in Bell also nur zweimal gebraucht, wohl an hervorgehobener Stelle und doch distanzierend.

Einige Jahre später, in den Ant, wird die gleiche Formel öfter verwendet, wenn auch bei weitem nicht so oft, wie man es in dem umfangreichen Werk erwarten könnte. In Ant gibt es *nur 15 Belege* für die Alleinanspruchsformel. – Das Gottesprädikat μόνος wird wieder in Verbindung mit den Zeloten zitiert.

---

[24] O. Michel/O. Bauernfeind, ebd., Bd. 2/2, Anm. zu Buch 7, 276.

[25] Ebd., 277.

[26] H. Schwier, ebd., 7, bemerkt zu Recht, dass diese Zahl nicht groß gewesen sein kann, denn es waren nur Banden. Aber mit ihren Überfällen verursachten sie überall Angst. Insofern waren sie effektiv.

Ant 18,23	Außer diesen drei Schulen nun gründete
Τῇ δὲ τετάρτῃ τῶν φιλοσοφιῶν	jener Galiläer Judas eine vierte, deren
ὁ Γαλιλαῖος Ἰούδας ἡγεμὼν κατέστη	Anhänger in allen anderen Stücken mit
τὰ μὲν λοιπὰ πάντα γνώμῃ τῶν	den Pharisäern übereinstimmen, dabei
Φαρισαίων ὁμολογούσῃ δυσνίκητος δὲ	aber mit großer Zähigkeit an der Frei-
τοῦ ἐλευθέρου ἔρως ἐστὶν αὐτοῖς μόνον	heit hängen und *Gott allein* als ihren
ἡγεμόνα καὶ δεσπότην τὸν θεὸν	*Herrn und König* anerkennen. Sie unter-
ὑπειληφόσιν θανάτων τε ἰδέας	ziehen sich auch jeder möglichen To-
ὑπομένειν παρηλλαγμένας ἐν ὀλίγῳ	desart und machen sich selbst nichts aus
τίθενται καὶ συγγενῶν τιμωρίας καὶ	dem Morde ihrer Verwandten und
φίλων ὑπὲρ τοῦ μηδένα ἄνθρωπον	Freunde, wenn sie nur keinen Menschen
προσαγορεύειν δεσπότην	als Herrn anzuerkennen brauchen. (Cl)

Wie Josephus die Sikarier beschreibt, verbinden sie die politischen Titel ἡγεμών und δεσπότης mit Gott – ein Zeichen ihrer Radikalität, die Konflikte hervorrufen muss. In diesem Text ist die Distanzierung von dem fanatischen Glauben stärker erkennbar als in den Eleasar-Reden in Bell, weil der Aufruf nicht zum Selbstmord, sondern zum Mord dargestellt wird.

Die übrigen 14 Texte, die in Ant die Alleinanspruchsformeln enthalten, stehen nicht unter diesem negativen Vorzeichen, aber jede weist eine Besonderheit auf, weil sie jeweils mit einem Prophet oder einem der Väter Israels verbunden ist. Genaugenommen sind es nur wenige (7) Abschnitte, in welchen diese Formel verwendet wird:

a) Bei *Abraham* umschreibt Josephus (Ant 1,56) Gott sehr vorsichtig und andeutend (für seine hell. Leser!) als ἐξουσία und ἰσχύς, dem allein Dank und Ehre gegeben werden darf. Trotz der beiden frommen Formeln überwiegen allgemeine Aussagen über die Welt und den Kosmos. Man muss die Exklusivität fast suchen. Offensichtlich ging es Josephus darum, Abraham als aufgeklärten und gebildeten Menschen darzustellen (wie später in Ant 1,155 s.o.).

b) Viermal finden wir die Alleinanspruchsformel in Verbindung mit *Mose*: Ant 2,336: ein Gebet um Gottes Eingreifen vor dem Zug durch das Schilfmeer;

Ant 3,91: eine Kurzfassung des ersten Gebots;

Ant 3,181: die Einteilung des Tempels in drei Teile, von denen einer Gott allein vorbehalten ist;

Ant 4,180: die Abschiedsrede des *Mose* (nach Dtn 4,40), eine sehr hell. Formulierung. Ursache allen Glückes ist der huldreiche Gott, er allein kann es Würdigen geben und Unwürdigen nehmen.

c) Die Formel ist ferner in der Rede Gottes an *Samuel* erkennbar (Ant 6,38), in welcher er ihn wegen der Missachtung tröstet.

d) An fünf Stellen steht die Formel in Verbindung mit *Elia* (Ant 8,38.337.339.343.350): in allen Fällen wird die Formel vom alleinigen und wahren Gott gebraucht.

e) Zweimal begegnet sie in Verbindung mit *Daniel* (Ant 10,237) es ist nur Gott, der über den Problemen steht und die Fragen durchschaut; (Ant 10,263) der Gott, den Daniel anbetet ist der wahre und allmächtige.

f) Zweimal bringt Josephus die Formel in Verbindung mit dem *König Izates*, der in der Mitte des 1. Jh. n.Chr. gelebt hat und zum Judentum übergetreten war. Josephus bezeichnet dabei Gott als höchsten aller Herrscher, den einzigen und vornehmsten Herrn. Es ist das einzige Mal, wo diese Formel im Munde eines Heiden zu finden ist, der sich jedoch bald dem jüd. Glauben zuwendet.

g) Einmal findet sich die Formel in Verbindung mit dem *Tempel* (Ant 14,113) beim Tempelraub des Crassus betont Josephus das Geld des Tempels gehört allein Gott.

Die Alleinanspruchsformeln scheinen in diesen Abschnitten weniger aus der LXX, sondern aus Erzählungen übernommen zu sein, aber sie treffen in ihren scharfen Formulierungen die Situation. Die Formeln sind jeweils an *kritischen Punkten* verwendet, wo den Israeliten der Glaube an den einzigen Gott durch einen Propheten oder Erzvater eingeschärft wird. Als Beispiel sei das Gebet Moses vor dem Zug durch das Schilfmeer gebracht:

Ant 2,336	Daher nehmen wir, hoffnungslos und
ἡμεῖς τε ἄλλην ἀπεγνωκότες ἐλπίδα καὶ	ratlos wie wir sind, zu dir *allein* unsere
μηχανὴν εἰς τὴν ἀπὸ σοῦ μόνου	Zuflucht und flehen dich an, angstvoll
καταφεύγομεν καὶ εἴ τι παρὰ τῆς σῆς	erwarten unsere Herzen, das Eingreifen
ἔλθοι προνοίας ἐξαρπάσαι τῆς	deiner Vorsehung, damit wir den Hän-
Αἰγυπτίων ὀργῆς	den der wutentbrannten Aegyptier
	entrissen werden. (Cl)

Josephus hat, ohne dass dafür eine Vorlage in Ex 14 bestand, dieses Gebet komponiert und verwendet dabei Formulierungen, wie sie auch in den Psalmen stehen: die Zuflucht allein zu Gott. Jedoch wird gleich im darauffolgenden Satz eine hell. Vorstellung geäußert, nämlich das Eingreifen der göttlichen *Vorsehung*. Letzteres scheint Josephus genauso wichtig, wie die alte Gebetsformulierung.[27] – Ein weiteres Beispiel für die Verwendung der

---

[27] Wenn Josephus die πρόνοια/providencia erwähnt, mischen sich bei ihm griech. und jüd. Vorstellungen. Gottes Plan ist kaum vom Zufall/τύχη zu unterscheiden. Es herrscht hier ein sehr allgemeiner Glaube an das Schicksal oder Gottes Lenkung. Vgl. O. MICHEL/O. BAUERNFEIND, De bello Judaico, Exkurs XVIII: Zum τύχη-Begriff des Josephus, Bd. 2,2, 212ff, Anm. zu Buch 6.

alten Formel ist die Erzählung von Daniel Ant 10,263: μόνον αὐτὸν εἶναι ἔλεγεν ἀληθῆ καὶ τὸ πάντων κράτος ἔχοντα/ er *allein* sei der *wahre und allmächtige (Gott)*.

Wie die Belegstellen zeigen, sitzt die Alleinanspruchsformel sehr fest in den Geschichten der großen Führergestalten und Propheten, die an den kritischen Punkten der Geschichte des Volkes, als Israel ins Heidentum zurückzufallen drohte, energisch eingriffen und die Einzigkeit Gottes hervorhoben – am deutlichsten Elia.

Zusammenfassung

Josephus verwendet die Einzigkeits- und Alleinanspruchsformel nur an wenigen Stellen seines Werkes und zwar in Ant, meistens in Verbindung mit Erzvätern oder Propheten der alten Zeit oder um die herausragende Stellung des Tempels zu beschreiben.

Eine Ausnahme in der Verwendung der Alleinanspruchsformel ist, wenn sie in Bell den Zeloten in den Mund gelegt ist, so als wolle Josephus noch einmal etwas offenbaren, was er bisher verschwiegen hat, was auch wahrscheinlich weitgehend seine Überzeugung gewesen war, bevor er seine Niederlage und die Zerstörung der Stadt erlebte. Es war jenes Bekenntnis, mit dem er und die Zeloten, sicher auch viele Pharisäer eine tiefe Krise erlebten, als dieser einzige Gott, wie Josephus es ausdrückt, nicht mehr auf der Seite Israels stand. Eine weitere Prägung seiner Gottes-Begriffe aufgrund seiner aram. Muttersprache ist in den überlieferten Texten nicht zu finden. Wohl gilt das Gesetz der Väter, aber die alten Titel wie *Zebaoth, Eljon* oder das priesterliche *der Heilige* spielen bei ihm keine Rolle.

Entscheidend bleibt für Josephus der Gebrauch des einfachen θεός, ohne Namen und Prädikat. Dieser eine Gott ist der Herr der Geschichte, er regiert und bestraft die Übertretungen. Mit dieser Terminologie folgt er einer Tendenz seiner Zeit. Wie Epiktet, der wie er etwa 20 Jahre in Rom verbrachte und ihm nicht unbekannt gewesen sein dürfte, gebraucht er für seine Leser vor allem den einfachen Begriff θεός.

Dass weder μόνος- noch εἷς- oder πάντα-Formeln für Josephus entscheidend sind, lässt sich auch an Folgendem erkennen: so wie in den Psalmen öfter an betonter Stelle, meist am Ende, ein eindeutiges Bekenntnis zum alleinigen Gott steht und wie auch in der jüd. Literatur aus hell.-röm. Zeit die Alleinanspruchsformel jeweils einen Höhepunkt bildet, so könnte man dies auch bei Josephus erwarten. Josephus benützte wohl die Formel an wenigen dramatischen Punkten. Aber am Ende seines ersten Hauptwerkes, dem Bell, steht nicht ein Lob Gottes, sondern vielmehr das Fehlverhalten des Catullus und dessen Strafe. Ebenso steht am Ende des zweiten Hauptwerkes, den Ant, die Missherrschaft des Gessius Florus. Von letzterem wird zwar noch keine Strafmaßnahme berichtet. Das lässt Josephus offen. Auch für diese Verletzung der Gesetze sind Gottes Strafen zu erwarten. So bildet also eine deutliche Warnung vor der Verletzung Israels den Schluss dieses Werkes.

Ein Vegleich zwischen Philo und Josephus ist sehr aufschlussreich, auch wenn sie verschiedenen Generationen angehören und ihre Schriften verschiedene Gattungen repräsentieren. Beide sind zur Oberschicht gehörende Juden des 1. Jh. n.Chr., die griechisch schreiben und ihr Judentum für Nicht-Juden interpretieren. Fast entgegengesetzt ist ihr Gebrauch der „Alleinanspruchsformel": Josephus geht distanziert mit μόνος-Aussagen um, weil sie mit jüdischer Opposition gegen die Römer verbunden waren, Philo stellt sie ins Zentrum, aber das Korrelat zum einen und einzigen Gott ist für ihn nicht Israel, sondern die Welt, in der Gott der einzige wahre „Kosmopolit" ist. Philo schreibt *vor* dem großen Konflikt des jüdischen Kriegs, Josephus *nach* ihm. Philo arbeitet universale Kategorien in seiner jüdischen Philosophie heraus, Josephus schreibt die konkrete Geschichte der Juden. Beide wissen um die „Sprengkraft" im Monotheismus, aber beide „entschärfen" sie – und bekennen sich dabei nachdrücklich zum einen und einzigen Gott Israels.

7. Die Formeln im Neuen Testament

Nachdem nachgewiesen werden konnte, dass monotheistische Formeln in der jüd. Tradition an herausragenden Stellen verwendet wurden, gilt es zu prüfen, ob dies auch für die Schriften des NT zutrifft. Ein erster Überblick zeigt, dass sie sich in allen Teilen des NT finden, wenn auch selten in besonderer Dichte. Die Frage nach dem Gebrauch der monotheistischen Formeln wird relevant, weil zu klären ist, ob sie angesichts der Erhöhung Jesu Christi weiter gebraucht werden, ob sie mit neuem Bedeutungsgehalt versehen oder gemieden werden.

7.1 Die Synoptiker

Das höchste Gebot: Mk 12,28–34; Mt 22,34–40; Lk 10,25–28
In der Perikope Mk 12, 28–34 wird die Einzigkeitsformel zweimal verwendet, einmal im Mund Jesu, einmal im Mund des Schriftgelehrten. Darüber hinaus wird das Bekenntnis zur Einzigkeit durch eine Verneinungsformel betont und gesichert. Der Text nach der Mk-Version genießt in der exegetischen Literatur große Wertschätzung, weil er im Gegensatz zu nahezu allen anderen Texten der Evangelien, die von Streitgesprächen mit den jüd. Parteien berichten, einen hohen Grad an Übereinstimmung zwischen den diskutierenden Parteien beweist. Die Hervorhebung der Gebote der Gottes- und Nächstenliebe bildet eine enge Verklammerung der Lehre Jesu mit der Tradition Israels. Es ist beachtlich, dass nach Mk der jüd. Gesprächspartner, ein γραμματεύς, nicht getadelt, sondern uneingeschränkt gelobt wird – er könnte ein Nachfolger Jesu werden. Einigkeit über die beiden Grundgebote ist das Leitmotiv dieses Apophthegmas.

Die Version Mt 22,34ff übernimmt jedoch nicht diese weitgehende Übereinstimmung, sondern wirkt konfrontativ. Der jüd. Fragesteller kommt gar nicht mehr zu Wort, er wird einfach belehrt. Die Lk-Version steht zwischen Mk und Mt. Die Übereinstimmung wird bei ihm nicht explizit formuliert, aber der jüd. Gesprächspartner bekommt am Ende eine freundliche Antwort „tue das (die Gebote), so wirst du leben." Sowohl Mt wie Lk bringen nur eine verkürzte Version des Sch^{e}ma', bei der die Akklamation und somit die Einzigkeitsformel nicht mehr zitiert ist. Dies ist eine gravierende

Veränderung gegenüber Mk. Es gilt zunächst die vermutlich älteste Fassung
der Perikope nach Mk zu untersuchen.

Mk 12,29–33	
ἀπεκρίθη ὁ Ἰησοῦς ὅτι πρώτη ἐστίν·	Jesus antwortete: Das erste ist: Höre,
ἄκουε, Ἰσραήλ, κύριος ὁ θεὸς ἡμῶν	Israel, *der Herr, unser Gott, ist der*
κύριος εἷς ἐστιν,	*einzige Herr.* Darum sollst du den
καὶ ἀγαπήσεις κύριον τὸν θεόν σου	Herrn, deinen Gott, lieben mit ganzem
ἐξ ὅλης τῆς καρδίας σου καὶ ἐξ ὅλης	Herzen und ganzer Seele, mit all deinen
τῆς ψυχῆς σου καὶ ἐξ ὅλης τῆς διανοίας	Gedanken und all deiner Kraft. Als
σου καὶ ἐξ ὅλης τῆς ἰσχύος σου	zweites kommt hinzu: Du sollst deinen
δευτέρα αὕτη· ἀγαπήσεις τὸν πλησίον	Nächsten lieben wie dich selbst. Kein
σου ὡς σεαυτόν μείζων τούτων ἄλλη	anderes Gebot ist größer als diese bei-
ἐντολὴ οὐκ ἔστιν καὶ εἶπεν αὐτῷ	den. Da sagte der Schriftgelehrte zu
ὁ γραμματεύς· καλῶς, διδάσκαλε, ἐπ'	ihm: Sehr gut, Meister! Ganz richtig
ἀληθείας εἶπες ὅτι εἷς ἐστιν καὶ οὐκ	hast du gesagt: *Er allein ist der Herr,*
ἔστιν ἄλλος πλὴν αὐτοῦ·καὶ τὸ ἀγαπᾶν	*und es gibt keinen anderen außer ihm,*
αὐτὸν ἐξ ὅλης τῆς καρδίας καὶ ἐξ ὅλης	und ihn mit ganzem Herzen, ganzem
τῆς συνέσεως καὶ ἐξ ὅλης τῆς ἰσχύος	Verstand und ganzer Kraft zu lieben und
καὶ τὸ ἀγαπᾶν τὸν πλησίον ὡς ἑαυτὸν	den Nächsten zu lieben wie sich selbst,
περισσότερόν ἐστιν πάντων	ist weit mehr als alle Brandopfer und
τῶν ὁλοκαυτωμάτων καὶ θυσιῶν	anderen Opfer. (E)

Obwohl das MkEv erst um 70 n.Chr. beendet wurde, ist die Wahrscheinlichkeit hoch, dass dieser Abschnitt Mk 12,28ff längst geformt und bekannt war,
weil er ein klares Bekenntnis zur Thora enthielt.[1] J. GNILKA betont: „die sie
[die Perikope] bestimmende Intention ist die Werbung um das Judentum mit
Hilfe der Schriftargumentation …".[2] Übereinstimmend schätzen viele Exegeten, dass dieser Text ziemlich früh formuliert wurde, zu einem Zeitpunkt, als
die Trennung der Christus-Anhänger von den Juden noch nicht vollzogen
war. Nicht wenige Exegeten führen den Text sogar auf wahrscheinliche
Begebenheiten mit Jesus selbst zurück, auf Streitgespräche[3] mit seinen Kritikern. Auch in der Zeit der Apostel standen Fragen über das Verständnis der
Thora sicher häufig im Vordergrund.[4]

In diesem Apophthegma geht es um Jesu *Meinung zum Gesetz* und seine
Anerkennung als Rabbi. So betont E. LOHMEYER, dass das Bild von Jesus

---

[1] „Schon diese dreifache Art der Überlieferung zeigt, dass das Gespräch ursprünglich als ein-
zelnes Stück überliefert worden ist." E. LOHMEYER, Das Evangelium des Markus, 257.

[2] J. GNILKA, Das Evangelium nach Markus, 163.

[3] R. BULTMANN, Geschichte der synoptischen Tradition, 57, spricht von einer „geschichtlichen
Erinnerung". Anders J. GNILKA, Das Evangelium nach Markus, EKK II/2, 167.

[4] Vgl. R. PESCH, Das Markusevangelium II, 248.

ganz dem der Rabbinen jener Zeit entspricht.[5] Zur Disposition stehen die Gültigkeit des Gesetzes und damit die Identität Israels. Deshalb wird die Frage nach dem „obersten Gebot" gestellt. In der Antwort des Schriftgelehrten V. 32 wird das εἷς θεός aus Dtn 6,4 sogar noch einmal betont, indem verstärkend eine Verneinungsformel hinzugefügt wird: οὐκ ἔστιν ἄλλος πλὴν αὐτοῦ. Das εἷς besitzt hier eine exklusive Bedeutung, um den Monotheismus Israels hervorzuheben. Aber die Zuspitzung besteht in der Zufügung des zweiten Gebotes von der Nächstenliebe, das nicht zum Dekalog gehört, auch nicht im Dtn, sondern im Heiligkeitsgesetz steht. Dass der Schriftgelehrte auch dieses zweite Gebot so ausspricht, ist das Neue.

Über längere Zeit hin wurde der Ursprung dieser Perikope oft in der Diaspora vermutet. Dafür schienen zwei Aspekte zu sprechen: 1. die Bewertung, dass das Einhalten der Gebote besser sei als alle Opfer, also die für die Diaspora typische tempelkritische Haltung; 2. die Hervorhebung des Begriffs διάνοια, die verstandesmäßige Anstrengung. Dieser Begriff, so vermutete man, ließ die intellektuelle Auseinandersetzung in den Städten des Hellenismus ahnen.[6] Die Einfügung von διάνοια brachte eine neue Akzentsetzung gegenüber der hebr. dreigliedrigen Formel: *von ganzem Herzen, ganzer Seele und ganzem Vermögen.* Die διάνοια bzw. σύνεσις (V. 33) ist sogar an dritte Stelle vorgezogen worden.

G. THEISSEN dagegen stellt diese Diaspora-These in Frage, denn die tempelkritische Haltung sei keineswegs allein in der Diaspora zu finden, sondern sehr wohl auch im Mutterland zu Hause. Er vertritt die These, dass die Zusammenstellung der Gebote nicht erst in der juden-christlichen Diaspora vorgenommen wurde, sondern auf Jesus selbst zurückzuführen ist.[7] Auch erwägt er, ob Jesus die Kombination dieser zwei Gebote schon von Johannes d. Täufer übernommen haben könnte. Jedenfalls muss ihre Verklammerung schon im Judentum des 1. Jh. n.Chr. bekannt gewesen sein.[8] Er begründet diese Auffassung damit, dass nach Mk 12,28ff der Schriftgelehrte gar nicht sein Erstaunen über diese Zusammenstellung der Gebote ausdrückt, sondern dass sie ihm wohl schon bekannt ist. Ferner betont G. THEISSEN, dass aus Josephus' Bericht über Johannes d.Täufer zwei Schwerpunkte seiner ethischen Lehre ablesbar sind, nämlich δικαιοσύνη und εὐσέβεια.[9] Diese beiden Grundpflichten stellen nicht nur, wie man vermuten könnte, eine hell. Anpassung der Lehre des Johannes d.Täufers durch Josephus an die weitverbreitete Tugendlehre seiner Zeit dar, sondern enthalten wohl eine richtige Nachricht über zwei Gebote, die der Gerechtigkeit gegenüber Menschen und der Frömmigkeit gegenüber Gott entsprechen.

---

[5] E. LOHMEYER, ebd., 259.

[6] Auch U. LUZ, Das Evangelium nach Matthäus, EKK I/3, 271, vertritt in Anlehnung an Bornkamm u.a. die Entstehung im „hellenistischen Judenchristentum".

[7] Für die Zusammenbindung der beiden Gebote in Palästina, sei es durch Johannes der Täufer oder Jesus, spricht auch, dass in der Diaspora eher die Kombination Gottesliebe und Elternliebe galt (vgl. Sir 7,31LXX). Daraus schließt G. THEISSEN, ebd., 69, „dass Jesus selbst das Doppelgebot der Liebe gelehrt hat".

[8] G. THEISSEN, ebd., 58.

[9] G. THEISSEN, ebd., 70f.

Auch das Argument, das von vielen Auslegern akzeptiert war, nämlich dass der Begriff διάνοια in die Diaspora als Entstehungsort zeige, weist G. THEISSEN zurück. Den „kognitiven Akzent" in der Gottesliebe sieht er gerade bei Jesus in seiner tempelkritischen Haltung gegeben. „Nur in der Jesusüberlieferung wird die ‚Vernunft' betont."[10] Daher besitzt G. THEISSEN'S These einen hohen Grad an Wahrscheinlichkeit, dass der Ursprung der Perikope auf den historischen Jesus weist und ihm auch die Kombination der Gebote zugeordnet werden kann, wenn er sie nicht sogar von Johannes d.Täufer übernommen hat. Dennoch gilt, dass es sich bei dieser Perikope, wie auch bei den anderen Apophthegmen um eine „ideale Szene" handelt.[11]

Andererseits ist bzgl. des Kontextes zu beachten, dass dieser „Text der Übereinstimmung" innerhalb des Mk isoliert steht. Denn wenig später, noch im gleichen Kapitel, werden in Mk 12,38 scharfe Warnungen vor den Schriftgelehrten ausgeprochen. Mt baut diese Polemik gegen die Schriftgelehrten und Pharisäer sogar zu einer ganzen Rede Mt 23 mit Weherufen aus. Dies ist ein Zeichen mehr dafür, dass für Mt, obwohl nur zehn oder zwanzig Jahre nach Mk abgeschlossen, der Dialog mit den Pharisäern schon ziemlich beendet war. Dabei wird die Akklamation aus dem Sch^{e}ma' bei Mt Jesus nicht mehr in den Mund gelegt. Der Aufruf an Israel und die Einzigkeitsformel haben bei ihm ihre Funktion verloren. Stattdessen steht das Doppelgebot der Liebe im Vordergrund.

Der Rahmen für die Perikope Mk 12,28ff sind drei Probleme, dargestellt als Streitgespräche mit den wichtigsten religiösen Gruppen. Innerhalb dieser Streitgespräche gibt es eine Steigerung, es läuft alles auf die dritte Frage zu. Die erste Frage (von Seiten der Pharisäer) ist die allgemeinste, weil alle Juden von den römischen Steuergesetzen betroffen waren. Dahinter steht die Frage der politischen *Loyalität* – ein Problem, das wegen der Aktivität der Zeloten von grundsätzlicher Bedeutung war. Die zweite Frage (der Sadduzäer) ist eine mehr spezielle bezüglich der Frömmigkeit, die Frage nach der *Auferstehung*. Die dritte Frage betrifft die Gültigkeit des mosaischen Gesetzes. Sie ist deshalb den Schriftgelehrten[12] in den Mund gelegt, weil sie sich überwiegend mit der Auslegung der *Thora* befassten. Es geht um die Frage, ob die Thora und die Einzigkeit Gottes noch gelten. Das wird ausdrücklich bestätigt.[13]

Doch für Mk, der die verschiedenen mündlichen Überlieferungen kombinierte, bestand die Aufgabe diese Perikope in sein Evangelium zu integrieren, wo der Begriff Sohn Gottes ein Leitmotiv bildete. Mk löste die Aufgabe, indem er den wohl schon bekannten Dialog in zwei Texte einbettete, die anders ausgerichtet sind. Voran geht die Frage nach der Auferstehung, ein auf die

---

[10] G. THEISSEN, ebd., 69.
[11] Vgl. G. THEISSEN/A. MERZ, Der historische Jesus, 180f.
[12] Gemeint sein könnten u.a. die Essener, die auch von Josephus als eine der drei Religionsparteien beschrieben wurden, eine Elite von nur etwa 4000 Männern im ganzen Land, die die heiligen Schriften akribisch auslegten.
[13] G. THEISSEN/A. MERZ, Der historische Jesus, 341.

Zukunft gerichtetes Thema. Mk lässt bewusst die Belehrung über die David-sohnschaft folgen. Dadurch erfährt die Perikope, die traditionsbewusst begonnen hatte, eine gewisse Korrektur. Die Hervorhebung des Sohn-Begriffs im Abschnitt Mk 12,35–37par – nicht als Streitgespräch, sondern als Monolog im Mund Jesu! – ist ein Beweis für die Korrektur: das bisherige Bekenntnis zu dem einen und einzigen Gott und zur Thora reicht nicht aus. Daher wird in dieser Perikope die Erhöhung Christi („setze dich zu meiner Rechten") in den Mittelpunkt gerückt.

Die Tatsache, dass in den anderen Synoptikern das vollständige Sch°ma' mit der Einzigkeitsformel nicht mehr zitiert ist, ist auch ein Beweis dafür, dass schon in der zweiten Generation des Urchristentums das traditionelle jüd. Bekenntnis zum alleinigen Gott an Ansehen verloren hatte. Der Aufruf „an Israel" wurde als hinderlich für die Mission unter den Heiden betrachtet.[14] Darüber hinaus bot der Begriff εἷς θεός, so wie er hier zitiert ist, keinen Platz für die Erhöhung Jesu Christi zum Sohn Gottes.[15] Auch um die Zuspitzung auf das Gebot der Nächstenliebe im Blick auf die Heidenchristen deutlicher hervorzuheben, haben die Bearbeiter Mt und Lk den Aufruf an Israel nicht mehr aufgenommen, sondern nur noch das Gebot der Gottesliebe zitiert und ihm das Gebot der Nächstenliebe Lv 19,18 engstens angefügt, wie besonders die Formulierung bei Lk 10,27 beweist, wo die Wiederholung des ἀγαπήσεις weggelassen ist.[16] Das belegen auch die Paulusbriefe, wo nach Gal 5,14 fortan das Liebesgebot nach Lev 19,18 als *die* Zusammenfassung gilt und nach Röm 13,10 das Gesetz durch die Liebe erfüllt wird.

Als weiterer Hintergrund für das Verständnis dieser Perikope weist G. THEISSEN auf die Ablehnung der kaiserlichen Macht, da wenige Jahre nach Jesu Tod der Kaiser Caligula totalitären und göttlichen Anspruch erhoben hatte.[17] Dessen Alleinanspruch auf Macht und seine Selbstvergottung hatte unter den Juden erbitterten Widerspruch hervorgerufen.[18] Daher hat eine solche Aussage mit der Betonung εἷς θεός als religiöser Protest gut in jene

---

[14] U. LUZ, ebd., 271, vertritt die Auffassung, dass Mt die Akklamation aus Gründen der Straffung des Textes weglassen habe. Damit unterschätzt er jedoch diesen gravierenden Eingriff, den auch Lk vollzieht. Denn es geht fortan um die Zuwendung zu den Heiden.

[15] „Die Antwort des Schriftgelehrten enthält dazu Elemente, die für eine Christologie sehr spröde sind." G. THEISSEN, Das Doppelgebot der Liebe. Jüdische Ethik bei Jesus, in: A. Merz (Hg.), Jesus als historische Gestalt, 63.

[16] Die Wahrscheinlichkeit, dass Mt und Lk eine andere Vorlage als Mk hatten, wohl aus Q, ist sehr groß, denn beide Texte weisen überraschend viele Gemeinsamkeiten gegenüber dem Mk-Text auf. R. PESCH, Das Markusevangelium II, 244, zählt 9 solcher Gemeinsamkeiten gegenüber Mk. Das spricht für einen hohen Rang dieses Textes, der in mehreren Versionen wohl in früher Zeit im Umlauf war.

[17] Vgl. G. THEISSEN, Lokalkolorit und Zeitgeschichte in den Evangelien, 217, bezieht drei Elemente, die die Versuchungsgeschichte prägen, auf Kaiser Caligula.

[18] Vgl. PHILOS Schrift De legatio ad Gaium und Josephus Bell 2,184ff; Auch I. KEZBERE, Umstrittener Monotheismus, 134ff, bezieht wie G. THEISSEN die Versuchung Jesu auf die Forderungen von Kaiser Caligula.

Zeit gepasst, wie auch die Perikope von der Versuchung Jesu nach Mt 4, die wohl in jener Krise entstanden ist. Dort wird polemischer als in Mk 12par mit der Alleinanspruchsformel argumentiert:

Mt 4,10	
τότε λέγει αὐτῷ ὁ Ἰησοῦς· ὕπαγε, σατανᾶ· γέγραπται γάρ· κύριον τὸν θεόν σου προσκυνήσεις καὶ αὐτῷ μόνῳ λατρεύσεις	Da sagte Jesus zu ihm: Weg mit dir, Satan! Denn in der Schrift steht: Vor dem Herrn, deinem Gott, sollst du dich niederwerfen und *ihm allein* dienen. (E)

Diese Verwendung der scharfen Alleinanspruchsformel, die wohl unter Bezugnahme auf einige Stellen aus dem „Lied des Mose" (Dtn 32,6.12.39) zitiert wurde, drückt stärkste Distanzierung aus.[19]

Bezüglich des Gebrauchs der Formeln lässt sich *zusammenfassend* sagen: die *Einzigkeitsformel aus dem Sch^ema', die im Munde des jüd. Gesprächspartners durch die Verneinungsformel eine hervorgehobene Bedeutung erhalten hatte, verliert* durch die Einfügung des Liebesgebots *an Gewicht* und Schärfe. Der Ton liegt fortan in der urchristlichen Gemeinde auf dem Liebesgebot.

Wenn Mt und Lk in dieser „Missionsperikope" die Akklamation aus Dtn 6,4 mit der Einzigkeitsformel weglassen hat (sei es als Kürzung von Mk oder nach einer anderen Q-Tradition), bedeutet dies, dass die alte Formel als hinderlich für die Mission und das Verständnis Jesu Christi empfunden wurde.

Mk und die anderen Synoptikern setzen mit der anschließenden autoritativen Rede Jesu über die David-Sohnschaft einen Akzent, der die Erhöhung Jesu Christi zur Rechten Gottes betont.

Exkurs: B. GERHARDSSON *und das Sch^ema' Israel*

Eine andere Auffassung über die Kombination der beiden Gebote vertritt der schwedische Neutestamentler B. GERHARDSSON. Er hält an einem Vorrang des Liebesgebotes gegenüber Gott, einschließlich der Akklamation fest. Dieser Text hat für ihn allerhöchsten Stellenwert. So hat er bezüglich des Liebesgebots im Sch^ema' Dtn 6,5 die These aufgestellt, dass die drei Glieder *Herz, Seele, Vermögen (Kraft)* sich auf unterschiedlich intensive Formen des Bekennens beziehen. Grundlage für diese seine These ist der Midrasch Berachot IX,5, den er folgendermaßen auslegt:

1. „… Gott lieben mit deinem ganzen *Herzen* bedeutet nach den Rabbinen, dass du den animalischen Trieben (dem Hunger, dem Durst, der sexuellen Begierde usw.)

---

[19] Auch R. BULTMANN, Geschichte der synoptischen Tradition, 41, betont, dass das Apophthegma der Apologetik und Polemik der Gemeinde dient.

nicht erlauben sollst, dein Herz zu besitzen."[20] Das erinnert an die stoische Ethik, die die Unterdrückung der Affekte fordert und führte zu einer asketischen Einstellung in bestimmten Kreisen.

2. „ ... Gott lieben mit deiner ganzen *Seele*" heißt, „sich dem Willen Gottes unter keinen Umständen zu widersetzen, nicht einmal, um sein eigenes Leben zu retten. Man soll bereit sein, sein Leben (seine ‚Seele') zu lassen, wenn Gott den Märtyrertod von einem verlangt."[21] Diese Deutung der Rabbinen bezieht sich ganz offensichtlich auf Folter, Verfolgung und Krieg, wie es die Juden wohl in den Zeiten ihrer Aufstände erlebt haben. Mit dieser Warnung wurden sie darauf vorbereitet, keinerlei Kompromisse in Glaubenssachen zu schließen und notfalls ihr Leben zu geben.

3. „ ... Gott lieben mit deiner ganzen *Kraft* ... bedeutet, dass auch unsere Macht und Eigentum uns dem Willen Gottes gegenüber nicht trotzig machen darf."[22] Der Glaubende ist also gehalten evtl. auch sein Eigentum preiszugeben, sei es durch Enteignung, Flucht oder andere Umstände. Die Auslegung aller dieser drei Glieder des Liebesgebots aus dem Sch^ema' bezieht sich also auf die extreme Situation der Verfolgung. – Mit dem in Mk 12,29 erwähnten vierten Glied διάνοια kann B. GERHARDSSON gar nichts anfangen, hält es für „obskur".[23] In der Tat passt dieser Begriff nicht zur rabbinischen Auslegung und wurde von ihnen auch nie in einer Textfassung übernommen.

Gegenüber dieser Konzeption B. GERHARDSSONS ist Folgendes einzuwenden: Der erwähnte Midrasch ist erst im 3. Jh. n.Chr. nachweisbar. Er bezieht sich wahrscheinlich auf das 2. Jh. n.Chr. mit der hadrianischen Verfolgung und weiteren Konflikten. Es gibt keinen Nachweis, dass diese Auslegung schon in der Zeit des NT, etwa im ersten jüd. Krieg 66–70 n.Chr. oder gar schon bei den Makkabäern bekannt war. Selbstverständlich gibt es die opferbereite Einstellung gesetzestreuer Juden, aber literarisch lassen sich diese Motive so früh nicht nachweisen. Vor allem übersieht B. GERHARDSSON den ganzheitlichen Sinn des Liebesgebots Dtn 6,5, dass sich die drei Begriffe gegenseitig ergänzen und sich nicht aufteilen lassen. Wohl ist es nicht ausgeschlossen, dass die spezifische Auslegung dieser drei Begriffe (vielleicht aus einem Predigtmotiv entwachsen) aus den erwähnten Gründen der Verfolgung im Judentum des 2. und 3. Jh. n.Chr. neue Bedeutung gewonnen hatten, aber für das NT können sie nicht maßgebend gewesen sein. Daher wirken die Auslegungen, die B. GERHARDSSON von der Versuchungsgeschichte, dem Gleichniskapitel[24] Mk 13 und der Leidensgeschichte[25] gibt, ziemlich gezwungen.

---

[20] B. GERHARDSSON, „An ihren Früchten sollt ihr sie erkennen", in: ders., The Shema in the New Testament, Deut 6,4–5 in significant passages, 182.

[21] B. GERHARDSSON, ebd., 183.

[22] B. GERHARDSSON, ebd., 183.

[23] B. GERHARDSSON, The hermeneutic Program in Matthew 22,37–40, in: ders., The Shema in the New Testament, Deut 6,4–5 in Significant Passages, 209.

[24] B. GERHARDSSON, The Parable of the Sower and its Interpretation, in: ders., The Shema in the New Testament, Deut 6,4–5 in Significant Passages, 25–52; ders., The seven Parables in Matthew XIII, 52–74; ders., Geistiger Opferdienst nach Matth 6,1–6.16–21, 75–83; ders., Gottes

B. GERHARDSSONS theologischer Ansatz ist der, dass er Jesus als Gerechten verstehen will und zwar als einen so vollkommenen, dass er „nie das Gesetz übertritt" und in seiner Wirksamkeit und seinem Leiden auf diese Gerechtigkeit „getestet" wird.[26] Die Hervorhebung von Jesus als dem Gerechten ist verständlich, aber B. GERHARDSSON übersieht die absichtlichen Gesetzesüberschreitungen und das neue Verständnis des Gesetzes bei Jesus.[27] Er findet auch die Darstellung von Jesus als Gerechtem nur bei Mt richtig verwirklicht, ein wenig bei Lk, überhaupt nicht bei Joh. So interessant einige Aspekte der Auslegungen B. GERHARDSSON'S sind, scheint er zu sehr am jüd. Gesetz und den Rabbinen orientiert zu sein, was zu einer gewissen Enge führt.

Nur einer ist der Gute: Mk 10,17; Lk 18,18f; Mt 19,16ff

Dieses Apophthegma enthält wie Mk 12 einen Dialog, der aber nicht in Übereinstimmung endet, sondern in einer Trennung. Es ist kein ausdrücklicher Widerspruch oder Streit, aber da ist die Einsicht, dass Jesu Forderung für den Fragesteller unerfüllbar ist. Seine persönlichen Besitzverhältnisse scheinen es ihm nicht zu gestatten, dieser Forderung nachzukommen. Deshalb ist der junge Mann (nach Mt) enttäuscht und „betrübt".[28]

Die Perikope ist bei allen drei Synoptikern in sprachlich ähnlichen Fassungen überliefert, während Joh keine Parallele kennt. Die meisten kleinen Unterschiede in den Texten der Synoptiker sind nicht maßgebend. Dennoch fällt ein wesentlicher Unterschied zwischen Mk und Lk auf der einen Seite und Mt auf der anderen Seite auf: erstere verwenden den Begriff ἀγαθός διδάσκαλος, der Jesus zum Widerspruch herausfordert. Mt hat dagegen die Vorlage geändert, der Jüngling wendet sich an den Lehrer (ohne Prädikat „gut") und fragt, was er *Gutes tun* soll.[29] Gemeinsam ist wieder allen drei Versionen: der Fragende wird zurückgewiesen und Jesus entgegnet, dass Gott εἷς/*einzig* gut sei. Hier fällt eine sehr ähnliche sprachliche Formulierung mit der Einzigkeitsformel bei allen Synoptikern auf, vor allem die gleiche Wortwahl bei Mk und Lk.

Sohn als Diener Gottes. Messias, Agape und Himmelsherrschaft nach dem Matthäusevangelium, 139–172; The hermeneutic Program in Matthew 22,37–40, 202–223, bes. 216–218.

[25] B. GERHARDSSON, Jesus, augeliefert und verlassen – nach dem Passionsbericht des Mt-Evangeliums, 125ff.

[26] B. GERHARDSSON, An ihren Früchten sollt ihr sie erkennen, in: ders., The Shema in the New Testament, Deut 6,4–5 in significant passages, 180.

[27] Vgl. G.THEISSEN/A. MERZ, Der historische Jesus, 235ff.

[28] Dieser Text wurde später kirchlich hoch geschätzt, weil er eine radikale Ethik enthält, eine der wichtigsten Grundlagen für das Mönchtum, christliche Opferbereitschaft und Frömmigkeit überhaupt, eine Haltung die deutlich über den Gebotsgehorsam hinausging. Man konnte daraus eine abgestufte Ethik entwickeln: die Gebote gelten für jeden; aber für diejenigen, die mehr wollen, gilt der Verzicht auf die Güter. Daraus wurde die kirchliche Lehre der *praecepta* und *consilia*.

[29] U. LUZ, Das Evangelium nach Matthäus, 120, deutet: „Der mk V. 18 wird dadurch, dass es nicht mehr um den Guten, sondern um das Gute geht, besser in den Text integriert." Jedoch unterschätzt dabei Luz die aus dem Griechentum herkommende Frage nach dem Guten.

Mt 19,17	Mk 10,18 οὐδεὶς ἀγαθὸς	Lk 18,19 οὐδεὶς ἀγαθὸς
εἷς ἐστιν ὁ ἀγαθός	εἰ μὴ εἷς ὁ θεός	εἰ μὴ εἷς ὁ θεός
Einer ist der Gute.	Keiner ist gut außer dem einen Gott.	

Die Übereinstimmung in der Überlieferung spricht für das hohe Alter dieses Textes und eine geprägte Tradition. Die Einzigkeitsformel in Verbindung mit dem Prädikat ἀγαθός hat einen festen Platz. Der Vers scheint in dieser Form bereits in Q gestanden zu haben. Belege für die Tradition in Q sind auch die zahlreichen kleinen Übereinstimmungen bei Mt und Lk gegenüber Mk.[30]

Das Prädikat „gut", mit dem Jesus angesprochen wird und das anschließend allein Gott zugeteilt wird, wird von Exegeten unterschiedlich beurteilt. Einige sehen in der Bezeichnung „guter Lehrer" eine Verletzung der jüd. Frömmigkeit, die Jesu Widerspruch hervorrufen musste, andere sehen darin eher eine ehrwürdige, aber durchaus mögliche Anrede.[31] Sie ist zwar im NT singulär, aber als eine populäre, würdevolle Anrede denkbar. Man könnte dieses Prädikat auch akzeptieren, wenn man den Kontext, d.h. die zuvor berichteten Wundertaten Jesu und seine gütige Annahme der Kinder berücksichtigt. Aber der Begriff *gut* ist sicher nicht erst vom Redaktor Mk eingefügt, sondern gehört fest zu diesem Apophthegma. Durch dieses Prädikat entsteht überhaupt erst die ganze Diskussion darüber, wer und was gut ist.

Die Fragestellung selbst ist sicher hellenistisch beeinflusst. Denn das Ideal ‚gut zu sein' oder ‚das Gute zu suchen' ist griech. Ursprungs, während im Hebräischen der Begriff תָּמִים (τέλειος) für das Einhalten der Ethik steht. Die Idee des Guten ist nicht erst seit Platons Politeia (505) ein Thema. Eine Annäherung an die „Idee des Guten" bleibt ein ständiges Thema der griech. Philosophie, während im Judentum das Gesetz den höchsten Wert darstellt.[32]

Dabei ist bemerkenswert, dass Mt – nur er! – auch das Gebot der Nächstenliebe hinzufügt. Die Nächstenliebe wird dann jedoch zum Thema in dieser Perikope, weil der Verkauf von Gütern zu Gunsten der Armen zum kritischen Punkt wird.

So enthält das Apophthegma bei Mt eine begriffliche Steigerung von ἀγαθός zu τέλειος. Eigentlich kann dieser Begriff nur auf Gott zutreffen, aber er wird in griech. Weise verwendet, *reif* und *vollkommen*. Der Fragende würde diese göttliche Eigenschaft und das ewige Leben erhalten, *wenn* er sich von seinen Gütern trennte und sie den Armen gäbe. Was Mt später mit dem jüd. Begriff τέλειος formuliert, hatte Mk mit der Wendung: ἕν σε ὑστερεῖ ausgedrückt. Lk 18,22 folgt ihm mit dem sehr ähnlichen ἔτι ἕν σοι λείπει. Dieses ἕν (das Eine, das zur Vollkommenheit führt) steht

---

[30] U. LUZ, Das Evangelium nach Matthäus, 120, Anm. 13, weist auf Ennulat, Agreements (Bd. II), 214–226, hin, der 40 Agreements zählt.

[31] Vgl. U. LUZ, Das Evangelium nach Matthäus, 122.

[32] Vgl. U. LUZ, ebd., 122.

in direkter Beziehung zu εἰς θεός. Das ἕν bedeutet den Verzicht auf die Güter und ist der Weg zum Einen, der alles hat, auch ewiges Leben. Daher hat dieses Zahlwort eine exklusive Bedeutung.

Die beiden Formeln: εἷς ἐστιν ὁ ἀγαθός und ἕν σε ὑστερεῖ sind wie die beiden Brennpunkte einer Ellipse, die zusammengehören und in diesem Apophthegma die entscheidende Aussage bilden. Schon deshalb hätte μόνος nicht gepasst. J. GNILKA nennt V. 21 auch das „apoftegmatische Wort".[33] Wie die Begriffe in diesem Apophthegma einander entsprechen, kann diese elliptische Struktur zeigen:

ἀγαθός	Gott				eines	τέλειος
διδάσκαλος	allein	εἷς		ἕν	fehlt	Jünger
Ιησοῦς	gut				noch	

Bei diesen Wendungen scheint es sich um geformte Rede aus der Missionspraxis zu handeln: der Lehrer oder Prediger bestätigt dem Schüler und möglichen Proselyten, dass er schon viel verstanden habe und auf dem rechten Weg sei – nur: *Eines fehlt noch!* Das ist die Einladung, das Letzte auch zu übernehmen, vielleicht (im Judentum) die Beschneidung oder die Gabe des Geistes (Apg 19,2), die Loslösung von zu Hause oder die freiwillige Armut.[34] Daher ist der Sitz im Leben der Perikope Mk 10,17–22 der Wanderradikalismus, der verlangte, dass die Prediger ihren persönlichen Besitz abgeben, um beweglich zu sein.[35] Für die Tatsache, dass der Text aus dieser frühen Periode kommt, spricht auch, dass der Fragende bei Mt als ὁ νεανίσκος bezeichnet wird. Denn der Wanderradikalismus der ersten Jahrzehnte wie auch die christlichen Gemeinden, war überwiegend von jungen Menschen geprägt, die bereit waren, sich von Familie, Tradition und Besitz zu trennen.[36]

Dass die Einzigkeitsformel hier benützt wird, meint nicht allein das Zahlwort Eins, sondern auch das Prädikat, der *einzigartige, große, mächtige* Gott, so wie das Eine hindeutet auf den Anteil an der einzigartigen δόξα θεοῦ. Beide Male, bei εἷς und ἕν, liegt eine exklusive Bedeutung vor: nur der eine Gott – nur der eine Schritt! Aber es ist auch bei dem einen Schritt eine inklusive Tendenz zu erkennen, weil er die Gemeinschaft mit Christus eröffnet.

---

[33] J. GNILKA, Das Evangelium nach Markus, EKK II/2, 84.

[34] Diese Erzählung ist auch in einer weiteren Version im Nazoräer-Evangelium Frgm.1 erhalten. Dort aber ist die Zusammengehörigkeit von εἷς und ἕν verloren, beide Begriffe fehlen. Vielmehr wird der Frager, außer zum Verzicht auf seine Güter, zur Nachfolge aufgefordert. Als er zögert, konfrontiert Jesus ihn mit dem Vorwurf, dass er trotz seines Besitzes nichts gegen das Leid in der Welt tue, also das Gebot der Nächstenliebe nicht gehalten habe.

[35] G. THEISSEN, Soziologie der Jesusbewegung, 18ff.

[36] G. THEISSEN, Studien zur Soziologie des Urchristentums, 138ff; ebenso U. LUZ, a.a.O, 123.

Nur der Vater kennt die Stunde: Mk 13,32; Mt 24,36
In einem Abschnitt, der von der Parusie bzw. ihrer Verzögerung handelt, steht dieses Wort über den möglichen Zeitpunkt sogar als direkte Rede Jesu. Der Text Mk 13,32 ist wohl eine Komposition des Redaktors Mk, der einer drängenden Naherwartung die Warnung entgegensetzt: jene Stunde ist allein Sache Gottes. Mk beschreibt dies mit der Verneinungsformel. Mt übernimmt mit nur geringen Korrekturen dieses Logion von Mk und fügt am Ende dem πατήρ die Alleinanspruchsformel bei – eine Verschärfung der Aussage des Mk in traditioneller jüdischer Weise.

Mk 13,32	Mt 24,36	Mt 24,36 Doch jenen Tag
Περὶ δὲ τῆς ἡμέρας	Περὶ δὲ τῆς ἡμέρας	und jene Stunde kennt
ἐκείνης ἢ τῆς ὥρας	ἐκείνης καὶ ὥρας οὐδεὶς	niemand, auch nicht die
οὐδεὶς οἶδεν, οὐδὲ οἱ	οἶδεν, οὐδὲ οἱ ἄγγελοι	Engel im Himmel, nicht
ἄγγελοι ἐν οὐρανῷ οὐδὲ	τῶν οὐρανῶν οὐδὲ ὁ υἱός	einmal der Sohn, sondern
ὁ υἱός, εἰ μὴ ὁ πατήρ	εἰ μὴ ὁ πατὴρ μόνος	*nur* der Vater. (E)

Es handelt sich bei der Erwartung der Parusie um eine jüdisch-apokalyptische Fragestellung im Anschluss an Mal 3,19 und Sach 14,7 ἡ ἡμέρα ἐκείνη γνωστὴ τῷ κυρίῳ. Um die Machtstellung des Vaters zu unterstreichen, wird hinzugefügt, dass weder Engel noch der Sohn diese Stunde kennen. Die Alleinanspruchsformel beschreibt den Abstand Gottes von seinem Sohn. Aber „später wurde das Nichtwissen des Sohnes als problematisch empfunden. Man hat gelegentlich in der Textüberlieferung *Sohn* gestrichen".[37] Mit der Aussage, „(Gott) der Vater aber weiss es", ist die Stunde der Parusie in eine gewisse Ferne gerückt.

Lk 21,32f dagegen hat den Abschnitt noch mehr gekürzt, weil eine präsentische Eschatologie befürwortet wird. Die Frage des Zeitpunkts wird bei ihm nicht erwähnt, jedoch nimmt Lukas in Apg 1,7 den Gedanken in Anlehnung auf Mk auf: … ὁ πατὴρ ἔθετο ἐν τῇ ἰδίᾳ ἐξουσίᾳ. Dieser hier verwendete Begriff ἴδιος ist seinem Sinn nach ähnlich wie μόνος.

Kann nur einer Sünden vergeben?: Mk 2, 1–12; Lk 5,17–26 (Mt 9,1–8)
In einer der ersten Heilungsgeschichten des Mk, der Heilung des Gelähmten, findet sich ein Abschnitt, der in die ursprünglich kürzere Wundergeschichte eingefügt wurde und jetzt mehr Gewicht hat als die Heilung selbst.[38] Es ist eine Art Dialog, aber kein echter mit Rede und Gegenrede,

---

[37] J. GNILKA, ebd., 207.
[38] „Das eingeschobene Streitgespräch, das den Charakter der älteren Wundergeschichte erheblich verändert …", R. PESCH, Das Markusevangelium I, 153. Es ist in der Forschung umstritten, ob

sondern ein Dialog auf der Basis der Vermutung.[39] Diese Vermutung hat einen realen Hintergrund, wie Mk in seiner Darstellung des Weges Jesu zum Kreuz noch beweisen wird. Denn der Verdacht auf Gotteslästerung, den Jesus bei den Schriftgelehrten ahnt, wird offen ausgesprochen bei dem Verhör vor dem Hohen Rat, Mk 14,62–67, was dann zum Todesurteil führt.

Mk 2,6–8	
ἦσαν δέ τινες τῶν γραμματέων ἐκεῖ καθήμενοι καὶ διαλογιζόμενοι ἐν ταῖς καρδίαις αὐτῶν· τί οὗτος οὕτως λαλεῖ βλασφημεῖ· τίς δύναται ἀφιέναι ἁμαρτίας εἰ μὴ εἷς ὁ θεός καὶ εὐθὺς ἐπιγνοὺς ὁ Ἰησοῦς τῷ πνεύματι αὐτοῦ ὅτι οὕτως διαλογίζονται ἐν ἑαυτοῖς λέγει αὐτοῖς· τί ταῦτα διαλογίζεσθε ἐν ταῖς καρδίαις ὑμῶν	Einige Schriftgelehrte aber, die dort saßen, dachten im Stillen: Wie kann dieser Mensch so reden? Er lästert Gott. Wer kann Sünden vergeben *außer dem einen Gott?* Jesus erkannte sofort, was sie dachten, und sagte zu ihnen: Was für Gedanken habt ihr im Herzen? (E)

Der nicht näher dargestellte Zusammenhang besteht darin, dass Krankheit mit Schuld und Sünde in Verbindung gebracht wurde,[40] wie es auch Psalmen bezeugen.[41] Daher wäre die Aufhebung der Schuld des Kranken (eventl. auch die seiner Eltern oder Verwandten) die Voraussetzung für die Heilung. Dieser Zusammenhang kann der Anlass für diesen seltsamen Dialog zwischen den Gedanken der Schriftgelehrten und Jesus gewesen sein. Es ist bekannt, dass man am Blick vielfach die Intentionen und Meinungen erkennen kann, in diesem Fall den Einwand gegen die Sündenvergebung (V. 5). Aber hier ist von Mk wohl noch an mehr gedacht, nämlich dass der Menschensohn in das Innere blicken kann, wie sonst nur Gott (Vgl. 1Kön 8,39; 1Chron 28,9; Spr 21,2; auch Apg 1,24). Der stille Widerspruch der Schriftgelehrten, deren Anwesenheit hier seltsamerweise vorausgesetzt wird, heißt daher: wer kann Sünden vergeben außer Gott? Die jüd. Meinung wird von Mk zutreffend mit einer Verneinungsformel widergegeben.

Der gedachte Einwand ist eigenartig, denn es gibt auch nach jüd. Auffassung durchaus *menschliche* Vergebung, z.B. vergab Josef seinen Brüdern (Gen 45,5). In den Schriften der Weisheit wird die Vergebung als ein Weg des weisen Regierens angepriesen (vgl. Spr 20,22; Sir 8,33). In Lk wird die

---

der V.5b, wo die Sündenvergebung verkündet wird, schon zum Einschub gehört, oder zur älteren Heilungsgeschichte, also ob das Wort von der Sündenvergebung, das singulär in Heilungsgeschichten ist, Anknüpfungspunkt war oder vom Redaktor eingesetzt wurde. Vgl. R. PESCH, ebd., 156.

[39] R. PESCH, Das Markusevangelium, 153: „nur ein mental vorgestellter Einspruch".

[40] J. GNILKA, Das Evangelium nach Markus, EKK II/1, 99.

[41] z.B. Ps 25; 30; 51 u.a.

menschliche Vergebung hervorgehoben, z.b. im Gleichnis vom verlorenen Sohn. Die Essener hatten eine Gemeindeordnung, die Konfliktfälle regelte (1QS V,25f).[42] Aber es wird vorausgesetzt,[43] dass das Recht der göttlichen Sündenvergebung *dem Menschensohn* nicht zusteht. Die nachfolgende Heilung wird jedoch zum Beweis, dass Jesus als Menschensohn diese *Fähigkeit* des εἰς θέος zur Vergebung der Sünden besitzt und so *göttliches Ansehen* gewinnt. Jesus hebt mit seinem Sendung- und Heilungswort „nimm dein Bett und geh in dein Haus" den Alleinanspruch Gottes zwar nicht auf, aber er ist *Teilhaber* dieser Würde geworden.

Der Text des Mk wurde zum größten Teil von Lk (mit kleinen Änderungen) übernommen, jedoch ist der entscheidende Vorwurf: „wer außer Gott kann Sünden vergeben?" von Lk bewusst mit der Alleinanspruchsformel gestaltet, also verschärft: εἰ μὴ μόνος ὁ θεός. Das zeigt, dass Lk die jüd. Argumentation gut kannte und sie den Kritikern in den Mund legte. Die Version des Lk beweist auch, dass εἰς θέος hier *exklusiv verstanden werden muss.* – Mt aber hat stärkere Einschnitte vorgenommen und auch das zentrale Wort des Vorwurfs nicht gebracht, vermutlich, weil er das Recht der Gemeinde auf Sündenvergebung in Mt 18,18 dargestellt hat.

Einer nur ist Lehrer – Christus: Mt 23,8–11

Es wurde bereits darauf hingewiesen, dass die Perikope Mk 12,28ff innerhalb des Mk isoliert steht, weil am Ende des gleichen Kapitels Warnungen vor den Schriftgelehrten ausgesprochen werden. Mt hat diesen Abschnitt stark erweitert. Darin findet sich auch dreimal die Einzigkeitsformel:

Mt 23,8–11	
ὑμεῖς δὲ μὴ κληθῆτε ῥαββί· εἷς γάρ ἐστιν ὑμῶν ὁ διδάσκαλος, πάντες δὲ ὑμεῖς ἀδελφοί ἐστε καὶ πατέρα μὴ καλέσητε ὑμῶν ἐπὶ τῆς γῆς, εἷς γάρ ἐστιν ὑμῶν ὁ πατὴρ ὁ οὐράνιος μηδὲ κληθῆτε καθηγηταί, ὅτι καθηγητὴς ὑμῶν ἐστιν εἷς ὁ Χριστός ὁ δὲ μείζων ὑμῶν ἔσται ὑμῶν διάκονος	Ihr aber sollt euch nicht Rabbi nennen lassen; denn *nur einer* ist euer Meister, ihr alle aber seid Brüder. Auch sollt ihr niemand auf Erden euren Vater nennen; denn *nur einer* ist euer Vater, der im Himmel. Auch sollt ihr euch nicht Lehrer nennen lassen; denn *nur einer* ist euer Lehrer, Christus. Der Größte von euch soll euer Diener sein.

Dieser Text wurde wohl vom Mt selbst formuliert, um die besondere Stellung von Jesus als Lehrer hervorzuheben. Die Einzigkeitsformeln dienen

---

[42] Vgl. H. STEGEMANN, Die Essener, Qumran, Johannes der Täufer und Jesus, 157.
[43] Vgl. E. LOHMEYER, Das Evangelium des Markus, 53. – R. PESCH, Das Markusevangelium, 159, vermerkt „die rhetorische Frage wirkt wie ein Kampfruf für die Ehre des alleinigen Gottes".

dazu, Christus als *göttlichen* Lehrer zu preisen, dessen Botschaft die der pharisäischen und essenischen Lehrer übertrifft.

Die Absicht ist nicht nur eine Abwehr des Einflusses von Pharisäern und Schriftgelehrten[44] – das ist bereits zuvor in 23,3–7 geschehen – sondern es geht um Titelsucht und Ehrgeiz, Probleme, die sich offensichtlich in den christlichen Gemeinden breit machten,[45] wie auch Kor und Eph zeigen. Wenn Mt dies wenige Jahrzehnte nach der Eroberung Jerusalems so polemisch gegen traditionelle Gruppen schreibt, müssen diese eine beachtliche Rolle gespielt haben. Man durfte wohl, wie in Mt 23,1f zugestanden wird, ihre Lehre hören, kritisierte aber ihren Lebenswandel. Letztlich sollte nur die Lehre Jesu gelten, was mit den dreifachen εἷς hervorgehoben wird.[46]

Das Ziel dieser Reihe ist die Formulierung εἷς ὁ Χριστός in Anlehnung an εἷς ὁ θεός. So ist die Einzigkeitsformel auf Christus übertragen. In ihr schwingt eine doxologische Bedeutung mit. Es liegt dreimal ein exklusiver Gebrauch vor, eine Formulierung, die andere Lehrer ausschließt. Jesus wird als oberster Lehrer hervorgehoben, in einem elativen Sinn, denn selbstverständlich gibt es noch andere Lehrer, die in seinem Namen wirken.

Kein anderer Name: Apg 4,12
Die Apg bringt an keiner Stelle die Alleinanspruchs- oder Einzigkeitsformel. Schon im Lk waren diese Formeln nur benützt, wenn die Vorlagen sie boten. Der Grund für den Verzicht auf diese im Judentum wichtige abgrenzende Formel ist nicht erst bei Lk zu suchen, sondern in der Christenheit der zweiten Generation, die neue Aussagen hervorhebt. Diese wurden von Lk bewusst übernommen oder abgewandelt. Dabei haben die Verneinungsformeln eine betonende Funktion. Es handelt sich (z.B. in Apg 4,12) um ein konzentriertes Bekenntnis mit zwei Verneinungsformeln, die Lk wohl aus der Gemeindetradition übernommen hat.

| Apg 4,12 | Und in *keinem anderen* ist das Heil zu |
| καὶ οὐκ ἔστιν ἐν ἄλλῳ οὐδενὶ | finden. Denn es ist uns Menschen *kein* |

---

[44] U. LUZ, Das Evangelium nach Matthäus, EKK I/3, 307, betont, dass es „zweifellos" auch Schriftgelehrte in der Gemeinde gegeben habe.

[45] Diesen Aspekt hebt besonders U. LUZ, Das Evangelium nach Matthäus, EKK I/3, 307f, hervor.

[46] Der Name Jesus wird bei der ersten Mahnung aus gutem Grund weggelassen, weil dies ein seltsames Verhältnis zur dritten Mahnung ergeben hätte, auf die ja der ganze Abschnitt hinausläuft. Nicht mehr Jesus, sondern *der erhöhte Christus ist der wahre Lehrer.* – Vermutlich handelt es sich in V. 9 (einer ist euer Vater) und V. 10 (einer ist euer Leiter/Vorbild, Christus) um analoge Bildungen zu der ursprünglichen Aussage: *nur einer ist euer richtiger Lehrer,* was sich auf den irdischen Jesus bezogen hatte. Selbstverständlich wird in V. 9 auf atl. Texte zurückgegriffen (Jes 63,16; Mal 2,10; Ps 68,6 u.a.).

| ἡ σωτηρία, οὐδὲ γὰρ ὄνομά ἐστιν ἕτερον ὑπὸ τὸν οὐρανὸν τὸ δεδομένον ἐν ἀνθρώποις ἐν ᾧ δεῖ σωθῆναι ἡμᾶς | *anderer Name* unter dem Himmel gegeben, durch den wir gerettet werden sollen. (E) |

Diese Formel im Mund des Gemeindeleiters Petrus beim Verhör vor dem Hohen Rat in Jerusalem musste als Blasphemie beurteilt werden, weil sie nach jüd. Verständnis die alleinige Macht Gottes in Frage stellt. Eine solche Aussage hätte wie bei Jesus selbst zum Todesurteil führen können. Petrus kam aber, so die Konzeption der Apg, noch einmal mit einer Auflage davon: er sollte nicht mehr im Namen Jesu auftreten. Aber er beteuert, dass er nicht anders kann und nur dieser Name gilt. So wird mit der zweifachen Verneinung seine besondere Treue und Überzeugung herausgestellt.

Formeln von Namen werden in vereinfachter Form noch mehrfach in der Apg verwendet, für Heilungen in 3,6; 16,18; für die Mission in 3,16; 9,15.27; 10,43. Übereinstimmend urteilen E. HAENCHEN[47] und R. PESCH[48], dass es sich bei dieser Formel („kein anderer Namen", auch verkürzt zu „im Namen") um die lk-Form der Exklusivität handelt, wodurch *allein Rettung* geschieht. Und damit gewinnt diese Namensformel wieder eine *inklusive und integrative* Tendenz, insofern es um Rettung und nicht Verdammung geht.

Zusammenfassung

Mk 12,28 par	εἷς	traditionell, exklusiv, aufgehoben in der folgenden Perikope
Mk 10,17 par	εἷς / ἕν	exklusiv, aber mit inklusiver Tendenz
Mk 13,30 par	μόνος	exklusiv, polemisch und seelsorgerlich
Mk 2,1ff	εἷς	exklusiv, im Munde der Juden, wird durch die Heilung korrigiert; Jesus partizipiert an Gottes Macht
Mt 23,8ff	εἷς dreimal	exklusiv, aber mit inklusiver Tendenz
Apg 4,12 u.ö.	οὐκ ἔστιν ... οὐδὲ	verneinend: verstärkernd, Beteuerung der Treue; letztlich aber inklusiv und integrativ

In Mk wird die Einzigkeitsformel dreimal gebraucht und zwar an entscheidenden Stellen.

1. Zur Beginn von Jesu Tätigkeit Mk 2,1ff, wo das *Recht Jesu auf Sündenvergebung* und die Teilhabe an Gottes Macht festgestellt wird. Die gelungene Heilung beweist, dass Jesus an Gottes Macht partizipiert.

---

[47] E. HAENCHEN, Die Apostelgeschichte, 177: „ ... – die lukanische Form für die Behauptung der Absolutheit des Christentums – ...".

[48] R. PESCH, Die Apostelgeschichte, 167: „Die Exklusivität (und Universalität) der Heilsmittlerschaft Jesu Christi, des Messias Jesus aus Nazareth, wird negativ noch dadurch begründet, dass kein weiterer Name, keine weitere Person ‚unter dem Himmel' ... gegeben ist".

2. In der Mitte des Evangeliums Mk 10,17ff, wo es um die *radikale Nachfolge* geht. Dabei wird in sprachlich gut abgestimmter Form dem εἰς, das nur Gott zusteht, ein ἕν für die menschliche Seite gegenüber gestellt. Dieses ἕν ist für die Nachfolger der letzte Schritt auf dem Weg zur Vollkommenheit. Die Radikalität der Forderung spricht für eine Herkunft dieser Perikope aus der Zeit des sog. Wanderradikalismus.

3. Am Ende der Wirksamkeit Jesu, in Mk 12,28, unter Aufnahme einer vormarkinischen Überlieferung, die werbend auf Juden gewirkt haben muss, weil sie die Übereinstimmung von Jesu Lehre mit dem jüd. Gesetz betont. Aber die Perikope betrifft nur den irdischen Jesus und seine *Treue zum Gesetz.* Diese traditionell geprägte Perikope wird (durch die Redaktion des Mk) von Jesus selbst aufgehoben: als Sohn Davids wird er erhöht zur Rechten Gottes und gehört zum einen und einzigen Gott.

Alle diese drei Perikopen wurden von den Bearbeitern Mt und Lk in Grundzügen, wenn auch mit Varianten, übernommen.

Von vorneherein etwas schärfer und deshalb mit Alleinanspruchsformel definiert, wird in der apokalyptischen Rede Mk 13,30 der Vorbehalt Gottes gegenüber jedem Wissen um die Stunde der Parusie formuliert. Auch dieser Vorbehalt wird von Mt übernommen, jedoch von Lk erst in Apg 1,7 verarbeitet.[49]

Schließlich wird in Mt 23,8ff eine dreifache Einzigkeitsformel angeführt, in welcher Christus als der *entscheidende Lehrer* gepriesen wird. Die Verwendung dieser Formel geschieht ziemlich am Ende von Jesu Wirken und hebt in diesem Evangelium, das mit fünf großen Reden und anderen Jesusworten die Lehre Jesu sehr betont, Jesus als einzige Autorität hervor. Das dreifache εἰς bringt eine geschickte Steigerung und eine Nähe zu Gott selbst.

Für alle diese Formulierungen gilt: so exklusiv und polemisch sie beginnen, um Gottes Einzigkeit zu betonen, sie erfahren eine Korrektur oder Ergänzung, die die *Teilhabe Jesu* an Gottes Macht darstellt oder auf die Gemeinde hindeutet.

Am deutlichsten findet sich diese Wendung bei der zweifachen Verneinungsformel in der Apg 4,12. Die doppelte Verneinung führt zu einer klaren Bejahung von Jesu Würde und Gottessohnschaft.

---

[49] Die Formel „glaube nur" aus Mk 5,36/Lk 8,50 bildet eine Korrektur des Volksglaubens, der in mehreren Summarien (Mk 6,56) angedeutet wird, dass es genügt *nur* den Saum des Gewandes zu berühren und damit schon Gottes Kraft und Heilung zu erfahren. Dem wird entgegengehalten: *nur der Glaube* bringt die Heilung, nicht die Handauflegung oder das Berühren. Der Text wendet sich also gegen einen primitiven Glauben.

7.2 Die Paulusbriefe

Jesus Christus mit Gott verbunden: 1Kor 8,4–6
In 1Kor 8,4–6 wird viermal die Einzigkeitsformel in unterschiedlichen
Verbindungen verwendet. Dies wirft die Frage auf, welche Bedeutung den
einzelnen Formen und Verbindungen, sowie dem Text als Ganzem zukommt. In dem Abschnitt des 1Kor 8–11 nimmt Paulus ausführlich zu
einem Problem Stellung, das in der Gemeinde von Korinth zu Auseinandersetzungen führte, nämlich Kontakte zur heidnischen Umwelt, die durch
Speisevorschriften behindert wurden. Die Frage war, wie mit Fleisch, das
aus den Tempeln kam, rituell geschlachtet worden war und Berührung mit
dem heidnischen Kult gehabt hatte, dem sog. Götzenopferfleisch
(εἰδωλόθυτον), umgegangen werden sollte.

Es gibt einige Hinweise, wie dieses Problem Paulus erreichte. Er spricht
in 1Kor 5,11 von einem Brief, den er geschrieben hatte, der aber verloren
ist. In einem der Antwortbriefe könnte das Problem genannt worden sein.
Wie G. THEISSEN darlegt, hat jener Brief wahrscheinlich die Position der
Starken und Einflussreichen wiedergegeben, während die Situation der
Schwachen ihn eher mündlich erreichte.[50] Es ist opinio communis, dass in
8,1–5 Zitate oder mindestens Anspielungen an das Schreiben aus Korinth
enthalten sind,[51] vor allem in V. 4.

Im ersten Abschnitt 8,1–6 dieses umfangreichen Kapitels findet sich
gleich *dreimal die Einzigkeitsformel*, davon einmal in Negation. Darüberhinaus gibt es eine Paraphrase aus dem Sch\ema' des Gebots der Gottesliebe
Dtn 6,5.[52] Diese Konzentration von Einzigkeitsformeln ist bei Paulus singulär.

Die Reaktion des Paulus auf die Berichte oder Fragen der korinthischen Gemeinde
richtet sich in dem ersten Abschnitt eher an die „Starken", an diejenigen, die sich frei

---

[50] G. THEISSEN, Die Starken und Schwachen in Korinth. Soziologische Analyse eines theologischen Streites, in: EvTh 35 (1975), 155ff, bes. 169.

[51] So R. SCHRAGE, Der erste Brief an die Korinther, EKK VII/2, 238; – Dagegen O. HOFIUS,
„Einer ist Gott – Einer ist Herr". Erwägungen zu Struktur und Aussage des Bekenntnisses 1Kor
8,6, in: Eschatologie und Schöpfung, 101 vertritt die Meinung, dass „die Verse 4–6 in ihrer Gesamtheit Zitat aus dem Brief der Korinther" sind, ... „in Gestalt eines überlegt strukturierten und
theologisch durchaus reflektierten Textes". Es ist aber sehr fraglich, ob die „Starken", also die
Liberalen, so differenziert argumentiert haben. Wenn dies der Fall gewesen wäre, hätte Paulus
diese frommen Argumente nicht erkräften müssen. Zitat aus dem Brief der Korinther ist wohl nur
V.4b: οὐδὲν εἴδωλον ἐν κόσμῳ καὶ ὅτι οὐδεὶς θεὸς εἰ μὴ εἷς.

[52] Die ausführliche Studie von E. WAALER, The Shema and The First Commandment in First
Corinthians, wurde mir erst unmittelbar vor Drucklegung bekannt. Seine These ist, dass hinter
1Kor 8,6 das Sch\ema stehe und dass dies bisher zu wenig beachtet sei. Doch konnte sein Werk als
Ganzes hier nicht mehr herangezogen werden.

fühlten, das Fleisch aus den Tempeln ohne Skrupel[53] zu essen, denn sie meinten genug „Erkenntnis" zu besitzen, um über die kultische Berührung des gekauften Fleisches hinwegsehen zu können.[54] Paulus setzt in 8,4 noch einmal mit περί wie mit einer Überschrift ein. Während zu Beginn die Begriffe *Erkenntnis, erkennen und erkannt werden* im Mittelpunkt standen, kommt jetzt der Gegensatz von Götzen (εἴδωλα) und Gott ins Zentrum der Argumentation. In V. 4a scheint es die Akzeptanz eines Gedankens der Starken-Partei zu sein: die Götzen existieren doch gar nicht! Das wird mit dem traditionellen Bekenntnis in Anlehnung an Dtn 6,4 unterstützt.

1Kor 8,4	So wissen wir, daß es keine Götzen gibt
οἴδαμεν ὅτι οὐδὲν εἴδωλον ἐν κόσμῳ	in der Welt und *keinen* Gott *außer dem*
καὶ ὅτι οὐδεὶς θεὸς εἰ μὴ εἷς	*einen.* (E)

Die Verneinungsformel (οὐδεὶς θεός) und die verneinende Einzigkeitsformel (εἰ μὴ εἷς) verstärken sich gegenseitig. Trotzdem bleibt die Frage, warum Paulus dafür nicht die Alleinanspruchsformel wählt. Würde μόνος θεός nicht das gleiche sagen? Gleichgültig ob die ursprünglichen Formeln Zitate aus dem korinthischen Brief sind oder nicht, solch eine Betonung des einen Gottes würde gut in den Gedankengang passen. Der wahrscheinliche Grund, warum Paulus nicht zu einem μόνος wechselt, ist wohl, dass εἷς θεός in der hell. Welt mehr gebräuchlich ist als das jüdisch geprägte μόνος θεός. Mit der Behauptung, *es gibt keinen Gott außer dem Einen*, haben die Korinther nur die bekannte Missionsformel des Judentums vorgebracht und diese wird von Paulus vorerst scheinbar zustimmend zitiert.

Aber dieser Gedanke wird vom ihm wieder abgebrochen und in ganz paradoxer Weise weitergeführt. Etwas gewunden gesteht Paulus in V. 5 doch zu, dass manche Götter genannt werden (λεγόμενοι θεοί)[55], im Himmel und auf Erden. Er relativiert seine Aussage: es gibt ja doch vielerlei Götter und es wimmelt überall von Herren, die ihren Anspruch bekunden und verehrt sein wollen. Nach dieser halb ernsthaften, halb spöttischen Bemerkung über die angeblichen Götter setzt Paulus ein zweifaches Bekenntnis dagegen. Mit dem Satz über die Vielzahl der θεοί und κύριοι präludiert Paulus schon das Bekenntnis, das er gleich anführen will, baut also den Gegensatz noch einmal

---

[53] G. THEISSEN, ebd., 160, betont, dass die Schwachen (zugleich die sozialen Schwächeren) mit schlechtem Gewissen das Fleisch gegessen haben, während die Starken (eher aus der Oberschicht) sich souverän fühlten.

[54] U. SCHNELLE, Einleitung in das Neue Testament, 78f, weist auch auf die Ergebnisse der Archäologie hin: „Schließlich wurde im Norden der Stadt ein Asklepios-Tempel ausgegraben, der mit seinen drei Speiseräumen die hinter 1Kor 8–10 stehende Problematik illustriert." – In anderen Tempeln dürften die Verhältnisse ähnlich gewesen sein, wahrscheinlich haben viele Speisungen in den Innenhöfen stattgefunden.

[55] Nach W. SCHRAGE, Der erste Brief an die Korinther, EKK VII/2, 238, kommt alles wieder „in die Schwebe".

auf. Das Bekenntnis selbst in V. 6 wirkt gewaltig, wie ein Block, allein durch seine sprachliche Form. Es sind nur Nominalsätze, ohne Verben, aber man kann von einer Dynamik der Präpositionen sprechen.[56] Anschließend greift Paulus in V. 7 die Situation der korinthischen Gemeinde wieder auf, und zwar mehr aus der Perspektive der Schwachen.

In der Tat ist die Argumentation der Starken, dass es angesichts der Existenz des einen Gottes keine Rolle spielt, ob man mit den Kulthandlungen Berührung hat oder nicht, nicht recht überzeugend. Das Ganze sieht nach einem schnellen und bequemen Argument aus. Diese Begründung wird von W. SCHRAGE auch zu Recht in Frage gestellt.[57] Wahrscheinlich hat das Selbstbewusstsein besondere Kenntnis zu besitzen, es erlaubt, „exzessiv die ἐξουσία und γνῶσις zu demonstrieren".[58] Dass sich diese Gewohnheiten sehr lange Zeit durchgehalten haben, lässt sich aus den Schriften des Justin und Irenaeus ablesen,[59] die zwar erst etwa ca. 100–130 Jahre später erschienen, die aber bei einigen Christen genau die gleiche Einstellung gegenüber dem Tempelfleisch beweisen.[60] Daher kann der Hinweis auf den Glauben an den einen Gott nicht ausreichend sein. Folglich bringt Paulus ein stärkeres Bekenntnis in die Argumentation ein, das vor allem Christus miteinschließt und wahrscheinlich den Korinthern nicht unbekannt war.[61] Wie G. THEISSEN ausführt, ist die Argumentation des Paulus möglicherweise „als Plädoyer für die Rücksichtnahme höherer Schichten auf die geringeren" anzusehen, … eine „Umwertung aller Maßstäbe sozialen Ranges und sozialer Dominanz – einschließlich der Dominanz der höheren ‚Erkenntnis' und ‚Weisheit'."[62]

1Kor 8,6	… so haben doch wir nur *einen* Gott,
ἀλλ' ἡμῖν εἷς θεὸς ὁ πατὴρ ἐξ οὗ	den Vater. Von ihm stammt alles, und
τὰ πάντα καὶ ἡμεῖς εἰς αὐτόν, καὶ εἰς	wir leben auf ihn hin. Und *einer* ist der
κύριος Ἰησοῦς Χριστὸς δι' οὗ τὰ πάντα	Herr: Jesus Christus. Durch ihn ist alles,
καὶ ἡμεῖς δι' αὐτου	und wir sind durch ihn. (E)

Da V. 6 einen „Überschuss"[63] enthält, also mehr sagt, als Paulus an dieser Stelle den Korinthern hätte sagen müssen, unterstützt das die These, dass es

---

[56] Vgl. J. HABERMANN, Präexistenzaussagen im Neuen Testament, 168.

[57] W. SCHRAGE, Der erste Brief an die Korinther, EKK VII/2, 219.

[58] W. SCHRAGE, ebd., 219.

[59] Justin Dial. 35,1; Iren adv.haer. I,6,3; I, 24,5 zitiert bei G. THEISSEN, ebd., 165.

[60] G. THEISSEN, ebd., 165.

[61] R. KERST, 1Kor 8,6 – ein vorpaulinisches Taufbekenntnis, in: ZNW 66 (1975), 138. R. KERST vertritt mit guten Gründen die Auffassung, dass es nicht nur eine vorpaulinische festgeprägte Formel war, sondern auch, dass sie ihren „Sitz im Leben" in der Taufe hatte.

[62] G. THEISSEN, ebd., 170.

[63] W. SCHRAGE, ebd., 222. So auch E. GRÄSSER, „Ein einziger ist Gott", 199.

sich um ein übernommenes Bekenntnis handelt und eine Bedeutung unabhängig vom Kontext hat.[64] Welches ist die genaue Form? Wie ist sie abzugrenzen?

Die Worte ἀλλ' ἡμῖν gehören sicher nicht dazu, gleich wie man sie deutet und übersetzt. Sie gehören noch zum Rahmen bzw. zur Einleitung. ἀλλ' ἡμῖν kann heißen: *für uns aber gilt*. Oder wie es O. HOFIUS interpretiert, als dativus iudicantis: *nach unserem Urteil*.[65] – Der Parallelismus der Glieder legt nahe, dass auch καί in V. 6b ausgeschlossen wird.

V. 6 ἀλλ' ἡμῖν   εἷς θεὸς ὁ πατὴρ
                        ἐξ οὗ τὰ πάντα καὶ ἡμεῖς εἰς αὐτόν,
         καὶ   εἷς κύριος Ἰησοῦς Χριστὸς
                        δι' οὗ τὰ πάντα καὶ ἡμεῖς δι' αὐτοῦ.

Die Formel selbst beginnt in der ersten und der zweiten Strophe mit einem emphatischen εἷς, das von vielen Exegeten oft unter Berufung auf E. PETERSONS[66] Arbeit akklamatorisch verstanden wird und damit auf die Liturgie verweist. J. HABERMANN[67] hat eine ausführliche „Strukturbestimmung" unternommen und stellt fest, dass „in den Fachbeiträgen die Alternative Akklamation oder Bekenntnis"[68] vorherrscht. Seine eigene Definition nennt er eine „fortentwickelte Akklamation"[69], was er letztlich als zweigliedriges christliches Bekenntnis – „ein Mischgebilde aus Personaussagen und Sachaussagen"[70] – bezeichnet. R. KERST definiert es als Taufbekenntnis[71], was J. HABERMANN dann als „zu eng"[72] kritisiert. Vieles spricht dafür, dass dieses Bekenntnis sowohl bei der Bekehrung oder Taufe, wie bei anderen Gelegenheiten in den Versammlungen gesprochen oder vielmehr gerufen wurde. K. WENGST hält die Formel wie W. KRAMER für eine gottesdienstliche Akklamation. „Dafür spricht der prädikatlos schlagwortartige Stil."[73]

Nach der Akklamation εἷς θεός wird ὁ πατήρ als Apposition eingeführt. Mit dem Artikel ὁ wird πατήρ zu einem sehr prägnanten Begriff, „Allva-

---

[64] J. HABERMANN, ebd., 159, stellt insgesamt 6 Gründe zusammen, die dafür sprechen, dass Paulus auf einen „vorgegebenen Text zurückgreift". Diese Gründe sind auch in der Fachliteratur allgemein akzeptiert.

[65] O. HOFIUS, ebd., 102.

[66] E. PETERSON, ΕΙΣ ΘΕΟΣ, 230ff.

[67] J. HABERMANN, ebd., 160.

[68] Ebd., 161.

[69] Ebd., 162.

[70] Ebd., 162.

[71] R. KERST, ebd., 138f.

[72] J. HABERMANN, ebd., 176.

[73] K. WENGST, Christologische Formeln und Lieder des Urchristentums, 137.

ter"[74]. Übereinstimmend wird eine nicht sehr starke, aber belegbare Tradition des AT (Mal 1,6; 2,10; Ps 68,6; 89,27; Jes 63,16) aufgenommen, jedoch nicht der Gedanke als Vater des Volkes Israel (Jer 31,9), sondern als der *kosmische Vater*, eine Bezeichnung für den Schöpfer[75]. Auch „Philo kann ganz problemlos Gott als den Vater des Kosmos bezeichnen".[76] Zugleich steht der Begriff πατήρ anstelle eines Gottesnamens,[77] eine im 1. Jh. n.Chr. gebräuchliche Umschreibung des tabuisierten Tetragramms. Schließlich ist der Begriff πατήρ hier relevant, weil er die Frage nach dem Sohn geradezu hervorruft.[78] Die zweite Strophe der Formel gibt darauf die Antwort, ohne den Begriff Sohn einzuführen. Stattdessen wird die neue Akklamation mit dem Begriff κύριος eingeleitet und darauf folgt als Apposition, schon wie ein feststehender Eigenname, Ἰησοῦς Χριστός.

Die Akklamationen der ersten und dritten Zeile werden in der zweiten und vierten Zeile jeweils mit πάντα-Formeln entfaltet, und zwar mit Präpositionen, die die Funktion Gottes als Schöpfer und Herr der Geschichte bezeichnen. Nach Forschungen von E. NORDEN[79] wird betont, dass die Aufnahme dieser πάντα-Wendungen häufig eine triadische Kombination von Präpositionen umfasste, nämlich ἐκ – ἐν – εἰς, womit die Spanne der Zeit, der Anfang, die Gegenwart und das Ende bezeichnet wird. Die mittlere Präposition, das ἐν, wird evtl. ersetzt durch ein διά und bezieht sich dann auf das ὄργανον,[80] das Werkzeug oder die Mittelsperson. In der Formel 1 Kor 8,6 wird die triadische Grundkonzeption auf die zwei Strophen verteilt, das ἐκ und εἰς auf Gott-Vater und das διά in zweifacher Form auf Jesus Christus. Damit wird Jesus zum Schöpfungsmittler und gehört ganz auf die Seite Gottes.

Die πάντα-Formeln in V. 6aα und V. 6bα werden oft als stoisch geprägte Wendungen mit leicht pantheistischer Tendenz verstanden, die von Paulus im Rahmen seiner Schöpfungs- und Erlösungstheologie vorbehaltlos verwendet würden. Dieser Auffassung hat R. HORSLEY[81] widersprochen und versucht nachzuweisen, dass es sich um eine aus der platonischen Philoso-

---

[74] R. KERST, ebd., 135.

[75] W. SCHRAGE, Der erste Brief an die Korinther, 222, weist zurecht daraufhin, dass dieses Verständnis und der Sprachgebrauch den Schöpfer als Vater zu bezeichnen, zumindest seit Platon (Timaios 28c) im Griechentum verbreitet ist. Vermutlich wirkte der Begriff πατήρ besonders in der Epoche der Zeitenwende sympathischer als das eher technische κτίστης.

[76] J. HABERMANN, ebd., 163, bringt dafür einige Beispiele: (VitMos II,134; Decal 90; DetPotIns 54; SpecLeg II,198).

[77] Vgl. E. GRÄSSER, ebd., 200.

[78] J. HABERMANN, ebd., 165, spricht bei dem Begriff von einer „Zuordnung zu Kyrios Jesus Christos". Ferner weist er daraufhin, „dass das absolute ὁ πατήρ neben dem Bezug auf die Schöpfung noch eine Relation zur Kindschaft der Christen besitzt."

[79] Vgl. J. HABERMANN, ebd., 166.

[80] Vgl. R. HORSLEY, The Background of the Confessional Formula in 1 Kor 8,6, in: ZNW, 69 (1978), 133.

[81] R. HORSLEY, ebd., 131f.

phie kommende Fragestellung handelt, die schon bei den Vorsokratikern verbreitet war, die Frage nach den Anfängen.[82] Daher haben die Präpositionen großes Gewicht. Es geht um den Ursprung und die Vollendung der Schöpfung. Zwar ist eine Nähe des Paulus zu dem stoischen Gedanken des Pantheismus wenig wahrscheinlich, wie auch J. HABERMANN[83] ausführt. Jedoch „es ist anzunehmen, dass ihm die stoische Allmachtsformel durch die Vermittlung des hell. Judentums begegnete. Man interpretierte dort diese Formel vom jüdischen Gottesglauben aus, der selbstverständlich eine Gleichsetzung von Gott und All verbot."[84]

Beide πάντα-Formeln werden mit einem ἡμεῖς ergänzt, was den Bezug zu den urchristlichen Bekennern selbst herstellt. „Dabei zwingt die Missionssituation zu der soteriologischen Erweiterung."[85] Was oben zur μόνος-πάντα-Relation gesagt wurde, gilt hier für das εἰς: das εἰς ruft das πάντα hervor, denn nur dort, wo einer *alles* beherrscht, kann er *allein* Herr sein. Aber erst mit den beiden Aussagen ἡμεῖς bekommt εἰς einen direkten Bezug zu den Glaubenden.

Der Ursprung dieses Textes wird in großer Übereinstimung in judenchristlichen Gemeinden, die unter Heiden missionierten, vermutet.[86] Bezüglich der Entstehung des Textes gibt es zwei Hypothesen (neben einigen Varianten):

1. Entweder gab es eine *vorchristlich-jüdische* Form, die die erste Strophe enthielt, verbunden mit der vollständigen dreifachen πάντα-Formel, die Gott als Schöpfer, Herrn und Vollender der Geschichte bezeugt:

εἷς θεὸς ὁ πατὴρ
ἐξ οὗ τὰ πάντα, διὰ τοῦ τὰ πάντα καὶ πάντα πρός αὐτόν.

In einer nächsten Stufe wurde diesem monotheistischen Bekenntnis eine zweite christologische Strophe beigefügt, die die enge Verbindung von Christus mit Gott dokumentiert.

2. Oder es gab bereits ein zweigliedriges *frühchristliches* Bekenntnis zu dem einen Gott und Vater *und* zu Jesus Christus, jedoch *ohne* alle πάντα-Formeln.

εἷς θεὸς ὁ πατὴρ
καὶ εἷς κύριος Ἰησοῦς Χριστὸς.

Die „Anleihe" der πάντα-Formel wäre aus der hell. Umwelt übernommen und auf die beiden Glieder Gott und Christus verteilt worden. Dadurch konnte Jesus Christus als Schöpfungsmittler hervorgehoben werden.[87]

---

[82] o. Ausführungen zu Heraklit und Aristoteles.
[83] J. HABERMANN, ebd., 166f.
[84] J. HABERMANN, ebd., 166.
[85] R. KERST, ebd., 135.
[86] J. HABERMANN, 177.
[87] Letztere Theorie vertritt besonders R. KERST, ebd., 136.

Unstrittig ist, dass die zweite Strophe, die Akklamation für Jesus Christus (mit oder ohne πάντα-Formeln), nie alleine stand, sondern immer in Verbindung mit dem Urbekenntnis εἷς θεός.[88] So urteilt auch L.W. HURTADO in der Zusammenfassung seines Paulus-Kapitels,[89] Jesus habe niemals einen eigenständigen Kult erhalten. Seine Verehrung sei immer nur als eine Erweiterung des Kultes für Gott verstanden worden. Jesus und Gott waren immer zwei unterscheidbare Größen (distinguishable figures), wobei Gott durch Jesus agierte und Jesus die Bitten der Glaubenden zu Gott trug. So schließt Hurtado (nach 2Kor 1,20) auch, dass der Lobpreis der Glaubenden durch Jesus Christus Gott erreicht.[90]

Die Bedeutung der zweifachen Einzigkeitsformel in diesem Bekenntnis läßt sich folgendermaßen zusammenfassen:

1. Εἷς ist traditionsgemäß (nach Dtn 6,4LXX) ein adjektivisches Zahlwort und *exklusiv* benützt. Aber mit dieser Anknüpfung an die jüd. Tradition wäre das Argument der Starken von Korinth nicht getroffen, sondern bestenfalls bestätigt.

2. Εἷς schließt in sich eine Qualität und *Potenz*. Es ist nicht nur der Beginn einer Zahlenreihe, sondern vielmehr Ausdruck von Macht, die sich über andere Götter und Herren erstrecken kann.

3. Das εἷς trägt in sich auch eine *inklusive Tendenz*, nicht allein wegen der folgenden πάντα-Formeln. Mit der zweifachen Präposition werden hier die Funktionen Gottes als Schöpfer und Vollender ἐξ οὗ und die Funktionen Christi als Schöpfungsmittler δι' οὗ eng miteinander verbunden. *Zusammen* sind sie die umfassende Gottheit im Himmel und auf Erden. Denn sicher kommt es Paulus nicht darauf an, zu sagen, dass Gott allein (im Himmel) sei oder Jesus einzig (auf Erden). Sondern dass Gott *zusammen* mit Jesus Christus den εἴδωλα überlegen ist.

4. Εἷς ist auch *eschatologisch* zu verstehen, weil der Durchbruch von Gottes Macht und der Sieg über alle Götter erst in Zukunft erwartet werden kann. „Das δουλοῦσθαι durch die στοιχεῖα τοῦ κόσμου (Gal 4,3) oder andere Mächte wird durch den Christus beendet."[91] Die Ausrichtung auf die Zukunft geht besonders aus dem Zusammenhang hervor ἡμεῖς εἰς αὐτόν.[92]

5. Εἷς besitzt *doxologischen* Sinn, es ist ein Lobpreis der Macht des Schöpfers und des Mitschöpfers. Die Bedeutung von εἷς ist daher auch *groß, einzigartig, mächtig, verehrungswürdig*. Es hat als Akklamation seinen Platz in der Liturgie. „Bekenntnis zu dem Einen Gott heißt neutestamentlich: dem

---

[88] R. KERST, ebd., 134.
[89] L.W. HURTADO, Lord Jesus Christ. Devotion to Jesus in Earliest Christianity, 151.
[90] L.W. HURTADO, ebd., 152.
[91] W. SCHRAGE, ebd., 238.
[92] Vgl. W. SCHRAGE, ebd., 243.

Dank zu sagen, der uns den Sieg gegeben hat durch unseren Herrn Jesus Christus (1Kor 15,57)." [93]

6. Es stehen aber nicht zwei Gottheiten nebeneinander. „Der Apostel lehrt nicht zwei Götter, sondern er vertritt konsequent die Selbstauslegung Gottes in Christus ...".[94] Die Akklamation auf Christus könnte es allein nicht geben, sondern sie bezieht *ihr Recht und ihre Kraft* von der ersten Akklamation auf Gott.[95]

7. Das zweifache εἰς enthält eine gewisse Zuspitzung auf Jesus Christus.[96] Er ist der einzigartige Herr.

Die Zweigliedrigkeit des Bekenntnisses der frühen Christen setzt sich in verschiedener Weise durch. Vor allem ist dies in Phil 2,9.11 erkennbar: „Darum hat ihn Gott über alle erhöht und ihm den Namen verliehen, der größer ist als alle Namen, ... und jeder Mund bekennt: *Jesus Christus ist der Herr' – zur Ehre Gottes, des Vaters*". Ähnliche parallele Aussagen sind in 1Tim 2,5 und in Joh 17,3 zu finden. Die akklamatorische Einzigkeitsformel erlaubt die Zusammenstellung mit der Beifügung des Lobes Christi, ohne die Verehrung Gottes zu beeinträchtigen.

Röm 3, 29–30 Der eine Gott vereinigt Juden und Heiden
Im ersten großen Abschnitt des Röm 1,16–3,29, in dem Paulus die Gleichheit von Glaubenden jüdischer und heidnischer Herkunft verteidigt, findet sich – wieder am Ende, wie ein Ausrufezeichen – die Einzigkeitsformel. Aber kurz zuvor wird ein μόνον in Verbindung mit θεός verwendet. Offensichtlich handelt es sich um gegensätzliche Positionen.

Röm 3,29–30	
ἢ Ἰουδαίων ὁ θεὸς μόνον; οὐχὶ καὶ ἐθνῶν ναὶ καὶ ἐθνῶν, εἴπερ εἷς ὁ θεὸς ὃς δικαιώσει περιτομὴν ἐκ πίστεως καὶ ἀκροβυστίαν διὰ τῆς πίστεως	Ist denn Gott *nur* der Gott der Juden, nicht auch der Heiden? Ja, auch der Heiden, da doch gilt: *Gott ist „der Eine"*. Er wird aufgrund des Glaubens sowohl die Beschnittenen wie die Unbeschnittenen gerecht machen. (E)

---

[93] E. GRÄSSER, ebd., 200.

[94] E. GRÄSSER, 201.

[95] Es ist nicht verwunderlich, dass dieses binitarische Bekenntnis späteren Generationen unbefriedigend erschien und ein trinitarischer Zusatz eingefügt wurde, der jedoch nicht breit bezeugt ist: καὶ ἓν πνεῦμα ἅγιον, ἐν ᾧ τὰ πάντα καὶ ἡμεῖς ἐν αὐτῷ.

[96] Wie in der Frage Mk 12,28ff nach dem höchsten Gebot zwei Gebote genannt werden mit einer Betonung des zweiten, der Nächstenliebe, so erhält auch dieses Bekenntnis eine Zuspitzung auf die zweite Aussage, nämlich Jesus Christus. – Hier ergibt sich auch eine Verbindung zu Mt 23,8ff. Die vorpaulinische Formel dürfte dem Mt bekannt gewesen sein.

In V. 29 ist μόνον in echt traditioneller Weise verwendet, die exklusive Begrifflichkeit, die sich mit dem Gott Israels verband. Der Akzent ist in dt. Übersetzungen[97] meistens durch Wiederholung des Begriffes *Gott* gut herausgearbeitet. Mit dem betonten Fragesatz: *Ist er denn nur der Juden Gott?* bringt der Apostel noch einmal ein starkes Argument in die Debatte. Die (rhetorische) Frage schließt die Antwort: *Nein!* fast schon ein, wenn nicht das jüd. Selbstverständnis[98] zu berücksichtigen wäre. Dieses Selbstbewußtsein, das sich besonders des Besitzes des Gesetzes rühmte (Röm 2,17), wurde nicht nur in Rom als hinderlich für das Zusammenleben in den Gemeinden empfunden. Paulus hatte schon zuvor in V. 28 anstelle des Gesetzes den Glauben hervorgehoben, und zwar abschließend[99] in dem Vers: *So halten wir nun dafür, dass der Mensch gerecht wird ohne des Gesetzes Werke, [allein] durch den Glauben.*

Auch diesen Schluss (V. 28) stellt Paulus in V. 29 noch einmal rhetorisch in Frage,[100] obwohl er zuvor im Abschnitt Röm 2,17–29 das Problem breit dargelegt hatte, dass Juden vor Gott mit ihrer Beschneidung und dem Gesetz nicht besser dastehen als Heiden. Diesen Gedanken nimmt er noch einmal in aller Kürze auf. Dabei werden die Worte des alten Bekenntnisses, des Sch°ma', benützt und der Titel εἷς θεός durch Zufügung eines Artikels verstärkt. Die Frage des Paulus lautet: *der einzige Gott – kann er nur den Juden gehören?*

Mit der Formulierung εἷς ὁ θεός ist ein absoluter Gott genannt, der einzige im ganzen großen Kosmos. Sollte er nur ein kleines Volk erwählt haben? Hier wird die Alleinanspruchsformel in ein Argument gegen das jüd. Selbstverständnis verwandelt. E. KÄSEMANN fasst die Argumentation des Paulus zutreffend zusammen „der Apostel schlägt das Judentum von seinen eigenen Voraussetzungen aus"[101]. Die zweite abgekürzte Frage: οὐχὶ καὶ ἐθνῶν beantwortet diese vorher gestellte Frage eigentlich schon. Enthusiastisch wiederholt Paulus wie in einem Gespräch die Antwort: ναὶ καὶ ἐθνῶν/*ja auch aller Völker.*

---

[97] In der Einheitsübersetzung ist die doppelte Formulierung ἐκ πίστεως und διὰ τῆς πίστεως ausgezeichnet durch Vereinheitlichung gelöst, während Luther die Doppelung beibehalten hat. Jedoch betont U. WILCKENS, Der Brief an die Römer, 248, Anm. 779, dass ein Unterschied zwischen den Präpositionen der Sache nach nicht bestehe, sondern nur eine rhetorische Abwechslung ist, die zeigt, dass der Unterschied (zwischen Juden und Heiden) eigentlich keiner ist. So auch E. KÄSEMANN, An die Römer, 97.

[98] U. WILCKENS, ebd., 248, nennt es einen „heilsgeschichtlich begründeten Gerechtigkeitsanspruch".

[99] U. WILCKENS, 28, definiert das λογιζόμεθα „im Disput ein Urteil fällen" – also die Diskussion mit einer Beurteilung oder Zusammenfassung abschließen.

[100] R. JEWETT, Romans, 33, sieht diese Frage als den Beginn einer Serie von 10 rhetorischen Fragen in 3,27–4,10. Die Zehner-Reihe ist ein griech. Stilmittel, das Jewett an mindestens fünf Stellen im Römerbrief findet.

[101] E. KÄSEMANN, An die Römer, 96.

Zur Weiterführung der Argumentation in V. 30 greift Paulus auf die Einzigkeitsformel zurück. Daher fällt auf, dass er hier εἷς θεός Dtn 6,4LXX „gezielt-provokativ"[102] auslegt: „Gott hat seine Einzigkeit dadurch erwiesen, dass er als der Eine alle rechtfertigt".[103] Das hell. geprägte εἷς dient dazu, die beiden Teile der Gemeinde, Juden und Heiden, zusammenzubinden.[104] Hier ist die *inklusive und integrative Funktion* des εἷς gut ablesbar. Diese inklusive Einzigkeitsformel weist auf eine Öffnung hin, während μόνος das Zeichen für das Verschließende und Abgrenzende bleibt.

Gal 3,15–29

In dem entscheidenden Mittelteil des Gal liegt dem Apostel sehr daran, die Gemeinde vor einem Rückfall in die Gesetzlichkeit zu bewahren und betont mit einer originellen Argumentation die Rolle Christi als dem alleinigen Erben der Verheißung Abrahams.

Gal 3,16.19–20.28–29	[16] Abraham und seinem Nachkommen
τῷ δὲ Ἀβραὰμ ἐρρέθησαν	wurden die Verheißungen zugesprochen.
αἱ ἐπαγγελίαι καὶ τῷ σπέρματι αὐτοῦ	Es heißt nicht: „und den Nach-
οὐ λέγει· καὶ τοῖς σπέρμασιν,	kommen", als wären viele gemeint,
ὡς ἐπὶ πολλῶν ἀλλ᾽ ὡς ἐφ᾽ ἑνός· καὶ	sondern es wird nur *von einem* gespro-
τῷ σπέρματί σου, ὅς ἐστιν Χριστός	chen: und deinem Nachkommen; das
[19] Τί οὖν ὁ νόμος τῶν παραβάσεων	aber ist Christus. [19] Warum gibt es dann
χάριν προσετέθη, ἄχρις οὗ ἔλθῃ	das Gesetz? Wegen der Übertretungen
τὸ σπέρμα ᾧ ἐπήγγελται, διαταγεὶς	wurde es hinzugefügt, bis der Nach-
δι᾽ ἀγγέλων ἐν χειρὶ μεσίτου	komme käme, dem die Verheißung gilt.
[20] ὁ δὲ μεσίτης ἑνὸς οὐκ ἔστιν, ὁ δὲ	Es wurde durch Engel erlassen und
θεὸς εἷς ἐστιν	durch einen Mittler bekanntgegeben. [20]
[28] οὐκ ἔνι Ἰουδαῖος οὐδὲ Ἕλλην, οὐκ	*Einen Mittler* gibt es jedoch nicht, wo
ἔνι δοῦλος οὐδὲ ἐλεύθερος, οὐκ ἔνι	nur einer handelt; *Gott aber ist „der*
ἄρσεν καὶ θῆλυ· πάντες γὰρ ὑμεῖς	*Eine".* [28] Es gibt nicht mehr Juden und
εἷς ἐστε ἐν Χριστῷ Ἰησοῦ	Griechen, nicht Sklaven und Freie, nicht
[29] εἰ δὲ ὑμεῖς Χριστοῦ, ἄρα	Mann und Frau; denn ihr *alle seid*
τοῦ Ἀβραὰμ σπέρμα ἐστέ, κατ᾽	«einer» in Christus Jesus. [29] Wenn ihr
ἐπαγγελίαν κληρονόμοι	aber zu Christus gehört, dann seid ihr
	Abrahams Nachkommen, Erben kraft
	der Verheißung. (E)

---

[102] U. WILCKENS, ebd., 248.

[103] U. WILCKENS, ebd., 248.

[104] P. LAMPE, Die stadtrömischen Christen, 57, betrachtet die als die Schwachen bezeichneten als die schwierigere Gruppe, hinter denen er vor allem (aber nicht nur) Christen jüdischer Herkunft sieht. Nach P. LAMPE bittet Paulus für diese Minderheit um besondere Rücksicht.

Dreimal erscheint in diesem Abschnitt die Einzigkeitsformel, jedes Mal auf einen anderen bezogen: Christus – Gott – Gemeinde. Und doch verbinden sich die Begriffe zu einer Einheit und einer schlüssigen, zugespitzten Argumentation, die darauf zielt, Unterschiede in der Gemeinde nicht mehr anzuerkennen. Dabei entreißt Paulus seinen jüd. Landsleuten wieder ein Argument, denn er bestreitet ihnen den Anspruch, alleinige Erben Abrahams zu sein. Das ist ein Angriff auf ihr Selbstverständnis, die sich als Kinder Abrahams definieren (vgl. Mt 3,9; vor allem Joh 8,33). Auch Paulus nennt in Röm 4,1 Abraham als den leiblichen Stammvater.

Bei dieser Argumentation Gal 3,16ff engt er das Erbe Abrahams, ohne Isaak oder Ismael überhaupt zu erwähnen, auf *eine* Person ein, die zunächst nicht genannt ist. Der Segen gilt am Ende nur Einem. Paulus identifiziert ihn betont als ὅς ἐστιν Χριστός – eine sehr eigenwillige Exegese, die den biblischen Wortlaut und die Geschichte überspringt. Genau das ist seine Absicht, er will die lange Geschichte des Gesetzes ausblenden. Fast widerwillig nimmt er den bekannten Gedanken auf, dass Mose als ein Mittler oder Überbringer des Gesetzes gedient habe.[105]

Dabei wird Mose deutlich heruntergestuft. Auch durch Vermeidung seines Namens wird er abgewertet. Indirekt nimmt Paulus das Ansehen Moses doch auf und knüpft an den Gedanken an, dass Engel ihm das Gesetz gegeben hätten, *nur* Engel, nicht Gott selbst.[106] Auch in V. 20 betont er noch einmal die niedere Stellung dieses Vermittlers, der eben vielerlei Herren dienen muss. „Zum Begriff des Mittlers gehört es, dass er nicht einen einzelnen vertritt, sondern stets eine Mehrheit. Gott aber ist einer. Also stammt das Gesetz mindestens nicht direkt von Gott, vielmehr von der Vielheit der Engel."[107]

V. 20 gilt wegen des kurzen ἑνός als einer der schwierigsten Verse des NT. Für die Interpretation dieses Verses erscheinen folgende Möglichkeiten: 1. Ein Satzteil könnte entfallen sein. Dafür fehlt jedoch jede textkritische Grundlage. Eine Rekonstruktion wäre sehr hypothetisch. 2. Es handelt sich um eine formelhaft verkürzte Redewendung, etwa im Sinne: nicht nur eines [Herren] Diener.[108] Dabei wäre wahrscheinlich, dass es sich um einen guten und einen schlechten Herrn handelt, oder dass jemand Gutes und Schlechtes in sich trägt. Jedenfalls ist die Ausrichtung des Satzes auf die anschließende Einzigkeitsformel maßgebend. 3. Ein Mittler hat verschiedene Interessen zu berücksichtigen. Auch von Mose gilt, er vermittelte nicht nur als Repräsentant

---

[105] In AssMos I,14 findet sich genau die Formulierung, wie in Gal 3,20 μεσίτης τῆς διαθήκης.

[106] U. SCHNELLE, Paulus. Leben und Denken, 315: „Paulus will Gott offenbar aus dem Vorgang der Thoragebung heraushalten." – H. SCHLIER, Der Brief an die Galater, 160, erwähnt die Zugehörigkeit Moses zur Engelwelt, wahrscheinlich eine Überinterpretation.

[107] So die Definition von OEPKE, zitiert bei H. SCHLIER, ebd., 161.

[108] Vgl. M. BACHMANN, Ermittlungen zum Mittler, in: M. Bachmann, Antijudaismus im Galaterbrief, Exegetische Studien zu einem polemischen Schreiben und zur Theologie des Apostels Paulus, 103, Anm.101.

Gottes, sondern brachte auch als Repräsentant des Volkes dessen Anliegen *vor* Gott. Übersetzungsvorschlag: *einen Mittler, der nur eine Seite vertritt, gibt es nicht*. Daher trifft vor allem die dritte Möglichkeit der Interpretation zu.

Um den Gegensatz von Gott und Mose hervorzuheben, zitiert Paulus V. 20 die Einzigkeitsformel: ὁ δὲ θεὸς εἷς ἐστιν, in der die doxologische Bedeutung *groß und gewaltig* mitschwingt, größer als Engel.[109] Mit der Formel εἷς θεός wird also Gott gegen Mose als Bringer des Gesetzes gestellt und damit werden beide, Mose und das Gesetz, abwertet.

Schließlich gebraucht Paulus in V. 28 noch einmal die Einzigkeitsformel und bezieht sie auf seine Gemeinde in Galatien. Einerseits beschwört er damit ihre Einheit, gibt eine Perspektive, um die nationalen und kulturellen Unterschiede zu überwinden. πάντες γὰρ ὑμεῖς εἷς ἐστε ἐν Χριστῷ Ἰησοῦ könnte statt mit εἷς ebenso gut mit einem ἕν konstruiert sein[110]: ihr seid eine Einheit (Vgl. Joh 17,32). Wenn aber von dem neutralen ἕν abgesehen ist, tritt der Sinn noch klarer hervor. Er spricht seiner Gemeinde nicht nur *Einheit*, sondern auch *Stärke* zu, eine Stärke, die von Christus selbst kommt. So weitet Paulus das εἷς auf alle aus, wenn die vielfältige Gemeinde kraft der Verheißung zu Abrahams Nachkommen und Erben erklärt werden. Die Argumentation führt so von *allen* als Abrahams Kinder über das Erbe des *Einen* zu Christus und wieder zurück zu *allen (Völkern)*, aber in der christlichen Gemeinde.

Um seine Argumentation durchzuführen und den Juden den Anspruch, allein Nachkommen Abrahams zu sein, zu bestreiten, greift Paulus hier dreimal auf ein *exklusives* εἷς zurück. In V. 16 hätte er eventl. auch sagen können: der Erbe ist Christus allein (μόνος). Aber dann wäre die Interpretation auf die Gemeinde hin (V. 28), schwierig gewesen. Deshalb bleibt Paulus im Schreiben an seine hell. geprägte Galater bei der Einzigkeitsformel. Jedoch wird εἷς bei der dritten Verwendung in V. 28 ganz inklusiv und integrativ verwendet. Der exklusive Gebrauch von V. 16 und 20 wird zurückgelassen und nur noch diesem neuen inklusiven Verständnis eine Zukunft gegeben.

Mit Eifersucht für Christus: 2Kor 11,2
Ganz anders als in den bisher analysierten Texten ist die Betonung der Einzigkeit Christi in dem einmalig belegten Gedanken von der Verlobung der Gemeinde mit Christus.

---

[109] M. BACHMANN, ebd., 91. Auch H. SCHLIER, ebd., 161, vertritt die Meinung, dass das Gesetz nicht direkt von Gott, sondern von der Vielheit der Engel stammt.
[110] W. BAUER, Wörterbuch zum NT, Art. εἷς, μία, ἕν, b., Sp. 465.

2Kor 11,2	Denn ich liebe euch mit der Eifersucht
ζηλῶ γὰρ ὑμᾶς θεοῦ ζήλῳ, ἡρμοσάμην	Gottes; ich habe euch *einem einzigen*
γὰρ ὑμᾶς ἑνὶ ἀνδρὶ παρθένον ἁγνὴν	*Mann* verlobt, um euch als reine Jung-
παραστῆσαι τῷ Χριστῷ·	frau zu Christus zu führen. (E)

Der Zusammenhang ist der, dass Paulus, als er seinen Brief beschließen will, sich fast für seine leidenschaftlichen Ausführungen in dem Schreiben entschuldigt, diese seine Erklärungen selbst als „Torheit" bezeichnet, und sich proleptisch dafür bedankt, dass die Korinther ihn trotzdem ertragen. Aber wie in einem Liebesbrief, setzt er gleich wieder an, um seine Bemühungen um die Gemeinde zu verdeutlichen. Der Begriff „Torheit" ist ein gezieltes understatement, um seine stolzen Gegner zu kritisieren. In diesem Abschnitt, dem die sog. Narrenrede folgt, kämpft Paulus mit ironischen Mitteln um die Ehre seines Apostelamtes und zugleich um die Ehre seiner Gemeinde, die er mit Eifer gewonnen hat und mit Eifersucht verteidigt. Es folgt eine leidenschaftliche Rechtfertigung seiner Tätigkeit als Apostel.

Dabei nimmt Paulus das atl. Motiv von der Eifersucht Gottes auf, wie es in Dtn 32,10ff und Hos 1–3 überliefert ist. Er vergleicht seinen eigenen Eifer mit der Eifersucht Gottes, um seine Gemeinde in Verbindung mit der göttlichen eifersüchtigen Liebe zu bringen. Er überträgt diese Liebe aber sofort auf Jesus Christus und formuliert recht zugespitzt: einem einzigen Mann (Christus) habe ich euch verlobt (vgl. auch Jes 49,18). Die Einzigkeitsformel ist hier *exklusiv* gebraucht, fast wie μόνος, das aber Paulus vermeidet, andererseits klingt das doxologische εἷς θεός durch. Die Bilder und Begriffe kommen allesamt aus der Sprache der Liebe mit einem Blick auf die Hochzeit, um die Einzigkeit der Beziehung des Apostels sowohl zu Jesus wie zu seiner Gemeinde darzustellen.

Der Leib Christi verbindet alle: 1Kor 12,4–20

Unter den Nachrichten, die Paulus von Korinth erhalten hatte, war auch, dass sich einige Glaubende eines besonderen Geistes oder einer Geistesgabe rühmten. Diesen stellt Paulus in den Kapiteln 12–14 ein anderes Verständnis von Geist gegenüber, das nicht die individuelle Fähigkeit betont, sondern den gemeinsamen Nutzen solcher Gaben.

1Kor 12,4–13.19–20 Διαιρέσεις δὲ	[4] Es gibt verschiedene Gnadengaben, aber
χαρισμάτων εἰσίν, τὸ δὲ αὐτὸ πνεῦμα·	nur den *einen* Geist. [5] Es gibt verschiede-
[5] καὶ διαιρέσεις διακονιῶν εἰσιν,	ne Dienste, aber nur den *einen* Herrn. [6] Es
καὶ ὁ αὐτὸς κύριος· [6] καὶ διαιρέσεις	gibt verschiedene Kräfte, die wirken, aber
ἐνεργημάτων εἰσίν, ὁ δὲ αὐτὸς θεὸς	*nur den einen* Gott: Er bewirkt alles in

ὁ ἐνεργῶν τὰ πάντα ἐν πᾶσιν [7] ἑκάστῳ δὲ δίδοται ἡ φανέρωσις τοῦ πνεύματος πρὸς τὸ συμφέρον [8] ᾧ μὲν γὰρ διὰ τοῦ πνεύματος δίδοται λόγος σοφίας, ἄλλῳ δὲ λόγος γνώσεως κατὰ τὸ αὐτὸ πνεῦμα, [9] ἑτέρῳ πίστις ἐν τῷ αὐτῷ πνεύματι, ἄλλῳ δὲ χαρίσματα ἰαμάτων ἐν τῷ ἑνὶ πνεύματι, [10] ἄλλῳ δὲ ἐνεργήματα δυνάμεων, ἄλλῳ δὲ προφητεία, ἄλλῳ δὲ διακρίσεις πνευμάτων, ἑτέρῳ γένη γλωσσῶν, ἄλλῳ δὲ ἑρμηνεία γλωσσῶν· [11] πάντα δὲ ταῦτα ἐνεργεῖ τὸ ἓν καὶ τὸ αὐτὸ πνεῦμα διαιροῦν ἰδίᾳ ἑκάστῳ καθὼς βούλεται

[12] Καθάπερ γὰρ τὸ σῶμα ἕν ἐστιν καὶ μέλη πολλὰ ἔχει, πάντα δὲ τὰ μέλη τοῦ σώματος πολλὰ ὄντα ἕν ἐστιν σῶμα, οὕτως καὶ ὁ Χριστός· [13] καὶ γὰρ ἐν ἑνὶ πνεύματι ἡμεῖς πάντες εἰς ἓν σῶμα ἐβαπτίσθημεν, εἴτε Ἰουδαῖοι εἴτε Ἕλληνες εἴτε δοῦλοι εἴτε ἐλεύθεροι, καὶ πάντες ἓν πνεῦμα ἐποτίσθημεν ... [19] εἰ δὲ ἦν τὰ πάντα ἓν μέλος, ποῦ τὸ σῶμα [20] νῦν δὲ πολλὰ μὲν μέλη, ἓν δὲ σῶμα

allen. [7] Jedem aber wird die Offenbarung des Geistes geschenkt, damit sie anderen nützt. [8] Dem einen wird vom Geist die Gabe geschenkt, Weisheit mitzuteilen, dem andern durch den gleichen Geist die Gabe, Erkenntnis zu vermitteln, [9] dem dritten im gleichen Geist Glaubenskraft, einem andern – immer in dem *einen* Geist – die Gabe, Krankheiten zu heilen, [10] einem andern Wunderkräfte, einem andern prophetisches Reden, einem andern die Fähigkeit, die Geister zu unterscheiden, wieder einem andern verschiedene Arten von Zungenrede, einem andern schließlich die Gabe, sie zu deuten. [11] Das alles bewirkt *ein und derselbe Geist;* einem jeden teilt er seine besondere Gabe zu, wie er will. [12] Denn wie der Leib *eine Einheit* ist, doch viele Glieder hat, alle Glieder des Leibes aber, obgleich es viele sind, *einen einzigen Leib* bilden: so ist es auch mit Christus. [13] Durch *den einen Geist* wurden wir in der Taufe alle in *einen einzigen Leib* aufgenommen, Juden und Griechen, Sklaven und Freie; und alle wurden wir mit *dem einen Geist* getränkt. ... [19] Wären alle zusammen nur *ein Glied*, wo bliebe dann der Leib? [20] So aber gibt es viele Glieder und doch *nur einen Leib.* (E)

Paulus beginnt seine Argumentation damit, dass er der Gemeinde in Korinth schroff dreifach entgegen hält: *es gibt nur einen Geist ..., einen Herrn ..., einen Gott!* Der Begriff, den er für die Einzigkeit wählt, ist aber weder μόνος noch εἷς, sondern αὐτός. W. SCHRAGE übersetzt betonend: *ein und derselbe* Geist bzw. Herr und Gott.[111] Es handelt sich offensichtlich um eine frühe triadische Formel, mit einer bewussten Steigerung zu Gott hin. (Die Übersetzung von Luther, wie auch die Einheitsübersetzung zeigen, dass αὐτός wie εἷς verstanden wurde, durchaus zutreffende Übersetzungen.) Bezeichnend ist auch, dass diese dreifache Feststellung mit einer πάντα-Formel abgerundet wird. Mit dieser dreifachen αὐτός-Formel ist ein sehr starker Akzent gesetzt,

---

[111] W. SCHRAGE, Der Brief an die Korinther, EKK VII/3, 135.

ein einheitlicher Ausgangspunkt, von dem Paulus über die Verschiedenheit der Geistesgaben schreiben, zehn Gaben aufzählen und zur Einheit mahnen kann. Entscheidend ist, dass alle diese Charismata ἐν τῷ ἑνὶ πνεύματι ihren Ursprung haben und zusammenfinden. Er bestärkt dies noch einmal in V. 11: πάντα δὲ ταῦτα ἐνεργεῖ τὸ ἓν καὶ τὸ αὐτὸ πνεῦμα und daher wiederholt er den Begriff αὐτός und verstärkt ihn mit einem ἕν: ἓν καὶ τὸ αὐτὸ πνεῦμα.

Im Weiteren verwendet er achtmal geradezu beschwörend das ἕν, um an den gemeinsamen Ursprung zu erinnern. Der Gebrauch von ἕν zielt auf die Integration, auf Ausgleich und Frieden. Das Ziel der Argumentation ist nicht eine Vereinheitlichung der Gemeinde, sondern die Vermeidung von Streit und die Anerkennung anderer Fähigkeiten. Keiner von ihnen sollte sich einer besonderen Geistesbegabung rühmen und andere verachten. In 1Kor 12,26f nimmt er diesen Gedanken abschließend auf und betont noch einmal die Zusammengehörigkeit:

| 1Kor 12,26–27 καὶ εἴτε πάσχει ἓν μέλος, συμπάσχει πάντα τὰ μέλη· εἴτε δοξάζεται [ἓν]μέλος, συγχαίρει πάντα τὰ μέλη ὑμεῖς δέ ἐστε σῶμα Χριστοῦ καὶ μέλη ἐκ μέρους | Wenn darum *ein Glied* leidet, leiden alle Glieder mit; wenn ein Glied geehrt wird, freuen sich alle anderen mit ihm. Ihr aber seid der Leib Christi, und jeder einzelne ist ein Glied an ihm. (E) |

Röm 12,4–5

Auch im dritten Teil des Röm, den Paränesen, nimmt Paulus das Problem der Einigkeit in den Gemeinden auf. Der Apostel bringt das gleiche Argument wie 1Kor 12, in einem Leib zu bleiben, nur dichter und ruhiger. Auf die Gefahr von Rivalitäten geht er explizit nicht ein. Der Schwerpunkt seiner Ausführungen liegt darauf, dass nicht alle Glieder die gleiche Aufgabe haben und folglich eine Vielfalt berechtigt, ja nötig ist.[112] In den VV. 6–8 zeigt er an Bespielen, wie sich die Charismen ergänzen. Daher ist am Ende eine Wiederholung des Einheitsarguments gar nicht mehr nötig. So ist eine Ordnung und Einheit im σῶμα Χριστοῦ fast schon erreicht. „Es hat nicht den Anschein, dass Paulus sich hier gegen problematische Erscheinungen

---

[112] Dabei kann Paulus auch die Vielfalt der Hausgemeinden in Rom vor Augen gehabt haben, von der ihm wahrscheinlich berichtet worden war. Vgl. R. JEWETT, Romans, 59; P. LAMPE beschreibt neben der sozial unterschiedlichen Prägung der einzelnen Hausgemeinden, dass es über Jahrhunderte keine Dachorganisation gegeben habe. Er zählt bei der „Fraktionierung der stadtrömischen Christenheit" mindestens sieben Hausgemeinden: „Anzeichen für ein räumliches Zentrum der verschiedenen über die Stadt verstreuten Kreise bieten sich nirgends." P. LAMPE, Die stadtrömischen Christen, 302.

wenden wollte, die in Rom eingetreten wären ... Er spricht hier in grundsätzlicher Argumentation."[113] ἓν σῶμα ist exklusiv, aber auch integrativ.

| Röm 12,4–5 καθάπερ γὰρ ἐν ἑνὶ σώματι πολλὰ μέλη ἔχομεν, τὰ δὲ μέλη πάντα οὐ τὴν αὐτὴν ἔχει πρᾶξιν, οὕτως οἱ πολλοὶ ἓν σῶμά ἐσμεν ἐν Χριστῷ, τὸ δὲ καθ᾽ εἷς ἀλλήλων μέλη | Denn wie wir an dem *einen* Leib viele Glieder haben, aber nicht alle Glieder denselben Dienst leisten, so sind wir, die vielen, *ein* Leib in Christus, als einzelne aber sind wir Glieder, die zueinander gehören. (E) |

Phil 1,27
Auch in Phil 1,27 findet sich eine Formulierung, die die Forderung nach einerlei Gesinnung hervorhebt, jedoch ist diese weder argumentativ noch polemisch entfaltet.

| Phil 1,27 Μόνον ἀξίως τοῦ εὐαγγελίου τοῦ Χριστοῦ πολιτεύεσθε, ἵνα εἴτε ἐλθὼν καὶ ἰδὼν ὑμᾶς εἴτε ἀπὼν ἀκούω τὰ περὶ ὑμῶν, ὅτι στήκετε ἐν ἑνὶ πνεύματι, μιᾷ ψυχῇ συναθλοῦντες τῇ πίστει τοῦ εὐαγγελίου | Vor allem: lebt als Gemeinde so, wie es dem Evangelium Christi entspricht. Ob ich komme und euch sehe oder ob ich fern bin, ich möchte hören, daß ihr in *dem einen Geist* feststeht, *einmütig* für den Glauben an das Evangelium kämpft. (E) |

Der Text zeigt ein großes Einverständnis mit der empfangenden Gemeinde an.[114] Der weitere Kontext, V. 28 und 29 läßt erkennen, dass die Gemeinde schweren Anfeindungen ausgesetzt war, und einige gelitten haben, was auf Verhaftung, Folter und Strafen schließen lässt. Die *Einmütigkeit*, die Paulus hier erwartet, bezieht sich wohl auf die Gefahr, dass von den politischen Autoritäten einige Glaubende „herübergezogen" werden zu Untreue oder Verrat. Die Erwähnung der μία ψυχή meint mehr als eine gemeinsame Einstimmung, nämlich festen Zusammenhalt bis zur Bereitschaft, auch das Leben füreinander zu riskieren. Die Verben στήκετε und συναθλοῦντες deuten auf militärische Standfestigkeit und sportlichen Kampf hin. Die zweifache Einzigkeitsformel (*ein* Geist, *eine* Seele) hat hier eine inklusive und integrative Bedeutung, auch eine defensive nach außen.

---

[113] E. LOHSE, Der Brief an die Römer, 340.
[114] G. FRIEDRICH, Der Brief an die Philipper, 146: „Die von Gott geschenkte Einheit gilt es zu bewähren, darum sollen die Philipper gemeinsam mit einer Seele kämpfen durch den Glauben, den das Evangelium bei ihnen wirkt."

2Kor 5,14–15 Der Sühnetod Christi hat kosmische Wirkung

Im 2Kor kämpft Paulus um seine Glaubwürdigkeit als Apostel und dies führt immer wieder zu einer gedrängten Argumentation. Zwar bringt er schon viel Bekanntes vor, überrascht aber dennoch die Empfänger seines Briefes mit seiner Gedankenführung. Eine solche knappe formelhafte Argumentation findet sich in 2Kor 5,14–15. Die beiden sind nicht nur parallel gebaut, sondern bieten auch einen Zirkelschluss, die Ausführungen beginnen mit *Einem* und enden auch bei *Einem*, und zwar mit der Auferweckungsformel über eben denselben – Christus. Vereinfacht lautet die Struktur:

14. Einer stirbt für alle – folglich sterben alle mit
15. Einer stirbt für alle – daher leben alle für den Einen

2Kor 5,14–15	
ἡ γὰρ ἀγάπη τοῦ Χριστοῦ συνέχει ἡμᾶς, κρίναντας τοῦτο, ὅτι εἷς ὑπὲρ πάντων ἀπέθανεν, ἄρα οἱ πάντες ἀπέθανον· καὶ ὑπὲρ πάντων ἀπέθανεν, ἵνα οἱ ζῶντες μηκέτι ἑαυτοῖς ζῶσιν ἀλλὰ τῷ ὑπὲρ αὐτῶν ἀποθανόντι καὶ ἐγερθέντι	Denn die Liebe Christi drängt uns, da wir erkannt haben: *Einer* ist für alle gestorben, also sind alle gestorben. Er ist aber für alle gestorben, damit die Lebenden nicht mehr für sich leben, sondern für den, der für sie starb und auferweckt wurde. (E)

Entscheidend ist die Formulierung εἷς ὑπὲρ πάντων ἀπέθανεν, mit welchem das versöhnende Handeln Gottes zu Gunsten der Menschen bezeichnet ist. Es ist die gleiche ὑπέρ-Formel die zweimal im Joh erscheint, einmal beim Todesbeschluss über Jesus (Joh 11,50) und dann beim Prozeß vor dem Synhedrium (Joh 18,14). Dabei besteht ein Unterschied in der Bedeutung. Zunächst hat ὑπέρ in Joh 11,50 im Mund des Hohenpriesters den Sinn „anstelle von", später wird daraus ein „zugunsten von". Im letzteren Sinn wird die Präposition ὑπέρ mit Gen. im NT meistens gebraucht. R. BULTMANN betont, dass hier der juristische Stellvertretungsgedanke vorliegt, wo mit der Leistung des Stellvertreters die durch ihn Vertretenen die Leistung erstattet haben. Durch den Stellvertretungsgedanken mache Paulus klar, dass Jesu Tod das Heilsereignis ist, an dem alle Gläubigen teilhaben.[115]

Hinter der Vorstellung vom stellvertretenden Sühnetod steht der Gedanke, dass ein Tier wegen einer Sünde und zu Gunsten eines Menschen (oder einer Gruppe) geopfert wird. Hier ist es nicht ein Tier, sondern Jesus Christus, der – wie Paulus immer wieder betont – ein Mensch war, der gerecht lebte. Jesus wurde wie ein Lamm geschlachtet, sein Blut hat nach der Auffassung der ersten Christen versöhnende Wirkung. Wohl wird von Jesus gesagt, dass er ein Mensch sei, aber wenn eine kosmische Wirkung voraus-

---

[115] Vgl. R. BULTMANN, Der zweite Brief an die Korinther, 153.

gesetzt wird, ist er auch mehr als ein Mensch, nämlich einer, der Gott nahe stand. Deshalb ist die Wirkung seines Todes von kosmischem Ausmaß – Einer „für alle". Das εἰς hat eine potenziell inklusive und apokalyptische Bedeutung, weil Herrschaftsräume (Äonen) genannt werden.

Röm 5,12–21

Der Abschnitt Röm 5,12–21 unterscheidet sich vom vorhergehenden und nachfolgenden Kontext durch eine sehr eigenwillige Argumentation, die im Wesentlichen auf einem Wort beruht: ein zwölffaches ἑνός. Diesen zwölf Genitiven stehen zahlreiche Formulierungen mit πολλοί (fünfmal) und πάντες (viermal) gegenüber. Von den zwölf ἑνός-Formulierungen beziehen sich acht auf (den nur einmal in V. 14 genannten) Adam. Dagegen sind bei den vier ἑνός-Formulierungen, die sich auf Christus beziehen, zwei mit dem Namen Jesus Christus verbunden und zwei weitere durch Prädikationen beschrieben, die das gerechte Verhalten von Christus bezeichnen. Im Falle der ἑνός-Begriffe, die in Beziehung zu Adam stehen, sieht es fast so aus, als wäre die genaue Bezeichnung des Einen, durch den die Sünde gekommen ist, gar nicht wichtig – oder sie erscheint selbstverständlich.[116]

Röm 5,12–19	
Διὰ τοῦτο ὥσπερ δι᾽ ἑνὸς ἀνθρώπου ἡ ἁμαρτία εἰς τὸν κόσμον εἰσῆλθεν καὶ διὰ τῆς ἁμαρτίας ὁ θάνατος, καὶ οὕτως εἰς πάντας ἀνθρώπους ὁ θάνατος διῆλθεν, ἐφ᾽ ᾧ πάντες ἥμαρτον· ...	Durch *einen einzigen* Menschen kam die Sünde in die Welt und durch die Sünde der Tod, und auf diese Weise gelangte der Tod zu allen Menschen, weil alle sündigten. ...
... Ἀδὰμ ὅς ἐστιν τύπος τοῦ μέλλοντος Ἀλλ᾽ οὐχ ὡς τὸ παράπτωμα, οὕτως καὶ τὸ χάρισμα· εἰ γὰρ τῷ τοῦ ἑνὸς παραπτώματι οἱ πολλοὶ ἀπέθανον, πολλῷ μᾶλλον ἡ χάρις τοῦ θεοῦ καὶ ἡ δωρεὰ ἐν χάριτι τῇ τοῦ ἑνὸς ἀνθρώπου Ἰησοῦ Χριστοῦ εἰς τοὺς πολλοὺς ἐπερίσσευσεν	... Adam aber ist die Gestalt, die auf den Kommenden hinweist. Doch anders als mit der Übertretung verhält es sich mit der Gnade; sind durch die Übertretung *des einen* die vielen dem Tod anheimgefallen, so ist erst recht die Gnade Gottes und die Gabe, die durch die Gnadentat *des einen Menschen Jesus Christus* bewirkt worden ist, den vielen reichlich zuteil geworden. Anders als
καὶ οὐχ ὡς δι᾽ ἑνὸς ἁμαρτήσαντος τὸ δώρημα· τὸ μὲν γὰρ κρίμα ἐξ ἑνὸς εἰς κατάκριμα, τὸ δὲ χάρισμα ἐκ πολλῶν παραπτωμάτων εἰς δικαίωμα	mit dem, was durch den *einen* Sünder verursacht wurde, verhält es sich mit dieser Gabe: Das Gericht führt wegen

---

[116] Auch U. WILCKENS, Der Brief an die Römer, EKK VI/1, 322, vertritt die Auffassung, dass der Name Adam absichtlich gemieden wird.

εἰ γὰρ τῷ τοῦ ἑνὸς παραπτώματι ὁ θάνατος ἐβασίλευσεν διὰ τοῦ ἑνός, πολλῷ μᾶλλον οἱ τὴν περισσείαν τῆς χάριτος καὶ τῆς δωρεᾶς τῆς δικαιοσύνης λαμβάνοντες ἐν ζωῇ βασιλεύσουσιν διὰ τοῦ ἑνὸς Ἰησοῦ Χριστοῦ "Αρα οὖν ὡς δι᾽ ἑνὸς παραπτώματος εἰς πάντας ἀνθρώπους εἰς κατάκριμα, οὕτως καὶ δι᾽ ἑνὸς δικαιώματος εἰς πάντας ἀνθρώπους εἰς δικαίωσιν ζωῆς· ὥσπερ γὰρ διὰ τῆς παρακοῆς τοῦ ἑνὸς ἀνθρώπου ἁμαρτωλοὶ κατεστάθησαν οἱ πολλοί, οὕτως καὶ διὰ τῆς ὑπακοῆς τοῦ ἑνὸς δίκαιοι κατασταθήσονται οἱ πολλοί	der Übertretung des *einen* zur Verurteilung, die Gnade führt aus vielen Übertretungen zur Gerechtsprechung. Ist durch die Übertretung des *einen* der Tod zur Herrschaft gekommen, *durch diesen einen,* so werden erst recht alle, denen die Gnade und die Gabe der Gerechtigkeit reichlich zuteil wurde, leben und herrschen *durch den einen, Jesus Christus.* Wie es also durch die Übertretung *eines einzigen* für alle Menschen zur Verurteilung kam, so wird es auch durch die gerechte Tat *eines einzigen* für alle Menschen zur Gerechtsprechung kommen, die Leben gibt. Wie durch den Ungehorsam *des einen Menschen* die vielen zu Sündern wurden, so werden auch durch den Gehorsam *des einen* die vielen zu Gerechten gemacht werden. (E)

Der Abschnitt VV. 12–19 wirkt wie eine eigene Einheit, jedoch nicht wie ein späterer Einschub.[117] Denn die verbindenden Anschlüsse zum Vorausgehenden und Folgenden sind gegeben, aber die Argumentation ist anders. Die VV. 12–19 scheinen eine *selbständige Komposition* zu sein, die – obwohl ein großes Anakoluth – doch sorgfältig gewoben sind, mit sehr geprägter Wortwahl (fünf Homoioteleuta in V. 16) und Wortspielen, wie besonders R. JEWETT[118] hervorhebt. Es ist wenig wahrscheinlich, dass Paulus diesen Abschnitt spontan niedergeschrieben hat, sondern es ist eher anzunehmen, dass er eine Gedankeneinheit, die er früher schon benützte, wieder verwendete. Anderweitige Vorlagen sind nicht erkennbar und wenig wahrscheinlich. (VV. 20 und 21 bilden die Zusammenfassung in einem anderen Stil. Dabei werden in V. 21 auch wieder zwei Konstruktionen mit

---

[117] O. MICHEL, Der Brief an die Römer, 120: „eine Meditation, die den Sinn des Kreuzes und der Auferweckung eschatologisch und kosmisch ausweitet." – E. KÄSEMANN, An die Römer, 131, legt mehr Wert auf den Zusammenhang. – A. NYGREN, Der Römerbrief, 153, schätzt diesen Abschnitt besonders hoch: „Kap. 5,12–21 ist vielleicht, formal gesehen, der eigenartigste Teil des Römerbriefs. Wie ein sprudelnder Gebirgsbach brechen die Gedanken des Apostels hier hervor, und zwar mit einer so gewaltsamen Kraft, dass sie sprachlich nicht immer eine wohl abgewogene Form finden. In diesen neun Versen strömt alles das zusammen, wovon Paulus in den vorhergehenden Kapiteln gesprochen hat." – U. WILCKENS, Der Brief an die Römer, VI/1, 307, weist auf die umstrittene Stellung dieses Abschnitts im Aufbau des Römerbriefes hin.

[118] R. JEWETT, Romans, 371.

der Präposition διά verwendet, jedoch entfällt die Wiederholung eines ἑνός bei Jesus Christus, obwohl es denkbar wäre – ein Zeichen dafür, dass die VV. 12–19 eine eigene Einheit bilden.)

Das Ziel dieser Argumentation ist es, zwei Herrschaftsbereiche von Sünde und Gnade gegenüberzustellen. Diese sind markiert durch die beiden *Symbolfiguren* Adam und Christus. „Dass im Ahnherrn auch die Nachkommen schicksalhaft miteinbezogen werden, ist auch sonst bezeugt."[119] Auch E. KÄSEMANN nimmt nach manchem Für und Wider den Begriff „schicksalhaft"[120] positiv auf, um die Gewalt beider Sphären oder Aeonen zu beschreiben. Paulus kontrastiert die Gedanken aus Gen 3,22–24, die sog. Vertreibung aus dem Paradies, mit der gerechten Tat Christi, die das alles aufhebt, jedoch nicht unbedingt für alle, sondern für *viele*, die sich ihm anschließen. Hier wird sorgfältig zwischen πολλοί und πάντες unterschieden. Die ungeheure Wirkung dieser Tat umschreibt M. THEOBALD zutreffend: „In Jesus hat Gott mit den Menschen einen radikalen Neubeginn gewagt, so radikal, dass Jesus letztlich nur mit dem Stammvater des Menschengeschlechts, mit Adam, verglichen werden kann."[121]

In diesem Abschnitt werden abstrakte Begriffe (Sünde, Tod, Gnade) und bildhafter Rede (dringt ein, bewirkt, herrscht) verbunden, um die Wirkungsbereiche zu beschreiben. Letztlich will Paulus darauf hinaus, dass das Gesetz zum Adam-Aeon gehört und unter Christus hinfällig ist. Deshalb die paradoxe Feststellung (VV. 12.15 und 18), dass durch die Tat eines jeweils *einzigen Menschen* Sünde oder Gnade kam, die sich jetzt auf *alle Menschen* auswirkt (V. 18b). Die Betonung, dass es jeweils durch Menschen (nicht etwa um einen Gott, Demiurg, Engel oder Dämon) geschah, findet sich auch in 1Kor 15,21f. Zweifellos ging er von der Voraussetzung aus, dass ein Einziger die Sünde gebracht habe und diese nun herrschte, was eine πάντα-Formel nach sich zieht. Denn ein richtiges Herrschen ist nach einem einfachen Verständnis nur durch Einen möglich, der keine Konkurrenz kennt.[122]

Eigenartig ist, dass in diesem Abschnitt nur der Gen. niemals der Nom. εἷς oder ein anderer Kasus verwendet wird. R. JEWETT[123] betont, das singuläre Vorkommen dieser sprachlichen Figur habe wohl sein Vorbild in Gal 3,16 (s.o.). In den meisten Fällen ist das ἑνός mit der Präposition διά verbunden oder als Genitivus subjectivus konstruiert, während die Casus bei

---

[119] O. MICHEL, ebd., 121.

[120] E. KÄSEMANN, ebd., 133.

[121] M. THEOBALD, Römerbrief (1–11), 154.

[122] Wie sehr dieses Schema Einer/Alle sich bis in die neueste Zeit durchhält und mit Regieren verbunden ist, war bei der letzten Heidelberger Bürgermeisterwahl 2006 erkennbar, als ein Wahlplakat mit der Parole: *Einer für alle* erschien.

[123] R. JEWETT, ebd., 373.

πολλοί und πάντες variieren. Jedoch wird bei diesen beiden Begriffen der Genitiv – mit einer Ausnahme in V. 16 – nicht gebraucht. Daher erweckt der Abschnitt den Eindruck, dass mit dem hartnäckig wiederholten ἑνός eine besondere Argumentation verfolgt werden soll. Denn der Sachverhalt hätte auch mit normalen Sätzen ausgedrückt werden können, z.B. *einer brachte die Sünde* ... Warum geschieht es nicht, sondern wird ausschließlich mit dem manchmal seltsam klingenden Genitiv formuliert?

Der Grund für diese grammatikalische und inhaltliche Entscheidung sind wohl zwei Faktoren. Die Funktion Jesu Christi unter Gott als *Werkzeug* oder *Mittler* wird bevorzugt mit der Präposition διά ausgedrückt. Er ist der neue Mittler, der das neue Gesetz der Liebe bringt, oder er ist der Schöpfungsmittler. Dies hat sich in der Liturgie mit διά-Konstruktionen bereits vor Paulus gefestigt.[124] Da es ihm aber darum ging, Adam zu Christus in Beziehung zu setzen bzw. scharf zu kontrastieren,[125] drängte sich diese Genitiv-Konstruktion als Argumentationsschema auf. Auch ist zu bedenken, der Nom. εἷς enthält die ehrenvolle doxologische Aussage, die vor allem der Gottheit zusteht, die dann zugleich, wie 1Kor 8,6 zeigt, auf Christus bezogen werden konnte. Die Einzigkeitsformel im Nom. hat eben besondere Relevanz, und es wäre daher ungeschickt und mißverständlich, diese doxologische Formel nur aus numerischen Gründen auf Adam zu beziehen. Die Genitiv-Formulierungen gehören mehr zur logischen Argumentation. Die Formel hat hier *apokalyptische* und *inklusive Bedeutung*, weil sie schicksalhaft viele oder alle Menschen miteinbezieht.

Viele Exegeten suchten nach dem religionsgeschichtlichen Ursprung dieser Adam-Christus-Typologie, ohne dass eine definitive Klärung erzielt werden konnte. Besonders wurde bei dem gleichzeitig mit Paulus lebenden Philo nach Parallelen gesucht, jedoch haben dessen Ausführungen eine andere Richtung. Daher ist E. LOHSE zuzustimmen: „Für die frühe Christenheit sind ebenso, wie für den Apostel Paulus verbreitete Vorstellungen vorauszusetzen, wie sie einerseits in apokalyptischen Aussagen über die Schuld Adams und das durch sie ausgelöste Todesverhängnis, andererseits in einem pessimistischen Weltverständnis der frühen vorchristlichen Gnosis ausgebildet wurde. Diese Gedanken konnte der Apostel aufgreifen und in seine Christologie einbeziehen".[126] Anstatt von einer vorchristlichen Gnosis sollte man freilich nur von einer dualistischen Tradition schon vor Paulus sprechen.

---

[124] U. WILCKENS, ebd., 300, Anm 999. Vgl. 1Kor 8,6; 2Kor 1,5; Gal 1,1; u.ö. Auch L.W. HURTADO, Lord Jesus Christ, Devotion to Jesus in Earliest Christianity, 137ff, teilt die Auffassung, dass schon vor der Zeit des Paulus alle diese Formulierungen, Akklamationen und Hymnen gefestigt hatten.

[125] U. WILCKENS, ebd., 308, bezeichnet es eine „antithetische Entsprechung".

[126] E. LOHSE, Der Brief an die Römer, 179.

Was erzielt Paulus mit solchen *viele* oder *alle* umfassenden Auswirkungen? Gleich-gültig, welcher Herkunft diese Vorstellungen sind, es geht vor allem um ein mythi-sches Denken, wobei bestimmte Symbolfiguren *epochale Wirkung* haben. Nur solche mythischen Bilder scheinen Paulus geeignet zu sein, die ungeheuere Wirkung des Todes Christi zu beschreiben. Dabei ist zu bedenken, dass die Glaubenden ihrer schicksalhaften Verstrickung in Sünde und Tod bewusst werden, der sie nicht entrin-nen können. Diese ihre Verstrickung wird auf eine *einzige Ursache* zurückgeführt, nämlich Adam. Diese monokausale Erklärung scheint dem religiösen Verständnis der ersten christlichen Gemeinde angemessen zu sein. Hauptzweck war eine schlüssige Erklärung, die mythisch und gewaltig die neue Zeit mit Christus lobt: nämlich der eine Leib Christi, zu dem die Glaubenden gehören dürfen. Diesen Mitgliedern, die wohl meist aus der Unterschicht stammen, weil sie als Sklaven kaum Chancen auf Bildung hatten, wurde damit ein großes Gebäude religiöser Zusammenhänge geboten, in denen sie ihren Platz fanden. Mit anderen Worten: der Sinn dieser ausführlichen, heute seltsam wirkenden typologischen Erklärung ist, die existenzielle Integration des einzelnen Christen in der einen Kirche zu begründen.

Röm 16,27 Eine Doxologie
Verwunderlich ist, dass am Ende des Röm in 16,27 in einer feierlichen Schlussformulierung doch noch die traditionell geprägte, abgrenzende Al-leinanspruchsformel verwendet wird.

Röm 16,27	Dem *allein weisen Gott,* sei Ehre durch
μόνῳ σοφῷ θεῷ, διὰ Ἰησοῦ Χριστοῦ, ᾧ	Jesus Christus in alle Ewigkeit! Amen.
ἡ δόξα εἰς τοὺς αἰῶνας, ἀμήν	(DS)

Diese Formel, die auf atl. Wurzeln zurückgreift (Sir 1,8 aus der Einleitung des Weisheitsbuches), ist Teil der Schlussdoxologie VV. 25–27, mit wel-cher der Röm abgeschlossen war. Dafür spricht die breite Bezeugung der Doxologie in fast allen Handschriften, selbst bei dem kürzeren Röm-Text. Während in früheren Jahrhunderten diese Schlussdoxologie großes Ansehen hatte, weil sie den Anfang des Röm wieder aufnahm und selbstverständlich als echt galt, wurden diese Verse in den letzten Jahrzehnten als *sekundärer Zusatz* erkannt.[127] μόνος σοφός θεός ist ein Rückgriff auf jüd., aber auch auf

---

[127] U. WILCKENS, Der Brief an die Römer, EKK VI/3, 147: „Es handelt sich um eine stilge-rechte hymnische Doxologie, die in der Liturgie ihren ‚Sitz im Leben' hat. Sie besteht aus einem einzigen, in wohlgefügter, aber überladener Anordnung von formelhaften Wendungen Gott prei-senden Nominal-Satz." Vermutlich ist diese Doxologie frühestens in der Zeit der Deuteropaulinen, wahrscheinlich aber erst im Laufe des 2. Jh. n.Chr. entstanden. – Auch E. KÄSEMANN, ebd., 407, urteilt „man wird sich damit begnügen müssen, an eine paulinisch beeinflusste Gemeinde zu Anfang des 2. Jahrhunderts zu denken und sogar ein späteres Datum nicht auszuschließen." – E. LOHSE, Der Brief an die Römer, 417, urteilt: „Nach Sprache und Stil stehen diese drei Verse den Deuteropaulinen nahe, vor allem Eph und Kol. Nach Form und Inhalt sowie der auseinanderge-

hell. Vorstellungen, wie E. LOHSE[128] schreibt. „Der urchristlicher Lobpreis macht sich diese Worte zu eigen, gibt ihnen aber durch das hinzugefügte διά Ἰησοῦ Χριστοῦ einen neuen, von der Christologie her bestimmten Sinn."[129] Sie wurde damit für liturgische Zwecke brauchbar gemacht. Auch E. KÄSEMANN vermutet, dass diese Doxologie aus dem griech. Judentum kommt.[130] Der Gebrauch des exklusiven μόνος entspricht nicht Paulus.

Zusammenfassung: Die Formeln in den Paulusbriefen

1. Paulus verwendet die Einzigkeitsformel häufig, die Alleinanspruchsformel aber überhaupt nicht. Die Einzigkeitsformel wird in etwa *zehn Texten*, die als echt paulinisch anzusehen sind, benützt. Der Gebrauch ist dabei sehr unterschiedlich, die Formel kann sich auf Abraham oder Adam, Mose oder Christus beziehen und auf Gott selbst.

2. Aber es bleibt nicht bei diesen einfachen Zuordnungen, sondern innerhalb eines Textes werden diese Symbolfiguren in immer neuer Weise zueinander in Beziehung gesetzt. Die Methode dieser Zuordnungen, Vergleiche oder Entgegensetzungen wechselt schnell. Die Argumentationslinien des Paulus sind recht vielfältig. Bezeichnend für diesen Wechsel des Subjekts ist Gal 3,16ff, wo kurz nacheinander die Einzigkeitsformel einmal mit Abraham, dann mit Christus, darauf sehr herausgehoben mit Gott und schließlich wieder mit Christus verbunden wird.

Wenn Paulus von Gott als dem Einzigen spricht, dann vor allem, um darzulegen, dass dieser Gott nicht allein für Israel da ist, sondern für alle Völker, dass er Juden und Heiden in einem Leib vereinigt. Hier ist immer auch eine doxologische Bedeutung zu erkennen, in welcher das Sch‘ma' nachklingt.[131]

3. Dabei denkt Paulus in mythischer Weise, er beschreibt, dass die Symbolfiguren Auswirkungen auf *viele* oder *alle* Menschen haben, dass diese Gestalten schicksalhaft Menschen prägen und so für die Begriffe Sünde, Tod, Gesetz oder neues Leben stehen. Der Einzelne als solcher, z.B. Abraham, ist als historische Gestalt für Paulus völlig uninteressant, sondern für ihn ist entscheidend, welche *Auswirkung* er auf die Gläubigen hat. Dies ist

---

henden handschriftlichen Bezeugung sind sie als ein sekundär abgefasster, aus deuteropaulinischer Tradition hervorgegangener Text zu beurteilen."
[128] E. LOHSE, ebd., 419.
[129] E. LOHSE, ebd., 419.
[130] E. KÄSEMANN, ebd., 404.
[131] Es gibt zwei Texte, in welchen besondere Prädikationen Gottes aufgenommen sind: 1 Thess 1 und Röm 1,23, in denen hätte auch ein εἷς oder μόνος verwendet werden können, aber Paulus vermeidet diese Formeln an beiden Stellen, die sich jeweils an den Briefanfängen befinden. Stattdessen bringt er die hell. geläufige Formulierungen ἀληθινός in 1Thess 1 und ἄφθαρτος in Röm 1,23.

ein mythisches dynamisches Denken. Es denkt vom Einzelnen auf die Einheit zu und schafft eine über-empirische Verbundenheit. Im Kern ist es ein theologisches Denken, weil Paulus von der Durchsetzung Gottes bis zur Vollendung bewegt ist – bis *Er alles in allem ist.*

4. Als Ursprung für diese Gedanken wurde vielfach die jüd. Apokalyptik, später die Gnosis betrachtet, weil diese mit der Gestalt eines kosmischen Erlösers ähnliche Vorstellungen hervorbrachte. Jedoch ist der Einfluß gnostischen Gedankenguts für die frühe Zeit zweifelhaft. Diese Ausführungen sind wohl weitgehend des Paulus eigene Theorie und Theologie.

5. Wenn Paulus von Gott spricht, ist für ihn selbstverständlich, dass er Christus mitdenkt oder dass da, wo er von Christus spricht, die Gedankenführung auf Gott zugeht. Beispielhaft ist hierfür der Abschnitt 1Kor 8,1–6, wo er in V. 4 in durchaus traditioneller Weise von dem einen Gott zu sprechen beginnt, aber dann dieses Argument selbst aufhebt und schließlich das binitarische Bekenntnis entgegensetzt – eine Zuspitzung auf Christus. Damit hat er Gott eine neue Qualität gegeben, eine menschliche Gestalt und somit Nähe. Fortan gilt Jesus als der Mittler. *Durch* ihn spricht Gott zu den Glaubenden und diese können *durch* ihn zu Gott sprechen. Jesus Christus hat als neuer Mittler schon sehr früh Mose in dieser Funktion abgelöst.

6. Bezeichnend und mehrfach wiederkehrend ist die Kombination „ein Geist, ein Leib". Paulus bringt diese Denkfigur sehr entschlossen in 1Kor 12 gegen die Rivalitäten der korinthischen Gemeinde ein. Auch gegen die Gefahr des Auseinanderbrechens in Rom bringt er dieses Argument vor. Dabei ist das Festhalten an einem einzigen Geist ein Kampf gegen alle Wirklichkeit, denn zu viele Glaubende rühmten sich ihrer individuellen Geisterfahrung, Begabungen und Taten. Das Beharren auf einem einzigen Geist bedeutet daher eine strenge Zentrierung und Zuordnung der auseinanderstrebenden Tendenzen, vor allem eine Herleitung von Gott, aber auch eine Zuordnung zu ihm hin. Insofern erhalten die Einzigkeitsformeln, besonders wenn sie auf Christus bezogen sind, ihre Kraft von Gott her.

Hartnäckig verteidigt Paulus die Einheitlichkeit des Leibes („wenn der Fuß sagt, ich bin keine Hand, ich gehöre nicht zum Leib" 1Kor 12,15). Er bindet alle Glieder unter dem Vorzeichen des Geistes, auch der Erfahrung des Schmerzes, des Leidens oder auch der Freude (1Kor 12,26) zusammen. Dies sind Gedanken, die in anderer Weise den Phil prägen.

7. Diese Geisterfülltheit oder Begeisterung veranlasst Paulus angesichts der Gefahr der Entfremdung und der Einmischung anderer Apostel seine Tätigkeit mit aller Energie zu verteidigen. Er wagt es sogar, sie mit göttlichem Eifer und göttlicher Eifersucht zu vergleichen.

8. Die Alleinanspruchsformel benützt Paulus überhaupt nicht. Die Doxologie in Röm 16,27, in welcher sie enthalten ist, wurde später hinzugefügt. Der Grund dafür, dass Paulus diese Alleinanspruchsformel nicht verwendet,

ist, dass er bei dem Begriff Gott immer schon Jesus Christus mitdenkt. Auch ist Jesus Christus nicht nur als Person und Mensch gesehen, sondern zugleich als mystische Größe. Seine Christologie passt nicht mit dem traditionellen μόνος-Begriff zusammen.

7.3 Die Deuteropaulinen und Spätschriften des Neuen Testaments

Die neue Menschheit: Eph 2,14–18

Das Thema des Eph ist die Einheit der Gemeinde. Zwar werden die dahinter liegenden Probleme nicht beschrieben oder wie in den Kor und Gal durch Zitate der Gegner deutlich, aber zumindest eine Ursache, die Spannung zwischen Christen jüd. und nichtjüd. Herkunft, wird erwähnt (2,17 „die Fernen und die Nahen"). Wahrscheinlich hat die Rivalität zwischen den Gruppen oder deren Leitern eine Rolle gespielt, denn der Hinweis auf die „Ämter" (Funktionen) in 4,11 legt nahe, dass eine Ordnung eingehalten werden soll. U. LUZ vermutet auch die Einwirkung von Irrlehren: „Der Verfasser sieht sie [die Gefahren] in der Unmündigkeit der Gemeindeglieder, die hilflos, wie Schiffbrüchige den Stürmen der Irrlehrer ausgesetzt sind."[132] Im ersten Teil des Briefes erinnert der Verfasser ausdrücklich daran, dass Christus selbst die beiden Teile (Juden und Heiden) zu einem einzigen Leib zusammengefügt habe. Durch seine diskrete andeutende Sprache ist der Eph ein diplomatischer Brief, dessen Wirkung bis heute anhält. Er ist in allen seinen Teilen von den Kirchen hoch geschätzt. Die Einzigkeitsformel liefert dafür das entscheidende Sprachmodul.

Eph 2,14–18 Αὐτὸς γάρ ἐστιν ἡ εἰρήνη ἡμῶν, ὁ ποιήσας τὰ ἀμφότερα ἓν καὶ τὸ μεσότοιχον τοῦ φραγμοῦ λύσας, τὴν ἔχθραν ἐν τῇ σαρκὶ αὐτοῦ, τὸν νόμον τῶν ἐντολῶν ἐν δόγμασιν καταργήσας, ἵνα τοὺς δύο κτίσῃ ἐν αὐτῷ εἰς ἕνα καινὸν ἄνθρωπον ποιῶν εἰρήνην καὶ ἀποκαταλλάξῃ τοὺς ἀμφοτέρους ἐν ἑνὶ σώματι τῷ θεῷ διὰ τοῦ σταυροῦ, ἀποκτείνας τὴν ἔχθραν ἐν αὐτῷ καὶ ἐλθὼν εὐηγγελίσατο εἰρήνην ὑμῖν τοῖς μακρὰν καὶ εἰρήνην τοῖς ἐγγύς· ὅτι δι᾽ αὐτοῦ ἔχομεν τὴν προσαγωγὴν οἱ ἀμφότεροι ἐν ἑνὶ πνεύματι πρὸς τὸν πατέρα.	[14] Denn er ist unser Friede. Er *vereinigte* die beiden Teile (Juden und Heiden) und riß durch sein Sterben die trennende Wand der Feindschaft nieder. [15] Er hob das Gesetz samt seinen Geboten und Forderungen auf, um die zwei in seiner Person zu dem *einen* neuen Menschen zu machen. Er stiftete Frieden [16] und versöhnte die beiden durch das Kreuz mit Gott in *einem einzigen Leib*. Er hat in seiner Person die Feindschaft getötet. [17] Er kam und verkündete den Frieden: euch, den Fernen, und uns, den Nahen. [18] Durch ihn haben wir beide in dem *einen Geist* Zugang zum Vater. (E)

---

[132] U. LUZ, Der Brief an die Epheser, in: J. BECKER/U. LUZ, Die Briefe an die Galater, Epheser und Kolosser, 152.

Im Vergleich zu Paulus verwendet der Eph, wohl ein Judenchrist aus seiner Schule, eine etwas andere Terminologie: Juden- und Heidenchristen werden zu Symbolfiguren, die V. 15 zu einem neuen Menschen(typ), einem neuen Volk zusammenschmelzen. Es werden zwar paulinische Begriffe verwendet (z.B. *versöhnen* aus 1Kor 5,19 – dort jedoch für die Welt), aber es werden andere Akzente gesetzt. Im ersten Teil (Kap. 2) ruft der Eph mit einem vierfachen εἰς (ἕν, ἕνα, zweimal ἑνί), jedes in einer anderen Verbindung mit einem anderen Nomen, die Tat Christi in Erinnerung. Dabei liegt eine Steigerung der Begriffe vor: die Versöhnung zweier Teile – der neue Mensch – ein Leib – ein Geist (der Zugang zum Vater).

So wird auch mit den parallelen Begriffen ἐν ἑνὶ σώματι – ἐν ἑνὶ πνεύματι paulinische Terminologie aufgenommen, aber sie wird nicht wie in 1Kor 12 auf die Charismata bezogen, sondern auf die Versöhnung der beiden Hauptgruppen oder andere Parteien.[133] Es scheint zwischen dem Verfasser und den Empfängern des Briefes Übereinstimmung darin zu bestehen, dass sie in „einen Leib" hineingerufen sind.[134] Der *eine* Geist muss dennoch betont werden, um allzu selbstbewusste Gemeindeglieder zurückzudrängen.

Man kann bei der Formulierung ἕν σῶμα zwar eine exklusive Bedeutung erkennen: diese Kirche und keine andere! Aber im Kontext, gerade auch in der Verbindung mit dem *neuen* Menschen (V. 14) und dem *einen* Geist (V. 15), überwiegt bei allen drei Einzigkeitsformeln die inklusive und integrative Bedeutung. Diese wurde schon im ersten Satz des Abschnitts hervorgehoben: *er selbst ist unser Friede* – für beide Teile!

Das betonte αὐτός zu Beginn des Gedankengangs V. 14 hat – wie in der triadischen Formel 1Kor 12,4–6 – den gleichen Zweck wie die verbindende Einzigkeitsformel: er selbst (Jesus Christus) schließt zwei Teile zusammen. Der kurze rhythmische Satz klingt wie eine Akklamation: αὐτὸς γάρ ἐστιν ἡ εἰρήνη ἡμῶν. Dieses betonte αὐτός wird am Ende in V. 16 mit ἐν αὐτῷ noch einmal aufgenommen. Neu ist, dass die Einheit ἑνότης auf einen bestimmten Ursprung, das Kreuz, zurückgeführt wird, also auf Jesu Tod. Das Kreuz hat hier bereits seinen Schrecken verloren und ist zum Symbol des Friedens geworden.[135]

---

[133] Z.Z. der Abfassung des Eph, gegen Ende des 1.Jh. dürfte sich das Gewicht der Juden- und Heidenchristen längst umgedreht haben. Die Judenchristen waren nur noch eine Minderheit.

[134] Vgl. W. BAUER, Wörterbuch zum Neuen Testament, Art. σῶμα, Sp. 1593–1595. – H. CONZELMANN, Der Brief an die Epheser, 109, betont: „die Kirche ist nicht nur *wie* ein Leib, sondern ist *der* Leib Christi".

[135] Die Vermutung, dass es sich bei den VV. 14–18 um ein vorgeformtes Bekenntnis handelt, ist wohl abwegig. Sicher werden geformte Begriffe verwendet, die aber in diesem Brief frei gebraucht wird. Vgl. U. LUZ, Der Brief an die Epheser, 136.

Die große Einheitsformel: Eph 4,3–6

Die Begriffe aus Eph 2,14ff, die die Versöhnung durch Christus und die Einheit in der Kirche beschrieben, kehren in dem großen Einheitsbekenntnis in der Mitte des Eph wieder. Diese Verse bilden ein Scharnier zwischen dem ersten grundsätzlichen und dem zweiten paränetischen Teil.

Eph 4,3–6 σπουδάζοντες τηρεῖν τὴν ἑνότητα τοῦ πνεύματος ἐν τῷ συνδέσμῳ τῆς εἰρήνης· Ἓν σῶμα καὶ ἓν πνεῦμα, καθὼς καὶ ἐκλήθητε ἐν μιᾷ ἐλπίδι τῆς κλήσεως ὑμῶν· εἷς κύριος, μία πίστις, ἓν βάπτισμα, εἷς θεὸς καὶ πατὴρ πάντων, ὁ ἐπὶ πάντων καὶ διὰ πάντων καὶ ἐν πᾶσιν	Und bemüht euch, die *Einheit* des Geistes zu wahren durch den Frieden, der euch zusammenhält. *Ein* Leib und *ein* Geist, wie euch durch eure Berufung auch *eine* gemeinsame Hoffnung gegeben ist; *ein Herr, ein* Glaube, *eine* Taufe, *ein Gott und Vater* aller, der über allem und durch alles und in allem ist.

Die einleitenden Sätze in 4,2 mit der Bitte um Demut, Sanftmut und Geduld zeigen, dass für den Verfasser die Überwindung von hochmütiger Haltung, Intoleranz und Rivalität die entscheidenden Anliegen sind. Denn vermutlich haben sich nicht nur einige Glaubende über andere verächtlich erhoben, sondern es kam wohl schon zu Konflikten. Die Gefahr des Auseinanderbrechens bestand wohl nicht nur im Gebiet von Ephesus.[136]

Deshalb spricht der Verfasser in V. 3 eine Mahnung aus, um die Einheit zu erhalten. So wird der Begriff ἑνότης/*Einheit, Einigkeit,* der im NT nur hier und in 4,13 benützt wird, in Erinnerung gerufen. Bei dieser Argumentation ist er ganz der Schüler des Paulus und lehnt sich an die Terminologie von 1Kor 12,4–6 an: die Einheit kommt aus dem *einen* Geist. Der Begriff σύνδεσμος τῆς εἰρήνης/*Band des Friedens* (eigentlich Fessel) ist eine Aufnahme des Gedankens von 2,14 und wird hier zur Verstärkung eingebracht. Die Einigkeit wird durch sieben Begriffe erläutert,[137] die, wenn sie auch nach ihrer Art unterschiedlich sind (Hoffnung, Gott), doch Schlüsselbegriffe der Ekklesia sind. Jeder Begriff ist durch ein akklamatorisches εἷς bzw. μία, ἓν hervorgehoben. „Die Massierung der Einheitsaussagen soll die Leserinnen und Leser überwältigen und beeindrucken."[138] In Sinnzeilen gegliedert stellt sich das Bekenntnis folgendermaßen dar:

---

[136] Dass in entscheidenden Handschriften der Adressat „Ephesus" fehlt, spricht dafür, dass es sich um ein offenes Schreiben handelte, in welches ein Ort eingesetzt werden konnte. Vgl. H. CONZELMANN, ebd., 86; U. SCHNELLE, Einleitung. 347.

[137] Die Sieben als sog. heilige Zahl spielt dabei wohl keine Rolle, weil die Formel gleich beim dritten Glied mit einem καθώς-Satz unterbrochen ist und die strenge Gliederung, wenn sie je bestanden haben sollte, mit einem weiteren, achten Begriff, *Berufung* verwischt wird.

[138] U. LUZ, Der Brief an die Epheser, 154.

⁴ Ἓν σῶμα καὶ ἓν πνεῦμα,
καθὼς καὶ ἐκλήθητε ἐν μιᾷ ἐλπίδι τῆς κλήσεως ὑμῶν·
⁵ εἷς κύριος, μία πίστις, ἓν βάπτισμα,
⁶ εἷς θεὸς καὶ πατὴρ πάντων,
ὁ ἐπὶ πάντων καὶ διὰ πάντων καὶ ἐν πᾶσιν

Man kann die aufsteigenden Begriffe in folgender Weise darstellen:[139]

> Gott
> erhöhter Christus
> Kirche

> Gott Vater/Schöpfer
> Herr Glaube Taufe
> Leib Geist Hoffnung

Der kompakte Text wird häufig als Taufbekenntnis bezeichnet, weil hier – einmalig – die Taufe in einer Akklamation erwähnt wird. Aber es ist wenig wahrscheinlich, dass dieses Bekenntnis bereits vor der Niederschrift in Eph in dieser Form existierte.[140] Wahrscheinlich wurde es erst von dem Verfasser des Eph so zusammengestellt.[141] R. SCHNACKENBURG vermutet mit guten Gründen, dass diese Zusammenstellung aus unterschiedlichen Elementen der Liturgie und der Taufkatechese vom Verfasser des Eph selbst geschaffen wurde.[142]

Verwunderlich ist, dass es eine Akklamation von *Leib* und *Geist* gibt, was sonst in NT unbekannt ist. Das ist eine Steigerung gegenüber Paulus, der wohl betonend von *einem* Geist sprach. Die beiden Begriffe bekommen damit liturgischen Rang. *Ein Leib* ist eine Akklamation, die sich auf die Ekklesia bezieht, die selbst einmalig und *exklusiv* ist. *Ein Geist* ist die Akklamation für Gottes Kraft, die die Charismata integriert, also mit inklusiver Bedeutung. Durch die Zusammenstellung aber erhalten beide Akklamationen eine inklusive Bedeutung. In beiden Einzigkeitsformeln steckt auch jener Sinn, der in Dtn 6,4LXX zum Ausdruck kommt, der Lobpreis der Göttlichkeit und Größe, also eine *doxologische* Komponente.

---

¹³⁹ Es ist offensichtlich, dass manche Begriffe auch auf einer anderen Stufe vom Verfasser des Eph hätten untergebracht werden können. Paulus hat in 1Kor 13 Glaube, Hoffnung und Liebe zusammengestellt. Liebe fehlt bei dieser Zusammenstellung, ist aber im Kontext V.2 ohnehin genannt.

¹⁴⁰ Vgl. R. SCHNACKENBURG, Der Brief an die Epheser, 162.

¹⁴¹ U. LUZ, Der Brief an die Epheser, 152, vertritt die Auffassung, dass bei der Benützung des Kol als Vorlage der Abschnitt Eph 4,1–19 anstelle von Kol 3,1–4 eingefügt wurde. Während Eph sonst der Gliederung des paränetischen Teils von Kol ziemlich streng folgt, hat er hier einen anderen Akzent gesetzt, und dies heißt, dass er bewusst mehr die Verhältnisse auf Erden und in der Kirche im Blick hatte – nicht „was droben ist" (Kol 3,2). Luz bezeichnet dies als die pragmatische Zielsetzung des Eph.

¹⁴² R. SCHNACKENBURG, Der Brief an die Epheser, 162. Ebenso H. SCHLIER, Der Brief an die Epheser, 186.

Die Kombination von σῶμα, πνεῦμα mit ἐλπίς ist zwar möglich, ergibt aber liturgisch keinen rechten Sinn. Die Reihenfolge ist vermutlich gewählt, weil σῶμα zusammen mit κλῆσις eine Überleitung zu βάπτισμα bildet. Es ist Ausdruck dieser diplomatischen Sprache, solche Begriffe der Übereinstimmung[143] mit akklamatorischer Betonung hervorzuheben. Ob aber das Prädikat εἰς bei ἐλπίς die Einheitlichkeit bezeichnet, ist fraglich. Die meisten Kommentatoren gehen dieser Frage nicht nach. Zweifellos geht es um eine große Hoffnung, die über die Erniedrigung und das Unrecht jener Zeit hinweg tröstet. Es dominiert die Hoffnung auf die Teilhabe an der zukünftigen Herrlichkeit, wie sie auch in der Frage der Zebedaiden (Mk 10,37par) zum Ausdruck kommt. Oder es besteht die Hoffnung auf Gottes Eingreifen in dieser Welt und die Hoffnung auf Auferstehung. Die Erwartungen für die Zukunft mögen unterschiedlich gewesen sein, aber für alle war die Hoffnung groß und lebensbestimmend und schloß sogar die Bereitschaft zum Martyrium ein. Deshalb hat hier das akklamatorische εἰς bei ἐλπίς einerseits *eschatologischen* Sinn, andererseits die Bedeutung von *großartig, einmalig*. Wenn der Verfasser dabei auf die Berufung der Glaubenden verweist, tut er es, um den Anfang von der persönlichen Bekehrung und Aufnahme in die Gemeinde bis hin zur Vollendung zu erinnern.

Darauf folgt in V. 5 eine sprachlich sehr gelungene Dreierformel, wobei das εἰς im Genuswechsel erscheint und mit Schlüsselbegriffen der jungen Kirche verbunden wird: εἰς κύριος, μία πίστις, ἕν βάπτισμα. Zu Recht betonen H. CONZELMANN[144] und U. LUZ[145], dass die dt. Übersetzung die großartige sprachliche Form des griech. Originals nicht herüber bringt. Zwar ist diese Akklamation anderweitig nicht überliefert, aber es ist sehr wahrscheinlich, dass sie in Gottesdiensten als Bekenntnis gerufen wurde.[146] Die Akklamation εἰς κύριος preist zwar ohne den Namen zu nennen, gewiss Jesus Christus, richtet sich damit aber auch gegen die Vielzahl von Herren. Auffallend ist, dass der Name Jesus Christus dabei fehlt, denn der Name dient zur Unterscheidung von anderen Kultgottheiten und gehört fast zwingend dazu.[147] Zwar ist klar, dass nur Jesus Christus gemeint sein kann, weil dieser im Kontext zuvor dreimal (3,17.19.21) genannt worden war. Aber die Akklamation hat alles auf die kürzeste Form gebracht, daher entfiel der Name.

Doch warum wird eine akklamatorische Einzigkeitsformel für πίστις verwendet? Geht es um die Einheitlichkeit des Glaubens, eine Katholizität? Diese Auslegung wird bes. von H. SCHLIER vertreten: *ein gleicher Glaube*

---

[143] Vgl. R. JEWETT, Romans, 42f.

[144] H. CONZELMANN, ebd., 107.

[145] U. LUZ, ebd., 151.

[146] So übereinstimmend alle Kommentatoren über diese Trias.

[147] Vgl. U. LUZ, ebd., 168.

in der ganzen Kirche.[148] Aber man muss die Akklamation auch für sich betrachten und diese hatte zuerst eine andere Bedeutung. Vermutlich war es die *Freude* über den Glauben, dass immer wieder jemand zur Gemeinde gefunden und diesen Glauben akzeptiert hat. Entscheidend war der Jubel und nicht die dogmatische und rechtliche Absicherung gegen Abweichungen einzelner Mitglieder oder ganzer Hausgemeinden. [149] Dann wäre der Sinn der Akklamation in Verbindung mit πίστις: *einmalig, großartig, wunderbar,* auch dies mit inklusiver und integrativer Bedeutung.

Das trifft auch für das dritte Glied der Akklamation ἕν βάπτισμα zu. Weithin ist die Deutung wie R. SCHNACKENBURG formuliert „die Taufe ist Ursprung und Manifestation der kirchlichen Einheit"[150] akzeptiert. Tatsächlich wurde diese Eph-Stelle in der Kirchengeschichte zu einem der wichtigsten Texte, die die Verbindlichkeit und Einheitlichkeit der Taufe und des Glaubens voraussetzen.[151] Jedoch ist dieser Sinn für die ursprüngliche Akklamation in Frage zu stellen. Wahrscheinlich wird die christliche Taufe auf κύριος Ἰησοῦς Χριστός verteidigt gegenüber anderen Taufpraxen. Denn es gab zumindest im syrischen Raum noch die Johannesjünger, die die Bußtaufe praktizierten. Darüberhinaus kannten Juden und andere religiöse Gruppierungen, Waschungen und Taufrituale.[152] Ob diese Riten alle βάπτισμα genannt wurden, sei dahingestellt. Aber Ähnlichkeiten können nicht geleugnet werden. Von daher ist eine Abgrenzung gegen andere Taufverständnisse denkbar.[153]

Denkbar ist auch, dass mit der Akklamation auf die Taufe ein *freudiges Lob* der Bekehrung und des Entschlusses zur Taufe ausgesprochen wurde. Die Freude war schon angedeutet mit der Berufung bzw. mit dem enthusiastisch vorgetragenen: ἐκλήθητε ἐν μιᾷ ἐλπίδι τῆς κλήσεως ὑμῶν. Der Sinn ist: gelobt sei jeder, der sich von den Götzen abwendet und dem einen

---

[148] „Aber es gibt nur einen Glauben im Sinn des Glaubensgutes, den alle in je eigenen und jeweiligen Glaubensvollzug ergreifen und bewahren müssen, um so in der Einheit des Glaubens zu stehen. Glaube im Sinn des Glaubensvollzuges ist bei Paulus Annahme und Aufnahme des einen gemeinsamen vorgegebenen und vorgelegten Glaubens, der Homologia ..." H. SCHLIER, Der Brief an die Epheser, [1]1957, 188.

[149] Auch U. LUZ, ebd., 154, weist schon bei der Auslegung des V. 4 diese Auffassung zurück: „der Gedanke, die Einheit der Kirche etwa durch einen Minimalkonsens über die rechte Lehre oder durch organisatorische Maßnahmen erst herstellen zu wollen, liegt hier fern. Die Einheit der Kirche ist vielmehr vorgegeben, weil sie allein von Gott her kommt".

[150] R. SCHNACKENBURG, ebd., 163.

[151] Vgl. R. SCHNACKENBURGS Zusammenfassung der Stelle 4,4–6, ebd., 171.

[152] Der Ursprung der Mandäer weist auf jene Zeit, wie auch M. FRANZMANN, Art. Mandäismus, RGG⁴ 5 (2002), Sp. 726, ausführt: „die Forschung unterstützt mehrheitlich die These, dass der Ursprung des Mandäismus möglicherweise in einer synkretistischen jüd. Täufersekte in syr.-paläst. Ostjordanland, der rel. Umwelt des Johannesevangeliums oder der Oden Salomos zu suchen ist, und der M. außerdem von gnost. und ir. Gedankengut beeinflusst wurde."

[153] Auch U. LUZ, ebd., 154, vertritt in aller Vorsicht diese Auffassung.

wahren Gott zuwendet. So wäre *Dank und Jubel* der Gemeinde das wesentliche Motiv für die Taufakklamation. Folglich würde ihr keine exklusive Bedeutung zukommen, sondern eine inklusive und integrative. Die kirchenpolitische „Manifestation der kirchlichen Einheit" (R. SCHNACKENBURG) würde für die ursprüngliche Akklamation entfallen.

Das siebte und höchste Kennzeichen des gemeinsamen Glaubens ist das Lob Gottes selbst. „Damit überschreitet der Verf. den Horizont des Taufgeschehens und setzt von sich aus einen Gedanken hinzu, der seiner theozentrischen Denkweise entspricht."[154] Die Akklamation erfolgt in der dem hellenistischen Judentum vertrauten Form, die wieder Dtn 6,4 und Mal 2,10 kombiniert εἷς θεός καὶ πατήρ, wobei wie meistens nach einer Einzigkeitsformel eine πάντα-Aussage folgt: πατήρ πάντων, im Sinne von Schöpfer. Schließlich wird die Gottesakklamation noch einmal mit einer triadischen Allmachtsformel versehen: ὁ ἐπὶ πάντων καὶ διὰ πάντων καὶ ἐν πᾶσιν. Zwar erinnert diese Formulierung an stoische πάντα-Aussagen, aber es wird schon mit der ersten Präposition ein Unterschied markiert: Gott steht *über* allem.[155]

Zusammenfassend lässt sich festhalten, dass alle εἷς-Prädikate in Eph 4,4–6 eine inklusive Bedeutung gewinnen, selbst wenn sie als einzelne zuvor eine exklusive Bedeutung hatten. Ziel jeder dieser Akklamationen ist es, die Einheit der Kirche einzuprägen. Daher können diese Formeln auch *integrativ* bezeichnet werden.

Ein Friedenswunsch: Kol 3,11.15
Auch Kol, der mit größter Wahrscheinlichkeit vor dem Eph geschrieben wurde und auf den der Verfasser des Eph mehrfach zurückgreift,[156] beschreibt die Einheit der Kirche in freier Anlehnung an Paulus, indem er den Begriff des *einen Leibes* aufnimmt. Jedoch baut er darauf nicht weiter auf, der Begriff σῶμα wird nur zweimal verwendet, in 2,17 und 3,15. Letzterer Vers ist als Friedenswunsch gestaltet, wie er häufig beim Abschluss eines Briefes geäußert wird – und mit Hervorhebung der Einzigkeit.

| Kol 3,15 καὶ ἡ εἰρήνη τοῦ Χριστοῦ βραβευέτω ἐν ταῖς καρδίαις ὑμῶν, εἰς ἣν καὶ ἐκλήθητε ἐν ἑνὶ σώματι· καὶ εὐχάριστοι γίνεσθε | In eurem Herzen herrsche der Friede Christi; dazu seid ihr berufen als Glieder des *einen* Leibes. Seid dankbar! (E) |

---

[154] R. SCHNACKENBURG, ebd., 169.
[155] Für die Herkunft dieser Allmachtsformel wird einerseits auf stoische Texte verwiesen, andererseits wegen der wörtlichen Übereinstimmung auf einen Text von Diogenes von Apolonia (vermutlich 5. Jh. v.Chr.), der diese Terminologie jedoch auf die Luft angewandt hatte.
[156] U. SCHNELLE, Einleitung in das Neue Testament, 345 und 350.

Neu und im NT singulär ist die Formel εἰρήνη τοῦ Χριστοῦ.[157] Der Friede, der mit Christus kam, sorgt für den Zusammenhalt der bunt zusammengesetzten Gemeinde, den Ausgleich von Spannungen im Inneren und Homogenität nach Außen. Inhaltlich baut er auf der Versöhnung auf (2Kor 5,19), ein Privileg der Christen, der „Berufenen", die sich in der Ethik nach Außen zeigen muss, wie die anschließende Paränese beweist. Die Mahnung ist bereits der Anfang des Briefschlusses und deshalb sind feierliche Formulierungen verwendet.

Deshalb trifft für ἐν ἑνὶ σώματι eine *inklusive Bedeutung zu, mit eschatologischer Tendenz,* denn es wird erwartet, dass der Friede, der von Christus kommt, an Macht gewinnt und schließlich siegt. Der Text hat auch eine *doxologische Komponente.*

In Kol 3,11 dagegen war die Einheit im Anschluss an Gal 3,28 definiert.[158] Dabei wurde nicht die Einzigkeitsformel, sondern eine πάντα-Formel verwendet: ἀλλὰ τὰ πάντα καὶ ἐν πᾶσιν Χριστός.

Jak 2,19: Das populäre Bekenntnis

Der Jak ist dafür bekannt, dass er wohl in der dritten Generation der Christenheit, etwa zu Beginn des 2. Jh. n.Chr. gegen ein faules Christentum schreibt, in dem die Worte nicht mehr mit den Taten übereinstimmen. Jak drängt auf echte Taten der Liebe und warnt vor Heuchelei und Selbstbetrug. In diesem Zusammenhang der Polemik heißt es:

Jak 2,19 σὺ πιστεύεις ὅτι εἷς ἐστιν ὁ θεός, καλῶς ποιεῖς· καὶ τὰ δαιμόνια πιστεύουσιν καὶ φρίσσουσιν	Du glaubst: Es gibt nur den *einen Gott.* Damit hast du recht; das glauben auch die Dämonen und sie zittern. (E)

Es ist das einzige Mal im NT, dass Dtn 6,4 in einem ironischen Zusammenhang gebraucht ist. Der potenzielle Gesprächspartner von V. 18 wird mit seinem knappen Glaubensbekenntnis zitiert, das aber gegen ihn selbst gewendet wird.

Der Sinn ist folgender: auch die niederen Gottheiten, die Dämonen, wissen, dass es einen mächtigen Gott über ihnen gibt. Sie zittern, weil die Gefahr besteht, dass ihnen von dem großen Gott jederzeit ihr kleiner Herrschaftsbereich genommen werden kann.[159] Es handelt sich um eine Rede-

---

[157] Vgl. E. LOHSE, Die Briefe an die Kolosser und an Philemon, 214.

[158] E. LOHSE betont, ebd., 209, dass mit dieser Formel die kosmische Herrschaft gemeint sei. „Seine Herrschaft umgreift alles. In ihm ist daher die Einheit der neuen Menschheit begründet, die πάντες εἰς ἓν σῶμα getauft wurden ... und darum εἰς ἓν Χριστῷ Ἰησοῦ (Gal 3₂₈) sind."

[159] In diesem Sinne interpretiert auch CH. BURCHARD, Der Jakobusbrief, 124: „eher ein Stück Gottes- oder Schöpfungslehre als Dämonologie."

wendung, die daran erinnert, dass lokale Gottheiten und Kulte nur sehr begrenzte Rechte haben. Das „Zittern" bekommt insofern eine Bedeutung, als der Gesprächspartner, der dieses Allerweltsbekenntnis daherredet, doch letztlich das Zittern vor dem großen Gott erfahren wird, denn er spricht von Gott ohne zu wissen, wovon er redet. Das *populäre* Bekenntnis wird *ironisiert* und nur durch den Hinweis auf die Angst zu einer ernsthaften Sache.[160]

Jak 4,12: Einer nur ist Richter

Einem Abschnitt im letzteren Teil des Jak, in 4,1–10, der mit geradezu prophetischem Zorn geschrieben, der voller Fragen, Vorwürfe und Anklagen ist, folgt ein fast milder Abschluss, eine Paränese V. 11, in der die Funktion des Gesetzes sehr hoch gehalten wird. Es wird dringend davor gewarnt, sich selbst über das Gesetz zu stellen und Richter sein zu wollen. Diesen Gedankengang beschließt Jak mit einer Formel, die auf traditionelle Motive zurückgreift, schroff einen Gegensatz herausarbeitet und dabei Gott hoch über jeden Menschen stellt. V. 12a enthält mehrere traditionelle Begriffe, wie CH. BURCHARD nachgewiesen hat.[161]

Jak 4,12 εἷς ἐστιν ὁ νομοθέτης καὶ κριτὴς ὁ δυνάμενος σῶσαι καὶ ἀπολέσαι· σὺ δὲ τίς εἶ ὁ κρίνων τὸν πλησίον	Nur *einer* ist der *Gesetzgeber* und *Richter*: er, der die Macht hat, zu retten und zu verderben. Wer aber bist du, daß du über deinen Nächsten richtest? (E)

Die Argumentation ist zwar mit der Einzigkeitsformel eingeleitet, aber sie hätte genauso gut mit der Alleinanspruchsformel gestaltet werden können: Gott *allein* ist der Gesetzgeber und Richter![162] Um diese Vollmacht zu unterstreichen, folgt eine Prädikation: ὁ δυνάμενος σῶσαι καὶ ἀπολέσαι, eine Paraphrasierung von Dtn 32,39. Hier besitzt die Einzigkeitsformel weder eine doxologische noch liturgische Bedeutung, aber es gilt das jüd. Gottesverständnis, wo Christus keinen Platz hat. Es ist der *exklusive,* aus dem Judentum stammende Gebrauch, hier angewandt auf Gott als Richter.

Der Verfasser des Jak sagt hier das Gegenteil von dem, was Paulus in Gal 3,19.20 geschrieben hatte. Paulus hatte sich bemüht darzustellen, dass Gott mit der Gesetzgebung nichts zu tun hat und nur die Engel dafür verantwortlich sind. Hier aber wird Gott wieder als der Gesetzgeber gepriesen.

---

[160] Ob damit eine Anspielung auf die in Mk 5,1–17par überlieferte Geschichte von dem besessenen Gerazener erfolgt, ist schwer auszumachen. Wie W. SCHRAGE, Der Jakobusbrief, 11, und W. POPKES, Der Brief des Jakobus, 33, feststellen, liegt bei Jak ein besonderes Verhältnis zum Mt vor, dort sind an mehreren Stellen die Austreibungen von Dämonen erwähnt.

[161] CH. BURCHARD, Der Jakobusbrief, 180.

[162] Die Einheitsübersetzung hat dies treffend durch Einfügung eines *nur* ausgedrückt.

Das zeigt, wie sehr Jak von jüd. Vorstellungen geprägt ist und dass diese Gedanken auch in der Kirche weiter wirkten.

1Tim 1,17: Eine Doxologie
Der Abschnitt 1Tim 1,12–16 will wie in einer autobiografischen Notiz die besondere Berufung des Verfolgers (Saulus-Paulus) für das Apostelamt geben. Mit überschwänglichen Worten wird die Gnade gepriesen, die Christus an ihm erwiesen hat. Diesen Dank für die erfahrene Barmherzigkeit beschließt 1Tim 1,17 mit einer Doxologie, die ausschließlich an Gott gerichtet ist. Sie ist in drei Stufen aufgebaut und schließt so wie die erste Zeile endet, mit dem Lob Gottes, der in aller Ewigkeit herrscht.

Τῷ δὲ βασιλεῖ τῶν αἰώνων .	Dem König aller Zeiten
ἀφθάρτῳ ἀοράτῳ	dem unvergänglichen und unsichtbaren
μόνῳ θεῷ	*einzigen Gott*
τιμὴ καὶ δόξα	sei Ehre und Herrlichkeit
εἰς τοὺς αἰῶνας τῶν αἰώνων, ἀμήν.	für alle Ewigkeit. Amen.

Nach der Anrede mit Titeln, die aus der jüd. Tradition[163] kommen, folgen zwei Prädikate aus der hell. Welt, die die Unvergleichlichkeit Gottes beschreiben, ähnlich wie griech. Götterhymnen. Als weitere Steigerung wird schließlich μόνος θεός verwendet, bevor die Doxologie mit feierlichen Wendungen abgerundet wird. Die Alleinanspruchsformel wird mit Äonen-Formel verbunden. Beides weist auf den hebr. Ursprung hin.
Wie in der Synagoge üblich beschließt ein Amen die Doxologie. Es ist denkbar, dass die ganze Formel so im hell. Judentum benützt und in den christlichen Gemeinden weiter verwendet wurde.[164] Aber es besteht auch die Möglichkeit, dass 1Tim sie erst geschaffen hat. Es ist offensichtlich dass der Verfasser aus judenchristlichem Milieu kommt und bemüht ist, die Kirche vor Irrglauben und Verfall zu bewahren. Aus dieser *apologetischen* und defensiven Position heraus greift er zur Alleinanspruchsformel.

Christus der alleinige Herrscher: 1Tim 6,15–16
Ganz ähnlich findet sich die Alleinanspruchsformel in einer zweiten Doxologie, die wahrscheinlich einmal den Abschluss des Briefes gebildet hat.[165] Nach letzten eindringlichen Mahnungen an den Apostelschüler Timotheus,

---

[163] βασιλεύς τῶν αἰώνων – Jer 10,10 und Tob 13,7.11. Im NT nur noch in Apk 15,3.
[164] Vgl. L. OBERLINNER, Die Pastoralbriefe, 47.
[165] G. HOLTZ, Die Pastoralbriefe, 145.

unbedingt dem Evangelium treu zu bleiben, setzt der Verfasser mit Blick auf die Parusie Christi zu einem großen Lobpreis in sieben Gliedern an. Dabei werden die Titel immer länger und überschwänglicher. Gleich zweimal erscheint die Alleinanspruchsformel in diesen Prädikationen. Der Aufbau kann graphisch verdeutlicht werden:

μακάριος	Seliger
μόνος δυνάστης	alleiniger Herrscher
ὁ βασιλεὺς τῶν βασιλευόντων	König aller Könige
κύριος τῶν κυριευόντων	Herr aller Herschenden
ὁ μόνος ἔχων ἀθανασίαν	allein die Unsterblichkeit besitzend
φῶς οἰκῶν ἀπρόσιτον	in unzugänglichem Licht wohnend
ὃν εἶδεν οὐδεὶς ἀνθρώπων	den kein Mensch gesehen hat
οὐδὲ ἰδεῖν δύναται ἀμήν	noch je sehen kann. Amen.

Hier finden sich weniger Titel aus der jüd. Tradition, sondern mehr aus der hell. Welt, Superlative, die Gottes einzigartige Macht preisen, wie auch viele jüd. Schriften der hell.-röm. Zeit zu solchen Häufungen neigen. Gottes Unvergleichlichkeit und Unerreichbarkeit wird hervorgehoben – und damit auch seine Ferne. Der zweimalige Gebrauch der Alleinanspruchsformel in einem sehr exklusiven Sinn ist weit weg vom Geist der Paulusbriefe und des Eph, die die Nähe Gottes in Christus ständig betonen. Es ist gut erkennbar, dass der 1 Tim aus Sorge um den Erhalt der Kirche heraus argumentiert und diese Machtformeln *polemisch* gebraucht.

Nur ein Gott und Mittler: 1 Tim 2,5–6

Angesichts solcher Verwendung der Alleinanspruchsformel am Beginn und Schluss des 1 Tim in markanten Doxologien (1,17 und 6,15.16) erstaunt es, im Mittelteil gleich zweifach die Einzigkeitsformel zu finden. Sie stehen in einem Abschnitt, der daran erinnert, regelmäßig zu beten, für alle, auch für die Regierung. Die Überleitung in V. 3 dient dazu, dieses Gebet für die eher ungeliebten Herrscher zu begründen, denn auch ihnen soll die „Wahrheit" nicht vorenthalten werden. Danach folgt unvermittelt eine zweifache Akklamation, beginnend mit εἷς θεός und parallel dazu εἷς μεσίτης, der als Mensch beschrieben und mit dem Namen Jesus Christus bezeichnet ist.

1 Tim 2,5–6	Denn: *Einer ist Gott, Einer auch Mittler*
εἷς γὰρ θεός, εἷς καὶ μεσίτης θεοῦ καὶ	zwischen Gott und den Menschen: der
ἀνθρώπων, ἄνθρωπος Χριστὸς Ἰησοῦς,	Mensch Christus Jesus, der sich als
ὁ δοὺς ἑαυτὸν ἀντίλυτρον ὑπὲρ πάντων,	Lösegeld hingegeben hat für alle, ein
τὸ μαρτύριον καιροῖς ἰδίοις	Zeugnis zur vorherbestimmten Zeit. (E)

Wie Gal 3,19f beweist, hatte Mose als *der* Mittler gegolten. Jetzt aber wird diese Prädikation auf Jesus Christus übertragen, vgl. Hebr 8,6. Wenn er als der einzige Mittler zwischen Gott und Menschen anerkannt ist, ist Mose und sein Gesetz abgewertet und das Gesetz Jesu, das Liebesgebot, an dessen Stelle getreten. Die Einzigkeitsformel hat hier eine *exklusive Bedeutung*.[166]

Aus einem Ursprung: Hebr 2,11

In Hebr 2,11 steht eine Einzigkeitsformel zusammen mit einer πάντα-Formel ἐξ ἑνὸς πάντες, eine kurze dicht gedrängte Botschaft, die aber vorbereitet und nur aus dem Kontext zu verstehen ist. Schon in den ersten Zeilen des Hebr wird der „Sohn" als Erbe über alles (oder: alle, oder: das All) in den Mittelpunkt gestellt, seltsamerweise ohne seinen Namen zu nennen. Hebr 1,4 preist sogar seinen hohen Namen, nennt ihn aber nicht. Auch im anschließenden Abschnitt 1,5–14, in dem die *Funktion des Sohnes* im Vergleich mit den Engeln behandelt wird, wird seine besondere Rolle – immer noch namentlich nicht genannt! – mit Hilfe ausführlicher Schriftzitate hervorgehoben. Erst in 2,9 wird fast wie beiläufig knapp sein Name genannt: Jesus – und zugleich wird seine menschliche irdische Seite betont, d.h. sein Leiden und Sterben, was aber in der Deutung des Hebr nicht Erniedrigung, sondern Krönung und Ehre bedeutet.

In 2,10 beginnt zwar eine neue Argumentation, aber immer noch umkreisen die Gedanken des Verfassers diesen namentlich nicht benannten Sohn. V. 10 beschreibt unter Verwendung von πάντα-Formeln geradezu geheimnisvoll das Handeln des Einen[167] an dem „Anführer des Heils" ἀρχηγός τῆς σωτηρίας, der durch Leiden zur Vollkommenheit geführt wird. Weder der Begriff des Vaters oder des Sohnes ist in V. 10 verwendet, geschweige denn Gott oder Christus. Wohl aber ist ein anderer Begriff neu eingeführt: *viele Söhne*, die zur δόξα geführt werden. Während der Eine (Gott) mit hellenistisch-philosophischer Terminologie δι' ὃν τὰ πάντα καὶ δι' οὗ τὰ πάντα ehrfürchtig umschrieben wird, wird Letzterem (Christus) eine rettende Definition beigelegt: ὁ ἀρχηγός τῆς σωτηρίας. Aber auch die Auswirkung auf die *Söhne*, die vielen – nicht alle! – ist von öffentlicher Bedeutung: die δόξα, die ehrenvolle Stellung in der Polis,[168] im Gegensatz zu den Sklaven, d.h. die oft armen Mitglieder der Ekklesia, seien es Sklaven oder

---

[166] Die der Einzigkeitsformel üblicherweise folgende Allmachtsformel ist in diesem Fall mit dem Sühnetod begründet: Christus ist das Lösegeld für *alle*.

[167] O. MICHEL, Der Brief an die Hebräer, 150, nennt es eine „verhüllende Umschreibung Gottes".

[168] R. JEWETT, Romans, 49f, betont, dass das gesamte öffentliche Leben im Imperium Romanum um diesen Begriff der Ehre aufgebaut war.

Freigelassene, waren in den Augen des Verfassers ehrenvoll anzusehen wie Vollbürger. Für die *Söhne* (= Christen) besitzt δόξα jedoch auch eine eschatologische Bedeutung.

Hebr 2,10–11	Denn es war angemessen, daß Gott, *für*
ἔπρεπεν γὰρ αὐτῷ, δι' ὃν τὰ πάντα καὶ	*den* und *durch den* das All ist und der
δι' οὗ τὰ πάντα, πολλοὺς υἱοὺς εἰς	viele Söhne zur Herrlichkeit führen
δόξαν ἀγαγόντα τὸν ἀρχηγὸν τῆς	wollte, den Urheber ihres Heils durch
σωτηρίας αὐτῶν διὰ παθημάτων	Leiden vollendete.
τελειῶσαι	Denn er, der heiligt, und sie, die gehei-
ὅ τε γὰρ ἁγιάζων καὶ οἱ ἁγιαζόμενοι	ligt werden, stammen alle *von Einem* ab;
ἐξ ἑνὸς πάντες· δι' ἣν αἰτίαν οὐκ	darum scheut er sich nicht, sie Brüder
ἐπαισχύνεται ἀδελφοὺς αὐτοὺς καλεῖν	zu nennen. (E)

In V. 11 begründet der Verfasser dieses Handeln Gottes und geht noch einen Schritt weiter. Er bezeichnet diejenigen, die zur δόξα geführt werden, nicht nur als Söhne, sondern als Brüder.[169] Er betont diesen Schritt der Solidarität ausdrücklich: *er schämt sich nicht,* sie sogar Brüder zu nennen. Aber wer? Er ist immer noch nicht genau genannt und bleibt nur angedeutet: ἐξ ἑνός.[170] Das scheint eine Anlehnung an Röm 5 zu sein, wo diese Genitivformulierung dominiert, denn wahrscheinlich war dem Verfasser des Hebr der Röm bekannt.[171] Diese wohl aus dem Semitischen stammende grammatikalische Eigenheit[172] scheint auch schon vertraut und liturgisch akzeptiert zu sein. O. MICHEL hält diese Formulierung für eine palästinisch-semitische Prägung.[173] Die Funktion des Sohnes wird nun mit einem neuen Begriff umschrieben: ἁγιάζειν.

Das vorläufige Verschweigen des Namens des so reichlich gepriesenen Sohnes, der ἐξ ἑνὸς abstammt, ist ein geschicktes literarisches Motiv. Die Zurückhaltung des Namens soll denen, die ihn schon längst kennen,[174] noch einmal, wie am Anfang Spannung vermitteln, dabei auch die besondere Herkunft des Sohnes mitteilen. Insofern trifft die Bezeichnung Kunstliteratur[175] auf den Hebr wirklich zu. Es scheint, dass mit diesen eigenartigen Andeutungen eine Einladung ausgesprochen wird, sich den „Söhnen" (=

---

[169] O. MICHEL, ebd., 148, vermutet „πολλοὺς υἱοὺς εἰς δόξαν ἀγαγόντα dürfte tatsächlich ein ‚Epitheton Gottes' sein, und zwar der palästinisch-urchristlichen Theologie."

[170] O. MICHEL, ebd., 150, bemerkt: „im ganzen Abschnitt 2,5ff findet sich eine seltsame Art, über Gott nur verhüllend zu sprechen, die man nicht verkennen darf."

[171] U. SCHNELLE, Einleitung, 414.

[172] Vgl. F. BLASS/A. DEBRUNNER/F. REHKOPF, Grammatik, § 4, 5, Anm. 5.

[173] O. MICHEL, ebd., 150.

[174] Vgl. O. MICHEL, ebd., 34.

[175] So O. MICHEL, ebd., 23.

Christen, so auch Röm 8,19.29; Hebr 12,5f) anzuschließen, um an einem großen Erbe (δόξα) Anteil zu bekommen. Neben der eschatologischen Verheißung wird den Söhnen die Zusage zuteil, dass sie, wie der Sohn, in Wahrheit ἐξ ἑνός, ebenfalls von Gott sind.[176]

Dieses ἐξ ἑνός ist eine betonende Fortsetzung der präpositionalen Ausdrücke in V. 10 δι' ὅν (τὰ πάντα) und δι' οὗ (τὰ πάντα). Jedesmal handelt es sich um eine aus dem Hellenismus bekannte Umschreibung Gottes.[177] Er selbst wird ehrfurchtsvoll verschwiegen. Gott war zwar in den Abschnitten zuvor mehrfach genannt, hier wird Er umkleidet.[178] Daher waren die πολλοί als *Söhne* und dann sogar als *Brüder* immer mehr hervorgehoben. Auch im nachfolgenden Abschnitt VV. 12–18 konzentriert sich die Argumentation mit Hilfe etlicher Psalmzitate auf die hohe Stellung der *Kinder*: sie sind von Gott selbst! *Das ἑνός bzw. dahinterstehende εἰς steht also für Gott,* eine ehrfurchtsvolle *doxologische* Umschreibung des Schöpfers.

Bezüglich der gemeinsamen Herkunft des Sohnes und der Söhne bzw. Brüder, gibt es unterschiedliche Auffassungen. Ob dahinter gnostische Vorstellungen stehen, wie E. KÄSEMANN[179] urteilt, ist sehr fraglich. Ziel des Gedankens ist nicht die Herkunft, sondern die gemeinsame Erfahrung des Sohnes und der Brüder – wohl auch Schwestern – im Leiden. Das ist, wie schon der Verfasser in V. 9 betont hatte, der Weg zur Vollkommenheit. So wird der Gedankengang in V. 18 damit beschlossen, dass er, der noch immer nicht namentlich bezeichnete ἀρχηγός τῆς σωτηρίας aufgrund seiner Leidenserfahrung anderen helfen kann, wenn sie versucht werden. Es ist H.-F. WEISS zuzustimmen: „und was die ‚Herkunftsbezeichnung‘ ἐξ ἑνός πάντες in V. 11 im Kontext im Blick hat, ist gar nicht in erster Linie die Herkunft bzw. Abstammung als solche, sondern die daraus notwendig erwachsende Schicksals- und Solidargemeinschaft im Leiden und im Versuchtsein im Leiden (V. 18).“[180] So gewinnt die Einzigkeitsformel hier, obwohl zunächst der alleinige Gott gemeint ist, doch eine *inklusive* Bedeutung.

Der Eine, der Auserwählte: Hebr 11,12

Im Gegensatz zur Verwendung des ἑνός anstelle der Gottesbezeichnung in 2,11 steht in 11,12 das ἑνός für einen Menschen, Abraham. Denn innerhalb

---

[176] E. GRÄSSER, An die Hebräer, 135f, kommt in dem Exkurs über ἑνός πάντες zu dem Schluss, dass es sich um den Begriff einer „ursprünglichen Verwandtschaft" handelt.

[177] O. MICHEL, ebd., 143: eine „besondere Ehrfurchtsformel Gott gegenüber".

[178] „Die Gottesformeln bei Paulus und in Hebr entstammen einer alten griechisch-hellenistischen Tradition, sind also wieder auf dem Weg über die Synagoge ins Christentum gelangt." O. MICHEL, ebd., 147.

[179] E. KÄSEMANN, Das wandernde Gottesvolk, bes. 156. Es war dieser Vers in Hebr 2,11, der der Schlüssel für die gnostische Interpretation Käsemanns wurde, die aber heute weitgehend abgelehnt wird.

[180] H.-F. WEISS, Der Brief an die Hebräer, 213.

der Aufzählung alter Glaubenszeugen in Kap. 11 wird auch Abraham gerühmt und seine Frau Sara.[181]

Hebr 11,12	So stammen denn auch von *einem*
διὸ καὶ ἀφ᾽ ἑνὸς ἐγεννήθησαν, καὶ	*einzigen* Menschen, dessen Kraft bereits
ταῦτα νενεκρωμένου, καθὼς τὰ ἄστρα	erstorben war, viele ab: zahlreich wie
τοῦ οὐρανοῦ τῷ πλήθει καὶ ὡς ἡ ἄμμος	die Sterne am Himmel und der Sand am
ἡ παρὰ τὸ χεῖλος τῆς θαλάσσης	Meeresstrand, den man nicht zählen
ἡ ἀναρίθμητος	kann. (E)

Während Abraham in 11,8–10 zunächst nur dafür gelobt wird, dass er der
Verheißung gefolgt und in ein fremdes Land gezogen ist, wird erst mit
Saras Erwähnung das Thema auf die Nachkommenschaft gelenkt. V. 12
preist Abraham – jedoch allein, weil er trotz seines hohen Alters einen Sohn
bekam. Sara ist sprachlich nicht berücksichtigt: die Nachkommen gelten als
seine Nachkommen. Vielmehr setzt der Text (Sara und Isaak überspringt-
gend) V. 11 gleich mit der bewundernden, doch verschlüsselten Feststellung ein: διὸ καὶ ἀφ᾽ ἑνὸς ἐγεννήθησαν/so viele stammen von Einem ab, so
zahlreich wie ... Hier ist Abraham gemeint. „Das uralte Gesetz von dem
‚Einen' (εἷς), der am Anfang der langen Reihe steht (πολλοί), wird auch in
Abraham lebendig."[182] Jedoch ist zu beachten, dass mit dem Samen Abrahams nicht nur die Nachkommen Isaaks gemeint sind, sondern auch die
Ismaels, sowie die Nachkommen der späteren Frauen Abrahams. So wird
durch den Begriff ἀφ᾽ ἑνός die Öffnung zur Völkerwelt vollzogen.

Die verschleiernde feierliche Sprache semitischen Ursprungs mit dem geradezu
liturgischen Genitiv lässt hinter Abraham auch Gott ahnen. Jedenfalls wird der Eine
der Menge der Nachkommen entgegengesetzt. Die sprachliche und sachliche Nähe zu
Röm 4 und 5 erlaubt den Schluss, dass dem Verfasser des Hebr der Röm bekannt
war.[183] Der Begriff ἑνός bzw. εἷς steht für einen hervorgehobenen Menschen, der
zuweilen auch der Freund Gottes genannt wird, der Vater des Volkes Israels und der
Vater der Glaubenden. Die Einzigkeitsformel hat zwar noch eine *exklusive Bedeutung*
(nur Abraham), aber mit *inklusiver Tendenz*. Im Übrigen vermeidet der Hebr, obwohl
er vielfach das AT zitiert, die Alleinanspruchsformel, ein Zeichen dafür, wie sehr er
sich den Heidenchristen zuwendet. Stattdessen benützt er gut hellenistisch einige
Male das Gottesprädikat ζῶντος in 3,12; 9,14 und 10,31. Selbst in 6,1, wo die Grundlage der Lehre beschrieben wird, die der Verfasser des Hebr nun nicht wiederholen

---

[181] Im Väterlob Sir 44,20ff wird nur Abraham ohne Sara genannt und der Gedanke des Bundes
und die große Nachkommenschaft hervorgehoben. Insofern liegt eine Anknüpfung an diese Stelle
nahe.

[182] O. MICHEL, ebd., 397.

[183] H.-F. WEIß, ebd., 86, und U. SCHNELLE, Einleitung, 412. Beide Verfasser betonen jedoch,
dass es sich hier nur um eine begriffliche Nähe handelt und nicht die Aufnahme paulinischer
Theologie.

will, ist eher vorsichtig nur „der Glaube an Gott" genannt, obwohl hier eine präzisere Bezeichnung, der Glaube an *einen* Gott, mit εἰς oder μόνος formuliert, zu erwarten gewesen wäre.

Christus der einzige Herrscher: Jud 4

In dem kurzen Judasbrief wird die Alleinanspruchsformel zweimal, während die Einzigkeitsformel überhaupt nicht verwendet wird. Von diesen beiden Belegen der Alleinanspruchsformel bezieht sich die eine auf Jesus Christus, die andere auf Gott. Es ist eine Frage, ob es auch einen Zusammenhang zwischen den beiden Stellen gibt.

Jud 4	Denn es haben sich einige Leute einge-
παρεισέδυσαν γάρ τινες ἄνθρωποι,	schlichen, die schon seit langem für das
οἱ πάλαι προγεγραμμένοι εἰς τοῦτο	Gericht vorgemerkt sind: gottlose Men-
τὸ κρίμα, ἀσεβεῖς, τὴν τοῦ θεοῦ ἡμῶν	schen, die die Gnade unseres Gottes
χάριτα μετατιθέντες εἰς ἀσέλγειαν καὶ	dazu mißbrauchen, ein zügelloses Leben
τὸν μόνον δεσπότην καὶ κύριον ἡμῶν	zu führen, und die Jesus Christus, unse-
Ἰησοῦν Χριστὸν ἀρνούμενοι	ren *einzigen Herrscher und Herrn,*
	verleugnen. (E)

V. 4 gehört zur Exposition des Briefes, der den Anlass für das Schreiben darlegt: gewisse Leute, die wohl noch zur Gemeinde gehören, die er als gottlos bezeichnet, hätten sich eingeschlichen und Schaden eingerichtet. Ihnen werden zwei Vorwürfe gemacht, die Missachtung der Gnade Gottes und die Leugnung von Jesus Christus. Das hohe Ansehen von Jesus Christus wird mit dem zweifachen Titel δεσπότης und κύριος unterstrichen und beides mit dem vorangestellten Prädikat μόνος betont. Die Stelle verdient besondere Beachtung, weil es der einzige Beleg im NT ist, wo die Alleinanspruchsformel mit Christus verbunden ist.

Der Titel δεσπότης wurde in Verbindung mit der Alleinanspruchformel von Josephus sowohl in Bell 7,40, wie in Ant 18,23 benützt, um die Überzeugung der Zeloten zu beschreiben. Darüber hinaus ist bei ihm δεσπότης (ohne μόνος oder εἰς) eine geläufige Anrede im Gebet (ca. 25mal). Auch 1Clem gebraucht die Anrede im Gebet sehr häufig.[184] Alle drei Schriften wurden etwa im gleichen Zeitraum verfasst, die von Josephus etwas früher, 1Clem etwas später. Dies ist kein Beweis für eine sprachliche Abhängigkeit voneinander, sondern lediglich dafür, dass δεσπότης als Bezeichnung für

---

[184] A. VÖGTLE, Der Judasbrief/Der 2. Petrusbrief, 28.

einen obersten Herrn und Gott am Ende des 1. Jh. n.Chr. sehr geläufig war.[185]

Die übergeordnete Stellung Jesu lässt sich auch aus dem Brief selbst entnehmen, wenn in V. 21 Jesus als der Ursprung der Liebe und Barmherzigkeit gepriesen wird. Verwunderlich ist, dass die Alleinanspruchsformel, die sonst Gott vorbehalten war, hier auf Christus angewandt wird. Dies ist ein Hinweis darauf, dass Christus Ende des 1. Jh. schon so sehr erhöht ist, dass es möglich ist, ein Prädikat, das bis dahin Gott vorbehalten war, mit ihm zu verbinden. Dennoch, so betont A. VÖGTLE, kann „von einem festgelegten Sprachgebrauch kaum die Rede sein".[186] A. VÖGTLE sieht den Sprachgebrauch von δεσπότης in Jud dadurch veranlasst, dass wie in 2 Petr 2,1 an den Loskauf gedacht ist und daher auch die „Dissidenten, die (wie wir alle) als von Jesus Losgekaufte unter dem Vorbehalt seines Eigentumsrechts stehen".[187]

Eine Frage bzgl. des Jud ist, ob sich Genaueres über den Irrglauben herausfinden lässt. Frühere Untersuchungsergebnisse lassen sich grob in zwei Gruppen unterteilen: 1. die Gegner seien Judenchristen, die die Rolle Jesu in irgendeiner Weise in Frage stellten, 2. später wurden zunehmend gnostische Motive verantwortlich gemacht, die Jesus spiritualisierten.[188] Beide Richtungen bleiben jedoch in ihren Ergebnissen vage und spekulativ.

Auf etwas festere Grundlage hat R. HEILIGENTHAL die Bewertung des Jud gestellt. Er betont, dass Jud nicht nur einen Zusammenhang mit der *Henoch*-Literatur erkennen lässt, sondern geradezu ein Teil dieser sehr verbreiteten Schriften ist.[189] So schließt er, dass Jud mit der Leugnung der Engellehre auch die Christologie gefährdet sieht.[190] Dem gegenüber behauptet Jud mit der Formel μόνος Ἰησοῦς Χριστός, dass dieser für ihn höchsten Rang hat. Zweifellos stand der Name Jesu Christi im Mittelpunkt des Kultus. Gegner aber bezweifelten die Rolle der Engel und damit wohl auch die von Jesus Christus. So fühlte der Verfasser den ganzen Glauben bedroht. Es wird eine ungelöste Frage bleiben, ob Jud seine Gegner richtig eingeschätzt oder ob er übertrieben, ob er pauschale Vorwürfe oder Verleumdungen der Gegner vorliegen. Die Stelle belegt jedenfalls, dass es möglich war, von „Jesus Christus allein" zu reden, wie man es von Gott getan hatte. Die Formel selbst hat eine jüd. Prägung, ist aber auf Christus

---

[185] Im ganzen NT wird der Begriff δεσπότης nur zehnmal verwendet, vorwiegend in späteren Briefen und zwar als ‚Besitzer' und ‚Herr' im Gegensatz zu ‚Sklaven'. K.H. RENGSTORF, Art. δεσπότης, ThWNT 2 (1935), 47. Für Gott wird er nur zweimal verwendet und zwar Lk 2,29 und Apg 4,24. Besondere Beachtung verdient 2 Petr 2,1, wo – ebenfalls bei der Beschreibung von Irrlehrern! – genau die gleiche Wendung auf Jesus Christus bezogen wird (δεσπότην ἀρνούμενοι). Da dieser Begriff δεσπότης in den frühen Schriften des NT kaum verwendet wird, ist dies ein Hinweis, dass dieser Titel aus dem Herrscherkult Ende des 1. Jh. n.Chr. an Bedeutung gewann.

[186] A. VÖGTLE, ebd., 28.

[187] A. VÖGTLE, ebd., 32.

[188] R. HEILIGENTHAL, Zwischen Henoch und Paulus, Studien zum theologiegeschichtlichen Ort des Judasbriefes, 4. – Es ist verwunderlich, dass Heiligenthal, obwohl er schon 1992 erschienen ist, bei Vögtle 1994 keine Berücksichtigung fand.

[189] R. HEILIGENTHAL, ebd., 9.

[190] R. HEILIGENTHAL, ebd., 104.

übertragen. Seine Ehre zu bewahren ist das leidenschaftliche Anliegen des Jud.[191] Deshalb verwendet er auch die zweifache Form δεσπότης καὶ κύριος. Sicher handelt es sich nicht um eine dogmatische Aussage, die Gott entthronen soll, sondern um eine *rhetorisch-scharfe Formulierung*, um die Gegner zurückzudrängen. Die Formulierung ist *apologetisch*, hat aber keinen exklusiven Charakter. Christus ist keineswegs an die Stelle Gottes gesetzt.

Doxologie: Jud 25

Die zweite Stelle in dem kurzen Brief, wo ebenfalls die Alleinanspruchs-formel verwendet wird, ist die Schlussdoxologie.

Jud 25	
μόνῳ θεῷ σωτῆρι ἡμῶν	*Dem alleinigen Gott*, unserem Retter
διὰ Ἰησοῦ Χριστοῦ τοῦ κυρίου ἡμῶν	sei durch Jesus Christus, unserem Herrn
δόξα μεγαλωσύνη κράτος καὶ ἐξουσία	Ehre, Hoheit, Macht und Gewalt
πρὸ παντὸς τοῦ αἰῶνος καὶ νῦν	vor aller Zeit und jetzt
καὶ εἰς πάντας τοὺς αἰῶνας, ἀμήν	und für alle Zeiten. Amen. (DS)

Diese hat in ihrer Grundform eine traditionelle Gestalt, wie sie im Judentum verwendet worden war. Wahrscheinlich existierte zuerst die rein jüd. Doxologie ohne die Christusformel, die später einfach hinzugefügt wurde. Die atl. Elemente, die Alleinanspruchs- und die Ewigkeitsformel sprechen für diese jüd. Herkunft. Es gibt hier auch keine πάντα-Formel, denn πᾶς ist nur adjektivisch gebraucht. Man kann also von einer gewissen Hellenisierung der jüd. Ewigkeitsformel sprechen. Schließlich wurde die bekannte Christus-Formel διὰ Ἰησοῦ Χριστοῦ τοῦ κυρίου ἡμῶν eingefügt. H. PAULSEN verweist auf mehrere urchristliche Parallelen und eine besondere Nähe zur Doxologie in Röm 16,25–27.[192] Mittelpunkt des Lobpreises ist das traditionelle Bekenntnis μόνος θεός,[193] dem die anderen preisenden Prädikate in Gestalt von Begriffen hinzugefügt werden. Die Struktur der Doxologie ist am Ende ähnlich der von 1Kor 8,6: dem alleinigen Gott wird Jesus Christus zur Seite gestellt. Über ihn läuft die Komunikation zu Gott, durch ihn wird gebetet, er gibt das Lob der Gemeinde weiter. H. PAULSEN[194] vermutet, dass

---

[191] Es ist paradox, dass diese zugespitzte Formulierung, die bei den Reformatoren mit *solus Christus* ein Grundsatz wurde, in einem ntl. Brief steht, der von Luther – ähnlich wie der Jakobus – als schwach eingestuft war. Vgl. R. HEILIGENTHAL, ebd., 1.

[192] H. PAULSEN, Der zweite Petrusbrief und der Judasbrief, 86.

[193] „Wenn Jud die Doxologie am μόνος θεός orientiert, so ist dies durch traditionsgeschichtliche Implikationen bestimmt: ob sich darüber hinaus noch eine Polemik gegen mögliche Gegner in der Hervorhebung des μόνος erkennen lässt, ist nicht mehr zu entscheiden, jedoch eher unwahrscheinlich." H. PAULSEN, ebd., 87.

[194] H. PAULSEN, ebd., 86f.

es sich bei der μόνος-Formel innerhalb der Doxologie nicht um eine polemische Aussage handelt, sondern eher um eine Gebetsformel mit dem Ziel, dass der alleinige Gott rettend eingreifen und die Jesus-Leugner verjagen möge. Aber auch dieser Gebetswunsch ist nicht frei von Polemik!

Den beiden Alleinanspruchsformeln in Jud ist – trotz unterschiedlicher Kontexte – eines gemeinsam, nämlich dass sie in einer *Position der Apologetik und Polemik* eingesetzt werden, sozusagen als Waffe gegen den Irrglauben.

Du allein bist heilig: Apk 15,4

In der letzten Schrift des NT, in Apk 15,4 findet sich die Formel: μόνος ὅσιος. Sie steht am Beginn des fünften Hauptteils der Apk, in einem Hymnus vor den großen Bildern und Visionen von der Ausgießung der sieben Zornesschalen. Der Hymnus 15,3b–4 enthält traditionelle Preisungen Gottes wie in den Psalmen, keinerlei Klagen, ausschließlich Gottes Macht wird besungen. „Der Inhalt des Liedes nimmt also bereits auf den endgültigen Sieg Gottes Bezug, von dem in der Darstellung der Offb. erst später die Rede sein wird."[195]

Apk 15,3b–4	Groß und wunderbar sind deine Taten,
μεγάλα καὶ θαυμαστὰ τὰ ἔργα σου,	Herr, Gott und Herrscher über die ganze
κύριε ὁ θεὸς ὁ παντοκράτωρ· δίκαιαι	Schöpfung. Gerecht und zuverlässig
καὶ ἀληθιναὶ αἱ ὁδοί σου, ὁ βασιλεὺς	sind deine Wege, du König der Völker.
τῶν ἐθνῶν·	Wer wird dich nicht fürchten, Herr, wer
τίς οὐ μὴ φοβηθῇ, κύριε, καὶ δοξάσει	wird deinen Namen nicht preisen? Denn
τὸ ὄνομά σου ὅτι μόνος ὅσιος,	*du allein* bist heilig: Alle Völker kom-
ὅτι πάντα τὰ ἔθνη ἥξουσιν καὶ	men und beten dich an; denn deine
προσκυνήσουσιν ἐνώπιόν σου, ὅτι τὰ	gerechten Taten sind offenbar gewor-
δικαιώματά σου ἐφανερώθησαν	den. (E)

Der Titel des Liedes wird als „Lied des Mose und des Lammes" bezeichnet. Die seltsame Zusammenstellung bedeutet wohl, dass das Lamm (Jesus Christus) ebenso wie Mose eine Befreiung vollbracht hat und nun ein Dankeslied gesungen wird Ex 15,11,[196] dort heißt es: *„Herr wer ist dir gleich unter den Göttern? Wer ist dir gleich, der so mächtig, heilig, schrecklich, lobenswert und wundertätig ist?"* Diese Motive kehren wieder im Lied der Apk. Möglicherweise bedeutet die Überschrift ᾠδὴ τοῦ ἀρνίου Lied *für* das

---

[195] E. LOHSE, Die Offenbarung des Johannes, 91.
[196] Vgl. H. GIESEN, Die Offenbarung des Johannes, 344.

Lamm, denn Christus (das Lamm) ist wohl mitgedacht, wenn auch nicht erwähnt.

Etwas ungewöhnlich ist der Aufbau dieses Liedes, denn die Anrede erfolgt erst in der zweiten und wieder in der vierten Zeile, dann folgen zwei rhetorische Fragen, die die Macht und Ehre beschreiben. Darauf folgt der wichtigste Satz oder Ruf des Liedes, wie eine Parole: *denn du allein bist heilig*/ὅτι μόνος ὅσιος. Dem folgt fast gesetzmäßig eine πάντα-Formel: es sind *alle Völker*, die niederfallen und anbeten werden.[197] „Der Inhalt des Hymnus ist nicht voll erfasst, wenn man ihn nicht in seinem Bezug zur bedrängten Gemeinde versteht, die aus ihm Zuversicht und Kraft schöpfen soll."[198] Die Alleinanspruchsformel deutet auf eine Verfolgung hin. Wie das Lied des Mose ein Siegeslied nach dem gelungenen Zug durch das Schilfmeer und der Rettung vor den Ägyptern war, so klingt hier die Sprache von Bedrohung, Kampf und Sieg an – der eschatologische Kampf Christi. Gewiß war es der Glaube jener bedrängten Gemeinde, dass das Eingreifen des alleinigen Gottes den Sieg über alle bringen *muss*. μόνος ὅσιος weist in die Zukunft und hat somit eine starke *eschatologische Bedeutung*. Was in Zukunft gilt, kann jetzt schon gefeiert werden. Daher ist das μόνος ὅσιος[199] wohl eine Akklamation *aus der Verfolgung* heraus. Die Verwendung der Alleinanspruchsformel beweist wieder die *polemische Position*.

Diese drei sind eins: 1Joh 5,8

Bei seinen Auseinandersetzungen mit den doketischen Gegnern, vermutlich Gläubigen, die wohl den erhöhten Christus verehren, aber den irdischen leugnen,[200] hält 1Joh das Leben Jesu entgegen, zumindest den Zeitraum seines Wirkens zwischen Taufe und Kreuzigung. Diese Zeitspanne bezeichnet er mit den Begriffen *Wasser* und *Blut*. Um die Richtigkeit und das Gewicht dieser Aussagen zu unterstreichen, führt er den *Geist* ein und nennt schließlich alle drei: Wasser, Blut und Geist wie Zeugen vor einem Gericht, die alle das gleiche Zeugnis geben: οἱ τρεῖς εἰς τὸ ἕν.

1Joh 5,8 τὸ πνεῦμα καὶ τὸ ὕδωρ καὶ τὸ αἷμα, καὶ οἱ τρεῖς εἰς τὸ ἕν εἰσιν	… der Geist, das Wasser und das Blut; und diese drei sind eins. (E)

---

[197] Allerdings gibt es auch andere atl. Motive, die mit hinein spielen, z.B. Dtn 32,4 und Dan 3,45.

[198] H. GIESEN, ebd., 345.

[199] Die Übersetzung von ὅσιος als *heilig* ist fragwürdig. Sie ist wohl durch die lateinische Version „quia solus pius est" beeinflusst. Der Sinn von ὅσιος ist vielmehr rechtmäßiges Verhalten in Sinne von πιστός: Gott ist treu und zuverlässig. Vgl. F. HAUCK, Art. ὅσιος, ThWNT 5 (1954), 488ff. – „Gott ist darin gerecht und fromm, dass er den verfolgten Gläubigen Recht schafft und Gericht an den Frevlern übt. Er und er allein ist der preiswürdige, vollkommen Tadellose, der unverkürzt und ungetrübt Gerechtigkeitssinn und Treue in sich trägt, der durch sein Tun Heil schafft." F. HAUCK, ebd., 491.

[200] U. SCHNELLE, Einleitung, 498 und 500.

Es liegt hier eine einfache Aussage vor, deren Sinn lautet, das Zeugnis dieser drei ist identisch „ἕν". Gemeint ist, dass Jesu irdischer Weg entscheidend war, eben jene Zeitspanne zwischen Taufe und Kreuzigung. Dem ἕν kommt eine *inklusive* Bedeutung zu. – Eine andere Interpretation meint dagegen, dass mit Wasser und Blut die Sakramente Taufe und Herrenmahl gemeint seien. Dann passt aber die Zuordnung des Geistes zu diesen zwei Größen nicht so recht. Es ist zwar nicht ausgeschlossen, dass die Sakramente am Ende des 1. Jh. in dieser Weise angedeutet sind, aber wenn der Kontext des Briefes belegt, dass es dem Verfasser um den Kampf gegen die Doketisten geht, ist die sakramentale Deutung hinfällig.[201] – Die Übersetzung sollte besser lauten: *diese drei sind in ihrem Zeugnis einig* oder *bezeugen das gleiche*. Die Dynamik der Präposition εἰς müsste etwa übertragen werden: das laufe auf das gleiche hinaus.[202]

7.4 Das Johannes-Evangelium

Im Joh wird die *Einzigkeitsformel* häufiger verwendet als in den Synoptikern. Es sind sieben Texte, in denen die Formel in verschiedenen grammatikalischen Formen zehnmal erscheint, dabei an wenigen Stellen in gehäufter Form. Die größte Dichte findet sich in Joh 17, im abschließenden Gebet Jesu, dem sog. Hohepriesterlichen Gebet. Die Einzigkeitsformel wird so zu einem Kennzeichen, um entsprechend der Theologie des Joh die Einheit Jesu mit Gott zu beschreiben. – Die *Alleinanspruchsformel* erscheint nur dreimal in Negationen und darüber hinaus zweimal als Attribut Gottes.

Eine Herde, ein Hirte: Joh 10,16
In Verbindung mit dem vierten ἐγώ εἰμί-Bild[203] (Joh 10,11) finden sich die Begriffe: μία ποίμνη, εἷς ποιμήν, wohl bewusst in dieser Reihenfolge, denn der Gedanke läuft auf den einen Hirten Jesus Christus zu. Die Rolle des

---

[201] Während F. VOUGA, Die Johannesbriefe, 11, die herkömmliche und wohl noch mehrheitliche Auffassung vertritt, dass die Johannesbriefe nach dem JohEv verfasst wurden, verficht U. SCHNELLE, Einleitung, 494, mit guten Gründen und vehement die umgekehrte Reihenfolge: „der Brief benennt das Problem, eine theologische Antwort findet sich erst im Evangelium", und er differenziert „der 1Joh dürfte deshalb vor dem Evangelium, aber nach dem 2.3Joh verfasst sein. Als Abfassungszeit ergibt sich 95 n.Chr."

[202] Die Redewendung τρεῖς εἰς τὸ ἕν hat schließlich einen Kommentatoren in späterer Zeit, als die Auseinandersetzung um die Trinität entbrannte, veranlasst, diese Formel zu erweitern, mit dem sog. Komma Johanneum und eine trinitarische Aussage beigefügt, die nochmals dieses τρεῖς εἰς τὸ ἕν aufnimmt.

[203] Es handelt sich um die sieben Bildworte des JohEv, die wahrscheinlich aus einer eigenen Zusammenstellung kommen. Vgl. U. SCHNELLE, Das Evangelium nach Johannes, 15.

Hirten steht schon in der atl. Vorlage im Mittelpunkt Ez 34,23: ἀναστήσω ἐπ᾽ αὐτοὺς ποιμένα ἕνα/*ich setze für sie einen einzigen Hirten ein* ... Joh 10 versteht Jesus als Erfüllung jener Verheißung: er gilt als der neue David. Er beansprucht nach dem Joh das alleinige Hirtenamt – alle anderen sind nur Mietlinge und unzuverlässig. Jedoch kommen zu dieser einen Herde noch „andere Schafe", Joh 10,16:

καὶ ἄλλα πρόβατα ἔχω ἃ οὐκ ἔστιν ἐκ τῆς αὐλῆς ταύτης· κἀκεῖνα δεῖ με ἀγαγεῖν καὶ τῆς φωνῆς μου ἀκούσουσιν, καὶ γενήσονται μία ποίμνη, εἷς ποιμήν	Ich habe noch andere Schafe, die nicht aus diesem Stall sind; auch sie muß ich führen, und sie werden auf meine Stimme hören; dann wird es nur *eine Herde* geben und *einen Hirten*. (E)

Bei V. 16 handelt es sich um einen Einschub.[204] Der Kontext zuvor und danach spricht von der Einheit des Sohnes mit dem Vater und der Opferbereitschaft des Sohnes, für die Schafe das Leben zu lassen. V. 16 verfolgt einen anderen Gedanken, nämlich dass die Herde als Ganze nicht aus einer Hürde kommt, sondern noch andere Schafe von wo anders her dazu kommen. Es ist offensichtlich, dass das *Verhältnis von Juden- und Heidenchristen* angesprochen wird. Hier geht es wohl darum, dass den jüdisch geprägten Christen, die ein starkes Selbstbewusstsein mitbringen, vermittelt werden muss, dass auch andere (Völker) zur gemeinsamen „Herde" dazugehören, und dass Christus dennoch ihr gemeinsamer und einziger Hirte ist. Wie R. BULTMANN betont, „ist [V.16] von dem spezifisch kirchlichen Interesse getragen mit seiner Weissagung der Mission und der universalen Kirche"[205]. V. 16 kämpft also für eine Öffnung für die Vielfalt der Völker. Ziel ist die Integration von Heidenchristen.[206] Während in den vorausgehenden „ich bin"-Worten jeweils ein exklusiver Sinn enthalten war (ich allein, kein anderer), ist hier in der Einzigkeitsformel auch ein *inklusiver* Sinn zu finden.

Einer für alle: Joh 11,50 und Joh 18,14
Die Einzigkeitsformel erscheint in zwei Texten des Joh, die zueinander gehören: der Todesbeschluss und der Prozeß vor dem Synhedrium, der zum definitiven Todesurteil für Jesus führte.

---

[204] U. SCHNELLE, der Bultmanns scharfer literarkritischen Analyse skeptisch gegenüber steht und den Text möglichst einheitlich lesen will, spricht hier vorsichtig von „Erweiterung des Bildfeldes und der Argumentation". Das Evangelium nach Johannes, 180.

[205] R. BULTMANN, Das Evangelium des Johannes, 292.

[206] Selbstverständlich konnte der Vers im Lauf der Kirchen- und Missionsgeschichte immer wieder für die Öffnung für neue unbeliebte Gruppen angewandt werden.

Joh 11,50	Ihr bedenkt nicht, daß es besser für euch
οὐδὲ λογίζεσθε ὅτι συμφέρει ὑμῖν ἵνα	ist, wenn *ein einziger Mensch* für das
εἷς ἄνθρωπος ἀποθάνῃ ὑπὲρ τοῦ λαοῦ	Volk stirbt, als wenn das ganze Volk
καὶ μὴ ὅλον τὸ ἔθνος ἀπόληται	zugrunde geht. (E)
Joh 18,14	
ἦν δὲ Καϊάφας ὁ συμβουλεύσας τοῖς	Kajaphas aber war es, der den Juden den
Ἰουδαίοις ὅτι συμφέρει ἕνα ἄνθρωπον	Rat gegeben hatte: Es ist besser, daß *ein*
ἀποθανεῖν ὑπὲρ τοῦ λαοῦ	*einziger Mensch* für das Volk stirbt. (E)

Es waren politische Abwägungen der Zweckmäßigkeit, auch des Gemein-
wohls, die die Priesterschaft zu diesem Entschluss brachten, *einen für alle*
zu opfern. Denn die Jerusalemer Führung fürchtete in Jesus einen Messias
und die Radikalisierung der Bevölkerung durch weiteren Zulauf zu Jesus.
K. WENGST schreibt zutreffend, „politische Oportunität im Blick auf das
Ganze verbindet sich hier mit dem Interesse persönlicher Machterhal-
tung."[207] R. BULTMANN[208] betont, dass die Formel ὑπὲρ τοῦ λαοῦ bedeutet
„anstelle von" und dass auch zugleich „zugunsten von" gemeint ist, womit
schon die christologische Deutung eingeschlossen ist, wie Joh selbst mit V.
51 andeutet. Dieser Begriff ὑπὲρ τοῦ λαοῦ muss bereits früh entstanden sein
und wird so auch in 2Kor 5,14 gebraucht.

Der Tod Jesu dient zur Vereinigung der zerstreuten Kinder Gottes. Dies
ist das gleiche Konzept der Versöhnung und des Friedens wie in Kol und
Eph. Der Gedanke der Stellvertretung ähnelt dem der Sühne und des Löse-
geldes: einer stirbt stellvertretend (ein mystisches Sterben ist nicht mitgedacht). Joh 11,51 deutet den Ratschlag des Kaiphas denn auch als unfreiwil-
lige Weissagung auf den Tod Christi. Aber es steht noch mehr dahinter,
nämlich der Sühnetod. Aus dem Tod, *anstelle des Volkes* wird schließlich
ein *zugunsten des Volkes* oder mindestens der Gläubigen. So ist in dem
εἷς ἄνθρωπος bzw. ἕνα, was von Kaiphas ganz exklusiv gedacht war, letztlich ein soteriologischer und *inklusiver* Sinn verborgen.

Die Einheit mit dem Vater und den Jüngern: Joh 10,30 und 17, 11.21–23
Innerhalb des Hohenpriesterlichen Gebetes erscheint mehrfach ein unver-
bundenes ἕν (lat. unum) ohne zugehöriges Nomen, eine Formel, die immer
schon als eine tief verbindende Einheit zwischen Jesus und Gott „Vater"
und auch den Jüngern verstanden wurde. (Es hat nichts mit dem philosophischen ἕν zu tun, das von den Vorsokratikern als Prinzip des Kosmos angesehen wurde.) Dieses ἕν in Joh wird immer durch personale Kategorien

---

[207] K. WENGST, Das Johannesevangelium, 40.
[208] R. BULTMANN, Das Evangelium des Johannes, 314, Anm. 3.

Vater – ich – wir – ihr (Jünger) gefüllt. Das ἕν bezeichnet eine die Erde übergreifende, bis zu Gott reichende *glaubensmäßige Einheit*, die in geheimnisvoller Weise und wirkungsvoll die Glaubenden mit Christus und mit Gott verbindet. Dennoch ist beachtenswert, dass hier nicht εἰς verwendet wird. H. THYEN weist darauf hin, dass nur eine solche Formulierung „ich und der Vater sind Einer" die vollkommene Einheit bedeuten würde.[209] Es gilt Joh 14,28 *der Vater ist größer als ich*.

Bereits am Ende von Joh 10, dem Abschnitt, der von der Autorität des einen Hirten handelt, wird zweimal, in 10,25 und 29, Bezug auf den Vater genommen und die Autorität von ihm abgeleitet, bis in V. 30 die definitive Feststellung der vollkommenen Einheit mit eben diesem Vater folgt: ἐγὼ καὶ ὁ πατὴρ ἕν ἐσμεν/*Ich und der Vater sind eins*. Es ist nicht zufällig, dass dieser Vers in der Mitte des Joh steht, wie U. SCHNELLE[210] feststellt. Denn dieser Satz bildet auch die innere Mitte des Evangeliums, seine spezielle Botschaft, die für die Juden eine Häresie darstellt. Der Gedanke der Einheit von Jesus und dem Vater wird bei Joh unter vielen Aspekten und Leitworten immer wieder reflektiert und in der für Joh typischen kreisenden Argumentation weiter gesponnen. Besonders deutlich wird diese kosmische Einheit im letzten Abschnitt des Hohenpriesterlichen Gebetes in Kap. 17 reflektiert. In 17,11 ist die Bitte um die Einheit für die Glaubenden formuliert. „Das endlich eine Herde unter dem einen guten Hirten sei, der hier in Golgatha sein Leben hingibt für seine Schafe, das ist Jesu Vermächtnis."[211]

Joh 17,11 καὶ οὐκέτι εἰμὶ ἐν τῷ κόσμῳ, καὶ αὐτοὶ ἐν τῷ κόσμῳ εἰσίν, κἀγὼ πρὸς σὲ ἔρχομαι πάτερ ἅγιε, τήρησον αὐτοὺς ἐν τῷ ὀνόματί σου ᾧ δέδωκάς μοι, ἵνα ὦσιν ἕν καθὼς ἡμεῖς	Ich bin nicht mehr in der Welt, aber sie sind in der Welt, und ich gehe zu dir. Heiliger Vater, bewahre sie in deinem Namen, den du mir gegeben hast, *damit sie eins sind* wie wir. (E)

Jesus äußert diese Bitte nach Joh nicht nur, damit die Jünger nach Jesu Abschied die Einheit bewahren, sondern er tut dies ausdrücklich mit dem Rückverweis καθὼς ἡμεῖς/*wie wir auch* (Vater und ich/Sohn) *eins sind*. Dieser Gedanke wird in V. 22 wiederholt und vertieft. Diese vorgegebene kosmische Verbindung dient als Hintergrund der Ermahnung.

Joh 17,21-23 ἵνα πάντες ἕν ὦσιν, καθὼς σύ, πάτερ, ἐν ἐμοὶ κἀγὼ ἐν σοί, ἵνα καὶ αὐτοὶ	Alle sollen *eins* sein: Wie du, Vater, in mir bist und ich in dir bin, sollen auch sie in uns sein, damit die Welt glaubt,

---

[209] Vgl. H. THYEN, Studien zum Corpus Iohanneum, 692.

[210] U. SCHNELLE, Das Evangelium nach Johannes, 22.

[211] H. THYEN, Studien zum Corpus Iohanneum, 346.

ἐν ἡμῖν ὦσιν, ἵνα ὁ κόσμος πιστεύῃ ὅτι σύ με ἀπέστειλας κἀγὼ τὴν δόξαν ἣν δέδωκάς μοι δέδωκα αὐτοῖς, ἵνα ὦσιν ἓν καθὼς ἡμεῖς ἕν· ἐγὼ ἐν αὐτοῖς καὶ σὺ ἐν ἐμοί, ἵνα ὦσιν τετελειωμένοι εἰς ἕν, ἵνα γινώσκῃ ὁ κόσμος ὅτι σύ με ἀπέστειλας καὶ ἠγάπησας αὐτοὺς καθὼς ἐμὲ ἠγάπησας	daß du mich gesandt hast. Und ich habe ihnen die Herrlichkeit gegeben, die du mir gegeben hast; denn sie sollen *eins* sein, wie wir *eins* sind, ich in ihnen und du in mir. So sollen sie vollendet sein in der *Einheit*, damit die Welt erkennt, daß du mich gesandt hast und die Meinen ebenso geliebt hast wie mich. (E)

Besonders in V. 23 wird das Anliegen um die Einheit bekräftigt mit dem Zirkularschluss: *ich in ihnen und du in mir*/ἐγὼ ἐν αὐτοῖς καὶ σὺ ἐν ἐμοί. Der seltsame Wechsel von ἕν und ἐν,[212] der letztlich auf das gleiche hinausläuft, die große mystische Einheit zwischen Vater, Sohn und Jüngern, erinnert an Glossolalie, wo die Geistbesessenen ihre Ekstase des Gotteserlebnisses wiedergeben.

Die Formulierungen, wie am Anfang von 17,23, waren auch schon in 14,20 ausgesprochen, dort ebenfalls mit einem dreifachen ἐν, das die große mystische Einheit beschrieb.

Joh 14,20	
ἐν ἐκείνῃ τῇ ἡμέρᾳ γνώσεσθε ὑμεῖς ὅτι ἐγὼ ἐν τῷ πατρί μου καὶ ὑμεῖς ἐν ἐμοὶ κἀγὼ ἐν ὑμῖν	An jenem Tag werdet ihr erkennen: Ich bin *in* meinem Vater, ihr seid *in* mir und ich bin *in* euch. (E)

Es verdient Beachtung, dass die Begriffe κοινός und κοινωνία in Joh nicht gebraucht werden. Grund dafür ist, dass κοινός etc. eine sehr weltliche und materielle Konnotation besitzt, wie F. HAUCK[213] erläutert hat. So war dieser Begriff für die mystische und spirituelle Einheit nicht geeignet.

Daher steht das ἕν auch nicht nur für ein einfaches *eins*, sondern für eine Einheit oder vielmehr eine Größe, die von εἷς θεός ihre Würde und ihren Inhalt bezieht. *Die Einzigkeitsformel ist hier inklusiv gebraucht,* geradezu im dreifachen Sinn, indem sie den *Vater*, den *Sohn* und die *Seinen* umfasst. Es ist die gleiche göttliche Einheit, die schon im 1Joh betont wurde: τρεῖς εἰς ἕν. Aber es kann jetzt nicht mehr der εἷς θεός sein, sondern derjenige, der Jesus Christus mit sich verbunden hat und ebenso die Jünger mit sich vereinigen will. Sie zusammen sind die große göttliche Einheit, hier ἕν.

---

[212] Die deutsche sprachliche Fassung besonders bei Luther, mit dem Wechsel zwischen *in* und *eins*, kommt der griechischen Fassung im Klang sehr nahe.

[213] Vgl. F. HAUCK, Art. κοινός, ThWNT 3 (1938), 797: „κοινός ist der Gegensatz zu ἅγιος".

Ehre von Gott allein: Joh 5,44 und 17,3
Die Alleinanspruchsformel findet sich in Joh nur noch zweimal, jedoch in recht unterschiedlichen Kontexten. In dem Abschnitt 5,41–44, der den wichtigen Begriff der menschlichen Ehre behandelt, wird schließlich der alleinige Gott als der wahre Geber der Ehre genannt.[214] Um diesen Gegensatz hervorzuheben, wird die Alleinanspruchsformel verwendet. Das Ziel ist, polemisch Gottes Macht und seinen Anspruch auf Verehrung hervorzuheben, um schließlich die Ehrsucht von Menschen zu kritisieren. Die Alleinanspruchsformel ist hier von der *Polemik* geprägt. Es geht jedoch nicht nur darum, Gott die Ehre zu geben, sondern umgekehrt: Gott verleiht die Ehre den Glaubenden.

| Joh 5,41–42.44 Δόξαν παρὰ ἀνθρώπων οὐ λαμβάνω, ἀλλὰ ἔγνωκα ὑμᾶς ὅτι τὴν ἀγάπην τοῦ θεοῦ οὐκ ἔχετε ἐν ἑαυτοῖς ... πῶς δύνασθε ὑμεῖς πιστεῦσαι δόξαν παρὰ ἀλλήλων λαμβάνοντες, καὶ τὴν δόξαν τὴν παρὰ τοῦ μόνου θεοῦ οὐ ζητεῖτε | Meine Ehre empfange ich nicht von Menschen. [42] Ich habe erkannt, daß ihr die Liebe zu Gott nicht in euch habt. ... [44] Wie könnt ihr zum Glauben kommen, wenn ihr eure Ehre voneinander empfangt, nicht aber die Ehre sucht, die von *dem einen Gott* kommt? (E) |

Die zweite Stelle, wo in Joh die Alleinanspruchsformel verwendet wird, ist 17,3. Dabei wird die traditionelle Formel μόνος αληθινὸς θεός, wie sie unter Juden in der Diaspora am Ende des 1. Jh. n.Chr. geläufig war, wie sie auch von Flavius Josephus verwendet wird, dadurch korrigiert, dass ein Zusatz eingefügt wird: *und Jesus Christus [erkennen], den du gesandt hast.* Das Prädikat μόνος wird durch diese zusätzliche Forderung zum Paradoxon, denn Gott ist nicht mehr allein Ziel der Erkenntnis, sondern Jesus Christus mit ihm.[215] Dies scheint eine Erklärung über αἰώνιος ζωή zu sein, die sich an Juden richtet. Denn hier ist mit der Alleinanspruchsformel das herkömmliche jüdische Verständnis verbunden, das aber kritisiert bzw. aufgehoben wird, durch den christologischen Zusatz.

---

[214] Die VV. 41–42 und 44 sind eine kleine literarische Einheit, dabei aber verbindet sich VV. 41 und 44. V. 43 sollte nicht dazu gerechnet werden, weil er dieses Stichwort nicht enthält und einen anderen Gedanken, den eines Pseudomessias verfolgt.

[215] „Der Satz, der den Gedanken von V.6f schon vorausnimmt, hat im Zusammenhang die Bedeutung, deutlich zu machen, worin die δόξα Gottes und des Sohnes besteht, darin nämlich, dass Gott durch seinen Sohn geoffenbart wird. Deshalb aber müssen beide, Gott und sein Gesandter, nicht etwa Gott allein, als Gegenstand des γινώσκειν genannt sein." R. BULTMANN, Das Evangelium des Johannes, 378. – Die Tatsache, dass der volle Titel *Jesus Christus* hier gebraucht wird, ist seltsam, wenn man bedenkt, dass der irdische Jesus von sich als Christus spricht. Jedoch ist das ein Beleg dafür, dass diese zweigliedrige Formel schon längst fest stand und von Joh in seinen Text übernommen wurde.

Joh 17,3	
αὕτη δέ ἐστιν ἡ αἰώνιος ζωὴ ἵνα γινώσκωσιν σὲ τὸν μόνον ἀληθινὸν θεὸν καὶ ὃν ἀπέστειλας Ἰησοῦν Χριστόν	Das ist das ewige Leben: dich, *den einzigen wahren Gott,* zu erkennen *und* Jesus Christus, den du gesandt hast. (E)

Die irrige Berufung auf den einen Vater: Joh 8,41

In Joh 8,41 wird die Einzigkeitsformel gebracht, im Mund von Juden, wo man eigentlich μόνος erwarten würde. Auch deutet die Formulierung an, dass die Urväter direkt von Gott geschaffen sind und dass Gott unmittelbar hinter Abraham steht.

Joh 8,41b	
ἡμεῖς ἐκ πορνείας οὐ γεγεννήμεθα, ἕνα πατέρα ἔχομεν τὸν θεόν	Wir stammen nicht aus einem Ehebruch, sondern wir haben nur den *einen* Vater: Gott. (E)

Dabei hat der Begriff εἷς πατήρ ein *exklusives Verständnis*: wir stammen *nur* von Gott oder dem *wahren* Gott ab. Der Wortlaut ἕνα πατέρα ist in Anlehnung an Mal 2,10 gebildet. Jesus akzeptiert dieses Argument aber nicht und wirft ihnen nach Joh 8,44 schließlich vor, den Satan als Vater zu haben und Lügen zu produzieren. Es ist die *polemische* Grundhaltung des Joh, die ein *exklusives* Verständnis dieses Textes mit εἷς bzw. ἕνα nahe legt.

7.5 Überblick und Zusammenfasung

Bei der zeitlichen Anordnung der folgenden Textstellen wurde versucht die Entstehung des betreffenden Verses oder der Formel zu berücksichtigen und erst in zweiter Linie die Fertigstellung der ntl. Schrift zu vermerken.

	Einzigkeitsf.	Allein-anspruchsf.	Verneinungsf.	
Mt 4,10 ≈ 1Sam 7,3		αὐτῷ μόνῳ λατρεύσεις		40–60 4./3. Jh. v.
Mk 12, 29–34 = Dt 6,4	κύριος εἷς ἐστιν ὅτι εἷς ἐστιν	....	καὶ οὐκ ἔστιν ἄλλος πλὴν αὐτοῦ·	35–50
1Kor 8,6	εἷς θεὸς ὁ πατήρ ...			40–50

	καὶ εἷς κύριος Ἰησοῦς Χριστὸς			
Joh 11,50	εἷς ἄνθρωπος ἀποθάνῃ			40–80
Joh 18,14	ἕνα ἄνθρωπον ἀποθανεῖν			40–80
Mk 10,17 = Lk 18,18;	οὐδεὶς ἀγαθὸς εἰ μὴ εἷς ὁ θεός			40–70
Mt 19,17	εἷς ἐστιν ὁ ἀγαθός·			80–90
Mk 13,32			εἰ μὴ ὁ πατήρ	um 70
Mt 24,36		εἰ μὴ ὁ πατὴρ μόνος		80–90
Mk 2,7	τίς δύναται ἀφιέναι ἁμαρτίας εἰ μὴ εἷς ὁ θεός			50–70
Lk 5,21		εἰ μὴ μόνος ὁ θεός		80–90
Joh 8,41b ≈ Mal 2,10	ἕνα πατέρα ἔχομεν			50–100 5.Jh. v.
Mk 5,36 Lk 8,50		μὴ φοβοῦ, μόνον πίστευε		50–60
Phil 1,29		οὐ μόνον τὸ εἰς αὐτὸν πιστεύειν		55–60
Mt 8,8 Lk 7,7		ἀλλὰ μόνον εἰπὲ λόγῳ ἀλλὰ εἰπὲ λόγῳ		80–90
1Kor 8,4	ὅτι οὐδεὶς θεὸς εἰ μὴ εἷς			53
1Kor 12,4–20	ἑνὶ πνεύματι /ἐν καὶ τὸ αὐτὸ πνεῦμα / σῶμα ἕν /ἕν ἐστιν σῶμα/ἑνὶ πνεύματι / ἓν σῶμα/ἓν πνεῦμα/ ἓν μέλος/ἓν δὲ σῶμα			53
1Kor 12,26	ἓν μέλος			53
2Kor 5,14	εἷς ὑπὲρ πάντων ἀπέθανεν			54
2Kor 11,2	ἑνὶ ἀνδρὶ ... τῷ Χριστῷ·			54

Gal 3,15–29	ἀλλ᾽ ὡς ἐφ᾽ ἑνός· ... ὅς ἐστιν Χριστός/ μεσίτης ἑνὸς οὐκ ... θεὸς εἷς ἐστιν/ὑμεῖς εἷς ἐστε ἐν Χριστω			52–55
Gal 5,14	ἐν ἑνὶ λόγῳ			52–55
Röm 3,29f	εἷς ὁ θεὸς ὃς δικαιώσει			55
Röm 5,12–21	ἑνὸς 12 mal			55
Röm 12, 4–5	ἐν ἑνὶ σώματι ἓν σῶμά ἐσμεν			55
Phil 1,27	ἑνὶ πνεύματι, μιᾷ ψυχη			55–56
Kol 3,15	ἐν ἑνὶ σώματι			80–90
Eph 2,14–18	ἕν; ἕνα καινὸν ἄνθρωπον; ἐν ἑνὶ σώματι; ἐν ἑνὶ πνεύματι			80–90
Eph 4,3–6	τηρεῖν τὴν ἑνότητα τοῦ πνεύματος; Ἓν σῶμα καὶ ἓν πνεῦμα ἐν μιᾷ ἐλπίδι; εἷς κύριος, μία πίστις, ἓν βάπτισμα, εἷς θεὸς			80–90
Mt 23,8–11	εἷς ὁ διδάσκαλος; εἷς ὁ πατὴρ καθηγητὴς; εἷς ὁ Χριστός			80–90
Lk 10,42	ἑνὸς ἐστιν χρεία			80–90
1Tim 1,17		μόνῳ θεω		90–100
1Tim 2,5f	εἷς γὰρ θεός, εἷς καὶ μεσίτης			50?
1Tim 6,15–16		μόνος δυνάστης ὁ μόνος ἔχων ἀθανασίαν		90–100
Jak 2,19	εἷς ἐστιν ὁ θεός			90–100
Jak 2,24		καὶ οὐκ ἐκ πίστεως μόνον		90–100

Jak 4,12	εἷς ἐστιν ὁ νομοθέτης …			90–100
Hebr 2,11	διὸ καὶ ἀφ' ἑνὸς ἐγεννήθησαν			90–100
Hebr 11, 12	διὸ καὶ ἀφ' ἑνὸς ἐγεννήθησαν			90–100
Apg 4,12		οὐκ ἔστιν ἐν ἄλλῳ οὐδενὶ ἡ σωτηρία, οὐδὲ γὰρ ὄνομά ἐστιν ἕτερον		90–100
Apk 15,4		ὅτι μόνος ὅσιος		95
1Joh 5,8	καὶ οἱ τρεῖς εἰς τὸ ἕν εἰσιν			90–100
Joh 10,16 ≈ Ez 37,24	μία ποίμνη, εἷς ποιμήν			70–100 2.Jh. v.
Joh 10,30	ἐγὼ καὶ ὁ πατὴρ ἕν ἐσμεν			80–100
Joh 14,20	ἐν 3mal „in"			90–100
Joh 17,11	ἵνα ὦσιν ἕν καθὼς ἡμεῖς			90–100
Joh 17,21–23	ἵνα πάντες ἕν ὦσιν /ἵνα ὦσιν ἕν καθὼς ἡμεῖς ἕν·/ εἰς ἕν			90–100
Joh 5,44			καὶ τὴν δόξαν τὴν παρὰ του μόνου θεοῦ οὐ ζητεῖτε	80–100
Joh 17,3			γινώσκωσιν σὲ τὸν μόνον ἀληθινὸν θεὸν	80–100
Jud 4			καὶ τὸν μόνον δεσπότην καὶ κύριον ἡμῶν Ἰησοῦν Χ. ἀρνούμενοι	80–100
Jud 25			μόνῳ θεῷ … δόξα	80–100
Röm 16,27			μόνῳ σοφῷ θεῷ	um 100

Die meisten in den deuteropaulinischen Schriften und Spätschriften des NT verwendeten Einzigkeitsformeln dienen dazu, die *Einigkeit der Gemeinde* in Erinnerung zu rufen und den Zusammenhalt angesichts rivalisierender Gruppen oder feindlicher Irrlehrer zu bewahren. Daher haben diese Formeln vor allem eine inklusive und integrative Bedeutung.

Oberbegriffe hierfür sind πνεῦμα und σῶμα, die in dieser Form von Paulus übernommen sind. Σῶμα ist dabei einer der frühen Termini für Kirche oder Gemeinde. Dem Begriff σῶμα kommt auch exklusive Bedeutung zu, denn *nur ein* Leib ist von Gott gewürdigt, Menschen zum Heil zu führen. Entscheidend ist, dass die Glieder des Leibes *unter einem Geist* vereinigt werden. Trotz des exklusiven Sinns bei diesen Begriffen muss man von einer inklusiven Tendenz sprechen.

Besonders auffallend ist diese Tendenz in Eph, wo die sieben Akklamationen, die als einzelne meist einen exklusiven Sinn hatten, in der Gesamtheit eine inklusive und integrative Bedeutung erhalten. Es geht dem Eph dringend um die Bewahrung der Einheit der Kirche und deshalb zitiert er an der Nahtstelle zwischen dem ersten und zweiten Teil seines Rundschreibens als Zusammenfassung und Höhepunkt diese Formeln. Als einzelne waren diese den Lesern seines Schreibens sicher alle bekannt und anerkannt. In der Häufung aber und mit dem siebenfachen Prädikat/Zahlwort εἷς/μία/ἕν wirken sie sehr eindringlich. Es ist die Absicht des Eph die gemeinsamen Wurzeln und das gemeinsame Ziel aufweisen.

Im Mittelpunkt steht die übernommene Trias: *ein Herr, ein Glaube, eine Taufe.* Die anderen Begriffe sind drum herum geordnet, mit einer Steigerung zu Gott hin. Im Ganzen kann man von einer Verschiebung vom exklusiven zum integrativen Verständnis der Einzigkeitsformel mit den zugehörigen Nomina sprechen. Εἷς wird weniger als ein Zahlwort begriffen, sondern als ein *Überbegriff für eine größere Einheit.* Dieses Verständnis lässt sich gut am Begriff Taufe zeigen. Ἕν βάπτισμα würde streng genommen nur eine Taufhandlung meinen, also an *einem* Menschen oder vielleicht auch an mehreren in *einer* Tauffeier. Im Eph gewinnt es die Bedeutung einer gemeinsamen Taufe, die Christen zu völlig verschiedenen Zeitpunkten und Orten als sichtbare Abkehr von Göttern übernahmen, ἕν βάπτισμα steht für eine *übergreifende Haltung und Überzeugung,* die viele Menschen trotz Entfernung und unterschiedlicher Lebensbedingungen im σῶμα τοῦ Χριστοῦ vereinigt. Deshalb wird hier für diese Bedeutung neben inklusiv auch der Begriff „integrativ" gewählt.

Gelegentlich ist die Verwendung der Einzigkeitsformel dennoch exklusiv, besonders dort, wo es um Abgrenzung geht und die Verteidigung von angegriffenen Positionen nötig erscheint, z.B. Jak 4,12. Auch das Verständnis in 1Tim 2,5f ist exklusiv und mitbeeinflußt vom konservativen Geist des Briefes, was auch in zwei Alleinanspruchsformeln innerhalb der Doxologien wegen der Abwehr von Irrlehren und Verfallserscheinungen zum Ausdruck kommt.

Dass die populäre kurze Formel εἷς θεός auch schon verflacht und verbraucht sein kann, sogar als Ausrede benützt wird, beweist die ironische Verwendung in Jak 2,19, wobei Jak ihr durch die Erwähnung der „Angst der Dämonen" sogar wieder einen Sinn gibt.

Ein Sonderfall ist die Stelle Hebr 2,11. Innerhalb eines großen Abschnitts wird in religiöser Scheu, aber mit großer sprachlicher Kunst, nur andeutend und verhüllend von Einem, dem „Anführer der Rettung", gesprochen. Alle diese Begriffe sind ehrwürdige Umschreibungen für Gott und Christus. Es ist der eine mächtige Gott, von dem die Rede ist, dieser bewegt sich so sehr auf alle zu, dass bei diesem εἷς bzw. ἑνός zunehmend von einer inklusiven Funktion gesprochen werden muss. – Die zweite Einzigkeitsformel im Hebr 11,12 bezieht sich zwar auf Abraham, dennoch wird eine so feierliche Sprache benützt, dass man hinter dem Einen nicht nur ihn, sondern Gott erkennen kann, wie es auch in Joh 8,41 belegt ist.

Die Alleinanspruchsformeln werden in den späteren Schriften des NT seltener gebraucht, überhaupt nicht in Kol und Eph. Zweimal erscheinen sie im 1Tim in Doxologien, deren Kern aus dem jüd. Milieu stammt und die den defensiven Charakter des Briefes erkennen lassen. In Jud 4 steht die einzige Alleinanspruchsformel, die nur auf Jesus bezogen ist, eine polemisch zugespitzte Formulierung, die Gott keineswegs entthront, sondern den Irrlehrern etwas scharf entgegensetzen will. Ebenso die Doxologie Jud 25, die mit traditionellen Begriffen die Macht Gottes beschreibt, ist aus der Defensive, dem Kampf um den rechten Glauben entstanden.

Auch in dem kurzen Psalm in Apk 15,4 geht es um die Verteidigung der Freiheit der Christen und ihr Kampf um den rechten Glauben. Die Defensive lässt zum exklusiven Bekenntnis greifen und zu atl. geprägten Äonen-Formeln, die verkünden, dass Gott als Herr der Geschichte auch diese Krise (Kaisers Domitians Vergottungsanspruch) überstehen und in Ewigkeit herrschen wird.

Besonders auffallend ist die Verschiebung zur inklusiven Bedeutung in den joh. Schriften. Dort ist die Alleinanspruchsformel kaum mehr gebraucht. Wo sie noch verwendet wird, z.B. auf Gott bezogen 17,3 wird sie zugleich bewusst aufgehoben, durch Einfügung eines zweiten Gliedes, dessen Mittelpunkt Jesus Christus ist. In Joh 5,12 wird die Formel – wie in einigen anderen Spätschriften des NT – polemisch gebraucht und zielt eigentlich darauf, die enge Verbindung von Jesus mit dem (alleinigen) Gott zu zeigen. Da, wo sie einmal im ursprünglichen Sinn gebraucht wird (Joh 8,41), nach Dtn 6,4, ist es im Mund von gegnerischen Juden, die sich in traditioneller Weise auf Abraham und darüber hinaus auf Gott als ihren

Vater berufen. Und dieses Argument wird ihnen von Jesus anschließend gleich entrissen.

Mittelpunkt der joh. Argumentation sind die Einzigkeitsformeln, die die Zusammengehörigkeit von Vater und Sohn und mit den Jüngern beschreiben. Diese Erde und Himmel umfassende Einheit hat das alte auf εἷς und μόνος aufgebaute Gottesbekenntnis abgelöst. Diese mystische Einheit wird zusätzlich und gar dazwischen mit einigen Einwohnungsformeln „ich in Euch und ihr in mir" beschrieben. Dennoch erreicht diese neue Einheit, sozusagen das heilige ἕν nicht den Rang einer Akklamation, es bleibt eine argumentative Aussage, die auf Joh beschränkt ist und erst in kommenden Jahrhunderten zur allgemein akzeptierten Grundlage, einem trinitarischen Bekenntnis wird. Vorläufig fehlt noch der Rahmen, um die Formel „οἱ τρεῖς εἰς τὸ ἕν εἰσιν" in die Liturgie aufzunehmen. Schließlich bezieht sich diese Stelle auf eine Einheit von Vater, Sohn und die Glaubenden, nicht auf Vater, Sohn und Geist.

Diese Beobachtung stimmt überein mit der These von G. THEISSEN, dass durch eine Abstiegsdynamik des transzendenten Gottes der jüdische Monotheismus im Urchristentum zu einer Selbsterschließung Gottes führt, die in Jesus Christus Gestalt gewinnt.[216] Deshalb ist in Joh in vielen Begriffen von der Einheit des Sohnes mit dem Vater die Rede. Aber es bleibt nicht dabei, die Selbsterschließung Gottes greift auf die Jünger über, auch auf die ganze Gemeinde. Gott zieht die „Söhne" zu sich heran. Aber so wie er sie zu sich zieht, so ziehen sie ihn, den Einen, auch „herunter". Dennoch geht Gott nicht in der Gemeinde auf. Das Denken der Urchristen lässt immer erkennen, dass Gott noch „über" ihnen bleibt – sie formulieren subordinatianisch. Der – man könnte sagen *ehemals* – alleinige Gott kommt herunter, aber verschmilzt nicht mit den Seinen. Christus gehört zu den Glaubenden als Lehrer, Anführer des Heils und Beistand im Leiden, bleibt aber als Erhöhter dem Vater nahe.

---

[216] G. THEISSEN, Monotheistische Dynamik im Neuen Testament. Der Glaube an den einen und einzigen Gott und die neutestamentliche Christologie, S . 130–143.

8. Die Apostolischen Väter

Das 2. Jh. n.Chr., auch das Zeitalter der sog. Apostolischen Väter, war dadurch geprägt, dass in der griechisch-römischen Welt sich allmählich das Bewusstsein von der Existenz nur eines einzigen Gottes verbreitete. Dieser pagane Monotheismus hatte mindestens vier Quellen.

1. Der Stoizismus, der sich vielleicht auch wieder auf Xen berufen hat, jedoch vielfach vermengt war mit Neuplatonismus und Neupythagoreismus.

2. Das Judentum, das in allen größeren Städten der östlichen Reichshälfte und in Rom selbst anzutreffen war.

3. Eine Ermüdung innerhalb des Polytheismus. Je mehr Götter im röm. Reich verehrt wurden, desto mehr suchte man auch eine Einheit, entweder in genealogischer Form, Zeus wurde als Göttervater verehrt oder durch Theokrasie.

4. Das Urchristentum, zunächst von außen her als eine Sekte des Judentums angesehen und zahlenmäßig weit weniger als das Judentum, aber mit einem eigenen Profil und einer strengen Ethik.

Der Stoizismus, so verbreitet er in einer kleinen Oberschicht gewesen sein mag, präsentierte keinen klaren Monotheismus. Seine Abgrenzung – etwa zu anderen philosophischen Schulen – war fließend, er unterlag, wie vieles andere dem synkretischen Trend jener Epoche. Darüber hinaus war er mehr als duldsam gegenüber allen möglichen Gottheiten, die unter diesem unklar definierten Allgott Platz fanden. Konsequent monotheistisch und bilderlos war nur das Judentum. Sein Gott war darüberhinaus auch namenlos und wurde für die Heiden nur mit der *Seiende* oder der *wahrhaft Seiende* umschrieben, wie Philo und Josephus belegen. Trotz dieser weiten Verbreitung philosophischer und jüdischer Gedanken war der Alltag geprägt von einem de facto-Polytheismus. Zahlreiche Altäre und immer größere Tempel,[1] Feste und Umzüge waren bestimmend.

Das Heidentum war nun mehr zu einem theoretischen Monotheismus durchgedrungen, aber zu keinem praktischen. Bei vielen Menschen muss aber angesichts der zahllosen Gottheiten, die nicht nur „kombiniert" werden

---

[1] So wird immer wieder berichtet, dass diese oder jene Senator oder Kaiser einen Tempel gespendet hat oder restaurieren ließ. SUETON, Cäsarenleben, berichtet in jedem Kapitel über die einzelnen Kaiser, welche Bauten der jeweilige Kaiser errichten ließ, z.B. Domitian 5. Das Forum Romanum ist nicht nur ein Ort der Vielfalt und Toleranz, es ist, wenn man die Archäologie genau betrachtet, auch der Kampf der Verdrängung und Durchsetzung.

konnten, sondern auch in Konkurrenz zueinander standen und werbend um
Einfluß rangen, auch eine Müdigkeit angesichts der alten Gottheiten eingetreten sein. Begeistert nahm man daher den Kult jeder neuen Gesamtgott-
heit aus dem Osten an, sei es den Isiskult, die Mysterien oder den
Mithraskult. Plutarchs Schriften lassen diese Krise schon recht früh erkennen. In diesen ahnungsvollen *tastenden Monotheismus* der Heiden hinein
mussten die Bischöfe des 2. Jh. n.Chr. sprechen. Sie mussten einen konsequenten und exklusiven Monotheismus vertreten, sogar einen Monotheismus, der sich in die kirchliche Organisation hinein fortsetzt. Was bei Paulus
noch geheißen hatte, *viele Begabungen* und nur *ein Geist*, hieß nun bei
Ignatius *ein Gott, eine Eucharistie, ein Altar, ein Bischof.*

Andererseits war eine Abgrenzung zum jüdischen Monotheismus nötig.
Es konnte nicht ausreichen, die Praxis von Speisegeboten und Sabbat zu
kritisieren. Vielmehr musste man den schriftkundigen Juden nachweisen,
dass sie einem falschen Schriftverständnis anhingen, dass sie prophetische
Weissagungen nicht beachtet haben, die nach dem Verständnis der Christen
notwendigerweise auf Jesus deuteten.

Es war also eine mehrfache Abgrenzung mötig: Erstens zum *populären*
Polytheismus der einfachen Heiden. Auch da konnte die Kritik der Götterfiguren auf die Dauer nicht reichen. Zweitens zum *anspruchsvollen theoretischen* Monotheismus der philosophisch gebildeten Oberschicht. Drittens
zum *selektiven* Monotheismus, der einen bestimmten Gott bevorzugte, von
dem man Wunder erfahren hatte, meistens Asklepios, Apollo, Serapis oder
Isis. Viertens zum *gesetzlich* gebundenen Monotheismus des Judentums,
der zwar nicht mehr an Land und Tempel gebunden war, aber doch an Beschneidung, Sabbat und Speisegesetze.

Allen diesen Bevölkerungsgruppen gegenüber mussten die Apostolischen Väter ein klares Wort finden, das die christliche Gemeinde vor Verwechslung bewahrte.

Ignatius von Antiochien
(gest. ca. 117 n.Chr. als Märtyrer in Rom) hat in seinen Briefen vielfach die
Autorität und die Einzigkeit Gottes (IMg 8,2) in den Mittelpunkt der Argumentation gestellt. Diese Einzigkeit gilt selbstverständlich genauso für
Christus: dieser ist der einzige *Herr*, *Lehrer* (IEp 15,1; IMg 9,1) oder *Arzt*
(IEp 7,2), *Hohepriester* (IPh 9,1). Für Ignatius liegt ein Schwerpunkt in
einer Schlussfolgerung, die sich in nahezu allen seinen Briefen findet, denn
er überträgt die Einzigkeit Gottes auf die Struktur und Organisation der
Kirche. Das ist gut in seinem IPh erkennbar. Er bildet eine Gedankenkette:
der eine *Leib* – wobei offenbar zunächst an die Gemeinde gedacht ist –
zugleich der einzige *Leib Christi*, dann die einzig richtige *Eucharistie* (ein

Becher, ein Altar) und schließlich der eine *Bischof*. In jedem Fall geht es ihm darum, durch die Hervorhebung dieser einzigartigen Kennzeichen den Zusammenhalt der Gemeinde zu bewahren – und dies nicht nur mit der Autorität des erhöhten Christus, sondern des Bischofs, also einer jeweils örtlich wirksamen Autorität. Deshalb schärft er in allen diesen Briefen mehrfach ein: *tut nichts ohne den Bischof!*

IMg 7,1f	Wie nun der Herr nichts getan hat ohne
Ὥσπερ οὖν ὁ κύριος ἄνευ τοῦ πατρὸς οὐδὲν ἐποίησεν, ἡνωμένος ὤν, οὔτε δι' ἑαυτοῦ οὔτε διὰ τῶν ἀποστόλων· οὕτως μηδὲ ὑμεῖς ἄνευ τοῦ ἐπισκόπου καὶ τῶν πρεσβυτέρων μηδὲν πράσσετε· μηδὲ πειράσητε εὔλογόν τι φαίνεσθαι ἰδίᾳ ὑμῖν, ἀλλ' ἐπὶ τὸ αὐτὸ μία προσευχή, μία δέησις, εἷς νοῦς, μία ἐλπὶς ἐν ἀγάπῃ, ἐν τῇ χαρᾷ τῇ ἀμώμῳ, ὅ ἐστιν Ἰησοῦς Χριστός, οὗ ἄμεινον οὐδέν ἐστιν. πάντες ὡς εἰς ἕνα ναὸν συντρέχετε θεοῦ, ὡς ἐπὶ ἕν θυσιαστήριον, ἐπὶ ἕνα Ἰησοῦν Χριστόν, τὸν ἀφ' ἑνὸς πατρὸς προελθόντα καὶ εἰς ἕνα ὄντα καὶ χωρήσαντα	den Vater, mit dem er erst eins ist, weder in eigener Person noch durch die Apostel, so sollt auch ihr *ohne den Bischof und die Presbyter nichts tun;* und versucht nicht etwas als verständig anzusehen, was ihr in privaten Kreis tut. Vielmehr soll bei eurer Zusammenkunft *ein* Gebet, *eine* Bitte, *ein* Sinn, *eine* Hoffnung sein in Liebe und untadeliger Freude, das ist Jesus Christus, über den nichts geht. Strömt alle zusammen wie zu *einem* Tempel Gottes, zu *einem* Altar, zu *einem* Jesus Christus, der von dem *einen* Vater ausging und bei *dem Einen* ist und zu ihm zurückkehrte.

In mancher Hinsicht scheinen diese Kennzeichen der Gemeinde wie ein Gegentext zu 4Esr, der im gleichen Zeitraum zu Beginn des 2. Jh. n.Chr. entstanden ist. 4Esr betont die einzigartigen *Gaben* Gottes für sein Volk und Land, durch welche Israel vor anderen Völkern ausgezeichnet ist, bei Ignatius dagegen werden die *geistlichen Gaben* hervorgehoben.

IPh 4,1	Deshalb sei bedacht, eine Eucharistie zu
Σπουδάσατε οὖν μιᾷ εὐχαριστίᾳ χρῆσθαι· μία γὰρ σὰρξ τοῦ κυρίου ἡμῶν Ἰησοῦ Χριστοῦ καὶ ἕν ποτήριον εἰς ἕνωσιν τοῦ αἵματος αὐτοῦ, ἕν θυσιαστήριον, ὡς εἷς ἐπίσκοπος ἅμα τῷπρεσβυτερίῳ καὶ διακόνοις τοῖς συνδούλοις μου· ἵνα, ὃ ἐὰν πράσσητε, κατὰ θεὸν πράσσητε	gebrauchen – denn *ein* Fleisch unseres Herrn Jesus Christus (gibt es nur) und *einen* Kelch zur *Einigung* seines Blutes, *einen* Altar, wie *einen* Bischof zusammen mit dem Presbyterium und den Diakonen, meinen Mitsklaven –, damit ihr, was immer ihr tut, nach Gottes Weise tut.

Seine logische Verbindung lautet: der einzige Gott teilt seine Autorität mit Christus, dieser wieder teilt sie mit dem Kreis der Apostel. Die Presbyter der einzelnen Gemeinden sind ebenfalls das Abbild dieses einzigartigen Apostelkreises und besitzen daher göttliche Autorität. Auch die Diakone werden gelegentlich in diese Struktur einbezogen. Aber über allem steht der Bischof. Dabei finden sich recht extreme Äußerungen, z.B. in ISm 8,1–2: *was jener aber geprüft hat, dies ist wohl Gott gefällig.* Es geht nicht um einen übergeordneten Bischof im späteren Sinn, der eine Region verwaltet, sondern um den präsenten Leiter einer Gemeinde. Das Prädikat εἷς, das also zuerst nur Gott mit Christus zustand, wird zunehmend auf irdische Einrichtungen übertragen und dabei durch die Verneinung „nichts ohne den Bischof" diesem alles unterstellt. Der Grund hierfür kann einerseits darin liegen, dass die römischen Hausgemeinden noch keinen Episkopos hatten, sondern jede von einem Presbyter geleitet wurde. Wahrscheinlicher ist aber das andere Argument, das Ignatius fürchtet, dass es den Bemühungen einflussreicher Christen in Rom gelingen könnte, sein Schicksal durch Fürsprache zu wenden. P. LAMPE schätzt, dass es solche einflussreiche Mitglieder damals schon gab.[2] – Eine Ausnahme bildet nur der Text IRo 9,1, weil die Alleinanspruchsformel gebraucht ist. Offensichtlich ist das der Hinweis auf eine bes. Notsituation der Kirche in Syrien.

IRo 9,1	
Μνημονεύετε ἐν τῇ προσευχῇ ὑμῶν τῆς ἐν Συρίᾳ ἐκκλησίας, ἥτις ἀντὶ ἐμοῦ ποιμένι τῷ θεῷ χρῆται. μόνος αὐτὴν Ἰησοῦς Χριστὸς ἐπισκοπήσει καὶ ἡ ὑμῶν ἀγάπη	Gedenkt in euerem Gebet der Kirche von Syrien, die statt meiner Gott zum Hirten hat. Jesus Christus *allein* wird ihr Bischof sein und eure Liebe.

In diesem Brief ist die herausragende Funktion des Bischofs nicht erwähnt, dafür aber die Autorität Christi hervorgehoben. Die Texte belegen, wie Ignatius in konsequenter Ableitung – wie kein anderer! – die Autorität der Gemeinde und bes. des Bischofs direkt mit Gottes Einzigkeit begründet.

Hirt des Hermas
In dem recht volkstümlich angelegten, erzählenden Hirt des Hermas[3] (wohl aus Mitte oder Ende des 2. Jh. n.Chr.) finden sich wenige feste Formeln. Doch am Beginn des Teiles über die Gebote steht das Grundbekenntnis zum

---

[2] P. LAMPE, Die stadtrömischen Christen, 70.
[3] Vgl. P. LAMPE, Die stadtrömischen Christen, 191: „Wir sahen zu Beginn ..., dass Hermas Motive aus pagan erotischer Roman- und Unterhaltungsliteratur verarbeitet."

einen Gott und dem Schöpfer. Das Gebot wird von einer Einzigkeits- und einer Alleinanspruchsformel gerahmt. Dabei steht wie fast immer, wenn beide Formeln zusammen verwendet werden, die Einzigkeitsformel voraus, dem doxologischen Charakter entsprechend, das μόνος wirkt absichernd. Der Mittelteil enthält eine dreifache Schöpfungsformel (dreimal πάντα), die hellenistisch geprägt ist.

Herm mand 1,1	
Πρῶτον πάντων πίστευσον ὅτι εἷς ἐστιν ὁ θεός, ὁ τὰ πάντα κτίσας καὶ καταρτίσας καὶ ποιήσας ἐκ τοῦ μὴ ὄντος εἰς τὸ εἶναι τὰ πάντα, καὶ πάντα χωρῶν, μόνος δὲ ἀχώρητος ὤν	Vor allem glaube zuerst, dass *Gott einer* ist, der alles schuf und gestaltete, der aus dem Nichtsein das All ins Dasein rief, der alles in sich fasst, *einzig* aber unfassbar ist.

In einem späteren Abschnitt dieser sehr unfangreichen Schrift, im neunten Gleichnis, wird eine ausführliche Vision über den Bau eines eigenartigen Turmes aus unterschiedlichen Steinen inmitten einer Landschaft von zwölf unterschiedlichen Bergen geschildert. Der Bericht über die Vision ist etwa so lang wie die ApkJoh. Das Ganze ist ein romanhaft ausgebreitetes Gleichnis über Würdigung und Verwerfung des Menschen, das Recht zum Bau der Kirche zu gehören oder nicht. Unter den vielen symbolischen Anspielungen und Motiven findet sich auch die, dass alle Steine einmal dieselbe leuchtende Farbe haben. Hier wird die Einzigkeitsformel sowohl in traditioneller Weise, in Anlehnung an Eph 4, und in neuer Weise eingesetzt, als Licht, das besondere Zeichen der Christen.

Herm sim 17,4	
Ὅτι, φησί, πάντα τὰ ἔθνη τὰ ὑπὸ τὸν οὐρανὸν κατοικοῦντα, ἀκούσαντα καὶ πιστεύσαντα ἐπὶ τῷ ὀνόματι ἐκλήθησαν τοῦ υἱοῦ τοῦ θεοῦ λαβόντες οὖν τὴν σφραγῖδα μίαν φρόνησιν ἔσχον καὶ ἕνα νοῦν, καὶ μία πίστις αὐτῶν ἐγένετο καὶ μία ἀγάπη, καὶ τὰ πνεύματα τῶν παρθένων μετὰ τοῦ ὀνόματος ἐφόρεσαν· διὰ τοῦτο ἠοἰκοδομὴ τοῦ πύργου μιᾷ χρόᾳ ἐγένετο λαμπρὰ ὡς ὁ ἥλιος.	Er erwiderte: „weil alle Völker, die unter dem Himmel wohnen, nachdem sie gehört hatten und gläubig geworden waren, mit dem Namen (des Sohnes) Gottes genannt worden sind. Als sie nun das Siegel empfingen, wurden sie *einer* Gesinnung und *eines* Geistes, *ein* Glaube wohnte unter ihnen und *eine* Liebe, und mit dem Namen trugen sie auch die Geister der Jungfrauen. Deshalb leuchtete der Bau des Turmes in *einer* Farbe, weiß glänzend wie die Sonne.
Herm sim 18,4 μετὰ τὸ τούτους ἀποβληθῆναι ἔσται ἡ ἐκκλησία τοῦ θεοῦ ἓν σῶμα, μία	Nach ihrer Entfernung wird die Kirche Gottes *ein* Leib sein, *ein* Gedanke, *ein*

φρόνησις, εἷς νοῦς, μία πίστις, μία ἀγάπη· καὶ τότε ὁ υἱὸς τοῦ θεοῦ ἀγαλλιάσεται καὶ εὐφρανθήσεται ἐν αὐτοῖς ἀπειληφὼς τὸν λαὸν αὐτοῦ καθαρόν	Geist, *ein* Glaube, *eine* Liebe; und dann wird der Sohn Gottes sich freuen und fröhlich sein unter ihnen, da er sein Volk rein empfangen hat.

Es ist der Abglanz des einzigen Gottes, der die „Steine", d.h. die getauften Mitglieder in der gleichen herrlichen, weißen Farbe erstrahlen lässt.

Der 1. Clemensbrief
Obwohl die vielen Ermahnungen und Erinnerungen des 1Clem, die Einigkeit zu wahren, überwiegend mit Motiven und Zitaten aus dem AT[4] gestaltet sind, findet sich in 1Clem 46,6 eine Aufnahme von paulinischen und deuteropaulinischen Gedanken. Denn offensichtlich hat der Verfasser den Röm und Eph gekannt. So beruft sich 1Clem auf dieses Glaubensgut und fragt energisch: warum zerreißen und streiten wir uns, wo wir doch Glieder eines Leibes sind?! – und fährt fort:

1Clem 46,6	
ἢ οὐχὶ ἕνα θεὸν ἔχομεν καὶ ἕνα Χριστὸν καὶ ἓν πνεῦμα τῆς χάριτος τὸ ἐκχυθὲν ἐφ᾽ ἡμᾶς καὶ μία κλῆσις ἐν Χριστῷ	Oder haben wir nicht *einen* Gott und *einen* Christus und *einen* Geist der Gnade, der ausgegossen ist auf uns, und (ist nicht) *eine* Berufung in Christus?

Am Ende des 1Clem, nach allen Bemühungen, die Ordnung in den Gemeinden von Korinth und der Kirche herzustellen, bringt er ein Gotteslob, das sich ganz an die Sprache des Psalters anlehnt und weitgehend aus Zitationen besteht, auch Motive aus 1Sam 2,6 und Lk 1,51ff (Magnificat) prägen den Psalm. Manche dieser Formeln können in dem Kontext auch als Drohung verstanden werden, z.B. die Verheißung, dass die Demütigen erhöht und die Hohen erniedrigt werden – eine dringende Mahnung die Streitigkeiten beizulegen. Vor allem aber ist das ausführliche Gebet, einer der wichtigsten liturgischen Texte aus der frühen Christenheit, ein dringender Appell an Gott, selbst wieder Ordnung zu schaffen.[5] Daher ist es nicht verwunderlich, dass innerhalb der recht atl. geprägten Sprachmuster auch

---

[4] P. LAMPE, Die stadtrömischen Christen, 62, hält daran fest, dass der Verfasser, der letztlich „im Dunkeln bleibt" (so 182), kein Judenchrist ist, sondern aus dem reichen jüdischen Erbe, das in der römischen Gemeinde vorhanden war, geschöpft hat.

[5] P. LAMPE, Die stadtrömischen Christen, 59, weist darauf hin, dass es bei diesem Gebet eine auffallende Ähnlichkeit zum 18-Bitten-Gebet des Judentums gibt.

die Alleinanspruchsformel wieder verwendet wird. Der Beter in seiner Schwachheit sieht eine Hoffnung nur noch in Gott allein.

1Clem 59,3–4	
Δὸς ἡμῖν, κύριε ἐλπίζειν ἐπὶ τὸ ἀρχεγόνον πάσης κτίσεως ὄνομά σου, ἀνοίξας τοὺς ὀφθαλμοὺς τῆς καρδίας ἡμῶν εἰς τὸ γινώσκειν σε τὸν μόνον ὕψιστον ἐν ὑψίστοις, ἅγιον ἐν ἁγίοις ἀναπαυόμενον ... γνώτωσάν σε ἅπαντα τὰ ἔθνη, ὅτι σὺ εἶ ὁ θεὸς μόνος καὶ Ἰησοῦς Χριστὸς ὁ παῖς σου καὶ ἡμεῖς λαός σου καὶ πρόβατα τῆς νομῆς σου	Zu hoffen auf den Urgrund aller Schöpfung, deinen Namen, der du geöffnet hast die Augen unseres Herzens, um dich zu erkennen, *den allein* Höchsten im Höchsten, den Heiligen ruhend im Heiligen. [...] Es sollen erkennen alle Völker, dass *du allein* Gott bist, und Jesus Christus dein Sohn, und wir dein Volk und Schafe deiner Weide.

Diognetbrief

Dieses Dokument, vielleicht vom Ende des 2. Jh. oder eher aus dem 3. Jh. n.Chr. gehört nicht eigentlich zu den Apostolischen Väter und war auch in der alten Kirche nicht bekannt.[6] Es ist eine Art Werbeschrift für den christlichen Glauben, sehr geschickt geschrieben und sprachlich in hervorragender Form. Im ersten Teil findet sich neben den Götzenspott, der sich an bekannte Muster des AT anlehnt, auch ein aufklärerischer Abschnitt über die jüd. Religion. So lobt der Verfasser zunächst die Juden, weil sie nur einen Gott und Herrn anbeten. Aber er macht sie kurz danach lächerlich wegen ihrer Kultpraxis (dabei bleibt unklar, ob er sich auf eine jüd. Opferpraxis noch vor der Zerstörung Jerusalems bezieht, ob Juden solche Riten tatsächlich praktizierten oder ob die Darstellung einfach ein Pauschalurteil aufnimmt). Jedenfalls wird der Glaube der Juden mit der Einzigkeitsformel beschrieben, um daran positiv für das Christentum anzuknüpfen.

Dio 3,2	
Ἰουδαῖοι τοίνυν, εἰ μὲν ἀπέχονται ταύτης τῆς προειρημένης λατρείας, καλῶς θεὸν ἕνα τῶν πάντων σέβειν καὶ δεσπότην ἀξιοῦσι φρονεῖν·	Die Juden nun, sofern sie sich dieses zuvor erwähnten Götzendienstes enthalten, verlangen zurecht *als Gott (nur) einen* von allen zu verehren und als Herrn zu denken.

Dieser Gedanke wird nicht gleich aufgenommen, sondern erst nach einer sehr plastischen Beschreibung der Ethik der Christen in 7,2 fortgeführt. Vor allem die Kapitel 8 und 9 widmet er ganz dem Wesen Gottes und beschreibt ausführlich Gottes Menschenfreundlichkeit. Dabei wird zur Betonung die

---

[6] A. LINDEMANN/H. PAULSEN, Die Apostolischen Väter, 304.

Alleinanspruchsformel verwendet, um Gott und seinen Sohn zu preisen. Es ist sehr ungewöhnlich, dass beide Gott und Christus mit diesem exklusiven Prädikat versehen werden – Zeichen einer Abgrenzung?

Dio 8,8–9	
ἀλλ' οὗτος ἦν μὲν ἀεὶ τοιοῦτος καὶ ἔστι, χρηστὸς καὶ ἀγαθὸς καὶ ἀόργητος καὶ ἀληθής, καὶ μόνος ἀγαθός ἐστιν· ἐννοήσας δὲ μεγάλην καὶ ἄφραστον ἔννοιαν ἀνεκοινώσατο μόνῳ τῷ παιδί	Er aber war immer ein solcher, und er ist es, und er wird es sein: Gütig und gut und ohne Zorn und wahr, und *er allein* ist gut. Als er aber seinen großen und unsagbaren Gedanken gefasst hatte, teilte er ihn *allein* seinem Sohn mit.

9. Die spätere Verwendung der Einzigkeitsformel

Trotz der Verwendung der Einzigkeitsformel in ntl. Schriften, trotz der vielfachen Verwendung der Formel bei den Apostolischen Vätern und Apologeten und den zweifellos weiter verbreiteten Büchern der röm. Schriftsteller wie Plutarch, Mark Aurel und Aristeides findet sich die Formel εἷς θεός vor dem 4. Jh. n.Chr. nirgends hervorgehoben auf Inschriften. Etwa bis zur Einführung des Christentums durch Kaiser Konstantin herrschte trotz eines theoretischen Monotheismus in einer Elite des röm. Reiches allgemein Polytheismus vor. Bis zum Ende des 4. Jh. n.Chr. war die Verehrung der alten Götter noch weit verbreitet. So finden wir bis in diese Zeit zahllose Inschriften, die mit dem allgemeinen Anruf beginnen: θεοί – etwa im Sinn: *ihr Götter, hört!*

Erst mit der Einführung des christlichen Glaubens fällt allmählich diese Grundlage weg und wird zunehmend ersetzt durch ein εἷς θεός. In dem Anruf θεοί war häufig eine große Klage verborgen, wie sie in zahlreichen Inschriften zum Ausdruck kommt. Denn versöhnliche Gedanken sind in den Grabinschriften selten zu finden. Es gibt keinen Trost für diejenigen, die im Hades verschwunden sind. Vielmehr ist auch die Angst spürbar, dass auf die anderen das gleiche Schicksal wartet. Dagegen steht das εἷς θεός für eine Siegesbotschaft, wie es auch öfters heißt θεός νικᾷ, die verbunden ist mit einer Hoffnung, die über den Tod hinaus reicht, nämlich Auferstehung und Anteil am ewigen Leben. Im Folgenden sind einige Belege für die vielseitige Verwendung und Kombination der εἷς θεός-Formel zusammengestellt.

Grabstein für Trophimus und seine Familie
Eine Grabstele[1], deren oberster Teil beschädigt ist, hebt die umfassende Macht des einen Gottes hervor. Ein Rekonstruktionsversuch der Eingangszeile heißt: „Weine nicht um diejenigen, die hier liegen, …".

---

[1] Steinepigramme aus dem griechischen Osten, hg. v. R. MERKELBACH/J. STAUBER, Bd. III, 245. Gefunden in einem türkischen Dorf, die derzeitige Aufbewahrung ist nicht eindeutig erkennbar. Die Inschrift ist seit 1906 bekannt und veröffentlicht. – Übersetzung von den Herausgebern, ebd.

[1] οὐδὶς γὰρ ἀθ[ά]νατος, εἰ μὴ μό/νον ἰς θεὸς αὐτός, [2] ὁ πάντων /γεν[ετὴ]ς κὲ πᾶσι τὰ πάντα μερίζων./ [3] οἵτι[νες ἐν]θάδε κῖνται, ὧν τοὔνομα / γράμ[μασι λ]έξω [4] πρῶτον μὲν / Τρόφιμον, μετέπιτα δ' Ἀντέρως / υἱός, [5] κὲ θυγάτηρ Γλύκη, Ἀλεξαν/δρία δὲ νύμφη ...	... denn keiner ist unsterblich außer *der eine Gott selbst*, der Erzeuger von allen, der allen alles zuteilt. Die aber hier liegen, deren Namen ich mittels der Buchstaben sagen werde, sind: ersten Trophimos, dann sein Sohn Anteros und die Tochter Glyke und die junge Frau Alexandreia ...

Die ersten beiden erhaltenen Verse versuchen mit dem häufig vorgebrachten Argument Trost zu spenden, dass nur der eine Gott von der Sterblichkeit und Vergänglichkeit ausgenommen ist. Der Einzigkeitsformel εἰς θεός ist ein adverbiales εἰ μὴ μόνον/*wenn nicht allein* stark betonend vorangestellt und ebenfalls unterstreichend ein αὐτός angefügt. Dieser kräftigen Aussage folgt ein Lobpreis der Güte und Macht des Schöpfer Gottes mit einer dreifachen πάντα-Formel, mit welcher die Gerechtigkeit dieses Gottes gelobt wird. Der Gedanke, dass Gott in rechtem Maß und zur rechten Zeit zuteilt, enthält eine versöhnende und tröstende Botschaft für die Trauernden. Mit dieser Ergebenheit werden weitere Klagen ausgeschlossen, denn so ist das bereits in der ersten erhaltenen Zeile gesagt, der eine und einzige Gott besitzt alle Macht und wird das Richtige tun. Das ist ein bescheidenes, formales, zugleich allgemeines Bekenntnis zum Einen Gott. Obwohl der Anfang der Inschrift (keiner ist unsterblich ...) allgemeines antikes Gedankengut enthält, spricht der versöhnliche Ton dieses Bekenntnisses zum allmächtigen Gott für einen paganen Monotheismus.

Die Zeit der Entstehung dieser Inschrift ist offen. Die Herausgeber der Inschriftensammlung legen sich nicht fest. Wahrscheinlich stammt diese Inschrift noch nicht aus christlicher Zeit, denn die Formulierungen lassen kein spezifisch christliches Gedankengut erkennen. Auffallend ist die Einzigkeitsformel in V.1, der fast gesetzmäßig eine oder mehrere πάντα-Aussagen folgen, ein Beweis dafür, wie verbreitet solche Formulierungen in Verbindung mit dem Bekenntnis um εἰς θεός waren.

Grabstein für Kapiton

In dieser Inschrift[2] wird an den *einzigen Gott* eine inständige Bitte gerichtet, ohne dass ein weiterer Name genannt ist. Nach den Herausgebern[3] ist in der

---

[2] Facsimile bei Jan Gruter (Inscriptiones antique, Heidelberg 1616) p. 1129.1, in: Steinepigramme aus dem griechischen Osten, hg. v. R. MERKELBACH/J. STAUBER, Bd. II, 389.

Inschrift eine Klage enthalten, dokumentiert durch die erhobenen Hände, die wohl andeuten sollen, dass der Tote vor der Zeit, also zu jung gestorben ist.

οὔνομά σοι Καπίτων· ἱς / θεὸς ἐνεργοῦ δὲ πεπε/ιε παρέχων τὰς βιότου / χάριτας. Φένιπος καὶ Καπίτω[ν] / κὲ Μάρκελλος πêδες ὀ[ρ]φανιοὶ ὀδυ/ρόμενοι γλυκυτάτ[ῳ πατρὶ] μνήμης χάριν.	Dein Name ist Kapiton. *Einziger Gott,* wirke – und verleihe ihm den Dank des Lebens. Phainippos und Kapiton und Marcellus, die verwaisten Kinder, haben dieses Grabmal für ihren süßesten Vater klagend gesetzt.

Die Inschrift ist schwer zu datieren, es bleibt unsicher, ob sie pagan oder christlich ist. Die Herausgeber haben sich nicht festgelegt, lediglich auf ein ähnliches Motiv mit erhobenen Händen verwiesen, das auf der folgenden Seite 390 der Inschriftensammlung abgebildet ist. Weil diese zweite Inschrift aber eindeutig christlich ist, steht die Vermutung dahinter, dass diese Inschrift ebenfalls schon aus christlicher Zeit, etwa dem 4. Jh. n.Chr. stammt.

Überraschend bleibt, dass hier sehr einfach formuliert wird, *der einzige Gott möge wirken.* Diese Bitte ist graphisch keineswegs hervorgehoben, sondern im Fluss der Schrift eingebettet. Die Frage erhebt sich, was soll dieser eine Gott bewirken? Eine Auszeichnung für den Toten oder eine Bewahrung der früh verwaisten Kinder? Die Formulierung bleibt blass. Handelt es sich vielleicht um eine Zeit, als die alten Götter im Schwinden waren und der neue Glaube noch nicht etabliert? Die sehr knappe und neutrale Formulierung, die nicht eine innige Frömmigkeit bezeugt, könnte für diese Version sprechen.

Exkurs: Die Forschungen Petersons

E. PETERSON hat 1926 seine erweiterte Dissertation von 1920 unter dem Titel ΕΙΣ ΘΕΟΣ, mit dem Untertitel *Epigraphische, formgeschichtliche und religionsgeschichtliche Untersuchungen* veröffentlicht, ein Buch, das viel Beachtung fand und nach wie vor grundlegend ist. Der größte Teil des Buches besteht aus einer Sammlung von εἷς θεός Inschriften vor allem aus dem 4.–6. Jh. n.Chr. aus dem syrischen, palästinensischen und ägyptischen Raum. Es handelt sich um Inschriften unterschiedlichster Art auf Türstürzen, Grabsteinen, Fabriken, Gemmen, Siegeln und Stempeln. Vergleiche

---

[3] Steinepigramme aus dem griechischen Osten, hg. v. R. MERKELBACH/J. STAUBER, Bd. II, 389.

mit Griechenland werden leider kaum vorgenommen. (Vgl. den einzigen
Beleg Nr. 85 in Teil 1).

E. PETERSONS entscheidende Thesen lauten, dass diese Formel 1. schon
vorchristlich gebraucht, 2. dass sie nicht eindeutig monotheistisch verstanden, 3. dass sie von vielerlei Gruppen, Juden, Christen, Mandäern, Samaritaner und Heiden benützt wurde und in einem synkretistischen Milieu zu
Hause ist. „An letzter Stelle ist die εἷς θεός Formel fast zu einer pantheistischen Allmachtsformel geworden."[4] Ihr Sinn sei etwa gleichbedeutend mit
Gott ist groß oder *mächtig* und besitze allein und ohne Zusatz keine besondere Aussage. So deuten die Belege nicht auf einen großen vorchristlichen
Zeitraum, sondern nur auf die Epoche zu Beginn des 4. Jh. n.Chr., als eine
synkretistische Entwicklung in vorkonstantinischer Zeit die philosophischen und religiösen Strömungen vereinigte.

Das Werk E. PETERSONS war von vorneherein nicht unumstritten. Die
Vorwürfe lauteten,[5] dass das umfangreiche Werk zu viel Material, aber zu
wenig Interpretation enthalte, dass es sich eigentlich um zwei Arbeiten in
einem Band handle, nämlich über Inschriften und über Akklamationen.[6]
Auch sei die Unterscheidung von apotropäischen und konfessorischen Akklamationen oder Inschriften nicht recht nachzuvollziehen.[7]

Neben dieser Kritik am Formalen, geht der Streit darum, ob die εἷς θεός-
Formel für ein original jüd. Bekenntnis gehalten werden kann, aufbauend
auf Dtn 6,4, oder ob es sich nur um eine allgemeine Formel handelt, die
„aus dem grauen Nebel des antiken Synkretismus stammt"[8]. E. PETERSON
hegt große Zweifel an der Herkunft von Dtn 6,4.[9] Umstritten ist auch die
Frage, wie nahe die Begriffe κύριος und θεός sind. Wohl wurde vermerkt,
dass es in Dtn 6,4 nicht θεός εἷς ἐστιν, sondern κύριος εἷς ἐστιν heißt.
Wenn diese Begriffe schon nicht austauschbar waren, so ist doch eine große
Nähe und gelegentliche Identifikation nicht zu leugnen, und dies je später
desto mehr.

Sicher hat E. PETERSON darin Recht, dass die εἷς θεός-Formel allein noch
kein Beweis für echten Monotheimus in jüd. Sinn ist, sondern allgemeine

---

[4] E. PETERSON, ΕΙΣ ΘΕΟΣ, 78.

[5] Vgl. CH. MARKSCHIES, Heis Theos? Religionsgeschichte und Christentum bei Erik Peterson,
in: Vom Ende der Zeit, B. Nichtweiß (Hg.), Geschichtstheologie und Eschatologie bei Erik Peterson, 38–73.

[6] CH. MARKSCHIES, Heis Theos?, 49.

[7] In der Tat „überfällt" E. PETERSON den Leser ohne Einleitung mit einer Fülle von Material,
das CH. MARKSCHIES, ebd., 39, als „leicht chaotischen Steinbruch von Belegmaterial" charakterisiert. E. PETERSON bietet auch nur selten Ansätze von Übersetzung.

[8] CH. MARKSCHIES, ebd., 46.

[9] E. PETERSON, ebd., 296: „Ich möchte jetzt vermuten, dass es in gewissen Kreisen des hellenistischen Judentums Gebete und Hymnen zu dem einen Gott gegeben hat, deren Formulierungen
von daher bestimmt waren, dass der εἷς θεός mit dem Αἰών zusammengeflossen ist."

Bedeutung haben kann, z.B. *Gott ist groß!* oder *Gott ist gut!* oder *Lob sei Gott!* – im Sinne einer Akklamation. Die Synonymität von εἷς mit μέγας ist auch durch einige Inschriften belegt. E. PETERSON begründet diese Synonymität: „Beliebter als die μόνος-Formel war die μέγας-Formel. Dass sie mit der εἷς θεός-Formel so oft im synonymen Sinne gebraucht worden ist, beweist, dass für das sprachliche Empfinden der superlative Charakter der εἷς θεός-Formel der am nächsten liegende war."[10] Dies entspricht auch dem Befund dieser Arbeit.

Erst durch einen christologischen Zusatz καὶ ὁ Χριστὸς αὐτοῦ ist die εἷς θεός-Formel wirklich als christliche zu erkennen. Diese Erweiterung zeigt deutlich, dass Christus fest zu Gott gehört, aber unter ihm steht. Als solche zweigliedrige Formel ist sie gelegentlich im 4. Jh. n.Chr. im Forschungsraum E. PETERSONS zu finden. Etwa ein Viertel seiner Belege sind solche zweigliedrigen christlichen Bekenntnisse.[11] Auch CH. MARKSCHIES' teilt die Meinung, dass es sich bei der Einzigkeitsformel nicht unbedingt um ein bewusstes Bekenntnis handeln muss, auch nicht um ein apotropäisches Zeichen, wie E. PETERSON oft interpretiert, sondern um ein Erkennungzeichen an den Haustüren, das den durchziehenden (christlichen oder jüd.) Wanderern signalisiert, dass man bereit ist, sie gastfreundlich aufzunehmen.[12]

Die einfache eingliedrige Formel ohne christologischen Zusatz konnte gleichermaßen von Juden und Samaritanern, von Christen und Heiden (eventl. paganen Monotheisten) verwendet werden. Zur weiteren Abgrenzung aber wurden christologische und trinitarische Zusätze beigefügt. CH. MARKSCHIES bemerkt zu dieser pauschalen Benützung der εἷς θεός-Formel: „Wenn ein und dieselbe Formel, das Bekenntnis zum εἷς θεός – oder präziser gesagt: das Bekenntnis des eigenen Gottes als des εἷς θεός –, in so verschiedenen Kontexten und mit so verschiedenem Bedeutungsgehalt verwendet werden konnte, dann muss man eine solche Akklamation mit derartig weiter bzw. unpräziser Bedeutung in jedem Fall streng von ungleich präziseren Akklamationen wie dem neutestamentlichen κύριος Ἰησοῦς (Röm 10,9) unterscheiden. Eine wirklich eindeutige Identifikation mit einer bestimmten Religion war nicht mit der Formel εἷς θεός möglich, sondern erst durch den Zusatz καὶ ὁ Χριστὸς αὐτοῦ"[13].

Das Wachstum der Formel lässt sich in der folgenden Weise darstellen[14]:

---

[10] E. PETERSON, ebd., 196.
[11] E. PETERSON, ebd., 300.
[12] CH. MARKSCHIES, Heis Theos – Ein Gott? Der Monotheismus und das antike Christentum, 210.
[13] Ebd., 215.
[14] Alle Belege nach E. PETERSON, ebd., 300. Sehr viel mehr Varianten sind in der Anlage zu finden.

εἷς θεός	
εἷς ὁ θεός	εἷς θεὸς ζωή
εἷς ὁ θεὸς ὁ βοηθῶν (εἷς θεὸς βοήθει)	εἷς θεὸς ὁ ζῶν
εἷς θεὸς ὁ βοηθῶν πᾶσιν	εἷς θεὸς μόνος
εἷς θεὸς βοήθει πᾶσι τοῖς φίλοις[15]	εἷς θεὸς μόνος ὁ βοηθῶν
εἷς θεὸς καλὸς ἀμήν	εἷς θεὸς ΧΜΓ[16] μόνος
εἷς θεὸς ὁ βοηθήσας	εἷς θεὸς μόνος ΙΧΘΥΣ
εἷς θεὸς ὁ νικῶν τὰ κάκα	εἷς θεὸς μόνος ὁ αἰώνιος

Binitarische Erweiterungen:

εἷς θεὸς Χριστός
εἷς θεὸς καὶ Χριστός
εἷς θεὸς καὶ ὁ Χριστός
εἷς θεὸς καὶ ὁ Χριστός βοήθει
εἷς θεὸς καὶ ὁ Χριστός αὐτοῦ

Letztere Form ist am meisten verbreitet.[17]

Die Zusammenstellung der Prädikate εἷς und μόνος zeigt, dass εἷς nicht eigentlich als Zahlwort verstanden ist, sondern dass beide Prädikate die Bedeutung *groß* und *mächtig* gewonnen haben. Εἷς und μόνος sind zwar nicht identisch, auch nicht gleichrangig, doch besaßen sie im Volksglauben eine ähnliche Bedeutung. Meist wird auch diese Reihenfolge beibehalten, dass μόνος an zweiter Stelle steht, die Umkehrung ist sehr selten belegt.[18] Dass die μόνος-Formel keineswegs nur von Juden, sondern genauso von Christen verwendet wurde, beweist die Inschrift Nr.56[19], die ein Ichthys Zeichen integriert:

---

[15] Es ist fraglich, ob die Übersetzung: *Ein Gott allein hilft allen (seinen) Freunden*, den Sinn trifft. Richtiger ist einen doxologischen Aspekt hervorzuheben, etwa *Gott ist gut* oder *gelobt sei Gott, er hilft wirklich* ....

[16] Die Auflösung dieser Abkürzung war lange Zeit unsicher. E. PETERSON, ebd., 16, hatte sie als eine Umschrift von echad für möglich gehalten, was aber höchst zweifelhaft ist. Wahrscheinlicher ist die Erklärung, die L. DISEGNI, εἷς θεός in Palestinian Inscription, 100 berichtet: es handelt sich wohl um eine christliche Formel Χ(ριστὸς) Μ(αρίας) γ(εννηθείς). Die ebenfalls erwogene Deutung Χ(ριστὸς) Μ(ιχαὴλ) Γ(αβριήλ) erscheint wegen der seltsamen Zusammenstellung ebenfalls zweifelhaft.

[17] Daneben finden sich diverse Zeichen, Kreise, Kreise mit Kreuz, Kreuze allein, Palmzweige und andere graphische Darstellungen. Der Kreis ist wohl ein Symbol der Sonne und deshalb oft mit Christus asoziiert. Vgl. E. PETERSON, ebd., 41. Palmzweige gelten als Lebenssymbol. Vgl. E. PETERSON, ebd., 56.

[18] Vgl. E. PETERSON, ebd., 196.

[19] E. PETERSON, ebd., 20.

„Εἷς θε P ός μόνος.
ΙΧΘΥϹ
Χριστὲ βοήθι ... ".

Schließlich wurde die binitarische Formel erweitert zu einer trinitarischen.

εἷς θεὸς καὶ ὁ Χριστὸς αὐτοῦ καὶ ἅγιον πνεῦμα
εἷς θεὸς καὶ Χριστὸς αὐτοῦ καὶ τὸ ἅγιον Πνεῦμα
εἷς θεός, ὁ Χριστός, τὸ ἅγιον πνεῦμα

Die Belege dafür bei E. PETERSON, meistens aus dem 5. Jh. oder später, sind jedoch nicht zahlreich (Nr. 12; 13; 14; 16; 27 u.a.m.). Die binitarische Inschrift wurde weiterhin viel öfter angewandt. Auffallend ist, dass auch bei der trinitarischen Inschrift die ersten Glieder in herkömmlicher Form beibehalten wurden, obwohl sie mit dem dritten[20] Glied grammatikalisch nicht recht zusammen passen:
„[Εἷς] θεὼς καὶ ὁ Χριστὸς αὐτοῦ καὶ ῞Αγ[ιον πνεῦμα(α) βωηθήσε(ι) τοὺς φουβουμένους αὐτοῦ."[21]
Die einfache εἷς θεός-Formel wurde schließlich ab dem späten 7. Jh. n.Chr. in Gebieten, die von moslemischen Arabern beherrscht wurden, ebenfalls verwendet und um das Bekenntnis zu Mohammed erweitert. Das ist das entscheidende moslemische Bekenntnis, der Inhalt der ersten Sure.

Ἐν ὀνόματι τοῦ θεοῦ τοῦ ἐλεήμονος κ(αὶ) φιλανθρ(ώ)π(ου).
Οὐκ ἔστιν θ(εὸ)ς εἰ μὴ ὁ θ(εὸ)ς μόνος. Μαάμετ ἀποστλος θ(εο)ῦ.[22]

Es ist wohl zutreffend, dass – wie E. PETERSON festgestellt hatte – der Gebrauch der Formel εἷς θεος nicht scharf abgrenzbar ist, dass sie von Juden, Christen und anderen benützt wurde. Doch sie bekundet eine *allgemeine* Zustimmung zum Monotheismus. CH. MARKSCHIES' bemerkt treffend: „Es gab eben, wie wir an den Inschriften sahen, bei einfachen Christen noch nicht jene hypernervöse Aufmerksamkeit für die engen Grenzen eines begrifflich scharf definierten Monotheismus"[23]. Die Inschriften zeigen, dass die ursprüngliche Terminologie des Bekenntnisses über Jahrhun-

---

[20] Die Beibehaltung der Form der ersten Glieder „erklärt sich nur daraus, dass man die ursprüngliche Formel εἷς θεὸς καὶ ὁ Χριστὸς αὐτοῦ als so festgeprägt empfand, dass man bei der trinitarischen Erweiterung nicht daran zu rütteln versuchte." E. PETERSON, ebd., 9.

[21] E. PETERSON, ebd., Nr. 12, 8, vermutlich aus dem 6. Jh.

[22] F. PREISIGKE (Hg.), Sammelbuch griechischer Urkunden aus Ägypten, Bd. 1, Nr. 5177, Papyrus. Griechisch-arabische Protokolle, 514.

[23] CH. MARKSCHIES, Heis Theos – Ein Gott? Der Monotheismus und das antike Christentum, 217.

derte kaum Veränderungen erfahren hat. Diese Entwicklung zum synkretistischen Gebrauch setzte erst im 2. und 3. Jh. n.Chr. ein, als zugleich die
Formel im römischen Reich populär und inflationär verwendet wurde.

Zwei Amulette

Ein gutes Beispiel über die Verwendung der Einzigkeitsformel gibt ein
1957 in Caesarea gefundenes Bronzeamulett[24], das von A. HAMBURGER
beschrieben wurde.[25] Das etwa 7cm lange Metallstück enthält auf der Ober-
seite in einem erweiterten runden Teil das Bild des Reiters mit Nimbus,[26]
der eine Figur niederstößt. Dieser Teil ist kreisförmig wie mit einem Stem-
pel von der Inschrift umgeben: ΕΙΣ ΘΕΟΣ Ο ΝΙΚΩΝ ΤΑ ΚΑΚΑ. Auf dem
länglichen Teil ist ein nach rechts rennender kleiner Löwe abgebildet,
daneben in ziemlich großen Buchstaben ΕΙΣ Θ – eine übliche Abkürzung
der Einzigkeitsformel. Diese Seite ist sorgfältig bearbeitet. Solche Amulette
waren im 4. und 5. Jh. n.Chr. in großer Zahl gefertigt worden.

Dieses Amulett unterscheidet sich von anderen dadurch, dass auf der
Rückseite eine zweite Inschrift mit hebräischen bzw. samaritanischen
Buchstaben eingeritzt ist, eine keineswegs so sorgfältige und vermutlich
nachträgliche Bearbeitung. Die Inschrift lautet: ישרון כאל אין/*es gibt keinen
wie Gott Jeshurun* (vgl. Dtn 33,26), die Verneinungsformel als eine
Treueerklärung zum Gott der Väter. Angesichts des Bilderverbots, das
Samaritaner genauso konsequent befolgten wie Juden, ist der Nachtrag auf
dem Amulett verwunderlich. A. HAMBURGER fragt, ob dieses Amulett von
einem Samaritaner überhaupt getragen werden konnte, und schließt diese
Möglichkeit letztlich aus, meint vielmehr, dass die zweite Inschrift zur
Verstärkung der apotropäischen und exorzistischen Wirkung nachgetragen
worden sei – für irgendeinen Christen oder Heiden, der sich das wünschte.
Das Amulett trägt als deutlichstes Zeichen die Einzigkeitsformel. Der
Synkretismus von jüd. und vielleicht christlichen Elementen war also kein
Hindernis das Amulett anzufertigen und zu tragen.

Aufschlußreich ist *ein zweites samaritanisches Amulett*[27], wohl aus der
gleichen Zeit. Auf der Vorderseite befindet sich ein Bekenntnis zu dem

---

[24] Abbildung aus: A. HAMBURGER, A Greco-Samaritan Amulet from Caesarea, in: IEJ 9
(1959), 64.

[25] A. HAMBURGER, A Greco-Samaritan Amulet from Caesarea, in: IEJ 9 (1959), 43–45.

[26] Vgl. E. PETERSON, ebd., 114ff.

[27] Quelle: K. JAROŠ, Inschriften des Heiligen Landes aus vier Jahrtausenden, Inschrift Nr. 270,
413. – Fundort: Tel Baruch, an der Nordgrenze von Tel Aviv. Kontext: 1952 bei den Ausgrabun-
gen auf dem Friedhof der Ortslage gefunden. Beschreibung: Dünnes, ovales Bronzeplättchen,
recto und verso samaritanische Schrift, 4,2 x 3,5 cm. Datierung: 2. Hälfte 4. Jh. n.Chr. Lit.: J.
Kaplan 1975: 157–159.

Gott Israels (JHWH) und seiner Stärke. Er wird sogar aufgerufen Feinde zu vernichten. Auf der Rückseite ist ein kurzes Gebet eingraviert, dessen dritte und vierte Zeile der Inschrift dem oben dargestellten Amulett entspricht. Das Bekenntnis zum einzigen Gott, das offenbar fest dazugehört, ist hier in der fünften und sechsten Zeile nachgestellt.

recto	recto	verso	verso
1. JHWH	1. JHWH	1. ʽhmh	1. Stehe auf
2. gjbwr	2. ist stark	2. JHWH	2. JHWH
3. JHWH	3. JHWH	3. ʼjn kʼl	3. *Keiner ist wie*
4. gjbwr	4. ist stark	4. jšrwn	*der Gott*
5. JHW[H]	5. JHW[H]	5. [J]HWH	4. Ješuruns
6. šmd	6. vernichte	6. ʼhd	5. *[J]HWH*
			6. *(ist) EINER*

Zwei Inschriften aus Kleinasien
Es handelt sich um eine Inschrift auf einer Säule in Aphrodisiasis in Kleinasien[28], wohl aus dem 5. oder 6. Jh. n.Chr. auf einem Säulenschaft in einer ehemaligen Therme. Da die Schriftzeichen ungleich sind, handelt es sich um keine offizielle Inschrift. Die Einzigkeitsformel in der zweiten Hälfte der zweiten Zeile scheint von anderer Hand zu sein, denn das Σ und E ist anders gestaltet, als am Anfang:
ΕΙΣ ΤΟΝ ΚΟCΜΟΝ ΟΛΟΝ ΕΙC Ο ΘΕΟC.

E. PETERSON[29] zögert mit der Deutung und kann mit dem Text, wie er betont, nichts anfangen. Vielleicht handelt es sich bei der laienhaften Arbeit um ein Bekenntnis mit dem folgenden Sinn: *Ein Gott für die ganze Welt* oder wenn man das Kreuz interpretieren will: *ein Gott (Christus) erlöst die ganze Welt*, oder: *die ganze Welt ist gerettet, gelobt sei Gott.* Die Örtlichkeit ist ein säkularer Ort, keine Kirche. Gerade deshalb ist ein Bekenntnis zum Schöpfergott beachtlich.

Ebenfalls aus Aphrodisiasis in Kleinasien, auch aus dem 5. oder 6. Jh. n.Chr., stammt eine Bittinschrift auf einem eingebauten Marmorstein in der Stadtmauer.[30] Die ehemalige Lage des Steins ist unsicher. Die Inschrift lautet:

---

[28] Abbildung aus: http://insaph.kcl.ac.uk/iaph2007/index.html. Inscriptions of Aphrodisias, King's College London, 2007.
[29] E. PETERSON, ebd., 78.
[30] Abbildung aus: http://insaph.kcl.ac.uk/iaph2007/index.html. Inscriptions of Aphrodisias, King's College London, 2007.

ΕΙΣ ΘΕΟΣ Ο ΜΟΝΟΣ ΣΩΖΕ ΚΩΝΣΤΑΝΤΕΝ
und ist auch bei E. PETERSON zitiert.[31]

Während es sich bei dem vermauerten Stein um eine Votivtafel mit der Fürbitte für einen befreundeten Menschen gehandelt haben kann, ist die obere Inschrift auf der Säule mit dem Bekenntnis zum Schöpfer weniger spezifisch. So zeigen die beiden Texte einen sehr unterschiedlichen Gebrauch der Formel und die große Spannweite der möglichen Nützung dieses Bekenntnisses.

Eine jüdische Gebetsinschrift

Die ungewöhnliche Verbindung des griech. Bekenntnisses mit dem dominierenden Motiv der Menora ist auf einem Marmorstein (29x23x7 cm) aus Binyamina in der Küstenebene Israels eingraviert. Während sonst Weiterbildungen der εἷς θεός-Formel mit jüd. Aussagen nicht existieren, scheint hier eine solche Kombination in graphischer Gestalt vorzuliegen.[32]

ΕΙΣ ΘΕΟΣ	Εἷς θεός	*Einziger Gott*, hilf Judah
ΙΟΥΔΑ ΒΟΘΙ	Ἰούδα(ι) βο(ή)θ(ε)ι	dem Älteren (oder Ältes-
ΠΡΕΣΕΤΛΟΥ	πρεσ(βυτέρωι) Ετ(ους) αου.	ten?), Jahr 471.

Nach L. DISEGNI handelt es sich wohl um einen Stein vom Eingang einer Synagoge, in den nachträglich nicht sehr geschickt die Schrift eingeritzt wurde. L. DISEGNI schließt aus, dass es sich um einen Grabstein handelt, wie einige vermutet hatten.[33] Sie weist darauf hin, dass die Formel εἷς θεός selten in Verbindung mit Grabinschriften verwendet wird. Die Zeitangabe lautet 471, wahrscheinlich nach römischer (pompejanischer) Ära, also 408– 410 n.Chr.

Inschrift aus Rom

Aus Rom ist die folgende Inschrift überliefert CIL VI 8987:

| Alexander, Augg.Ser. peto a bobis, fratres boni, per unum deum, ne quis (h)un(c) titelo(m) moles(tet) pos(t) mort(em meam). | Ich bitte euch, güte Brüder, *beim einzigen Gott*, dass niemand diese Grabschrift nach meinem Tod beschädigt. |

---

[31] E. PETERSON, ebd., 78.
[32] Vgl. Abb.: Europas Juden im Mittelalter, Ausstellungskatalog, hg. v. Histor. Museum/Pfalz, Speyer 2004, 123.
[33] DISEGNI, Εἷς θεός in Palestinian Inscriptions, 97f.

H.-U. INSTINSKY schreibt dazu: „Alexander ... hat bei eigenen Lebzeiten seinem frühverstorbenen Sohn Marcus, der zu den verstitores gehörte, einen Grabstein auf der Via Salaria errichtet. Der Text ist etwas ungelenk formuliert, die Orthographie mit deutlichen Vulgarismen durchsetzt."[34] Er schätzt mit DIEHL die Entstehung auf die Wende vom 2. zum 3. Jh. n.Chr.[35] Wenn diese Datierung zutrifft, wäre diese Inschrift eines der ältesten Zeugnisse über die Verbreitung und Anerkennung der εἷς θεός-Formel in lat. Sprache durch christliche Familien, während die allgemeine Verwendung erst an der Wende von 3. zum 4. Jh. n.Chr. und mehr im Osten einsetzt.

Zusammenfassung über den Gebrauch der Formeln in den Inschriften
Über die Häufigkeit der Verwendung der εἷς θεός-Formel ist Folgendes zu vermerken:

1. Die Inschrift wird erst seit den Wende vom 3. zum 4. Jh. n.Chr. gebraucht, ohne dass die religiösen Gruppen die Grundform scharf unterscheiden. L. DISEGNI vertritt die Auffassung, dass die Inschrift nur indirekt jüd. Wurzel habe, eher gnostisch sei, auch von Juden am wenigsten gebraucht worden wäre. Eine Erweiterung der Formel nach der jüd. Tradition ist nicht nachweisbar.

2. εἷς θεός scheint – gleich in welchen Erweiterungen – doch eher eine selten gebrauchte Inschrift zu sein.

3. Wenn die Formel überhaupt zu finden ist, dann auf Türstürzen, sei es als apotropäisches Zeichen oder Erkennungsmal für jüdische oder christliche Bewohner. So ist sie gegenwärtig in Dörfern des Hauran in Syrien zu finden, als Hausinschrift am originalen Platz, wie vor 1500 Jahren. Vermutlich war die Verwendung in den Städten einst genauso üblich, jedoch sind die Inschriften durch Umbauten verschollen.

4. Zur geografischen Verbreitung: die meisten Belege kommen aus Syrien, Libanon, Jordanien und Palästina, ein weiterer Teil aus Ägypten, wenige aus Kleinasien, etliche aus Samaria. Die Beobachtung, dass die Inschrift fast nur in Mittel- und Oberägypten zu finden ist, ist wohl darauf zurückzuführen, dass Alexandria mehrfach durch Erdbeben erschüttert und völlig umgebaut wurde. Die Inschrift scheint im Westen wenig verwendet worden zu sein, weil sich da die lateinische Sprache durchgesetzt hat.

5. Mehr Belege als in Stein scheinen sich in der Kleinkunst zu finden, wie schon O. WEINREICH dokumentiert hat. Es gibt zahlreiche Amulette und Schmuckstücke, auf denen meist die kürzeste Form εἷς θεός eingraviert ist. Dagegen findet sich die Inschrift nicht auf Münzen.

---

[34] H.-U. INSTINSKY, Marcus Aurelius Prosenes – Freigelassener und Christ am Kaiserhof, 120.
[35] H.-U. INSTINSKY, ebd., 121, Anm 1.

Zusammenfassung

Die εἷς θεός Formel als Kombination zweier Traditionen für eine monotheistische Kultur

Die Untersuchung der Formeln hat Folgendes gezeigt: Die beiden Formel-traditionen sind verschiedener Herkunft. Die Alleinanspruchsformel (μόνος) stammt zusammen mit der Verneinungsformel aus der alttestamentlich-jüdischen Tradition, die Einzigkeitsformel εἷς θεός stammt eindeutig aus griechischer Tradition, auch wenn diese in der jüdischen Tradition eine Resonanz finden musste. Die Alleinanspruchsformel bringt zusammen mit der Verneinungsformel den exklusiven jüdischen Monotheismus treffend zum Ausdruck. In alttestamentlichen und jüdischen Texten dominieren sie. In den urchristlichen Texten ist es genau umgekehrt. Hier tritt die Alleinan-spruchsformel weitgehend zurück, sie findet sich nur einmal auf Christus (Jud 4), selten auf Gott bezogen. Die Verneinungsformel begegnet nur im Munde des jüdischen Schriftgelehrten (Mk 12,39). Im NT dominiert ein-deutig die Einzigkeitsformel, sowohl für Gott, wie für Christus. Wir fassen zunächst einige Ergebnisse zur Geschichte der beiden Formeltraditionen zusammen, besprechen dann ihr Verhältnis in den jüdischen Schriften der hellenistischen Zeit, ehe wir auf ihr Verhältnis im NT zurückkommen.

Die Einzigkeitsformel

Die Einzigkeitsformel hat zwei Wurzeln. Die ältere ist wohl die jüdische von Dtn 6,4, aller Wahrscheinlichkeit nach eine religionspolitische Forde-rung im 7. Jh. v.Chr. um eine Spaltung des Jahwekultes zu verhindern und dauerhaft die Kultzentralisation zu begründen. Es gibt nur einen Jahwe, der an einem Ort verehrt werden soll, keinen verschiedenen Gott in Samarien, Jerusalem oder anderswo. Aufgrund dieser Eindeutigkeit wurde diese „mo-nojahwistische" Parole in den Rahmen des Dtn als Leitwort eingefügt. Sie wurde erst sehr viel später und dann in einem anderen Sinne zum Sch^ema', dem täglichen Bekenntnis der Israeliten zu dem einen und einzigen Gott. Das muss eine späte Entwicklung gewesen sein. Denn die Einzigkeitsfor-mel findet sich weder ein zweites Mal in Dtn, noch in anderen Teilen des AT. Das ändert sich auch nicht, wenn wir die griechischen Übersetzungen der alttestamentlichen Bücher in der LXX betrachten. Um die jüdische Identität unter den Heiden zu bewahren, dürfte das Buch Dtn in der Diaspora zu den ersten übersetzten Texten gehört haben, wohl schon im 3. Jh. v.Chr. Dabei wurde diese Stelle wohl schon unter Einfluss einer griech. Tradition (s.u.) mit κύριος εἷς ἐστιν wiedergegeben, um den eigenen Gott deutlich als Herrn von den vielen θεοί zu unterscheiden. Überraschend bleibt aber auch jetzt, dass diese Einzigkeitsformel mit κύριος in der griechischen Fassung der hebräischen Bücher des Alten Testaments in der LXX fast nicht vorkommt. Sie ist nur zweimal nachweisbar: in Sach 14,9 und Dan 3,17, beides Stellen ebenfalls aus dem 2. Jh. v.Chr. Auch die Einzigkeitsformel εἷς θεός ist in diesen Büchern ganz selten belegt: Der einzige Beleg ist Mal 2,10, eine rhetorische Frage, die unter Abwandlung einer hebräischen Vorlage aus dem 5. Jh. v.Chr. eine späte Formulierung aus hellenistischer Zeit (2. Jh. v.Chr.) darstellt, um Eheschließungen mit Nicht-Juden zu verhindern. Es ist daher auch wenig wahrscheinlich, wie immer wieder vermutet wird, dass das Schᵉmaʾ täglich im Tempelkult gebraucht worden ist, als die späten Bücher des hebräischen AT entstanden. Wenn dies der Fall gewesen wäre, müssten sich von der Einzigkeitsformel mehr Spuren in den Psalmen, den Büchern der Chronik oder anderweitig finden.

Erklärungsbedürftig ist gewiss, warum die ursprüngliche Einzigkeitsformel von Dtn 6,4 über Jahrhunderte hinweg so wenig Anerkennung gefunden hat. Warum wurde sie bis tief in die hellenistische Zeit kaum beachtet und nicht benützt? Der Grund dafür liegt wohl darin, dass sie ursprünglich und lange Zeit überhaupt nicht in einem kosmisch umfassenden Sinn verstanden wurde, sondern im 7. Jh. v.Chr. eine religionspolitische Formel war, die sich gegen die Zersplitterung des Jahwekultes wandte. Diese realpolitische Bedeutung ist sicher auch der Grund dafür, dass die Einzigkeitsformel von DtJes nicht aufgegriffen wurde. Vermutlich war ihm das Zahlwort אחד nicht ausreichend, um die Macht seines Schöpfergottes zu bezeichnen. Er benützte farbigere und plastischere Bilder und Ausdrucksformen, auch rhetorische Fragen, mit denen er seine Zuhörer provozierte und die Macht Gottes zu beweisen versuchte. Dass die Einzigkeitsformel in hellenistischer Zeit dann auflebt, hängt ziemlich sicher daran, dass sie in dieser Zeit durch eine griechische Formeltradition verstärkt wurde.

Die andere Wurzel für die Einzigkeitsformel kommt nämlich aus der frühen griechischen Philosophie, von Xenophanes im 6. Jh. v.Chr., der diesen Begriff εἷς θεός geprägt und ihn im Kontrast zu den geläufigen homerischen Auffassungen definiert hat. Auch bei ihm schließt er die anderen Götter nicht aus. Denn es heißt bei ihm: „Der einzige Gott (εἷς θεός) ist unter Göttern (sic!) und Menschen der Größte" (Frg. 23). Er ist freilich unendlich erhaben über alle anthropomorph vorgestellten Gottheiten. Die von ihm geprägte Formel hatte unmittelbar keine Nachwirkung. Ähnlich wie die Einzigkeitsformel aus Dtn 6,4 hat sie ein paar Jahrhunderte lang keine großen Spuren hinterlassen, bevor sie in hellenistischer Zeit wieder an Bedeutung gewinnt. Die anderen Vorsokratiker sahen das Göttliche nämlich im Kosmos oder in einem neutralen Urprinzip (einem ἕν), nicht in einem persönlichen Gott. Die Wendung εἷς θεός verschwand nahezu ganz. Xenophanes erfährt bei Platon zwar noch eine knappe positive Erwähnung. Platon selbst entschließt sich aber zur Akzeptanz des Polytheismus für den Volksglauben, wenn er auch selbst zu einem anderen Gottes- oder Weltbild neigt. Lediglich bei Aristoteles erscheint das Einzigkeitsprinzip in der Formulierung εἷς κοίρανος ἔστω und wird zu einer Parole, die mehr im politischen als im religiösen Bereich Gültigkeit erlangt. Bei den Stoikern ist eine indirekte Aufnahme von Xenophanes Gedanken erkennbar, indem sie den Kosmos mit Gott identifizieren – mehr ein Zugeständnis als eine echte Weiterentwicklung, denn auch sie akzeptieren die zahllosen Götter für das einfache Volk. Über einen einzigen Gott nachzudenken, scheint im Griechentum angesichts des tief verwurzelten Polytheismus fast bis zur Zeitenwende eine Unmöglichkeit zu sein, wie auch das Nichtvorhandensein der Xenophanes-These bei Cicero in seinem sonst so ausführlichen Werk über die Götter beweist. Auch Josephus zählt in contra Apionem II,168 wohl Pythagoras, Anaxagoras und Plato zu den Vorläufern des Monotheismus unter den heidnischen Philosophen, die es anders als Mose nicht gewagt haben, ihre Einsichten im Volk zu verbreiten. Aber er nennt Xenophanes nicht.

Wie aber kam es zu einer „Renaissance" der Einzigkeitsformel? Das Leitwort εἷς θεός muss wohl in Alexandria und an anderen Orten der Diaspora, wo die Juden auf die zahlreichen heidnischen Götter und besonders die Trias des Sarapis-Kults (Sarapis, Isis, Anubis) stießen, eine neue Relevanz bekommen haben. Das alte Bekenntnis aus Dtn 6,4 gewann in dieser Situation einen elativen und doxologischen Sinn: das Judentum pries seinen Gott, ohne auf die anderen Götter zu schauen, oder genauer, ohne diese auch nur zu erwähnen. Der Gott der Väter blieb für sie der einzige und wurde deshalb auch mit keiner anderen Gottheit identifiziert, wie es ja sehr nahe lag und politisch schon von Antiochus IV. Epiphanes zusammen mit einer modernistischen Gruppe des Judentums für Jerusalem vorübergehend durchgeführt worden war, was aber scheiterte.

Der Begriff εἷς κύριος als Antithese gegen die vielen θεοί musste sich früher oder später an die Formel εἷς θεός angleichen. Vermutlich geschah dies im 1. Jh. v.Chr., weil in dieser Zeit auch die Imitationen bzw. Fälschungen der griech. Klassiker entstanden, die diesen Begriff εἷς θεός in den Vordergrund stellten. Ob diese sprachlich recht gelungenen Imitationen von Pythagoreern und Klassikern für die Mission unter den Heiden oder eher zur Stabilisierung von zweifelnden Juden oder für einen anderen

Zweck bestimmt waren, ist umstritten. Jedenfalls beschreiben diese elo-
quenten Fälschungen das Konfliktfeld, gleich ob die Parole interpretativ
hieß: *wir* haben nur einen Gott! oder: *es* gibt überhaupt nur einen Gott!

Der Angriff eines selbstbewussten und wachsenden Judentums musste
unter den Griechen als Herausforderung betrachtet werden. Dies könnte die
Vereinigungsformel εἷς Ζεὺς Σάραπις mitveranlaßt haben. (Dann wäre
ähnlich wie beim Schᵉma' eine religionspolitische Maßnahme die Ursache
der Einzigkeitsformel.) Ob dabei die Terminologie des Xenophanes eine
Rolle spielte, ist eher zweifelhaft, denn die anderen Xenophanes-Thesen zur
Gottheit bleiben unerwähnt. Jedenfalls floss in den Formeln εἷς κύριος und
εἷς θεός das griechische Erbe mit der jüdischen Tradition zusammen.

Der Bedeutungsgehalt von εἷς ist mehr als nur eine Zahl, selten auch das
exklusive: *nur eins*. Die Formel εἷς θεός gewinnt einen elativen Sinn. Εἷς
wird wie ein Adjektiv elativ gebraucht und deutet auf eine Größe, die – wie
das deutsche Wort Einheit – vieles in sich einschließen kann. In pythagorei-
schem Sinn, wo diese Ureinheit μονάς geheißen hatte, gilt sie als eine Potenz, die wächst. Εἷς θεός kann daher der Überbegriff für eine Gottheit
werden, die andere inkorporiert. Insofern ist εἷς θεός eine tolerante und
inklusive Formel, die durchaus Raum gibt für andere Gottheiten. Sichtbar
wird dies auch in einigen Belegen aus dem Sarapis- und Isiskult, wo es
überhaupt nicht stört, dass die Göttin dem Hauptgott, der mit εἷς θεός umschrieben wird, engstens verbunden wird. So gewinnt die Formel auch
einen doxologischen Sinn: *Gott ist groß* oder *Lob sei Gott*. In diesem Sinn
ist sie manchen Texten vorangestellt oder wie ein Amen an den Schluss
gesetzt. Diese doxologische Bedeutung ist auch wörtlich in Übersetzungen
erkennbar.

Die Alleinanspruchs- und Verneinungsformel

Die zweite untersuchte Formel ist die *Alleinanspruchsformel* vom „alleinigen Gott". Sie hat eindeutig alttestamentlich-jüdische Ursprünge und ist für
die Schriften des ATs aus dem 5.–3. Jh. v.Chr. bezeichnend. Das Bekenntnis zum Gott der Väter wurde durch diese Alleinanspruchsformel
בְּדָד/בַּד/μόνος ausgedrückt. Sie wird in den Psalmen verwendet, manchmal
als bewusste Verstärkung oder Korrektur. Der Name Jahwes sollte mit
keinem anderen Namen verbunden und erst recht nicht ersetzt werden. Seit
der Esra-Zeit bringt diese Formel deutlich und scharf den exklusiven Monotheismus Israels zum Ausdruck, in polemischer Abgrenzung zu den Göttern
der anderen Völker. Daher verbindet sie sich eher mit dem Kultus Israels,
während die Einzigkeitsformel manchmal etwas Prophetisches und Escha-
tologisches in sich tragen kann, nämlich dass der Gott Israels einmal der
einzige sein wird und ein anderer Gott keine Rolle mehr spielen wird. Die

Alleinanspruchsformel war als klare Formulierung des monotheistischen Glaubens Israels von großer Bedeutung, weil seit dem Exil ein großer Teil der Juden im Geltungsbereich fremder Gottheiten wohnte, zuerst in Babylon, bald auch in Ägypten und dann in Antiochien und der ganzen griechischen Welt. Eine Anpassung an die heidnische Umgebung und Übernahme der lokalen Gottheiten wäre normal gewesen – und ein gewisser Teil der Juden folgte auch diesem Trend. Um dem entgegenzuwirken, wurden scharfe Gesetze zur *Abgrenzung* von den Heiden eingeführt, besonders das Verbot der Mischehe, die Beschneidung und die Speisegesetze.

Die Abgrenzung von dem Polytheismus der Heiden ist besonders mit der dritten der hier untersuchten Formeln, der *Verneinungsformel* in Gestalt von οὐκ ἔστιν ἔτι πλὴν oder οὐκ ἔστιν ἄλλος, verbunden. Sie hat ihren Ursprung bei Deuterojesaja. Wahrscheinlich ist das die Umwandlung des Selbstlobes der Stadt Babylon: *ich bin es und keine andere.* Diese selbstbewusste Behauptung wird durch den Prophet seinem Gott selbst in den Mund gelegt und so dessen Überlegenheit formuliert. Die Verneinungsformel ist fortan ebenfalls in den Texten des ATs und noch mehr in den jüdischen Schriften der hellenistisch-römischen Zeit zu finden, jedoch selten allein, sondern als verstärkende und schützende Aussage eines vorausgegangenen Bekenntnisses mit der Alleinanspruchsformel, sozusagen als ergänzende Treueerklärung. Man muss dabei bedenken: Trotz der dtjes Verkündigung eines einzigen Gottes war die jüdische Praxis noch lange kein Monotheismus im strengen Sinn, sondern nur Monolatrie, wenn auch mit einer deutlichen Tendenz zum Monotheismus, denn die Eifersucht des israelischen Gottes schloss die Absicht mit ein, irgendwann die starken fremden Reichsgötter, die Israel bedrohten, zu entthronen. Doch die μόνος-Formel bezieht sich nicht unbedingt auf die kosmische Weite der Gottheit, sondern auf den inneren Zusammenhalt Israels

Wir können die drei Formeln also in zwei Formeltraditionen zusammenfassen: Auf der einen Seite steht die Einzigkeitsformel, die aufgrund eines Zusammentreffens jüdischer und griechischer Tradition in hellenistischer Zeit sowohl im Judentum als auch im Heidentum (im Sarapiskult) wieder zur Geltung kommt. Auch wenn sie von nur *einem* Gott spricht, ist sie offen für die Existenz anderer Gottheiten. Sie hebt den *einen* Gott über alle Gottheiten hinaus, kann manchmal exklusiv monotheistisch gemeint sein, kann aber oft einen toleranten, inklusiven Monotheismus zum Ausdruck bringen. Auf der anderen Seite steht eine davon unterschiedene jüdische Formeltradition, in der die Alleinanspruchsformel oft durch die Verneinungsformel verstärkt wird. Sie sind eindeutig Ausdruck eines exklusiven Monotheismus oder dessen Vorstufe, einer Monolatrie mit Absage an alle anderen Gottheiten.

*Die Verbindung der beiden Formeltraditionen in den jüdisch-
hellenistischen Texten*

In den jüdischen Schriften aus hellenistisch-römischer Zeit werden die
genannten drei Formeln zwar nur selten, aber dann sehr gezielt an hervorgehobenen Stellen verwendet. Die Alleinanspruchsformel hat ihren besonderen Platz in Gebeten, Doxologien, öffentlichen Bekenntnissen oder letzten Worten. Typisch ist z.B. die Einfügung dieser Formel in den Zusätzen
zu Esther in einem Gebet, das in der Originalfassung von Esther nicht enthalten war. Sie ist im AT auch in den jüdischen Schriften der hellenistisch-
römischen Zeit weit häufiger zu finden als die Einzigkeitsformel. Jedoch
schließen sich die Formeln nicht gegenseitig aus. Freilich gibt es dabei
einen interessanten Befund: In den Schriften, wo die Einzigkeitsformel
vorkommt, kann man die Alleinanspruchsformel als zusätzlichen Akzent
finden, dagegen fehlen in Schriften, die von der Alleinanspruchsformel
dominiert sind, die Einzigkeitsformeln. Besonders interessant ist der Umgang von drei jüdisch-hellenistischen Schriftstellern mit den beiden monotheistischen Formeltraditionen: Philo, Josephus und die jüdische Sibylle.

Philo von Alexandrien hat die Einzigkeits- und Alleinanspruchsformel
verbunden. Häufig verwendet er Einzigkeitsaussagen, wobei er auf Wendungen der alexandrinischen Predigttradition zurückgreift. Der Begriff
εἷς θεός war für ihn eine Formel, die fast den Gottesnamen ersetzt und die
er ähnlich wie andere philosophisch geprägte Formeln (z.B. ὁ ὄντως ὤν)
sehr oft benutzt. Er verbindet mit ihr Zahlenspekulationen: Für ihn gebiert
die Einheit wie eine platonische Idee die Wirklichkeit. Die Einzigkeitsformel bezieht sich daher bei ihm (anders als Josephus s.u.) nicht auf spezifisch jüdische Bereiche wie Tempel, Stadt, Volk oder Land, sondern auf die
ganze Welt. Weil Gott einer ist, kann es nur eine Welt geben. Dasselbe
bringt er oft noch nachdrücklicher mit der Alleinanspruchsformel zum
Ausdruck bringen. Für ihn ist die μοναρχία und μόνωσις Gottes, was man
am besten mit *Einsamkeit* Gottes übersetzt, Gottes wahres Wesen. Nur Gott
ist allein wahrer Gott, er kann allein bleiben, braucht nicht die Welt und ist
der „einzige wahre Weltbürger" und Kosmopolit. Während die Allein-
spruchsformel sonst in der Regel mit einem jüdischen Partikularismus und
Erwählungsbewusstsein verbunden ist, gelingt es Philo, sie so zu interpretieren, dass sie den Universalismus und Kosmopolitismus des jüdischen
Glaubens begründet. Angesichts dieser Betonung der Einheit, Einzigkeit
und „Einsamkeit" Gottes ist es auf den ersten Blick erstaunlich, dass Philo
verschiedene Mittelwesen und schließlich einen hervorgehobenen Mittler
kennt: den Logos, die Weltvernunft, die er auch Sohn Gottes nennt. Auf den
zweiten Blick aber ist diese Fülle von Mittlerwesen verständlich: Philo
konnte so die Transzendenz des einen und einzigen Gottes mit seinem Wir-

ken in dieser Welt und den entsprechenden anthropomorphen Aussagen der
Bibel über Gottes Handeln verbinden.

Josephus verwendet die Einzigkeits- und Alleinanspruchsformel nur an
wenigen Stellen, vor allem in den Antiquitates, meist in Verbindung mit
Erzvätern oder Propheten der alten Zeit. Mit der Einzigkeitsaussage betont
er vor allem die Einzigartigkeit des Landes, des Volkes und des Tempels.
Für die Gegenwart vermeidet er die Alleinanspruchsformel – mit einer
Ausnahme: Er legt sie den Zeloten in den Mund. Die Distanzierung von
ihnen erklärt seine Zurückhaltung. Josephus kennt die explosive Dynamik,
die in der Alleinanspruchsformel eines exklusiven Monotheismus enthalten
ist. Entscheidend ist für Josephus der Gebrauch des einfachen θεός. Darin
ist er seinem Zeitgenossen Epiktet vergleichbar. Er kann sogar das Handeln
Gottes mit paganen Begriffen für Schicksal und Zufall bezeichnen, auch
wenn er diese Begriffe im jüdischen Sinne deutet.

Philo und Josephus zeigen, dass zwei jüdische Schriftsteller in sehr verschiedener Weise die monotheistische Formeltradition benutzen. Bei dem
einen steht die „μόνος"-Aussage im Mittelpunkt, bei dem anderen tritt sie
weitgehend zurück. Aber beide entschärfen die Abgrenzung zu den Nicht-
juden, Philo durch eine philosophische Deutung des „Alleinanspruchs"
Gottes, Josephus durch Zurückhaltung gegenüber den Formulierungen eines
„Alleinanspruchs".

Fast entgegengesetzt ist der Gebrauch der monotheistischen Formeln in
den jüdischen Sibyllen zu beurteilen, wo alle drei Formeln recht häufig
verwendet werden, manchmal sogar in Kombination miteinander. In den
Sibyllen äußern sich polemische Verfechtern des Monotheismus im 2. und
3. Jh. n.Chr., in einer Zeit, wo der Polytheismus noch äußere Triumphe
feierte, aber innerlich schon ausgehöhlt war. Durch den Mund der heidnischen Prophetin wird die nicht-jüdische Welt zur Bekehrung zum jüdischen
Monotheismus aufgerufen.

*Die monotheistische Formeltradition im Neuen Testament und Urchristen-
tum*

Die Einzigkeitsformel wird in den Schriften des NT bevorzugt. Die Formeln εἷς κύριος und später εἷς θεός haben dabei eine hierarchische Konnotation: andere Gottheiten mögen vielleicht noch irgendwie existieren, sind
aber unterjocht, bedeutungslos und bald namenlos. Es steht dahinter die
eschatologische Erwartung, dass die vielen Gottheiten und ihre Bilder in der
Zukunft verschwinden werden – sogar in einer nahen Zukunft. *Jedoch hat
das NT die Verneinungsformel wie auch die Alleinanspruchsformel kaum
aufgenommen.* Wenn sie dennoch einmal in Mk 12,32 benutzt wird, wird

sie einem gesetzestreuen Juden in den Mund gelegt, der die Einzigkeit Gottes betont und absichert. Ebenso findet sich die Alleinanspruchsformel meist im Mund von Juden oder in traditionellen Gebeten und Doxologien. Die Arbeit untersucht, warum sich im NT die eher aus griech. Tradition stammende Einzigkeitsformel durchsetzt, während die aus jüd. Tradition stammenden Ausschließlichkeits- und Verneinungsformeln nur einen marginalen Platz im NT haben.

Zweifellos hat die Gemeinde am Bekenntnis zu dem einen und einzigen Gott festgehalten, auch wenn sie dieses Bekenntnis mit Jesus Christus (als Sohn) fest verbindet. Man kann mit L. HURTADO von einem binitarischen Monotheismus sprechen, wo die Verehrung anderer Gottheiten ausgeschlossen, aber die von Jesus eingeschlossen ist. Andere Begriffe, die für diese feste Beziehung vorgeschlagen sind, lauten: Duotheismus und christologischer Monotheismus. Entscheidend ist dabei nicht die Vorstellung einer zweiten göttlichen Gestalt neben dem einen und einzigen Gott – dafür gibt es viele Belege auch im damaligen Judentum –, sondern die Ausdehnung der kultischen Verehrung Gottes auf Jesus Christus. Gerade diese Ausdehnung wird durch die Übertragung der Einzigkeitsformel auf Jesus bezeugt, wenn es richtig ist, dass die Einzigkeitsformel ihren Sitz im Leben im Gottesdienst hat. Sie ist ein gottesdienstliches Bekenntnis. Formeln eines solchen binitarischen Monotheismus wie 1 Kor 8,6 aus vorpaulinischer Zeit werden bald zu Leitworten, die sich dann ab dem 4. Jh. n.Chr. leicht abgewandelt und vereinfacht in zahlreichen Inschriften in Syrien und Ägypten finden, wobei die bekannteste Formel heißt: εἷς θεός καὶ Χριστός αὐτοῦ. Vor der Wende vom 3. zum 4. Jh. n.Chr. ist diese Formel freilich kaum belegt. Mit der einfachen Inschrift der Volksreligion an Häusern, Gräbern und auf Amuletten bekundete man eine allgemeine, wenn auch keine präzise Zustimmung zur herrschenden Religion. Synkretistischer Gebrauch der Grundformel ist vielfach üblich. Auch wenn diese Befunde aus späterer Zeit nicht einfach für die neutestamentliche Zeit vorausgesetzt werden dürfen, legen sie doch den Gedanken nahe, es könne kein Zufall sein dass die Einzigkeitsformel εἷς θεός im NT zur Formel eines christologischen Monotheismus wurde. Entscheidend ist natürlich der Befund im NT selbst.

Von Paulus könnte man erwarten, dass er wie die LXX den Begriff κύριος für Gott reserviert, aber er gebraucht diesen Terminus wie schon die Christenheit vor ihm weit öfter für Jesus und verleiht ihm damit zugleich die göttliche Würde. Daneben verwendet er den Begriff θεός auch mit Artikel und einige Male mit der Einzigkeitsformel. Außerdem benützt er vielfach die Genitivverbindung ἑνός, die wohl schon liturgisch geprägt war und in ihrer Kürze, wie auch Hebr 2,12 beweist, immer auf den göttlichen Ursprung hindeutete, erstmals belegt bei Philolaos Frgm. 21. Für Paulus ist die

Einzigkeitsformel εἷς θεός der Ausdruck dessen, was er hofft, dass sich der eine Gott zusammen mit seinem Repräsentanten Jesus Christus durchsetzten wird. Auch da, wo Paulus einfach von Gott spricht – ohne dass er das Adjektiv μόνος in Verbindung mit Gott je benützte –, denkt er immer Jesus Christus mit. Die Starken, die sich darauf beriefen, dass es doch nur einen Gott gäbe, kritisiert Paulus mit dem binitarischen Bekenntnis 1Kor 8,6.

Das einzige Mal, wo im NT die Alleinanspruchsformel nur auf Christus bezogen ist, Jud 4, ist es eine polemische Aussage gegen doketische Christen, kein Bekenntnis, das Christus über Gott heben will.

Zentrale Bedeutung besitzt die erweiterte Einheitsformel mit sieben Akklamationen in Eph 4,4–6, die selbst wieder für manche Texte im Zeitalter der apostolischen Väter maßgebend wurde. Die Akklamation gipfelt in der Akklamation Gottes, aber zuvor wird der Kyrios angerufen. Da die Entwicklung auf dem Hintergrund der geistigen Strömung des römischen Reiches gesehen werden muss, wo sich allmählich ein theoretischer Monotheismus durchsetzte, galt es, die Besonderheit des christlichen auch in Abgrenzung zum jüdischen Monotheismus hervorzuheben.

Dieser christliche Monotheismus mit einem subordinatianischen Verständnis bestand nicht nur in der gemeinsamen Verehrung von Christus zusammen mit Gott, die Anbetung war auch von einem ständigen Kampf gegen die Häresie geprägt, Christus als Geistwesen zu betrachten und seine Inkarnation zu relativieren. Die hartnäckige Betonung des *Christus im Fleisch*, die Polemik gegen doketische und gnostische Tendenzen in den späteren Schriften des NT, den Briefen des Ignatius und anderer Apostolischer Väter bezeugen diese Bemühung, die menschliche und irdische Seite des monotheistischen Bekenntnisses hervorzuheben.

Dieser Aspekt war wichtig für die Mission unter dem einfachen Volk, das sich nur allmählich vom Polytheismus lösen konnte. So tritt der *Name Jesus Christus* für den inzwischen namenlos gewordenen (oder mit verborgenen Namen existierenden), oft mit philosophischen Definitionen bezeichneten Gott Israels als *Konkretion* ein. Dazu berichteten die Evangelien zahlreiche Begebenheiten, Wunder und Worte Jesu, was als Voraussetzung für eine erfolgreiche Auseinandersetzung mit den heidnischen Kulten wichtig war.

Wenn in den Synoptikern überwiegend die Einzigkeitsformel verwendet wird, dann immer, um zu zeigen, dass Jesus zu Gott gehört und seine Vollmacht von dort bezieht. Die Verneinungsformel dagegen wird, wie Mk 2,7 zeigt, Juden in den Mund gelegt, die ihre Skepsis äußern. Im Übrigen aber wird die Alleinanspruchsformel außer in Jud 4 nirgends auf Jesus bezogen, weil diese Ausschließlichkeit eine Bedrohung des Monotheismus bedeutet hätte. Jesus hat sich selbst nie zu Gott erhoben, sondern lediglich das enge Verhältnis zu seinem Vater-Gott betont, was besonders im Joh zum Ausdruck gebracht wird. Die Erhöhung Jesu Christi wird zur engen Verbindung mit Gott (Joh 10,30): ἐγὼ καὶ ὁ πατὴρ ἕν ἐσμεν.

In der Mitte des 1. Jh. n.Chr., als sich eine einfache Christologie herausgebildet hatte und Formeln, wie 1Kor 8,6 verbreitet wurden, formierte sich gleichzeitig in Alexandria der Sarapiskult zur vollen Größe, was nicht zuletzt in einer Fülle von Münzprägungen erkennbar ist. Dieser Kult beginnt mit einem Neubau des Serapeums und wurde von allen Kaisern während der nächsten Jahrhunderte gefördert. Der christliche Glaube musste dem etwas entgegensetzen. So scheint die Auseinandersetzung mit der Sarapis- und Isis-Religion den Hintergrund für viele Texte im NT zu bilden. Diese Götter werden zwar im NT nirgends direkt erwähnt (Isis indirekt als Diana von Ephesus), aber es scheint vielfach so, dass die Gestalt Jesu gerade als σωτήρ/Heiler gegen die Gottheit des Sarapis gestellt wird. Sarapis war als Heilgott, Retter aus Seenot und Lebensspender vorgestellt – Jesus Christus musste ihm überlegen sein.

Viele dieser Vorstellungen sind für uns paradox und fremdartig, aber aus der Welt der Antike erklärbar, wo intensiv nach Epiphanien von neuen Gottheiten gesucht wurde, wo auch die Verbindung und Vermischung von Gottheiten unterschiedlichster Art und Herkunft verbreitet war. Daher war es nötig, die Ausschließlichkeit Jesu Christi als den einen und einzigen Namen mit göttlicher Autorität hervorzuheben. Mit diesem Gottes- und Selbstverständnis wagte sich die winzige Christenheit in die äußerlich von Göttern dominierte Welt und trat einen leisen, aber klaren Kampf gegen die zahllosen anderen Gottheiten an, um sie schließlich zu überwinden.

Die Christenheit vereinigte so in sich nicht nur das leicht erkennbare Erbe der jüdischen Tradition, sondern auch ein Erbe der griechischen Welt, in ihrer Sprache und besonderen Ausdrucksformen, die prägend für die Christenheit wurden. Die stark griechisch geprägte Einzigkeitsformel εἷς θεός oder εἷς κύριος hat sich im Neuen Testament deshalb durchgesetzt, weil sie anders als die Alleinvertretungs- und die Verneinungsformel nicht exklusiv verstanden werden musste, aber dennoch als monotheistisches Bekenntnis galt. Der eine und einzige Gott (εἷς θεός) kann andere Gottheiten neben sich tolerieren – nämlich Christus als den einen Kyrios, als εἷς κύριος.

Literaturverzeichnis

Die Abkürzungen folgen dem Internationalen Abkürzungsverzeichnis für Theologie und ihre Grenzgebiete, hg. v. S. Schwertner, Berlin/New York [2]1992.

Quellen und Übersetzungen:
ACCARDO, P./CALDERÓN DE LA BARCA, P., The Metamorphosis of Apuleius. Cupid and Psyche, Beauty and the Beast, King Kong, Madison, NJ, London 2002.
APULEIUS OF MADAURA, The Isis-book. Metamorphoses, book XI, edited with an introduction, translation and commentary by J.G. Griffiths, EPRO 39, Leiden 1975.
ARISTIDE, Apologie, Introduction, Textes Critiques, Traductions et Commentaire par B. Pouderon/M.-J. Pierre, avec la collab. de B. Outtier/M. Guiorgadzé, SC 470, Paris 2003.
ARISTIDES AELIUS, ΕΙΣ ΣΑΡΑΠΙΝ, in: B. Keil (Hg.), Aristides, Aelius, Quae supersunt omnia, Berlin 1898, 352–363.
ARISTIDES AELIUS P., Heilige Berichte. Einl., dt. Übers. und Komm. v. H.O. Schröder, Vorw. v. H. Hommel, WKLGS, Heidelberg 1986.
ARISTOTELES, Metaphysik. Griechisch-deutsch, 2 Bde., übers. v. H. Bonitz, bearb., eingel., komm. u. hg. v. H. Seidl, griech. ed. v. W. Christ, PhB 307/308, Hamburg [3]1989/[3]1991.
BARDTKE, H. (Hg.), Zusätze zu Esther, JSHRZ I, 1, Gütersloh 1973.
BECKER, C.H., Das Lateinische in den arabischen Papyrusprotokollen, ZA 22 (1908), 166–193.
BECKER, J. (Hg.), Die Testamente der zwölf Patriarchen, JSHRZ III, 1, Gütersloh 1974.
BEIERWALTES, W., *Denken des Einen*. Studien zur neuplatonischen Philosophie und ihrer Wirkungsgeschichte, Frankfurt am Main 1985.
BENSLY, R. L., The Fourth Book of Ezra. The Latin Version Edited from the Mss. with an Introduction by M. R. James, TaS 3. 2, Cambridge 1895.
BERGER, K., Das Buch der Jubiläen, JSHRZ II, 3, Gütersloh 1981.
–, Die griechische Daniel-Diegese. Eine altkirchliche Apokalypse, StPB, Leiden 1976.
BERGER, K./NORD, CH., Das Neue Testament und frühchristliche Schriften, Frankfurt am Main/Leipzig 1999.
BEYER, K., Die aramäischen Texte vom Toten Meer, samt der Inschriften aus Palästina, dem Testament Levis aus der Kairoer Genisa, der Fastenrolle und den alten talmudischen Zitaten, Aramaistische Einleitung, Text, Übersetzung, Deutung, Grammatik/Wörterbuch, Deutsch-aramäische Wortliste, Register, Hauptband, Göttingen 1984.
–, Die aramäischen Texte vom Toten Meer, samt der Inschriften aus Palästina, dem Testament Levis aus der Kairoer Genisa, der Fastenrolle und den alten talmudischen Zitaten, Ergänzungsband, Göttingen 1994.
BEYERLIN, W. (Hg.), Religionsgeschichtliches Textbuch zum Alten Testament, GAT, ATD Ergänzungsreihe 1, Göttingen, [2]1985.
BIBLIA HEBRAICA STUTTGARTENSIA, ... ediderunt K. Elliger/W. Rudolph, Stuttgart [4]1990.
BIBLIA SACRA IUXTA LATINAM VULGATAM VERSIONEM, cura Monachorum S. Benedicti, VIII, libri Ezrae, Tobiae, Judith, Rom 1950, 219–280.
BLACK, M., Apocalypsis Henochi Graece, PVTG 3a, Leiden 1970, 5–44.
BÖTTRICH, C. (Hg.), Das Slavische Henochbuch, JSHRZ V,7 (Apokalypsen), Gütersloh 1996.
BRANDENBURGER, E., Himmelfahrt Moses, JSHRZ V, 2, Gütersloh 1976.
BROCK, S.P., Testamentum Iobi, PVTG 2, Leiden 1967, 1–59.
BURCHARD, C. (Hg.), Joseph und Asenath, JSHRZ II, 4, Gütersloh 1983.

BURCHARD, C., u.a. (Hg.), Joseph und Aseneth, PVTG 5, Leiden 2003.

CAGNAT, R. (Hg.), Inscriptiones Graecae ad res Romanas Pertinentes, Bd. 1, Paris 1911.

CHARLES, R. H., The Greek Versions of the Testaments of the Twelve Patriarchs, Edited from Nine MSS together with the Variants of the Armenian and Slavonic Versions and some Hebrew Fragments, Oxford 1908, Nachdruck Darmstadt [2]1960.

CHARLESWORTH, J.H. (Hg.), Die Schrift des Sem, JSHRZ-NF II, 9, Gütersloh 2005.

CERIANI, A.M. (Hg.), Lucas, „Evangelista", Fragmenta Latina Evangelii S. Lucae, Parvae Genesis et Assumptionis Mosis, MSP Tom. 1., Fasc. 1, Mediolani 1861, 73–98.

CICERO, M.T., Vom Wesen der Götter, 3 Bücher, lat.-dt., hg., übers. und erl. v. W. Gerlach u. K. Bayer, TucsBü, München [1]1978.

DEANE, W. J., Σοφια Σαλωμων. The Book of Wisdom, the Greek Text, the Latin Vulgate and the Authorised English Version with an Introduction, Critical Apparatus and a Commentary, Oxford 1881.

DENIS, A.-M., Fragmenta Pseudepigraphorum quae supersunt graece una cum historicorum et auctorum Judaeorum hellenistarum fragmentis, PVTG 3b, Leiden 1970.

DIE APOKALYPSE DES ELIAS. Eine unbekannte Apokalypse und Bruchstücke der Sophonias-Apokalypse, Koptische Texte, Übersetzung, Glossar v. G. Steindorff, TU.NF, Bd. 2, Heft 2, der ganzen Reihe XVII,2, Leipzig 1899.

DIEBNER, B.-J. (Hg.), Zephanjas Apokalypsen, JSHRZ V, 9, Gütersloh 2003.

DIELS, H./KRANZ, W. (Hg.), Die Fragmente der Vorsokratiker, Bd. 1–3, Berlin [6]1951/[6]1952/[6]1960.

DIE SCHRIFTROLLEN VON QUMRAN. Übersetzung und Kommentar. Mit bisher unveröffentlichten Texten, Wisse, M./Abegg, M. Jr./Cook, E., Hg. von A. Läpple, aus dem Amerik. übers. von A. Stegmeier, Augsburg 1997.

DIETZFELBINGER, C. (Hg.), Pseudo-Philo: Antiquitates Biblicae (Liber Antiquitatum Biblicarum), JSHRZ II, 2, Gütersloh 1975.

DIE VORSOKRATIKER. Die Fragmente und Quellenberichte, übers. u. eingeleitet v. W. Capelle, KTA 119, Stuttgart [4]1953.

ECKART, K.-G. (Hg.), Das Apokryphon Ezechiel, JSHRZ V, 1, Gütersloh 1974.

EGO, B. (Hg.), Buch Tobit, JSHRZ II, 6, Gütersloh 1999.

EPIGRAPHISCHE DATENBANK HEIDELBERG (EDH), Forschungsstelle der Akademie der Wissenschaften, Heidelberg, http://www.uni-heidelberg.de/institute/sonst/adw/edh/.

EPIKTET, Ausgewählte Schriften, griechisch-deutsch, hg. u. übers. v. R. Nickel, Sammlung Tusculum, Zürich 1994

EUROPAS JUDEN IM MITTELALTER (Ausstellungskatalog), hg. vom Historischen Museum der Pfalz, Speyer 2004.

FÖRSTER, H. (Hg.), Transitus Mariae, Beiträge zur koptischen Überlieferung. Mit einer Edition von P. Vindob. K 7589, Cambridge Add 1876 8 und Paris BN Copte 129[17] ff. 28 und 29, Neutestamentliche Apokryphen II, GCS NF 14, Berlin/New York 2006.

FRIEDLIEB, J. H., Die sibyllinischen Weissagungen vollständig gesammelt, nach neuer Handschriften-Vergleichung, mit kritischem Commentare und metrischer deutscher Übersetzung, Leipzig 1852.

GEORGI, D. (Hg.), Weisheit Salomos, JSHRZ III, 4, Gütersloh 1980.

GESENIUS, W., Hebräisches und Aramäisches Handwörterbuch über das Alte Testament, bearb. v. F. Buhl, unv. Neudr. der 1915 erschienenen 17. Aufl., Berlin/Göttingen/Heidelberg 1962.

GÖRGEMANNS, H. (Hg.), Die griechische Literatur in Text und Darstellung, Bd. 5 Kaiserzeit, Stuttgart 1988

GUNNEWEG, A.H.J. (Hg.), Das Buch Baruch, JSHRZ III, 2, Gütersloh 1975.

–, Der Brief Jeremias, JSHRZ III, 2, Gütersloh 1975.

HABICHT, C. (Hg.), 2. Makkabäerbuch, JSHRZ I, 3, Gütersloh 1976.

HADAS, M., Aristeas to Philocrates, Letter of Aristeas, JAL 3, New York [u.a.] 1973.

HAGE, W. (Hg.), Die griechische Baruch-Apokalypse, JSHRZ V, 1, Gütersloh, 1974.

HAMMERSHAIMB, E. (Hg.), Das Martyrium Jesajas, JSHRZ II, 1, Gütersloh 1973.

HARRINGTON, D. J., The Hebrew Fragments of Pseudo-Philo's Liber Antiquitatum Biblicarum Preserved in the Chronicles of Jerahmeel, Edited and Translated, SBL.PS 3 TT 3, Missoula Montana 1974.

HENZE, M. (Hg.), Syrische Danielapokalypse, JSHRZ-NF I, 4, Gütersloh 2006.

HOLM-NIELSEN, S. (Hg.), Die Psalmen Salomos, JSHRZ IV, 2, Gütersloh 1977.

INSCRIPTIONS DE DELOS. Décrets postérieurs a 166 av. J.-C. (Nos 1497–1524). Dédicaces postérieures a 166 av. J.-C. (Nos. 1525–2219), publ. par P. Roussel, Paris 1937.

INSCRIPTIONS OF APHRODISIAS, IAph. King's College, London 2007: http://insaph.kcl.ac.uk/iaph2007/index.html.

IRENÄUS VON LYON, Epideixis Adversus Haereses. Darlegung der Apostolischen Verkündigung. Gegen die Häresien, übers. und eingl. v. N. Brox, FC Bd. 8/1-8/5, Freiburg u.a., 1993–2001.

JACOBSON, H., A Commentary on Pseudo-Philo's Liber Antiquitatum Biblicarum. With Latin Text and English Translation, Vol. 1–2, AGJU 31, Leiden u.a., 1996.

JAMES, M. R., The Testament of Abraham. The Greek Text now First Edited with an Introduktion and Notes, with an Appendix Containing Extracts from the Arabic Version of the Testaments of Abraham, Isaac and Jacob, by W. E. Barnes, TaS 2.2, Cambridge 1892.

JANSSEN, E. (Hg.), Testament Abrahams, JSHRZ III, 2, Gütersloh 1975.

JAROŠ, K., Inschriften des Heiligen Landes aus vier Jahrtausenden, 1 CD-ROM, Mainz 2001.

JONGE, M. DE, Testamenta XII Patriarcharum, Edited, According to Cambridge University Library MS Ff I. 24 fol. 203a–261b wirt Short Notes, PVTG 1, Leiden 1964.

–, The Testaments of the Twelve Patriarchs. A Critical Edition of the Greek Text, PVTG 1, Leiden 1978.

JOSEPHUS, FLAVIUS, Aus meinem Leben (Vita), kritis. Ausg., Übers. u. Komm. v. F. Siegert/H. Schreckenberg/M. Vogel u.a., Tübingen 2001.

–, De bello Judaico. Der jüdische Krieg. Zweisprachige Ausgabe der sieben Bücher, hg. und mit einer Einleitung sowie mit Anmerkungen versehen v. O. Michel/O. Bauernfeind, Bd. 1 (Bücher I–III), Darmstadt 1959; Bd. 2,1 (Bücher IV–V), 1963; Bd. 2,2 (Bücher VI–VII), 1969; Bd. 3 (Ergänzungen und Register), 1969.

–, Flavii Iosephi Opera edidit et apparatu critico instruxit B. Niese, Bd. 1 (Antiquitatem Iudaicorum, Libri I–V), Berlin 1887; Bd. 2 (Libri VI–X) 1885; Bd. 3 (Libri XI–XV) 1892; Bd. 4 (Libri XVI–XX et Vita) 1890; Bd. 5 (De Iudaeorum Vetustate sive Contra Apionem Libri II) 1889; Bd. 6 (De Bello Iudaico Libros VII), ediderunt J. A. Destinon et B. Niese, 1894; Bd. 7 (Index), 1895.

–, Josephus, with an English Translation by H. St. J. Thackeray, LCL, Bd. 1 (The Life, Against Apion), London/Cambridge, Mass. 1926/⁴1966; Bd. 2 (The Jewish War, Books I–III) 1927/⁴1967; Bd. 3 (Books IV–VII) 1928/⁴1968; Bd. 4 (Jewish Antiquities, Books I–IV, 1930/⁴1967; Bd. 5 (Books V–VIII) 1934/⁵1966; With an English Translation by R. Marcus, Bd. 6 (Books IX–XI) 1937/⁶1966; Bd. 7 (Books XII–XIV), 1943/⁴1966; Bd. 8 (Books XV–XVII) 1963/²1969; With an English Translation by L. H. Feldman, Bd. 9 (Books XVIII–XX), 1965/²1969.

–, Jüdische Altertümer, übers. u. mit Einl. u. Anm. vers. v. H. Clementz, Bd. 1 (Buch I bis X), Halle 1898; Bd. 2 (Buch XI–XX nebst Namenregister), o.J.

–, Kleinere Schriften (Selbstbiographie; Gegen Apion; Über die Makkabäer), übers. u. m. Einl. u. Anm. vers. v. H. Clementz, Wiesbaden ²1995.

KISCH, G., Pseudo-Philo's Liber Antiquitatum Biblicarum, PMS 10, Notre Dame Ind 1949.

KLAUCK, H.-J. (Hg.), 4. Makkabäerbuch, JSHRZ III, 5, Gütersloh 1989.

KLIJN, A. F. J. (Hg.), Der lateinische Text der Apokalypse des Esra, TU 131, Berlin 1983.

–, Die Esra-Apokalypse (IV. Esra). Nach dem lateinischen Text unter Benutzung der anderen Versionen, GCS, Berlin 1992.

–, Die syrische Baruch-Apokalypse, JSHRZ V, 2, Gütersloh 1976.

KÖNIG, R./WINKLER,G., C. Plinius Secundus d.Ä., Naturkunde, Buch II, Kosmologie, München 1974

KRAFT, R.A./PURINTUN, A.-E., Paraleipomena Jeremiou. English Translation from the Editors, SBL.PS 1, Vol. 2, Missoula Mont. 1972.

KRAUS, T.J./NICKLAS, T. (Hg.), Das Petrusevangelium und die Petrusapokalypse. Die griechischen Fragmente mit deutscher und englischer Übersetzung, Neutestamentliche Apokryphen, GCS NF 11, Berlin/New York 2004.

LEONHARDT-BALZER, J. (Hg.), Fragen Esras, JSHRZ-NF I, 5, Gütersloh, 2005.

LINDEMANN, A./PAULSEN, H. (Hg.), Die Apostolischen Väter, griechisch-deutsche Parallelausgabe, Tübingen 1992.

LOHSE, E. (Hg.), Die Texte aus Qumran, Darmstadt 1964.

MARC AUREL, Selbstbetrachtungen. Übersetzung, Einleitung und Anmerkungen v. A. Wittstock, Reclam, Stuttgart 1997.

MARCUS AURELIUS ANTONIUS, Selbstbetrachtungen, hg., übertr. u. mit Einl. v. W. Capelle, KTA 4, Stuttgart [9]1957.

MARCUS AURELIUS ANTONIUS, Wege zu sich selbst/Ta eis heauton, hg. v. W. Theiler, BAW.RR, Zürich 1951.

MAYER, G. Index Philoneus, Berlin/New York 1964.

MEISNER, N. (Hg.), Aristeasbrief, JSHRZ II, 1, Gütersloh 1973.

MENGE/GÜTHLING, Enzyklopädisches *Wörterbuch* der griechischen und deutschen Sprache I, Berlin [12]1954.

MERK, O./MEISER, M. (Hg.), Das Leben Adams und Evas, JSHRZ II, 5, Gütersloh 1998.

MERKEL, H. (Hg.), Sibyllinen, JSHRZ V, 8, Gütersloh 1998.

METTE, H.-J., Die Fragmente der Tragödien des Aischylos, SGKA(B) 15, Berlin 1959.

MOULTON, J.H./ HOWARD, W.F., A Grammar of New Testament Greek. Vol. II: Accidence and Word-Formation with an Appendix on Semitisms in the New Testament, Edinburgh 1960.

MÜLLER, U.-B. (Hg.), Die griechische Esra-Apokalypse, JSHRZ V, 2, Gütersloh 1976.

NESTLE, E./NESTLE, E., Novum Testamentum Graece, hg. v. K. Aland/B. Aland, Stuttgart [27]1998.

NEUE JERUSALEMER BIBEL, Einheitsübersetzung mit dem Kommentar der Jerusalemer Bibel, hg. v. A. Deissler/A. Vögtle u.a., Freiburg/Basel/Wien 1985.

NUMISMATISCHE BILDDATENBANK EICHSTÄTT, NBE, Alte Geschichte a.d. Kathol. Universität Eichstätt-Ingoldstadt 2005, http://www.gnomon.ku-eichstaett.de//LAG/nbe/nbe.html.

ORIENTIS GRAECI INSCRIPTIONES SELECTAE, Supplementum Sylloges Inscriptionum Graecarum, edidit W. Dittenberger, Bd. 1, Leipzig 1903; Bd. 2, 1905.

OßWALD , E. (Hg.), Das Gebet Manasses, JSHRZ IV, 1, Gütersloh 1974.

PACKARD HUMANITIES INSTITUTE (PHI), Searchable Greek Inscriptions. A Scholarly Tool in Progress, http://epigraphy.packhum.org/inscriptions/main.

PELLETIER, A. (ed.), Lettre d'Aristée à Philocrate. Introduction, texte critique, traduction et notes, SC 89, Paris 1962.

PFOHL, G., (Hg.), Griechische Inschriften als Zeugnisse des privaten und öffentlichen Lebens, griechisch-deutsch, Tübingen [2]1980.

PHILONENKO-SAYAR, B./PHILONENKO, M. (Hg.), Die Apokalypse Abrahams, JSHRZ V,5, Gütersloh 1982.

PHILO VON ALEXANDRIA, Die Werke, in deutscher Übersetzung, SJHL, Breslau 1909–1938.

–, Die Werke in deutscher Übersetzung, Berlin 1962–1964.

–, Allegorische Erklärung des heiligen Gesetzbuches Buch I-III, übers. v. I. Heinemann, in: L. Cohn/I. Heinemann/M. Adler/W. Theiler (Hg.), Bd. 3, Berlin [2]1962, 3–165.

–, Gegen Flaccus, übers. v. K.-H. Gerschmann, in: L. Cohn u.a. (Hg.), Bd. 7, Berlin 1964, 122–165.

–, Gesandschaft an Caligula, übers. v. F.W. Kohnke, in: L. Cohn u.a. (Hg.), Bd. 7, Berlin 1964, 166–266.

–, Über Abraham, übers. v. J. Cohn, in: L. Cohn u.a. (Hg.), Bd. 1, Berlin [2]1962, 93–152.

–, Über das Leben Mosis Buch I und II, übers. v. B. Badt, in: L. Cohn u.a. (Hg.), Bd. 1, Berlin [2]1962, 217–365.

–, Über das Zusammenleben um der Allgemeinbildung wegen, übers. v. H. Lewy, in: L. Cohn u.a. (Hg.), Bd. 6, Berlin ^{2}1962, 1–49.

–, Über den Dekalog, übers. v. L. Treitel, in: L. Cohn u.a. (Hg.), Bd. 1, Berlin ^{2}1962, S 369–409.

–, Über die Cherubim, übers. v. L. Cohn, in: L. Cohn u.a. (Hg.), Bd. 3, Berlin ^{2}1962, 167–205.

–, Über die Einzelgesetze Buch I-IV, übers. v. I. Heinemann, in: L. Cohn u.a. (Hg.), Bd. 2, Berlin ^{2}1962, 3–312.

–, Über die Landwirtschaft, übers. v. L. Cohn, in: L. Cohn u.a. (Hg.), Bd. 4, Berlin ^{2}1962, 111–146.

–, Über die Nachkommen Kains, übers. v. H. Leisegang, in: L. Cohn u.a. (Hg.), Bd. 4, Berlin ^{2}1962, 1–53.

–, Über die Namensänderung, übers. v. W. Theiler, in: L. Cohn u.a. (Hg.), Bd. 6, Berlin ^{2}1962, 104–162

–, Über die Opfer Abels und Kains, übers. v. H. Leisegang, in: L. Cohn u.a. (Hg.), Bd. 3, Berlin ^{2}1962, 207–264.

–, Über die Träume Buch I und II, übers. v. M. Adler, in: L. Cohn u.a. (Hg.), Bd. 6, Berlin ^{2}1962, 163–277.

–, Über die Unveränderlichkeit Gottes, übers. v. H. Leisegang, in: L. Cohn u.a. (Hg.), Bd. 4, Berlin ^{2}1962, 72–110.

–, Über die Verwirrung der Sprachen, übers. v. E. Stein, in: L. Cohn u.a. (Hg.), Bd. 5, Berlin ^{2}1962, 99–151.

–, Über die Weltschöpfung, übers. v. J. Cohn, in: L. Cohn u.a. (Hg.), Bd. 1, Berlin ^{2}1962, 25–89.

–, Über Joseph, übers. v. L. Cohn, in: L. Cohn u.a. (Hg.), Bd. 1, Berlin ^{2}1962, 155–213.

–, Philo, With an Englisch Translation by F. H. Colson, in Ten Volumes (with two Supplementary Volumes), LCL, Bd. 1 (De Opificio Mundi; Legum Allegoria) Cambridge, Mass./London 1929/^{3}1956; Bd. 3 (Quod Deus Immutabilis sit; De Agricultura) 1930/1954; Bd. 4 (De Confusione Linguarum; De Congressu Quaerendae Eruditionis Gratia) 1932/^{4}1958; Bd. 5 (De Mutatione Nominum; Quod a Deo Mittantur Somnia *or* De Somniis I–II) 1934/^{3}1958; Bd. 6 (De Abrahamo; De Iosepho; De Vita Mosis) 1935/^{3}1959; Bd. 7 (De Decalogo; De Specialibus Legibus I–III) 1937/^{3}1958; Bd. 8 (De Specialibus Legibus IV) 1939/^{3}1960; Bd. 9 (In Flaccum) 1941/1954; Bd 10 (De Virtutibus Prima Pars, Quod est De Legatione Ad Gaium) 1962.

PHILONIS ALEXANDRINI, Opera quae supersunt, Vol. VII, Indices ad Philonis Alexandrini Opera, comp. J. Leisegang, Berlin, Bd. 1 (1926), Bd. 2 (1930).

PICARD, J.-C., Apocalypsis Baruchi Graece, PVTG 2, Leiden 1967, 61–96.

PIETERSMA, A./COMSTOCK, S. T./ATTRIDGE, H. W., The Apocalypse of Elijah. Based on Pap. Chester Beatty 2018, SBL.SP 9, Chico Ca. 1981.

PLATON, Der Staat, übers. u. hg. v. K. Vretska, Stuttgart 2003.

PLATON, Sämtliche Werke III, Verlag Lambert Schneider, Heidelberg, o.J.

PLÖGER, O. (Hg.), Zusätze zu Daniel, JSHRZ I, 1, Gütersloh 1973.

PLOTIN, Ausgewählte Einzelschriften. Griechischer Lesetext und deutsche Übersetzung. Hg. v. R. Beutler, übers. v. R. Harder, Heft 1: Die Schriften 1, 9 und 11 der chronologischen Reihenfolge, Hamburg 1956.

PLUTARCH's Moralia in sixteen Volumes, V., 351c–438e, with an English Translatio by F.C. Babbitt, London 1969.

POHLMANN, K.-F. (Hg.), 3. Esra-Buch, JSHRZ I, 5, Gütersloh 1980.

PREISIGKE, F. (Hg.), Sammelbuch Griechischer Urkunden aus Ägypten (SGUÄ), Bd. I, Berlin/New York 1915.

–, Sammelbuch Griechischer Urkunden aus Ägypten (SGUÄ), Bd. II, Berlin/Leipzig 1922.

PREISIGKE, F./BILABEL, F. (Hg.), Sammelbuch Griechischer Urkunden aus Ägypten (SGUÄ), Bd. III,1, Berlin/Leipzig 1926; Bd. III,2, 1927.

RADT, S. (Hg.), Strabons Geographika, Bd. 4, Buch XIV-XVII: Text und Übersetzung, Göttingen 2005.

RENGSTORF, K.-H. (Hg.), A Complete Concordance to Flavius Josephus; Bd. 1, Leiden 1973; Bd. 2, 1975; Bd. 3, 1979; Bd. 4, 1983.

RÖNSCH, H. (Hg.), Das Buch der Jubiläen oder die kleine Genesis. Unter Beifügung des revidirten (sic!) Textes der in der Ambrosiana aufgefundenen lateinischen Fragmente, sowie einer von Dr. August Dillmann aus zwei äthiopischen Handschriften gefertigten lateinischen Übertragung, Leipzig 1874.

SAUER, G. (Hg.), Jesus Sirach, JSHRZ III, 5, Gütersloh 1981.

SCHALLER, B. (Hg.), Das Testament Hiobs, JSHRZ III, 3, Gütersloh 1979.

–, Paralipomena Jeremiou, JSHRZ I, 8, Gütersloh 1998.

SCHMIDT, F., Le Testament grec d'Abraham. Introduction, édition critique des deux recensions grecques, traduction, TSAJ 11, Tübingen 1986.

SCHNEEMELCHER, W. (Hg.), Neutestamentliche Apokryphen in deutscher Übersetzung. Bd. 1: Evangelien, Tübingen [6]1990.

–, Neutestamentliche Apokryphen in deutscher Übersetzung. Bd. 2: Apostolisches, Apokalypsen und Verwandtes, Tübingen [5]1989.

SCHRAGE, W. (Hg.), Die Elia-Apokalypse, JSHRZ V, 3, Gütersloh 1980.

SCHREINER, J. (Hg.), Das 4. Buch Esra, JSHRZ V, 4, Gütersloh 1981.

SCHUNCK, K.-D. (Hg.), 1. Makkabäerbuch, JSHRZ I, 4, Gütersloh 1980.

SCHWEMER, A.-M. (Hg.), Vitae Prophetarum, JSHRZ I, 7, Gütersloh 1997.

SEPTUAGINTA DEUTSCH, Das griechische Alte Testament in deutscher Übersetzung, hg. v. W. Kraus/M. Karrer, Deutsche Bibelgesellschaft, Stuttgart 2009.

SEPTUAGINTA, Id est Vetus Testamentum graece iuxta LXX interpretes edidit A. Rahlfs, (Editio minor), Stuttgart 1935.

SMEND, R., Die Weisheit des Jesus Sirach. Hebräisch und Deutsch. Mit einem hebräischen Glossar, Berlin 1906.

MERKELBACH, R./STAUBER, J. (Hg.), Steinepigrame aus dem griechischen Osten, Bd. III, München/Leipzig 2001, Bd. IV, München/Leipzig 2002.

STOICORUM VETERUM FRAGMENTA, hg. v. H. v. Armin, Leipzig 1903–1924 = ND, Stuttgart 1964.

STONE, M. E. (ed.), The Testament of Abraham. The Greek Recensions, SBL.PS 2, TT 2, Missoula Mont. 1972.

SUETON, Cäsarenleben. übertr. und erläut. v. M. Heinemann, mit einer Einleitung von R. Till, Stuttgart [7]1986.

SUPPLEMENTUM EPIGRAPHICUM GRAECUM, redigendum curavit A.G. Woodhead, Bd. 18, 1962.

SYNOPSE des Vierten Buches Esra und der Syrischen Baruchapokalypse, K. Berger unter Mitarb. v. G. Faßbeck u. H. Reinhard, TANZ 8, Tübingen 1992.

THE BOOK OF JUBILEES, transl. by J.C. Vanderkam, CSCO.Ae 88, Lovanii 1989.

THESAURUS LINGUAE GRAECAE. A digital Library of Greek Literature, Irvine(Californien) o.J.:http://www.ub.uni-heidelberg.de/cgi-bin/db-onl.cgi?app=tlgonl.

TICHONRAVOV, N., Памятники отреченной русской литературы [Pamjatniki otrečennoj russkoj literatury], with a preface by Michael Samilov, Vols. I, Petersburg 1863 [Nachdr. London 1973]; 298–304.

TISCHENDORF, C., Apocalypses Apocryphae, Mosis, Esdrae, Pailu, Iohannis, item Mariae Dormitio, additis evangeliorum et actuum apocryphorum supplementis, Lipsiae 1866.

TOV, E., The Book of Baruch, Text and Translations 8, SBL.PS 6, Montana 1975.

UHLIG, S. (Hg.), Das äthiopische Henochbuch, JSHRZ V, 6, Gütersloh 1984.

VAILLANT, A., Le Livre des Secrets d'Hénoch. Texte slave et traduction française. Textes publiés par l'institut d'étues slaves, 4, Paris: Inst. d'Études Slaves 1952.

VIDMAN, L., Sylloge inscriptionum religionis Isiacae et Sarapiacae, RVV 28, Berlin 1969.

VOGT, E. (Hg.), Tragiker Ezechiel, JSHRZ IV, 3, Gütersloh 1983.

VOGT, J., Die alexandrinischen Münzen. Grundlegung einer alexandrinischen Kaisergeschichte, Stuttgart 1924.

WAHL, O., Apocalypsis Esdrae, Apocalypsis Sedrach, Visio Beati Esdrae, PVTG 4, Leiden 1977.

WALLACE, D.B., Greek grammar beyond the basics. An exegetical syntax of the New Testament, Grand Rapids, Michigan 1996.

WALTER, N. (Hg.), Fragmente jüdisch-hellenistischer Epik: Philon, Theodotos, JSHRZ IV, 3, Gütersloh 1983.

–, Fragmente jüdisch-hellenistischer Exegeten: Aristobulos, Demetrios, Aristeas, JSHRZ III, 2, Gütersloh 1975.

–, Fragmente jüdisch-hellenistischer Historiker, JSHRZ I, 2, Gütersloh 1976.

–, *Pseudepigraphische jüdisch-hellenistische Dichtung*: Pseudo-Phokylides, Pseudo-Orpheus, Gefälschte Verse auf Namen griechischer Dichter, JSHRZ IV, 3, Gütersloh 1983.

WENDLAND, P., Aristeae ad Philocratem epistula cum ceteris de origine versionis LXX interpretum testimonis L. Mendelssohn usus, Lepzig 1900.

WISCHMEYER, W., Griechische und lateinische Inschriften zur Sozialgeschichte der Alten Kirche, TKTG 28, Gütersloh 1982.

WOLTER, M. (Hg.), 5. Esra-Buch, 6. Esra-Buch, JSHRZ III, 7, Gütersloh 2001.

WOUDE, A.S. VAN DER (Hg.), Die fünf syrischen Psalmen, JSHRZ IV, 1, Gütersloh 1974.

ZENGER, E. (Hg.), Das Buch Judit, JSHRZ I, 6, Gütersloh 1981.

ZIMMERMANN, F., Aids for the recovery of the hebrew Original of Judith, in: JBL 1938, 67–74.

Sekundärliteratur:

ALAND, K./ALAND, B., Der Text des Neuen Testaments, Einführung in die wissenschaftlichen Ausgaben sowie in Theorie und Praxis der modernen Textkritik, Stuttgart [2]1989.

ALBANI, M., Der eine Gott und die himmlischen Herrscharen. Zur Begründung des Monotheismus bei Deuterojesaja im Horizont der Astralisierung des Gottesverständnisses im Alten Orient, Arbeiten zur Bibel und ihrer Geschichte 1, Leipzig 2000.

AMIR, Y., Die Begegnung des biblischen und des philosophischen Monotheismus als Grundthema des jüdischen Hellenismus, EvTh 38. NF 33, 1978, 2–19.

–, Die hellenistische Gestalt des Judentums bei Philon von Alexandrien, FJCD 5, Neukirchen-Vluyn 1983.

ASSMANN, J., Gott und die Götter, in: G. Palmer (Hg.), Fragen nach dem einen Gott. Die Monotheismusdebatte im Kontext. Religion und Aufklärung 14, Tübingen 2007, 29–51.

–, Moses der Ägypter. Entzifferung einer Gedächtnisspur, Frankfurt am Main [4]2003.

AURELIUS, E., Die fremden Götter im Deuteronomium, in: M. Oeming/K. Schmit (Hg.), Der eine Gott und die Götter, Polytheismus und Monotheismus im antiken Israel, AThANT 82, Zürich 2003.

BACHMANN, M., Ermittlungen zum Mittler, in: M. Bachmann, Antijudaismus im Galaterbrief, Exegetische Studien zu einem polemischen Schreiben und zur Theologie des Apostels Paulus, NTOA 40, Freiburg/Göttingen 1999.

BALTZER, K., Deutero-Jesaja, KAT 10,2, Gütersloh 1999.

BALZ, H./SCHRAGE, W., Die „Katholischen" Briefe. Die Briefe des Jakobus, Petrus, Johannes und Judas, NTD 10, Göttingen/Zürich [14[4]]1993.

BAUER, U., Art. Formgeschichte, NBL, Bd. 1 (1991), Sp. 687–691.

BAUER, W., *Griechisch-deutsches Wörterbuch* zu den Schriften des Neuen Testaments und der frühchristlichen Literatur, Berlin/New York [6]1988.

BECHER, I., Der Isiskult in Rom – ein Kult der Halbwelt?, ZÄS 96 (1970), 81–90.

BECKER, J., Der Brief an die Galater, in: ders./H. Conzelmann/G. Friedrich, Die Briefe an die Galater, Epheser, Philipper, Kolosser, Thessalonicher und Philemon, NTD 8, Göttingen [17]1990, 1–85.

–, Der Brief an die Galater, in: ders./Lutz, U., Die Briefe an die Galater, Epheser und Kolosser, NTD 8/1, Göttingen 1998, 9–103.

BERTRAM, G., Art. πᾶς, ThWNT 5, Stuttgart 1954, 889–890.

–, Art. ὕψιστος, ThWNT 8, Stuttgart 1969, 613–619.

BICKERMANN, E. J., Der Gott der Makkabäer. Untersuchungen über Sinn und Ursprung der makkabäischen Erhebung, Berlin 1937.

BLASS, F./DEBRUNNER, A./REHKOPF F., *Grammatik* des neutestamentlichen Griechisch, Göttingen [16]1984.

BONWETSCH, G.N., Die Apokalypse Abrahams. Das Testament der vierzig Märtyrer, SGTK 1.1, Leipzig 1897.

BORGEN, P., Philo of Alexandria an exegete for his time, NT.S 86, Leiden/New York/Köln 1997.

BRAULIK, G., Das Buch Deuteronomium, in: E. Zenger, u.a., Einleitung in das Alte Testament, KStTh 1,1, Stuttgart (1995) [5]2004, 136–155.

–, Studien zum Buch Deuteronomium, SBAB 24, Stuttgart 1997.

BÜCHSEL, F., Art. εἰμί, ὁ ὤν, ThWNT 2, Stuttgart 1935, 396–398.

BURCHARD, CH., Der Jakobusbrief, HNT 15/1, Tübingen 2000.

BULTMANN, R., Das Evangelium des Johannes/[Hauptbd.], KEK 2, Göttingen [16]1959.

–, Der zweite Brief an die Korinther, KEK.S, Göttingen 1976.

–, Die Geschichte der synoptischen Tradition. Mit einem Nachwort von G. Theissen, Göttingen [10]1995.

CAPELLE, W., *Die griechische Philosophie II.* Von den Sokratikern bis zur hellenistischen Philosophie, SG 858/858a, Berlin [3]1971.

CLAUSS, M., Geschichte des Alten Israel, Oldenbourg Grundsriss der Geschichte, Bd. 37, München 2009.

COHN, L., Philo von Alexandria. Einleitung, in: L. Cohn/I. Heinemann/M. Adler/W. Theiler (Hg.), Philo von Alexandria. Die Werke in deutscher Übersetzung, Bd. 1, 1–24.

CONZELMANN, H., Der Brief an die Epheser, in: J. Becker/H. Conzelmann/G. Friedrich, Die Briefe an die Galater, Epheser, Philipper, Kolosser, Thessalonicher und Philemon, NTD 8, Göttingen [17]1990, 86–124.

–, Der Brief an die Kolosser, in: J. Becker/H. Conzelmann/G. Friedrich, Die Briefe an die Galater, Epheser, Philipper, Kolosser, Thessalonicher und Philemon, NTD 8, Göttingen [17]1990, 176–202.

–, *Was glaubte die frühe Christenheit?*, in.: ders., Theologie als Schriftauslegung. Aufsätze zum Neuen Testament, BEvTh 65, München 1974.

CRÜSEMANN, F., Die Thora. Theologie und Sozialgeschichte des alttestamentlichen Gesetzes, Gütersloh [2]1997.

CULLMANN, O., Die ersten christlichen Glaubensbekenntnisse, ThSt(B) 15, Zürich 1943.

DEBRUNNER, A., Art. λέγω, ThWNT 4, Stuttgart 1942, 69–76.

DEICHGRÄBER, K., Das Ganze-Eine des Parmenides. Fünf Interpretationen zu seinem Lehrgedicht. AAWLM.G 7 (1983), Wiesbaden 1983.

DEISSLER, A., Zwölf Propheten II. Obadja, Jona, Micha/Nahum, Habakuk, NEB.AT 8, Würzburg 1984.

–, Zwölf Propheten III. Zefanja, Haggai, Sacharja, Maleachi, NEB.AT 21, Würzburg 1988.

DEISSMANN, A., Licht vom Osten. Das Neue Testament und die neuentdeckten Texte der hellenistisch-römischen Welt, Tübingen [3]1909.

DELLING, G., Art. ἄρχω, ThWNT 1, Stuttgart 1933, 476–488.

–, ΜΟΝΟΣ ΘΕΟΣ, ThLZ 77, Leipzig 1952, Sp. 469–476.

DIBELIUS, M., Der Brief des Jakobus, KEK 15, Göttingen [7]1921.

–, Die Formgeschichte des Evangeliums, Tübingen [2]1933.

–, Die Isisweihe bei Apuleius und verwandte Initiations-Riten, in: Die Daten der Scriptores historiae Augustae von Severus Alexander bis Carus von Alfred von Domaszewski, SHAW.PH 8, Heidelberg 1917.

DIHLE, A., Der Kanon der zwei Tugenden, Köln 1968.

DiSEGNI, L., Εἷς θεός in Palestinian Inscriptions, SCI 13 (1994), 94–115.

DONNER, H., Geschichte des Volkes Israel und seiner Nachbarn in Grundzügen. Teil 2: Von der Königszeit bis zu Alexander dem Großen, Bd. 4/2 GAT, ATD Ergänzungsreihe, Göttingen [3]2001.

ELLIGER, K., Das Buch der zwölf kleinen Propheten II, Die Propheten Nahum, Habakuk, Zephanja, Haggai, Sacharja, Maleachi, ATD 25, Göttingen [5]1964.

–, Deuterojesaja (Jesaja 40,1–45,7), BK 11,1, Neukirchen 1978.

ENDERS, M., Art. Epiktet, RGG[4] 2, Tübingen 1999, Sp. 1365–1366.

ENGEL, H., Das Buch Judit, in: E. Zenger, u.a., Einleitung in das Alte Testament, KStTh 1,1, Stuttgart (1995) ⁵2004, 289–301.

–, Das Buch Tobit, in: E. Zenger, u.a., Einleitung in das Alte Testament, KStTh 1,1, Stuttgart (1995) ⁵2004, 278–288.

–, Die Bücher der Makkabäer, in: E. Zenger, u.a., Einleitung in das Alte Testament, KStTh 1,1, Stuttgart (1995) ⁵2004, 213–328.

FELDMEIER, R., Osiris: Der Gott der Toten als Gott des Lebens, (De Iside Kap. 76–78), in: R. Hirsch-Luipold (Hg.), Gott und die Götter bei Plutarch, Götterbilder – Gottesbilder – Weltbilder, RVV 54, Berlin/New York 2005, 215–227.

FERRARI, F., Der Gott Plutarchs und der Gott Platons, in: R. Hirsch-Luipold (Hg.), Gott und die Götter bei Plutarch, Götterbilder – Gottesbilder – Weltbilder, RVV 54, Berlin/New York 2005, 13–25.

FREUD, S., Der Mann Moses und die monotheistische Religion. Schriften über die Religion, Frankfurt am Main ¹¹1999.

V. FRITZ, K., Art. Onatos, PRE 35,2 (1939), Sp. 411.

FITZMYER, J.A., Tobit, CEJL, Berlin/New York 2003.

FRANZMANN, M., Art. Mandäismus, RGG⁴ 5 (2002), Sp. 725–728.

FRIEDRICH, G., Der Brief an die Philipper, in: J. Becker/H. Conzelmann/G. Friedrich, Die Briefe an die Galater, Epheser, Philipper, Kolosser, Thessalonicher und Philemon, NTD 8, Göttingen ¹⁷1990, 125–175.

–, Der erste Brief an die Thessalonicher, in: J. Becker/H. Conzelmann/G. Friedrich, Die Briefe an die Galater, Epheser, Philipper, Kolosser, Thessalonicher und Philemon, NTD 8, Göttingen ¹⁷1990, 203–251.

GALLING, K., Die Bücher der Chronik, Esra, Nehemia, ATD 12, Göttingen 1954.

GERHARDSSON, B., „An ihren Früchten soll ihr sie erkennen", in: ders., The Shema in the New Testament. Deut 6,4–5 Significant Passages, Lund 1996, 173–186.

–, Geistiger Opferdienst nach Matth 6,1–6. 16–21, in: ders., The Shema in the New Testament. Deut 6,4–5 Significant Passages, Lund 1996, 75–83.

–, Gottes Sohn als Diener Gottes. Messias, Agape und Himmelsherrschaft nach dem Matthäusevangelium, in: ders., The Shema in the New Testament. Deut 6,4–5 Significant Passages, Lund 1996, 139–172.

–, Jesus, ausgeliefert und verlassen – nach dem Passionsbericht des Matthäusevangeliums, in: ders., The Shema in the New Testament. Deut 6,4–5 Significant Passages, Lund 1996, 109-138.

–, The Hermeneutic Program in Matthew 22:37–40, in: ders., The Shema in the New Testament. Deut 6,4–5 Significant Passages, Lund 1996, 202–223.

–, The Parable of the Sower and its Interpretation, in: ders., The Shema in the New Testament. Deut 6,4–5 Significant Passages, Lund 1996, 24–52.

–, The Seven Parables in Matthew XIII, in: ders., The Shema in the New Testament. Deut 6,4–5 Significant Passages, Lund 1996, 53–74.

–, The Shema in the New Testament. Deut 6,4–5 Significant Passages, Lund 1996.

GIESEN, H., Die Offenbarung des Johannes, RNT, Regensburg 1997.

GNILKA, J., Das Evangelium nach Markus, 1. Teilband (Mk 1,1–8,26), EKK II/1, Zürich/Einsiedeln/Köln/Neukirchen-Vluyn 1978.

–, Das Evangelium nach Markus, 2. Teilband (Mk 8,27–16,20), EKK II/2, Zürich /Einsiedeln/Köln/Neukirchen-Vluyn 1979.

GOPPELT, L., Theologie des Neuen Testaments, UTB 850, Göttingen ³1991.

GÖRG, M., Art. Formel, NBL, Bd. 1 (1991), Sp. 687.

GÖRGEMANNS, H., Eros als Gott in Plutarchs ‚Amatorius', in: R. Hirsch-Luipold (Hg.), Gott und die Götter bei Plutarch, Götterbilder – Gottesbilder – Weltbilder, RVV 54, Berlin/New York 2005, 169–195.

GRADWOHL, R., Bibelauslegungen aus jüdischen Quellen (BAJQ) 4, Die alttestamentlichen Predigttexte des 6. Jahrgangs, Stuttgart 1989.

GRAESER, A., *Sophistik und Sokratik, Plato und Aristoteles*, Die Philosophie der Antike 2, München [2]1993.

–, Zenon von Kition. Positionen und Probleme, Berlin/New York 1975.

GRÄSSER, E., An die Hebräer (Hebr 1–6), EKK XVII/1, Braunschweig/Neukirchen-Vluyn 1990.

–, „Ein einziger ist Gott" (Röm 3,30). Zum christologischen Gottesverständnis bei Paulus, in: H. Merklein/E. Zenger (Hg.), Ich will euer Gott werden, Beispiele biblischen Redens von Gott, SBS 100, Stuttgart 1981, 177–205.

GRAF, F., Plutarch und die Götterbilder, in: R. Hirsch-Luipold (Hg.), Gott und die Götter bei Plutarch, Götterbilder – Gottesbilder – Weltbilder, RVV 54, Berlin/New York 2005, 251–266.

GRIMM, W./DITTERT, K., Deuterojesaja: Deutung, Wirkung, Gegenwart. Ein Kommentar zu Jesaja 40–55, Calwer Bibelkommentare, Stuttgart 1990.

HABERMANN, J., Präexistenzaussagen im Neuen Testament, EHS.T 362, Frankfurt am Main [u.a.] 1990.

HADAS, M. (Hg.), The third and fourth books of Maccabees, JAL, New York 1953.

HAENCHEN, E., Die Apostelgeschichte, KEK 3, Göttingen [15[6]]1968.

HAMBURGER, A., A Greco-Samaritan Amulet from Caesarea, IEJ 9, Israel 1959, 43–45.

HAUCK, F., Art. κοινός, ThWNT 3 (1938), 789–810.

–, Art. ὅσιος, ThWNT 5 (1954), 488–492.

HEGERMANN, H., Der Brief an die Hebräer, ThHK 16, Berlin, [1]1988.

HEILIGENTHAL, R., Zwischen Henoch und Paulus, Studien zum theologiegeschichtlichen Ort des Judasbriefes, TANZ 6, Tübingen 1992.

HENGEL, M., Judentum und Hellenismus. Studien zu ihrer Begegnung unter besonderer Berücksichtigung Palästinas bis zur Mitte des 2.Jh.s v.Chr., WUNT 10, Tübingen [3]1988.

HENTSCHEL, G., Die Königsbücher, in: E. Zenger, u.a., Einleitung in das Alte Testament, KStTh 1,1, Stuttgart (1995) [5]2004, 239–248.

–, Die Samuelbücher, in: E. Zenger, u.a., Einleitung in das Alte Testament, KStTh 1,1, Stuttgart (1995) [5]2004, 230–238.

HERMISSON, H.-J., Deuterojesaja (Jesaja 45,8–49,12), BK 11,2, Neukirchen 2003.

HILGENFELD, A., Die Psalmen Salomo's und die Himmelfahrt des Moses griechisch hergestellt und erklärt, ZWTh 11 (1868), 237–309.

HIRSCH-LUIPOLD, R., Der eine Gott bei Philon von Alexandrien und Plutarch, in: R. Hirsch-Luipold (Hg.), Gott und die Götter bei Plutarch. Götterbilder – Gottesbilder – Weltbilder, RVV 54, Berlin/New York 2005, 141–168.

HÖFLER, A., Der Sarapishymnus des Ailios Aristeides, TBAW 27, Stuttgart/Berlin 1935.

HÖLSCHER, Art. Josephus, 2. Der Schriftsteller, PRE 9, Stuttgart 1916, Sp. 1934–2000.

HOFIUS, O., „Einer ist Gott – Einer ist Herr". Erwägungen zu Struktur und Aussage des Bekenntnisses 1.Kor 8,6; in: M. Evang/H. Merklein/M. Wolter (Hg.), Eschatologie und Schöpfung, Festschrift für E. Gräßer zum siebzigsten Geburtstag, BZNW 89, Berlin/New York 1997, 95–108.

HOLTZ, G., Die Pastoralbriefe, ThHK 13, Berlin 1965.

HORSLEY, R., The Background of the Confessional Formula in 1Kor 8,6, in: ZNW 69 (1978), 130–135.

HOSSENFELDER, M., Stoa, Epikureismus und Skepsis, Philosophie der Antike 3, München [2]1995.

HOSSFELD, F.-L., Das Buch Ezechiel, in: E. Zenger, u.a., Einleitung in das Alte Testament, KStTh 1,1, Stuttgart (1995) [5]2004, 489–506.

HOSSFELD, F.-L./ZENGER, E., Die Psalmen I, Psalm 1–50, NEB.AB 29, Würzburg 1993.

–, Die Psalmen II, Psalm 51–100, NEB.AB 40, Würzburg 2002.

HURTADO, L.W., One Gott, One Lord. Early Christian Devotion and Ancient Jewish Monotheism, Philadelphia/London 1988.

–, Lord Jesus Christ. Devotion to Jesus in Earliest Christianity, Grand Rapid/Cambridge (U.K.) 2003.

INSTINSKY, H.-U., Marcus Aurelius Prosenes – Freigelassener und Christ am Kaiserhof, AAWLM.G 3, Wiesbaden 1964, 113–129.

JENNI, E./WESTERMANN, C., Theologisches Handwörterbuch zum Alten Testament, 2 Bde, Gütersloh 1971, 1975.

JEWETT, R., Romans, a commentary, Hermeneia, Minneapolis 2007.

JOSEPHUS, FLAVIUS, Translation and commentary. Ed. by S. Mason, transl. and commentary by L. H. Feldman, Bd. 3 (Judean antiquities 1–4), Leiden/Boston/Köln 2000; Transl. and commentary by Ch. Begg, Bd. 4 (Judean antiquities books 5–7), Leiden/Boston 2005; Transl. and commentary by Ch. T. Begg/P. Spilsbury, Bd. 5 (Judean antiquities books 8–10), 2005; Transl. and commentary by J. M.G. Barclay, Bd. 10 (Against Apion), 2007.

JÜNGLING, H.-W., Das Buch Jesaja, in: E. Zenger, u.a., Einleitung in das Alte Testament, KStTh 1,1, Stuttgart (1995) ^{5}2004, 427–451.

KÄSEMANN, E., An die Römer, HNT 8a, Tübingen 1973.

–, Art. Formeln. II. Liturgische Formeln im NT, RGG^3 Bd. 2, Tübingen 1958, Sp. 993.

–, Das wandernde Gottesvolk, FRLANT N.F. H. 37 = H. 55, Göttingen ^{2}1957.

KAUTZSCH, E. (Hg.), Die Apokryphen und Pseudepigraphen des Alten Testaments, Bd. I: Die Apokryphen des Alten Testaments, Darmstadt 1962.

KERST, R., 1Kor 8 $_6$ – ein vorpaulinisches Taufbekenntnis?, ZNW 66 (1975), 130–139.

KESSLER, D., Das hellenistische Serapeum in Alexandria und Ägypten in ägyptologischer Sicht, in: M. Görg/G. Hölbl (Hg.), Ägypten und der östliche Mittelmeerraum im 1. Jahrtausend v.Chr., Akten des Interdisziplinären Symposions am Institut für Ägyptologie der Universität München 25.–27.10.1996, ÄAT 44, Wiesbaden 2000, 163–230.

KEZBERE, I., Umstrittener Monotheismus. Wahre und falsche Apotheose im lukanischen Doppelwerk, NTOA 60, Göttingen/Fribourg 2007.

KLAUCK, H.-J., Die religiöse Umwelt des Urchristentums I. Stadt und Hausreligion, Mysterienkulte, Volksglaube, Studienbücher Theologie 9, Stuttgart/Berlin/Köln 1995.

KLEINKNECHT, H., Art. θεός, ThWNT 3, Stuttgart 1938, 65–79.

–, Art. λέγω, ThWNT 4, Stuttgart 1942, 76–89.

KOCH, K., Daniel, Dan 1–4, BK XXII/1, Neukirchen 2005.

KOEHLER, L./BAUMGARTNER, W., Lexicon in Veteris Testamenti Libros, Leiden 1958.

KRAMER, W., Christos Kyrios Gottes Sohn. Untersuchungen zu Gebrauch und Bedeutung der christologischen Bezeichnungen bei Paulus und der vorpaulinischen Gemeinden, AThANT 44, Zürich/Stuttgart 1963.

KRAUS, H.-J., Psalmen I, BK XV/1, Neukirchen 1960.

–, Psalmen II, BK XV/2, Neukirchen 1960.

KREBERNIK, M.,/VAN OORSCHOT, J. (Hg.), Polytheismus und Monotheismus in den Religionen des Vorderen Orients, AOAT 298, Münster 2002.

KROPP, A., Magische Sprachverwendung in vulgärlateinischen Fluchtafeln (defixiones), ScriptOralia 135, Tübingen 2008.

KUHN, K.G., Art. ἅγιος, ThWNT 1, Stuttgart 1933, 97–101.

KÜGLER, J., Spuren ägyptisch-hellenistischer Königsideologie bei Philo von Alexandria, in: M. Görg/G. Hölbl (Hg.), Ägypten und der östliche Mittelmeerraum im 1. Jahrtausend v.Chr., Akten des Interdisziplinären Symposions am Institut für Ägyptologie der Universität München 25.–27. 10. 1996, ÄAG 44, Wiesbaden 2000, 231–249.

LAMPE, P., Die stadtrömischen Christen in den ersten beiden Jahrhunderten. Untersuchungen zur Sozialgeschichte, WUNT 18, 2. Reihe, Tübingen 1987.

LANG, B. (Hg.), Der einzige Gott. Die Geburt des biblischen Monotheismus, München 1981.

–, Die Jahwe-allein-Bewegung. Neue Erwägungen über die Anfänge des biblischen Monotheismus, in: M. Oeming/K. Schmit (Hg.), Der eine Gott und die Götter, Polytheismus und Monotheismus im antiken Israel, AThANT 82, Zürich 2003, 79–110.

LANG, F., Die Briefe an die Korinther, NTD 7, Göttingen 1986.

LEHNARDT, A., Bibliographie zu den Jüdischen Schriften aus hellenistisch-römischer Zeit, Supplementa, JSHRZ IV/2, Gütersloh 1999.

LEISEGANG, H., Art. Philon (Alex.), PRE 39,2, Stuttgart 1941, Sp. 1–50.

LOHFINK, N./BERGMANN, J., Art. אֶחָד, ThWAT 1, Stuttgart/Berlin/Köln/Mainz 1973, Sp. 210–218.

LOHFINK, N., Das Alte Testament und sein Monotheismus, in: K. Rahner (Hg.), Der eine Gott und der dreieine Gott. Das Gottesverständnis bei Christen, Juden und Muslimen, Schriftenreihe der Katholischen Akademie der Erzdiözese Freiburg, München/Zürich 1983.

LOHMEYER, E., Das Evangelium des Markus/[Hauptw.], KEK 2, Göttingen [15]1959.

LOHSE, E., Der Brief an die Römer, KEK 4, Göttingen [15[1]]2003.

–, Die Briefe an die Kolosser und an Philemon, KEK 9, Göttingen [15[2]]1977.

–, Die Offenbarung des Johannes, NTD 11, Göttingen/Zürich [15[8]]1993.

LUZ, U., Das Evangelium nach Matthäus (Mt 1–7), EKK I, 1, Zürich/Neukirchen-Vluyn [2]1989.

–, Das Evangelium nach Matthäus (Mt 8–17), EKK I, 2, Zürich/Neukirchen-Vluyn [4]2007.

–, Das Evangelium nach Matthäus (Mt 18–25), EKK I, 3, Zürich/Neukirchen-Vluyn 1997.

–, Der Brief an die Epheser, in: J. Becker/U. Luz, Die Briefe an die Galater, Epheser und Kolosser, NTD 8/1, Göttingen [18[1]]1998.

MARBÖCK, J., Das Buch Jesus Sirach, in: E. Zenger, u.a., Einleitung in das Alte Testament, KStTh 1,1, Stuttgart (1995) [5]2004, 408–417.

MARKSCHIES, CH., Heis Theos – Ein Gott? Der Monotheismus und das antike Christentum, in: M. Krebernik/J. van Oorschot, Polytheismus und Monotheismus in den Religionen des Vorderen Orients, AOAT 298, Münster 2002, 209–234.

–, Heis Theos? Religionsgeschichte und Christentum bei Erik Peterson, in: B. Nichtweiß (Hg.), Vom Ende der Zeit, Geschichtstheologie und Eschatologie bei Erik Peterson, Symposium Mainz 2000, FThS 16, Münster 2001, 38–73.

MASON, S., Flavius Josephus und das Neue Testament, UTB für Wissenschaft 2130, Tübingen, Basel 2000.

MEINHOLD, A., Maleachi, BK XIV/8, Neukirchen-Vluyn 2006.

MENSCHING, G., Art. Formeln. I. Religionsgeschichtlich, RGG³ Bd. 2, Tübingen 1958, Sp. 992.

MEYER, I., Das Buch Baruch und der Brief des Jeremia, in: E. Zenger, u.a., Einleitung in das Alte Testament, KStTh 1,1, Stuttgart (1995) [5]2004, 484–488.

MICHAELIS, W., Art. κράτος, ThWNT 3, Stuttgart 1938, 905–914.

MICHEL, O., Der Brief an die Hebräer, KEK 13, Göttingen [14[8]]1984.

–, Der Brief an die Römer, KEK 4, Göttingen [11]1957.

MURPHY, F.J., The Martial Optino in Pseudo-Philo, CBQ 57 (1995), 676–688.

NESTLE, W., Griechische Religiosität vom Zeitalter des Perikles bis auf Aristoteles. (Die griechische Religiosität in ihren Grundzügen und Hauptvertretern von Homer bis Proklos II), SG, Berlin/Leipzig 1933.

–, Griechische Religiosität von Alexander d.Gr. bis auf Proklos. (Die griechische Religiosität in ihren Grundzügen und Hauptvertretern von Homer bis Proklos III), SG, Berlin/Leipzig 1934.

NIEHR, H., Das Buch Daniel, in: E. Zenger, u.a., Einleitung in das Alte Testament, KStTh 1,1, Stuttgart (1995) [5]2004, 507–516.

NIELSEN, E., Deuteronomium, HAT 1; 6, Tübingen 1995.

NILSSON, M. P., Geschichte der griechischen Religion I. Die Religion Griechenlands bis auf die griechische Weltherrschaft, HAW V,2, München [3]1967.

–, Geschichte der griechischen Religion II. Die hellenistische und römische Zeit, HAW V,2, München (1950) [2]1961.

NORDEN, E., Agnostos Theos, Untersuchungen zur Formengeschichte religiöser Rede, Leipzig/Berlin 1913.

NOTH, M., Das zweite Buch Mose, Exodus, ATD 5, Göttingen 1959.

–, Könige, BK IX/1, Neukirchen-Vluyn 1968.

NYGREN, A., Der Römerbrief, Göttingen [3]1959.

OBERLINNER, L., Die Pastoralbriefe, Kommentar zum ersten Timotheusbrief, HThK XI/2, Freiburg i.Br./Basel/Wien 1994.

OEMING, M./SCHMIT, K. (Hg.), Der eine Gott und die Götter, Polytheismus und Monotheismus im antiken Israel, AThANT 82, Zürich 2003.

PAULSEN, H., Der Zweite Petrusbrief und der Judasbrief, KEK XII, 2, Göttingen 1992.

PESCH, R., Das Markusevangelium I, Mk 1,1–8,26. HThK II, Freiburg/Basel/Wien [4]1984.

–, Das Markusevangelium II, Mk 8,27–16,20. HThK II, Freiburg/Basel/Wien, ³1984.

–, Die Apostelgeschichte (Apg 1–12), EKK V, 1, Zürich/Neukirchen-Vluyn 1986.

–, Die Apostelgeschichte (Apg 13–28), EKK V, 2, Zürich/Neukirchen-Vluyn 1986.

PETERSON, E., ΕΙΣ ΘΕΟΣ. Epigraphische, formgeschichtliche und religionsgeschichtliche Untersuchungen, FRLANT NF 24, Göttingen 1926.

–, Der Monotheismus als politisches Problem. Ein Beitrag zur Geschichte der politischen Theologie im Imperium Romanum, Leipzig 1935.

PETUCHOWSKI, J.J., Die traditionelle jüdische Liturgie, Bemerkungen zu Aufbau und Struktur des synagogalen Gottesdienstes, 1979.

POHLENZ, M., Die Stoa und Stoiker. Die Gründer, Panaitios, Poseidonios, Bd. 1, BAW.GR 12, Zürich 1950.

–, Die Stoa. Geschichte einer geistigen Bewegung, Bd. 2, Göttingen ⁴1972.

POPKES, W., Der Brief des Jakobus, ThHK 14, Leipzig 2001.

PROCKSCH, O., Art. ἅγιος, ThWNT 1, Stuttgart 1933, 87–97.

QUELL, G., Art. κύριος, ThWNT 3, Stuttgart 1938, 1056–1080.

V.RAD, G., Art. οὐρανός, ThWB 5, Stuttgart 1954, 501–507.

–, Das fünfte Buch Mose, Deuteronomium, ATD 8, Göttingen 1964.

–, Theologie des Alten Testaments I. Die Theologie der geschichtlichen Überlieferungen Israels, München 1957.

–, Theologie des Alten Testaments II. Die Theologie der prophetischen Überlieferungen Israels, München 1960.

REBELL, W., Neutestamentliche Apokryphen und Apostolische Väter, München 1992.

REICKE, B., Art. πᾶς, ἅπας, ThWNT 5, Stuttgart 1954, 885–889.

REINMUTH, E., Der erste Brief an die Thessalonicher, in: N. Walter/E. Reinmuth/P. Lampe, Die Briefe an die Philipper, Thessalonicher und an Philemon, NTD 8/2, Göttingen 1998, 105–156.

RENGSTORF, K. H., Art. δεσπότης, ThWNT 2 (1935), 43–48.

RÖD, W., Geschichte der Philosophie, Philosophie der Antike: Von Thales bis Demokrit, Bd. 1, München ²1988.

ROLKE, K.-H., Bildhafte Vergleiche in den Fragmenten der Stoiker, von Zenon bis Panaitios, Hildesheim/New York 1975.

ROLOFF, J., Der erste Brief an Timotheus, EKK 15, Zürich/Neukirchen-Vlyun 1988.

RUDOLPH, W., Haggai-Sacharja 1–8-Sacharja 9–14-Maleachi, mit einer Zeittaf. v. Alfred Jepsen, KAT 13,4, Gütersloh ¹1976.

SASSE, H., Art. αἰών, ThWNT 1, Stuttgart 1933, 197–209.

SCHALIT, A. (Hg) Zur Josephus-Forschung, WdF 84, Darmstadt 1973.

SCHÄFER, P., Geschichte der Juden in der Antike. Die Juden Palästinas von Alexander dem Großen bis zur arabischen Eroberung, Stuttgart/Neukirchen 1983.

SCHINDLER, A. (Hg.), Monotheismus als politisches Problem? Erik Peterson und die Kritik der politischen Theologie, SEE 14, Gütersloh 1978.

SCHLATTER, A., Wie sprach Josephus von Gott?, BFChTh 14, Gütersloh 1910.

SCHLIER, H., Der Brief an die Epheser, ein Kommentar, Düsseldorf, ¹1957.

–, Der Brief an die Epheser, ein Kommentar, Düsseldorf, ⁶1968.

–, Der Brief an die Galater, KEK 7, Göttingen ¹²1962.

SCHNACKENBURG, R., Der Brief an die Epheser, EKK 10, Neukirchen-Vluyn 1982.

SCHNELLE, U., Das Evangelium nach Johannes, ThHK 4, Leipzig 1998.

–, Einleitung in das Neue Testament, UTB 1830, Göttingen ⁶2007.

–, Paulus. Leben und Denken, GLB, Berlin/New York 2003.

SCHNIDER, F., Der Jakobusbrief, RNT, Regensburg 1987.

SCHRAGE, W., Der erste Brief an die Korinther (1Kor 1,1–6,11), EKK VII/1, Zürich/Neukirchen-Vluyn 1991.

–, Der erste Brief an die Korinther (1Kor 6,12–11,16), EKK VII/2, Solothurn/Düsseldorf/Neukirchen-Vluyn 1995.

–, Der erste Brief an die Korinther (1Kor 11,17–14,40), EKK VII/3, Zürich/Düssel dorf/Neukirchen-Vluyn 1999.

–, Der erste Brief an die Korinther (1Kor 15,1–16,24), EKK VII/4, Zürich/Neukirchen-Vluyn 2001.

–, Der Jakobusbrief, in: H. Balz/W. Schrage, Die „Katholischen" Briefe. Die Briefe des Jakobus, Petrus, Johannes und Judas, NTD 10, Göttingen [14][4]1993.

–, Unterwegs zur Einzigkeit und Einheit Gottes. Zum „Monotheismus" des Paulus und seiner alttestamentlich-frühjüdischen Tradition, BThSt 48, Neukirchen-Vluyn 2002.

SCHRECKENBERG, H., Bibliographie zu Flavius Josephus, ALGHJ 1, Leiden 1968.

–, Bibliographie zu Flavius Josephus, Supplementband mit Gesamtregister, ALGHJ 14, Leiden 1979.

SCHREINER, J., Baruch, in: H. Groß/J. Schreiner, Klagelieder, Baruch, NEB.AB Lfg. 14, Würzburg 1986.

–, Jesus Sirach 1–24, NEB.AB Lfg. 38, Würzburg 2002.

SCHRÖDER, S., Plutarchs Schrift de Pythiae Oraculis. Text, Einleitung und Kommentar. Beiträge zur Altertumskunde 8, Stuttgart 1990.

SCHROER, S., Das Buch der Weisheit, in: E. Zenger, u.a., Einleitung in das Alte Testament, KStTh 1,1, Stuttgart (1995) [5]2004, 396–407.

SCHULZ, R., *Warum Isis?* Gedanken zum universellen Charakter einer ägyptischen Göttin im Römischen Reich, in: M. Görg/G. Hölbl (Hg.), Ägypten und der östliche Mittelmeerraum im 1. Jahrtausend v.Chr., Akten des Interdisziplinären Symposions am Institut für Ägyptologie der Universität München 25.–27.10.1996, ÄAT 44, Wiesbaden 2000, 251–280.

SCHÜRER, E., Geschichte des jüdischen Volkes im Zeitalter Jesu Christi, Bd. 1 (Einleitung und politische Geschichte), Leipzig [4]1901; Bd. 2 (Die inneren Zustände), [4]1907; Bd. 3 (Das Judenthum in der Zerstreuung und die jüdische Literatur), [3]1898; Bd. 1–3: Repr. Hildesheim 1964.

SCHWIENHORST-SCHÖNBERGER, L., Das Buch Ijob, in: E. Zenger, u.a., Einleitung in das Alte Testament, KStTh 1,1, Stuttgart (1995) [5]2004, 335–347.

SCHWIER, H., Tempel und Tempelzerstörung. Untersuchungen zu den theologischen und ideologischen Faktoren im ersten jüdisch-römischen Krieg (66–74 n.Chr.), NTOA 11, Freiburg/Göttingen 1989.

SEIDE, R., Die mathematischen Stellen bei Plutarch, Univ. Diss., Regensburg 1981.

SÖDING, T., „Ich und der Vater sind eins" (Joh 10,30). Die johanneische Christologie vor dem Anspruch des Hauptgebots (Dtn 6,4), ZNW 93 (2002), 177–199.

STAUFFER, E., Art. θεός, ThWNT 3, Stuttgart 1938, 91–93.

–, Die Theologie des Neuen Testaments, Gütersloh [4]1948.

STEGEMANN, H., Die Essener, Qumran, Johannes der Täufer und Jesus, Herder-Spektrum 4128, Freiburg [u.a.] [2]1993.

STEINS, G., Die Bücher der Chronik, in: E. Zenger, u.a., Einleitung in das Alte Testament, KStTh 1,1, Stuttgart (1995) [5]2004, 249–262.

–, Die Bücher Esra und Nehemia, in: E. Zenger, u.a., Einleitung in das Alte Testament, KStTh 1,1, Stuttgart (1995) [5]2004, 263–277.

STEMBERGER, G., Geschichte der jüdischen Literatur, Beck'sche Elementarbücher, München 1977.

STOLZ, F., Einführung in den biblischen Monotheismus, Die Theologie, Einführungen in Gegenstand, Methoden und Ergebnisse ihrer Disziplinen und Nachbarwissenschaften, Darmstadt 1996.

THEISSEN, G., Das Doppelgebot der Liebe. Jüdische Ethik bei Jesus, in: A. Merz (Hg.), Jesus als historische Gestalt. Beiträge zur Jesusforschung, FRLANT 202, Göttingen 2003, 57–72.

–, Das Neue Testament, München 2002.

–, Die Starken und Schwachen in Korinth. Soziologische Analyse eines theologischen Streites, in: EvTh 45 (1975), 155–172.

–, Lokalkolorit und Zeitgeschichte in den Evangelien. Ein Beitrag zur Geschichte der synoptischen Tradition, NTOA 8, Fribourg/Göttingen 1989.

–, Monotheistische Dynamik im Neuen Testament. Der Glaube an den einen und einzigen Gott und die neutestamentliche Christologie, KuI 20 (2005), 130–143.

–, Soziologie der Jesusbewegung. Ein Beitrag zur Entstehungsgeschichte des Urchristentums, TEH 194, München ³1981.

–, Studien zur Soziologie des Urchristentums, WUNT 19, Tübingen 1979.

THEISSEN, G./MERZ, A., Der historische Jesus, ein Lehrbuch, Göttingen ²1997.

THEOBALD, M., Der Römerbrief, EdF 294, Darmstadt 2000.

–, Römerbrief, Kap. 1–11. SKK.NT 6/1, Stuttgart 1992.

THOM, J.C., *Cleanthes' Hymn to Zeus*, Text, Translation, and Commentary, Studien und Texte zu Antike und Christentum 33, Tübingen 2005.

THYEN, H., Studien zum Corpus Iohanneus, WUNT 214, Tübingen 2007.

TILLY, M., Einführung in die Septuaginta, Einführung Theologie, Darmstadt 2005.

TREITEL, L., Gesamte Theologie und Philosophie Philo's von Alexandria, Berlin 1923.

TURCAN, R., The Cults of the Roman Empire, Oxford 1999.

UMEMOTO, N., Die Königherrschaft Gottes bei Philon, in: M. Hengel/A.M. Schwemer (Hg.), Königherrschaft Gottes und himmlischer Kult im Judentum, Urchristentum und in der hellenistischer Welt, WUNT 55, Tübingen 1991, 207–256.

VEIJOLA, T., Das fünfte Buch Mose, Deuteronomium, Kap. 1,1–16,17, ATD 8,1, Göttingen 2004.

VIELHAUER, Ph., Geschichte der urchristlichen Literatur. Einleitung in das Neue Testament, die Apokryphen und die Apostolischen Väter, Berlin/New York 1975.

VÖGTLE, A., Der Judasbrief. Der 2. Petrusbrief, EKK 22, Solothurn/Düsseldorf/Neukirchen-Vluyn 1994.

VOUGA, F., Die Johannesbriefe, HNT 15/III, Tübingen 1990.

WAALER, E., The Shema and The First Commandment in First Corinthians, WUNT 2. Reihe 253, Tübingen 2008.

WALTER, N., Der Brief an die Philipper, in: ders./E. Reinmuth/P. Lampe, Die Briefe an die Philipper, Thessalonicher und an Philemon, NTD 8/2, Göttingen 1998, 11–101.

WEINREICH, O., Neue Urkunden zur Sarapis-Religion, Tübingen 1919.

WEISS, H.-F., Der Brief an die Hebräer, KEK 13, Göttingen ¹⁵[¹]1991.

WENGST, K., Christologische Formeln und Lieder des Urschristentums, StNT 7, Gütersloh ²1973.

WENGST, K., Das Johannesevangelium, Kap. 11–21, ThHK 4,2, Stuttgart/Berlin/Köln 2001.

WESTERMANN, C., Das Buch Jesaja, Kap. 40–66, ATD 19, Göttingen 1966.

WILCKENS, U., Der Brief an die Römer (Röm 1–5), EKK VI, 1, Zürich/Neukirchen-Vluyn, ²1987.

–, Der Brief an die Römer (Röm 6–11), EKK VI, 2, Zürich/ Neukirchen-Vluyn, ²1987.

–, Der Brief an die Römer (Röm 12–16), EKK VI, 3, Zürich/Neukirchen-Vluyn, ²1989.

WINDISCH, H., Der zweite Korintherbrief, KEK 6, Göttingen (⁹1924) Neudruck 1970.

WONNEBERGER, R., Syntax und Exegese. Eine generative Teorie der griechischen Syntax und ihr Beitrag zur Auslegung des Neuen Testaments, dargestellt an 2Kor 5,2f und Röm 3,21–26, BET 13, Frankfurt am Main/Bern/Las Vegas 1979.

WÜRTHWEIN, E., Die Bücher der Könige. 1.Könige 1–16, ATD 11,1, Göttingen 1977.

ZAPFF, B.M., Jesaja 40–55, NEB.AB Lfg. 36, Würzburg 2001.

ZELLER, D., Der eine Gott und der eine Herr Jesus Christus. Religionsgeschichtliche Überlegung, in: T. Söding (Hg.), Der lebendige Gott. Studien zur Theologie des Neuen Testament, NTA.NF 31, Münster 1996, 34–49 = ders., Neues Testament und Hellenistische Umwelt, BBB 150, Hamburg 2006, 47–60.

ZENGER, E., Das Buch der Psalmen, in: ders., u.a., Einleitung in das Alte Testament, KStTh 1,1, Stuttgart (1995) ⁵2004, 348–370.

–, Das Buch Ester, in: ders., u.a., Einleitung in das Alte Testament, KStTh 1,1, Stuttgart (1995) ⁵2004, 302–311.

–, Das priester(schrift)liche Werk (P), in: ders., u.a., Einleitung in das Alte Testament, KStTh 1,1, Stuttgart (1995) ⁵2004, 156–174.

–, Das Zwölfprophetenbuch, in: ders., u.a., Einleitung in das Alte Testament, KStTh 1,1, Stuttgart (1995) ⁵2004, 517–586.

–, Die Thora/der Pentateuch als Ganzes, in: ders., u.a., Einleitung in das Alte Testament, KStTh Bd. 1,1, Stuttgart (1995) ⁵2004, 60–73.

–, Die vorpriester(schrift)lichen Pentateuchtexte, in: ders., u.a., Einleitung in das Alte Testament, KStTh 1,1, Stuttgart (1995) ⁵2004, 176–187.

–, Theorien über die Entstehung des Pentateuch im Wandel der Forschung, in: ders., u.a., Einleitung in das Alte Testament, KStTh 1,1, Stuttgart (1995) ⁵2004, 74–123.

ZIMMERLI, W., Ezechiel, BK XIII/1, Neukirchen 1969.

–, Ezechiel, BK XIII/2, Neukirchen ²1979.

ZUNTZ, G., Griechische philosophische Hymnen, aus dem Nachlass hg. v. H. Cancik/L. Käppel, Studien und Texte zu Antike und Christentum 35, Tübingen 2005.

Stellenregister

Pagan-griechische Schriftsteller

Außerkanonische Spätschriften

Pseudepigraphische Schriften

Philo von Alexandrien

Flavius Josephus

Neues Testament

Novum Testamentum et Orbis Antiquus / Studien zur Umwelt des Neuen Testaments

V&R

Band 95: Martina Janßen /
Stanley F. Jones / Jürgen Wehnert (Hg.)
**Frühes Christentum und
Religionsgeschichtliche Schule**
Festschrift zum 65. Geburtstag
von Gerd Lüdemann.
Mit einem Geleitwort von Eduard Lohse
2011. 218 Seiten, gebunden
ISBN 978-3-525-53977-4

Band 92: Joseph Verheyden /
Tobias Nicklas / Andreas Merkt (Hg.)
**Ancient Christian
Interpretations of „Violent
Texts" in The Apocalypse**
In Cooperation with Mark Grundeken
2011. 313 Seiten, gebunden
ISBN 978-3-525-53976-7

Band 91: Michael Bachmann
**Von Paulus zur Apokalypse
– und weiter**
Exegetische und rezeptionsgeschichtliche
Studien zum Neuen Testament
2011. 644 Seiten mit 15 Abb., gebunden
ISBN 978-3-525-53398-7

Band 90: Dieter Sänger (Hg.)
Gerhard Sellin
**Allegorie – Metapher –
Mythos – Schrift**
Beiträge zur religiösen Sprache im Neuen
Testament und in seiner Umwelt
2011. 306 Seiten, gebunden
ISBN 978-3-525-55020-5

Band 89: Eric K.C. Wong
**Evangelien im
Dialog mit Paulus**
Eine intertextuelle Studie zu den Synoptikern
2012. ca. 220 Seiten, gebunden
ISBN 978-3-525-53037-5

Band 87: Christian Wetz
Eros und Bekehrung
Anthropologische und religionsgeschichtliche
Untersuchungen zu »Joseph und Aseneth«
2010. 256 Seiten, gebunden
ISBN 978-3-525-54007-7

Band 86: Florian Herrmann
**Strategien der Todesdarstel-
lung in der Markuspassion**
Ein literaturgeschichtlicher Vergleich
2010. VIII, 407 Seiten, gebunden
ISBN 978-3-525-55011-3

Band 85: Ursula Hackl /
Bruno Jacobs / Dieter Weber (Hg.)
**Quellen zur Geschichte
des Partherreiches**
Textsammlung mit Übersetzungen und
Kommentaren. Bd. 3: Keilschriftliche Texte,
Aramäische Texte, Armenische Texte,
Arabische Texte, Chinesische Texte
2010. VIII, 512 Seiten, gebunden
ISBN 978-3-525-53388-8

Vandenhoeck & Ruprecht

Novum Testamentum et Orbis Antiquus / Studien zur Umwelt des Neuen Testaments

V&R

Band 84: Ursula Hackl /
Bruno Jacobs / Dieter Weber (Hg.)
Quellen zur Geschichte
des Partherreiches
Textsammlung mit Übersetzungen und
Kommentaren. Bd. 2: Griechische und
lateinische Texte, Parthische Texte,
Numismatische Evidenz
2010. X, 639 Seiten mit 62 Abb., gebunden
ISBN 978-3-525-53387-1

Band 83: Ursula Hackl /
Bruno Jacobs / Dieter Weber (Hg.)
Quellen zur Geschichte
des Partherreiches
Textsammlung mit Übersetzungen und Kom-
mentaren. Bd. 1: Prolegomena, Abkürzungen,
Bibliografie, Einleitung, Indices, Karten, Tafeln
2010. CXLIII, 256 Seiten mit 77 Abb.
und 5 Karten, gebunden
ISBN 978-3-525-53386-4

Band 82: Stefan Schreiber
Weihnachtspolitik
Lukas 1-2 und das Goldene Zeitalter
2009. 174 Seiten mit 8 Abb., gebunden
ISBN 978-3-525-53392-5

Band 81: Georg Schelbert
ABBA Vater
Der literarische Befund vom Altaramäischen
bis zu den späten Midrasch- und Haggada-
Werken in Auseinandersetzung mit den
Thesen von Joachim Jeremias
2011. 413 Seiten, gebunden
ISBN 978-3-525-55029-8

Band 79: Takashi Onuki
Neid und Politik
Eine neue Lektüre des gnostischen Mythos
2011. 226 Seiten, gebunden
ISBN 978-3-525-55021-2

Band 78: Gerd Theißen
Von Jesus zur urchristlichen
Zeichenwelt
»Neutestamentliche Grenzgänge« im Dialog
2011. 237 Seiten, gebunden
ISBN 978-3-525-55023-6

Band 77: Ulrich Mell
Christliche Hauskirche und
Neues Testament
Die Ikonologie des Baptisteriums von
Dura Europos und das Diatessaron Tatians
2010. 340 Seiten mit 38 Abb. und 5 Tab., geb.
ISBN 978-3-525-53394-9

Band 76: Timo Glaser
Paulus als Briefroman erzählt
Studien zum antiken Briefroman und seiner
christlichen Rezeption in den Pastoralbriefen
2009. 376 Seiten mit 6 Tab., gebunden
ISBN 978-3-525-53389-5

Band 75: Peter Lampe /
Helmut Schwier (Hg.)
Neutestamentliche Grenzgänge
Symposium zur kritischen Rezeption
der Arbeiten Gerd Theißens
2010. 248 Seiten, gebunden
ISBN 978-3-525-53393-2

Vandenhoeck & Ruprecht